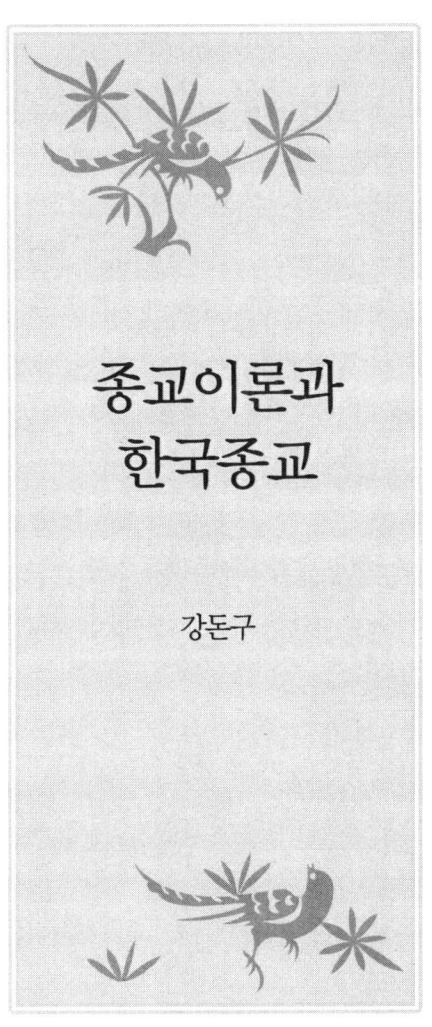

종교이론과 한국종교

강돈구

🅱박문사

| 책머리에 |

　글을 쓸 때 항상 머리 속을 맴도는 말이 있습니다. 학자는 책보다는 논문을 많이 써야 한다는 어느 선배의 말입니다. 번역서 몇 권과 동학 몇몇이서 공동으로 낸 저서가 여러 권 있기는 하지만, 다행인지 불행인지, 박사논문을 책으로 만들어 낸 뒤에는 단독으로 저서를 낸 적이 없습니다. 이름도 잊은 어느 선배의 조언에 충실히 따르기 위해서만은 물론 아니었습니다. 오랜 기간 끈기 있게 비교적 큰 글을 쓰기보다는, 주어진 시간에 비교적 작은 주제 여러 개를 소화해 내고 싶었는지 모르겠습니다.
　비교적 좋은 여건에서 연구 활동을 해오고 있는 필자로서는 동학들에게 항상 마음의 짐을 지녀왔습니다. 그러면서 그 동안 나름대로 앞만 보고 달려온 감이 없지 않았습니다. 제가 지나온 길을 남들이 보아주기를 바란다기보다는 지금 이 시점에서 제가 온 길을 제 스스로 뒤돌아 보고 싶은 생각이 어느 날 문뜩 들었습니다. 제가 온 길을 한번 찬찬히 살펴보고, 앞으로 가야 할 길을 조망해보고 싶었던 것입니다. 동시에 동학들에게 느끼는 마음의 짐도 약간이나마 덜어보고 싶은 마음도 전혀 없지는 않았습니다.

이 책은 1985년부터 필자가 여러 학술지와 학술 서적에서 발표했던 글들을 묶은 것입니다. 책에 실을 논문들을 선별하고 나서 책의 제목을 무엇으로 할까 여러 날 고민하다가 『종교이론과 한국종교』로 정했습니다. 필자는 이력서 상에 세부 전공으로 종교이론, 한국종교, 신종교로 표기하고는 합니다. 목차도 이에 따라 설정해 보았습니다.

　모든 글들이 지나놓고 보면 고치고 싶은 부분, 보완하고 싶은 부분이 있기 마련입니다. 그리고 좀 오래 된 글들은 시의성이 떨어지기도 합니다. 손을 대자면 한도 끝도 없을 듯합니다. 새로 보완한 부분은 거의 없습니다. 지금 이 시점에서 불필요하다고 여겨지는 부분들을 과감히 삭제하는 수준에서 손을 보았을 뿐입니다. 새롭게 애써서 화장을 고치느니 있는 모습 그대로의 제 자화상을 내 스스로 살펴보고, 못난 자화상이나마 동학들에게 있는 그대로 보여주는 것이 좋을 듯하다고 생각했습니다. 유사한 주제를 다룬 논문의 경우 중복되는 부분이 약간 있으나, 논지의 전개상 그대로 나둘 수밖에 없었습니다.

　각 논문의 앞부분에 출처를 제시하였습니다. 처음에 발표되었던 연도를 감안하고 글들을 읽어주시기를 부탁합니다. 기존의 논문들을 묶어낼 수 있게 허락해 주신 한국종교학회와 한국학중앙연구원 등 제 기관에 감사를 드립니다.

2011년 9월

강돈구

| 목차 |

책머리에 · 003

제1부 종교이론의 쟁점 ········· 008

1. 현대 종교이론의 쟁점 ············· 010
2. 한국 종교학의 회고와 전망 ············· 040
3. 종교심리학의 경향과 과제 ············· 074
4. 종교의례 연구의 경향과 과제 ············· 105
5. 종교 상호 공존의 논의, 그 이후? ············· 129
6. '종교문화'의 의미 ············· 159

제2부 한국종교의 현재 ········· 197

1. 한국의 종교연합운동 - 원불교를 중심으로 ············· 199
2. 미군정의 종교정책 ············· 233
3. 한국종교사 - 갈등에서 공존으로 ············· 269
4. 현대 한국의 종교, 정치 그리고 국가 ············· 308
5. 현대 중국의 한국종교 - 동북 삼성을 중심으로 ············· 335

제3부 한국종교사 연구 ········· 366

1. 포석정의 종교사적 이해 ················ 368
2. 새로운 신화 만들기 - 재야사학에 대한 또 다른 이해 · 399
3. 정역의 종교사적 이해 ················ 431
4. 유영모 종교사상의 계보 ·············· 454
5. 함석헌 종교사상의 계보 ·············· 504

제4부 신종교 연구 ··············· 532

1. 신종교 연구 서설 ·················· 534
2. 한국 신종교의 역사관 ················ 583
3. 신종교 연구의 길 ·················· 639

참고문헌 · 672
찾아보기 · 712

제1부
종교이론의 쟁점

1. 현대 종교이론의 쟁점
2. 한국 종교학의 회고와 전망
3. 종교 상호 공존의 논의, 그 이후?
4. 종교심리학의 경향과 과제
5. 종교의례 연구의 경향과 과제
6. '종교문화'의 의미

제1부 종교이론의 쟁점

제1장
현대 종교이론의 쟁점[1]

1. 머리말

 현대적인 의미의 종교학은 제2차 세계대전, 또는 1960년대 이후에 대두된 것으로 보는 것이 일반적이다.[2] 이 점을 감안할 때 1960년대 말에 이미 우리나라에 현대적인 의미의 종교학이 소개되기 시작하였다는 것은 시기적으로 결코 늦은 것이 아니다.[3] 종교학의 최근 경향이 다른 나라들에 비해 이와 같이 일찍이 소개될 수 있었던 것은 서울대학교에 종교학과가 이미 설치되어 있었다는 제도적인 원인과 함께 선학들의 선구

---

[1] 『종교학연구』, 제11집, 1992.
[2] F. Whaling, ed., *Contemporary Approaches to the Study of Religion*, vol. 1, 2(Berlin: Mouton, 1984, 1985)와 니니안 스마트, 『현대종교학』(강돈구 옮김), 청년사, 1986 참조.
[3] 1960년대말을 기점으로 우리나라에서 종교학의 탈신학화가 비로소 가능하였다. 정진홍, 「종교학연구회 창립에 즈음하여」, 『종교학연구』, 제1집, 1978, 92쪽과 윤이흠, 『한국종교연구』, 권2, 집문당, 1988, 27쪽 참조; 1970년 3월 2일 YMCA에서 한국종교학회 창립총회가 열렸다.

적인 노력에서 찾을 수 있다.

20여 년 남짓한 현재까지 선학들의 선구적인 노력은 상당한 결실을 맺은 것이 사실이다. 선학들이 발표한 논문과 서적의 수가 상당한 분량에 도달하여 그것들을 모두 읽는 것이 어려울 정도에까지 이르렀다. 또한 선학들의 노력에 의해 학회가 재결성되어 활성화되었으며, 종교학 관련 학술지도 계속해서 발간되고 있다. 후학의 입장에서 선학들의 이러한 연구업적에 감탄해 마지않으면서 한편으로 현재 우리나라에서 종교학이 처해 있는 상황에 대해 냉정한 점검을 해보고 싶은 욕구를 떨쳐버릴 수가 없다.

무릇 특정 학문이 처해 있는 상황을 검토하는 것은 주관적일 수밖에 없다. 그러나 대체로 우리는 그 학문에 몸을 담고 있는 학자의 수, 학술지와 학회의 유무 등을 기준으로 특정 학문이 처해 있는 상황을 검토할 수 있다. 만약에 이러한 기준들을 중심으로 종교학의 현재 상황을 검토해 본다면 그간 종교학이 괄목할 만한 발전을 한 것은 틀림이 없다.

한편, 우리는 대학에 설치된 종교학과의 수가 얼마나 되는가를 기준으로 종교학의 현재 상태를 점검해 볼 수 있다. 학문이 발전할 수 있으려면 그 학문에 몸을 담고 있는 인적 자원이 풍부하여야만 한다. 바로 그 인적 자원을 생산해 내고 훈련시키는 곳이 대학에 설치된 학과이다. 아무리 특정 학문에 대한 사회적인 요구가 증대하더라도 그 요구를 충족시켜줄 인적 자원을 키워낼 수 있는 제도적인 장치가 없다면 그 학문은 발전할 수 없다. 더구나 특정 학문에 대한 사회적인 요구를 창출해 내는 것도 바로 그 학문에 몸을 담고 있는 학자들이라고 할 때 대학에 있는 학과라는 제도적인 장치는 학문의 발전을 위해서 반드시 필요하다.

1980년대 이후 서강대학교와 효성여자대학교에 종교학과가 새로 설치되어 현재 우리나라에는 세 개의 종교학과가 있는 셈이다. 그러나 이들 두 곳의 종교학과에 있는 전임교수들은 가톨릭신학을 전공하는 사람들이 대다수를 차지하고 있다. 그리고 학과의 교과목들을 보더라도 가톨릭신학과 관련이 있는 교과목들이 대부분이며 종교학 관련 교과목들의 수는 비교적 소수이다. 따라서 이들 대학에 설치된 종교학과에서는 가톨릭신학이 주류를 점하고 있으며, 종교학은 가톨릭신학의 보조학문적인 성격을 지니고 있다. 이렇게 보면 진정한 의미의 종교학을 위한 종교학과는 20여 년 남짓하는 동안 증설되지 않았다고 해도 과언이 아니다.

만약 대학에 설치된 종교학과의 수를 기준으로 삼는다면 우리나라의 종교학은 20여 년 남짓하는 동안 분명히 제자리 걸음을 하였다. 1960년대 말 현대적인 의미의 종교학을 소개하면서 선학들은 종교학에 대한 사회적인 요구가 급증하고 있다고 진단하였다. 지금의 시점에서 우리는 그 당시의 진단이 틀렸거나, 또는 그간의 종교학이 그러한 사회적인 요구를 충족시켜 주지 못하였다고 말할 수밖에 없다. 만약 이러한 사실을 인정하지 않으면 1960년대 말 종교학에 대해 지녔던 포부와 20여 년이 지난 지금의 종교학의 상황에서 느끼는 초라함 사이에서 자괴감을 느낄 수밖에 없을 것이다.

한국 종교학의 현재의 모습을 이와 같이 정리하였을 때 이제 우리에게 필요한 것은 20여 년 남짓한 기간 동안의 종교학의 성과를 비판적으로 검토해 보는 것이다. 물론 이때 한국 종교학은 세계 종교학의 일부분이라는 사실을 염두에 둘 필요가 있다. 다른 나라의 종교학이 지니고 있는 문제점을 한국 종교학이 그대로 지닐 필요는 없다. 다른 나라의 종교학이 지니고 있는 문제점들이 해소되었다고 해서 한국 종교학이 지니고 있는 문제점들이 모두 해소되는 것은 아니다. 그리고 다른 나라의 종교학이 지니지 않은 문제점을 한국 종교학이 지니고 있을 수도 있다. 따라서 한국 종교학이 지니고 있는 문제점을 세계 종교학이 안고 있는 문제와 관련하여 생각하되 다른 나라의 종교학보다 더 첨예하게 지니고 있는 문제, 다시 말해서 한국 종교학의 특징적인 문제점을 의식하는 작업이 필요하다. 본 논문에서 우리는 먼저 세계 종교학이 지니고 있는 문제점들을 개괄적으로 검토하고, 이어서 한국 종교학이 지니고 있는 특징적인 문제점을 지적할 것이다.

이러한 과정을 통해서 본 논문은 그간의 한국 종교학이 '종교적인 성향'을 지녀왔다는 특징을 지적하고 종교학의 제2도약을 위해서는 종교학이 '비종교화'될 필요가 있다는 제언을 하게 될 것이다.

2. 현대 종교이론의 쟁점

현대적인 의미의 한국 종교학이 제도적인 측면에서 그다지 발전을 하지 못하였다는 진단은 우리나라에만 해당되는 것은 아니다. 현대 종교학이 서구에서 발전하였음에도 불구하고 서구 각국에서 종교학의 제도적인 발전도 그렇게 희망적이지만은 않다.[4] 이러한 이해를 전제로 하였을

---

[4] 미국 종교학도 제도적인 발전을 하기 위해서 많은 우여곡절을 겪어야 했다. 그리고 현대적인 의미의 종교학의 역사가 비교적 짧음에도 불구하고 랑카스터 학파까지 만들어 낸 영국의 종교학도 그 전망이 그다지 밝은 듯이 보이지는 않는다. J. M. Kitagawa, "The History of Religion in America" in *The History of Religions: Essays in Methodology*, ed. by M. Eliade and J. M. Kitagawa(Chicago: The University of Chicago Press, 1959), pp.1-30; P. Ramsey and J. F. Wilson, eds., *The Study of Religion in Colleges and University*(Princeton, N.J. : Princeton University Press, 1970); N. Smart, "Religious Studies in the United Kingdom", *Religion*, vol. 18, 1988, pp.1-9 참조.

때 우리는 한국 종교학이 지니고 있는 문제점들을 있는 그대로 냉철하게 인식하고 그것의 해소를 위한 실효성 있는 시도를 해볼 수 있다.

이러한 목표 아래 본 논문에서는 현대 종교이론의 주요 쟁점과 그간에 종교학자들이 제시한 새로운 대안을 개괄적으로 소개해보고자 한다.[5] 이러한 작업을 통해서 우리는 현대 종교학의 노정을 비판적으로 이해할 수 있을 것이다.

가. 마르부르크 회의 이전

1960년 독일의 마르부르크에서 개최된 국제종교학회(IAHR)는 종교학사의 분수령을 이룬다. 종교학 방법론에 대한 논의가 그 이전에도 전혀 없었던 것은 아니나 마르부르크 국제종교학회에서 비로소 방법론에 대한 논의가 학회의 한 분과에서 집중적으로 이루어졌다.[6] 그 결과 종교학은 신학의 한 분야가 아니고 국제정치학의 한 분야도 아니며, 종교학은 진리 자체를 위한 진리의 원칙에 입각해서 가능한 한 냉정한 입장에서 연구하는 학문이라는 성명서가 발표되었다.[7] 마르부르크 국제종교학회 이후 종교학 방법론에 대한 논의만을 위한 세미나들이 열리고 그 결

---

[5] 이미 이 방면에는 선학들의 다음과 같은 업적이 있다. 윤이흠, 「종교학 연구의 현황과 과제」, 『한국종교연구』, 권1, 집문당, 1986; 김승혜, 「종교학의 역사」, 『종교학의 이해 - 종교연구 방법론을 중심으로』, 분도출판사, 1986; 윤이흠, 「현대종교학 방법론의 과제」, 『종교연구』, 3집, 1987; 정진홍, 「멀치아 엘리아데 연구」, 한국현상학회 편, 『현상학과 개별과학』, 대학출판사, 1985; 정진홍, 「종교현상학의 전개 - 1950년 이후를 중심으로」, 『종교연구』, 3집, 1987.
[6] 마르부르크 국제종교학회 이전에 출간된 방법론에 관한 책으로는 M. Eliade and J. M. Kitagawa, eds., *op. cit.*를 들 수 있다. 그러나 이 책은 방법론에 대한 본격적인 논의를 담고 있는 책은 아니다.
[7] 에릭 샤프, 『종교학 - 그 연구의 역사』(윤이흠·윤원철 옮김), 한울, 1986, 340쪽.

과가 책으로 출간되기까지 하였다.[8] 따라서 편의상 우리는 마르부르크 국제종교학회를 기점으로 종교학사를 그 전과 후로 구분하여 현대 종교이론의 쟁점을 살펴보기로 하자.

마르부르크 회의 이전의 종교이론의 쟁점을 살피기 위해서는 그 시기의 종교학사를 취급하고 있는 논문과 책들의 내용을 검토해 보는 것이 편리하다. 여기에서는 그 시기의 종교학사를 다루고 있는 대표적인 글들인 와르덴버그(J. Waardenburg)와 샤프(E. Sharpe), 그리고 엘리아데(M. Eliade)의 글을 검토의 대상으로 삼고자 한다.[9]

와르덴버그의 「종교학 백년사」와 샤프의 『종교학』은 거의 같은 시기에 발표되었다. 와르덴버그의 글은 비교적 긴 논문의 분량을 지니고 있는 데 비해 2년 뒤에 출간된 샤프의 『종교학』은 300여 페이지에 이르는 단행본으로 아직까지 대학에서 교재로 사용될 정도로 정평이 나 있다.

와르덴버그는 반 델 레우(G. van der Leeuw)로부터 영향을 받은 네덜란드의 종교학자로서 종교현상학이라는 용어에 상당한 비중을 두고 있

---

[8] Th. P. van Baaren and H. J. W. Drijvers, eds., *Religion, Culture and Methodology*(The Hague: Mouton, 1973); R. D. Baird, ed., *Methodological Issues in Religious Studies*(Chico, CA.: New Horizons Press, 1975); L. Honko, ed., *Science of Religion: Studies in Methodology*(The Hague: Mouton, 1979).

[9] J. Waardenburg, "View of a Hundred Years' Study of Religion" in *Classical Approaches to the Study of Religion: Aims, Methods and Theories of Research*, ed. by J. Waardenburg(The Hague: Mouton, 1973), pp. 3-78; 에릭 샤프, 앞의 책; M. 엘리아데, 「종교학의 회고: 1912년 이후」, 『종교의 의미-물음과 답변』(박규태 옮김), 서광사, 1990, 9-63쪽; 이 시기의 종교학사를 취급하고 있는 책들로는 이 밖에도 예를 들어서 Jan de Vries, *The Study of Religion: A Historical Approach*(New York: Harcourt, Brace & World, Inc.,1967); Annemarie de Waal Malefijt, *Religion and Culture: An Introduction to Anthropology of Religion*(New York: Macmillan, 1968); J. van Baal and W. E. A. van Beek, *Symbols for Communication: An Introduction to the Anthropological Study of Religion*(Assen: van Gorcum, 1985) 등이 있다. 그러나 이 책들은 특정 주제나 특정 분야를 강조하고 있기 때문에 그 시기 종교학의 전반적인 경향을 검토하는 데에는 부적합하다.

는 데 비해 샤프는 브랜든(S. G .F .Brandon)의 제자이며 영국의 종교학자로서 종교학의 전 분야를 골고루 취급하고 있다.10)

이러한 차이점에도 불구하고 이 양자 사이에는 내용 구성에 있어서 상당한 공통점을 보이고 있다. 이들 사이의 공통점을 지적하기 위해서 편의상 각자의 목차를 열거해 보면 다음과 같다.

<와르덴버그의 종교학백년사>
1. 서론: 19세기 중반까지
2. 종교학의 성립
   (the study of religion established as an autonomous discipline)
3. 인접 학문의 초기 업적
   (connections with other disciplines)
4. 초기의 종교현상학
   (religion as a special subject of research)
5. 인접학문의 후기 업적
   (later contributions from other disciplines)
6. 후기의 현상학
   (Perspectives of a phenomenological study of religion)11)

<샤프의 종교학사>
1. 종교학의 선구자들
2. "하나만을 알면 아무 것도 모르는 셈이다"
3. '진화론은 만능열쇠'
4. 토테미즘과 주술

---

10) 샤프의 『종교학』은 샤프 본인도 지적하고 있듯이 종교사회학에 대한 소개가 부족한 것은 사실이다. 샤프, 앞의 책, 9쪽.
11) 초기의 종교현상학에는 J. Wach가, 그리고 후기의 종교현상학에는 R. Pettazzoni 도 포함되어 있다.

5. 종교경험의 다양성
6. 학문의 한 분야로서 정립되기 위한 도정
7. 종교의 절대성과 상대성
8. 문화와 역사
9. 종교와 무의식
10. 종교현상학
11. 종교간의 대화를 위해서?[12]
12. 방법론 논쟁 : 1950-1970

얼핏 보기에 내용 구성상에 있어서 이 양자는 차이점을 보이고 있는 듯 하지만 사실 간과할 수 없는 공통점을 지니고 있다. 와르덴버그가 사용한 '종교현상학'이라는 용어가 '종교학'이라는 용어와 그다지 다르지 않다는 점을 감안할 때 와르덴버그가 정리한 종교학사에서 우리는 종교학과 인접학문이라는 두 개의 축을 발견할 수 있다. 그리고 샤프가 정리한 종교학사에서도 3장, 4장, 8장은 종교인류학, 5장과 9장은 종교심리학 등으로 정리해 보면 역시 종교학과 사회과학이라는 인접학문의 두 개의 축을 발견할 수 있다. 그리고 7장이 종교학과 신학의 관계를 정리한 부분이라고 할 때 샤프가 정리한 종교학사는 종교학과 사회과학이라는 두 개의 축에 신학이라는 또 하나의 축을 설정하고 있다는 것을 알 수 있다.

한편, 와르덴버그와 샤프의 글보다 10여 년 앞서서 작성된 것이기는 하

---

[12] 목차 제목 뒤에 '?'를 한 것에서도 짐작할 수 있듯이 샤프는 '종교간의 대화'에 종교학자가 직접 참여하려는 것에 반대하고 있는 것으로 보인다. 이와 같은 맥락에서 '종교간의 대화'는 종교현상의 일종으로 종교학의 연구대상의 하나일 뿐이라는 지적이 있다. G. D. Alles and J. M. Kitagawa, "The dialectic of the Parts and the Whole: Reflections on the Past, Present, and Future of the History of Religions" in *The History of Religions: Retrospect and Prospect*, ed. by J. M. Kitagawa(New York: Macmillan, 1985), p.171.

지만 엘리아데가 정리한 종교학사에서도 비슷한 경향을 살필 수 있다.13) 엘리아데가 정리한 종교학사의 내용 구성을 보면 다음과 같다.

<엘리아데의 종교학사>
1. 서론
2. 사회학적 접근
3. 심층심리학과 종교학
4. 루돌프 오토
5. 『신개념의 기원』으로부터 사회인류학에 이르기까지
6. 페타조니와 일반종교학
7. 신화 · 제의학파
8. 조르쥬 듀메질과 인도-유럽어족의 종교들
9. 반 델 레우와 종교현상학
10. '현상학자들'과 '역사학자들'

우리는 엘리아데가 정리한 종교학사에서도 와르덴버그와 샤프의 그것에서와 마찬가지로 사회학, 심리학, 인류학 등의 사회과학적 종교연구와 종교학이라는 두 개의 축을 발견할 수 있다. 그리고 엘리아데는 페타조니와 반 델 레우에 주목하여 종교학 내에서 '종교현상학'과 '종교사'가 갈등 관계를 보일 수 있다는 점을 말하고, 앞으로 이것의 상호 보완적인 관계가 바람직하다는 견해를 피력하고 있다.

와르덴버그와 샤프, 그리고 엘리아데가 정리한 종교학사의 내용 구성

---

13) 엘리아데의 이 글은 1962년에 작성된 것을 수정 보완한 것이다. 엘리아데가 쓴 종교학사에 관한 글은 이 밖에도 『성과 속』(이은봉 옮김, 한길사, 1998)에 수록되어 있는 「연대기적 고찰: 지식의 한 갈래로서의 종교학」이 있다. 그러나 이 글은 종교학의 전사에 대부분의 지면을 할애하고 있기 때문에 본 논문의 목적상 고찰 대상에서 제외하였다.

을 중심으로 볼 때 1960년대 이전까지 종교이론의 쟁점을 이루는 문제의식은 결국 종교학과 신학의 관계, 종교학과 사회과학적 종교연구의 관계, 그리고 종교현상학과 종교사의 관계라는 점을 알 수 있다. 그리고 종교학과 신학의 관계, 종교학과 사회과학적 종교연구의 관계라는 문제의식에서 대체로 종교학자들은 종교학이 신학이나 사회과학적 종교연구와 다르다는 점을 강조하는 방향으로 합의점을 도출하였다. 그 결과 종교학이 신학과 다르다는 의미에서 반독단론(anti-dogmatism)이, 그리고 종교학이 사회과학적 종교연구와 다르다는 의미에서 반환원주의(anti-reductionism)가 종교학의 특징으로 주장되기에 이르렀다.[14]

1970년대 이후에는 반독단론과 반환원주의라는 개념에 대해 치밀한 분석이 이루어졌다. 반독단론과 반환원주의라는 개념이 신학이나 사회과학적 종교연구와 종교학이 다르다는 점을 강조하였다는 점에서는 유용하였으나, 그렇다고 해서 이 두 개념이 종교학의 자율성을 확보해 주지는 못하였다는 반성이 일기 시작하였다.[15] 그리하여 일각에서는 기존의 종교학도 독단론에 의존하고 있으며, 종교학이 성과를 거두려면 환원주의적일 수밖에 없다는 주장까지 나오게 되었다.

종교현상학과 종교사의 상호 보완적인 관계의 필요성을 처음으로 지적한 것은 이탈리아 종교학의 시조인 페타조니이다.[16] 크로체의 역사주의로부터 지대한 영향을 받은 페타조니는 종교를 전적으로 역사적인 현

---

[14] 정진홍, 「멀치아 엘리아데 연구」, 한국현상학회 편, 『현상학과 개별과학』, 대학출판사, 1985, 72쪽.

[15] D. Wiebe, "The Nature of the Study of Religion: Is a Science of Religion Possible?" in *Religion and Truth: Towards an Alternative Paradigm for the Study of Religion*(The Hague: Mouton, 1981), pp.48-54.

[16] R. Pettazzoni, "The Supreme Being : Phenomenological Structure and Historical Development" in M. Eliade and J. M. Kitagawa, *op. cit.*, p.66.

상으로 보았다. 그러나 만년에 가서 그는 일반 종교학(allgemeine Religionswissenschaft)의 필요성을 느끼고 종교에 대한 역사적 연구의 한계를 인식하였다. 그리고 그는 네델란드를 중심으로 한 종교현상학의 성과로 종교사가 지니고 있는 한계를 보완할 것을 주장하였다.17) 페타조니의 뒤를 이른 비앙키(U. Bianchi)도 종교현상학과 종교사의 상호 보완성을 주장하고, 귀납적이고 역사적인 방법(inductive-historical method)을 제창하였다.18) 비앙키가 종교현상들의 역사적 비교(historical comparison)를 최선의 방법으로 여기고 있는 점을 볼 때 결국 이탈리아의 종교학은 기본적으로 종교사의 입장에서 종교현상학을 수렴하려는 의지를 보이고 있다고 할 수 있다.19)

엘리아데도 이들과 마찬가지로 종교현상학과 종교사의 상호보완성을 인정하고 있기는 하지만 기본적으로 종교현상학의 입장에 서 있다. 그의 창조적 해석학(creative hermeneutics)이 결국 문화의 창조(cultural creation)와 인간의 변형(modification of man)을 목적으로 하고 있다는 점에서 우리는 그의 이러한 입장을 살필 수 있다.20)

종교현상학과 종교사의 상호 보완성의 문제, 그리고 양자 중에서 어느 쪽에 강조점을 두느냐 하는 문제는 근래 일반화와 종합의 문제로 귀착이 되고 있다. 종교학이 자료 수집이나 분석에만 머물지 말고 일반화와 종

---

17) R. Pettazzoni, "History and Phenomenology in the Science of Religion" in *Essays on the History of Religions*(Leiden: E. J. Brill, 1967), pp.215-219(이 논문은 원래 1954년에 발간된 *Numen* 창간호에 실렸다.)
18) U. Bianchi, *The History of Religions*(Leiden: E. J. Brill, 1975), p.22.
19) U. Bianchi, "Current Methodological Issues in the History of Religions" in *The History of Religions: Retrospect and Prospect*, ed. by J. M. Kitagawa(New York: Macmillan, 1985), pp.53-67.
20) M. 엘리아데, 앞의 책, 106쪽.

합을 시도하여야 한다는 주장은 이미 엘리아데의 다음의 지적에서 살필 수 있다.

> 기존의 알려져 있는 사실들을 이해하려는 노력도 해 보지 않고 모든 사실을 다 수집할 때까지 기다렸던 과학자는 한 명도 없다. 게다가 분석만이 참된 과학적 작업을 대표한다거나, 또는 오직 연륜이 쌓인 이후에만 종합이라든가 일반화를 시도해야 한다는 등의 잘못된 생각에서 자유롭게 될 필요가 있다… 인간 정신이 이처럼 분석적인 방식으로만 활동할 경우 그는 자신의 창조성을 그 대가로 지불하지 않으면 안 된다21)

엘리아데의 이러한 입장은 현재 시카고 학파를 대표하는 기타가와(J. M. Kitagawa)에게서 다시 살필 수 있다. 기타가와는 화이트헤드가 『교육의 목적(*Aims of Education*)』에서 말한 낭만(romance), 엄밀성(precision), 일반화(generalization)라는 순환적인 과정이 종교학에 그대로 적용될 수 있다고 주장한다.22) 기타가와의 이러한 주장에서 엄밀성이 일반화를 위한 전 단계라는 점을 감안할 때 그도 엘리아데와 마찬가지로 분석보다는 일반화의 중요성을 무엇보다도 강조하고 있다는 사실을 알 수 있다.

한편, 비앙키는 "우리가 '종교'라고 부르는 '역사적인 보편(historical universal)'은 오직 역사적인 비교를 통해서만이 점차적으로 밝혀질 수 있다"고 말하고 있는 것을 볼 때 그는 일반화나 종합에 앞서서 종교현상의 역사적인 구체성을 강조하고 있다는 점을 살필 수 있다.

---

21) 같은 책, 96쪽.
22) J. M. Kitagawa, "The History of Religions(Religionswissenschaft) Then and Now" in J. M. Kitagawa, ed., *op. cit.*, pp.137-140.

이와 같이 1960년대를 전후해서 제기된 종교현상학과 종교사의 관계는 그뒤 종교학에서 일반화와 종합이 차지하는 중요성의 문제로 바뀌었다.23) 그리고 이 문제는 다시 종교학의 목적이 이해(understanding)인가 설명(explanation)인가, 또는 종교학이 과학(science)인가 담론(discourse)인가라는 문제 등과 관련되어 복잡한 양상을 보이게 된다.24)

나. 마르부르크 회의 이후

앞에서도 지적하였듯이 마르부르크에서 개최된 국제종교학회에서 방법론에 관한 본격적인 논의가 최초로 시작되었다. 그리고 국제종교학회가 아마추어, 신학자, 그리고 이상주의자들 모두로부터 보호되어야 하고, 종교학은 무엇보다도 '과학적'이어야 한다는 주장이 제기되었다.25)

이러한 분위기 속에서 1960년대 전후의 종교학을 주도해 왔다고 할 수 있는 엘리아데와 스미스(W. C. Smith)의 입장에 대해서 종교학 내부에서까지 비판적인 검토를 할 수 있는 여건이 마련되었다.26) 따라서 마르부르크 회의 이후에는 종교학의 주요 개념을 위시해서 각 이론이 지니

---

23) 성급한 일반화나 종합의 오류를 방지하기 위해서는 독립된 종교현상들에서 출발하여 중범위 이론(middle range perspective)을 이용하여야 한다는 지적이 있다. 野村暢清,「科學としての宗教學」, 田丸德善 編,『講座宗教學』1, 1977, pp.87-90; 윤이흠,「현대 종교학 방법론의 과제」,『종교연구』, 제3집, 1987, 28쪽.
24) C. H. Long, "A Look at the Chicago Tradition in the History of Religions: Retrospect and Future" in J. M. Kitagawa, ed., *op. cit.*, pp.100-102.
25) R. J. Z. Werblowski, "Marburg and After", *Numen*, VII, 1960, pp.215-220. 여기에서 베블로브키는 '과학적'이라는 용어가 의미하는 내용이 학문마다 다를 수 있다는 점을 분명히 밝히고 있다.
26) W. G. Oxtoby, "Religionswissenschaft Revisited" in *Religions in Antiquity: Essays in Memory of Erwin Ramsdell Goodenough*, ed., by J. Neusner(Leiden: E. J. Brill, 1970), pp.595-603.

고 있는 장, 단점이 치밀한 검토의 대상이 되었고, 그에 따른 대안이 여러 학자들로부터 제기되었다.

마르부르크 회의 이후 현대 종교이론의 쟁점을 일목요연하게 정리한다는 것은 불가능에 가깝다. 윤이흠은 오늘의 종교학계는 새로운 방법론의 필요를 강력히 지성적으로 인식하고 있는 단계라고 진단하고 있다.[27] 다시 말해서 현대 종교학이 처해 있는 상황의 특징은 '방법론적인 불확실성'이라는 것이다. 그리고 어떤 학자는 현대 사회과학이 방법론의 위기에 처해 있다면, 현대 종교학은 나아가서 정체성(identity)의 위기에까지 직면해 있다고 지적하였다.[28] 이러한 상황 속에서 1960년대 이후 현대 종교이론의 쟁점들을 중립적인 입장에서 전반적으로 소개하겠다는 시도는 처음부터 무모할지도 모른다. 그러나 여기에서는 한국의 현대 종교학이 앓고 있는 문제점을 보다 더 잘 이해해 보자는 의도 아래 1960년대 이후 제기된 현대 종교이론의 주요 쟁점들 중에서 환원주의, 설명과 이해, 인식론과 존재론의 문제를 정리해 보도록 하겠다.

1) 환원주의의 문제

환원주의(reductionism)는 본래 종교학이 사회과학적 종교연구의 한계를 지적하기 위해서 사용한 개념이다. 종교학자들이 지적한 사회과학적 종교연구의 한계는 마르크스(K .Marx), 프로이드(S. Freud), 뒤르켕(E. Durkeim) 등의 예에서 대표적으로 볼 수 있듯이 사회과학적 종교연구가

---

[27] 윤이흠, 『한국종교연구』, 권2, 집문당, 1988, 54-55쪽.
[28] E. T. Lawson, "The Crisis in the Scientific Study of Religion and its Resolution" in *Studies on Religions in the Context of Social Scienses: Methodological and Theoretical Relations*, ed. by W. Tyloch(Warsaw: Polish society for the Science of Religions, 1990), p.93.

종교현상을 종교현상 그 자체로 보지 않고 비종교적인 현상으로 환원시키고 있다는 것이다. 대부분의 종교학자들은 종교현상이 자율적이고 독특한 현상이기 때문에 종교현상 이외의 다른 현상으로 환원시켜서는 안 되고 오직 종교학의 독자적이고 독특한 방법에 의해 이해되어져야 한다고 주장한다. 엘리아데는 포앙카레(H. Poincaré)의 "오직 현미경만을 이용하여 코끼리를 연구한 자연과학자가 과연 코끼리에 관해 올바른 지식을 갖고 있다고 볼 수 있을까?"라는 말을 인용하면서 현대 과학의 근본적인 원칙 중의 하나인 "척도가 현상을 만들어 낸다"는 말에 주목을 요한다고 말한다.29)

종교학자들의 이러한 주장은 두 가지 맥락에서 이해해 볼 수 있다.

첫째는 종교현상의 다른 현상으로의 환원은 종교현상을 이해하기 위한 것이 아니고 종교현상이 아닌 다른 현상을 이해하기 위한 것이다. 따라서 종교현상의 다른 현상으로의 환원에 의해서는 종교현상이 전혀 이해되지 않는다는 것이다. 그리고 둘째는 종교학이 종교현상을 총체적으로 이해하는 것을 목적으로 하는데 환원주의적 종교 이해는 부분에 대한 이해에 그치며, 대부분의 경우 부분에 대한 이해를 전체에 대한 이해로 오인시키고 있다는 것이다.

최근에도 종교학의 특징을 반환원주의(anti-reductionism)에서 찾고 있는 학자들은 반환원주의를 종교학의 최소한의 '학문적인 토대(disciplinary axiom)'로 간직하여야 이론상의 혼란을 막고 종교학의 자율성을 확보할 수 있다고 주장한다.30)그리고 이러한 토대에서 종교학은

---

29) M. 엘리아데, 『종교형태론』(이은봉 역), 형설출판사, 1979, 3쪽.
30) D. L. Pals, "Is Religion a sui generis Phenomenon?", *Journal of the American Academy of Religion*, LV, 1987, p.278. 팔스의 이러한 주장은 과학철학자인 라카토스의 과학적 연구 프로그램(scientific research program)으로부터 시사를 받은 것

사회과학적 성격보다는 오히려 인문학적 성격을 지녀야 하며, 설명보다는 이해를 목적으로 삼아야 한다고 주장한다.[31] 다시 말해서 이들은 반환원주의라는 종교학적 특징을 포기하지 않은 상태에서 종교학 나름의 독특한 방법론을 추구하고 있다.[32]

최근에 와서 이와 같이 반환원주의를 종교학의 특성으로 여기고 있는 종교학자들은 몇 가지 특징적인 양상을 보인다. 이들은 해석학을 이용하여 훗설(E. Husserl)를 근간으로 하는 현상학의 한계를 극복하려는 리꾀르(P. Ricoeur)의 해석학적 현상학(hermeneutical phenomenology)이 현대 종교학의 이론적인 위기를 극복시킬 수 있다고 주장한다.[33] 그리고 이들은 종교현상학이 철학적 현상학과는 별도로 전개되어 왔기 때문에 종교학은 철학으로부터 그다지 영향을 받지 않은 독자적인 학문이라는 이전의 학자들의 주장과 달리 철학적 현상학과 종교현상학의 상호 보완성을 검토하기 시작하였다.[34] 이들은 현대 종교이론이 지니고 있는 설명

이다. 라카토스의 과학적 연구 프로그램에 대해서는 I. 라카토스, 「반증과 과학적 연구 프로그램들의 방법론」, 라카토스 · 무스레이브 편, 『현대과학철학논쟁』(조승옥 · 김동식 역), 민음사, 1987, 182-189쪽 및 앨런 차머스, 『현대의 과학철학』(신일철 · 신중섭 옮김), 서광사, 1985, 137-143쪽 참조.

31) D. L. Pals, "Autonomy, Legitimacy, and the Study of Religion", *Religion*, vol. 20, 1990, p.10.

32) 정진홍은 이러한 입장에서 엘리아데에 대한 기존의 비판에도 불구하고 엘리아데가 반독단론과 반환원주의의 입장을 견지하고 있다는 측면에서 그의 종교학 방법론이 지니고 있는 대안으로서의 가능성을 인정하고 있다. 정진홍, 앞의 논문, 107쪽. 그리고 이러한 입장을 끝까지 견지하는 시카고 학파에서는 종교학을 '영적 학문(spiritual discipline)'으로 규정하고 있다. Walter L. Brenneman, Jr., Stanley O. Yarian and Alan M. Olson, *The Seeing Eye : Hermeneutical Phenomenology in the Study of Religion*(University Park : The Pennsylvania State University Press, 1982), pp.57-71.

33) S. D. Kepnes, "Bridging the Gap between Understanding and Explanation Approaches to the Study of Religion", *Journal for the Scientific Study of Religion*, vol. 25(4), 1986, pp.504-512.

34) 반 델 레우의 『종교현상학(*Religion in Essence and Manifestation*)』에서 훗설에 대

과 이해의 상충적인 관계를 설명과 이해의 상보성을 주장한 리꾀르의 이론을 통해서 극복할 수 있다고 주장한다.

그러나 설명과 이해가 상보적이라는 리꾀르의 입장은 '이해 - 설명 - 비판적 이해'라는 도식에서 알 수 있듯이 결국 이해에 비중을 더 두고 있는 입장이다.[35] 그리고 리꾀르의 해석학적 현상학의 궁극적인 목표는 '화해되고 조정된 존재론(reconciled ontology)'[36]이고 '새로운 존재양식을 창조하는 것(creating a new mode of being)'[37]이다. 그리고 그의 해석학적 현상학에 근거하는 종교학은 '종교가 존재하고 있는 세계를 해석하는 것(to interprete the world in which a religion lives)'[38]이다. 이렇게 보면 인식론의 중요성을 간과하지 않으면서 존재론을 살피겠다는 리꾀르의 주장은 결국 인식론의 문제는 존재론의 문제와 관련을 맺을 때에만이 의미가 있다는 말이고, 다시 이 말은 인식론보다는 존재론이 그의 일차적인 문제라는 것을 의미한다.

이와 같이 반환원주의를 여전히 종교학의 특징으로 간주하는 학자들은 설명보다는 이해에, 그리고 인식론보다는 존재론에 더 비중을 두는 양상을 보이고 있다. 그리고 이러한 입장을 견지하는 한 이들은 어쩔 수

한 언급은 거의 찾아 볼 수 없다.; 철학적 현상학과 종교현상학의 상호보완성은 W. L. Brenneman, Jr., S. O. Yarian and A. M. Olson, *op. cit.*, pp.1-10; 정진홍, 「종교현상학의 전개 - 1950년 이후를 중심으로」, 『종교연구』, 제3집, 1987, 60-70쪽 및 K. Werner, "The Concept of the Transcendent: Questions of Method in the History of Religions", *Religion*, vol. 13, 1983, p.320 참조.

[35] C. E. Reagan and D. Stewart, *The Philosophy of Paul Ricoeur: An Anthology of His Work*(Boston: Beacon Press, 1978), p.165.
[36] D. Ihde, *Hermeneutic Phenomenology: The Philosophy of Paul Ricoeur*(Evanston: Northwestern University Press, 1971), p.8.
[37] P. Ricoeur, *Interpretation Theory: Discourse and the Surplus of Meaning*(Fort Worth: The Texas Christian University Press, 1976), p.88.
[38] S. D. Kepnes, *op. cit.*, p.511.

없이 이론(theory)에 대한 전반적인 관심을 포기하는 또 다른 특징적인 양상을 보인다.39)

한편, 이들과 달리 종교학이 '과학성'을 유지할 수 있으려면 '환원주의'라는 개념을 다른 측면에서 이해하여야 한다고 주장하는 학자들이 있다. 반환원주의에 대해 최초로 이의를 제기한 펜톤(J. Y. Fenton)은 다음과 같이 자신의 견해를 피력하고 있다.

만약 연구자 스스로가 자신이 환원주의적이라는 사실을 의식하고 있다면, 그리고 만약 환원주의적인 학자가 오직 자기의 학문분과만이 종교현상의 본질을 파악해낼 수 있다고 간주하지 않는다면, 그리고 또한 만약 자신의 이론을 너무 확대 평가하지 않는다면, 종교학에 있어서 환원주의는 전혀 문제가 되지 않는다.40)

비록 몇 가지 단서 조항을 달기는 하였지만 환원주의를 수용하여야 한다는 펜톤의 이러한 주장은 결국 환원주의는 연구의 목적과 성과에 의해 평가를 받을 수 있다는 것을 의미한다.41) 이와 비슷한 맥락에서 페너(H. Penner)는 환원되는 것이 현상이나 속성(property)이 아니고 이론이며, 환원은 과학적 진보를 위한 것이라는 과학철학의 성과에 주목한다.42)

그리고 과학철학의 이러한 성과를 종교학에 적용하여, 환원의 목적은 이론적으로 적절한 설명이고, 환원을 통해서 과학적 지식을 축적시킬 수

---

39) W. L. Brenneman, Jr., S. O. Yarian and A. M. Olson, op. cit., p.165.
40) J. Y .Fenton, "Reductionism in the Study of Religion", Soundings, vol. 53, 1970, p.64.
41) 종교학에서 '가치중립성'의 문제도 연구의 목적과 성과에 의해 평가되어야 하며, 강요되어서는 안 된다는 지적이 있다. P. Donovan, "Neutrality in Religious Studies", Religious Studies, vol. 26, 1990, pp.114-115.
42) H. H. Penner and E. A. Yonan, "Is a Science of Religion Possible?", Journal of Religion, vol. 52, 1972, p.119.

있다고 주장한다.43)이어서 종교는 독특한 현상이라거나 환원주의에 빠져서는 안된다는 입장을 지지하면, 이론에 대한 전반적인 거부 반응을 보이게 되어 새로운 종교이론은 나올 수 없으며, 새로운 종교이론이 나올 수 없는 한 종교학은 성립할 수 없다고 주장한다.44)

이와 같이 환원주의에 대한 종교학자들의 양분된 태도는 현대 종교학의 방향을 두 갈래 길로 구분하여 놓았다. 반환원주의를 종교학의 포기할 수 없는 특성으로 간주하고 있는 학자들은 종교학 나름의 독특한 방법론의 필요성을 느끼고 그 방법론을 철학의 해석학적 현상학에서 찾고 있다. 그리고 이와 다른 길을 걷고 있는 학자들은 종교학이 발전하려면 종교에 대한 이론적인 설명을 통한 체계적인 지식의 획득이 필요한데, 그러기 위해서는 환원주의적인 태도를 수용할 수밖에 없다는 입장을 보이고 있다.45) 따라서 전자의 학자들은 종교학과 사회과학적 종교연구를 끝까지 구분하려는 데 비해서 후자의 학자들은 사회과학적 종교연구가 종교학과 사회과학 양 쪽에 모두 포함된다는 견해를 보이고 있다.46)

본래 반환원주의는 종교학이 사회과학적 종교연구와 다르다는 점을 보이기 위해서 사용한 개념이며, 바로 그 점에서 종교학사적으로 중요한 기여를 한 개념이었던 것은 사실이다.47)그러나 반환원주의를 종교학의

---

43) *Ibid.*, p.131.
44) *Ibid.*, p.131.
45) 종교학에서 사회과학적 연구의 중요성이 점차 고조될 것이라는 지적은 아래의 글을 참조. F. Whaling, "Introduction" in *Contemporary Approaches to the Study of Religion*, vol. 2 ed., by F. Whaling(Berlin : Mouton, 1985), p.5; 김승혜, 「종교학적 연구와 동양적 시각」, 김승혜 편저, 『종교학의 이해 -종교연구 방법론을 중심으로』, 분도출판사, 1986, 354쪽.
46) F. Whaling. *op. cit.*, p.18; J. Waardenburg, "Social Sciences and the Study of Islam" in W. Tyloch. ed. *op. cit.*, p.187.
47) D. Wiebe, "Disciplinary Axioms, Boundary Conditions and the Academic Study of Religion: Comments on Pals and Dawson", *Religion*, vol. 20, 1990, pp.17-29.

포기할 수 없는 특성으로 간주하게 되면 몇 가지 문제점이 제기된다.

첫째, 사회과학적 종교연구의 성과를 종교학사에서 어떻게 정리할 것인가라는 문제가 생긴다. 만약 사회과학적 종교연구와 종교학을 구태여 구분한다면 종교학사에서 사회과학적 종교연구는 당연히 제외시켜야만 할 것이다. 그리고 종교학과의 교과목에서도 종교인류학, 종교심리학, 종교사회학 등의 사회과학적 종교연구는 제외시켜야만 할 것이다. 그러나 아직까지 이러한 상황은 벌어지지 않고 있다. 오히려 사회과학적 종교연구는 종교학과 다르다고 하면서 그것들을 가르치고, 배워야 하는 거북스러운 상황이 지속되고 있다.

둘째, 종교학과 사회과학적 종교연구의 구분을 강조하여 종교학의 자율성을 주장하면서, 다른 한편으로는 종교학과 철학의 모호한 관계 설정을 통해 종교학의 자율성을 포기하고 있는 것이 아닌가라는 의구심을 느끼게 한다. 만약 인접학문과의 방법론적인 차별성을 통해 종교학의 자율성이 확보되는 것이 사실이라면 사회과학적 종교연구뿐만 아니라 철학과의 차별성이 유지되지 않는 한 종교학의 자율성은 여전히 확보되지 않을 것이다.

2) 설명과 이해

환원주의의 문제는 종교학의 목적이 "설명(explanation)인가, 또는 이해(understanding)인가"라는 문제와 밀접한 관련을 맺고 있다. 그리고 이해는 해석(interpretation)과 통하기 때문에 "설명인가 이해인가"라는 말은 결국 "설명인가 해석"인가라는 말로도 표현할 수 있다.

딜타이(W. Dilthey)는 일찍이 자연과학적 방법론이 정신과학(Geisteswissenschaft)에도 그대로 적용되는 학문적 풍토를 비판하여 자연과학은 설명에, 그리고 정신과학은 이해에 목적이 있다고 주장하였다.

딜타이가 이러한 구분을 제시한 이후 학문의 목적이 설명인가 이해(해석)인가라는 문제는 모든 인문, 사회과학이 해결해야할 과제로 대두되었다. 종교학에서도 '설명과 이해'의 문제는 다른 학문분야와 마찬가지로 근래에 첨예한 대립 양상을 보이고 있다.

그런데 대체로 종교현상의 독특성(*sui generis*)과 환원 불가능성(irreducibility)을 주장하는 학자들은 종교학의 목적이 결코 설명이어서는 안 되고 철저히 이해나 해석이어야 한다고 생각한다.[48] 그러나 또 다른 학자들은 이러한 태도가 종교학을 학문분과로 만드는 데 일정한 기여를 하기는 하였지만, 앞으로는 종교학 발전에 장애가 될 것이며, 현대 종교학이 필요로 하는 것은 적절한 이론이라고 주장한다.[49] 그리고 '이해'는 기술(technique)이지 방법(method)이 아니기 때문에 '이해'에 의해서 지식의 증대를 바랄 수는 없다고 주장한다.[50]

후자의 입장에 서 있는 학자들은 적절한 이론에 의한 과학적인 설명을 종교학의 목적으로 삼고 있기 때문에 자연스럽게 과학철학의 성과에 비추어 현대 종교이론을 검토하는 작업에 관심을 가진다.[51] 이들은 과학이나 과학적 진리가 이데올로기적인 측면을 지닐 수 있다는 점을 간파하면서도 현대 종교학이 과학철학의 성과에 비추어 설득력 있는 이론을 구성해 나가기를 바라고 있다. 예를 들어서 종교학의 목적을 설명에 두고, 완

---

[48] 정진홍, 「종교현상학의 전개 - 1950년 이후를 중심으로」, 『종교연구』, 제3집, 1987, 82쪽.
[49] D. Wiebe, "History of Religions in the Context of the Social Sciences: From History to Historical Sociology" in W. Tyloch, *op. cit.*, p.217.
[50] H. H. Penner and E. A. Yonnan, *op. cit.*, pp.124-125.
[51] F. Whaling, "An Additional Note on the Philosophy of Science and the Study of Religion" in F. Whaling, ed., *op. cit.*, pp.379-390.

전한 설명을 위해서는 종교에서 주장하는 '진리'의 진위를 반드시 살펴야 한다는 위베(D. Wiebe)의 주장이나, 종교에 대한 과학적인 이론이 가능하려면 '초월'이나 '초자연'이라는 개념을 고려하야야 한다는 웨르너(K. Werner)와 핫지스(D. L. Hodges)의 주장, 그리고 종교현상학과 종교사회학의 접목을 위해서 '힘(power)'을 해석학적 범주로 설정하는 것이 필요하다는 정진홍의 주장이 모두 여기에 해당된다.[52]

한편, 현대 종교학에서 '이해'와 '설명'이 반드시 상충적인 것은 아니고 상호 보완적일 수 있다는 점을 지적하는 학자들도 있다. 예를 들어서 슈미트(G. Schmid)가 종교학의 기본적인 방법으로 기술(discription), 파악(comprehension: Ansicht), 이해(understanding: Einsicht)를 제시하였을 때 '파악'을 설명과 유사한 개념으로 간주한다면, 결국 슈미트가 염두에 두고 있는 종교학에서는 이해와 설명이 상보적인 구실을 담당한다.[53]

로오슨(E. T. Lawson)과 맥컬리(R. N. McCauley)도 종교학에서 이해와 설명의 상보성을 인정하고 있기는 하지만 지금까지 기존의 종교학이 이해와 해석에 보다 치중하였다는 전제 아래 종교학의 균형있는 발전을 위해서는 의도적으로 설명을 강조할 필요가 있다고 주장한다.[54]

---

[52] D. Wiebe, *Religion and Truth : Towards an Alternative Paradigm for the Study of Religion*(The Hague: Mouton, 1981), pp.1-6; K. Werner, "The Concept of the Transcendent: Questions of Method in the History of Religions", *Religion*, vol. 13, 1983, pp.311-322; D. L. Hodges, "Breaking a Scientific Taboo : Putting Assumptions about the Supernatural into Scientific Theories of Religion", *Journal for the Scientific Study of Religion*, vol. 14, 1974, pp.393-408; 정진홍, 「종교현상학과 종교사회학의 만남을 위하여 – '힘'의 실재에 대한 새로운 인식을 중심으로」, 그리스도철학연구소 편, 『현대사회와 종교』, 서광사, 1987, 144-166쪽.

[53] G. Schmid, *Principles of Integral Science of Religion*(The Hague: Mouton, 1979), pp.67-69. 리꾀르의 해석학적 현상학을 대안으로 제시한 케프니스도 기본적으로 이해와 설명의 상보성을 인정하고 있다. S. D. Kepnes, *op. cit.* pp.504-512.

[54] E. T. Lawson and R. N. McCauley, *Rethinking Religion: Connecting Cognition*

3)인식론과 존재론

설명과 이해를 중심으로 한 현대 종교이론의 이러한 쟁점은 다시 인식론과 존재론의 문제와 밀접한 관련을 맺고 전개된다. 대체로 종교학의 목적을 설명에 두는 학자들은 종교에 대한 객관적인 지식을 어떻게 획득하느냐 하는 인식의 문제에 주안점을 둔다. 이에 비해 종교학의 목적을 이해에 두는 학자들은 비록 종교에 대한 객관적인 지식의 필요성을 간과하는 것은 아니지만 종교학의 일차적인 목적을 무엇보다도 실존적인 문제의 해결에 둔다.

특정 학문의 일차적인 목표를 인식의 문제에 두느냐, 또는 존재의 문제에 두느냐 하는 문제는 모든 인문, 사회과학이 안고 있는 문제이다. 그런데 종교학은 존재의 문제를 직접적으로, 그리고 총체적으로 다루고 있는 '종교'를 연구대상으로 삼고 있기 때문에 다른 학문과 달리 인식의 문제보다는 존재의 문제에 보다 비중을 두어 온 경향이 있다. 따라서 종교학자들이 주로 호감을 보이고 있는 종교에 대한 사회과학적 연구나 철학적 연구들도 대체로 인식의 문제를 넘어 서서 존재의 문제에 대해 언급하고 있는 것들이다. 예를 들어서 종교인류학의 터너(V. Turner), 종교심리학의 알포트(G. Allport), 종교사회학의 벨라(R. Bellah), 종교철학의 비트겐슈타인(L. Wittgenstein)은 모두 존재론의 문제를 일정하게 취급하고 있기 때문에 종교학자들이 이들의 연구 성과에 보다 쉽게 접근할 수 있었다.[55]

---

and Culture(Cambridge: Cambridge University Press, 1990), p.13.
[55] 이들 학자들이 지니고 있는 존재론에 대한 관심에 대한 비판은 아래의 글들을 참조할 수 있다. B. Morris, *Anthropological Studies of Religion: An Introductory Text*(Cambridge: Cambridge University Press, 1987), p.258; W. C. Shepherd, "Religion and the Social Sciences: Conflict or Reconciliation?", *Journal for the*

그러나 다른 학문분야에서와 마찬가지로 종교학에서도 존재론의 문제를 강조하다 보면 종교학의 학문성이 위축될 수밖에 없다는 지적이 나오고 있다.[56] 베어드(R. D. Baird)에 의하면 존재론에 대해 관심을 보이고 있는 이론들에는 처음부터 선험적인 존재론이 개입되어 있다. 따라서 예를 들어서 종교의 초역사적인 구조(transhistorical structure)를 인정하는 엘리아데의 창조적 해석학은 엘리아데와 존재론적 이해를 같이하는 사람들에게만 설득력이 있다.[57] 다시 말해서 종교에 대한 존재론적 이해는 어디까지나 사적이라는 것이다. 위베(D. Wiebe)도 이와 비슷한 맥락에서 종교에 대한 존재론적 관심은 '구원에 대한 갈망'을 배경으로 하고 있으며, 이러한 태도는 결국 종교 옹호론(apology)으로 향할 수밖에 없다고 지적한다.[58]

종교학이 지니고 있는 존재론적 성향에 대한 이러한 비판에도 불구하고 종교학은 어쩔 수 없이 존재론적 성향을 지닐 수밖에 없다는 지적이 있다. 길희성은 자신의 강의 경험을 토대로 종교학 강의를 들으러 오는 학생들이 대부분 실존적인 문제의식을 지니고 있다고 말한다. 그리고 종교학이 학생들의 이러한 문제의식을 결코 도외시할 수 없다고 지적한다.[59] 그리고 슈미트는 아예 "현대종교학은 종교적 실재(religious

---

Scientific Study of Religion, vol. 11, 1972, p.238; K. Nielson, *An Introduction to the Philosophy of Religion*(London: Macmillan, 1982), pp.43-64.

[56] 사회학에서도 가다머(H. G. Gadamer,) 이후 해석학의 위치가 중요해지자 존재론에 대한 '엄청난 질문(big question)'은 사회학의 범주를 넘어서고, 따라서 유보할 수밖에 없다는 지적이 있다. I. Oliver, "The 'Old' and the 'New' Hermeneutic in Sociological Theory", *British Journal of Sociology*, vol. 34(4), 1983 참조.

[57] R. D. Baird, *Category Formation and the History of Religions*(The Hague: Mouton, 1971), pp.90-91.

[58] D. Wiebe, "History or Mythistory in the Study of Religion?: The Problem of Demarcation" in *Marburg Revisited: Institutions and Strategies in the Study of Religion*, ed. by M. Pye(Marburg: diagonal-Verlag, 1989), p.43.

reality)에 대한 체계적인 연구를 통해서 현대인이 전통 종교들에 관해서 지니고 있는 근본적인 딜레마를 극복하려는 시도이다"60)라고 말하면서, 종교학에서 존재론에 대한 관심이 차지하는 비중을 강조하고 있다.

한편, 인식론과 존재론의 문제가 모든 학문이 지니고 있는 난관이라고 하였을 때 바로 종교학이 이 양자의 종합을 꾀할 수 있다는 지적이 있다. 바로 이러한 관점에서 엘리아데의 창조적 해석학이 지니고 있는 가능성이 새롭게 평가되고 있는 것이다.61)

인식론과 존재론의 문제는 최근에 토론토 학파와 시카고 학파를 중심으로 '종교학의 신학화' 논쟁으로 전개되고 있다. 이미 종교학의 신학화 논쟁이 벌어지기 전에도 엘리아데와 스미스(W. C. Smith)의 종교학이 과학적인 관심에서 출발한 것이라기보다는 종교적인 관심에서 출발한 것이라는 지적이 있었다.62) 같은 맥락에서 토론토 학파를 대표하는 위베는 종교학의 과학적 토대가 마련되고 있는 상황에서 존재론에 대한 관심을 지니고 있는 '종교현상학'이 종교학을 다시 신학으로 탈바꿈시키고 있다고 지적하고 있다.63) 위베의 이러한 지적을 중심으로 현재 다양한

---

59) 길희성,「학문적 객관성의 의미와 학문적 주관성의 한계」,『정신문화연구』, 1985, 가을호, 16쪽.
60) G. Schmid, op, cit., p.9.
61) D. Allen, *Structure and Creativity in Religion: Hermeneutics in Mircea Eliade's Phenomenology and New Directions*(The Hague: Mouton, 1978), Part Two; 정진홍,「멀치아 엘리아데 연구 - 그의 현상학적 방법을 중심으로」, 한국현상학회 편,『현상학과 개별과학』, 대학출판사, 1985.
62) W. G. Oxtoby, "Religionswissenschaft Revisited" in *Religions in Antiquity*, ed. by J. Neusner(Leiden: E. J. Brill, 1970), pp.595-603.
63) D. Wiebe, "Theory in the Study of Religion", *Religion*, vol. 13, 1983, p.303; D. Wiebe, "Phenomenology of Religion as Religio-Cultural Quest: Geradus van der Leeuw and the Subversion of the Scientific Study of Religion" in *Religionswissenschaft und Kulturkritik*, eds. by H. G. Kippenberg and B. Luchesi(Marburg: diagonal-Verlag, 1991), p.86.

논의가 전개되고 있어서 그 귀추가 주목되고 있다.64)

3. 종교학의 비종교화

앞에서는 1960년대 이후 현대 종교이론의 쟁점들을 환원주의, 설명과 이해(해석), 인식론과 존재론의 문제를 중심으로 개괄적으로 살펴보았다.

현대 종교이론은 대체로 '환원주의 - 설명 - 인식론'을 강조하는 흐름과 '반환원주의 - 이해(해석) - 존재론'을 강조하는 흐름으로 양분되어 있다는 것으로 요약해 볼 수 있다. 전자는 종교에 대한 과학적인 지식의 획득을 종교학의 목적으로 보기 때문에 이론에 의한 과학적인 설명을 선호하고 있는 반면, 후자는 이에 비해 종교적인 성향과 철학적인 성향을 보다 많이 지니고 있다는 차이를 발견할 수 있었다. 여기에서는 현대 종교이론의 이러한 쟁점들에 대한 이해를 토대로 한국 종교학의 상황을 검토해 보기로 하자.

서구의 종교학이 '사회과학'과 '기독교 신학'과의 관계에서 어려움을 겪어 왔다면 한국의 종교학은 오히려 '기독교 신학'과 '동양철학'과의 관계에서 어려움을 겪어 왔다. 한국의 종교학이 사회과학적 종교연구와 갈등 관계를 표출하지 않은 것은 단지 우리나라의 사회과학자들이 비교적

---

64) E. Shape, "Secularization of History of Religions" in *Gilgul: Essays on Transformation, Revolution and Permanence in the History of Religions*, eds. by S. Shaked, D. Shulman and G. G. Stroumsa(Leiden: E. J. Brill, 1987), pp.257-269; D. Wiebe, "History or Mythistory in the Study of Religion?: The Problem of Demarcation" in M. Pye, *op. cit.* pp. 31-46; J. Waardenburg, "Scholarship and Subversion: A Response to Donald Wiebe" in H. G. Kippenberg and B. Luchesi, *op. cit.*, pp.65-86.

종교에 관심을 보이지 않았기 때문이다. 우리나라는 '종교'라는 개념 자체를 회피하는 유교적인 배경을 지니고 있고, 또한 서구의 합리적인 사고방식이나 마르크스주의적인 종교이해로 인해 종교 전반에 대한 관심이 저조한 편이다.65) 따라서 종교에 대한 사회과학적 연구는 본격적으로 이루어지지 못하였고, 그나마 있다면 기독교적 종교사회학이나 기독교적 종교심리학이 있을 뿐이다. 이런 상황에서는 '사회과학적 종교연구'와 종교학의 갈등은 오히려 '기독교 신학'과 종교학의 갈등으로 표출되기 마련이다.

그리고 우리나라의 종교학은 서구의 종교학과 달리 동양철학이라는 인접학문과의 관계 설정에 어려움을 겪고 있다. 서구의 경우에는 철학과 종교의 구분이 어느 정도 가능하나 동양의 경우에는 철학과 종교의 구분이 전통적으로 불가능하다. 동양철학은 서구적인 의미의 철학이라기보다는 오히려 기독교 신학과 같이 종교의 내적 발언으로 이해하는 것이 타당하다.66) 다시 말해서 학문과 인격수양, 그리고 사회적 치인을 연속적인 것으로 본 동양의 고전적 전통은 처음부터 학문과 신앙의 두 영역을 구분해서 보지 않았다.67) 이런 상황 속에서 한국의 종교학은 기독교의 내적 발언인 기독교 신학과 유교, 불교 등 동양종교의 내적 발언인 동양철학으로부터 차별성을 획득할 필요를 느끼게 된다.68)

---

65) 종교에 대한 관심이 저조한 것은 중국의 경우도 마찬가지이다. H. Seiwert(et al), "The Institutional Environment of the Study of Religions in China" in M. Pye, ed., op. cit., pp.127-141.
66) 동양철학의 방법론이 문제가 되는 것은 이와 같이 동양철학이 근본적으로 종교의 내적 발언이기 때문이다.
67) 정재식, 「학문과 신앙-두 영역의 만남」, 『인문과학』, 제54집, 1985, 200쪽.
68) 서구 종교학의 경우 '국지성(parochialism)'을 탈피하기 위해서 동양의 종교학과의 만남을 시도하고 있다. 이때 이들이 염두에 두고 있는 동양의 종교학도 소위 동양철학을 의미한다. F. Whaling, "The Study of Religion in a Global Context" in

서구의 종교학이 앞에서 지적하였듯이 '재신학화'의 위험에 처해 있다면 한국의 종교학은 이런 상황 속에서 '종교화'와 함께 '철학화'의 위험에 처해 있다고 할 수 있다. 그럼에도 불구하고 현재 한국의 종교학은 종교적인 주장과 철학적인 주장을 너무 많이 하고 있는 것이 아닌가라는 의구심을 버릴 수 없다. 아니 오히려 종교와 철학이 할 수 있는 과제까지 종교학의 과제로 삼고 있는 것이 아닌가라는 생각을 하게 된다.[69]

한국의 종교학이 종교적인 주장과 철학적인 주장을 하면 할수록, 종교와 철학으로부터 종교학을 구분하는 것은 더욱 어려워질 것이다. 그리고 종교와 철학으로부터 종교학을 구분하지 못할 때 종교학에 대한 제도적인 필요는 창출되지 못할 것이다.

서구의 종교학이 재신학화의 위험을 방지하기 위해서 종교학의 경험과학적 성격을 다시 강조하고 있는 것을 볼 때 한국의 종교학은 이런 상황 속에서 더욱 철저히 종교학의 경험과학적 성격을 강조할 필요가 있다.[70] 종교학의 경험과학적 성격은 종교학이 성립될 때부터 지적된 것이라는 사실을 염두에 둘 필요가 있다.[71] 그리고 종교학의 제도적인 발전

Contemporary Approaches to the Study of Religion, vol. 1, ed. by F. Whaling(Berlin: Mouton, 1984), pp.391-443. 그러나 서구의 종교학은 아무래도 지리적인 이유로 인해 한국을 비롯한 동양의 종교학에 비해 동양철학과의 적절한 관계 설정의 필요성을 심각하게 느끼고 있지는 않다. 최근에는 서구의 종교학자들이 그야말로 동양의 '종교학자'들과의 만남을 시도하는 모습을 보이고 있기도 하다. H. Seiwert(et al.), *op. cit.* pp.127-141.

[69] 엘리아데도 자신의 종교학이 신학이나 철학과 다르다는 점을 말하고 있지만, 결과적으로 그의 종교학은 '종교'와 '철학'의 과제까지 해결하려는 욕심을 보이고 있다. 그가 제시한 '인간의 변형'과 '문화의 창조'라는 창조적 해석학의 과제는 상식적인 의미에서 현대 학문이 할 수 있는 일이라기보다는 오히려 '종교', 또는 '철학'의 과제라고 보는 것이 타당하다.

[70] 윤이흠도 경험과학적 방법론이 현대 종교학에 재요청된다고 지적하고 있다. 윤이흠, 「현대 종교학의 방법론의 과제」, 『종교연구』, 제3집, 1987, 23-29쪽.

[71] 장병길, 『종교학개론』, 박영사, 1975, 14쪽.

을 위한 이러한 방향의 전환은 방법론적인 검토 위에서도 필요하지만 우선 전략적으로도 필요하다.72) 특히 종교에 대한 경험과학적인 연구 성과가 적은 우리나라의 학계 상황을 고려할 때 한국의 종교학은 이러한 연구를 적극적으로 전개할 수 있는 좋은 여건에 놓여 있다. 바로 이 부분을 염두에 둘 때 한국의 종교학은 종교화와 철학화의 위험으로부터 벗어나서 종교학에 대한 제도적인 수요를 창출할 수 있을 것이다.

4. 맺음말

지금까지 우리는 현대 종교이론의 쟁점들을 살펴보고, 그것을 토대로 현대 한국 종교학의 제도적인 발전을 위해서 이론적이고, 경험과학적인 연구에 보다 더 관심을 가지는 것이 필요하다는 지적을 하였다. 종교학을 포함한 모든 학문은 어쩔 수 없이 종교적인 관심과 철학적인 관심을 정도의 차이는 있을지언정 일정하게 지니고 있을 수밖에 없다.73)

따라서 이러한 지적이 종교학에서 '종교적인' 관심과 '철학적인' 관심을 완전히 배제하자는 것을 의미하지는 않는다. 다만 이러한 관심들을 종교학만이, 또는 종교학이 가장 잘 충족시켜 줄 것이라는 희망을 가지지 말자는 것이다. 만약 종교학에 대해 이러한 기대를 가진다면 그러한 기대를 걸머진 '종교학'은 학문이기를 포기하고 '종교'의 구실을 할 수밖

---

72) 고고학이 미술사학을 포용하여 학과의 명칭을 '고고미술사학'으로 바꾼 뒤 대학에서 제도적인 발전을 보았고, 미학이 끝까지 예술철학을 고집하여 제도적인 발전을 보지 못한 것에서 학문의 제도적인 발전을 위한 전략이 필요하다는 것을 알 수 있다.
73) 김여수, 「인문과학의 이념-과학적 설명을 중심으로」, 서울대학교인문과학연구소 편, 『인문과학의 새로운 방향』, 서울대학교출판부, 1984, 19쪽.

에 없게 된다.74) 따라서 실존에 관한 문제를 종교학의 주요 과제가 아니고 부수적인 과제로 여길 수 있을 때 종교학의 비종교화와 탈신학화가 가능하고, 종교학의 비종교화와 탈신학화가 이루어 졌을 때 비로소 학문으로서의 종교학이 제도적인 발전을 맞이할 수 있게 될 것이다.

끝으로 정진홍의 다음의 지적을 인용하면서 맺음말에 대신하고자 한다.

우리는 종교학에 대한 관심을 가지면서 어쩔 수 없이 종교학의 정체에 대한 끊임없는 물음을 물어오지 않을 수 없었습니다. 그것은 때때로 종교 자체에 대한 물음을 유보한 것이었기에 우리는 학문에 대한 인간적 감촉이 메말라가는 아픔을 경험하기도 했고, 때때로 그것은 종교의 본질에 대한 봉헌적 태도를 의도적으로 거절해야 하는 비실존적 정황의 황량함을 견디어야 하는 외로움이기도 하였습니다.75)

---

74) 벨라는 종교학이 '새로운 종교'의 구실을 할 수 있을 것이라는 점을 긍정적으로 지적하였다. R. N. Bellah, "Religious Studies as 'New Religion'" in *Understanding the New Religions*, ed. by J. Needleman and G. Baker(New York: The Seabury Press, 1978), pp.106-112.
75) 정진홍, 「종교학연구회 창립에 즈음하여」, 『종교학연구』, 제1집, 1978, 91쪽.

제2장
한국 종교학의 회고와 전망[1]

1. 머리말

이 논문은 광복 50주년을 맞이하여 한국 종교학의 과거를 회고하고 미래를 전망하는 데 그 목적이 있다. 논문의 구체적인 전개에 앞서서 필자가 종교학을 공부하면서 겪었던 개인적인 체험 몇 가지를 먼저 이야기하는 것이 좋을 듯하다.

1970년대 중반은 이미 한국 종교학계에 엘리아데(M. Eliade)가 널리 소개된 이후였기 때문에 종교학과에 진학한 뒤에는 엘리아데의 저서들을 읽는 것에서부터 전공 공부를 시작하였다. 그 당시 종교학의 거장으로 알려져 있던 엘리아데의 저서들은 필자의 흥미를 유발시키기에 충분하였다. 그러나 엘리아데의 저서들을 구해 읽으면서 몇 가지 생각할 문제가 생겼다.

---

[1] 『정신문화연구』, 18권 1호, 1995.

똑같이 종교에 대한 궁금증을 풀기 위해 종교학을 전공으로 선택하였음에도 불구하고 종교학과의 다른 학생들은 엘리아데에 대해 그다지 흥미를 느끼지 않았다. 오히려 문학을 전공하거나 신학을 전공하는 학생들이 엘리아데에 대해 보다 많은 흥미를 느끼는 것처럼 보였다. 어떤 학생들은 엘리아데의 저서들은 그 내용이 비슷비슷하기 때문에 한, 두 권만 읽으면 된다고 말하기까지 하였다.

또 하나의 문제는 엘리아데 이외에 다른 종교학자들은 없느냐라는 궁금증이 생겼다는 것이다. 엘리아데 이외에 스스로를 종교학자라고 규정하면서 종교학자들을 대상으로 책을 쓰는 '종교학자들'을 찾기가 쉽지 않았던 것이다. 그 때 몇몇 선배들을 통해서 알게 된 학자가 바하(J. Wach)와 페타조니(R. Pettazzoni), 반 데르 레우(G. van der Leeuw)였고, 나중에 킹(W. King), 콤스톡(W. R. Comstock)도 알게 되었다.

이 두 번째 문제는 필자에게 매우 심각하였다. 종교학을 전공하기 위해서는 종교학자의 책들을 읽어야 할 텐데 지구상에는 서, 너 사람 말고는 종교학자가 없는 것처럼 보였다. 이들 말고도 물론 레비 스트로스, 터너, 기어츠, 더글라스, 베버, 뒤르켐, 파슨즈, 버거, 잉어, 제임스, 프로이드, 융, 알포트, 오토 등의 책을 읽었지만 이들은 그 어느 누구도 자신을 종교학자로 규정하지 않는다. 게다가 엘리아데의 종교학에 의하면 이들은 종교현상을 비종교현상으로 환원시킨 장본인들이기 때문에 종교학자들이라고 할 수도 없다.

그 당시 종교학을 전공하려는 초학자로서 필자는 공부해야 할 종교학자를 찾을 수가 없었던 것이다. 그리고 나아가서 그나마 종교에 대해서 책을 쓴 학자들을 공부하면서 이들은 결코 종교학자가 아니라는 강박관념에서 헤어날 수가 없었다. 종교학을 전공하는 초학자가 종교학자가 아닌 다른 전공의 학자들을 공부하는 데 더 많은 시간을 할애해야 하는 상황은 심리적으로 많은 갈등을 야기시켰다.

그 때 몇몇 학생들 사이에 오르내렸던 말 가운데 하나가 '순수한 종교학'이었다. 순수한 종교학이란 가능한 분야인가, 그렇다면 그것은 무엇이며 방법론은 무엇인가? 아무도 이 질문에 적절한 답변을 하지 못하였고, 또 그 당시 구할 수 있는 책들에서도 답변을 구할 수 없었다. 그러나 대체로 이 질문을 중심으로 의견이 둘로 나뉘었던 것으로 기억한다. 하나는 종교학이 현재 나름대로의 방법론은 없지만 그것을 찾고 있는 중이며, 아마도 앞으로 찾을 것이라는 의견이 있었는가 하면, 또 하나는 나름대로의 방법론을 가지지 못한 학문은 학문이 될 수 없기 때문에 종교학은 처음부터 불가능한 학문이라는 의견이 있었다.

1980년대초 필자가 대학에서 강의를 하면서 또 하나의 문제가 대두되었다. 모 대학에서 종교학 강사를 구하기 위하여 필자가 다니던 대학에 의뢰가 왔는데, 그 쪽에서 강사가 기독교인이어야 한다는 단서를 달았던 것이다. 물론 기독교인이 아닌 필자는 추천 대상에서 아예 제외되고 말았다. 대학에서 종교학을 가르치기 위해서는 반드시 기독교 세례를 받아야 할까? 물론 그렇지는 않을 것이다. 그러나 이 문제는 현실적으로 중요한 문제였다.

한국 종교학의 과거 50년을 정리하면서 논문 첫머리에 필자의 이러한 개인적인 체험을 말하는 이유는 바로 이러한 질문들을 화두로 해서 한국 종교학의 과거 50년을 정리해 볼 수 있을 것이라는 생각에서이다. 한국 종교학의 과거 50년 동안 그나마 이러한 질문이 그래도 가능했던 때는 과거 50년의 중간 쯤에서였다. 그리고 과거 50년의 후반부는 이 질문에 대한 답변을 추구해 나가는 과정이었다.

물론 이러한 질문에 정형화되고 획일화된 답변을 제시하려는 시도는 무모한 일이다. 그러나 종교학이 앞으로 학문으로서의 구실을 제대로 하기 위해서는 적어도 이 문제에 관한 한 종교학자들 사이에서 어느 정도 합의점을 찾아야 할 것이고, 그러기 위해서는 앞으로 종교학의 정체성에 관한 논의가 보다 활발히 진행될 필요가 있을 것이다.

2. 기존의 연구와 자료

그간 한국 종교학의 과거를 정리한 연구가 전혀 없었던 것은 아니다. 김종서는 「한말 일제하 한국종교 연구의 전개」[2]라는 제목으로 광복 이전 한국종교에 대한 연구 업적들을 정리한 방대한 논문을 발표하였다.

그는 한말에서 일제하 기간 동안 서양인과 일본인, 그리고 한국인의 한국종교 연구를 총망라하여 정리하면서 경성제대에서 종교학 교수를 담당했던 赤松智城(1886-1960)의 연구 업적을 구체적으로 소개하였다. 그 가운데 그는 경성제대 종교학 전공의 학문적 경향을 간략히 언급하였다.[3] 그리고 그는 한국 종교학이 나름대로 방법론을 지닌 전통이 있는 학문임을 강조하면서,[4] 한편으로는 현재 한국 종교학이 새로운 방법론적 반성을 요청하고 있다고 하였다.[5]

정진홍은 서울대학교 개교 40주년을 맞이하여 서울대학교 종교학과를

---

[2] 김종서, 「한말 일제하 한국종교 연구의 전개」, 『한국사상사대계 6』, 한국정신문화연구원, 1993, 243-314쪽.
[3] 같은 글, 279쪽.
[4] 같은 글, 313쪽.
[5] 같은 글, 243쪽.

중심으로 한국 종교학의 역사를 살핀 글을 발표하였다.[6] 그는 이 글에서 일제하부터 1980년대까지 한국 종교학의 경향을 살피면서 대체로 한국 종교학의 시기를 세 시기로 구분해서 정리하였다. 그는 일제하의 종교학을 식민지 통치정책의 수립을 위한 한국문화 분석을 위하여 동원된 민속학이나 역사학의 보조학문으로 머물러 있었다고 규정하고, 그 당시의 종교이론들도 19세기초의 민족지학적 또는 인류학적 종교이론들이 지배적이었다고 하였다.[7]

이어서 그는 1940년말에서 1960년말에 이르기까지의 종교학은 종교학 부재의 역사, 아예 기독교 신학의 역사라고 해야 보다 정확한 것일 수 있는 형편이었다고 지적하고,[8] 그런 가운데에서도 1950년대 중반부터 종교학이 자기 주장을 하기 시작하여 1950년대 말에서부터 1960년대 초까지는 서구에서 발전되어 온 종교 일반에 대한 과학적 연구의 기초 개념과 일반 이론들을 수용하는 데 골몰했던 시기라고 하였다.

그는 1970년대 후반에 들어서서 한국 종교학이 기독교 신학의 테두리를 완전히 벗어나게 되었고, 1980년대에는 종교 전통별로는 서구 종교전통과 동양 종교전통에 대한 균형 있는 연구가, 그리고 방법론적으로는 역사적 방법과 현상학적 방법이 조화를 이룰 수 있는 바람직한 상황이 도래하였다고 지적하였다.[9] 그리고 한국 종교학의 지난 40년을 회고하

---

[6] 정진홍, 「철학·종교학·미학의 회고와 전망」, 『서울대학교 학문연구 40년(1) ─ 총괄 인문 사회과학』, 서울대학교출판부, 1987, 218-234쪽. 이 글은 비록 서울대학교 종교학과를 중심으로 한국 종교학을 회고한 글이기는 하지만 그 당시까지 서울대학교 종교학과가 한국 종교학을 주도해 온 유일한 학과였다는 사실을 상기할 필요가 있다.
[7] 같은 글, 226쪽.
[8] 같은 글, 227쪽.
[9] 같은 글, 228-229쪽.

면서 그는 다음과 같이 자신의 견해를 피력하였다.

그것은 종교학이 신학에 의하여, 그리고 행정적 편의주의에 의하여 가해진 압력으로부터 벗어나는 일10)을 자신의 학문적 발전과 아울러 수행하지 않으면 안 되는 인고의 기간이었다. 하지만 이제 분명한 것은 그 40년 동안에 종교학은 이미 그 성숙한 개화기에 이르고 있다는 사실이다.11)

윤이흠은 「종교학 연구의 현황과 과제」12)와 「한국 현대 종교학의 흐름과 전망」13)이라는 두 편의 글에서 한국 종교학을 전반적으로 회고하였다. 그도 역시 한국 종교학의 시기를 셋으로 구분해서 정리하였다.

그에 의하면 첫째 시기는 1950년대 말부터 장병길에 의해 한국 종교학이 독립된 학문분야로서 뿌리를 내리기 시작하였던 시기이다. 그는 이 시기의 종교학은 그 자체의 학문 업적보다는 다음 세대의 종교학자들을 양성하는 기틀을 만들었다는 데에서 의의를 찾을 수 있다고 하였다.14)

그리고 둘째 시기는 1970년대로 종교현상의 자율성과 종교학의 독자성을 주장하는 종교현상학이 수용되고 전개된 시기이고15), 셋째 시기는 1980년대로 종교현상학의 독주의 상황을 벗어나 종교학적 관심의 방향이 다원화해지고 그 내용이 풍부해진 시기이다.16)

---

10) 서울대학교 종교학과는 1969년에 철학과 종교학 전공으로 있다가 1985년에 철학과로부터 분리되었다. 정확히 16년간 서울대학교 종교학과는 독립된 학과가 아니라 철학과에 소속된 전공으로 존재했다.
11) 정진홍, 앞의 글, 230쪽.
12) 윤이흠, 「종교학 연구의 현황과 과제」, 『한국종교연구 1』, 집문당, 1986, 71-81쪽.
13) 윤이흠, 「한국 현대 종교학의 흐름과 전망」, 『한국종교연구 2』, 집문당, 1988, 15-32쪽.
14) 윤이흠, 「종교학 연구의 현황과 과제」, 78쪽.
15) 같은 글, 78쪽.
16) 같은 글, 78쪽.

윤승용은 한국 종교학의 전개과정을 비판적으로 고찰한 「한국종교사 서술에 대한 제언」17)이라는 제목의 글을 발표하였다. 그는 글의 앞부분에서 한국 종교학의 현재의 상황을 아래와 같이 지적하였다.

우리 사회를 돌아보면 종교가 유례없이 번창하고 있을 뿐 아니라 그 사회적인 영향력 또한 상당함을 쉽게 발견할 수 있다. 그러나 그것을 탐구하는 종교학은 제자리를 잡기는커녕 오히려 사회적 역할과 기능이 점점 축소되고 내용 면에서도 갈수록 보잘 것 없게 되어 다른 학문의 보조학문으로까지 전락하고 있는 것이 현실이다.18)

그에 의하면 한국 종교학의 첫째 시기는 1970년대 이전의 시기로 이 시기는 개별 교학이나 신학들을 모두 가르치고 그것들을 기독교를 기준으로 비교하는 비교종교학이 주류를 이루었던 시기였다.19) 그리고 둘째 시기는 1970년대 이후의 시기로 이 시기는 엘리아데의 종교현상학이 소개되어 종교학을 개별 신학에서 벗어나 독자적인 학문으로 전개시킨 시기이다. 그러나 그는 현재의 한국 종교학이 개별 교학으로부터는 개별 교학에 대한 비판적인 보조학문인 양 인식되고, 학계로부터는 객관적인 학문이라기보다는 변형된 교학의 하나로 오인되고 있다고 진단하였다.20)

류성민은 「종교학 방법론 소고」라는 논문에서 한국 종교학이 학문으로서의 독자성을 확보하기 위해서는 서구의 종교학의 경우에서와 마찬가지로 방법론에 대한 논의를 활성화시킬 필요가 있다는 점을 역설하였다.21)

---

17) 윤승용, 「한국종교사 서술에 대한 제언」, 『한국종교연구회 회보』, 제5호, 1994, 41-46쪽.
18) 같은 글, 41쪽.
19) 같은 글, 41쪽.
20) 같은 글, 42쪽.
21) 류성민, 「종교학 방법론 소고 - 한국적 정황을 중심으로」, 『종교학연구』, 제13집, 1994, 85-102쪽.

한국 종교학의 전개과정을 살핀 선학들의 기존 연구에 의하면, 대체로 한국 종교학의 역사는 세 시기로 구분되어 있다는 것을 알 수 있다. 첫째 시기는 신학으로부터의 탈피 시기이고, 둘째 시기는 종교현상학의 수용 이후 한국 종교학의 정착 시기이다. 그리고 셋째 시기는 보는 각도에 따라 한국 종교학의 성숙기나 새로운 전환기, 또는 쇠퇴기이다. 대체로 첫째 시기와 둘째 시기에 대한 학자들의 견해는 동일하나, 셋째 시기에 대해서는 서로 다른 견해를 보이고 있다는 것을 알 수 있다.

이 논문은 기존의 연구 성과들을 수용하여 한국 종교학의 과거를 제1기(1945-1960년대)와 제2기(1970-1990년대)로 나누어 살펴 볼 것이다. 그리고 이에 덧붙여서 광복 이전의 한국 종교학을 간략히 살피고, 또한 현재 이후의 한국 종교학을 전망하고 그 과제를 제시해 보겠다.

최근까지 서울대학교 종교학과는 국내에서 종교학을 전공할 수 있는 유일한 학과였기 때문에 이 논문은 일차적으로 서울대학교 종교학과의 교과목의 변천에 주목할 것이다. 그리고 한국에서 행해진 종교연구의 모두를 한국 종교학에 포괄시켜야 한다는 것이 필자의 소신임에도 불구하고, 이 논문은 종교학의 정체성이나 종교이론에 관한 연구들 가운데 중요한 것들만을 자료로 선택하여 논지를 전개할 것이다.

3. 광복 이전의 종교학

일제하 한국 종교학의 상황을 이해하기 위해서는 먼저 당시 일본 종교학의 상황을 살피는 것이 필요하다. 유럽 몇몇 대학에서 종교학이 강의되기 시작한 것은 1870년대부터이다. 그리고 독일의 베를린 대학에 종교학 강의가 개설된 것은 1912년의 일이다.22) 이렇게 보면 1887년에 이미 일본에서 종교학 강의가 개설되었다는 사실은 일본 종교학의 역사가 꽤 오래되었다는 점을 말해 준다.

일본에서 종교학 강의가 개설된 것은 1887년에 井上圓了가 哲學館을 창립하고 종교학을 강의한 것이 시초이다. 이어서 1905년에 동경제대 문과대학에 姉崎政治가 담당하는 종교학 강좌가 개설되었고 1912년에는 종교학연구실이 창설되었다. 약간의 변천과정이 있었지만 동경제대 종교학연구실에서 강의되었던 교과목으로는 종교학, 종교사, 종교철학, 불교, 신도, 기독교, 종교심리학, 종교사회학, 종교민족학 등이 있었다.23)

그리고 동경제대 종교학연구실은 1930년 종교학강좌 개설 25주년 기념사업의 일환으로 「宗敎學論集」(1930년), 「宗敎學紀要」(1932년), 「歐美宗敎學論集」(1934년)을 발간하였다.

일본에서는 동경제대 종교학연구실을 중심으로 1916년부터 학회가 결성되어 1925년에 「宗敎硏究」 新輯 第1卷을 발행하였다. 1920년대 후반부터 이미 이 잡지를 통해서 종교학의 정체성이나 종교이론에 관한 논문들이 발표되기 시작하였다.24)

동경제대 이외에도 일본에서는 1906년에 京都帝大, 1922년에 東北帝大, 1925년에 九州帝大에 종교학 강좌가 개설되었고, 우리 나라에 있던 京城帝大에는 1927년에 종교학 강좌가 개설되었다.25)

---

22) 東京帝國大學 宗敎學講座 創設 25年 紀念會, 『宗敎學文獻 展覽會目錄』, 1930, pp.1-3.
23) 『東京帝國大學學術大觀 –總說 文學部』, 1942, pp.398-401.
24) 종교학의 정체성과 종교이론에 관한 초기의 논문들로는 아래의 것들이 있다. 鈴木宗忠, 「文化科學としての宗敎學」『宗敎硏究』, 新第3卷, 1926; 佐野勝也, 「宗敎信仰と學的硏究との關係」, 『宗敎硏究』, 新第5卷, 1928.
25) 東京帝國大學 宗敎學講座 創設 25年 紀念會, 앞의 책, pp.3-4.

경성제대는 크게 법문학부와 의학부로 구분되고, 법문학부에는 법학과, 철학과, 사학과, 문학과가 있었다.26) 그리고 다시 철학과는 전공별로 철학, 윤리학, 심리학, 종교학, 미학미술사, 교육학, 지나철학으로 구분되었다. 따라서 종교학 전공자는 정확히 말해서 경성제대 법문학부 철학과에 속해 있었다. 앞에서 지적하였듯이 철학과에 종교학 전공이 생긴 것은 1927년이었다.

그 당시 종교학 전공자는 사학과와 문학과, 그리고 철학과의 타 전공에 개설된 과목을 14단위 수강하여야 하고, 종교학 전공과목으로는 종교학개론, 불교개론, 종교사개론 각각 1단위와 종교학 특수강의 및 연습 5단위를 수강하여야 했다.27) 종교학 특수강의 및 연습에서 어떤 내용이 강의되었는지 정확히 알 수는 없으나 赤松智城이 교수로 있었던 것으로 보아 그의 주전공 분야인 우리나라의 무속을 중심으로 한 민간신앙이 강의의 주된 내용이었을 것으로 추정된다. 이렇게 보면 일제하에서 종교학 전공자가 수강한 교과과정의 중심 내용은 종교학, 불교, (세계)종교사, 종교인류학 또는 민간신앙의 넷으로 대별해 볼 수 있을 듯하다.

그러나 경성제대에서 종교학을 전공으로 선택한 조선인 학생이 두 명28)에 그쳤고, 그 나마 이들이 광복 후에 학계에서 활동을 하지 않은 관계로 일제하의 종교학은 광복 이후의 종교학으로 직접 이어지지 못하고 말았다.

그 당시 일본 종교학은 서구 어느 나라의 종교학보다 오히려 종교학의 정체성이나 종교이론 분야에 많은 관심을 보였다. 종교학 개론서나 세계

---

26) 『帝國大學年鑑 1935-6』, 帝國大學新聞社, p.370.
27) 같은 책, pp.372-373.
28) 金文卿(1931년 졸업)과 李相昊(1944년 졸업).

종교사에 관한 책들의 수를 보거나 또는 「宗敎硏究」라는 학회지가 이미 1925년부터 계속해서 출간되었다는 사실은 일본 종교학이 서구 종교학 못지않은 수준을 지니고 있었다는 점을 보여준다. 게다가 경성제대에서 종교학 강의를 담당하였던 赤松智城은 일본 종교학의 중진이었다는 점을 감안할 때 경성제대의 종교학 수준도 꽤 높았을 것으로 추정된다. 따라서 赤松智城의 연구 업적[29]이 주로 조선의 무속과 조선의 민간신앙이었다는 사실만으로 당시의 종교학이 민속학의 아류였다거나, 또는 일제의 관제 학문이었다고 보는 견해는 성급한 주장이라고 생각한다.

왜냐하면 이러한 견해는 무속과 민간신앙을 연구하는 것은 민속학이고, 종교학은 이와는 다르다는 의미를 지니며, 나아가서 본의 아니게 종교학의 분야를 축소시키는 결과를 초래할 수 있기 때문이다.

일제하의 종교학은 비록 일본인 학자이기는 하였지만 赤松智城을 중심으로 종교학의 정체성이나 종교이론 분야에도 적절한 관심을 지닌 채, 무속을 비롯한 민간신앙 분야에 우선적인 관심을 지니고 있었다.

우리는 광복 이후의 한국 종교학의 전개과정을 살피면서 오히려 일제하의 종교학이 광복 이후의 한국 종교학과 직접 연계되지 못한 사실을 아쉽게 생각하게 될 것이다.

---

[29] 赤松智城의 연구 업적에 대해서는 김종서, 앞의 글, 279-281쪽 참조.

4. 광복 이후의 종교학

가. 제1기(1945-1960년대)의 종교학

1945년에서 1955년까지 서울대학교 종교학과의 교과과정을 알 수 있는 자료는 현재 남아 있지 않다. 따라서 필자는 그 당시의 교과과정을 알기 위해서 졸업생 가운데 일부를 선택하여 수강과목을 조사하였다. 그 결과 1946-1950년까지의 교과과정과 1951-1955년까지의 개설 과목을 다음과 같이 재구성할 수 있었다.

<1946-1950년까지의 개설 과목>

분 야	개설 과목
종교이론 및 인접학문	종교학개론, 종교본질론, 종교철학
종교사	원시종교학, 종교문화사
기독교	기독교윤리학, 기독교, 성서영어, 현대신학사상, 로마서강독, 신학연습, 기독교사, 신학연습, 신관
불교	조선불교사

<1951-1955년까지의 개설 과목>

분 야	개설 과목
종교이론 및 인접학문	종교철학
종교사	세계종교사
기독교	공관복음, 교리서, 교회, 구약신학, 기독교사, 기독교사사, 기독교신학, 기독교신학사, 기독교신학사상사, 독어성경, 로마서주석, 복음서주석, 산상보훈, 신관, 신약개론, 신학연습, 어거스틴연구, 예수전 연구, 요한복음주석, 이스라엘 역사, 조직신학, 가톨릭신학개론, 칼발트연구, 캘빈연구, 틸리히연구, 현대신학사조, 희랍어성경
불교	불교학개론, 한국불교사상사, 중국불교사상사

위에 제시한 개설 과목을 중심으로 광복 이후 10년간의 교과과정을 살펴보면 주로 기독교 위주의 교과목이 대다수를 차지한다는 것을 한 눈에 알 수 있다. 그러나 1940년대 후반과 1950년대 전반의 교과과정 사이에서 약간의 차이를 발견할 수 있다. 1940년대 후반의 교과과정은 비록 기독교가 강조되기는 하였지만 일본 종교학의 영향을 어느 정도 받았다. 종교학개론, 종교철학, 원시종교에 관한 교과목이 개설되었다는 점에서 이러한 사실을 확인할 수 있다. 그러나 1950년대 전반 교과과정에는 아예 종교학개론이 빠져 있다는 사실에서, 그리고 종교철학이 철학적 신학으로 이해되었을 것으로 추정해 보면, 1950년대 전반의 한국 종교학은 기독교 신학과 그다지 차이가 없었다는 사실을 알 수 있다.

1950년대 후반으로 가면서 교과과정에 중대한 변혁이 일어나고 있다. 1956년에 비교종교학이라는 과목이 개설되더니[30], 급기야 1959년에는 종교학개론, 종교심리학, 종교사회학, 한국종교 등의 새로운 과목이 개설되었다.[31] 그리고 1960년대에는 이전과 달리 유교와 도교를 다루는 과목이 개설되는 한편, 종교민속, 신화학 등 주제별 연구를 다루는 과목이 추가되고, 기독교도 개신교 위주에서 탈피하여 천주교까지 다루는 과목이 개설되었다. 이러한 사실은 1963년의 교과과정에서 살필 수 있다.

---

30) 『서울대학교 일람』, 1956.
31) 『서울대학교 일람, 1959-1960』.

<1963년 교과 과정>[32]

분 야		개설 과목
종교이론 및 인접학문		종교학개론, 종교철학, 종교윤리학, 종교사회학, 종교심리학
종교사		종교사
한국 종교		한국종교사
특수종교	기독교	교회사, 신학사, 가톨릭신학, 교부학연구
	불교	불교학개론, 불교사, 불전강독
	유교, 도교	한국성리사상, 도가사상
주제별 연구		종교민속, 신화학

 이상에서 제시한 자료들을 중심으로 광복 이후 1960년대까지의 한국 종교학의 경향을 살펴보면 아래와 같이 정리해 볼 수 있다. 비록 광복 직후에는 일본 종교학의 영향을 어느 정도 받기는 하였지만, 1950년대 전반까지의 한국 종교학은 기독교 신학화의 길을 걸었다. 그러다가 1950년대 후반부터 기독교가 위주이기는 하였지만 유교, 불교, 도교 등의 특수종교 연구와 종교사회학, 종교심리학 등 사회과학적 종교연구, 그리고 종교민속, 신화학 등의 주제별 연구와 함께 한국종교에 대한 관심이 고조되기 시작하여 이러한 경향은 1960년대까지 이어진다.

 따라서 광복 이후 제1기의 한국 종교학은 전체적으로 기독교 신학과 종교학이 함께 공존해 있었던 것으로 볼 수 있는데 이 때의 종교학은 일본 종교학으로부터 영향 받은 종교학이었다.[33] 일본 종교학은 서구의 종교학과 달리 기본적으로 기독교 신학과의 갈등 경험이 없이 형성된 종교학이었다. 게다가 그 당시의 한국 기독교 신학은 근본주의 입장을 고수

---

32) 『서울대학교 학과안내』, 1963.
33) 당시의 종교학이 일본 종교학으로부터 영향을 받았다는 사실은 교과과정에서도 알 수 있지만 그 당시 한국 종교학을 주도했던 장병길의 『종교학개론』(박영사, 1975)이 내용이나 체제 면에서 일본에서 발간된 기존의 종교학개론서와 유사하다는 점에서도 알 수 있다.

하는 매우 보수주의적인 신학이었다.34) 이런 상황에서 한국 종교학이 기독교 신학으로부터 탈피해 가는 과정은 매우 힘들 수밖에 없었다. 어느 종교학자는 서구 종교학의 역사 백 년을 기독교 신학으로부터의 탈피과정으로 정리하고 있다.35) 이렇게 보면 한국 종교학이 기독교 신학으로부터 탈피하는 데 걸린 2, 30여 년은 결코 긴 시간이 아니며, 그 당시 이를 주도한 장병길의 업적은 결코 과소평가할 수 없다.

나. 제2기(1970-1990년대)의 종교학

1) 한국 종교학의 분야

기독교 계통의 대학에 있는 종교학과는 내용 면에서 종교학과(Department of Religious Studies)라기보다는 '신학과 종교'학과(Department of Theology and Religion)에 가깝다. 그리고 종교철학과도 종교철학과(Department of Philosophy of Religion)라기보다는 '신학과 철학'과(Department of Theology and philosophy)에 가깝다.

따라서 제2기 한국 종교학의 경향도 우선 서울대학교 종교학과의 교과과정을 중심으로 살필 수밖에 없다. 1970년 이후 최근까지 서울대학교 종교학과 교과과정 가운데 1979년과 1994년의 교과과정을 소개하면 아래와 같다.

---

34) 그 때에는 개신교인이 아니면 종교학과 대학원에 진학할 수도 없었다고 한다.
35) J. Waardenburg, "View of a Hundred Year's Study of Religion" in *Classical Approaches to the Study of Religion*, ed. by J. Waardenburg(The Hague: Mouton, 1973), p.75.

<1979년 개설 과목>

분야		개설 과목
종교이론 및 인접학문		종교학, 종교윤리학, 종교철학, 종교인류학, 종교현상학, 종교심리학, 종교사회학, 비교종교학
종교사		종교사, 원시종교, 종교운동사, 민족종교
지역별 연구	한국	한국민속종교, 한국종교사
	기타	중국종교
특수 종교		기독교신학, 불교, 회교
주제별 연구		종교와 문화, 신화학, 신비주의

<1994년 개설 과목>

분야		개설 과목
종교이론 및 인접학문		종교학방법론, 종교윤리학, 종교철학, 종교현상학, 종교심리학, 종교인류학, 종교사회학
종교사		일반종교사, 원시 및 고대종교, 세계종교사상사, 현대종교론, 종교운동사
지역별 연구	한국	한국종교사, 한국불교사, 한국유교사, 한국민속종교, 한국기독교사
	기타	중국종교, 인도종교, 일본종교
특수 종교		기독교개론, 현대기독교사상, 불교개론, 이슬람개론, 유교개론, 도교사
주제별 연구		신화학, 신비주의, 종교와 문학, 종교와 과학

 제1기의 교과과정과 제2기의 그것을 비교해 볼 때 우선 분명하게 나타나는 사실은 기독교가 비로소 여러 종교 가운데 하나로 자리 잡았다는 점이다. 이 점은 제2기의 한국 종교학이 기독교 신학으로부터 완전히 탈피하였다는 사실을 입증해 준다. 이 밖에도 종교이론 및 인접학문 분야에서 종교현상학과 종교인류학이 첨가되었으며, 또한 한국종교 분야와 주제별 연구, 그리고 지역별 연구가 강화되었다는 점도 알 수 있다.
 특히 1994년의 교과과정을 볼 때 제2기의 한국 종교학은 대체로 다섯 분야로 나뉘어 전개되었음을 알 수 있다. 첫째 분야는 종교학사와 종교

현상학 분야, 둘째 분야는 종교인류학, 종교사회학, 종교심리학 등의 사회과학적 연구 분야, 셋째 분야는 한국종교, 중국종교, 인도종교, 일본종교 등의 지역 연구 분야, 넷째 분야는 기독교, 불교, 유교, 이슬람 등의 종교전통 연구 분야, 다섯째 분야는 신화학, 종교와 문학 등의 주제별 연구 분야이다.

제2기의 한국 종교학은 이와 같이 여러 분야에서 연구되었기 때문에 이 시기에는 다양한 연구 업적들이 출현할 수 있었다. 이 시기에 발간된 연구 업적들 가운데 우선 종교학개론서와 세계종교사에 관한 책들의 출현을 지적할 수 있다. 이 시기에 장병길36), 황선명37), 이은봉38)의 종교학개론서들이 출간되었으며, 또한 스트렝(F. J. Streng), 岸本英夫, 스마트(N. Smart), 콤스톡(W. R. Comstock), 바하(J. Wach) 등의 종교학개론서들이 번역되었다. 그리고 노스의 『세계종교사』가 상, 하권으로 나뉘어 번역되었고, 한국종교연구회에 의해 『세계종교사입문』39)이 저술되었다.

사회과학적 연구 분야에 속하는 업적들 또한 이 시기에 대거 출현하였다. 베버(M. Weber), 뒤르켐(E. Durkheim), 에반스 프리챠드(E. E. Evans-Pritchard), 오데아(T. F. O'dea), 잉어(M. Yinger), 버거(P. Berger), 벨라(R. N. Bellah), 로버트슨(R. Robertson), 마두로(O. Maduro), 루크만(T. Luckmann), 맥과이어(M. B. McGuire)의 저술들이 번역되었고, 오경환의 『종교사회학』40), 이원규의 『종교사회학』41), 그리

---

36) 장병길, 『종교학개론』, 박영사, 1975.
37) 황선명, 『종교학개론』, 종로서적, 1982.
38) 이은봉, 『종교세계의 초대』, 지학사, 1985.
39) 한국종교연구회, 『세계종교사입문』, 청년사, 1989.
40) 오경환, 『종교사회학』, 서광사, 1979.
41) 이원규, 『종교사회학』, 한국신학연구소, 1991.

고 윤주병의 『종교심리학』42) 등이 출간되었다. 이 밖에 주제별 연구와 종교전통별 연구, 그리고 지역별 연구에 속하는 연구 업적들도 여기에서 일일이 열거할 수 없을 정도로 대거 출현하였다.43)

이렇게 볼 때 제2기의 한국 종교학은 제1기의 그것과 비교해 볼 때 외견상으로는 분명히 성숙기에 접어들었다고 할 수 있다. 그러나 실제적인 면에서 제2기의 한국 종교학은 이와 같이 다양한 분야들을 총괄하지 못하고 오히려 철저하게 정체성의 혼란에 빠져있는 시기로 규정하는 것이 적절할 것이다.

필자가 제2기의 한국 종교학이 정체성을 상실하였다고 보는 단적인 이유는 이 시기에 종교학과를 증설한 거의 대부분의 대학이 기독교 계통에서 설립한 대학들이라는 사실 때문이다. 국, 공립대학이나 종교와 무관한 사립대학이 아니라 기독교 계통의 대학에 종교학과가 설립되었다는 사실은 앞으로 우리나라에서 종교학을 전공하는 학자는 필연적으로 기독교인이 되어야 한다는 것을 말한다. 특정 종교가 설립한 대학은 그 종교와 관련이 있는 설립 목적과 교육이념을 가지고 있다. 따라서 우리나라의 경우 특정 종단이 설립한 대학은 교수를 채용할 때 전공에 상관없이 그 종교를 믿을 것을 요청하는 것이 일반적이다. 특히 특정 종단이 설립한 대학의 종교학과는 그 종교를 믿는 것은 말할 것도 없고 나아가서 그 종교의 성직자를 교수로 채용하는 것이 일반적이다.

문제는 여기에서 발생한다. 종교학을 전공하기 위해서 특정 종교를 믿어야 한다면 그 종교학은 다른 학문과 매우 다른 성격을 지닌 학문임에 틀림없다. 제2기의 한국 종교학은 기독교 신학으로부터 탈피하여 정체성

---

42) 윤주병, 『종교심리학』, 서광사, 1986.
43) 윤이흠 외, 『한국종교 연구사 및 연구방법』, 서울대학교 종교문제연구소, 1994 참조.

을 확립하였다고 하나 실제적인 면에서는 친 기독교적인 노선을 걸어 결국 격심한 정체성의 혼란을 겪고 있다. 우리는 성숙기에 들어섰다는 제2기의 한국 종교학이 왜 이런 결과를 초래했는지를 검토해 보아야만 한다.

2) 한국 종교학의 학풍

이런 결과를 초래한 이유를 우리는 제2기 한국 종교학의 주류를 점하고 있는 학풍 속에서 찾아 볼 수 있다. 제2기 한국 종교학에 직접적인 영향을 준 서구 학자는 엘리아데(M. Eliade)와 스미스(W. C. Smith)이다. 우리나라에서 이 두 학자는 서구의 다른 어느 종교학자보다 많이 연구되었다. 대체로 엘리아데는 1970년대 초부터, 그리고 스미스는 1980년대 중반 이후에 본격적으로 우리나라에 소개되기 시작하였다.[44]

제2기의 한국 종교학이 기독교 신학으로부터 완전히 탈피한 시기라고 할 때 정진홍의 논문 「종교학의 과제 -그 방법론적인 반성을 중심으로」[45]는 한국 종교학의 제2기를 열어 놓은 획기적인 논문이라고 할 수 있다.

이 논문에서 그는 종교학이 개별 종교의 신학이나 교학, (종교)철학, 그리고 사회과학적 종교연구와 어떻게 다른지를 밝히고 종교학의 정체성을 확보하려는 최초의 시도를 하였다. 그는 비록 바하, 롱(C. Long), 기타가와, 반 데르 레우 등을 인용하고 있지만 그가 제시한 종교학은 분명히 엘리아데의 종교학이다. 따라서 이 논문은 국내에서 엘리아데의 종

---

[44] 1960년대초에 이미 이기영이 서울대학교 종교학과에서 엘리아데의 저서를 교재로 강의하였다. 그리고 스미스에 대해서도 이미 황필호가 「종교학은 비교종교학이다 - 제14차 국제종교학회를 다녀와서」,(『종교학연구』, 제4집, 1981, 8-9쪽)라는 글에서 부분적으로 소개하기도 하였다.
[45] 정진홍, 「종교학의 과제 -그 방법론적인 반성을 중심으로」, 『한국종교학』, 제1집, 1972.

교학을 소개한 최초의 논문이기도 하다.

김종서의 「현대 종교다원주의의 이해와 극복 - P. L. Berger와 M. Eliade를 중심으로」46)는 엘리아데의 종교학이 종교다원주의를 극복할 수 있는 대안을 제시하고 있다는 점을 국내에서 최초로 지적한 논문이다. 그리고 다시 정진홍의 「멀치아 엘리아데 연구 - 그의 현상학적 방법을 중심으로」47)는 그간 엘리아데에 대한 국내외의 비판48)을 다시 비판하면서 엘리아데 종교학의 근본 입장을 재천명한 논문이다.

이들 논문을 중심으로 엘리아데 종교학의 특징을 열거하면 다음과 같다.

① 개별 종교의 교학이나 신학과 다르다.(반독단론)
② 사회과학적 종교연구와 다르다.(반환원주의) 다시 말해서 종교학은 종교현상을 사회현상이나 심리현상의 부수적인 현상으로 보아 환원주의에 빠져 있는 사회과학적 종교연구와 달리 종교현상을 종교현상 그 자체로 본다.
③ 종교현상은 자율적이고 독특하다. 따라서 문학작품이 사회학이나 심리학이 아니라 문학적 방법에 의해 이해되어야 하듯이 종교현상은 독자적인 학문인 종교학에 의해 종교적으로 이해되어야 한다.
④ 엘리아데 종교학은 반독단론과 반환원주의라는 반전제를 전제하지 않고도 종교학을 자율적인 학문으로 확립시켜줄 수 있다.49)
⑤ 창조적 해석학을 지향한다. 창조적 해석학은 인간의 변용(modification of

---

46) 김종서, 「현대 종교다원주의의 이해와 극복 - P. L. Berger와 M. Eliade를 중심으로」, 『정신문화연구』, 1984, 여름호.
47) 정진홍, 「멀치아 엘리아데 연구 -그의 현상학적 방법을 중심으로」, 한국현상학회 편, 『현상학과 개별과학』, 대학출판사, 1985.
48) 국내에서 제기된 엘리아데 종교학에 대한 비판은 황필호, 「종교학이란 무엇인가? - 종교학과 신학과의 관계」, 『종교학연구』, 제1집, 1978, 88쪽; 윤이흠, 「종교학 연구의 현황과 과제」, 『한국종교연구 1』, 집문당, 1986, 75쪽; 최중현, "A Methodological Comment for the Study of Religious Movements", 『한국종교연구회 회보』, 제5호, 1994, 36-37쪽; 윤승용, 앞의 글, 41-42쪽 참조.
49) 정진홍, 앞의 글, 107쪽.

man)과 문화의 창조(cultural creation)를 목적으로 하는 영적 기술 (spiritual technique)이다.50)
⑥ 종교다원주의의 한계를 극복할 수 있는 대안이고, 나아가서 학문적 다원주의까지도 극복할 수 있는 가능성을 지녔으며, 또한 인간의 영적 복지를 증진시켜 준다.51)
⑦ 종교에 대한 물음을 묻는 것이 아니라 종교에 대한 물음 자체를 되묻는 인식의 문법을 자기 발언의 격률로 삼는다.52)

이를 다시 정리하면 국내에 소개된 엘리아데 종교학은 개별종교의 신학이나 교학뿐만 아니라 사회과학적 종교연구와도 구별되는 독자적인 학문으로서 인간의 변용과 문화 창조를 목표로 하며, 종교다원주의의 한계를 극복시켜 주고 인간의 영적 복지를 증진시켜 줄 수 있는 영적 기술이다.

엘리아데의 종교학이 1970년대 초부터 1990년대 초까지 지속적으로 소개되고 논의된 것에 비해 스미스의 종교학은 1980년대 후반에 가서 비로소 우리나라에 소개되었다. 따라서 스미스의 종교학에 대한 논의는 엘리아데 종교학에 대한 논의에 비해 아직 양적인 면에서 충분히 이루어져 있지 못하다.53) 그리고 엘리아데는 종교학의 정체성을 나름대로 주장하고 있는 것에 비해, 스미스는 오히려 역사학자, 비교 종교신학자, 비교 종교역사학자 등으로 자신을 규정하고 있는 것에서 알 수 있듯이 종교학

---

50) 정진홍, 「종교학의 과제 -그 방법론적인 반성을 중심으로」, 『한국종교학』, 제1집, 1972, 122쪽.
51) 김종서, 앞의 글, 118-119쪽.
52) 정진홍, 「한국 종교학의 과제와 전망 -새로운 '지도 그리기'를 위하여」, 『종교연구』, 제8집, 1992, 8쪽.
53) 스미스는 이슬람을 전공하였기 때문에 그의 종교학이 전반적으로 소개되는 것은 약간의 어려움이 따를 수밖에 없다.

의 정체성에는 그다지 관심이 없다. 그럼에도 불구하고 스미스의 종교학은 서강대학교 종교학과를 중심으로 우리나라에 꾸준히 소개되어 엘리아데의 종교학 못지않게 많은 영향을 끼쳤다.

본래 동양철학(불교, 인도철학) 연구에서 출발한 길희성54)은 1986년에 「윌프레드 캔트웰 스미스의 인격주의적 종교연구」55)란 논문을 발표하여 스미스 종교학에 대한 국내의 관심을 유발시켰다. 김승혜는 「종교학이 신학연구에 기여하는 바는 무엇인가」56)라는 논문에서 사회과학적 종교연구는 신학과 갈등을 야기시킬 가능성이 있지만 종교학의 주류인 종교사학과 종교현상학은 신학과 상호 보완적인 학문이라는 점을 밝히면서 스미스의 종교학을 예로 들었다. 그리고 대체로 스미스의 종교학을 지지하는 길희성은 종교학의 정체성을 염두에 두고 종교학이라는 학문을 개괄적으로 소개한 논문 두 편57)을 발표하였다. 이들 논문을 중심으로 국내에 소개된 스미스 종교학의 특징을 열거하면 아래와 같다.

① 인격주의적 이해, 즉 인간 이해를 목적으로 한다.
② 개별 종교의 신학이나 교학 그리고 철학과 다르다.
③ 사회과학적 종교연구에 비판적 자세를 견지하면서도 사회과학적 방법들을

---

54) 길희성은 동양철학을 할 수 있는 길 가운데 하나로 가다머의 철학적 해석학이 대안을 제시해 줄 수 있다는 논문을 발표하기도 하였다. 길희성, 「해석학을 통해 본 동양철학 연구 - 철학적 해석학의 관점에서」, 심재룡 외, 『한국에서 철학하는 자세들 - 철학연구 방법론의 한국적 모색』, 집문당, 1986, 197-226쪽.
55) 길희성, 「윌프레드 캔트웰 스미스의 인격주의적 종교연구」, 김승혜 편저, 『종교학의 이해』, 분도출판사, 1986.
56) 김승혜, 「종교학이 신학연구에 기여하는 바는 무엇인가」, 『종교신학연구』, 제1집, 1988.
57) 길희성, 「대학과 종교연구 -종교학의 역사적 위치와 사명」, 『종교연구』, 제2집, 1986; 길희성, 「종교학 - 다원세계를 위한 학문」, 『포스트모던 사회와 열린 종교』, 민음사, 1994.

동원하여 종교에 대한 다각적이고 포괄적인 이해를 도모한다.
④ 종교에 대한 종교학자의 발언은 그 종교를 믿는 사람들이 인정할 때 비로소 의의가 있다.
⑤ 객관적 방법과 주관적 방법을 초월한 제3의 새로운 방법을 지향한다. 그러면서 방법론에 대한 과신과 종교이해에 있어서 객관주의적 접근의 위험성을 지적한다.
⑥ 딜타이, 바하, 엘리아데의 해석학적 종교이해와 궤를 같이한다.
⑦ 인격과 인격의 만남으로서의 종교학은 종교간의 상호 이해를 증진시키고 인류공동체 형성에 기여한다.
⑧ 세속적 지성의 피상성(종교에 대한 편견)에 빠짐없이, 그리고 종교적 전통의 편협성(종교로부터 오는 편견)에도 빠지지 않고 종교학은 갈등과 혼란 속에 처해 있는 현대인에게 새로운 삶의 활로를 제시해 줄 수 있다.

이를 다시 정리하면 국내에 소개된 스미스의 종교학은 신앙인의 관점을 강조하고, 종교간의 대화를 무엇보다도 강조하고 있다는 점에서 그 특징을 지적할 수 있다. 정진홍이 스미스의 종교학이 지니고 있는 문제점을 집요하게 지적한 것[58])에서 알 수 있듯이 엘리아데의 종교학과 스미스의 종교학이 차이가 있다는 사실은 말할 필요도 없다. 그럼에도 불구하고 엘리아데와 스미스의 종교학은 함께 한국 종교학의 제2기에 막대한 영향을 끼치면서 제2기 한국 종교학으로 하여금 몇 가지 뚜렷한 양상을 지니게 하였다. 아래에서 이 두 학자의 영향을 염두에 두면서 제2기 한국 종교학의 양상을 살펴보도록 하자.

---

[58]) 『종교신학연구』, 제1집, 1988, 66-77쪽(길희성의 「윌프레드 캔트웰 스미스의 인격주의적 종교연구」에 대한 토론) 참조.

3) 한국 종교학의 양상

첫째, 종교학과 인접 학문과의 공동연구를 원천적으로 불가능하게 하였다. 제2기의 종교학자들이 가장 많이 사용하는 용어 가운데 하나가 '종교학적 이해'이다. '종교학적 이해'란 용어는 종교학의 독자성을 전제할 때 사용할 수 있는 용어이다. 그리고 종교학의 독자성은 인접 학문과의 차별성이 지적될 때 확립될 수 있다. 따라서 제2기의 종교학자들은 종교학이 인접 학문과 다르다는 점을 누누이 강조하면서, 종교학이 나름대로 독특한 방법론이 있다거나 또는 있어야 한다고 역설하였다.

그러면서 다른 어느 학문보다도 종교학에 인접해 있는 사회과학적 종교연구에 대해 이중적인 태도를 보여 왔다. 다시 말해서 사회과학적 종교연구를 환원주의로 비판하면서도 사회과학적 연구 방법과 성과를 적극적으로 수용할 것을 주장하였다.[59] 이러한 이중적 태도는 종교학이 인문학이기 때문에 예를 들어서 종교학의 종교사회학과 사회학의 종교사회학이 다르다거나[60], 또는 사회과학적 종교연구의 결론이 종교학의 시작이라는 종교학 우월주의로 나타났다.[61] 그러나 인문학으로서의 종교학이나 우월주의에 빠져 있는 종교학이 인접 학문과의 공동연구를 아무리 강조한다고 하더라도 그러한 강조는 공염불에 불과하며 이것이 제2기 한국 종교학의 실정이었다. 다시 말해서 제2기 한국 종교학은 독자성을 주장하면서 스스로는 초라한 모습으로 존재하였고, 이런 상황 인식 아래 현재 종교학이 방법론적 불확실성에 처해 있다는 진단이 가능하였던 것이다.[62]

---

[59] 길희성, 앞의 글, 50쪽.
[60] 같은 글, 54-55쪽.
[61] 윤이흠, 「종교학연구의 현황과 과제」, 『한국종교연구 1』, 집문당, 1986, 77쪽.
[62] 윤이흠, 「현대 종교학 방법론의 과제」, 『한국종교연구 2』, 집문당, 1988, 55쪽.

둘째, 종교학을 이해하기 힘든 신비스런 학문으로 변화시켰다. 제2기 종교학은 인접 학문과의 연계성을 찾지 못하면서 한편으로는 방법론적 유아론(methodological solipsism)에 빠져 버렸다. 그리하여 엘리아데와 스미스의 종교학은 자신들 이외의 종교학이 종교학이 아닌 것처럼 주장하였다. 그 결과 종교학의 관심과 영역이 축소되어 겉으로는 종교학의 독자성이 확립된 것 같이 보이나 실제로는 이 두 학자와 다른 관심을 가지고 있는 종교학자들을 혼란스럽게 만들었다.

그리고 "종교학은 종교에 대한 물음을 묻는 것이 아니라 종교에 대한 물음 자체를 되묻는 인식의 문법을 자기 발언의 격률로 삼는다"[63)]는 주장에서 단적으로 드러나듯이 종교학을 일반 사람들이 이해하기 힘든 학문으로 만들어 버렸다. 게다가 종교학 논문은 고백적이고 시적인 언어로 점철되어 있어야 하고, 나아가서 일반적으로 학술적인 논문이 갖추고 있는 틀을 벗어나는 것이 오히려 좋은 것처럼 오인시켰다. 그 결과 제2기의 한국 종교학은 누구나 종교학자가 될 수 있거나, 또는 아무도 종교학자가 될 수 없는 그러한 상황에 처하게 되었다.

셋째, '종교학'의 목적과 '종교'의 목적을 혼동시켰다. '정치학'의 목적과 '정치'의 목적은 분명히 다르다. 다시 말해서 정치학의 문제의식과 정치의 문제의식은 분명히 다르다. 만약 이 양자가 같다면 둘 가운데 하나는 필요가 없을 것이다. 마찬가지로 종교학의 목적과 종교의 목적, 그리고 종교학의 문제의식과 종교의 문제의식은 분명히 달라야 한다. 만약 이 양자가 서로 같다면 종교학은 필요 없는 학문이거나 또는 종교학이 또 다른 종교가 될 것이다.

---

63) 정진홍, 앞의 글, 8쪽.

그런데 제2기의 한국 종교학은 스스로가 또 다른 종교이기를 염원하면서, 학문으로서의 존재 이유를 어처구니없이 포기해 버리고 말았다. 종교학이 종교다원주의를 극복하고 영적 복지를 증진시킨다거나, 인간의 변용과 문화 창조를 목적으로 하는 창조적 해석학을 지향한다거나, 또는 현대인에게 새로운 삶의 활로를 제시하고, 가치관의 혼란을 극복시켜 줄 수 있는 학문으로 규정하는 것에서 이러한 예를 찾아볼 수 있다.

넷째, 종교학을 친 기독교적인 학문으로 변질시켰다. 19세기말 종교학은 분명히 종교가 하나가 아니라 여럿이라는 인식에서부터 출발하였다.

따라서 초기의 종교학은 종교간의 같은 점 못지않게 다른 점에도 많은 관심을 보였다. 그러나 엘리아데와 스미스의 종교학은 기본적으로 '하나의 종교'를 다시 상정하였다. '하나의 종교'란 인류의 종교의식에 선험적인 구조가 있다는 전제에서 비롯한다.[64] 물론 이들이 말하는 '하나의 종교'가 실제적으로 존재하는 것은 아니며, 이들의 종교사상 속에 또는 이들의 머리 속에 존재하는 개념이다.

그런데 문제는 이들이 말하는 '하나의 종교'는 다른 어떤 종교들보다도 기독교와 친화력이 있는 개념이라는 점이다. 최근에 기독교 신학에서 제기된 다원주의 신학(pluralistic theology)[65]이나 종교신학(theology of religions)에서 이러한 사실을 알 수 있다.

제2기 한국 종교학이 기독교와 친화력이 있다는 말은 제2기 한국 종

---

[64] 여기에서 말하는 '하나의 종교'란 스미스가 『종교의 의미와 목적』에서 비판한 '하나의 종교'와는 다른 뜻을 지닌다. 존 H. 힉, 『종교철학개론』(황필호 역편), 종로서적, 1980), 198-201쪽 참조.
[65] 서구의 대표적인 다원주의 신학자 가운데 한 사람인 힉(J. Hick)이 스미스의 주저 가운데 한 책에 서문을 썼다는 사실을 상기할 필요가 있다. 윌프레드 캔트웰 스미스, 『종교의 의미와 목적』(길희성 옮김), 분도출판사, 1991 참조.

교학이 기독교 이외의 다른 종교와는 상대적으로 친화력을 상실하였다는 말이고, 결과적으로 기독교(신학)적 종교학으로 변질되었다는 것을 뜻한다. 제2기 한국 종교학의 연구 주제 가운데 종교학자들이 가장 많은 흥미를 보였던 주제가 '종교다원주의'와 '종교간의 대화'라는 기독교적인 주제였다는 사실이 이를 명확히 입증해 준다. 이렇게 볼 때 제2기 한국 종교학은 기독교의 절대성을 신봉하는 사람들이 기독교 이외의 종교를 어떻게 평가할 것인가에 대한 여러 가지 방법 가운데 하나를 제시해 주었을 뿐이라는 평가가 가능해 진다.

5. 한국 종교학의 전망(제3기?)

앞에서는 한국 종교학을 제1기와 제2기로 나누어서 각각의 경향을 살펴보았다. 이 과정을 통해서 광복 이후 한국 종교학은 일본 종교학(1940년대), 기독교 신학(1950년대), 일본 종교학(1960년대), 미국 종교학(1980, 90년대)의 영향을 차례대로 받으면서 전개되었고, 무엇보다도 기독교 신학으로부터의 탈피에 많은 노력을 기울였음에도 불구하고, 최근에는 다시 친 기독교적인 종교학으로 변화해 왔다는 사실을 알 수 있었다.

이제부터는 제3기를 맞이하는 한국 종교학을 전망하면서 그 당면한 과제 몇 가지를 지적해 보고자 한다.

첫째, 현재 종교학이 처해 있는 어려움은 방법론의 부재에서 생기는 것이 아니라 정체성의 혼란에서 비롯한다는 사실을 직시할 필요가 있다.66) 제2기의 한국 종교학은 종교현상의 자율성과 종교학 고유의 방법론을 주장하면서, 종교학이 신학과 다르고 사회과학과 다르다는 점을 역설해 왔다. 그리고 제2기의 한국 종교학은 현상학과 해석학을 강조하면서 인문학이기를 고집하였다. 그러나 현상학과 해석학을 강조하는 제2기의 한국 종교학은 친기독교적인 경향을 보여 다시 기독교 신학과 친화력을 가지게 되었다.

제1기의 한국 종교학은 무엇보다도 기독교 신학으로부터의 탈피에 모든 힘을 경주하였다. 왜냐하면 종교학이 기독교 신학으로부터 탈피했을 때 비로소 독자적인 학문으로 정착될 수 있을 것으로 생각하였기 때문이다. 그리고 제2기 초기의 한국 종교학은 기독교 신학으로부터 완전히 탈피한 듯이 보였다. 그러나 제2기 한국 종교학은 다시 기독교 신학과 친화력을 가지게 되어 결과적으로 종교학의 독자성 확립에 실패하였다.

종교학이 현재 이런 상황에 처하게 된 것은 방법론의 문제가 아니라 정체성의 혼란에서 비롯된 것이다. 따라서 제3기 한국 종교학은 종교현상을 어떻게 연구할 것인가 보다는 오히려 종교학은 무엇을 할 수 있는 학문인가라는 문제를 보다 진지하게 논의할 필요가 있다.

둘째, 종교학은 경험과학이라는 사실을 다시 강조할 필요가 있다. 종교학이 경험과학이라는 사실을 부인하는 종교학자는 없을 것이다. 그러나 제2기의 종교학자들은 자신의 연구를 진행시키면서 종교학이 경험과학이라는 사실을 종종 망각하였다. 물론 종교학이 경험과학이라고 했을 때 그 '경험과학'의 의미는 학자마다 다를 수 있다. 이 문제는 제3기의

---

66) Lawson E. Thomas and Robert N. McCauley, "Crisis of Conscience, Riddle of Identity: Making Space for a Cognitive Approach to Religious Phenomena, *Journal of the American Academy of Religion*, vol. 61, no. 2, 1994, pp.201-223 참조. 로오손은 종교학자이고 메콜리는 철학자이다. 이들은 이 논문에서 인류학은 양심의 문제에 그리고 종교학은 정체성의 문제에 빠져있다고 주장하고, 그 근본적인 이유로 이 두 학문이 모두 해석학에 치중하고 있다는 점을 지적하고 있다.

종교학자들이 과학철학에서 논의되고 있는 최근의 성과들에 귀 기울일 때 어느 정도 해결될 수 있을 것이다.

실증과학이 종교현상을 모두 설명할 수 없다고 해서 과학 자체를 부인하는 태도는 바람직하지 않다. 다시 말해서 과학만능주의를 거부하는 것과 과학 자체를 거부하는 것은 다르다. 그럼에도 불구하고 제2기의 한국 종교학은 과학만능주의를 거부하면서 과학 자체까지도 거부하고 말았다.

그리고 최소한 종교학이 경험과학이라는 사실을 잊지 않는다면 인류의 종교의식 속에 어떤 선험적인 구조가 있다거나 또는 聖(the Sacred)이 실재한다거나 하는 주장은 할 수 없을 것이다. 그리고 종교학은 관찰할 수 있는 현상이나 자료에서 출발하여 구체적이고 실증적인 주장을 보다 많이 하게 될 것이다.

셋째, 종교학이 경험과학이라는 사실과 함께 종교학이 종합학문이라는 점을 다시 상기할 필요가 있다. 제2기의 종교학자들은 종교학이 경험과학이라는 사실을 부인하지 않는 것처럼 종교학이 종합학문이라는 사실 또한 부인하지 않는다. 종교학이 종합학문의 성격을 지닌다는 것은 종교학이 하나의 학문분과(a discipline)라기보다는 연구 분야(field of studies)의 성격을 지닌다는 것을 말한다.[67]

따라서 과거에는 종교학을 영어로 'Comparative Religion'이나 'the History of Religions', 'Religionswissenschaft' 등으로 표기하였으나, 최근에는 'Religious Studies'로 표기하는 것이 일반적이다. 종교학과 비슷한 성격을 지닌 연구 분야로 여성학(Wemen's Studies)과 흑인학(Black

---

[67] F. Whaling, "Introduction: The Contrast between the Classical and Contemporary Periods in the Study of Religion" in *Contemporary Approaches to the Study of Religion*, vol. 1, ed. by F. Whaling(Berlin: Mouton Publishers, 1984), pp.23-28.

Studies)을 열거할 수 있다.

여성학적 시각과 흑인학적 시각이라는 표현이 어색한 것과 마찬가지로 종교학적 시각이라는 표현도 분명히 어색하다. 그럼에도 불구하고 제2기의 종교학자들은 '종교학적 시각'이라는 표현을 너무도 많이 사용해 왔다. 이러한 사실에서 우리는 제2기의 종교학자들이 종교학을 종합학문으로 규정하면서도 종교학을 연구 분야라기보다는 하나의 학문분과로 규정해 왔다는 사실을 알 수 있다.

제2기의 종교학자들이 종교학을 연구 분야로 규정하는 것을 꺼리는 이유는, 그렇게 되면 종교학의 존재 이유를 상실하게 될지도 모른다는 우려 때문이다. 제1기와 제2기의 종교학자들이 종교학을 하나의 학문분과로 확립시키려고 노력해 왔다는 사실을 감안할 때 종교학을 연구 분야로 규정하면 결과적으로 종교학의 존재 이유가 상실될 것이라는 우려는 이해할 수도 있다.

그러나 예를 들어서 정치사상사와 최근의 선거 결과를 분석하는 정치학의 하위 분야를 꿰뚫는 방법론이나 정치학적 시각은 존재하지 않는다. 그렇다고 해서 정치학이 학문으로서의 존재 이유를 상실하는 것은 아니다. 그리고 또한 해양학이 해양생물학, 해양물리학, 해양지질학, 해양화학 등의 종합학문이라고 해서, 그리고 이 분야를 꿰뚫는 해양학적 시각이나 해양학적 방법론이 없다고 해서 해양학이 학문으로서의 존재 이유를 상실하는 것은 결코 아니다.

이와 마찬가지로 종합학문으로서의 종교학이 연구 분야의 총합이라고 해서, 그리고 각각의 연구 분야를 꿰뚫는 종교학적 시각이나 고유의 방법론이 없다고 해서 종교학이 학문으로서의 존재 이유를 상실할 것이라는 우려는 잘못이다. 해양생물학, 해양물리학, 해양지질학, 해양화학은 해양학에서 뿐만 아니라 생물학, 물리학, 지질학, 화학에서도 연구할 수 있다. 그것이 해양학이라는 학문으로 묶일 수 있는 것은 이들이 각각의 방법을 이용하면서도 해양이 인류의 삶에 중요한 기여를 할 것이기 때문에 해양을 연구할 필요가 있다는 인식이 공유되고, 또한 각각의 분야가 서로 유기적인 관계를 유지하면서 연구되기 때문이다. 이와 마찬가지로 종교가 인류의 삶에 지대한 영향을 끼쳐왔고 그것을 연구할 필요가 있다는 인식이 공유되고, 또한 각각의 분야가 유기적인 관계를 유지하면서 연구될 때 비로소 종교학은 학문으로서의 존재 이유를 충분히 확보할 수 있다.

따라서 제3기의 한국 종교학은 종교학적 시각이나 고유의 방법론이 문제가 아니라 각각의 연구 분야를 어떻게 유기적인 관계를 유지하면서 연구할 것인가라는 문제에 관심을 가질 필요가 있다. 만약 제3기의 한국 종교학이 여전히 종교학적 시각이나 고유의 방법론 문제에 매달리면 종교학의 종합 학문적 성격, 연구 분야로서의 성격은 물론이고, 최근에 현대 종교학의 속성 가운데 하나로 제기되고 있는 공동연구(interdisciplinary approach)마저도 할 수 없게 될 것이다.

넷째, 제3기의 한국 종교학은 우선 한국종교 현실에서 문제의식을 찾아야 한다. 제1기의 한국 종교학은 서구 종교이론을 수용하면서도 그래도 한국종교의 현실에서 문제의식을 찾았다. 장병길은 사료를 뒤지고 직접 현지 관찰을 하면서 자료를 수집하고, 그 자료에 근거하여 연구를 진행시켰다.[68] 그러나 제2기의 한국 종교학은 대부분 한국종교 현실이 아니라 서구의 종교 현실에 뿌리를 둔 문제의식에서부터 출발하였다. 그

---

[68] 장병길, 『한국고유신앙 연구』, 동아문화연구소(서울대), 1970 참조.

결과 세속화, 종교다원주의, 종교간의 대화 등 우리 현실과는 거리가 있는 연구 주제들을 주로 다루게 되었다.

물론 이 문제는 종교학만의 문제는 아니다. 서구에서 수용된 여타 다른 학문들도 이 문제를 심각하게 고려하고 있다.69) 문제는 제3기의 한국 종교학이 계속해서 서구의 종교학자나 종교이론에만 관심을 가진다면, 종교학의 청중은 계속해서 줄어들거나 또는 기독교인들로 국한되고 말 것이라는 데 있다.

종교학의 연구 대상(각 종교를 신봉하는 사람들)은 종교학자의 연구 결과에 즉각적인 반응을 한다. 이 점은 자연과학은 물론이고 여타 인문, 사회과학과 달리 종교학에 많은 어려움을 야기시킨다. 그렇다고 해서 종교학의 청중을 종교인에 한정시켜서는 안 된다. 제2기 한국 종교학은 종교인들을 종교학의 주요 청중으로 삼았다. 그러나 제3기 한국 종교학의 청중은 무엇보다도 종교학자들 스스로와 종교를 연구하는 인접학문의 학자들이어야 한다.

그러기 위해서는 한국종교 현실에서 구체적이고 실증적인 답변이 가능한 문제, 다시 말해서 학문적 연구가 가능한 주제들을 찾는 것이 무엇보다 필요하다. 만약 제3기의 한국 종교학이 이러한 과제를 해결하지 못할 때는 제2기의 한국 종교학과 마찬가지로 구약에 나오는 예언자로서의 구실밖에 하지 못하게 될 것이다. 다시 강조해서 제3기 한국 종교학의 청중은 종교학자들 스스로와 종교를 연구하는 인접학문의 학자들이다. 이들 청중을 무시한다면 제3기 한국 종교학은 제2기 종교학과 마찬

---

69) 서울대학교 인문과학연구소 편찬, 『인문과학의 새로운 방향』, 서울대학교출판부, 1984; 김경동·안청시 편저, 『한국사회과학 방법론의 탐색』, 서울대학교출판부, 1986 참조.

가지로 아무도 없는 산골짜기에 들어가서 혼자 나팔을 불어대는 꼴을 면하지 못하게 될 것이다.

위에서 제시한 제3기 한국 종교학의 당면 과제는 극히 상식적인 것들이다. 다시 말해서 제2기의 종교학자들이 이미 알고 있는 것들이다. 그러나 지금까지 한국의 종교학은 극히 상식적인 이러한 문제들을 직시하지 못하고 의도적으로 회피해 왔다.

한국 종교학이 제3기를 맞이하느냐 못하느냐는 앞으로의 한국 종교학이 이러한 상식적인 문제들에 관심을 보일 수 있는 자신감과 여유가 있는지의 여부에 달려있을 뿐이다.

6. 맺음말

지금까지 광복 전후에서 시작하여 현재까지 한국 종교학의 전개과정을 살펴보고 광복 50주년을 맞이하여 한국 종교학이 당면하고 있는 과제들을 나름대로 지적해 보았다. 전체적으로 보아 광복 이후 한국 종교학은 자신의 존재 이유를 확보하기 위해서 여타 인접학문과의 차별성을 제시하는 노력을 경주하였고, 그 과정에서 종교학 고유의 방법론을 추구하는 데 심혈을 기우려 왔다. 그 결과 현재 한국 종교학이 처해 있는 상황을 성숙기로 보든 쇠퇴기로 보든 여타 인접학문과 분명히 다른 길을 걸어 왔다는 사실을 알 수 있었다.

우리는 이 글을 통해서 현재 한국 종교학은 성숙기에 있는 것이 아니라 전환기에 있다는 사실을 지적하였고, 이러한 전환기는 종교학의 방법론적인 검토가 아니라 종교학의 정체성의 검토에 의해서 시작될 수 있으리라는 점을 시사하였다.

 이제까지 한국 종교학은 종교학이 다른 학문과 다르다는 점을 밝히는 과정에서 종교학을 베일에 싸인 학문으로 만들어 버렸다. 종교학은 이제 학문으로서의 구실을 하기 위해서 다른 학문과의 다른 점 못지않게 같은 점을 보여주어야 한다. 어느 학자의 말대로 정체성의 확립은 차이점을 강조하는 배타적인 태도와 유사점 속에서 특이성을 찾는 포괄적인 태도가 있다.70) 물론 이 때 배타적인 태도보다는 포괄적인 태도가 보다 어려운 것은 사실이다. 그러나 이제부터 종교학은 다른 학문들과의 유사점 속에서 특이성을 찾는 보다 진지한 자세를 가져야 한다.

 종교현상은 베일에 싸여 있는 학문이 독점할 수도 없을 것이며, 또한 인접학문들이 베일에 싸여 있는 종교학으로 하여금 종교현상을 독점하게 내버려두지도 않을 것이다. 다른 연구 대상들과 마찬가지로 종교현상에 관해서도 자신이 어느 학문분야에 속해 있든 어느 학자들이나 연구하고 발언할 자유가 있다. 지금까지 한국 종교학은 종교현상을 자신의 연구 대상으로 독점하려는 노력만 하였을 뿐, 한국종교 현실에 대한 구체적인 연구는 진행시키지 못한 것이 아닌지 생각해 보아야 할 것이다.

 끝으로 영국 출신의 종교학자인 스마트(N. Smart)의 말을 인용하면서 본 논문을 마무리 짓고자 한다.

> 당신이 무엇을 하고 있는지를 분명히 밝혀라. 그리고 나서 당신이 원하는 것을 하라.71)

---

70) 캐린 듄, 『석가와 예수의 대화』(황필호 옮김), 종로서적, 1980에서 옮긴이의 '제7판을 내면서' 참조.
71) N. Smart, "Replies to Donald Wiebe on the World Academy of Religion", *Religion*, vol. 23, 1993, p.93.

제3장
종교심리학의 경향과 과제[1]

1. 머리말

　종교심리학은 여러 학문분야에 속해 있는 학자들로부터 관심의 대상이 되어왔다. 종교심리학의 논문은 종교학과 심리학을 비롯해서 정신의학·인류학·신학 그리고 교육학 분야의 학자들이 발표해 오고 있다.
　따라서 종교학의 하위분야로서의 종교심리학은 종교사회학·종교인류학 등의 다른 하위분야에 비해서 비교적 체계화가 늦게 이루어지고 있는 분야이다. 종교심리학의 이러한 상황은 "종교심리학자의 수만큼 종교심리학이 존재한다."라는 말로 표현할 수 있을 정도이다. 이런 상황에서 종교심리학의 경향을 추적하는 작업은 학자마다 각기 다르게 할 수 있을 것이며, 바로 이러한 이유로 인해 그 작업 자체가 무의미할 수 도 있다.
　그럼에도 불구하고 '종교심리학의 경향과 과제'를 지금 이 시점에서

---

[1] 『종교학연구』, 제10집, 1991.

살펴보려는 이유는 다음과 같이 두 가지로 정리해 볼 수 있다.

첫째는 지금까지 우리나라에서 이루어진 종교심리학의 성과를 평가해 보아야만 한다는 것이다. 종교에 대한 연구 자체에 무관심하고 무지한 우리나라의 학계 상황에도 불구하고, 종교심리학 관련 서적들이 몇 권이나마 출간된 것은 매우 다행스러운 일이다. 우리나라에서 최초로 출간된 종교심리학관계 서적은 홍병선이 1925년에 저술한 『종교심리학』이다.2)

그 뒤 40여 년이 지난 뒤 김관석이 존슨(P. E. Jhonson)의 책을 번역하여 『종교심리학』이라는 제목으로 출간하였다.3) 그리고 다시 20여 년이 지난 뒤 박근원이 올포트(G. W. Allport)의 책을 번역하여 『인간과 종교』라는 제목으로 출간하였고,4) 이어 1년 뒤인 1986년에 윤주병이 소위 현대적인 의미의 종교심리학에 관한 개론서를 최초로 발간하였다.5) 그리고 이 밖에도 프로이드와 융의 심층심리학적인 종교연구가 부분적으로 소개되어 있으며6), 종교학개론서에도 심리학적인 종교연구가 하나의 장에 걸쳐서 취급되고 있는 것이 일반적이다.7)

이렇게 보면 종교심리학은 세 부류의 학자들로부터 주목을 받아 왔다는 사실을 알 수 있다. 첫째는 홍병선, 김관석, 박근원, 윤주병 등의 목회자, 또는 신학 쪽에서의 관심이고, 둘째는 이부영, 이은봉 등의 심층심리학 또는 정신의학 쪽에서의 관심, 그리고 셋째는 장병길, 황선명 등의 종교학 쪽에서의 관심이다. 우리의 현재 작업은 바로 이러한 세 부류의 관

---

2) 홍병선, 『종교심리학』, 조선기독교창문사, 1925.
3) 폴 존슨, 『종교심리학』(김관석 옮김), 대한기독교서회, 1964.
4) 골든 올포트, 『인간과 종교』(박근원 옮김), 대한기독교서회, 1964.
5) 윤주병, 『종교심리학』, 서광사, 1986.
6) 이부영, 『분석심리학』, 일조각, 1978; 칼 G. 융, 『종교심리학』(이은봉 옮김), 경문사, 1980.
7) 장병길, 『종교학개론』, 박영사, 1975; 황선명, 『종교학개론』, 종로서적, 1982.

심이 종교심리학 전체에서 어떤 위치를 점하고 있는지를 살피는 것이다.

이러한 세 부류의 각각이, 또는 전체가 현대의 종교심리학을 전부 대변하고 있는 것은 아니다. 이러한 작업을 통해서 종교심리학 전체의 균형 있는 소개와 연구가 앞으로 가능해 지기를 기대해 본다.

종교심리학의 경향과 과제를 살피려는 둘째 이유는 주로 서구 중심으로 이루어지고 있는 종교에 대한 심리학적인 연구를 개괄적으로 살펴봄으로써 그러한 연구들을 우리가 수용할 경우에 부닥치는 문제점들을 생각해 보기 위해서이다. 서구의 종교연구는 다른 어떤 분야보다도 서구 중심적인 사유방식에 의해 규정지어져 왔다. 그리고 종교연구 일반 중에서도 특히 종교사회학과 함께 종교심리학은 서구 중심적인 경향이 보다 강하다. 그러나 종교사회학만 하더라도 종교의 집단적 측면을 주로 다루는 분야로 정의한다면, 그것을 다른 지역에 적용시킬 때 커다란 무리가 따르지는 않는 편이다. 이에 비해 종교심리학은 인간의 종교경험에 주목하기 때문에 서구 중심적인 용어나 이론을 다른 지역에 적용하는 데 어려움이 따를 수밖에 없다. 종교에 대한 심리학적인 연구가 일천한 우리의 경우 우선 서구의 경향을 살피고, 그것의 수용 가능성을 살피는 작업은 필요해 질 수밖에 없다.

이러한 의도 아래 본 논문은 종교심리학의 역사와 주요 이론, 그리고 주요 연구 주제를 살펴보고 이어서 우리나라에서 종교심리학이 지닐 수 있는 과제들을 지적해 보고자 한다.

2. 초기의 종교심리학

19세기말 미국을 중심으로 해서 소위 종교심리학 운동이 일어난 이후 현재까지 종교에 대한 심리학적 연구는 크게 세 시기로 구분해 볼 수 있다. 세 시기는 첫째, 홀(G. S. Hall)과 제임스(W. James) 그리고 그의 제자들을 중심으로 주로 미국에서 1920년대까지 활발히 전개되었던 소위 초기 종교심리학의 시기와, 둘째, 1960년대까지의 쇠퇴기, 그리고 셋째, 1960년대 이후 현재까지의 시기이다.[8]

미국을 중심으로 한 초기 종교심리학의 내용에 대해서는 국내에서 발간된 서적을 통해서 그 윤곽을 어느 정도 파악할 수 있다.[9] 따라서 여기에서는 주요 학자들의 업적을 간략히 소개하되, 무엇보다도 미국에서 초기 종교심리학이 성립된 배경과 함께, 1920년대 이후 쇠퇴한 이유를 중점적으로 제시하는 데 그치고자 한다.

미국 심리학은 초기에 종교심리학이었다고 말해도 과언이 아니다. 그리고 미국의 초기 종교심리학은 종교심리학의 선구자로서 이후의 전개에 지대한 영향을 끼쳤다. 따라서 어떤 학자는 이 시기의 미국 종교심리학을 하나의 '운동(movement)'이라고까지 묘사하고 있다.[10] 그렇다면

---

[8] 윤주병은 제2차 세계대전 이후 종교심리학이 급격히 쇠퇴하였다고 주장하고 그 이유로 생리학적 정신치료(physiological psychotherapy)와 직업요법(occupational therapy)에 대한 관심의 대두를 지적하고 있다. 그러나 이것은 특히 유럽과 정신의학을 기준으로 한 부분적인 평가이다.(윤주병, 앞의 책, 18쪽) 정확히 말하면 미국에서는 1920년대에, 그리고 유럽에서는 1930년대에 종교심리학에 대한 관심이 급격히 쇠퇴하였다. D. M. Wulff, "Psychological Approach" in *Contemporary Approaches to the Study of Religion*, vol. Ⅱ, ed. by F. Whaling(Berlin: Mouton Publishers, 1985), p.22.

[9] 에릭 샤프, 『종교학 -그 연구의 역사』(윤이흠·윤원철 옮김), 한울, 1986, 제5장 참조.

[10] B. Beit-Hallahmi, "Psychology of Religion 1980-1930: The Rise and Fall of a

우선 우리는 19세기말에 미국에서 종교심리학이 유행하였던 배경을 살펴볼 필요가 있다. 몇몇 학자들의 지적을 요약해 보면 다음과 같다.

첫째, 종교학 전반의 성립 배경과 관련이 있다고 할 수 있는데, 서구에서 바로 그 시기에 기독교의 설득력이 전반적으로 쇠퇴하고, 실증주의를 중심으로 한 과학적인 사고방식이 풍미하였다는 점이다. 스타벅(E. D. Starbuck)은 이러한 상황을 아래와 같이 지적하였다.

> 과학이 점차 모든 영역을 하나씩 정복해 가고 있다. 급기야는 과학이 이제 가장 복잡하고, 가장 불가사의하고, 또한 성스러운 영역인 종교의 영역에까지 손길을 뻗치고 있다.11)

둘째, 그 당시 미국에서 특히 개인주의와 실증주의가 사상의 주류를 이루고 있었다는 점이다. 당시에 개개인의 종교경험에 대한 관심이 고조됨과 동시에, 또한 종교가 행하는 것 그 자체가 바로 종교이고, 종교가 행한다고 개개인이 믿고 있는 바로 그것이 종교라는 관념이 지배적이었다.12)

셋째, 미국의 종교적 상황이 유럽의 그것과는 달리 종교들의 실험실이라고 할 수 있을 정도로 다양한 양상을 보이고 있었다. 그 당시 미국에서는 종교의 중요성에 대한 관심이 고조되었고, 또한 종교에 대한 심리학적인 연구가 종교 자체에 기여할 수 있을 것이라는 생각이 지배적이었다.

이러한 시대적인 배경 아래 초기 종교심리학에 공헌한 대표적인 학자들로는 홀, 류바(J. H. leuba), 스타벅, 제임스, 프라트(J. B. Pratt), 에임스

Psychological Movement" in *Current Perspectives in the Psychology of Religion* ed. by H. N. Malony(Grand Rapids: Wm. B. Eerdmans Publ. Co., 1977), p.17.
11) E. D. Starbuck, *Psychology of Religion*(New York: Scribner's, 1899, p.1.
12) 에릭 샤프, 앞의 책, 135쪽.

(E. S. Ames), 코우(G. A. Coe), 스트라톤(G. Stratton) 등을 열거할 수 있다. 이들 각자의 관심이 다양한 가운데에서도 홀은 종교교육과 도덕교육에 일차적인 관심이 있었기 때문에 청소년의 회심(conversion)에 최초로 주목을 하였고, 소위 클라크(Clark)학파의 선구자가 되었다.

류바는 홀의 제자로서 초기 미국 종교심리학의 주도적인 위치를 차지하였는데, 경험과학적인 방법을 선호하여 반종교적인 성향을 지니기도 하였다. 스타벅은 홀과 제임스의 영향을 함께 받았는데, 종교심리학이라는 제목의 단행본을 최초로 발간하였고, 또한 류바와는 달리 공감적인 접근을 시도한 사람이었다. 한편, 제임스는 종교적인 사람들의 주관적 체험(solitary experience)이 종교의 핵심이라고 여기고, 스스로 아질산(nitrous oxide)을 먹어보면서까지 그러한 개인적인 종교체험에 주목하였다. 그의 저서 『다양한 종교체험(The Varieties of Religious Experience)』은 소위 인본주의 종교심리학의 고전으로 후대 학자들로부터 지속적인 주목을 받고 있다.

미국의 초기 종교심리학을 현재의 시점에서 전체적으로 조망해 볼 때 우선 그들이 종교심리학의 선구자였다는 점을 지적할 수 있다. 그들이 주목하였던 회심, 정상적인 종교적 성숙, 사춘기의 종교적 특징, 종교부흥운동 등이 비로소 학문적인 연구의 대상이 될 수 있었으며, 또한 그들의 연구 성과 자체도 무시할 수 없을 정도의 수준이었다.

1920년대, 1930년대가 되면 종교에 대한 심리학적 연구가 급격히 쇠퇴한다. 예를 들어서 그 이후에는 학술지에 종교심리학 관계의 논저가 거의 소개되지 않고 있다. 조사 자료에 의하면 미국의 경우 1938년에 심리학과가 있는 154개의 대학 가운데 종교심리학 강좌를 개설하고 있는 대학은 24개 대학뿐이었다.[13] 그리고 1920년대 이후에 출간된 심리학개론서들을 보면 종교심리학에 할애하고 있는 지면의 수가 점차 줄어들고 있다.14) 이와 같이 1920년대 이후에 종교심리학에 대한 관심이 급격히 쇠퇴한 이유는 무엇일까? 여러 학자들의 공통된 지적을 정리해 보면 다음과 같다.15)

첫째, 신학적인 관심이 강조되면서 종교심리학이 사변적이고 호교론적인 경향을 띠기 시작하였다는 점이다. 그리고 종교에 대한 체계적인 연구는 종교집단에 위협적이라는 인식 아래 경험적인 종교심리학보다는 실천적인 목회심리학이 선호되었다. 따라서 당시 종교심리학에 그나마 관심을 가지고 있던 사람은 거의가 다 신학자이면서 심리학자이었다. 그 대표적인 사람이 1964년에 김관석이 우리나라에 소개한 존슨(P. E. Johnson)이다.

둘째, 정신분석학적 연구(historical-hypothetical approach)에 대한 관심이 높아짐에 따라 이론에 대한 관심이 적어지게 되었다는 점이다. 이론적인 면에서의 발전이 늦어짐에 따라 자료의 수집 방법, 그리고 수집된 자료의 설명 방식이 모두 설득력을 잃게 되었다.

셋째, 사회과학 전반에서와 마찬가지로 심리학에서도 행동주의가 주류를 점하게 되었다는 점이다. 행동주의의 영향으로 심리학자들은 종교와 같이 복잡한 문제에는 관심을 보이지 않고, 좀 더 설명이 손쉬운 다른 문제들에 대해 관심을 보이게 되었다. 인간의 사회적, 정치적 행위를 연구하는 사회심리학과 같은 다른 분야에 대한 관심이 고조됨에 따라 종교

---

13) B. Beit-Hallahmi, *op. cit.*, p.21.
14) D. A. Flakoll, "A History of Method in the Psychology of Religion, 1900-1960", in H. N. Malony ed, *op. cit.*, p.82.
15) J. F. Byrness, *The Psychology of Religion*(New York: the Free Press, 1984), pp.21-24.

심리학에 대한 관심은 자연히 줄어들게 되었다.

　이와 같이 신학, 정신분석학, 행동주의와의 관련 이외에도 궁극적으로는 과학이 종교에 승리할 것이기 때문에 종교에 대한 연구는 필요가 없다든가, 또는 종교에 대한 관심 자체가 비과학적이며, 이전에 심리학이 속해 있던 철학적 전통의 잔유물로 간주하는 학자들이 주류를 차지하게 되었다는 점에서도 쇠퇴의 이유를 찾을 수 있다.

　이와 같이 종교심리학은 30-40여 년간의 침체기를 거치고 나서 1960년대가 되면 초기 종교심리학에 대한 재평가와 함께 심리학 분야에서 새롭게 전개된 이론들을 종교에 적용시키는 움직임이 서서히 나타나기 시작하였다.

3. 종교심리학의 주요이론

　앞 장에서는 1960년 이전의 종교심리학의 경향을 개략적으로 살펴보았다. 3장과 4장에서는 1960년 이후의 종교심리학의 경향을, 3장에서는 이론을 중심으로, 그리고 4장에서는 연구 주제를 중심으로 살피고자 한다.

　종교심리학의 이론을 살필 경우 어느 나라를 중심으로 하느냐에 따라서 강조점이 다를 수 있다. 예를 들어서 미국을 중심으로 한 경우에는 무엇보다도 올포트(G. Allport)와 매슬로우(A. Maslow)의 인본주의 종교심리학이 강조될 것이고, 독일을 중심으로 할 경우에는 에릭슨(E. Erikson)의 자아심리학이나, 또는 종교적 성숙을 지향하고, 종교체험을 스스로 경험해 보려고까지 노력하는 도르파트(Dorpat) 학파가 지적될 것이다. 그리고 프랑스를 중심으로 할 경우에는 신앙을 순수하게 증진시키려는 가톨릭 쪽의 연구가 강조될 것이다.16) 이 글에서는 각국의 이러한 차이점은 가능한 한 무시하고 주로 공통점에 주목을 하고자 한다.

주요 이론을 살필 경우 혹자는 이론과 방법을 혼동할 수 있다. 종교심리학의 방법은 내성법, 질문지법, 투사법, 내용분석, 또는 통계 등의 자료 수집이나 연구 방법에 관한 것으로 이론과는 구별된다.17) 이와 달리 여기에서 말하는 이론은 학자가 처해있는 입장을 말한다.18)

종교심리학을 종교에 대한 심리학적 연구라고 하였을 때 심리학의 모든 이론들이 종교현상에 적용되어 왔던 것은 아니다. 물론 심리학을 행동과 정신과정들의 연구로 정의한다면, 심리학의 모든 분야에서 종교행위에 대한 관심을 표출할 수도 있을 것이다.19) 그러나 현재까지 종교에 대해서 관심을 보다 많이 지녀 왔던 분야는 심층심리학, 인본주의 심리학, 발달심리학, 사회심리학이다. 아래에서는 각각에 대해 살펴보기로 하자.

가. 심층심리학(depth psychology)

심층심리학의 주요 학자로는 프로이드와 융을 열거할 수 있는데, 이들은 모두 갈등 이론(conflict theory)에 근거하고 있다. 이 두 사람은 우리나라에도 이미 널리 소개되어 있는 학자들이다. 정신의학 분야에서도 소위 프로이드 학파나 융 학파라고 할 수 있을 정도의 학자들이 부분적이

---

16) D. M. Wulff, *op. cit.*, pp.23-37.
17) 종교심리학의 방법론에 대해서는 *Ibid.*, pp.47-76; D. A. Flakoll, *op. cit.*, pp.82-88.
18) 이론(theory), 방법(method), 방법론(methodology)의 차이에 대해서는 R. D. Baird, "Postscript: Methodology, Theory and Explanation in the Study of Religion" in *Methodological Issue on Religious Studies*, ed. by R. D. Baird(Chico, CA.: New Horizons Press, 1975), pp.112-113.
19) 왈라스 외, 『심리학개론』(이관용 외 옮김), 율곡, 1990, 3쪽.

기는 하나 종교에 관심을 보이고 있다.[20]

　프로이드와 융은 무엇보다도 종교의 심리적 기능에 관심을 지니고 있었다. 프로이드는 본래 유대교 집안에서 태어났다. 따라서 유대교로부터 직접적인 영향을 받지 않았다고 하더라도 간접적인 영향을 받았음에는 틀림없다. 의학 교육을 받은 프로이드는 처음에는 신경학(neurology)을 전공하여 뇌 생리학과 신경증이 서로 관련이 있다는 주장을 하였다.

　이어서 그는 꿈 연구에 착수하여 이후 논란의 여지를 남긴 구강기, 항문기, 남근기 등의 심리적, 성적 발달 단계를 제시하였다. 그리고 1923년경에는 그가 이전에 제시하였던 의식, 前意識, 무의식이라는 개념을 原初我(id), 자아(ego), 初自我(super ego)라는 개념으로 바꾸고 억압 기제에 대한 분석을 시도하였다.

　말년에 가서야 프로이드는 종교 일반의 의미, 특히 유대·기독교의 신 관념에 대해서 관심을 가지게 되었다. 프로이드에 의하면 종교체험은 개인과 부모 사이의 갈등의 결과인 아버지 像의 투사이다. 다시 말해서 인간을 에워싸고 있는 우주는 신비스럽고 통제가 불가능하며, 인간 마음 속에서 벌어지고 있는 부모와의 갈등의 결과가 하늘이라는 스크린에 투사된다는 것이다. 프로이드는 종교의 여러 측면 중에서도 특히 신념의 형성과 윤리적인 행위에 관심을 지니고 있었다. 따라서 그의 이론은 회심, 신 관념, 종교와 정신병학 등의 연구에 주로 적용이 되어 왔다.

　프로이드를 사회과학자라면 융은 인문학자라고 할 수 있다. 융의 아버지는 루터교의 목사였으며, 그의 할아버지는 프리 메이슨의 조합원이기도 하였다. 전반적으로 종교에 대해서 반감을 지니고 있었던 프로이드와

---

[20] 김광일, 이부영 등.

달리 융은 일찍부터 신학과 신비주의에 관심을 가지고 있었다.

실제로 1902년에는 젊은 靈媒의 심리상태(trance)에 대한 논문을 발표하기까지 하였다. 프로이드와 결별을 선언하고 난 뒤에 융은 인간 심리의 구조를 새롭게 제시하고, 성격의 통합과정 즉 자기실현 과정인 개성화(individuation)라는 개념을 제시하였다. 그리고 집단무의식 속에 있는 원형과 신 관념이 관련이 있다고 주장하여 프로이드와 마찬가지로 신의 심리적 기원을 밝히고 있다.

프로이드에게 성숙이란 자아(ego)의 영향력을 확장시키는 것으로 종교가 오히려 장애가 되는 반면, 융에게 성숙 즉 개성화란 자아가 자기(self)를 알아내가는 과정이기 때문에 종교가 긍정적인 역할을 담당한다.

융의 분석심리학은 선불교와 유사하고, 또한 융도 자신을 큰 무당(great shaman)이라고 하였다는 점에서 오히려 분석심리학 자체가 종교적인 측면을 보이기도 한다. 프로이드의 이론이 유대·기독교라는 한정된 현상에만 적용이 가능한 반면, 융의 이론은 모든 종교에 적용이 가능하다. 그의 이론은 특히 종교상징과 콤플렉스의 관계, 그리고 그가 제시한 8가지 심리적 유형론에 근거해서 성격유형과 종교심리의 관계 등의 연구에 적용이 가능하다.[21]

나. 인본주의 심리학(humanistic psychology)

인본주의 심리학은 인간의 독특성을 강조하며 인간의 가치와 주관적 경험론, 그리고 자기실현을 중시한다. 이 입장에 서서 종교에 접근한 학

---

[21] 융의 이론에 근거하고 있는 힐만(J. Hillman)의 원형심리학은 다신론과 여신에 대한 연구의 가능성을 열어 놓았다.

자들로는 멀리는 제임스, 그리고 1950년대 이후 활동한 올포트, 매슬로우, 메이(R. May) 등을 열거할 수 있다. 그리고 심층심리학의 입장을 갈등이론이라고 한다면, 인본주의 심리학의 입장은 성취이론(fulfilment theory)이라고 할 수 있다.

행동주의 심리학이 이론적인 설명과 나타난 행동에 일차적인 관심이 있다면, 인본주의 심리학은 인간의 경험 그리고 그것의 의미에 일차적인 중요성을 부여한다. 그리고 행동주의 심리학의 기계적이고 환원적인 설명 방식보다는 인간의 창조성, 자기실현, 존엄성, 가치, 발달에 중요성을 보다 더 부여한다. 따라서 객관성이라는 말보다는 삶의 주관적 의미를 무엇보다도 중요시한다.[22]

올포트와 매슬로우는 개개인의 목표를 중요시한다. 그리고 이들은 모두 인간이 자유롭게 善을 추구하면서 동시에 삶을 즐길 수 있는 능력이 있다고 믿었다. 따라서 이들은 선택, 의지력, 개념적 사고, 상상력, 내성, 자기비판, 창조성 등을 강조하였다. 메이는 빈스방거(L. Binswanger)와 같이 실존주의 심리학자로 분류되기도 한다. 그러나 이들은 모두 인간이 주어진 환경 속에서 자유롭게 자기를 초월할 수 있는 능력이 있다는 점을 믿었다. 물론 이들은 종교경험의 각기 다른 측면에 관심을 지니고 있었다. 올포트는 신앙과 윤리적 행위에 관심이 있었고, 매슬로우는 자기초월적 체험에 관심이 있었다. 그리고 메이는 실존주의자답게 존재와 존재의 이유를 찾는 행위의 중요성에 관심을 가졌다.

이 세 사람의 영향력은 프로이드와 융의 그것에 비하면 그다지 높다고 할 수는 없다. 그러나 이들의 입장은 신학적이거나 또는 호교적인 성향

---

[22] Orlo Strunk, Jr., "Humanist Religious Psychology: A New Chapter in the Psychology of religion" in H. N. Malony, *op. cit.*, pp.3-32.

을 지니고 있는 학자들로부터 많은 관심을 받고 있으며, 특히 종교적 성숙이나 종교교육에 관한 문제에 많은 시사를 해 줄 수 있다.23)

다. 발달심리학

종교 심리의 발달에 관심을 보였던 학자들로는 에릭슨과 삐아제(J. Piaget), 그리고 파울러(J. Fowler)와 콜베르그(L. Kohlberg)를 지적할 수 있다.

인지발달보다는 사회 정서적 발달에 관심이 있었던 에릭슨은 앞에서 살펴본 성취이론보다는 오히려 갈등이론에 더 가깝다. 그는 인간이 삶의 여러 단계에서 심리적, 그리고 사회적인 차원과 관련된 주요 갈등을 직면한다고 하였다. 유아기에서 노년기에 걸치는 8단계 각각에서 개인은 특정한 갈등을 해결해야 한다. 왜냐하면 각 단계에서의 성공은 성격발달에 커다란 영향을 미치기 때문이다. 유아는 그들이 받는 배려에 따라서 신뢰와 불신의 감정을 배우며, 초기 아동은 그들이 받는 격려의 정도에 따라서 자율성과 수치심을 배운다. 아동은 그들이 기울이는 노력의 성패에 따라 자발성과 죄의식을 배우며, 학령기에는 그들이 주도성을 잡을 수 있느냐의 여부에 따라 근면성과 열등감을 배운다. 청년기에 가장 중요한 것은 아이덴티티의 정립이며, 이것이 실패하면 아이덴티티 혼란(identity confusion)에 빠지게 된다. 성인기에는 이전 단계에서 배운 모든 것들을 이용해서 다른 사람들과 친밀감을 유지하고자 하며, 이것이 실패하면 침체감을 느끼게 된다. 마지막으로 노년기에는 삶의 마지막 단

---

23) Orlo Strunk, Jr., *Mature Religion: Psychological Insight for Religious Growth and Daily Living*(New York: Abingdon Press, 1965) 참조.

계에서 자아 통합감을 느끼고 이것에 실패하면 절망감에 빠지고 만다.24)

삶의 각 단계에서 획득한 태도나 덕목들은 그 자체가 종교적이다. 다시 말해서 신뢰, 자율성, 자발성, 근면성, 아이덴티티, 친밀감, 생산성, 통합성은 종교적 신념과 행위와 상통한다.

삐아제는 갈등이론보다는 오히려 성취이론에 더 가까운 입장을 취한다. 그는 주로 지적 발달 단계와, 각 단계에서 어린이의 사고가 조직화되는 방식에 주목하였다. 자기 아이들의 행동과 사고과정을 주의 깊게 관찰한 삐아제는 인지발달이란 질적으로 상이한 단계를 거치며, 사람들은 모두 이 단계를 거친다고 주장하였다. 삐아제가 제시한 인지발달 4단계는 감각운동기(sensorimotor stage), 전조작기(preoperational stage), 구체적 조작기(concrete operational stage) 그리고 형식적 조작기(formal operational stage)이다. 감각운동기(0세~2세)에는 대상의 영속성을 파악하는 능력을 획득하며, 전조작기(2세~7세)에는 언어의 획득과 함께 제한적이나마 논리적 사고를 할 수 있게 된다. 구체적 조작기(7세~11세)에는 분류와 결합이 가능하며, 집단놀이도 할 수 있게 되고, 형식적 조작기(11세~15세)에는 가설을 세울 수가 있고 미래를 예측할 수 있게 된다.25) 삐아제는 이 마지막 단계인 형식적 조작기에서 인지의 발달이 절정에 달한다고 하였으나 다른 학자들은 성인기에도 인지의 발달이 가능하다고 주장한다. 삐아제가 제시한 이러한 인지발달의 각 단계마다 신념의 구조와 표출된 종교행위가 서로 다를 것이라는 점은 추측하기에 어렵지 않다.

기독교 목사이면서 상담에 관심이 있었던 파울러는 심리발달과 신앙

---

24) 에릭슨, 『아이덴티티』(조대경 옮김), 삼성출판사, 1982, 제3장 참조.
25) 왈라스 외, 앞의 책, 329쪽-331쪽.

의 관계에 주목하였다. 그는 에릭슨과 삐아제의 이론과 자신의 관찰 경험을 종합하여 단계이론(stage theory)을 제시하였다. 파울러에 의하면 신앙은 직관적-투사적(intuitive-projective), 신화적-문자적(mythic-literal), 종합적-인습적(synthetic-conventional), 개인적-반성적(individuative-reflective), 친화적(conjunctive), 그리고 마지막으로 보편화(universalizing)의 다섯 단계를 거친다.[26] 그는 마지막 단계에까지 도달한 사람들로 간디, 킹(M. L. King, Jr.), 테레사 수녀, 본 회퍼 등을 지적하고 있다.[27]

콜베르그는 교육학과 사회심리학을 전공하였는데 특히 사춘기 전후의 도덕적 사고에 대한 연구로 유명하다. 그는 무엇보다도 도덕교육에 관심이 있었기 때문에 도덕발달에 주목하였다. 그는 삐아제의 이론을 변형시켜서 도덕발달의 여섯 단계를 제시하였다. 각 단계는 각각 사회의 규범과 기대, 그리고 관습을 개인이 어떻게 생각하느냐에 따라서 구분된다.

첫째와 둘째 단계를 포함하는 전인습적 수준(preconventional level)에서는 사회의 규범과 기대가 자신과는 전혀 관련이 없다고 생각한다. 그리고 셋째와 넷째 단계를 포함하는 인습적 수준(conventional level)에서는 사회의 규범과 기대를 개인이 그대로 수용한다.

마지막으로 다섯째와 여섯째 단계를 포함하는 인습기가 지난 수준(post conventional level)에서는 사회의 규범과 기대를 개인이 스스로의 관점에 서서 해석하는 단계이다. 인간의 도덕발달이 이와 같은 단계를 거친다는 콜베르그의 주장은 어느 정도의 지지를 받기는 하였지만 한편

---

[26] J. W. Fowler, *Stages of Faith: The Psychology of Human Development and the Quest for Meaning*(New York: Harper & Row, 1981), Part 4.
[27] *Ibid.*, p.211.

에서는 비판을 받기도 하였다. 그 중에서 가장 중요한 비판은 도덕의 발달단계가 문화권마다 다르다는 것이다.

에릭슨, 삐아제, 파울러, 콜베르그의 연구는 연령에 따라서 종교심리의 내용이 다를 수 있다는 점을 보여 주고 있어서, 특히 종교와 연령(religion and age)의 주제에 많은 시사를 해주고 있다.

라. 사회심리학

사회심리학자들은 사회 환경과 사회적 상호작용과의 평형을 유지하려는 충동으로부터 생기는 태도에 일차적인 관심이 있다. 사회심리학 분야 중에서도 특히 종교와 밀접한 관련이 있는 이론으로는 일관성 이론(consistency theory)과 상호작용론(interaction theory)이다.

이들은 인간이 생각하고, 느끼고, 행하는 것이 모두 심리적인 특질보다는 오히려 세계와의 관계 속에서 스스로 체험한 것에 의해 결정된다고 생각한다. 일관성 이론의 대표적인 예로서는 최초로 인지부조화(cognitive dissonance)라는 용어를 사용한 페스틴저(L. Festinger)의 연구를 들 수 있다. 그는 세계 종말의 시기를 예언한 종교집단이 그 종말의 시기가 별 이상 없이 지나갔을 때, 즉 예언이 빗나갔을 때 그 상황에 적응해 가는 과정을 살펴보았다. 그는 인지부조화에 관해서 다음과 같은 두 가지 견해를 피력하였다. 첫째, 사람들은 인지부조화를 심리적으로 불쾌하게 여기기 때문에 인지부조화를 줄이고 대신에 인지조화를 달성하려고 노력한다. 둘째, 인지부조화가 생겼을 때 사람들은 그것을 줄이려고 노력하면서 또 한편으로는 인지부조화를 증가시킬지도 모를 상황과 정보를 능동적으로 회피한다.[28] 따라서 앞에서 지적한 종교집단의 경

우 중요한 예언이 빗나갔음에도 불구하고 그 종교집단이 존속할 수 있었다는 것이다.29)

페스틴저와 유사하게 켈리(G. A. Kelly)는 인지부조화가 불쾌감뿐만 아니라 불안과 긴장까지 초래한다고 하였고30), 피스케(D. Fiske)와 마디(S. Maddi)는 약간의 인지부조화가 필요하다고 주장하였다.31)

미드(G. H. Mead)와 고프만(E. Goffman)은 개인과 개인을 둘러싸고 있는 집단 사이의 상호 작용의 결과가 바로 자기(self)라고 하였다. 미드에게 의식은 사회행위로부터 나오며, 사회행위가 의식으로부터 나오는 것이 아니다. 다시 말해서 사유는 사회적으로 공유된 몸짓(gesture)의 내재화이다. 어떤 일의 의미는 반드시 그것에 대한 직접적인 체험에 있다기보다는 그것에 대한 우리의 반응에 있다. 따라서 똑 같은 자극에 대해서 사회의 시각의 차이에 따라 다른 반응을 보이게 된다. 인간의 사회적 삶은 환경과의 일련의 상징적 상호 작용으로 구성된다. 이러한 상호작용은 개인적이라기보다는 집합적이고, 복수적이고, 사회적인 과정이다.32) 고프만은 극장의 비유를 통해서 배우와 관객의 상호작용이 자기를 산출해 낸다고 하였다.33)

---

28) L. Festinger, *A Theory of Congnitive Dissonance*(Stanford: Stanford University Press, 1957), p.3.
29) L. Festinger, H. W. Ricken and S. Schachter, *When Priphecy Fails*(Minneapolis: University of Minnesota Press, 1956) 참조.
30) G. A. Kelly, *The Psychology of Personal Constructs*, 2 vols(New York: W. W. Norton, 1955) 참조.
31) D. W. Fiske and S. R. Maddi, eds, *Functions of Varied Experience*(Homewood: Dorsey Press, 1961) 참조.
32) G. H. Mead, *Mind, Self and Society from the Standpoint of a Social Behaviorist*(Chicago: University of Chicago Press, 1962) 참조.
33) E. Goffman, *The Presentation of Self in Everyday Life*(Garden City, N.Y.: Doubleday, 1959) 참조.

종교에 대한 사회심리학적 연구는 개인의 종교성이 집단으로부터 영향을 받는 과정을 살피는 데 도움이 된다. 특히 종교인의 태도를 관찰할 수 있는 좋은 실마리를 제공해 준다.

4. 종교심리학의 연구주제

앞 장에서 심리학의 여러 분야 또는 이론들 중에서 비교적 종교연구에 적합성이 있는 것들을 살펴보았다. 여기에서는 종교심리학자들이 주로 관심을 보이고 있는 연구 주제들을 중심으로 종교 심리학의 경향을 살피고자 한다.

종교심리학의 연구 주제는 다양하게 정리할 수 있다. 여기서는 특정 학자의 이론에 의한 연구나 또는 그 이론의 정당성을 검토하는 연구는 제외시킬 것이다. 그리고 종교교육이나 종교적 성숙의 문제와 같이 종교심리학의 연구주제로서 논란의 여지가 있는 것들과[34], 심리학과 신학의 관계[35]를 살피는 연구주제에 대한 정리도 제외시킬 것이다. 종교성(religiosity) 측정도 연구주제의 하나로 설정할 수 있으나 이것은 연구주제라기보다는 방법에 해당하는 것으로 보는 것이 타당하기 때문에 역시 여기에서 제외하기로 하겠다.

종교심리학의 연구주제는 크게 셋으로 구분이 가능하다. 첫째는 종교가 성격에 미치는 영향, 또는 역으로 성격이 종교에 미치는 영향, 즉 성

---

[34] 종교교육이나 종교적 발달의 문제는 종교심리학의 영역에 포함시켜서는 안 된다는 견해가 있다. D. Wueff, *op. cit.*, pp.25-26.
[35] J. J. Heaney, ed., *Psyche and Spirit: Reading in Psychology and Religion*(New York : Paulist Press, 1973) 참조.

격과 종교의 관계를 살피는 것이다. 그리고 둘째는 종교체험, 이 중에서도 특히 회심과 신비체험의 내용과 특징을 살피는 것이고, 셋째는 연령에 따른 종교심리의 차이, 즉 연령과 종교의 관계를 살피는 것이다. 아래에서는 이들 각각에 대해서 구체적으로 살펴보기로 하자.

가. 성격과 종교(personality and religion)

종교에 대한 개인의 생각, 종교에 부여하는 중요성의 정도, 그리고 종교적이고자 하는 이유, 이런 것들이 모두 인간행위의 기반이 된다. 따라서 종교적인 태도는 비종교적인 문제에 영향을 미치기 마련이다. 그리고 종교적인 사람과 그렇지 않은 사람 사이에는 차이를 발견할 수 있다.

따라서 종교적인 사람의 성격, 특징, 태도 등에 대해서 살펴볼 필요가 생긴다. 지금까지 이 분야의 연구는 다시 몇 가지 소주제로 구분할 수 있다.

첫째, 종교와 편견(prejudice)의 관계이다.[36] 여기서 말하는 편견은 예를 들어서 백인의 경우 흑인과 같은 소수민족에 대한 배타적인 태도, 또는 범죄자나 정신병자 등과 같은 사회적 일탈자에 대한 냉혹한 태도, 그리고 사회주의자, 무신론자, 공산주의자 등과 같이 이념을 달리하는 사람들에 대한 거부적인 태도를 말한다. 미국에서 백인의 경우 종교를 가지고 있지 않은 사람이 개신교인이나 천주교인보다는 흑인에 대해서 더 우호적이라는 연구보고가 있다.[37] 그렇다면 종교인이 비종교인보다 일

---

[36] 종교와 편견의 관계는 이후에 살펴 볼 종교와 정신건강의 관계에 포함시킬 수도 있으나 올포트 이후 종교와 편견의 관계에 대한 연구가 양적으로 많기 때문에 따로 구분해서 살펴보고자 한다.

[37] G. W. Allport and B. M. Kramer, "Some Roots of Prejudice", *Journal of*

반적으로 편견이 더 많다고 할 수 있을까? 지구상에 있는 모든 종교는 정도의 차이는 있을지언정 평등과 형제애, 인류애를 가르친다. 그리고 훌륭한 종교인 중에는 몸소 이것을 실천한 사람들도 많이 있다. 우리는 이 괴리를 어떻게 이해할 수 있을 것인가?

올포트는 이 분야의 탁월한 업적을 남겼다. 그는 종교인과 편견의 관계를 살피기 위해서는 종교체험의 내용과 동기를 검토해야한다고 하고, 모든 인간을 다음과 같이 네 개의 유형으로 구분하였다.38)

① 종교 그 자체를 목적으로 하는 내적 동기형(intrinsic motivated type)
② 종교를 수단으로 이용하는 외적 동기형(extrinsic motivated type)
③ 특별한 이유 없이 종교에 대해서 우호적인 태도를 지니는 종교 선호형(in_discriminately proreligious type)
④ 종교 전반에 대해서 이유 없이 적대적이거나 무관심한 유형(indiscrimina_tely antireligious of non religious type)

그는 ④의 유형이 포함되어 있지 않은 조사 집단을 선정, 여러 가지 척도와 검증방법을 사용하여 각각의 유형이 지니는 편견의 정도를 조사하였다. 그 결과 편견의 정도는 ③의 유형이 가장 많고, ②의 유형이 그 다음으로 많으며, ①의 유형이 가장 적다는 결론에 도달하였다. 그리고 ②의 유형만 해도 편견의 정도가 심하나, ①의 유형은 편견보다는 오히려 관용의 태도를 지닌다고 주장하였다.

올포트의 이러한 연구는 이후 윌슨(W. C. Wilson), 피진(J. R. Feagin), 로스(G. M. Ross) 등 여러 학자들에 의해서 계속되었다. 그러나 한편에

Psychology, vol.22, 1946, pp.9-39.
38) G. W. Allport and J. M. Ross. "Personal Religious Orientation and Prejudice" in H. N. Malony, *op. cit.*, p.127.

서는 올포트의 이러한 유형론이 학문적인 관심보다는 종교의 순수성(purity of religion)을 찾기 위한 목적에 의한 것이기 때문에 유형론으로서는 부적절하다는 지적이 있다.[39]

둘째, 종교와 정신건강(mental health)의 관계이다. 정신건강은 여러 가지로 규정할 수 있지만 대체로 불안감과 적응능력의 정도에 따라 판단한다. 일반적으로 종교는 정신건강의 토대가 된다고 여겨진다. 따라서 정신건강의 문제를 종교적으로 해결하려는 노력이 따르기 마련이다.

그런데 정신건강은 종교에서뿐만 아니라 정신의학에서도 지대한 관심의 대상이다.[40] 바로 이러한 이유 때문에 종교는 정신의학에, 그리고 정신의학은 종교에 관심을 지닌다. 융은 정신치료에 종교가 없어서는 안 될 중요한 요소라고 지적하였다.[41] 그러나 아르질(M. Argyle)은 종교가 오히려 정신질환을 야기시킬 가능성이 많다고 지적하고, 단지 노인의 경우에만 종교가 정신건강에 도움이 될 수 있다고 하였다.[42]

따라서 우리가 일반적으로 믿고 있는 종교가 정신건강에 도움이 된다는 주장은 아직 경험적으로 뒷받침이 된 것은 아니다. 그리고 이 분야에 관심이 있는 학자들은 종교적인 가정에서 자란 사람들이 그렇지 못한 사람들보다 반드시 윤리의식이 높지 않다는 사례도 발견하였고, 또한 종교적인 사람들은 그렇지 못한 사람들보다 더 권위주의적일 수 있다는 사례

---

[39] J. E. Dittes, "Typing the Typologies: Some Paralles in the Carrel of Church-Sect and Extrinsic-Intrinsic", *Journal for the Scientific Study of Religion*, vol.10, 1971, pp.375-383.
[40] Lillian H. Robonson, ed., *Psychiatry and Religion: Overlapping Concerns*(Washington, D.C. : American Psychiatric Press, 1986) 참조.
[41] 칼 G. 융, 앞의 책.
[42] M. Argyle. "Seven Psychological Roots of Religion" in *Psychology and Religion*, ed. by L. B. Brown(Harmendsworth: Penguin Education, 1973), p.25.

도 지적하고 있다. 따라서 우리는 이러한 주제들의 연구를 통해서 현행의 종교교육 전반에 대해서도 검토해 볼 필요가 있다.43)

셋째, 성격유형(personality mode)과 종교의 관계이다. 바아크만(P. F. Barkman)은 종교체험과 종교행위를 중심으로 기독교인의 성격유형을 넷으로 구분하고 각각의 유형에 따라 기독교의 교파를 분류하였다.44)

말을 강조하는 유형(verbal mode)은 신앙(faith)과 믿음(believe)을 강조하고 교리(theology)를 중요시한다. 이 유형의 대표적인 예는 미국의 경우 장로교와 루터교의 일부에서 찾을 수 있다. 감정을 중요시하는 유형(affective mode)은 믿음보다는 체험, 그리고 회심을 강조하기 때문에 방언이나 신유현상이 보다 많이 나타나며 교리는 그다지 중요시하지 않는다. 대표적인 예는 오순절교회 등에서 찾을 수 있다. 그리고 사회적 관계를 중요시하는 유형(social relational mode)은 "그리스도의 길을 걷자"는 말에서 알 수 있듯이 그리스도와 사도들을 모델로 간주하고, 교인이 되려면 공개적인 증거를 보여야 한다. 대표적인 예는 재침례교(Anabaptists)에서 볼 수 있으며 이들은 사회사업에 심혈을 기울이기도 한다. 마지막으로 초월적인 유형(transcendental mode)은 무엇보다도 예배의식을 중요시하며 대표적인 예는 가톨릭과 성공회에서 찾을 수 있다.

물론 이러한 유형론은 하나의 종교집단이나 개인에게서 복합적으로 나타날 수 있으며, 또한 시간적으로도 변화 가능하다는 점을 전제로 해야 한다.

바아크만의 이러한 작업은 성격의 유형을 어떻게 설정하느냐에 따라서 다양한 결과를 산출해 낼 수 있을 것이다. 예를 들어서 융이 제시한

---

43) V. D. Sauna, "Religion, Mental Health and Personality: A Review of Empirical Studies" in H. N. Malony, *op. cit.*, pp.186-187.
44) P. F. Barkman, "The Relationship of Personality Modes to Religions Experience and Behavior" in H. N. Malony, *op. cit.*, pp.204-207.

8가지의 성격 유형을 중심으로 개별 종교집단의 성격을 분류할 수도 있다.[45] 물론 이 때 그러한 성격유형을 구분해 낼 수 있는 척도의 계발을 어떻게 할 것이냐는 해결해야할 문제로 여전히 남는다.

성격과 종교라는 주제에서 주목할 만한 또 하나의 연구 성과는 벤슨(P. L. Benson)과 스필카(B. P. Spilka)가 제시한 자존심의 정도와 신 관념의 관계이다.[46] 이들은 가톨릭계의 고등학교 학생들을 대상으로 조사한 결과 자존심이 높은 학생들은 포용성이 있는 신 관념(loving God-image)을, 그리고 자존심이 낮은 학생들은 '배타적인 신관념(rejecting God-image)'을 선호하는 경향이 있다는 사실을 보여 주었다.

나. 종교체험

종교적이란 것은 무엇을 의미하는가? 종교체험은 다른 체험과 구분이 가능한가? 종교체험의 여부를 어떻게 알 수 있을까? 종교적인 감각이 따로 있는 것인가? 종교심리학자들은 초기부터 이러한 문제들을 해결하려고 노력해 왔다. 이 주제에 대한 관심은 다시 신비체험과 회심에 대한 관심으로 구분된다.

신비체험에 대한 연구 중에서 가장 특징적인 것은 의약을 이용한 연구이다. 의약을 이용한 신비체험에 대한 연구는 제임스((W. James)에서부터 시작한다. 제임스는 자신이 직접 아질산을 복용한 후의 체험을 근거로 해서 의식의 독특한 형태가 존재한다고 주장하였다. 이후 이 주제에

---

[45] 이부영, 『분석심리학』, 일조각, 1978, 제4장.
[46] P. L. Benson and B. P. Spilka, "God-Image as a Function of Self-Esteem and Locus of Control", *Journal for the Scientific Study of Religion*, vol.12, 1973, pp. 297-310.

관심을 보인 학자들은 판케(W. N . Pahnke)와 클라크(W. H .Clark) 등을 열거할 수 있다. 특히 판케는 사전에 정보를 주지 않은 상태에서 신학생 10명에게는 프실로시빈(psilocybin) 30mg을, 그리고 또 다른 신학생 10명에게는 僞藥(placebo) 30mg을 복용시킨 뒤 예수 수난 예식에 참여시키는 실험을 하였다. 그 결과 그는 프실로시빈을 복용한 학생 10명 중 9명이 신비체험을 하였고, 위약을 복용한 학생 10명 중에서는 단지 1명만 신비체험을 한 사실을 발견하였다.[47] 이 밖에도 이 주제에 관심이 있는 학자들은 LSD(lysergic acid diethylamide)와 메스카린(mescaline) 등을 이용해서 소위 '의약에 의한 신비체험(drug mysticism)'을 유발시키고, 이것을 통해서 종교적인 신비체험을 이해하려고 노력하고 있다.[48] 물론 이러한 연구에는 윤리적인 문제제기와 함께 '의약에 의한 신비체험'이 과연 종교적인 신비체험과 같을 수 있는지에 대한 문제제기가 뒤따른다.[49] 이 주제에 대한 완벽한 이해는 불가능할지도 모른다. 그러나 모든 종교가 교조의 신비체험에서 비롯되었다고 할 수 있기 때문에 이 주제에 대한 연구는 종교 일반에 대한 이해에 상당한 기여를 할 것으로 기대된다.

회심은 신비체험과 함께 종교심리학자들의 지속적인 관심을 끌어왔다. 20세기초에 이미 회심에 관해서 발표된 논문이 500여 개에 달하였다. 그 당시 회심에 대한 연구는 제임스, 홀, 스타벅, 류바(J. H. Leuba), 프라트(J. B. Pratt), 에임스(E. S. Ames), 코우(G. A. Coe), 클라크(E. T.

---

[47] W. N. Pahnke, "Drugs and Mysticism" in *The Highest State of Consciousness*, ed. by J. White(Garden City, N.Y: Doubleday, 1972) 참조.
[48] W. H. Clark, *Chemical Ecstasy: Psychedelic Drugs and Religion*(New York: Sheed & Ward, 1969) 참조.
[49] J. J. Heaney, ed., *op. cit.*, pp.118-120.

Clark) 등에 의해서 이루어졌다. 이렇게 보면 초기 심리학자들의 대부분이 회심에 지대한 관심을 지니고 있었다는 것을 알 수 있다. 회심에 대한 관심은 다시 몇 가지로 구분이 가능하다.

첫째, 회심을 어떻게 규정할 것인가의 문제이다. 일반적으로 회심을 급격한 회심과 점진적 회심으로 구분했을 때, 점진적 회심을 과연 회심이라고 할 수 있는지의 여부이다. 다시 말해서 이 양자의 차이를 정도의 차이로 생각할 것인지, 또는 종류의 차이로 생각할 것인지의 여부이다. 그리고 회심과, 예를 들어서, 세뇌 또는 정신치료 중에 나타나는 성격상의 변화를 같은 것으로 볼 수 있는지의 여부도 관심을 끄는 주제이다.

둘째, 회심을 정신병리학적인 징후, 또는 정서상의 불안정성을 보여주는 것으로 이해할 것인지, 아니면 '진정한' 성숙에의 과정으로 이해할 것인지의 문제이다. 종교인은 회심을 긍정적인 것으로, 그리고 비종교인은 부정적인 것으로 볼 것이라는 점은 추측하기에 어렵지 않다. 만약 자립심을 성숙의 기준으로 삼는다면 초월적인 대상에 의지하려는 태도는 당연히 성숙하지 못한 태도이다. 그리고 프로이드의 이론에 의하면 회심은 정신병리적인 현상으로서 치료의 대상이 된다. 그러나 제임스는 회심의 원인보다 결과에 주목하여 회심을 긍정적인 것으로 파악하고 있으며, 올포트도 회심에 대해서 직접 언급을 하고 있지는 않지만, 성숙한 종교적인 심성(religious sentiment)은 근본적으로 건전하다고 주장하였다.[50]

셋째, 회심의 가능성이 남보다 많은 사람들이 과연 존재하는지의 여부이다. 쾌활하고 냉정한 사람보다는 성 잘 내고 우울한 사람이 회심의 가능성이 더 많을지도 모른다. 제임스에 의하면 '병든 영혼(the sick soul)'

---

[50] 골든 올포트, 앞의 책, 제3장.

이 '건강한 마음(the healthy mind)'보다 회심의 가능성이 높으며51), 프로이트에 의하면 권위(특히 아버지) 전반에 대해 증오심이 많은 사람이 회심의 가능성이 높다.

넷째, 주로 어느 연령기에 회심이 많이 나타나는가의 문제이다. 존슨(P. E. Johnson)이 정리한 바에 의하면 스타벅과 코우는 16.4세, 홀은 16.6세, 클라크는 12.7세에 회심이 가장 많이 나타난다고 주장하였다.52) 융은 성격이 외향성에서 내향성으로 바뀌게 되는 30세 중반 이후에 회심이 주로 나타난다고 하였다.53) 그리고 회심이 늦은 나이에 나타날수록 회심의 체험이 더 강렬할 것이라는 점을 짐작해 볼 수도 있다.

다섯째, 회심이 의도적인 것인지, 아니면 비의도적인 것인지의 문제이다. 회심이 의식적인 노력에 의해 가능하다는 주장을 하는 학자들도 있지만 대부분의 학자들은 회심의 자발성을 강조하고 있다. 그리고 이 주제와 관련해서 근래에 학자들이 주목하고 있는 것 중의 하나는 회심을 목적으로 하는 종교교육과 세뇌의 차이를 개인에게 선택의 자유를 부여하는지를 기준으로 평가하고 있다.54)

다. 연령과 종교(age and religion)

나이가 증가함에 따라 종교적 행위와 신념의 내용이 변화한다. 하암스

---

51) W. James, *op. cit.*
52) 폴 존슨, 앞의 책, 184쪽.
53) C. C. Jung, *Modern Man in Search a Soul*(New York: Harcourt, Brace, 1933) 참조.
54) E. Barker, *The Making of a Moonie: Brainwashing or Choice?*(Oxford: Basil Blackwell, 1984); J. Sealey, *Religious Education: Philosophical Perspectives*(London: George Allen & Unwin, 1985) 참조.

(E. Harms)는 수 천 명의 아이들을 대상으로 그들의 신 관념을 조사한 결과 3세에서 6세까지의 아이들은 신을 동화 속의 존재로 인식하고, 7세에서 12살까지는 실제 인간의 모습으로, 그리고 12세 이후는 전통적이든 신비적이든 나름대로의 신 관념을 지니고 있다고 주장했다.[55] 롱, 엘킨드, 그리고 스필카도 이와 비슷한 방법을 통해서 아이들의 기도에 대한 태도를 조사하였다.[56] 그 결과 신과의 개인적인 대화가 가능한 것은 10세에서 12세 사이 이후라고 지적하였다.

프리취(D. Fritsch)와 헤쳐(H. Hetzer)는 12세에서 18세의 청소년을 대상으로 그들의 종교적 신념의 내용 상의 변화를 추적한 결과, 이 시기에는 이성과 신앙의 갈등을 첨예하게 느끼고, 신이나 천국의 존재, 그리고 바이블의 내용에 대한 확신의 정도가 점차 쇠퇴한다는 사실을 보여주었다.[57] 그리고 사춘기 이후 종교집회에 대한 참석률이나 종교에 대한 태도의 변화에 대해서는 몇 가지 상이한 설명이 있다. 그러나 대체로 종교집회 참석의 경우 30세까지는 하락하고 그 뒤 60세까지는 변동이 없는 것으로, 그리고 종교에 대한 태도는 30세까지는 그대로 유지되다가 그 뒤에는 점차 긍정적인 견해가 증대하는 것으로 정리되고 있다.[58]

연령에 따른 종교심리의 변화는 특히 발달심리학 분야에서 취급되고 있다. 이 분야에서의 탁월한 업적은 삐아제와 에릭슨에 의해 이루어졌다. 그런데 삐아제는 형식적 조작기가 끝나는 15세 전후에 인지발달이 최

---

[55] E. Harms, "The Development of Religious Experience in Children", *American Journal of Sociology*, vol.50, 1944, pp.112-122.
[56] D. Long, D. Elkind and B. Spilka, "The Child's Concept of Prayer," *Journal for the Scientific Study of Religion*, vol.6, 1967, pp.101-109.
[57] M. Argyle and B. Beit-Hallahme, *The Social Psychology of Religion*(London: Routledge & Kegan Paul, 1975), p.63.
[58] *Ibid.*, p.70.

고 수준에 오르고 그 이후에는 변동이 없다고 하였기 때문에 그의 이론에 의한 종교심리의 변화에 대한 연구는 15세 이전에만 해당된다. 이에 비해 에릭슨의 사회정서적 발달에 관한 이론은 삶의 각 단계를 모두 포괄하기 때문에 전 생애에 걸친 종교심리의 변화를 추적할 수 있게 해준다.[59]

5. 종교심리학의 과제

앞에서는 종교심리학의 이론과 주제를 중심으로 종교심리학의 경향을 살펴보았다. 여기에서는 지금까지 주로 서구에서 이루어진 종교심리학의 성과가 우리나라의 종교를 이해하는 데 얼마나 기여할 수 있으며, 또 어떤 문제들이 생길 수 있는지를 검토해 보기로 하자.

첫째, 종교심리학의 전반적인 소개를 통해서 종교심리학의 중요성을 인식할 필요가 있다. 종교심리학은 여러 다양한 심리학적 이론을 이용해서 모든 종교들, 그리고 가능한 한 모든 종교체험들을 연구하려는 학문분야이다. 따라서 이 분야는 심리학과 종교학의 양쪽에서 연구가 진행될 수 있는 분야이다. 그런데 서구의 경우 종교를 연구하는 심리학자들은 종교사와 종교이론 전반에 대한 지식이 부족하고, 종교체험을 연구하는 종교학자들은 현대 심리학이론에 대한 지식이 부족하다. 그리고 이들은 모두 소속 학문분과에 따라 편견(parochialism)을 보이기도 한다. 예를

---

[59] 에릭슨의 연령에 따른 종교심리의 변화를 살피는 방법을 특히 심리역사적 방법이라고 하며 이 분야의 연구는 앞으로 기대할 만하다. R. A. Johnson, ed., *Psychohistory and Religion*(Philadelpia: Fortress Press, 1977); F. E. Reynolds and D. Capps, eds., *The Biographical Process: Studies in the History and Psychology of Religion*(The Hague: Mouton, 1976) 참조.

들어서 종교학의 경우 <종교>심리학과 종교<심리학>을 구분하고 종교학적 종교심리학을 강조하는 학자도 있다.60) 그러나 앞으로는 이러한 태도보다는 오히려 서로가 상대방의 학문을 이해하거나 또는 양 쪽 학자의 공동연구를 지향하는 것이 바람직하다.

우리나라의 경우에는 이 문제와 함께 심리학과 종교학에서 종교심리학의 중요성을 인식할 필요가 있다. 심리학의 목적이 인간행동과 정신과정을 이해하는 데 있다면 종교와 이들과의 관계는 결코 간과해서는 안될 것이며, 이 문제를 제쳐놓고 좀 더 쉬운 문제에만 매달린다면 그만큼 심리학의 성과는 만족스럽지 못한 것이 될 것이다. 그리고 종교학의 경우 종교의 경험적인 측면 또는 개인적인 측면을 고려하지 않는다면, 이 또한 종교에 대한 종합적이고 포괄적인 이해를 불가능하게 할 것이다.

둘째, 종교심리학은 개별 종교의 호교론(apologetics)이나 심리학 만능주의(psychologism)에 빠져서는 안 된다. 종교에 대한 심리학적인 연구는 심리학 내에서 금기시되고 있지는 않다고 하더라도 주변적인 위치 밖에 차지하고 있지 못하다.61) 그 이유는 여러 가지 면에서 살필 수 있겠지만 무엇보다도 중요한 것은 종교를 연구하는 심리학자들이 대부분 종교적인 동기에서 출발하였다는 데에서 찾을 수 있다.62) 종교적인 동기에서 출발한 종교연구는 종교 그 자체에 대한 이해보다는 종교를 정당화하는데 유용하며, 이러한 종교적 심리학(religious psychology)은 학문세계

---

60) 松本 滋, 『宗敎心理學』, 東京大學出版會, 1979, pp.1-6.
61) 미국의 경우 박사수준 이상의 심리학자들의 전문분야별 비율을 보면, 임상심리학이 44%, 상담과 생활지도가 11%로 가장 많고, 비교심리학이 0.3%로 가장 적다. 그런데 종교심리학 분여는 0.3%에도 미치지 못하고 있다. 왈라스 외, 앞의 책, 4쪽 참조
62) B. Beit-Hallahmi, "Curiosity, Doubt, and Devotion: The Belief of Psychologists and Psychology of Religion" in H. N. Malony, op. cit., pp.381-389.

에서 도외시될 수밖에 없다. 또한 종교의 여러 가지 측면 중에서 경험적이고 개인적인 측면만을 어느 정도 이해하고서 종교 일반을 모두 이해하였다고 생각해서도 안 된다. 종교학자의 주장대로 종교는 다면적(multi-dimensional) 현상이라는 사실을 인식할 필요가 있다. 다시 말해서 종교심리학은 다면적인 측면을 지닌 종교현상 중에서 하나의 측면만을 다룬다는 한계를 인식하고, 항상 종교의 다른 측면에 대한 또 다른 연구에 귀를 기울여야만 한다.

셋째, 기존의 종교심리학은 완벽할 정도로 서구 중심적인 유대·기독교 전통만을 다루어 왔다는 한계를 인식할 필요가 있다. 주로 유대·기독교적인 전통만을 대상으로 전개되어 온 종교심리학은 우리나라의 경우 어쩔 수 없이 기독교 전통에만 적용이 가능하다. 다시 말해서 기존의 측정이나 조사 방법, 또는 실험 설계는 기독교 이외의 종교 전통에는 적용이 어렵다. 따라서 한국종교에 대한 종교심리학적인 연구는 이 점에서 두 가지 어려움을 지니고 있다. 우선 기독교 이외의 종교전통의 종교심리를 살필 수 있는 측정이나 조사방법, 또는 실험 설계를 계발하여야 함과 동시에, 또 한편으로는 한국종교 전반의 종교심리를 비교 고찰할 수 있는 방법을 계발하여야만 한다.

6. 맺음말

지금까지 종교심리학의 경향과 과제를 정리해 보았다. 이러한 작업은 어쩔 수 없이 개인의 입장이 개입될 수밖에 없기 때문에 누락된 부분이 있었을 것이며, 또한 강조된 부분도 있었을 줄로 안다. 그러나 하나의 연구 분야가 활성화되려면 우선은 그 분야의 성과를 가능한 한 전체적으로 조망해보는 것이 필요하다는 인식 아래 무모한 작업을 해보았다. 이 글이 종교학, 심리학 그리고 종교심리학의 연구에 하나의 지도의 구실을 할 수 있었으면 한다.

제4장
종교의례 연구의 경향과 과제[1]

1. 머리말

　본 논문은 한국의 종교의례 연구의 현실을 점검하고 앞으로의 바람직한 연구 방향을 제시하는 데 일차적인 목적을 지닌다. 개인적으로 필자는 종교학에 입문할 당시부터 의례에 많은 관심을 가지고 있었다. 의례 가운데에서도 특히 관심을 가지고 있던 주제는 희생제의(sacrifice)였다. 종교학을 처음 배우는 단계에서 내가 이해하는 종교는 그저 사람들이 살아 나가는 데뿐만 아니라 죽어서도 무언가 도움이 되는 그 무엇이었다. 그런데 세계 도처의 종교현상을 살펴볼 때 이해할 수 없는 현상 가운데 하나가 특정 부류의 사람들이 자신들의 필요에 의해서 동물은 물론이고 인간까지 제물로 바쳐왔다는 사실이었다.

---

[1] 『종교연구』, 17, 1999(이 논문은 1998년 한국학중앙연구원 개인과제로 수행된 연구임).

이러한 관심을 가지고 일찍이 희생제의에 관한 여러 이론들을 살펴보았다. 그리하여 타일러(E. B. Tylor)의 증여이론(gift theory)과 스미스(W. R. Smith)의 소통이론(communion theory)을 비롯해서 위베르(H. Hubert)와 모스(M. Mauss), 그리고 프레이저(J. G. Frazer)와 옌젠(A .E. Jensen) 등의 희생제의에 대한 나름의 이론들을 접하게 되었다. 그리고 나서 우리나라의 희생제의에 관한 사례를 찾기 위해『삼국유사』를 뒤지게 되었고, 거기에서 비록 인신공희는 아니지만 과거에 맹세를 위한 희생제의인 歃血이라는 의식이 있었다는 사실을 알게 되었다.

삽혈의식은 고대 동아시아에서 널리 행해졌던 왕들 사이의 맹세의식으로 대체로 산 위에 제단을 쌓고 백마를 잡아 그 피를 서로 마시고 서로 맹약을 다짐한 뒤 맹약문을 단 북쪽에 묻는 과정으로 진행되었다.

여기에서 우리는 삽혈의식을 행할 때 그들이 왜 산 위에 제단을 쌓았는가, 왜 제물로 백마를 사용하였는가, 왜 피를 서로 마셨는가, 그리고 맹약문을 왜 단 북쪽에 묻었는가 등에 의문을 가질 수 있다. 이러한 의문을 해소하기 위해서 반 헤넵(A. van Gennep), 리치(E. R. Leach), 터너(V. Turner), 그리고 엘리아데(M. Eliade)의 의례이론을 동원하여 삽혈의례 상징(ritual symbol)들을 분석하였다.2)

그 뒤 언젠가 다시『삼국유사』를 살펴보다가 포석정 관련 기사에 주목하게 되었다. 그러다가 포석정이 曲水流觴을 하던 왕들의 유원지라고 이해하기에는 석연치 않은 점이 있다는 사실을 알게 되었다. 우선 중국에서는 곡수유상이 춘삼월에 하던 풍습이었음에도 불구하고 경애왕이 견훤의 침략을 받고 있던 국가적인 위기 상황에서 포석정에 가 있을 때

---

2) 강돈구,「新羅別記所載 歃血儀式의 과정」,『종교학연구』, 제3집, 1980, 61-78쪽.

는 음력 11월이었다. 그리고 이 보다 일찍 헌강왕이 포석정에 갔을 때 남산의 신이 나타나 그 앞에서 춤을 추었다는 기사는 이 곳이 단지 시를 짓고 술을 마시던 유원지는 아닐 것이라는 생각을 가지게 하였다. 그리하여 몇 가지 근거 자료들을 동원하여 포석정 일대는 곡수유상을 하던 왕들의 유원지가 아니라 당시 팔관회를 치르던 장소였을 것이라는 추정을 해 보았다.[3]

이와 같이 필자는 간간히 역사 속의 종교의례에 관심을 가져오기는 하였지만 사료에 나타난 종교의례가 아니라 현재 우리가 볼 수 있는 종교의례의 구체적인 사례에 대해서는 아직 이렇다 할 연구 논문을 발표하지 못하였다. 하지만 반드시 종교의례는 아니라고 하더라도 우리나라의 문화 전반을 볼 때 의례적 요소가 매우 빈약하다는 사실에 항상 우려를 해 왔다. 아마도 우리나라 문화가 지니고 있는 이런 약점에 대해서는 대부분의 사람들이 공감할 것으로 보인다. 의례에 대한 관심과 함께 우리 문화가 의례적인 요소를 제대로 지니고 있지 못하여 나타나는 문화의 경직성에 대한 애석함이 이 논문을 쓰게 된 직접적인 동기이다.

2. 의례에 대한 인식의 전환

지금까지 종교는 대체적으로 합리성이라는 기준을 놓고 볼 때 합리적이지 않은(irrational) 현상으로 간주되어 왔다. 그리고 종교인은 비합리적인 삶을 영위하는 사람들로, 그리고 비종교인은 합리적인 삶을 영위하

---

[3] 강돈구, 「포석정의 종교사적 이해」, 『한국사상사학』, 4·5합집, 1993, 43-66쪽.

는 사람들로 이해되어 왔다. 이와 같이 합리성이라는 기준에 의하면 세계의 모든 사람들은 종교인과 비종교인, 또는 비합리적인 사람들과 합리적인 사람들로 구분된다. 그러나 일찍부터 종교학은 비종교인들의 삶 속에서도 비합리적인 요소를 충분히 찾아볼 수 있다고 생각해 왔다. 따라서 종교학은 모든 인간이 '종교적 인간(homo religiosus)'이라는 인간관을 제시하고 있다.

종교학의 이러한 인간관에 의하면 종교인이건 비종교인이건 간에 모든 인간은 합리적이면서 동시에 비합리적인 삶을 영위한다. 종교는 합리성을 기준으로 해서 이해할 수 없는 무합리적(non-rational)인 현상이다. 종교가 무합리적인 현상이라는 말은 다시 종교의 경우에 수단과 결과가 직접적으로 관련이 없다는 사실을 의미한다.[4]

또한 우리는 지금까지 종교를 상식적으로 이해 불가능한 낯선(exotic) 현상으로 인식해 왔다. 종교학에서 종교의 자율성을 강조하거나, 종교는 있는 그대로 보아야 한다거나, 또는 종교현상을 聖스러운 것과 관련시켜 이해해야 한다는 입장도 결과적으로는 종교를 상식적으로 이해 불가능한 기괴한 현상으로 인식시키는 것에 한 몫을 담당하였다. 그러나 이제 우리에게 필요한 것은 종교를 기괴한 현상으로 인식하는 것이 아니라 종교를 일상적인(ordinary) 현상으로 인식하는 것이다.[5]

과거 19세기에 서구인들은 '원시인(the primitive)'을 인간이 아니라 동물에 가까운 존재(the wild man, non-human)로 보았고, 20세기에 들어와서 최근까지도 원시인을 우리와는 다른 종류의 인간(another kind of

---

[4] J. Goody, "Religion and Ritual: The Definitional Problem", *British Journal of Sociology*, vol.12, 1961, pp.142-164.
[5] Jonathan Z. Smith, *Imagining Religion: From Babylon to Jonestown*(Chicago: The University of Chicago Press, 1982), p.xiii.

human), 또는 고상한 야만인(noble savage)으로 보았다. 그리고 그들의 종교도 그러한 맥락에서 이해하였다.6) 그러나 현재에는 그들의 종교를 원초적 종교(the primary religion)라는 용어로 지칭하는 것이 일반적이다. 이것은 종교학이 현재 그들의 종교와 우리의 종교 사이에 근본적인 차이가 없다는 사실을 인식하고 있다는 사실을 의미한다.

이와 같이 종교의 일상성에 주목한다거나 또는 소위 '원시인'의 종교와 우리의 종교가 질적인 차이가 없다는 입장에 서서 의례에 대해 지금까지 우리가 지녀왔던 그릇된 인식의 배경을 검토해 볼 필요가 있다.

첫째, 조선조 중기 이후 주자가례 등 유교의례가 정착되면서 그 이전에 있어 왔던 의례들이 대부분 위축 내지는 폐지되었다. 고려조에는 불교의례를 비롯해서 전래의 전통적인 의례들이 매우 성행하였던 것으로 보인다. 그러나 고려 말에 주자학이 들어오고 조선조가 유교를 정치이념으로 선택하면서 유교 이외의 의례들이 유교 측으로부터 끊임없는 비판을 받아왔고, 급기야 조선 중기 이후 유교의례가 사대부는 물론 일반 백성들의 생활에까지 침투되면서 유교의례 이외의 의례들은 淫祀로 규정되어 소멸되거나 변용되어 갔다.7)

유교의례는 크게 조상숭배와 정치적인 의례로 구분된다. 유교의 조상숭배는 기능적인 면에서 제사를 지내는 대신 재산을 상속받을 수 있는 권리를 확보해 주고, 長子 중심의 가족 구조와 남성 본위의 사회 구조를 확립, 유지시키는 데 결정적인 역할을 담당한다. 이 밖에 정치적인 의례는 왕권과 통치권의 확립, 그리고 계급적인 사회 구조를 유지하는 역할

---

6) Jonathan Z. Smith, *Map is not Territory: Studies in the History of Religion*(Leiden: E. J. Brill, 1978), p.297.
7) 황선명, 『조선조종교사회사연구』, 일지사, 1985, 164-222쪽.

을 수행한다. 이와 같이 주로 사회 구조를 유지시키는 역할만을 담당하는 의례는 터너(V. Turner)의 소위 반구조(anti-structure)라는 개념을 염두에 둘 때 사회의 역동성을 회복시켜주지 못하는 한계를 지닌다. 유교는 禮를 특별히 강조하고 있음에도 불구하고 유교의례 자체는 형식주의(formalism)에 빠지게 되었고, 일제시대에 들어와 허례허식을 일삼은 유교 때문에 조선이 망했다는 유교망국론이 퍼지게 되자 우리 문화는 의례 전반에 대해 왜곡된 인식을 갖게 되었다.

둘째, 18세기 후반에 들어온 천주교의례와 19세기 후반에 들어 온 개신교의례가 기존의 전통종교들의 의례와 충돌을 일으키면서 기독교 전래 이전에 있었던 의례들이 많이 소멸되었다. 개신교는 천주교의 조직 및 전례를 비판하면서 절대자와의 직접적인 만남과 내면적 신앙의 순수성을 강조하였기 때문에 의례 전반에 대해 남다른 거부감을 지니고 있다. 뿐만 아니라 개신교는 의례 공간을 구성하는 전통적 상징물까지도 거부하고 있다. 개신교인들 가운데 일부는 요즈음에도 장승을 부러뜨리거나 세우지 못하게 하는 데 발 벗고 나선다거나, 또는 단군성전 건립을 집요하게 반대한다거나, 나아가서 사찰에 들어가서 불상을 훼손시키는 일을 자행하고 있다. 이러한 성격을 지니고 있는 개신교가 서서히 확산되면서 현재의 우리 문화는 의례 전반에 대해 혐오감(ritual boredom)[8]을 가지게 되었다.

셋째, 이와 함께 실용적인 의식이 증대함에 따라 의례가 불필요하다는 생각이 고조되었다. 일요일에 예배나 법회에 참석한다고 해서 예를 들어서 경제적인 이득을 볼 수는 없다. 일요일에는 차라리 집에서 쉬거나 또

---

[8] Tom F. Friver, *The Magic of Ritual: Our Need for Liberating Rites that Transform Our Lives and Our Communities*(San Francisco: Harper, 1991), p.7.

는 경제적인 이득을 볼 수 있는 다른 행위를 하는 것이 좋다고 생각할 수 있다. 그러나 합리성에 의해 의례를 판단할 수 없듯이 실용성에 의해 의례를 판단할 수는 없다. 소위 세속화된 사회에서도 여전히 의례의 중요성이 지적되고 있다는 사실이 이를 말해 준다.[9]

넷째, 종교학에서 의례를 단지 사상의 표현으로만 간주하여 의례의 중요성을 간과하게 되었다. 일반적으로 의례는 종교학의 주요 연구 분야 가운데 하나이기 때문에 종교학에서 의례에 대해 일찍부터 체계적으로 연구해 왔을 것으로 생각하기 쉽다. 그러나 최근까지 종교학은 의례를 주요 연구 주제로 확립시키는 데 실패하였다.[10] 이와 같이 의례에 대한 연구를 체계적으로 해야 했을 종교학이 최근까지 의례의 중요성을 간과해 왔기 때문에 이 또한 의례 전반에 대한 인식을 왜곡시키는 데 일익을 담당하였다.

이러한 여러 요인들이 작용하여 우리나라에서는 전반적으로 의례의 중요성을 무시하는 풍토가 팽배해 있다. 의례의 중요성이 간과됨에 따라 우리나라에는 의례에 대한 인식이 왜곡되어 있을 뿐만 아니라 나아가서 의례 자체에 대해 혐오하는 분위기까지 팽배해 있다. 이런 상황에서 우리나라의 주요 의례들에 대한 일반인의 이해 정도는 매우 낮을 수밖에 없다. 그러나 우리는 의례가 없는 문화는 생각할 수도 없으며, 의례의 중요성이 간과되는 문화는 생동감이 없는 문화라는 사실을 인식해야 할 것이다.

---

[9] C. W. Sorensen, "Introduction: Ritual and Modernization in Contemporary Korea", *Journal of Ritual Studies*, vol.3, 1989, pp.155-165.

[10] L. Leetouwer, "Inquiry into Religious Behaviour: A Theoretical Reconnaissance" in *Religion, Culture and Methodology*, eds. by Th. P. van Barren and H. J. W. Drijvers(The Hague: Mouton, 1973), p.79.

의례는 문화 속에서 중요한 역할을 수행한다. 의례는 무엇보다도 문화적인 유머의 일종으로 볼 수 있기 때문에 의례가 적절한 역할을 수행하는 문화는 생동감이 있다. 유머는 우리의 삶 속에서 종종 부딪히게 되는 어쩔 수 없는 상황으로부터 우리를 벗어나게 해 준다. 우리는 유머를 통해서 삶의 여유를 찾는다. 따라서 유머가 풍부한 사람은 그렇지 못한 사람들보다 보다 많은 삶의 여유를 갖는다.

유머를 이와 같이 이해할 때 종교는 바로 문화 속의 유머로, 그리고 의례는 바로 해학적이고 익살스러운 행위로 이해해 볼 수 있다. 유머가 없는 인간이 여유가 없는 인간이듯이 유머가 부족한 문화는 여유가 없고 삭막하다. 유머가 있는 문화, 그리고 여유가 있는 문화는 인간의 삶을 풍요롭게 해 준다.

의례의 해학적인 특성을 보여주는 의례 하나를 소개해 보자. 충청북도 청주 지방에 '까치내놀이상여'라는 것이 있다. 동네 사람들이 새로 만든 상여를 메고 마을 안을 돌아다니다가 어느 집 앞에 멈추고 상여를 내려놓는다. 그러자 그 집의 노인 한 분이 옷을 곱게 차려 입고 나와서 상여 위로 올라가서 앉는다. 그러자 상여꾼들은 다시 상여를 메고 마을 안을 흥겹게 돌아다니며 노래를 부른다. 다음 번에 마을에서 죽을 사람은 다른 사람이 아니라 바로 상여 위에 앉아 있는 바로 이 노인이라는 것이 노래의 내용이다. 이 의례는 죽음이라는 난감한 상황을 해학적으로 어떻게 처리하는가를 보여주는 전형적인 예라고 할 수 있다.

의례의 이와 같은 해학적인 성격에 주목할 때 우리는 의례가 문화 속에서 차지하는 중요성을 다시금 인식할 수 있을 것이다.

3. 서구 의례이론의 추세

의례에 대한 관심은 19세기 후반 종교학이 성립될 당시부터 있어 왔다. 학자들 가운데에는 종교의 구성 요소 가운데 사상보다는 오히려 의례에 보다 많은 관심을 보인 학자도 있다. 예를 들어서 일찍이 마렛트(R. R. Marett)는 사유와 생각과 관련이 있다기보다는 오히려 춤과 관련이 있다고 지적하였고,[11] 터너(V. Turner)는 종교가 연극과 마찬가지로 수행되지 않는 한 지속될 수 없다고 말하였다.[12] 보다 최근에 그라임즈(R. L. Grimes)는 종교가 언어와 문헌으로 존재하기도 하지만 무엇보다도 수행(performance)이라고 지적하였다.[13] 이와 같이 종교학자들 가운데에는 종교의 실천적인 측면, 다시 말해서 의례의 중요성과 의례연구의 필요성을 강조한 학자들이 있어 왔다. 따라서 이들에게 종교이론의 대부분은 사실 의례이론과 많은 부분 겹쳐서 존재한다고 해도 과언이 아니다.[14]

의례이론은 대체로 세 가지 측면에서 정리해 볼 수 있다.

첫째, 주요 학자별로 살펴보는 것이다. 이 때 주로 언급되는 학자들로는 스미스(W. R. Smith), 위베르(H. Hubert)와 모스(M. Mauss), 반 헤넵(A. van Gennep), 프레이저(J. G. Frazer), 뒤르캥(E. Durkheim), 프로이드(S. Freud), 옌젠(A. E. Jensen), 말리노브스키(B. Malinowski), 래드클

---

[11] R. R. Marett, *The Threshold of Religion*(London: Methuen, 1909), p.xxxi. "Savage religion is something not so much thought out as danced out".
[12] V. Turner, *The Anthropology of Performance*(New York: Performing Arts Journal Publications, 1986), p.48.
[13] R. L. Grimes, "Ritual Studies" in *The Encyclopedia of Religion*, vol.12, ed. by M. Eliade(New York: Macmillan, 1987), p.423.
[14] Evan M. Zuess, "Ritual" in M. Eliade, ed., *op. cit*, p.405.

리프 브라운(A. R. Radcliffe-Brown), 레비 스트로스(C. Levi-Strauss), 리치(E. Leach), 터너(V. Turner), 기어츠(C. Geertz), 더글라스(M. Dauglas), 엘리아데(M. Eliade), 슈탈(F. Staal), 스미스(J .Z. Smith), 라파포트(R. A. Rappaport), 페너(H. Penner), 로오손(E. T. Lawson)과 맥컬리(R. N. McCauley), 벨(C. Bell), 그라임즈(R. L. Grimes) 등을 지적할 수 있다.

둘째, 주요 이론별로 살펴보는 것이다. 이 때 주로 언급되는 것은 신화의례이론(the myth and ritual theory)[15], 주지주의(intellectualism), 기능주의(functionalism), 상징주의(symbolism), 구조주의(structualism) 등이다. 그리고 보다 최근에는 문화적 유물론(cultural materialism)[16]과 생태주의(ecologism)[17], 정치이론(political theory)[18], 수행이론(performance theory)[19], 인지이론(cognitive theory)[20], 발생구조론(biogenetic structuralism)[21] 등이 자주 언급되고 있다.

셋째, 학문영역별로 살펴보는 것이다. 아마도 의례에 가장 많은 관심과 업적을 남긴 학문은 종교인류학이라고 할 수 있을 것이다. 따라서 의

---

[15] R. A. Segal, ed., *The Myth and Ritual Theory*(Oxford: Blackwell, 1998) 참조.
[16] M. Harris, *Cultural Materialism*(New York: Random House, 1980) 참조.
[17] R. A. Rappaport, *Ecology, Meaning and Religion*(Berkeley: North Atlantic Books, 1979); V. Reynolds and R. E. S. Tanner, *The Biology of Religion*(London: Longman, 1983) 참조.
[18] D. I. Kertzer, *Ritual, Politics and Power*(New Haven: Yale University Press, 1988) 참조.
[19] R. Schechner, *The Future of Ritual*(London: Routledge, 1993) 참조; C. Bell, "Performance" in *Critical Terms for Religious Studies*, ed., by M. C. Taylor(Chicago: The University of Chicago Press, 1998), pp.205-224.
[20] E. T. Lawson and R. N. McCauley, *Rethinking Religion: Connecting Cognition and Culture*(Cambridge: Cambridge University Press, 1990) 참조.
[21] Eugene G. d'Aquili, C. D. Laughlin and J. McManus, eds., *The Spectrum of Ritual: A Biogenetic Structural Analysis*(New York: Columbia University Press, 1979) 참조.

례이론의 상당 부분은 인류학의 주요 이론과 관련이 있다. 그리고 비록 인류학에는 미치지 못하지만 종교현상학도 의례에 대해 많은 관심을 가져 왔다. 그러나 종교현상학은 앞에서도 지적하였듯이 기본적으로 사상이 의례보다 중요하다는 관점, 다시 말해서 의례는 사상의 표현, 또는 사상을 전달해 주는 수단이라는 관점을 지녀 왔기 때문에 독자적인 행위체계로서의 의례 자체에 대한 연구에는 그다지 많은 기여를 하지 못하였다.

종교인류학이나 종교현상학 이외에 특정 종교의 예배를 연구하는 예배학(liturgics)도 의례연구에 많은 관심을 가져 왔다. 예배학의 목적은 자신들의 종교의식을 올바로 이해하고 시대의 추세에 맞게 변용시키는 데 있다. 종교전통이 유지, 확산되려면 사상의 확립과 재해석도 중요하지만 의례의 확립과 재해석도 이에 못지않게 중요하다는 점을 감안하면 예배학이 개별 종교전통 내에서 차지하는 비중은 크다. 그러나 종교학의 의례연구와 예배학의 의례연구의 차이는 종교학과 특정 종교의 교의학이 지니는 차이와 유사하기 때문에 예배학의 연구 결과는 다시 종교학의 의례연구의 자료가 될 뿐이다.

근래까지 이와 같이 여러 학문 분과에서 나뉘어서 행해지던 의례연구는 최근에 미국을 중심으로 서서히 체계화되려는 움직임을 보이고 있다. 1977년에 미국종교학회에서 의례에 대해 관심을 가지고 있는 학자들의 예비 모임이 있었고, 5년 뒤인 1982년에 이들을 중심으로 의례학(ritual studies)이 하나의 연구 모임(group)으로 정식 발족하였다.

1985년에 그라임스의 주도 아래 『의례학연구(*Journal of Ritual Studies*)』가 창간되어 현재까지 계간으로 발간되고 있다. 지금까지 발간된 학술지의 내용을 보면 연구 주제의 설정이나 연구 방향의 정립이 아직 미흡하다는 평가를 받기도 한다.[22] 그러나 현재의 종교학이 그렇듯이

『의례학연구』는 한마디로 다학문적이고 다문화적인 관심을 폭넓게 포괄하고 있다고 하겠는데, 『의례학연구』의 이러한 특징은 현재 의례학의 상황을 잘 대변해 주고 있다. 『의례학연구』의 주요 편집진들에는 의례연구의 특정 이론을 주창하고 있는 학자들과, 동시에 종교전통별, 그리고 주요 지역별 전공자들이 폭넓게 포진하고 있다. 88올림픽 이후 우리나라에 대한 관심이 고조되면서 『의례학연구』는 1989년 여름호에 한국의 의례를 특집으로 다루었는데 이러한 사실은 『의례학연구』 편집자들의 순발력과 또한 폭넓은 관심을 반영하고 있다고 하겠다.

역시 현재의 종교학이 그렇듯이 의례연구는 방법론에 의해 규정되는 정립된 학문 분과(discipline)라기보다는 하나의 연구 분야(field)의 성격을 보다 많이 지니고 있다.[23] 종교학이 영어로 'Religious Studies'로 표기되듯이 의례학이 'Ritual Studies'로 표기되는 것에서도 이러한 사실을 알 수 있다. 1992년에 미국 콜로라도대학 종교학과에서 열린 의례 관련 연구모임에서 의례학을 독립학과, 또는 박사학위를 줄 수 있는 독립 프로그램으로 만들자는 의견이 개진되어 논란이 있었다.[24] 의례학이 현재 종교학 내에 존재함으로 인해 종교학의 문헌적 관심이나 인류학의 기능론적 관심으로부터 벗어나기가 힘들기 때문에 의례학의 획기적인 발전을 위해 종교학으로부터 독립하는 것이 좋을 것이라는 것이 제안자들의 의견이다. 그러나 의례학이 종교학으로부터 독립될 경우에 겪게 되는 불리한 여건에 대한 우려로 인해 이러한 제안이 실현되지는 못하였다.

---

[22] 『의례학연구』의 주 편집자인 그라임즈의 『의례학연구』에 대한 평가는 R. L. Grimes, *op. cit.*, pp.xiv-xvii를 참조할 것.

[23] R. L. Grimes, "Ritual Studies" in M. Eliade, ed., *op. cit*, p.422.

[24] R. L. Grimes, *Beginnings in Ritual Studies*(Columbia: The University of South Carolina, 1995), p.xviii-xix.

우리는 이러한 사실을 통해서 의례연구가 현재 종교학에서 각광을 받고 있는 분야 가운데 하나라는 점을 알 수 있다. 사실 서구에서는 최근에 의례에 대한 연구서와 논문들이 많이 발표되고 있다. 종교학의 역사를 살펴볼 때 특정 주제에 관한 연구가 이와 같이 한꺼번에 주목을 받은 적은 별로 없었다.

의례에 대한 서구의 연구 성과를 검토해 볼 때 우리는 의례연구의 몇 가지 최근 경향에 대해 주목해 볼 수 있다. 첫째, 최근의 의례연구는 종교의례와 세속의례의 차이를 강조하지 않는 경향이 있다. 일찍이 더글라스(M. Douglas)는 종교학의 어려움이 인간의 경험을 잘못 구획짓는 데서 비롯된다고 지적한 적이 있다.[25] 마찬가지로 벨(C. Bell)도 특정 의례에 대한 민족지적 기술을 자세히 보면, 인간의 경험은 이론적으로만 구획이 가능하지 실제적으로는 불가능하다고 언급하고 있다.[26]

지금까지 우리는 의례의 정의와 분류를 통해 의례의 특성을 지적하려는 노력을 기울이면서 의례와 일반적인 사회행동의 차이를 과도하게 지적해 왔다. 더글라스나 벨과 같은 학자들의 주장에 의하면 의례와 일반적인 사회행동은 커다란 차이를 지니지 않으며, 따라서 같은 맥락에서 이해되어야 한다. 그리고 의례와 일반적인 사회행동의 차이가 중요하지 않다면 종교의례와 세속의례의 차이도 당연히 중요하지 않다.

둘째, 의례연구는 학문적(academic) 성격과 실천적(practical) 성격을 동시에 지니고 있다. 종교연구 자체도 학문적 성격과 실천적 성격을 동시에 지니고 있다고 할 수 있다. 특정종교의 신앙을 가지고 있는 종교학

---

[25] M. Douglas, *Purity and Danger*(New York: Praeger, 1960), p.28.
[26] C. Bell, *Ritual Theory, Ritual Practice*(Oxford: Oxford University Press, 1992), p.4.

자는 종교연구를 통해서 자신의 신앙을 보다 깊게 성숙시킬 수 있기 때문이다. 그러나 대체로 종교학은 종교학자 자신의 신앙 성숙을 목표로 종교를 연구하지는 않는다. 종교학자 자신의 신앙 성숙은 연구의 결과이지 연구의 목표는 될 수 없기 때문이다.

의례연구는 종교 일반에 대한 연구에 비해 실천적인 성격을 보다 많이 지닐 수 있다. 특정 종교의 의례는 그 종교의 신앙을 가지고 있지 않은 종교학자에게는 단지 학문적 연구의 대상일 수밖에 없다. 그러나 특정 종교집단과 관련이 없는 의례들은 종교학자가 그 문화의 구성원 가운데 한 사람으로서 그 유효성을 검토해 볼 수 있다. 종교 일반이 그렇듯이 의례는 분명히 긍정적인(liberating) 역할을 수행하기도 하고 부정적인(oppressive) 역할을 수행하기도 한다. 의례연구의 실천적인 성격은 바로 의례의 부정적인 역할을 들추어냄으로써 종교학이 문화비평의 기능을 보다 더 잘 수행할 수 있게 해 준다.

셋째, 최근의 의례연구는 의례의 변동과 새로운 의례의 생성 과정에 보다 많은 관심을 보이고 있다. 근래까지 의례연구는 특정 의례의 구조와 의미, 그리고 심리적, 사회적 기능 등에 초점을 맞추어 왔다. 그러나 근래에는 이러한 기존의 연구 결과에 대한 비판이 속속 제기되면서, 오히려 의례의 변동이나 새로운 의례의 생성 과정에 보다 많은 관심을 기울이고 있는 경향이 보인다.

의례는 합리주의나 근대화와 양립할 수 없다는 것이 지금까지 일반적인 생각이었다. 그러나 의례는 새로운 사회, 문화적 변동에 적응하여 스스로 변화하고, 또한 거꾸로 새로운 사회, 문화적 변동을 야기시킨다. 우리는 의례의 변동과 새로운 의례의 생성 과정을 살펴봄으로써 사회, 문화의 거시적인 변동을 살필 수 있고, 이와 함께 종교의 변동까지 추적해 볼 수 있을 것이다.

4. 한국의 의례연구

우리나라에서 특정 의례에 대한 연구는 민속학, 인류학, 종교학, 역사학, 그리고 개별 교학 등 여러 학문 분과에서 적지 않게 진행되어 왔다. 그러나 한국 의례에 대한 총체적인 연구는 극히 최근에 시도되었다. 종교의례에 한정된 것이기는 하지만 1995년에 문화체육부에서 발간한 『한국종교의 의식과 예절』은 종교의례에 대한 총체적인 연구라는 점에서 획기적인 업적이다.

이 책의 제1부에 수록되어 있는 종교 관련 의례이론에 대한 설명은 비록 짧기는 하지만 현재로서는 종교의례를 전반적으로 이해할 수 있게 해주는 흔치 않은 글이다. 이 책의 제2부는 각 종교전통의 주요 교파와 종파별로 종교예절과 의례를 구분하여 서술하고 있다. 종교예절과 의례를 한 책에서 모두 서술하고 있어서 각 종교의 의례를 보다 구체적으로 소개하지 못하였다는 점, 그리고 각 종교의 의례를 각기 다른 학자들이 서술하고 있어서 개별 종교의례의 특징이 부각되지 못하였다는 흠이 있기는 하지만, 한국의 종교의례를 총체적으로, 그리고 전반적으로 다루었다는 점에서 이 분야의 첫 시도로 평가받을 수 있다.[27]

『한국 의례문화 연구사 및 연구 방법』[28]과 『한국 의례문화의 구조와 역사』[29]는 종교의례뿐만 아니라 우리나라의 의례 전체를 종합적으로 다

---

27) 이 책은 예를 들어서 G. Parrinder, *Worship in the World's Religions*(New York: Association Press, 1961); J. Holm, ed., *Worship*(London: Pinter, 1994) 등과 같이 각 종교의 의례들을 한꺼번에 서술하고 있는 기존의 연구서들을 참조하여 각 종교의 의례를 서술하는 틀을 보다 세련시키는 것이 좋았을 것이다.
28) 이은봉 외, 『한국 의례문화 연구사 및 연구방법』, 덕성여자대학교 인문과학연구소, 1997.
29) 이은봉 외, 『한국 의례문화의 구조와 역사』, 덕성여자대학교 인문과학연구소, 1998.

루고 있다는 점에서 한국의례에 대한 본격적인 연구의 단초를 연 보고서이다. 이들 연구서와 함께 기존의 연구들을 중심으로 지금까지 국내의 의례연구가 지니고 있는 대체적인 문제점과 앞으로의 방향을 제시해 보고자 한다.

첫째, 우리나라의 의례연구는 다학문적 연구를 지향할 필요가 있다. 이미 서구에서 종교연구는 다학문적이어야 한다는 점에 견해를 같이 하고 있다. 우리나라에서도 종교연구가 서서히 이런 분위기로 바뀌어 가고 있다. 의례가 종교연구의 중요한 주제 가운데 하나라고 할 때 의례연구도 당연히 다학문적 연구를 지향하여야 한다. 그러나 아직 우리나라의 의례연구는 학문 간의 교류가 거의 이루어지고 있지 않은 것으로 보인다. 예를 들어서 세시의례는 민속학이, 조상숭배(제사)는 인류학이, 그리고 특정 종교의 의례는 종교학이 전담해야 할 연구 주제인 것처럼 인식되고 있다.

앞에서도 지적하였듯이 이제는 의례와 일반적인 사회행동 사이에 별다른 차이가 없는 것으로 보아야 한다는 의견이 지배적이다. 그리고 나아가서 종교의례와 세속의례 사이에도 별다른 차이가 없다고 보는 의견이 개진되고 있다. 따라서 이제는 특정 학문이 특정 의례를 전담해서 연구하는 풍토가 개선되는 것이 무엇보다 필요하다. 그러기 위해서는 물론 의례에 관심을 가지고 있는 학문 분과들 사이에 자료와 이론 면에서 긴밀한 교류가 이루어져야 한다.

이 때 특정 학문의 시각이 여타 다른 학문의 시각보다 더 정당하다는 유아론(solipsism)보다는 각 학문의 연구 결과가 상호 보완적이라는 생각을 가져야 한다. 아직도 우리나라 종교학계에서는 종교현상을 사회현상이나 심리현상으로 연구하는 것을 환원주의(reductionism)라고 비판하는 풍토가 남아 있다. 이런 현상은 성과 속의 이분법과 성스러움에 대한 종교적 경험의 중요성을 강조하는 서구 기독교 전통에 토양을 둔 서구 종교학의 영향이라고 할 수 있다. 의례라는 일상 공간과 성스러운 공간이 겹쳐지는 삶의 총체적 영역에 주목할 때 종교학은 편협한 시야를 탈피할 수 있다. 그리고 사회과학 일부에서는 종교현상을 종교현상으로 보지 않는 것이 오히려 보다 학문적이라는 주장을 개진하고 있다. 그러나 적어도 의례연구에 관한 한 이제는 이런 풍토가 전혀 생산적이지 못하다는 데에 공감할 필요가 있다.

둘째, 의례의 분류를 재검토하고 의례의 범주를 좀 더 넓힐 필요가 있다. 의례의 분류는 기본적으로 고정 불변의 것이 아니라 연구의 편의를 위한 것이다.[30] 서구에서도 이미 개인의례와 집단의례, 또는 통과의례와 계절의례 등 기존의 분류 체계를 다시 검토할 필요성이 제기되고 있다.[31] 물론 의례의 목적, 기능 등 의례의 분류 기준을 어떻게 설정하느냐에 따라 다양한 분류 체계가 만들어질 수 있다.[32] 그러나 문제는 이 때 분류 체계가 의례 연구에 도움이 되는 쪽으로 탄력성을 가지고 있어야 한다는 점이다. 우리는 설날과 추석 등의 세시의례(seasonal ritual)에는 많은 관심을 가지고 있으나 광복절이나 개천절 등의 기념의례(commemorative ritual)나 공공의례에는 거의 관심을 가지고 있지 않다. 그러나 세시의례와 기념의례는 모두 연중의례(calendrical ritual)라는

---

30) J. Z. Smith, *Map is not Territory: Studies in the History of Religions*(Leiden: E. J. Brill, 1978), p.ix.
31) R. L. Grimes, *op. cit.*, p.xxi.
32) R. B. Browne, ed., *Rituals and Ceremonies in Popular Culture*(Bowling Green: Bowling Green University Popular Press, 1980), pp.29-30; R. L. Grimes, *op. cit.*, p.57 참조할 것.

점에서 공통성을 가지고 있으며, 이들을 모두 함께 고려했을 때 비로소 한국인의 1년 단위의 삶을 제대로 이해할 수 있다. 이와 같이 적어도 분류 체계가 의례 간의 공통성을 간과하는 방향으로 작용하여 의례와 관련된 삶의 전체적인 모습을 파악하는 데 방해가 되어서는 안 된다.

그리고 지금까지 의례하면 세시의례, 관혼상제 등 삶의 주기 의례, 그리고 종교의례만을 주로 고려했으나, 앞으로는 의례의 범주에 취임식과 같은 정치의례(political ritual)[33], 무용이나 연극, 그리고 올림픽 개막식과 같은 예술의례(aethetic ritual)[34]도 포함시켜야 한다. 의례에는 어느 학자의 지적대로 '하기(doing)'와 '보여 주기(showing)'가 함께 있다.[35] 지금까지 우리는 의례의 '하기'의 측면에 주로 관심을 보여 왔으나 앞으로는 '보여주기'의 측면에도 관심을 기울일 필요가 있다. 의례연구에서 몸의 움직임(posture, gesture)에 주목할 것을 제안하는 것도 이러한 맥락에서 의미가 있다.[36]

이에 덧 붙여서 지금까지 우리가 주목하지 못했던 의례들을 새롭게 조명할 필요가 있다. 우리 주변에서 흔히 볼 수 있는 의례들이 우리에게 너무 친숙한 나머지 우리에게는 보이지 않고 외국인의 눈에 오히려 보이는 경우가 있다. 결혼식 전에 치루는 '함 보내기'가 이에 해당하는 좋은 예이다.[37] 그리고 요즈음 단전호흡 등 氣와 관련된 여러 가지 행위들도

---

[33] D. I. Kertzer, op. cit. 참조.
[34] R. Bocock, *Ritual in Industrial Society*(London: George Allen & Unwin, 1974), chap.7 참조.
[35] T. F. Friver, op. cit., p.107.
[36] R. L. Grimes, op. cit., p.xxii; 정진홍, 「제의와 몸짓」(한국종교학회 1998년도 추계 학술대회 발표 논문).
[37] L. Kendall, "A Noisy and Bothersome New Custom", *Journal of Ritual Studies*, vol.3, no.2, 1989, pp.185-202.

의례와 관련된 좋은 연구 주제이다. 氣와 관련된 단체가 종교단체가 되는 경우, 그리고 기존의 종교가 氣와 관련된 수련을 채용하는 경우 모두는 전통적인 도교의 수련의례와 관련시켜 연구되어야 할 주제이다.

셋째, 의례연구는 다문화적 연구를 지향할 필요가 있다. 동아시아를 하나의 문화권으로 볼 때 우리나라의 의례는 이웃 중국이나 일본과 비교 연구되는 것이 바람직하다. 종교의례의 경우 천주교나 개신교의 의례는 삼국이 거의 동일하다. 그러나 불교와 유교의 의례는 삼국이 분명히 다르다. 불교와 유교의 의례가 삼국에서 각각 어떻게 행해지는가는 삼국의 불교와 유교의 성격을 규명하는 데 좋은 자료가 될 것이다. 이미 한·중·일 삼국의 조상숭배에 대한 인류학적 비교 연구는 좋은 성과를 보이고 있다.[38] 그리고 또한 설날이나 추석, 그리고 기념의례 등 연중의례에 대한 한·중·일 비교 연구도 좋은 성과를 보일 수 있을 것이다.

이와 같이 한·중·일 삼국에 대한 비교 연구뿐만 아니라 종교전통별 비교 연구에도 관심을 기울일 필요가 있다. 우리나라의 종교의례는 전통별로 서로 영향을 주고 받는다. 예를 들어서 유교, 불교 등 전통종교의 의례는 기독교의례로부터, 그리고 기독교의례는 전통종교로부터 분명히 영향을 받고 있고, 그러한 영향을 추적해 볼 수 있다.[39]

넷째, 역사적 연구와 공시적 연구가 함께 이루어질 필요가 있다. 역사학과 역사민속학 분야에서 불교와 유교, 그리고 민간신앙 의례에 대한

---

[38] R. L. Janelli and D. Y. Janelli, *Ancestor Worship and Korean Society*(Stanford: Stanford University Press, 1982), chap.7; 김광억,「조상숭배와 사회조직의 원리 -한국과 중국의 비교」,『한국문화인류학』, 제18집, 1986 등.
[39] 필자는 전통종교와 기독교 각각의 의례가 상호 갈등과 영향 아래 어떻게 변화하고 있는가를 살펴본 적이 있다. Don-ku Kang, "Traditional Religions and Christianity in Korea: Reciprocal Relations and Conflicts", *Korea Journal*, vol.38, no.3, 1998, pp.96-127.

연구가 꾸준히 발표되고 있다. 의례의 현재 모습을 제대로 파악하기 위해서는 그 의례의 과거 모습을 알 필요가 있다. 그리고 의례의 과거 모습을 파악하기 위해서는 그 의례의 현재 모습을 알 필요가 있다. 이와 같이 특정 의례의 과거 모습과 현재 모습이 파악되면 그 의례의 변화 과정, 나아가서는 변화 요인까지 추적해 볼 수 있다. 불교와 유교, 그리고 민간 신앙 각각의 의례의 변천 과정에 대한 이해는 사상사에 대한 이해 못지않게 각 종교의 시대적 성격을 파악하는 데 직접적인 도움이 될 수 있다.[40]

다섯째, 서구에서 제기되고 있는 의례이론에 관심을 기울일 필요가 있다. 최근에 의례에 관한 새로운 이론들이 많이 제기되고는 있지만 아직 지배적인 이론이나 학파가 존재하는 것은 아니다. 어떤 면에서 자료는 계속 풍부하게 발굴이 되고는 있지만 이론적인 면에서는 여전히 뒤르캥, 반 헤넵, 터너 등의 주변을 맴돌고 있다고 해도 과언이 아니다.[41]

그러나 의례이론에 관한 연구 업적들이 서구에서 꾸준히 발표되고 있는 현 시점에서 우리는 그들의 이론을 빌어 우리의 의례를 새로운 시각에서 살펴보려는 노력을 계속해서 시도할 필요가 있다. 이 때 의례연구(ritual studies)는 이론이 아니라 연구 대상에 의해 규정되는 연구 분야라는 사실을 감안하여 특정의 의례 이론만이 옳고 정당하다는 방법론적 유아론에 빠져서는 물론 안 될 것이다.

여섯째, 소위 전방위적 연구가 중요할 것으로 보인다. 의례는 소리와 움직임으로 구성된다. 소리에는 음악과 주문 등이 있을 수 있고, 움직임

---

[40] 이 점에서 송현주, 「현대 한국불교 예불의 성격에 관한 연구」, 서울대 종교학과 박사학위논문, 1999는 시의 적절한 연구라고 생각한다.
[41] R. L. Grimes, *op. cit.*, p.xvii.

에는 수련과 춤, 그리고 몸짓 등이 있을 수 있다. 그리고 또한 의례가 행해지는 공간에도 주목할 필요가 있다. 의례가 행해지는 공간은 주변 공간과 이질적이다. 그리고 의례 공간 자체에도 예를 들어서 여러 가지 도상(icon)이나 비품과 장치들이 있다.[42] 이들은 각기 부분적으로 이해되고 설명될 수도 있지만 우선 이들 각각은 의례의 전체적인 과정과 구조 속에서 총체적으로 이해되고 설명되어야 한다.

그러기 위해서는 연구 대상인 특정 의례에 대한 참여 관찰이 필수적일 것이며, 또한 참여 관찰이 여의치 않을 경우 참여자 면담과 촬영 자료 등을 이용할 수도 있을 것이다. 다시 말해서 의례에 대한 전방위적 연구는 인류학에서 말하는 민족지에 해당하는 소위 儀禮誌를 필요로 할 것이다. 인류학에서 민족지가 차지하는 비중이 매우 중요하듯이 의례연구에서 의례지가 차지하는 비중도 그에 못지않게 중요시되어야 한다. 따라서 현재는 의례를 어떻게 이해하고 설명할 것인가라는 이론적인 문제보다 오히려 의례지를 어떻게 적절히 작성할 것인가라는 문제에 신경을 쓰는 것이 보다 시급할 것으로 보인다.

5. 맺음말

지금까지 우리는 의례와 의례연구가 중요하다는 인식 아래 서구에서 제기된 최근의 의례이론의 경향을 살펴보고, 이어서 한국 의례연구의 앞

---

[42] 일본 아시카가 현에 부처처럼 가부좌를 하고 있는 공자의 像이 있다. 이 공자상은 일본 유학자의 어떤 사상보다도 일본 유교의 실제 모습을 잘 말해주고 있다고 하겠다. S. J. Palmer, *Confucian Rituals in Korea*(Berkeley: Asian Humanitiers Press, 1984), Plate 98 참조.

으로의 방향을 제시해 보았다.

　우리나라의 종교연구는 이제 총론에서 각론의 시대로 접어들어야 한다. 지금까지 우리는 종교이론 전반에 대한 관심을 중심으로 종교학의 정체성 확립에 심혈을 기울여 왔다. 이러한 상황은 일본이나 미국 등 다른 나라의 경우에도 마찬가지이다. 다만 이들 나라와 우리나라에 차이가 있다면 우리나라에 비해 이들 나라의 종교연구는 총론과 각론에 대한 관심이 병행해 왔다는 점이다. 이제 우리도 총론과 각론을 병행해서 발전시킬 필요가 있는데 이 가운데 우선 각론에 보다 치중해서 연구하는 풍토를 조성하는 것이 적절할 것으로 보인다.

　이렇게 보았을 때 의례연구 분야에서 다시 각론이라기보다는 총론에 해당한다고 할 수 있는 본 글의 의도는 시의에 적절하지 않은 것으로 보일 수도 있다. 더구나 현재 주도적인 의례이론이 형성되지도 않은 상황에서 의례이론의 여러 경향을 정리하는 것이 무모하게 보일 수도 있을 것이다. 그러나 의례를 종합적으로 연구하려는 시도가 이미 서구에서는 1980년대 초반에 시작되었고, 우리나라에서도 최근에 의례연구에 대한 관심이 고조되고 있는 현 시점에서는 일단 총론적인 글이 필요할 것이라는 생각에서 본 글을 작성하게 되었다.

　여기에서는 의례연구에 대한 관심이 한국 종교학에서 중요할 수밖에 없을 것이라는 생각, 다시 말해서 한국 종교학이 의례연구에 심혈을 기울이는 것이 현재로서는 절실하다는 생각을 덧붙이는 것으로 맺음말에 대신하고자 한다.

　일본의 동경대학 종교학과 교수를 역임한 柳川啓一은 종교학을 특정 종교의 입장이나 전제에 서 있지 않으면서 객관적으로, 실증적으로, 그리고 자료를 토대로 해서 종교현상을 연구하는 인문학, 또는 사회과학으로 규정하였다. 그리고 종교학은 문헌연구(역사학)와 실태연구(사회학, 심리학, 인류학 등)로 양분되는데, 이들은 모두 특정 종교 자체에 대한 관심에서 출발하는 것이 아니라, 종교 일반의 이해, 또는 종교의 일반 이론에서 출발하여 특정 종교를 이해하려고 한다는 점에서 공통성을 지닌다고 하였다.[43]

이어서 그는 종교학이 신학, 불교학, 종교철학 등 여타 인접 학문으로부터 도대체 종교학은 무엇을 하는 학문인가라는 의구심을 여전히 불러일으키고 있으며, 일반 교양인들에게도 종교 일반이나 특정 종교에 대해서 속 시원한 설명을 해주지 못하고 있다고 하였다. 그러면서 그는 일본 종교학자들의 특징을 아래와 같이 지적하였다.[44]

- 저서나 논문이 그다지 많지 않다.
- 전문 영역이 뚜렷하지 않은 경향이 있다.
- 종교와 관련이 있는 여타 학문의 모든 이론에 관심이 있다.
  (여러 학문분야에 관심이 많다.)
- 뜻밖의 학설을 제시하려는 경향이 있다.
- 분류와 정리에 관심이 많다.
- 말을 잘하는 편이나 강의보다는 강연에 능하다.
- 종교학 방법론에 관해 이야기할 때는 시간 가는 줄도 모르나, 마지막에 가서는 대체로 어떤 합의를 도출하기보다는 종교학은 알 수 없는 학문이라는 결론에 도달하고 만다.

야나가와의 이러한 지적은 비록 10여 년 전의 것이기는 하지만 오늘날의 한국 종교학자들에게도 비슷하게 적용될 수 있다. 종교학의 이러한

---

43) 柳川啓一, 『祭と儀禮の宗教學』, 筑摩書房, 1987, p.4, 6.
44) 같은 책, pp.5-6.

상황은 종교에 대한 이론이나 자료가 너무 많기 때문에 종교학자들이 공유할 수 있는 지식이나 자료가 상대적으로 적은 데서 비롯된 것으로 보인다. 따라서 종교학이 이런 상황을 넘어서기 위해서는 종교학자들이 공유할 수 있는 자료를 보다 많이 확보하는 것이 무엇보다도 시급하다.

자료에는 여러 가지가 있을 수 있다. 여러 가지 자료 가운데 지금까지 종교학은 주로 문헌자료를 중심으로 역사적인 연구에 몰두해 왔다. 그런데 종교학은 다른 학문과 달리 보이고 들리는 보다 구체적인 자료를 가지고 있다는 점에 유의할 필요가 있다. 종교학이 여타 다른 학문과의 변별성을 확보하기 위해서는 무엇보다도 이와 같이 보이고 들리는 구체적인 자료를 중요시할 필요가 있다.

보이고 들리는 자료는 결국 종교행위, 다시 말해서 의례를 말한다. 이제 한국의 종교학은 의례에 대한 기본적인 자료를 공유된 지식으로 확보할 필요가 있다. 다시 말해서 이제 한국의 종교학은 의례에 대한 기본적인 자료를 확보하고 정리하는 일에서부터 다시 출발하여야 한다. 그리하여 종교학자들이 공통된 논의의 공간을 확보할 수 있을 때 종교학이 '수상한 학문'이라는 인식을 떨쳐 버릴 수 있을 것이고, 그럴 수 있을 때 종교학은 비로소 한국문화 이해에 일익을 담당할 수 있을 것이다.

제5장
종교 상호 공존의 논의, 그 이후?[1]

1. 머리말

과거에는 개별 종교가 노골적으로 개종을 강요하던 시기가 있었다. 개별 종교뿐만 아니라 경우에 따라서는 국가가 국민들에게 특정 종교 또는 특정 교파를 강요하던 시기도 있었다. 그리고 최근까지 집안의 가장은 가족 구성원들에게 특정 종교를 신앙하도록 하여도 그다지 문제가 되지 않았다. 이런 상황에서는 종교간 대화, 다시 말해서 서로 상이한 종교를 믿는 사람들 사이의 상호 이해는 그다지 긴요하지 않았다. 특정 신앙의 강요는 종교의 상호 공존을 전제로 하지 않으며, 따라서 종교인들 사이의 상호 이해가 필요하지 않기 때문이다.

최근에 어느 서구 학자가 앞으로 세계는 '문명권의 충돌'을 겪게 될

---

[1] 『종교연구』, 제34집, 2004(이 논문은 2003년 한국학중앙연구원 개인과제로 수행된 연구임).

것이라고 예언한 바 있다. 그는 앞으로 '문명권의 충돌'이 발생할 것에 대비해서, 자신이 속해 있는 국가가 미리미리 준비를 해야 할 것이라는 점 또한 지적하였다. 물론 앞으로 충돌하는 서로 다른 문명권은 서로 다른 종교에 의해 지탱된다. 반드시 그 서구학자의 이 말을 빌리지 않더라도, 앞으로 종교간의 갈등이 세계적으로 커다란 문제가 될 것이라는 경종의 소리는 이미 우리가 많이 들어온 것으로, 결코 새삼스럽지 않다.

최근에는 종교가 폭력을 제공할 가능성이 높다는 우려의 소리도 있다. 종교가 전쟁의 원인이 될 수 있음은 물론이고, 나아가서 테러의 원인이 되기도 한다는 소리도 있다.

이제 우리는 더 이상 특정 종교나 국가, 또는 특정 개인이 특정 신앙을 강요하는 상황을 용납하지 않는 시대에 살고 있다. 이제 현대인은 누구나 자신의 자발적 동기에 의해서 특정 신앙을 선택할 수 있게 되었다. 또한 현대인은 누구나 아무 종교도 선택하지 않을 수 있게 되었다.

한편, 우리는 현재 여러 종교를 신앙하는 사람들 사이에 둘러 싸여 있는 시대에 살고 있다. 이러한 상황에서 일찍이 서구에서는 종교간의 상호 공존, 그리고 종교인들간의 상호 공존을 위해 종교간의 대화가 그 어느 시대보다도 중요하다는 인식을 해왔다.

우리나라의 상황도 다르지 않다. 우리나라는 여러 학자들이 지적하고 있듯이, 동양종교와 서양종교가 서로 비슷한 세력을 지니고 있는 매우 특이한 나라이다. 거의 대부분의 나라에서는 특정 종교가 주도적인 역할을 담당한다. 그러나 우리나라는 주도적인 종교가 존재하지 않는다는 점에서 독특한 나라이다. 이런 상황에서 종교간의, 그리고 종교인들간의 상호 공존에 대한 인식은 사실 다른 나라에 비해 더더욱 중요할 수밖에 없다. 우리나라에서 종교인들은 물론이고, 종교학자들까지도 종교(인)간의 상호 공존을 위해 많은 노력을 기울이고 있다는 사실은 결코 놀라운 일이 아니다.

지금까지 서구 학자들이 제기해 온 논의들은 이미 국내에 거의 소개되었다고 해도 과언이 아니다. 따라서 본 논문은 그 동안 국내에서 제기되어 온 종교의 상호 공존을 위한 논의들을 검토하는 것에 목표를 두고자 한다. 그리고 국내 학자들 가운데서도 가능하면 종교학자들, 그리고 종교학과 직, 간접적으로 관련이 있는 사람들의 논의에 범위를 한정할 것이다. 지금까지 종교학을 포함해서 관련 분야에서 제시되어 왔던 종교 상호 공존을 위한 기존의 논의들을 정리, 검토함으로써 앞으로 우리나라에서 종교 상호 공존을 위한 논의가 가야할 방향을 설정하는 데 본 논문이 기여할 수 있기를 바란다.

종교 상호 공존에 대한 논의는 종교간의 대화, 종교연합운동, 종교다원주의, 그리고 '종교와 포스트모더니즘'에 대한 논의들을 모두 포괄한다. 종교다원주의는 간단히 말해서 "모든 종교는 각기 구원의 방식을 갖는다"[2]라는 주장을 말 그대로 인정하는 입장이다. 이러한 종교다원주의를 우리가 인정할 수 있을 때, 비로소 종교간의 대화나 종교연합운동이 이루어질 수 있다. 따라서 종교다원주의는 종교간 대화와 종교연합운동의 전제 조건이다. 단지 현대사회에서 종교가 여럿 존재하고 있다는 종교의 다원성(plurality)만을 현실적으로 인식한다고 해서 종교간 대화와 종교연합운동이 이루어지는 것은 아니다. 각 종교가 모두 존재할 가치가 있다는 당위성을 인정할 수 있을 때 비로소 종교간 대화와 종교연합운동

---

[2] 정대현은 종교다원주의를 "모든 종교는 각기 구원의 방식을 갖는다"로 이해하여야 하지, "모든 종교는 구원을 갖는다", 또는 "모든 종교는 같은 구원에 이르는 여러 가지 길이다"로 이해해서는 안 된다고 말한다. 정대현, 「종교다원주의」, 『철학과 현실』, 1992 봄호, 327-330쪽.

이 가능해진다. 따라서 종교다원주의는 일종의 인식 태도이며, 종교간 대화와 종교연합운동은 바로 그러한 인식 태도를 가진 사람들이, 그것을 실현하기 위해 실천하는 모습이다.

포스트모더니즘이라는 개념은 학자들마다 정의하는 것이 다르고, 그 개념을 사용하는 목적이 또한 다양하기 때문에, 혹자는 그 개념을 폐기 처분해야 한다고 주장하기도 한다. 하지만 포스트모더니즘이 현대를 특징짓는 주요 개념으로 사용되는 것에 대체로 동의하는 경향이 있는 것으로 보인다. 포스트모더니즘의 특징은 이성 만능주의와 합리성에 대한 무한적인 신뢰를 거부하고, 가치의 다양성을 인정하는 것으로 정리된다.

포스트모더니즘을 이렇게 이해하면, 포스트모더니즘과 종교다원주의는 일맥상통한다. 따라서 종교다원주의를 자신의 입장으로 견지하는 사람들은 대체로 포스트모더니즘 또한 자신의 입장으로 삼는다.

서구의 연구 경향을 참조할 때, '종교와 포스트모더니즘'이라는 주제는 개별 종교가 종교다원주의에 대해 어떤 입장을 취할 것인가라는 문제의식에서 출발한다. 다시 말해서 '종교와 포스트모더니즘'이라는 연구 주제는, 개별 종교가 "모든 종교는 각기 구원의 방식을 갖는다"라는 종교다원주의자들의 주장을 인정할 것인가, 또는 인정하지 않을 것인가에서 출발한다. 인정하지 않는 쪽에서는 종교다원주의의 허구성을 파헤치려는 노력을 기울이고, 인정하는 쪽에서는 종교다원주의를 수용하여, 기존의 신학이나 교학을 재수정해야 한다는 쪽으로 자신들의 입론을 전개한다. 주지하다시피 보수적인 기독교 신학에서는 대체로 가치의 다원화를 주장하는 포스트모더니즘이 기독교에 심각한 위협이 된다고 생각하는 반면, 또 다른 쪽에서는 이성 만능주의를 거부하는 포스트모더니즘이 기독교에 좋은 기회를 제공한다고 생각한다.[3] 포스트모더니즘에 대한 기독교의 이러한 양면적인 입장을 중심으로 '종교와 포스트모더니즘'이라는 주제는 아직까지 주로 기독교 신학 쪽의 주요 관심사라고 해도 과언이 아니다. 물론 종교학 쪽에서 포스트모더니즘과 관련한 논의가 전혀 없는 것은 아니다. 그러나 종교학에서 '종교와 포스트모더니즘'이라는 연구 주제는 단지 현대의 종교상황 내지는 종교변동을 다루는 것으로 한정되는 경향이 있다.[4]

종교의 상호 공존을 위한 논의가 비록 종교간의 대화, 종교연합운동, 종교다원주의, 그리고 '종교와 포스트모더니즘' 관련 논의들을 모두 포괄하고 있기는 하지만, '종교와 포스트모더니즘' 관련 논의들이 현재까지 주로 기독교 신학 쪽에서만 제시되었다는 판단 아래, 본 논문에서는 종교간의 대화, 종교연합운동 그리고 종교다원주의에 대한 논의들만을 주요 관심 대상으로 삼고자 한다.

제2장에서는 종교 상호 공존을 위한 논의가 과연 종교학의 주요 관심사가 될 수 있는지의 문제를 중심으로, 종교 상호 공존을 위한 종교학의 논의가 과연 어떤 배경을 지니고 있는지를 살펴볼 것이다. 그리고 제3장에서는 구체적으로 우리나라에서 종교 상호 공존에 관심을 보이는 몇몇 학자들의 입장을 정리, 검토해 볼 것이고, 제4장에서는 종교 상호 공존을 위한 기존 논의의 쟁점을 검토해 볼 것이다. 그리고 맺음말에서는 종교의 상호 공존을 위한 기존 논의의 방향을 재설정하기 위해서 필자 개인의 의견을 피력해 볼 것이다.

---

[3] 포스트모더니즘에 대한 기독교 신학의 양면적인 입장에 대해서는, 배국원, 「포스트모더니즘, 그 이후」, 『현대 종교철학의 이해 −종교에 대한 후기 근대적 접근』, 동연, 2000, 316-319쪽 참조. 그리고 '종교와 포스트모더니즘' 주제에 대한 전반적인 소개는 같은 책, 제7장 참조.

[4] Paul Heelas, ed, *Religion, Modernity and Postmodernity*(Oxford: Blackwell, 1998) 참조.

2. 종교의 상호 공존과 종교학

여기에서는 종교의 상호 공존을 위한 종교학의 논의가 왜 생겨나게 되었는지, 그리고 그러한 논의가 과연 어떤 성과를 거둘 수 있는지에 대해서 필자 개인의 경험을 중심으로 살펴보도록 하겠다.

에릭 샤프의 종교학사 관련 책5)의 제11장의 제목은 '종교간 대화를 향하여?(Toward a Dialogue of Religions?)'이다. 그런데 우리는 그의 책 초판과 재판 모두 장 제목 마지막에 물음표가 있다는 점에 주의를 기울일 필요가 있다. 그가 장 제목 마지막에 물음표를 단 것은 한 마디로 종교간 대화의 문제가 과연 종교학의 연구 주제로 타당한가라는 문제를 제기한 것으로 이해된다. 그는 11장에서 종교학이 종교간 대화 증진을 위해 노력해야 한다는 쪽과, 종교학은 학문성을 유지하기 위해 종교간 대화 증진에 노력을 기울일 수도, 기울일 필요도 없다는 쪽 모두를 가능하면 편견 없이 서술하기 위해 노력하였다. 전자의 편에 서 있는 사람들은 종교학이 세계의 평화 증진을 위해 종교간 중재의 역할을 충실히 담당해야 한다고 주장하는 사람들이다. 그러나 에릭 샤프가 장 제목의 마지막에 물음표를 단 것과, 1986년에 출판된 재판에 추가된 마지막 장의 제목을 'From Comparative Religion to Religious Studies'로 한 점을 감안하면, 그는 종교학이 종교간 대화에 적극적으로 개입하는 것에 의구심을 가지고 있는 것으로 보인다.

---

5) Eric J. Sharpe, *Comparative Religion: A History*(New York: Charles Scribner's Sons, 1975). 이 책의 재판은 마지막에 'From Comparative Religion to Religious Studies'라는 장을 하나 덧붙여서, 1986년에 런던에 있는 Duckworth 출판사에서 간행되었다. 우리나라에서는 초판본이 번역되어 있다. 에릭 샤프, 『종교학 -그 연구의 역사』(윤이흠·윤원철 옮김), 한울, 1986.

비교적 최근에 서구에서 간행된 종교학 일반에 관한 서적들도 대체로 종교간 대화나 종교의 상호 공존의 문제에 대해서는 언급을 하지 않는다.[6] 그리고 국내에서 근래에 발간된 종교학 일반에 관한 서적에서도 이러한 문제에 대한 언급을 찾아볼 수 없다.[7] 물론 종교간 대화나 종교의 상호 공존에 관한 서적이 전혀 없는 것은 아니다. 그러나 여기에서 지적하고 싶은 것은 이러한 문제가 과연 종교학의 일반적인 연구 주제에 포함될 수 있는지의 여부이다. 위의 몇몇 경우를 살펴볼 때 종교간 대화나 종교 상호 공존의 문제가 종교학의 일반적인 주제로는 적절하지 않을 수 있다는 것이 필자의 생각이다.

학생 시절 동료 학생 서너 명과 함께 새로 부임한 교수와 종교간 대화를 중심으로 장시간 토론한 적이 있다. 새로 부임한 교수는 종교학이 종교간의 중재를 자임하고 나서야 한다고 주장하였고, 동료 학생들은 종교간의 중재가 종교학의 주요 임무가 될 수 없다고 말하였다. 새로 부임한 교수의 학문적 성향을 알 수 있는 좋은 기회이기는 하였으나, 학생들은 전반적으로 종교간 대화에 적극적인 관심을 보이지 않았던 것으로 기억한다.

그 뒤 종교간 대화를 위해 나름대로 노력을 기울이고 있다고 평가받는 스위들러(L. Swidler)가 학교에서 강연을 한 적이 있다. 그는 종교간 대화가 현실적으로 매우 긴요하다는 전제 아래, 종교간 대화를 위해 각 종

---

[6] 월터 캡스, 『현대 종교학 담론』(김종서·배국원·김성례·이원규·김재영·윤원철 옮김), 까치, 1999; Mark C. Taylor, *Critical Terms for Religious studies*(Chicago: The University of Chicago Press, 1998); Rusell T. McCutcheon, ed., *The Insider/Outsider Problem in the Study of Religion*(London: Cassell, 1999) 등 참조.

[7] 한국종교연구회, 『종교 다시 읽기』, 청년사, 1999; 박규태 외, 『종교 읽기의 자유』, 청년사, 1999 등 참조.

교인들이 지켜야 할 십계명이 필요하다고 하면서, 그 열 가지 계명을 일일이 설명해 주었다. 그가 제시한 십계명은 물론 종교간 대화를 위해서 대화 당사자들이 무조건 따라야 하는 계율을 의미한다. 종교간 대화가 긴요하며, 종교간 대화를 위해서 대화 당사자들이 십계명을 따라야 한다는 그의 강연을 듣고, 그의 종교간 대화에 대한 관심은 선교적인 이유에서 비롯한다는 느낌을 강하게 받았다. 과거에 기독교는 서구문화의 통로 역할을 담당하였기 때문에 비교적 일방적으로 선교를 할 수가 있었다. 그러나 현대 사회에서는 그러한 일방적인 선교가 불가능하게 되자, 그 대신 선교의 또 다른 방편으로 대화라는 방법을 이용하게 된 것이라는 생각을 가지게 되었던 것이다.

평소에 이런 생각을 가지고 있으면서도, 필자는 종교간 대화와 종교의 상호 공존과 관련된 글을 두 편 쓴 경험이 있다. 첫 번째 글의 제목은 「전통사상과 종교간의 협조」[8]이다. 그 글에서 필자는 종교간 대화의 당위성, 방법, 그리고 대화의 현실에 대해서 살펴보았다. 좀 더 구체적으로 이 글에서 필자는 1893년 시카고에서 개최된 '세계종교인회의(World's Parliament of Religions)' 이후 금세기에 종교간 대화가 중요시 된 배경을 주로 황필호의 설명을 중심으로 살펴보고, 대화의 방법에서는 파니카(R. Panikkar), 콥(J. Cobb), 스마트(N. Smart)와 함께, 정진홍, 윤이흠이 제시한 이론과 주장들을 살피고, 이어서 현실적으로 종교간 대화가 활발히 이루어지지 않고 있다는 점, 그리고 종교간 대화는 결국 종교간 정치(inter-religious politics)로 갈 수밖에 없는 것이 아닌가라는 의견을 개진하였다.

---

[8] 김종서 외, 『전통사상의 현대적 의미』, 한국정신문화연구원, 1990에 수록되어 있다.

두 번째로 쓴 글의 제목은 「한국의 종교연합운동 -원불교를 중심으로」[9]이다. 이 글에서 필자는 종교연합운동의 유형을 국내와 국외로 나누어 살피고, 이어서 국외에서 종교연합운동에 좀 더 많은 관심을 지니고 있다고 판단되는 인도종교, 유니테리안교, 바하이교, 일본종교의 종교연합운동을 살펴보았다. 그리고 끝으로 국내에서 종교연합운동에 남다른 관심을 지녀온 원불교의 종교연합운동을 소개하고, 이에 대한 필자 나름의 견해를 피력하였다.

그런데 두 글 모두 필자가 종교간 대화에 직접적인 관심을 가지고 있어서 쓴 것은 아니다. 첫 번째 글은 외부에서 제목을 받아서 쓴 글이고, 두 번째 글은 원불교와 관련된 글을 써야할 처지에서, 종교연합운동에 대한 지대한 관심이 원불교의 주요 특징 가운데 하나라는 판단 아래 원불교의 종교연합운동을 정리해 본 글이다.

대체로 종교간 대화나 종교연합운동을 중심으로 종교의 상호 공존에 관심을 가지고 있는 학자들은 기독교신학자들과 종교학자들로 대별해 볼 수 있다. 기독교신학자들 가운데에서도 종교다원주의와 포스트모더니즘에 대처하기 위해 기독교가 쇄신되어야 한다는 생각을 가진 사람들이 이러한 문제의식을 개진하고 있다. 그리고 종교학자들은 다시 두 부류로 나뉘는데, 첫째 부류는 종교학이 종교의 상호 공존을 위해 종교간 대화와 종교연합운동의 활성화에 기여해야 한다는 분명한 문제의식을 스스로 가지고 있는 학자들이고, 둘째 부류는 종교학이 그러한 역할을 담당해야 한다는 주변의 권유에 의해, 그러한 문제의식에 조심스럽게 접근하는 학자들이다.

---

[9] 소태산대종사탄생백주년성업봉찬회, 『인류문명과 원불교사상』 하, 원불교출판사, 1991에 수록되어 있다.

종교의 상호 공존이 현대 사회의 지상 명령이고 지상 과제라는 점에 의문을 제기하는 종교학자는 없다. 종교학이라는 학문 자체는 이미 포스트모더니즘과 매우 친화적이며[10], 종교학자들은 대체로 종교다원주의자들이고, 종교의 상호 공존을 지지한다. 종교간 대화와 종교연합운동은 종교 상호 공존의 한 방법이기 때문에 종교학자들이 여기에 관심을 가지는 것은 이상할 것이 전혀 없다. 그러나 종교간 대화와 종교연합운동에 대한 종교학자들의 관심은 종교의 상호 공존을 위해 개별 종교들이 왜, 어떻게 노력하고 있는지를 살피는 것이어야지, 종교의 상호 공존을 위해 개별 종교들이 어떻게 노력하라고 주문한다거나, 또는 그러기 위해서 개별 종교들이 특정한 입장을 견지하라고 주문하는 것은 별 실효가 없을 것으로 보인다.

3. 종교 상호 공존의 논의

우리나라의 종교 상황을 종교의 혼재 상황으로 정리해 보면, 종교의 혼재 상황을 공존 상황으로 바꾸는 것이 중요하다는 점에 이의를 제기할 사람은 없다. 종교현상을 연구하는 종교학자들이 이 문제에 대해 남들보다 더 많은 관심을 가지는 것은 당연하다고 할 수 있다. 따라서 우리나라의 종교학자들 대부분은 이 문제와 관련된 글들을 써 왔다. 여기에서는 종교의 상호 공존을 위한 종교학 관련 학자들의 기존 논의들을 정리해 보도록 하자.

---

[10] W. H. Capps, "The Interpretation of New Religion and Religious Studies" in *Understanding the New Religions*, eds. by J. Needleman and G. Baker(New York: The Seabury Press, 1978), pp.101-105.

기독교 신학 쪽에서 종교간 대화에 많은 관심을 가지고 있었던 사람으로는 역시 변선환을 꼽아야 한다. 그는 일찍이「교회 밖에도 구원이 있다」[11]와「기독교 밖에도 구원이 있다」[12]라는 글을 발표하여, 기독교계에 큰 파문을 일으켰다. 그리고 그는 이미 1970년대 후반부터 동서 종교의 대화, 그리고 기독교와 불교의 대화에 많은 관심을 보였다. 그의 이러한 관심에 동조하는 동료와 제자들이 그의 화갑과 은퇴를 기념하는 논문집으로,『종교다원주의와 신학의 미래』(종로서적, 1989)와『종교다원주의와 한국적 신학』(한국신학연구소, 1992)이라는 책을 각각 발간하였다.

앞의 책에서 종교신학, 또는 종교사 신학이라는 용어가 등장하며, 폴 니터, 에른스트 트뢸치, 프리조프 슈온, 존 캅, 존 힉 등 종교다원주의자들로 분류될 수 있는 서구 학자들이 소개되어 있다. 뒤의 책에서는 다시 존 캅과 존 힉 등의 서구 학자들의 소개와 함께, 종교간 대화와 협력을 강조하는 글들이 실려 있다. 책의 제목에서 알 수 있듯이, 변선환을 중심으로 하는 일군의 학자들은 종교다원주의를 수용하고 종교간 대화에 참여하여, 기독교 신학을 아시아 신학, 또는 한국적 신학으로 변모시켜야 한다는 데에 암묵적으로 동의하고 있다.[13] 이들은 종교다원주의에 동조하는 서구 학자들의 책들을 번역[14], 소개하는 한편, 나름의 연구 업적[15]

---

11) 『월간목회』, 1977. 7.
12) 같은 책, 1977. 9.
13) 변선환의 종교간 대화, 그리고 타종교에 대한 입장을 직접적으로 볼 수 있는 논문은, 변선환,「종교간의 대화 백년과 전망-세계종교대회를 중심하여서」, 변선환아키브 편집,『종교간 대화와 아시아 신학』, 한국신학연구소, 1996, 11-55쪽과, 심상태, 「변선환 박사의 타종교관 이해」,『종교다원주의와 한국적 신학』, 한국신학연구소, 1992, 31-68쪽 참조.
14) 폴 F. 니터,『오직 예수 이름으로만?』(변선환 옮김), 한국신학연구소, 1987; 존 힉, 『새로운 기독교』(김승철 옮김), 나단, 1991; 존 힉,『하느님은 많은 이름을 가졌다』 (이찬수 옮김), 창, 1991; R. 파니카,『종교간의 대화』(김승철 옮김), 서광사, 1992.
15) 김승철,『대지와 바람-동양 신학의 조형을 위한 해석학적 시도』, 다산글방, 1994 등.

도 내놓고 있다.

김경재 또한 기독교 신학 쪽에서 종교간 대화, 종교다원주의에 관심을 가진 학자로 손꼽을 수 있다. 김경재는 해석학 이론에 의해 정당성이 부여되는16), 다원주의적 종교신학을 전개할 것을 주장하는 한편17), 종교간 대화는 正敎의 관점을 넘어 正行이라는 공동광장에서 행해질 때 비로소 생산적일 수 있다고 말한다.18) "등잔 모양은 다양하지만 비쳐 나오는 불빛은 동일하다", "궁극적 실재로서 하느님은 많은 이름을 가진다", "일곱 가지 다양한 색깔이 모여 무지개를 이룬다", "산의 등정로는 다양하지만 호연지기는 서로 통한다", "농부는 접목을 통해서 더 좋은 과일을 생산한다", "종파적 유일신 신앙에서 우주적 생명의 광장으로"라는 표현에서 종교다원주의에 대한 김경재의 입장을 살필 수 있다.19)

김경재와 유사한 입장을 가지고 있는 인물로 이정배와 김진20)을 열거할 수 있다. 이정배는 존 힉, 폴 니터, 라이몬드 파니카, 존 캅 등을 중심으로 서구 '종교다원주의 신학'을 정리, 소개하고, 소위 東道東器的, 자기 발견적 해석학(heuristic hermeneutics)이 서구의 '종교다원주의 신학'을 보다 한 단계 높일 수 있는 단초를 제공한다고 하면서, 김지하의 율려신학을 그 예로 들고 있다.21) 그는 개방성을 지니면서 정체성을 지키고,

---

16) 김경재, 「해석학과 종교다원론」, 『종교다원주의와 종교윤리』, 집문당, 1994, 83-97쪽.
17) 김경재, 「세계종교의 현재와 미래 -개신교의 입장에서」, 『인류문명과 원불교사상』 하, 원불교출판사, 1991, 1469-1487쪽.
18) 김경재, 「교리적 접근에서 해석학적 접근으로 - 종교간의 대화, 협동, 그리고 창조적 변화를 위한 해석학적 기초 이론」, 크리스챤 아카데미 편, 『열린 종교와 평화 공동체』, 대화출판사, 2000, 301-321쪽.
19) 김경재, 『이름 없는 하느님』, 삼인, 2002, 222-258쪽.
20) 김진은 국내에 주로 파니카를 소개하고, 종교간 대화를 실천적으로 접근하고 있다. 김진, 「라이몬드 파니카 종교신학의 기독론」, 『한국종교문화와 문화신학』, 한들, 1998; 김진 편저, 『종교간의 만남-피할 수 없는 대화』, 한들, 1999.
21) 이정배, 「종교다원주의 신학과 동도동기론 -율려신학에 대한 종교신학적 고찰」, 크

보편성을 추구하면서 특수성을 잃지 않는, 다시 말해서 전통을 지키면서 외부로부터 신선한 문화적 수혈을 받는 일을 모순 없이 진행시킬 수 있는 소위 '열려진 배타주의'의 입장을 취하고 있다.[22]

이상이 기독교 신학 쪽에서 종교의 상호 공존에 관심을 표명해 온 주요 학자들이라면, 보다 직접적으로 종교학과 관련된 학자들로서는 황필호가 이 문제에 가장 먼저 관심을 표명한 사람이다. 그는 1980년대 초에 종교간의 대화가 필요한 이유와 태도를 지적하고, 대화의 전제 조건을 제시하면서, 종교철학 쪽에 가까운 학자답게, 아래와 같이 언급하였다.

종교간 대화는 지배가 아니라 발전이어야 하며, 외부로부터 부과된 것이 아니라 자발적인 동화작용이어야 하며, 삶에 대한 관점을 좁히는 것이 아니라 자발적인 동화작용이어야 하며, 삶을 제한하는 것이 아니라 확장하는 것이어야 한다.[23]

그는 자신의 이러한 입장을 보완해 나가면서, 종교의 상호 공존과 관련된 여러 편의 글을 발표하였다. 그는 '다원'이라는 표현이 이미 하나의 실체가 각기 다른 측면을 가지고 있다는 것을 함유하기 때문에, 종교복수주의가 종교다원주의보다 더 가치중립적이라고 말하고, 따라서 종교다원주의라는 표현보다 종교복수주의라는 표현을 사용할 것을 주장하였다.[24] 그는 종교간 상호 인식의 태도를 극단적 배타주의, 극단적 포괄주

크리스챤 아카데미 편, 앞의 책, 267-299쪽.
[22] 같은 글, 288쪽.
[23] 황필호, 「종교와 종교의 만남은 가능한가? -종교간의 대화의 이유, 태도, 전제 조건」, 『철학』, 1982 봄호, 134쪽.
[24] 황필호, 「기독교와 종교복수주의 -종교변호학적 입장에서」,(미발표 논문). 황필호의 종교변호학에 대해서는, 「종교변호학, 종교학, 종교철학」, 『철학』, 제71집, 2002 여름, 245-273쪽 참조.

의, 일반적 병행주의, 역동적 복수주의(dynamic pluralism)의 네 가지 유형으로 구분하고[25], 역동적 복수주의가 가장 바람직한 태도라고 말하고 있다. 그리고 다원주의자들의 상대주의적 입장의 네 가지 유형, 다시 말해서 종교복수주의의 네 가지 형태를 아래와 같이 보다 구체적으로 정리, 소개하고 있다.

① 모든 종교는 상대적이다(E. Troeltsch)
② 모든 종교는 본질적으로 동일하다
　(A. Toynbee, R. Otto, F. Heiler, W. C. Smith)
③ 모든 종교는 공통의 심리적 근원을 가지고 있다
　(W. James, C. Jung, R. Assagioli)
④ 모든 종교는 중심을 향한 서로 다른 길이다
　(P. Knitter, J. Hick, R. Panikkar, S. Samartha)[26]

물론 그는 종교철학 쪽에 보다 가까운 학자답게, "지상의 모든 종교인 - 특히 한국의 모든 종교인 - 이 '모든 종교는 중심을 향한 길'임을 공개적으로 선언할 수 있기를 바란다"는 자신의 주장을 피력하는 일을 잊지 않았다.[27]

이와 같이 황필호는 존 힉 등의 입장을 가장 선호하는 듯하다가, 나중에는 이러한 입장이, 기독교 중심적이며, 자기 신앙 우월주의적이고, 가치중립적이라는 점에서 다시 비판을 제기하고[28], 나아가 아래와 같이 加

---

[25] 이 유형은 파니카와 힉의 유형을 종합한 것으로 보인다. 주지하다시피 종교간 대화의 유형 구분에서 병행주의(parallelism)는 파니카가 사용하는 개념이고, 다원주의는 힉이 사용하는 개념이다.
[26] 황필호, 「복수 종교현상에 대한 기독교의 대응」, 『서양종교철학 산책』, 집문당, 1996, 95-112쪽.
[27] 앞의 글, 109쪽.
[28] 소위 기존의 종교복수주의에 대한 비판은 길희성의 설명을 대폭 수용한 것으로 보

宗(addversion)이라는 개념을 통해서 기존의 종교복수주의를 '넘어설 수' 있을 것으로 전망하고 있다.

 인간은 여러 종교를 섭렵할 수 있다. 그러나 그가 모든 종교에 동일하게 참여할 수는 없다. 언제나 그에게는 '가장 사랑하는 종교'가 있게 마련이며, 또한 그렇게 되어야 한다. 동일한 사랑은 - 적어도 문자적으로는 - 진정한 사랑이 아니다. 그러면 각기 다른 종교를 가진 사람들은 현실적으로 어떤 자세를 가져야 하는가? 나는 이 질문에 대한 답변이 바로 加宗이라고 생각한다. 加宗의 개념을 받아들인 사람만이 언제나 '자신이 가장 사랑하는 종교'를 가지고 있으면서도 그의 신앙이 성장하도록 이웃 종교의 가르침에 귀를 기울일 수 있을 것이다.29)

 우리는 여기에서 황필호의 '加宗'이라는 개념과 만나게 된다. 그에 의하면, 한국인들은 무의식적으로는 무교신앙을 가지고 있으며, 이 무교신앙 위에 다시 유교도덕을 추가하고, 다시 이 무교신앙 및 유교도덕 위에 불교신앙 혹은 기독교신앙을 추가하였다.30) 다시 말해서 그는 한국인에게 있어서 모든 종교적 경험은 누적적이며, 그래서 한국인은 배타적인 '改宗'보다는 '加宗'을 선호해 왔다고 말하고 있다.31)

 그는 '신앙의 주관적 절대성'과 '종교의 객관적 상대성'을 동시에 받아들이기 위해서는 배타적인 改宗의 입장을 버리고, 포괄적인 加宗의 입장을 선택해야 한다고 주장한다. 그리고 이러한 加宗의 입장은 자기 자신만이 아니라, 모든 종교인들과 종교지도자들이 따라야 한다고 아래

 인다. 길희성, 「종교다원주의 -역사적 배경, 이론, 실천」, 『종교연구』, 제28집, 2002 참조. 길희성의 견해에 대해서는 나중에 언급할 것임.
29) 황필호, 「기독교와 종교복수주의 -종교변호학적 입장에서」(미발표 논문) 참조.
30) 황필호, 「개종과 가종」, 『종교철학 에세이』, 철학과 현실사, 2002, 361쪽.
31) 같은 글, 357쪽.

와 같이 말하고 있다.

모든 종교인들과 종교지도자들이 '개종 반대 선언'을 해야 한다고 생각한다. "우리는 절대로 당신을 우리가 믿는 종교로 개종시키려고 노력하지 않겠습니다"라고 선언하는 것이다. 물론 어느 사람이 특정 종교로 개종하겠다고 진심으로 원한다면, 우리는 그를 형제로 받아들여야 한다. 그러나 적어도 그의 생각을 변경시키려고 한다거나 설득하려고 하지는 말아야 한다.32)

이어서 그는, 앞에서도 지적하였듯이, 한국인이 이미 역사적으로 改宗보다는 加宗을 선택해 왔기 때문에, 앞으로 세계의 종교 상호 공존이라는 과제에, 한국이 동서양의 지혜 소유권 확장을 위한 하나의 모범이 될 수 있으며, 우리가 인류 역사상 아직도 완전히 성취하지 못한, 종교간의 대화의 가장 이상적인 상태에 대한 하나의 실례가 될 수 있다고 말하고 있다.33)

황필호의 이러한 입장과 주장은 오강남, 길희성, 윤이흠의 입장, 또는 주장과 유사한 측면이 많이 있다. 오강남은 종교다원주의 시대에 종교들의 상호 인식의 바람직한 상황을 설명하면서, 아래와 같이 말하고 있다.

종교적 다원주의 시대에서는 종교들간의 관계를 규정하는 기본 패러다임이 옛날처럼 누가 옳고 그르냐, 누가 낫고 못하냐, 누가 좋고 나쁘냐 하는 등 진위, 우열, 선악 따위를 가지고 시비하는 것에서 벗어나, 우리 모두 서로 도와가며, 어떻게 '함께 생각하고', '함께 일하고', '어울려 살아갈 수 있을까' 하는 것으로 넘어가야 한다.34)

---

32) 같은 글, 365쪽.
33) 같은 글, 360쪽.
34) 오강남, 「해외 종교학자가 보는 한국종교 —종교간의 대화와 과제」, 크리스찬 아카데미 편, 앞의 책, 199쪽.

'함께', '어울려', 그리고 '길벗'35)이라는 단어와 함께, 허상과 실상을 구별해 내고 마음을 열고 끊임없는 탐구의 자세를 갖추고, 이미 형성된 틀을 통해 불완전하게 감지되는 형상 대신, 궁극적인 실재를 향해 의식의 폭을 넓혀가야 한다는 오강남의 태도36)는, 加宗을 주장하는 황필호의 그것과 유사하다.

황필호와 오강남이 종교간 대화의 문제에 보다 많은 관심을 보이고 있다면, 길희성은 종교간 대화의 문제보다는 오히려 종교다원주의 문제에 보다 많은 관심을 보이고 있다. 그는 현대의 종교 다원사회에서 각 종교는 자신의 신앙을 지키면서, 타인의 신앙을 존중할 수 있어야 하는데, 그러기 위해서는 특수와 보편, 상대성과 절대성, 그리고 열정적 헌신과 관용적 겸손을 동시에 균형 있게 취하여야 한다고 지적하고, 각 종교는 그 자체를 넘어서는 초월적 세계를 지향하고 있기 때문에, 초월적 실재 앞에서 겸손해야 한다고 말하고 있다.37) 그리고 그는 포스트모던 사회에서 한국의 신학은 배타주의에서 다원주의로 가야하며, 다원주의를 받아들이는 그리스도교 신학은 하느님 중심 혹은 실재 중심, 그리고 무엇보다도 하느님의 사랑 중심의 신학이어야 하며, 그런 신학은 한국적 신학, 아시아적 신학으로 이어져야 한다고 말하고 있다.38)

길희성은 또한 존 힉을 비롯한 서구 종교다원주의자들의 이론을 나름대로 정리, 소개하면서, 나아가 그 이론들에 대한 최근의 반론과 재반론

---

35) 오강남, 『길벗들의 대화(열린 종교를 위한 단상)』, 열린책들, 1994 참조.
36) 『예수는 없다(기독교 뒤집어 읽기)』, 현암사, 2001; 『예수가 외면한 그 한 가지 질문(열린 종교를 위한 대화)』, 현암사, 2002 참조.
37) 길희성, 「종교다원 사회 속의 신앙」, 『철학과 현실』, 1992년 여름호, 88-89쪽.
38) 길희성, 「포스트모더니즘, 종교다원주의, 사랑의 하느님」, 『포스트모던 사회와 열린 종교』, 민음사, 1994, 94-117쪽.

까지 포괄적으로 다루고 있다. 그는 존 힉에 대해 신학과 포스트모더니즘의 입장에서 제기된 반론들을 열거하면서, 존 힉의 이론을 현대 사회에서 기독교가 지니고 있는 문제를 해결하기 위한 하나의 시도요 가설로 소개하고 있다.39)

그는 비교적 최근에 다시 종교다원주의를 정리하면서, 자신의 입장과 태도를 보다 분명히 밝히는 글을 발표하였다. 그에 의하면, 종교다원주의는 종교 다원성에 대한 긍정적인 가치판단을 하는 신학적·종교적 입장이며40), 본래 인류의 도덕적, 영적 일치를 믿고 증진하고 설명하기 위한 신학적 이론인데41), 단지 하나의 이론이 아니라 현대 다원사회를 사는 올바른 삶의 자세이며 신앙의 태도이고42), 종교다원주의를 주장하는 가장 중요한 이유 가운데 하나는 종교간의 다툼과 갈등을 해결하려는 것이고43), 종교다원주의는 결코 종교다원주의자들이 고안해 낸 새로운 종교가 아니라, 자기 종교에 충실하면서도 자기 종교의 한계를 의식하는 모든 신앙인들의 의식을 대변하는 이론이다.44)

이와 같이 길희성은 한국의 종교들이 종교다원주의를 받아들여야 한다고 주장하면서, 한편으로는 한국의 종교들이 한국이라는 종교 다원사회를 뒷받침해 주고 있는 두 축인 유교45), 그리고 자유민주주의적 질서

---

39) 길희성, 「존 힉의 철학적 종교다원주의론」, 『종교연구』, 제15집, 1998, 308쪽.
40) 길희성, 「종교다원주의 -역사적 배경, 이론, 실천」, 『종교연구』, 제28집, 2002, 7쪽.
41) 같은 글, 21쪽.
42) 같은 글, 22쪽.
43) 같은 글, 17쪽.
44) 같은 글, 20쪽.
45) 길희성은 다른 글에서 '유교적 최소주의'가 한국의 공동가치가 되어야 한다고 주장하였다. 길희성, 「동양종교와 공동가치: 한국사회와 유교적 최소주의 -유교 신앙의 회복을 기대하며」, 『전통사상의 보편윤리적 전망』(제2회 공동가치 포럼 발표논문집), 한국정신문화연구원·유네스코한국위원회, 2002. 10. 4, 23-39쪽.

와 가치를 공동으로 수호하고 증진해야 할 의무가 있다고 지적하면서[46], 다원주의자들에게는 종교적 진리보다는 사랑이 우선이라는 말을 덧붙이고 있다.[47]

윤이흠은 종교다원주의보다는 종교간 대화에 보다 많은 관심을 지니고 있는 것으로 보인다. 물론 그는 아래와 같이 종교다원주의와 종교간 대화가 서로 밀접히 관련되어 있다는 사실에 주목하고 있다.

> 종교인들이 현실적인 행동 양식을 취한 것이 종교대화운동이라면, 그 지성적 해석체계가 종교다원주의라고 할 수 있다. 그러므로 종교 대화운동과 종교다원주의는 다종교 상황에 대한 대응이라는 한 동전의 양면을 이룬다.[48]

그는 종교다원주의가 서구 신학의 외형적 변형이라는 점을 지적하면서도[49], 한국의 종교들이 종교다원주의를 수용하여야 한다고 말하고 있다.[50] 그리고 지금까지 한국의 종교간 대화는 주로 선험적 종교다원주의자들에 의해 주도되어, 오늘의 한국 종교상황을 개선하는 데 별로 기여하지 못했다고 하면서[51], 앞으로 종교간 대화는 이념적 대화보다는 실천적 대화로 무게 중심을 옮겨야 한다고 말하고 있다.[52] 그에 의하면, 이념

---

46) 길희성, 「종교다원주의 -역사적 배경, 이론, 실천」, 『종교연구』, 제28집, 2002, 23-24쪽.
47) 같은 글, 27쪽.
48) 윤이흠, 「종교다원주의의 불교적 조명」, 『한국종교연구』, 권5, 집문당, 2003, 350쪽.
49) 같은 글, 356쪽.
50) 윤이흠, 「다종교 사회에서의 종교윤리 -종교대화의 유형과 방향을 중심으로」, 『인류문명과 원불교사상』 하, 원불교출판사, 1991, 1495쪽.
51) 윤이흠, 「종교다원주의에 대한 경험적 접근 -한국 종교대화운동의 역사적 고찰을 통하여」, 『종교다원주의와 종교윤리』, 집문당, 1994, 24쪽.
52) 윤용복 외, 「현대 한국사회에서의 종교대화운동에 대한 사례연구」, 『종교다원주의와 종교윤리』, 집문당, 1994, 295-311쪽.

적 대화는 선교 목적의 대화이고, 실천적 대화는 공동 목표와 공존 질서를 추구하는 대화이다.53) 그는 또한 현대 사회의 '건전한 상식'과 '지성적 양심'이 종교간 대화의 논리여야 하며, 새로운 사회질서와 가치관을 공동으로 창조하는 것이 종교간 대화의 목표여야 한다고 말하고 있다.54)

김종서 또한 종교간 대화와 종교다원주의에 관심을 가지고 여러 편의 논문을 발표하였다. 그는 기독교의 대화운동이 선교에서 시작하여 선교 우선주의를 넘어서지 못하였다고 하면서55), 그간의 기독교의 대화운동을 아래와 같이 다소 냉소적으로 평가하고 있다.

> 1960년대부터 본격적으로 시작된 종교간 대화는 늘 성공적이지 못해 왔다… 앞으로도 지금과 같은 식의 기독교의 타종교에 대한 대화 시도는 끝내 희망이 없다고 단언하고 싶다. 이유는 간단하다. 기독교는 대화에 참여하지 않고 대화를 지배하기 때문이다. 기독교의 오만한 주인의식은 대화의 장에서 타종교를 오직 손님으로 불러다 놓고 들러리로 전락시킬 수밖에 없기 때문이다.56)

그리고 그는 종교간 대화가 성공적이기 위해서는 세속적으로 분명한 목적을 가져야 하며, 국가가 종교 갈등을 해결하기 위해 직접 종교간 대화에 적극적으로 임해야 한다고 말하고 있다.57) 또한 그는 이제 종교학에서도 종교간 대화의 문제에는 '직접적 참여'보다는 '학문적 논의' 쪽으

---

53) 윤이흠, 「다종교 사회에서의 종교윤리 -종교대화의 유형과 방향을 중심으로」, 『인류문명과 원불교사상』 하, 1991, 1492쪽.
54) 같은 글, 1495쪽; 윤이흠, 「한국종교연합운동의 어제와 오늘」, 『한국종교연구』, 권3, 집문당, 1991, 282쪽.
55) 김종서, 「기독교와의 대화 -타종교의 입장」, 『종교다원주의와 종교윤리』, 집문당, 1994, 234쪽.
56) 같은 글, 231쪽.
57) 김종서, 「종교집단간의 상호 이해 -종교간 대화를 중심으로」, 『철학·종교사상의 제문제(V)』, 한국정신문화연구원, 1989, 238-239쪽.

로 기울었다고 말하면서58), 종교학자들이 종교간 대화에 임하는 자세에 대해 아래와 같이 말하고 있다.

종교학자들의 종교간 대화의 연구는 과연 실제로 대화가 어떻게 이루어져 오고 있는가 하는 것을 구체적 자료에 근거하여 논의해야 하고, 이 종교간 대화를 통하여 사람에게 어떤 영적 변화(spiritual change)가 있는가를 관찰하고, 가능하면 대화들 속에서 드러나는 모든 종교들의 근저에 자리 잡고 있을지 모르는 '우주적 종교성(cosmic religiosity)'의 발견을 목표로 해야 한다.59)

그는 1984년 피터 버거를 소개하는 논문60)에서 시작하여, 종교다원주의 관련 논문을 꾸준히 발표해 왔다.61) 그가 종교다원주의를 말하면서 앞에서 열거한 사람들과 다른 점이 있다면, 종교다원주의를 극복의 대상으로 간주하고 있다는 것과, 종교다원주의를 현대 기독교 신학이 살아야 할 일종의 신화라고 지적하고 있다는 점이다.62)

류성민은, 김종서가 기독교 중심의 종교간 대화를 냉소적으로 평가한 것과 마찬가지로, 소위 종교신학이 교회로부터 유리된 신학이며, 단지 타종교를 보는 기독교적 입장 혹은 기독교적 시각에서의 타종교 이해의 수준을 넘지 못하고 있다고 하고63), 종교신학자들의 종교다원주의도 우

---

58) 같은 글, 229쪽.
59) 같은 글, 221쪽. 그가 말하는 '우주적 종교성'은 김경재의 '우주적 생명'과 존 힉의 '실재(Reality)'를 연상시킨다.
60) 김종서, 「종교다원주의의 이해와 극복」, 『정신문화연구』, 1984 여름, 105-119쪽.
61) 김종서, 「종교다원주의와 한국신학적 의미」, 『창조의 보존과 한국 신학』(한국기독교학회 엮음), 대한기독교서회, 1992; 김종서, 「미국적 종교다원주의의 독특성 연구」, 『미국학』, 22집, 1999; 김종서, 「현대 종교다원주의와 그 한국적 독특성 연구」, 『종교학연구』, 제19집, 2000.
62) 김종서, 「종교다원주의와 한국신학적 의미」, 『창조의 보존과 한국 신학』(한국기독교학회 엮음), 대한기독교서회, 1992, 434쪽.

리나라에서는 현실적이지 못하며, 종교간 대화는 종교 내적 혹은 교리적, 신념체계적인 시각을 지양하고, 종교 외적 혹은 세속적 목적을 위한 대화에로 방향을 전환해야 한다고 제안하고 있다.[64]

이 밖에도 우리는, 종교간 대화보다는 각 종교가 종교 다원현상을 어떻게 인식하고 있는가가 보다 중요하며[65], 어떤 종교간의 대화가 이루어졌을 때, 그 대화가 전체 종교간 대화의 맥락에서 어떤 유형에 속하는지, 그리고 그러한 대화의 유형은 종교다원현상을 어떤 맥락에서 전제하고 있는지를 알아야 한다는 정진홍의 주장[66], 남을 존중하고 남의 종교에서 배우는 것을 주저하지 않는 포용성을 가져야 하며, 한국은 다양성을 창조적으로 사는 모델이 될 지도 모른다는 김승혜의 주장[67], 지금까지 종교간 대화가 주로 학자와 성직자들에 의해 주도되어 왔는데, 앞으로는 소위 평신도와 재가신도들에 의해 종교간 대화가 주도되는 것이 바람직하다는 차옥숭의 주장[68], 종교다원주의에 관한 한 기독교가 힌두교로부터 무언가 배울 것이 있다는 류경희의 주장[69], 배타적이지 않고, 자신의 정체성을 상실하지 않으면서, 타종교에 대한 이해를 통해 자신이 질적인 변화를 일으키는 쪽으로 종교간 대화가 이루어져야 한다는 나학진의 주

---

[63] 류성민, 「종교다원주의와 종교윤리」, 『종교다원주의와 종교윤리』, 집문당, 1994, 103쪽.
[64] 같은 글, 116-117쪽.
[65] 정진홍, 「종교 다원현상과 구원론의 전개」, 『한국종교문화의 전개』, 집문당, 1986, 416쪽.
[66] 정진홍, 「종교다원문화의 인식을 위한 이론적 가설 ―다원성의 구조와 대화의 유형을 중심으로」, 『종교다원주의와 종교윤리』, 집문당, 1994, 53-81쪽.
[67] 김승혜, 「한국의 종교현실과 공존의 문제」, 『종교연구』, 제3집, 1987, 83-106쪽.
[68] 차옥숭, 「종교다원주의 사회에서의 종교간 대화와 협력에 관한 연구」, 『신학사상』, 69집, 1990 여름, 529-558쪽.
[69] 류경희, 「종교다원주의에 대한 힌두교와 기독교 태도의 비교」, 『종교학연구』, 제8집, 1989, 5-38쪽.

장70), 그리고 다른 종교에 대한 관용적 태도와 자신의 종교에 대한 확신을 그대로 유지할 수 있어야 하는데, 존 힉과 변선환 등의 종교다원주의는 일종의 종교통합으로 모종교를 치명적으로 상대화시키기 때문에, 종교다원주의를 각 종교의 교리로 수용하는 것은 쉽지도 않고, 바람직하지도 않다는 손봉호의 주장71) 등에 접해 왔다.72)

4. 종교 상호 공존의 논의를 넘어서

앞에서는 국내에서 제기된 종교 상호 공존의 논의들을 학자별로 일별해 보았다. 대체로 지금까지 국내에서 제기된 논의들은 서구 종교다원주의 이론들을 소개하는 것이 주종을 이루고 있다. 그리고 각자의 주장들도 서로 유사한 것들이 많기 때문에, 이 문제에 관심을 가지고 있는 학자들의 주장들을 유형화하는 것은 거의 불가능에 가깝다. 그럼에도 불구하고 이들의 논의들을 아래와 같이 정리해 볼 수 있다.

첫째, 서구에서 제기된 종교다원주의 이론들을 소개하는 것에 일차적

---

70) 나학진, 「종교간의 갈등 극복 -기독교와 타종교의 경우」, 『종교학연구』, 제9집, 1990, 5-59쪽.
71) 손봉호, 「종교적 다원주의와 상대주의」, 『철학과 현실』, 1992 여름호, 67-76쪽.
72) 참고로 일본종교학회의 학술지인 『宗敎硏究』는 통권 329号(75卷, 2輯, 2001)에서 '근대 이후와 종교적 다원성'이라는 주제를 특집으로 다루어, 총 13편의 논문을 게재하였다. 그리고 일본종교학회에서는 2002년 9월에 특별 주제 가운데 하나로, '21세기 세계종교의 공존과 정체성의 문제'라는 주제로 다섯 편의 글이 발표되었다. 이 글들은 『宗敎硏究』, 통권 335号(76卷 4輯, 2003, 72-83쪽)에 게재되어 있다. 대체로 종교간 대화, 종교다원주의, 포스트모더니즘을 중심으로 일본종교학회에서 제기되는 문제들은 우리의 그것과 유사한 것으로 보인다. 단지 일본에서는 이슬람에 대한 언급이 우리보다 많이 이루어지고 있는 것이 특징이며, 또한 기독교의 '종교신학'에 대비되는 불교 쪽의 '종교교학'의 필요성이 제기되고 있는 것이 눈에 띈다.

인 목적이 있는 논의들이다. 대체로 존 힉, 라이몬드 파니카, 폴 니터, 존 캅 등이 주로 언급되는 학자들인데, 이 가운데에서도 존 힉에 대한 소개가 가장 많았던 것으로 보인다.[73]

둘째, 한국의 종교, 특히 한국의 기독교가 종교다원주의를 받아들여야 하며, 종교간 대화에도 적극 참여해야 한다는 당위적인 주장과 함께, 그렇게 하기 위한 구체적인 방안들을 제시하는 경우가 있다.

셋째, 일부에서는 종교신학이나 종교다원주의의 현실성을 비판하고, 나아가 종교간 대화도 교리나 사상보다는 현실 문제에서 출발하여야 한다는 주장도 보인다.

넷째, 종교다원주의의 상대주의를 비판하는 논의도 보인다. 종교다원주의의 상대주의를 비판하는 학자들은 대체로 철학 쪽 학자들이다.[74]

국내에서 제기된 종교 상호 공존의 논의들을 다시 정리해보면, 종교의 상호 공존을 위해 종교간 대화를 해야 하며, 동시에 종교다원주의를 받아들여야 한다는 주장이 주류를 이루고 있는 가운데, 종교간 대화와 종교다원주의가 과연 현실적으로 실효가 있느냐에 대한 우려의 목소리가 동시에 있다고 하겠다.

이상이 종교 상호 공존의 논의들을 내용 면에서 정리해 본 것이라면, 이 문제에 관심을 가지고 있는 학자들의 문제의식은 다시 다음과 같이

---

[73] 존 힉을 직접적으로 다루고 있는 글 가운데, 앞에서 언급하지 않은 글로 아래의 글들이 있다. 김영태, 「존 힉의 종교다원주의 철학의 기초」, 『종교다원주의와 종교윤리』, 집문당, 1994; 김재영, 「존 힉의 종교다원주의 철학」, 같은 책; 박성용, 「존 힉의 종교신학 연구」, 『종교다원주의와 신학의 미래』, 종로서적, 1989; 심광섭, 「존 힉의 신 중심적 다원적 종교신학」, 『종교다원주의와 한국적 신학』, 한국신학연구소, 1992.

[74] 손봉호 이외에도, 김여수, 「상대주의 논의의 문화적 위상」, 『철학과 현실』, 1991 봄호, 64-81쪽; 박이문, 「문화 다원주의의 타당성과 그 한계」, 『철학과 현실』, 2002 봄, 23-38쪽 등 참조.

정리해 볼 수 있다.

첫째, 종교간 대화, 종교다원주의에 관심을 가지고 있는 학자들은 대체로 친기독교적인 성향을 지니고 있는 것으로 보인다. 종교간 대화와 종교다원주의가 종교신학과 친화력이 있는 주제와 개념이라는 점을 상기해 본다면, 이 점은 이해하기에 어렵지 않다. 그리고 이들이 '가장 사랑하는' 종교는 기독교인 경우가 많기 때문에 이들의 문제의식은 소위 종교신학자들의 문제의식과 크게 다르지 않은 것으로 보인다. 따라서 이들이 말하는 종교다원주의는 정확히는 '기독교 신학적 종교다원주의'이다.

둘째, 첫 번째 문제의식에 동조하는 학자들은 '무종교주의자'라고 불러도 좋을 것이다. 기존 기독교의 제도, 조직, 의식을 거부하고 생겨난 일본의 '무교회주의'가 결국 또 다른 교파로 발전하였듯이, '무종교주의'는 결국 또 다른 교파로 전개되거나, 아니면 일개인의 종교사상으로 존재할 뿐이다. 그리고 우치무라 간조우가 무교회주의는 결코 완성될 수 없는 진행형의 존재일 뿐이라고 하였듯이, 계속해서 기존의 종교전통을 거부해야만 하는 '무종교주의'도 결코 완결될 수 없는 존재일 것이다.

그런데 종교는 사상만으로 존재하는 것이 아니라, 집단적인 측면을 주요 속성으로 한다. 따라서 이들의 문제의식이 종교간의 대화에 과연 어느 정도 효용성이 있을지는 의문스럽다.

셋째, 종교간 대화에 대한 종교학의 관심이, 그리고 각 종교들에게 종교다원주의를 수용하라는 종교학의 주장이, 종교학의 대사회적, 그리고 대종교적 발언권의 확대를 도모할 수 있다고 생각하는 경우이다. 이러한 문제의식도 이해하기에 그다지 어렵지 않다. 종교계나 일반 사회에서 종교학이 종교간의 갈등 해소에 기여해야 한다는 목소리가 있는 것이 사실이기 때문이다. 종교학이 종교간 대화에 기여할 수 있는 측면은 종교학이 각 종교간의 상호 이해에 도움을 줄 수 있다는 것이다. 기독교인이 불교인을 어떻게 생각하고 있는지 불교인은 그저 피상적으로만 알고 있을 뿐이다. 기독교인이 불교인에 대해서 생각하고 있는 것을 불교인에게 말해도, 대체로 그 말이 기독교적인 용어로 되어 있기 때문에, 불교인은 그 말을 이해하기도 어려울 뿐만 아니라, 아예 들으려고 하지도 않는 경향이 있다. 반대의 경우도 물론 마찬가지이다. 종교학은 기독교가 다른 종교들을 어떻게 생각하고 있는지를, 기독교 이외의 사람들도 이해할 수 있는 용어로 설명해 줄 수 있다. 물론 다른 종교의 경우도 마찬가지이다.

그러나 종교학이 종교간의 갈등 해소에 기여할 수 있다는 지금까지의 생각은 대체로 종교학의 오만에서 비롯된 것으로 보인다. 기존의 종교간 대화가, '대화에 참여하지 않고, 대화를 지배하는', 기독교의 '오만한 주인의식' 때문에 늘 성공적이지 못했으며, 기독교인들이 진정으로 대화에 임하기 위해서는 '자신을 더욱 철저히 죽일 수 있어야' 한다는 김종서의 주장이[75], 종교간의 갈등 해소에 종교학이 직접적으로 기여할 수 있다고 생각하는 학자들에게도 그대로 적용될 수 있을 것이다.

전체적으로 우리나라에는 배타적인 개신교가 있고, 또 다른 편에는 침묵하는 또 다른 종교인들이 있다. 지금까지 종교학은 우리나라에 종교의 갈등이 잠재되어 있기 때문에, 종교의 상호 공존을 위해 종교간 대화를 해야 한다고 목소리를 높여왔다. 그러나 종교학의 이러한 발언에 배타적인 개신교, 그리고 다른 편에서 침묵하는 또 다른 종교인 모두는 그다지 귀 기울이지 않았던 것으로 보인다. 종교간의 대화, 그리고 종교의 상호 공존을 주장하는 것이 자신들의 포교나 선교, 전교에 도움이 된다고 생

---

[75] 김종서, 「기독교와의 대화 —타종교의 입장」, 『종교다원주의와 종교윤리』, 집문당, 1994, 241쪽.

각했던 종교만이 종교학의 이러한 발언에 동조해 왔을 뿐이다.

그렇다면, 이제 종교간의 대화나 종교다원주의라는 개념과 이론을 통해 종교의 상호 공존을 도모하는 일은 개별 교학이나 신학에 돌려주고, 종교학은 또 다른 측면에서 또 다른 내용의 문제를 제기할 수 있어야 할 것으로 보인다.

5. 맺음말

지금까지 우리는 종교 상호 공존을 위한 논의들의 내용과 문제의식을 정리하면서, 종교학이 과연 이 문제에 어떻게 기여할 수 있을지에 대해 생각해 왔다. 끝으로 여기에서는 종교학이 종교 상호 공존을 위해 어떤 주제들에, 어떻게 접근하는 것이 좋을지에 대해 필자 나름의 견해를 피력하면서 맺음말에 대신하고자 한다.

필자는 한국의 종교가 잠재적인 갈등의 관계에서 진정한 공존의 관계로 나아가기 위해서는 종무행정을 관장하는 국가, 한국에서 삶을 영위하고 있는 국민들, 그리고 한국에서 종교행위를 하고 있는 각 종교들의 세 차원에서 각각 고려해야 할 문제들이 있다고 생각한다.

첫째, 국가의 종교정책 차원에서 고려해야 할 문제가 있다. 각기 보편성을 지니고 있는 종교들이 한 곳에서 활동을 할 때에는 필연적으로 서로 경쟁할 수밖에 없다. 이 때 만약 과도하고 불공정한 경쟁이 벌어진다면 종교간에는 갈등이 생기고, 종교간의 공존은 불가능해진다. 따라서 어떻게 보면 종교간의 공존은 처음부터 가능하지 않은 것으로 여겨질 수 있다.

게다가 여러 종교가 비슷한 세력으로 서로 혼재해 있는 국가가 공인교 제도를 채택하면, 공인교에서 제외된 종교들은 소외되기 마련이다. 미군정 이후 우리나라는 불교와 기독교(천주교, 개신교)를 공인교로 하는 정책을 시행해 온 감이 없지 않다.[76] 이로 인해 우리나라는 현재 종교간의 공정한 경쟁이 실질적으로 보장되어야 할 현대사회의 조건을 충족시키지 못하고 있는 것이 사실이다.

우리는 이제 종교의 자유 못지않게 종교간의 형평성 문제에 지대한 관심을 가질 필요가 있다. 종교를 시장 원리의 측면에서 바라보는 시각이 있다.[77] 만약 우리가 그러한 견해를 받아들인다면, 무엇보다도 중요한 것은 소위 종교 시장에서 독과점이 일어나지 않도록 견제하는 제도적인 장치가 필요하다는 사실을 인식하는 것이다. 그리고 그런 제도적 장치는 일차적으로 국가에 의해서 마련될 수밖에 없다.

우리나라의 종무행정은 기본적으로 종교를 어떻게 정치에 이용할 것인가라는 데에서 출발한다. 물론 정치가 종교를 이용하려고 하는 것은 자연스러운 이치이다. 그리고 거꾸로 종교가 정치를 이용하려는 것도 자연스러운 이치이다. 그런데 정치가 종교를 선별적으로 지원하고, 종교도 정치를 선별적으로 지원하려는 데에서 문제가 발생한다. 이런 상황에서 우리나라의 종무행정은, 그럴 수밖에 없는 논리를 찾으면서, 동시에 종교에 대해 적극적인 자세가 아니라, 매우 소극적인 자세를 취하는 경향을 보인다.

둘째, 한국에서 삶을 영위하고 있는 국민들 차원에서 고려해야 할 문

---

[76] 강돈구, 「미군정의 종교정책」, 『종교학연구』, 제12집, 1993 참조.
[77] L. A. Young, *Rational Choice Theory and Religion: Summary and Assessment*(New York: Routledge, 1997) 등 참조.

제가 있다. 우선 사회 구성원들이 종교 일반에 대해 일정 수준의 지식을 구비하는 것이 무엇보다도 필요하다. 우리 주변에는 일요일마다 교회나 성당에 가는 사람들이 25%이다. 우리가 기독교 신앙을 가지고 있지 않다고 하더라도, 전체 사회 구성원 가운데 25%의 이웃을 이해하기 위해서는 기독교에 대해 일정한 수준의 지식을 가지는 것은 매우 바람직하다. 종교시설에서 행하는 결혼식이나 장례식에 참석했을 때 그 의식을 방관자의 입장이 아니라 참여자의 입장에서 참례할 수 있을 때 비로소 사회의 구성원들이 동질감을 느낄 수 있을 것이다. 종교가 혼재해 있는 상황에서는 종교의 차이로 서로를 구분만 할 것이 아니라, 상대방의 종교를 공감적으로 이해하여 서로를 이해하는 것이 필요하다. 그러기 위해서는 일단 종교 일반에 대해 사회 구성원들이 일정 수준의 지식을 겸비하는 것이 무엇보다 중요하다.

셋째, 한국에서 활동하고 있는 각 종교들의 차원에서 고려해야 할 문제가 있다. 우리나라에는 대체로 종교인과 한국인이 따로따로 존재한다. 다시 말해서 우리나라에는 기독교인, 불교인 등의 종교인과, 한국인이 따로 존재한다. 그러나 앞으로 우리나라 사람은 종교인이면서 한국인이 될 필요가 있다. 우리나라 사람은 앞으로 '기독교인이면서 한국인', '불교인이면서 한국인', '유교인이면서 한국인', '신종교인이면서 한국인'이 될 필요가 있다. 지금까지 우리는 '한국인 이전에 기독교인', '한국인 이전에 불교인'이 되고자 한 감이 없지 않다. '기독교인이기 이전에 한국인'과 '기독교인이면서 한국인'은 물론 다르다. 전자가 일치성(unity)을 강조한다면, 후자는 여전히 다양성의 가능성을 열어 놓고 있다. 보편성을 지향하는 종교가 어떻게 한국이라는 특정 국가의 이익을 위해 노력해야만 하는가 라는 질문이 있을 수 있다. 하느님이 어떻게 한국인만의 하느님일 수 있느냐라는 질문도 가능하다. 그러나 보편성을 지향하는 종교라고 해서 그 종교가 한국이라는 특정 국가의 이익을 도외시하라는 법은 없다. 그리고 하느님은 세계 인류의 하느님이면서, 한국인의 하느님이기도 하다. 한국의 종교는 보편성을 중심으로는 세계 인류와의 연대를 지향하고, 특수성을 중심으로는 한국 종교의 공존을 지향하는 자세를 견지할 필요가 있다.

제6장
'종교문화'의 의미[1]

1. 머리말

윌프레드 스미스(Wilfred C. Smith)는 일찍이 『종교의 의미와 목적 (*The Meaning and End of Religion*)』이라는 책에서 '종교(religion)'라는 용어를 폐기하고, 그 대신 '축적된 전통(cumulative tradition)'과 '신앙 (faith)'이라는 용어를 사용할 것을 주장하였다.[2] 그의 이런 주장이 오히려 혼란만 더 야기시킨다는 반론이 제기되기도 하였지만 어쨌든 '종교'라는 용어는 일반 사회뿐만 아니라 학계에서도 여전히 사용되고 있다. 우리나라에서는 장석만이 근대 이후 우리나라에서 '종교' 개념이 사용되

---

[1] 『종교연구』, 제61집, 2010.
[2] 윌프레드 캔트웰 스미스, 『종교의 의미와 목적』(길희성 옮김), 분도출판사, 1991; 책을 번역한 길희성이 스미스에게 'end'의 의미가 정확히 '목적'인지, '끝'인지를 문의하였더니, 두 가지 모두를 의미한다고 하였다고 하나, 필자는 'end'가 '종교'라는 용어를 더 이상 쓰지 말자는 뜻에서 '끝'이는 뜻을 지니고 있다고 생각한다. 'end'가 '목적'을 의미했다면, 스미스는 'end' 대신에 'aim'을 썼을 것이라는 것이 필자의 생각이다.

게 된 맥락을 선구적으로 고찰한 바 있다.[3] 요즈음도 서구는 물론이고 일본에서도 '종교' 개념에 대해 관심을 가지고 있는 학자들이 여전이 있다.[4]

이 글은 얼마 전부터 한자문화권인 동아시아에서 주로 사용되고 있는 '종교문화(宗敎文化)'라는 개념에 대해서 살펴보고자 한다. 윌프레드 스미스의 예를 따라서 '종교문화'라는 개념을 폐기하자는 주장까지 하려는 것은 아니다. 윌프레드 스미스가 '종교'라는 개념을 폐기하자고 했어도 여전히 그 용어가 사용되고 있듯이, 필자가 '종교문화'라는 용어를 폐기하자고 하더라도 이 용어는 여전히 동아시아에서 사용될 것으로 생각되기 때문이다. 필자는 본고를 통해서 다만 '종교문화'라는 개념이 동아시아에서 사용되는 맥락과 그 의미를 천착해보고자 한다.

필자는 한국종교문화연구소에서 발간하는 뉴스레터 93호(2010.3.9.)와 117호(2010.8.3.)에서 '종교문화'라는 용어에 대해서 의견을 제시한 적이 있다. '종교문화'가 정확히 '종교와 문화(종교·문화)'인지, 또는 말 그대로 '종교적 문화'인지가 분명하지 않다는 지적과 함께, 마찬가지로 '종교문화'의 영어 표기가 'religion and culture'인지, 또는 'religious culture'인지가 분명하지 않다는 지적을 하였다. '종교문화'라는 용어가 우리나라에서 사용되는 맥락을 피상적으로 이해한 바를 토대로 뉴스레터 93호에서는 '종교문화'의 영어 표기가 차라리 'religion culture'가 더 적절할 것이라는 제안도 해 보았고, 뉴스레터 117호에서는 오히려 'religious culture'가 보다 더 적절할 듯하다는 제안도 해 보았다.

---

[3] 장석만, 「개항기 한국사회의 '종교' 개념 형성에 관한 연구」, 서울대학교 박사학위 논문, 1992.

[4] Hent de Vries, *Religion: Beyond a Concept*(New York: Fordham University Press, 2008); 島薗進·鶴岡賀雄 編, 『<宗敎> 再考』, ぺりかん社, 2004 등 참조.

필자의 이러한 제안에 대해 의견을 제시하는 사람은 아직까지 없었다. 그러나 필자로서는 여전히 이 문제를 좀 더 본격적으로 천착해 볼 필요가 있을 것이라는 생각 아래, 우리나라를 비롯해서 중국과 일본에서 '종교문화'라는 용어가 사용되는 구체적인 맥락과 의미, 그리고 나아가서 영어권에서 'religion and culture'와 'religious culture'가 사용되는 맥락과 의미를 살펴보고자 하였다.

'종교문화'말고도 우리나라에서는 '역사문화', '철학문화', '정치문화', '교육문화' 등의 용어가 일반적으로 사용되고 있다. 이런 용어들이 구체적으로 무엇을 의미하는지에 대한 논의는 비교적 적은 편임에도 불구하고 이런 용어들을 사용하는 연구단체나 기관들이 적지 않다. 그러나 이 용어들을 사용하는 학술서적의 이름을 검색해보면, '역사문화', '철학문화', '교육문화'라는 용어가 들어가 있는 학술서적은 거의 없는 반면에[5], '종교문화'와 '정치문화(political culture)'라는 용어가 들어가 있는 학술서적은 적지 않게 발견된다.

이들 용어의 의미가 상식적으로 이해되고 있고, 또한 일반적으로 별 무리 없이 사용되고 있다는 점에서 이들 용어가 사용되는 맥락과 구체적인 의미를 천착하는 일이 별 유용성이 없을지도 모르겠다. 그러나 분명한 것은 '종교문화'와 함께 이들 용어도 마찬가지로, 예를 들어서 '역사',

---

[5] historical culture, philosophical culture, educational culture라는 용어는 어색하다. '역사문화'라는 이름이 들어가는 연구소의 영문 표기명을 보면 역사문화는 대체로 'history and culture'로 표기되고 있다. '철학문화'라는 이름이 들어가는 연구소에서는 영문 이름을 어떤 이유에서인지 드러내지 않고 있다. 아마도 'philosophy and culture'와 'philosophical culture' 모두가 어색하다고 여긴 듯하다.(http://philculture.com) '교육문화'가 들어가 있는 단체의 영문 표기는 'education culture'(http://www.fishermenwelfare.or.kr), 또는 'kyoyuk munhwa'(http://www.temf.co.kr)라고 되어 있다.

'철학', '정치', 그리고 '교육' 등이 뒤에 오는 '문화'를 수식하는 용어인지, 아니면 예를 들어서 '역사와 문화', '철학과 문화', '정치와 문화', 그리고 '교육과 문화'와 같이 앞의 용어들과 '문화'가 병렬적으로 사용되고 있는지가 확실하지 않다는 점이다.

다른 용어들은 차치하더라도 '종교문화'는 '종교와 문화', 그리고 '종교적 문화'의 두 의미가 혼재되어 사용되고 있다는 점은 분명하다. '종교와 문화', 그리고 '종교적 문화'는 분명히 다른 의미를 지닌 용어임에도 불구하고, 이 두 용어의 의미를 함께 지니고 있는 '종교문화'라는 개념이 학계에서 일반적으로 사용되고 있다는 사실에 우리는 관심을 가질 필요가 있다.

흥미롭게도 이 글을 준비하면서 '종교문화'라는 용어가 우리나라와 중국에서 일반적으로 널리 사용되고 있는 것에 비해, 일본에서는 거의 사용되고 있지 않다는 점을 발견할 수 있었다. 주지하다시피 일본에서는 '新新宗敎'라는 용어가 사용되기도 하고, 중국에서는 '邪敎'라는 용어가, 그리고 영어권에서는 'spirituality'라는 용어가 적지 않게 사용되고 있다.[6] 그리고 우리나라에서는 '종교문화'와 함께 '종교지형'이라는 용어가 일반적으로 사용되고 있다. 이들 용어가 해당 국가나 지역에서 사용되고 있는 배경은 어렵지 않게 추측해 볼 수 있다. 그리고 이들 용어들이 사용되는 배경을 통해서 해당 국가와 지역의 종교 상황, 그리고 나아

---

[6] 王清淮·朱玫·李广仓,『中国邪教史』, 群众出版社, 2007; Susumu Shimazono, *From Salvation to Spirituality: Popular Religious Movement in Modern Japan* (Melbourne: Trans Pacific Press, 2004); Robert Wuthnow, *After Heaven: Spirituality in America since the 1950s*(Berkeley: University of California Press, 1998); Don Baker, *Korean Spirituality*(Honolulu: University of Hawai'i Press, 2008); Jeremy Carrette & Richard King, *Selling Spirituality: The Silent Takeover of Religion*(London: Routledge, 2005) 등 참조.

가서 종교학계의 동향까지 추측해 볼 수 있다.

이 글도 이런 맥락에서 '종교문화'라는 용어가 동아시아, 특히 우리나라와 중국에서 사용되는 맥락을 살핌으로써 해당 국가 종교학계의 동향의 일말을 짐작해 볼 수 있는 계기를 마련할 수 있을 것으로 생각한다.

2. 동아시아의 '종교문화'

가. 한국의 '종교문화'

1) 문제의 출발

한국종교사회연구소라는 연구단체가 있다. 이 연구소는 1988년에 종교에 대한 학술조사 연구사업과 '종교문화 개발'을 위해 설립되었다. 연구소 명칭에 들어가 있는 '종교사회'는 분명히 '종교와 사회'를 말한다. 왜냐하면 '종교적 사회'라는 용어는 분명히 어색하기 때문이다. 그리고 연구소 설립 목적에 들어가 있는 '종교문화'는 종교와 관련된 축제나 예술 등을 지칭하는 것으로 보인다. '종교와 사회'는 종교사회학의 주제를 말하는 것에 이의를 제기할 사람이 없을 것이다.

한국종교문화연구소라는 연구단체가 있다. 이 연구소는 1988년에 설립한 한국종교연구회가 2001년에 한국종교문화연구소로 명칭을 변경하여 오늘에 이르고 있다. 한국종교문화연구소의 설립 취지는 아래와 같다.

본 연구소는 다양한 종교문화 전반에 관한 학문적 연구를 기반으로 인간의 삶에 대한 비판적 성찰과 진정한 인문학적 전망의 모색을 목적으로 설립되었습니다.

이러한 목적으로 국내외 종교문화에 관한 다양한 자료를 수집하고 이에 대한 체계적인 분석과 이해, 아울러 냉철한 문화비평을 수행함으로써 사회적으로 종교문화에 대한 올바른 인식의 함양과 보다 나은 한국의 종교문화의 창달에 기여하고자 합니다.7)

이 연구소의 설립 취지에서 필자의 주목을 끄는 내용은 우선 '삶에 대한 비판적 성찰', '냉철한 문화비평', '보다 나은 한국의 종교문화의 창달' 등이다. 이 점에 대해서는 아래에서 다시 언급하고자 한다. 다만 연구소 명칭의 영문 표기를 보면 이 연구소에서 말하는 '종교문화'는 '종교와 문화'임에도 불구하고, 설립 취지에 나오는 '종교문화'를 말 그대로 '종교와 문화'로 바꾸어 이해하면 설립 취지의 내용이 쉽게 전달되지 않는다는 점을 지적하고자 한다.

한신대학교에 종교문화학과가 있다. 영문 표기를 보면 '종교문화'는 역시 '종교와 문화'를 의미한다. 학부 교과목을 보면, 특정지역이나 국가의 '문화와 종교'라는 과목이 다수 있고, 종교문화현지조사, 축제와 종교문화의 예에서 볼 수 있듯이 '종교문화'라는 용어가 사용되고 있다. 아마도 여기에서 말하는 '종교문화'는 '종교와 문화'를 의미하는 것으로 보인다. 같은 대학에서 발간하는 종교학 관련 학술지에 『종교문화연구』가 있다. 이 학술지의 영문 표기를 보면 '종교문화' 역시 '종교와 문화'를 의미하고 있다.

서울대학교 종교학과 학부에 예전에는 '종교와 문화'라는 과목이 있었다. 그러나 현재는 대학원에 '종교와 문화 연습(Seminar in Religion and Culture)'이라는 과목만 보이는데, 이 과목은 그다지 중요한 과목으로 간주되지 않는 것으로 보인다. 서울대학교 종교문제연구소8)에서 발간하는

---

7) http://www.kirc.or.kr.

학술지 이름은 아예 『종교와 문화』9)로 되어 있다. 『종교와 문화』의 투고 심사 규정에 의하면, 이 학술지는 종교문화의 본질과 기능에 대한 원론적인 접근 시도, 한국 사회의 종교현상 이해와 그 이론적 체계화에 관한 연구, 세계종교의 관심 사항과 그 한국적 이해, 현대 산업사회의 종교 변동에 관한 연구, 종교간의 대화와 교류에 대한 학술적인 연구, 종교문화와 관련된 저술에 대한 서평을 주로 게재한다고 되어 있다.

'종교간 대화학회'가 이름을 바꾸어 현재 '한국종교문화학회'로 활동하고 있다. 학회의 목적은 아래와 같다.

> 종교와 그 문화예술은 인류의 소중한 보배이고, 지극한 가치를 지닌다. 그러나 그 숭고한 정신을 護持하여 나가야 할 한국의 종교사회는 그 가치를 실현하기에 힘이 부족한 듯하다. 따라서 '한국종교문화학회'는 이러한 우리의 종교상황을 직시하고, 보다 나은 종교문화를 창출하는 데 일조하고자 한다. 또한, 각 종교 본연의 위대한 정신과 문화예술에 대한 학문적 연구 교류 및 각 종교간 상호 이해와 和諧의 풍토를 조성하고, 종교정신의 진실한 실천과 아름다운 종교문화예술을 가꾸어 갈 수 있도록 여러 종교 관련 학자들과 종교인들의 역량을 결집하는 역할을 담당하고자 한다.10)

이 학회의 영문 명칭은 흥미롭게도 'The Korean Association of Religious Studies and Culture'이다. 영문 명칭을 보면 이 학회는 말 그대로 '종교학과 (종교적) 문화'를 연구하는 학회로 이해할 수 있다.

'종교와 사회'가 '종교사회'로 표기되는 이유를 알 수 없듯이 '종교와

---

8) 연구소 이름에 '종교문제'라는 용어가 왜 들어가 있는지 궁금하다. 연구소 이름의 영문 표기는 'Center for Religious Studies'이다.
9) 영문 명칭은 '*Religion and Culture*'이다.
10) http://www.rdialog.com.

문화'가 '종교문화'로 표기되는 이유는 좀처럼 알 수 없다. 단지 앞에서도 지적하였듯이 '00문화'라는 용어가 일반적으로 많이 사용되고 있다는 점에서 번거롭게 '종교와 문화'라는 용어 대신 '종교문화'로 줄여서 사용하고 있는지도 모르겠다. 그러나 다른 분야와 달리 종교학에서 '종교문화'는 일반적인 용례를 떠나서 학술 용어로까지 정착되어 있다는 점에서 이 용어가 사용되는 맥락과 그 의미는 고찰될 필요가 있다. 어쨌든 '종교문화'가 일차적으로 '종교와 문화'를 의미한다고 볼 때 '종교문화'라는 용어의 의미를 이해하기 위해서 '종교와 문화'라는 용어의 의미를 먼저 살필 필요가 있다.

종교학의 여러 주제들은 대체로 서구적인 문제의식에서 제기된 경우가 많다. 따라서 종교와 문학, 종교와 젠더, 종교와 영화, 종교와 교육 등 종교학의 여러 주제들은 대체로 기독교와 문학, 기독교와 젠더, 기독교와 영화, 기독교와 교육 등에서 비롯되었다고 해도 과언이 아니다. 그리고 이와 같이 기독교와 같은 특정종교를 앞에 놓으면 연구 주제의 성격이 보다 명확하나, 특정종교 대신에 '종교'라는 용어를 놓으면 연구 주제의 성격이 모호해지는 경향이 있다.

'종교와 사회'가 종교사회학의 주제이듯이 '종교와 문화'는 종교인류학의 주제로 이해할 수도 있다. 그러나 위에서 살펴본 몇몇 예에서 볼 수 있듯이 현재 한국에서 '종교문화'는 종교인류학과 관련이 있는 용어는 결코 아니다. 따라서 현재 우리나라에서 통용되고 있는 '종교와 문화'의 의미를 이해하기 위해서는 종교인류학보다는 오히려 '기독교와 문화'라는 주제를 먼저 살피는 것이 필요하다.

2) 신학의 '종교문화'

'기독교와 문화'는 비록 용어는 다르지만 '그리스도와 문화', 또는 '복음과 문화'라는 주제와 일맥상통한다. 이 주제는 니버와 틸리히와 관련이 있으며, 선교신학, 문화신학, 토착화신학, 종교신학 등에서 주로 논의되고 있다.

기독교는 특히 기독교 밖의 세계에 대해 관심이 많다. 기독교와 기독교 밖의 세계의 관계, 다시 말해서 그리스도와 문화의 관계를 일찍이 리차드 니버는 대립, 일치, 종합, 역설, 변혁의 다섯 유형으로 구분하였다. 니버 자신은 비록 이 다섯 가지 유형 가운데 자신이 어느 유형을 선호하는지는 내놓고 말하지 않았지만, 변혁 유형이 비교적 바람직한 것이라는 점을 암시하였다.[11] 기독교 밖의 세계에 관심을 지니고 있는 니버가 기독교인들이 기독교 밖의 세상에 대해 어떤 책임을 지녀야 하는가에 대해 관심을 보이고 있는 것도 쉽게 이해할 수 있다.[12]

니버의 다섯 유형이 서구의 기독교 상황에서 유래한 것으로 보고, 이 문제에 관심을 보이고 있는 한국의 신학자들도 그리스도와 문화의 관계를 나름대로 유형화하였다. 김경재는 장로교 합동 측을 대표로 하는 보수주의적 신학의 파종 모델, 김재준을 대표로 하는 진보주의적 신학의 발효 모델, 유동식을 대표로 하는 자유주의 신학의 접목 모델, 그리고 급진적인 민중신학의 합류 모델로 구분하고, 자신은 접목 모델을 선호한다는 점을 밝혔다.[13] 그리고 그는 토착화 관련 논의를 유동식, 윤성범으로 대표되는 토착화된 한국신학 전개론자, 전경련, 박봉랑으로 대표되는 토

---

[11] 리차드 니버, 『그리스도와 문화』(김재준 역), 대한기독교서회, 1978.
[12] 리차드 니버, 『책임적 자아』(정진홍 역), 이화여자대학교출판부, 1983.
[13] 김경재, 『해석학과 종교신학』, 대한기독교서회, 1979, 188-189쪽.

착화론에 반대하는 신정통주의적 서구신학 전수론자, 이장식, 이종성으로 대표되는 토착화 논쟁 중도론자 또는 온건론자, 김의환, 박아론으로 대표되는 토착화론과 세속화 논쟁 그 자체를 처음부터 거부하는 보수신학 계통의 저항론자로 구분하였다.14)

이와 유사하게 이상훈은 토착화 신학의 유형을 윤성범으로 대표되는 비교종교학적 - 문화인류학적 유형, 유동식으로 대표되는 역사신학적 - 선교론적 유형, 안병무로 대표되는 성서신학적 - 해석학적 유형, 변선환으로 대표되는 종교신학적 - 다원주의 대화론적 유형, 전경연과 한철하로 대표되는 문화초월적 - 변혁주의적 유형으로 구분하고15), 이들을 다시 '적응(accommodation)과 동화(assimilation, adaptation)', 그리고 '변화(transformation)와 갱신(reformation)' 두 가지 부류로 정리하였다.16)

특기할 점은 김경재와 이상훈 모두 문화신학의 방법으로 해석학을 주창하고 있다는 점이다. 김경재는 복음을 텍스트로 보고 문화를 콘텍스트로 보는 것은 해석학 원리에 위배되며, 지평융합의 과정에서 진리로 하여금 스스로 진리임을 드러나게 해야 한다고 말한다.17) '지평융합'을 자기 주체성을 지닌 창조적인 확대로 이해할 수 있다면18), 김경재가 말하는 지평융합의 해석학은 곧 자기 주체성을 지닌 창조적 해석학으로 규정할 수 있을 것이다. 이상훈도 신학적 관점으로 읽는 '종교와 문화', 그리고 복음과 문화의 관계를 서술하면서 복음의 자기 순화와 열린 가능성,

---

14) 김경재, 「복음의 문화적 토착화와 정치적 토착화 -류동식 교수 토착화론의 명료화를 위한 제언」, 『기독교사상』, 23-9, 1979, 58-67쪽.
15) 이상훈, 『신학적 문화비평, 어떻게 할 것인가』, 예영커뮤니케이션, 2005, 189-205쪽.
16) 같은 책, 211-212쪽.
17) 김경재, 「한국문화신학 형성과 기독교사상」, 『기독교사상』, 36-4, 1992, 47-48쪽.
18) 「'복음과 문화' 논쟁의 평가」, 『기독교사상』, 35-12, 1991, 79쪽.

그리고 고립주의와 혼합주의를 넘어서 지평융합의 가능성을 볼 수 있어야 한다고 주장하고 있다.[19]

니버와 달리 틸리히는 종교를 '궁극적인 관심과 관련이 있는 것'으로, 그리고 종교는 문화의 실체이고 문화는 종교의 형식이라고 하여, 종교와 문화 사이에는 갈등이 존재하지 않는다고 주장한다.[20] 틸리히에 의하면 종교와 문화는 이와 같이 뗄 수 없는 상관관계 속에 있는데, 이 양자의 관계 해명, 다시 말해서 문화 일반에서 기독교 신의 실재를 찾아보는 것이 틸리히 신학의 중심과제였다.[21] 틸리히는 바이블을 읽을 때보다 바하(Bach)의 선율과 지오토(Giotto)의 그림을 통해 더 큰 신학적 영감을 받을 수 있다고 말했다고 한다.[22] 틸리히의 이런 관심에서 문화 일반을 신학적으로 고찰하는 문화신학이라는 분야가 비롯되었는데[23], 문화신학의 목적은 문화를 우선 기독교적으로 이해하고, 문화의 잘못된 부분에 대해 기독교에 근거해서 규범적 발언을 하는 데 있다.[24]

니버와 틸리히의 신학이 현대사회에서 과연 설득력을 유지할 수 있는지의 여부에 대해서는 서로 다른 의견이 있을 수 있지만,[25] 이들의 신학이 적어도 우리나라의 '그리스도와 문화', '복음과 문화'를 다루는 토착화 신학, 문화신학, 종교신학 등에 많은 영향을 미쳤다는 사실은 부인할 수 없다. 그리고 '그리스도와 문화'이든 '복음과 문화'이든 '종교와 문화'

---

[19] 이상훈, 앞의 책, 104, 140쪽.
[20] 폴 틸리히, 『문화와 종교』(이계준 역), 전망사, 1984, 24-38, 152-164쪽.
[21] 김경재, 『한국문화신학』, 한국신학연구소, 1983, 99쪽; R. P. Scharlemann, "Paul Johannes Tillich", ER, vol. 13, 2005, p.9204.
[22] 배국원, 「한국문화신학에 대한 방법론적 반성」, 『복음과 실천』, 23호, 1999, 208쪽 참조.
[23] Robert P. Scharlemann, op. cit, p.9203.
[24] 이정배, 「한국문화신학에 대한 평가와 전망」, 『신학사상』, 66, 1989 참조.
[25] 배국원, 앞의 글 참조.

에 관심을 가지고 있는 신학자들의 관심은 '초월적인 진리의 구체적인 현실 적응이며, 동시에 도전을 통한 새로운 현실창조'26)로 요약해 볼 수 있다. 그리고 이런 관심은 기독교가 살아있는 종교로 존재하는 한 계속해서 꾸준히 전개될 수밖에 없을 것이다.27)

3) 종교학의 '종교문화'

종교학에서 '종교'가 아니라 '종교문화'라는 용어를 선호하게 된 배경을 이해하기 위해서는 무엇보다도 정진홍28)의 연구저술들을 살필 필요가 있다. 선학의 학술적 업적을 짧은 글에서 정리한다는 것이 무모하고 예의에 어긋나는 것일 수도 있겠으나 이 글의 목적을 위해서 정교수의 연구저술들 가운데 본고와 관련된 내용을 나름대로 정리해 보는 것은 불가피하다.

정교수는 1985년에 「복음과 문화의 한국적 이해」29)라는 논문과, 1986년에 「한국종교문화의 전개」30)라는 논문을 각각 발표하였다. 앞의 논문에서 정교수는 기독교가 자기 자신을 문화의 영역에 더욱 철저하게 자리매김하는 겸허한 신학적 노력을 경주하지 않으면 안된다고 주장한다. 그리고 뒤의 논문에서 정교수는 비로소 '종교문화'라는 용어를 사용하기 시작한 것으로 보인다. 1986년에 정교수는 「종교문화의 만남」31)이라는

---

26) 유동식, 『도와 로고스』, 대한기독교출판사, 1978, 74쪽.
27) 장남혁, 『한국문화 속의 복음 −21세기 급변하는 문화와 복음적 삶』, 예영커뮤니케이션, 2010 등 참조.
28) 서울대 종교학과 명예교수.
29) 정진홍, 「복음과 문화의 한국적 이해」, 『한국신학사상』, 기독교서회, 1985.
30) 정진홍, 「한국종교문화의 전개」, 『한국종교의 이해』, 집문당, 1986.
31) 정진홍, 「종교문화의 만남 −한국의 종교문화와 그리스도교 문화의 만남을 서술하기 위한 시론」, 『신학사상』, 52, 1986.

논문을 발표하였다. 이 논문에서 정교수는 종교가 근본적으로 문화현상이며, 사회현상이나 역사현상으로 환원될 수 없다고 말한다. 그리고 '종교문화'를 설명하면서 주로 기어츠(C. Geertz)와 리치(E. Leach)의 주장을 원용하면서, '종교'에 대한 인류학적 주장을 받아들이고 있다.[32] 필자는 이 논문에서 정교수가 '종교' 대신에 '종교문화'라는 용어를 선호하게 된 이유를 명확히 이해할 수는 없었다. 다만 종교는 문화의 일부분이며, 따라서 문화현상이기 때문에 '종교' 보다 '종교문화'라는 용어가 보다 더 적절하다고 주장하는 것으로 이해할 수 있었다.

정교수는 1995년에 『종교문화의 이해』[33]라는 책을 발간하였다. 이전까지 정교수는 종교가 문화의 일부분이라는 입장에 서서 '복음과 문화'의 관계를 이해하려고 했다면, 이 때부터는 '종교'와 '종교문화'라는 용어를 본격적으로 구분하고, 종교가 아니라 종교문화에 대해서 논의해야 한다고 지속적으로 주장한다. 정교수에 의하면 종교는 신앙의 삶이고, 종교문화는 신앙의 삶의 표상이다.[34] 종교와 종교문화가 서로 다르기 때문에 당연히 '종교의 이해'와 '종교문화의 이해'는 차이가 있다. '종교의 이해'는 종교를 문화의 범주에서 벗어나는 것으로 전제하는 데 반해서, '종교문화의 이해'는 종교를 문화의 범주에 포함되는 것으로 전제한다.[35] 아래 인용문은 당시까지의 정교수 입장을 그대로 대변하는 것으로 이해할 수 있다.

    종교인들의 의식 속에서는 종교가 문화의 범주에 속하는 문화의 구성요소들 중

---

[32] 같은 글, 7-10쪽.
[33] 정진홍, 『종교문화의 이해』, 청년사, 1995.
[34] 같은 책, 109쪽.
[35] 같은 책, 11쪽.

하나라는 사실이 승인되지 않고 있다. 종교는 문화를 넘어서 있는 것으로, 또는 문화의 바탕에서 문화를 문화답게 하는 것, 아니면 문화의 옆에 있다 할지라도 문화의 정당성을 확인하거나 문화의 정당치 못함을 개혁하는 것으로, 그래서 결국 종교는 문화라는 울 밖에 있는 것으로 여겨지고 있다. 종교와 문화의 관계는 근원적으로 대칭적인 것이고 굳이 그 관계 양상을 서술한다면 문화에 포섭되어 있는 것이 아니라 종교가 문화를 포용하고 있는 것이라는 논리를 펴고 있는 것이다.36)

정교수는 이어서 종교학에서 '종교'가 아니라 '종교문화'에 대해서 논의해야만 하는 이유를 아래와 같이 보다 구체적으로 밝힌다.

'종교'가 무엇인가를 물으면서 '종교문화'를 운위하는 것은 종교를 문화에 귀속시켜 평가절하하려는 것이 아니라 종교의 현존을 소박하게 승인하고 그 현상을 기술함으로써 종교에 대한 앎이 종교를 믿는 믿음과 필연적으로 갈등적이지 않다는 사실, 그것은 마침내 반종교적인 지적 독선이나 반문화적인 종교적 평가를 모두 지양할 수 있으리라는 기대를 구체화하는 일이다…. 종교문화의 이해를 통하여 종교를 하나의 요소로 담고 있는 문화 자체에 대한 비판적 접근을 이룸으로써 새로운 휴머니즘의 배태를 희망하는 것이기도 하다.37)

위의 내용을 정리하면 정교수가 '종교문화'라는 용어를 사용하는 이유는 반종교적 지적 독선인 환원론과 반문화적 종교적 평가인 독단론과의 차별화를 획득하기 위한 것으로 이해할 수 있다. 그리고 정교수가 '종교문화'라는 용어를 사용하는 궁극적인 목적은 문화비평이라는 접근을 통해 새로운 휴머니즘을 구현하기 위한 것으로 이해해 볼 수 있다.

1997년에 정교수는 『하늘과 순수와 상상』38)이라는 책을 출간하였다.

---

36) 같은 책, 12쪽.
37) 같은 책, 14쪽.
38) 정진홍, 『하늘과 순수와 상상 -종교문화의 현상과 구조』, 강, 1997.

이 책의 앞부분에서 정교수는 이전의 책들보다 더 고백적인 입장에서 종교학과 자신의 입장을 기술하고 있다.

> 종교학은 종교 개념의 해체를 통한 종교 현실의 새로운 인식을 지향하고 있다. 따라서 종교학은 언제나 열린 학문이기를 자처해왔다. 만약 우리가 종교학의 전통을 말할 수 있다면 그것은 종교문화에 대한 축적된 지식이라든가 이론의 전승이 아니라 열려진 물음을 묻는다고 하는 태도의 전승이다…. 불행하게도 필자는 그런 종교학적 전승을 동경하면서도 그 흐름에 실린 삶을 살아가고 있지는 못하다…그럼에도 불구하고…이 같은 태도는 분명히 성숙한 학문을 위해 염려스러운 것이지만 필자의 실존적인 자리에서는 불가항력적인 정직에의 충동이기도 하다…불가해하게도 특정종교에 대한 관심은 일반적으로 구체적이고 투명하지만, 종교문화 일반에 대한 관심은 모호하고 은밀하다. 많은 경우 종교문화에 대한 지적인 탐구는 학문의 장에서 소외되고 있다. 그런 사정을 이해할 수 없는 것은 아니다. 사물에 대한 인식의 차원이 아니라 실존적인 물음의 긴박성과 연계되어 있다고 이해되는 것이 종교라고 간주되고 있기 때문이다. 그러나 바로 그런 이유 때문에 종교에 대한 지적인 탐구는 비록 그것이 은밀한 것이라 할지라도 은폐될 수는 없다. 인식과 실존의 문제는 단절된 것이 아니기 때문이다. 되풀이하지만 종교학은 바로 그런 사실을 정직하게 직면하려는 열린 태도에서 비롯된 것이다. 여기에 모인 글들은 그런 자의식이 종교학의 전승에 기대어 발언한 작은 노력의 결정이다.[39]

이 책에서 정교수는 '순수'라는 제목 아래 '문화를 통한 종교읽기'를, 그리고 '상상'이라는 제목 아래 '종교를 통한 문화 읽기'를 시도하고 있다.[40] 전자에서는 종교다원문화, 종교학과 신학, 종교학과 사회학, 정통과 이단, 광신과 종교윤리, 근본주의의 종교성 등의 주제들을 다루고 있고, 후자에서는 문학과 종교, 예술과 종교, 건축과 종교, 음식문화와 종

---

39) 같은 책, 6-7쪽.
40) 같은 책, 8쪽.

교, 기술문명과 종교 등의 주제들을 다루고 있다. 정교수는 그리고 이 책이 우리 종교문화의 성숙을 위해 자그마한 기여라도 할 수 있기를 바라고 있음을 숨기고 싶지 않다고 자신의 심정을 밝히고 있다.[41]

필자는 여기에서 이 책의 제2부에 실려 있는 '종교학과 신학', 그리고 '종교학과 사회학'이라는 글에 주목해 보고자 한다. 앞에서 지적하였듯이 정교수는 독단론과 환원론으로부터 벗어나기 위해서 '종교문화'라는 용어를 사용해야 한다는 주장을 하였다. 정교수는 이 두 글에서 종교학과 신학, 그리고 종교학과 사회학이 그렇게 멀리만 있는 것이 아니고 접점을 찾을 수 있고, 또 특히 종교학과 신학이 접점을 찾을 수 있을 때 새 하늘과 새 땅에 대한 기대를 공유할 수 있을 것이라는 '고백적 증언'을 하고 있다.[42] 그런데 정교수가 여기에서 말하는 종교학은 바로 엘리아데(M. Eliade)를 중심으로 하는 '종교현상학'이라는 점에 주목할 필요가 있다.

정교수의 '종교문화'는 처음에는 기독교의 '복음과 문화'의 관계에 대한 기존의 논의에서 탈피하기 위해서, 그리고 다음에는 종교학이 기독교 신학으로 대표되는 독단론과, 사회과학적 종교연구로 대표되는 환원론으로부터 탈피하기 위해서 '종교문화'를 비교적 소극적으로 사용해왔다.

그러나 이 책에서는 엘리아데 종교학의 구체적인 실현을 위해서 '종교문화'를 보다 적극적으로 사용하고 있다는 것을 알 수 있다. 그리고 이런 맥락에서 정교수의 '문화를 통한 종교읽기'와 '종교를 통한 문화읽기'라는 시도가 왜 의미가 있는지를 이해할 수 있다. 호모 렐리기오수스로서의 인간 삶의 총체적인 모습을 살펴야 하는 엘리아데 종교학의 입장에서

---

41) 같은 책, 8쪽.
42) 같은 책, 209쪽.

는 그저 종교집단만을 지칭하는 '종교'라는 개념은 불필요할 뿐만 아니라 오히려 있어서는 안되는 개념이 될 수밖에 없었을 것이다.[43]

정교수는 2000년에 『종교문화의 논리』[44]라는 책을 발간하였다. 이 책에서 정교수는 '종교'와 '종교문화'를 구분해야 하는 이유를 다시 언급하고 있다. 종교라는 용어의 용례와 개념적 함축이 오늘 지금 여기에 있는 우리들에게는 타당하지 않다라든가[45], 종교학의 연구 대상은 '종교'가 아니라 '종교문화'이며[46], 종교학이 종국적으로 지향하는 것은 종교라고 일컫는 문화현상을 통하여 문화 자체를 이해하고, 나아가 인간을 이해하려는 것이라고 말한다.[47]

정교수는 2003년에 『경험과 기억』[48]이라는 책을 발간하였다. 앞에서와 마찬가지로 이 책에서 역시 정교수는 '종교문화'를 사용해야만 하는 필요성과 긴박성을 꾸준히 제기한다.

종교'를' 발언하는 것으로 완성되는 개별 종교에 대한 진술은 불가피하게 그 종교의 정당성을 강화하는 담론으로 자기 발언을 종결합니다. 그렇지 않은 개별전통의 종교담론이 있다면, 그것은 또 다른 특정한 종교의 정당성을 강화하기 위한 방법론적인 우회 이상일 수 없는 것이 현실입니다.[49]

---

[43] 좀 다른 이유에서이기는 하지만, 맥과이어는 종교는 역사적으로 변천하며, 종교에 대한 견해 자체도 변한다는 아사드(Talal Asad)의 견해에 동의하면서, 기존의 종교(religion), 종교성(religiosity), 종교전통(religious tradition), 종교적 헌신(religious commitment), 회심(conversion), 종교적 정체성(religious identity) 등의 전통적인 개념들이 개개인의 실제적인 종교적 삶의 모습을 이해하는 데 오히려 장애가 될 수 있다고 지적한다. Meredith B. McGuire, *Lived Religion: Faith and Practice in Everyday Life*(Oxford: Oxford University Press, 2008), p.5.
[44] 정진홍, 『종교문화의 논리』, 서울대학교출판부, 2000.
[45] 같은 책, 183쪽.
[46] 같은 책, 247쪽.
[47] 같은 책, iii.
[48] 정진홍, 『경험과 기억 -종교문화의 틈 읽기』, 당대, 2003.

이 책 제1부의 마지막 글 「종교인의 문화윤리」에서 정교수는 '복음과 문화'의 문제를 다시 다루고 있고, 제4부의 「신학을 위한 종교학의 발언 - 미래의 신학을 위하여」에서 정교수는 '관성적인 사유가 아니라 다른 사유, 다르게 보기'로 정의할 수 있는 상상력을 발휘하여 신학이 열린 신학으로, 그리고 기독교가 열린 종교와 창조적인 종교로 발전하기를 기대하면서, 그래야 기독교의 미래가 있을 수 있다고 말한다.50)

2006년에 정교수는 『열림과 닫힘』51)이라는 책을 출간하였다. 이 책의 아래 글에서 정교수가 생각하는 '인문학적 상상'의 의미를 짐작해 볼 수 있다.

> 자신의 정직성을 스스로 신뢰하는 자유로운 영혼으로 온갖 것을 자기 나름대로 물을 수 있고, 또 다듬을 수 있는 그러한 사람이, 그러한 사람만이 학문을 할 수 있는 것은 아닐까 하는 '상상'을 해본다.52)

그리고 정교수는 이미 앞에서 열거한 책들에서 주장한 내용을 아래와 같이 보다 강도 높게 제시하고 있다.

> '기존의 종교'는 스스로 심각하게 얼마나 자신이 현실 적합성이 없는 채 현존하고 있는지 하는 것을 묻는 데 정직하지 않았습니다.53)
> 개개 종교를 기반으로 한 어떤 종교 논의도 이제는 그 한계가 분명합니다. 종교도 역사가 기술되는 문화현상입니다. 21세기를 살아가는 우리가 종교와 관련하여

---

49) 같은 책, 8쪽.
50) 같은 책, 285-286, 269-274쪽.
51) 정진홍, 『열림과 닫힘 -인문학적 상상을 통한 종교문화 읽기』, 산처럼, 2006.
52) 같은 책, 14쪽.
53) 같은 책, 405쪽.

인간을 되생각하는 계기에서 우리가 할 일은 '물음과 해답의 구조'를 지금 여기에서 어떻게 살아야 하나 하는 새로운 인간상의 탐색이지, 기존의 종교들이 제시하는 인간상을 적합성을 찾아 되다듬거나 되꾸미는 일은 아닐지도 모릅니다. 그러므로 이 논의가 할 수 있는 마지막 말은 "우리가 종교인이기를 그만두면 비로소 우리는 인간일 수 있는데 이를 굳이 언표한다면 우리는 그 때 비로소 종교적인 인간이 된다"고 하는 진술입니다.[54]

정교수는 이제 종교인은 없으며, 종교인이 있다면 그는 인간이 아니라 다만 종교인일 뿐이며, 따라서 종교인은 없어야 한다고 말하고, 이어서 인간은 종교적인 인간이며, 종교적인 인간만이 인간이고, 인간은 종교적인 인간이어야 한다고까지 주장하기에 이른다. 얼핏 보면 이해하기가 어려운 주장일 수 있으나 정교수의 입장이 엘리아데 종교학의 입장을 견지하고 있다는 사실을 인식할 때 비로소 정교수의 이러한 주장이 설득력을 얻을 수 있다는 점을 알 수 있다.

정교수는 또한 아래와 같이 자신의 입장이 오해를 받을 수도 있다는 점도 우회적으로 아울러 기술하고, 그러한 오해에 대해서는 구태여 변명을 하지 않겠다는 입장을 천명한다.

종교문화를 인식하기 위한 이러한 접근이 훌륭한 학자들에게, 특히 종교학자들에게 얼마나 '황당한 짓'으로 여겨질 것인가 하는 것도 모르지 않습니다. 저도 제가 하는 일이 어떤 평가를 받으리라는 것을 모르지 않습니다. 따라서 아무런 변명도 하지 않으려 합니다. 그러나 자신의 물음에 대한 정직성에 근거한 자의성과 무책임은, 비록 승인될 수 없다 할지라도 용서받을 수는 있지 않을까 하는 치기를 차마 버리지 못하고 있다는 것도 아울러 말씀드리고 싶습니다.[55]

---

54) 같은 책, 407쪽.
55) 같은 책, 15쪽.

지금까지 정교수의 견해를 비교적 길게 살펴본 이유는 정교수가 '종교'와 '종교문화'를 구분하고, '종교문화'를 사용할 수밖에 없는 상황을 남들보다 비교적 자세히 제시해왔기 때문이다. 종교학에서 정교수 이외에도 '종교문화'를 사용하는 학자들이 없는 것은 아니다. 몇몇 사례만 살펴보면 아래와 같다.

박규태는 주로 일본의 신종교를 설명하고 있는 『現代救濟宗敎論』이라는 일본책을 『현대일본 종교문화의 이해』[56]라는 제목으로 번역, 출간하였다. 그리고 박미라는 고대 중국의 생사관과 그것이 중국문화에 끼친 영향을 살피고 있는 『生死事大-生死智慧与中國文化』라는 책을 『중국의 종교문화』[57]라는 제목으로 번역, 출간하였다. 두 사람 모두 '종교문화'라는 용어를 사용한 이유는 밝히지 않고 있다. 필자 개인적으로는 책의 구체적인 내용을 짐작할 수 있는 용어로 번역한 책의 제목을 붙였으면 더 좋았을 것이라는 생각을 하고 있다.

윤승용은 1997년에 『현대 한국종교문화의 이해』라는 책을 발간하였다. 이 책의 앞부분에서 윤승용은 자신의 책이 견지하고 있는 입장을 아래와 같이 표명하고 있다.

종교현상을 사회역사적인 맥락 속에서 해석할 때만 종교와 사회관계의 설명이 가능하다는 전제를 깔고… 다른 종교사회학 서적과 달리 이 책에서는 종교의 사회적 존재 방식, 우리나라의 종교문화, 그리고 종교의 내적 역동성을 강조하려 했으며, 그러한 기조 위에 한국 사회구성의 특성과 종교현상과의 관계를 연결하여 설명하려고 노력하였다.[58]

---

[56] 시마조노 스스무, 『현대일본종교문화의 이해』(박규태 옮김), 청년사, 1997.
[57] 袁陽, 『중국의 종교문화』(박미라 옮김), 길, 2000.
[58] 윤승용, 『현대 한국종교문화의 이해』, 한울아카데미, 1997, 4쪽; 윤승용의 이러한

겉으로는 '종교문화의 이해'라는 말이 들어가는 유사한 연구 업적물임에도 불구하고, 윤승용의 입장은 정교수를 비롯해서 박규태, 박미라의 그것과 동일하지는 않은 것으로 보인다.

4) 기타 분야의 '종교문화'

'종교문화'에 천착하면서 흥미있는 책 두 권을 발견하였다. 하나는 신응철의 『기독교문화학이란 무엇인가?』[59]라는 책이고, 또 하나는 한숭홍의 『문화종교학』[60]이라는 책이다. 신응철은 '문화연구(cultural studies)'[61]의 입장에서 기독교를 살피는 것을 '기독교문화학'이라고 하였다. 이 책의 핵심어들을 필자 나름대로 정리해보면, 가다머, 카시러, 리차드 니버, 문화철학, 해석학, 문화비평, 예술비평, 기독교와 문화와의 관계, 대중문화 비평, 정치문화 비평, 문학비평 등을 열거할 수 있다. 하나의 학문분야로 묶일 수 없을 정도로 다양한 경향을 아우르고 있는 '문화연구'의 여러 입장 가운데 신응철은 주로 문화철학의 입장에 서 있는 것으로 보인다. 문화철학의 입장을 견지한다는 신응철의 책의 내용은 그러나 가다머와 카시러 등에 대한 언급을 빼면, 일반적으로 문화신학자들의 그것과 큰 차이가 없는 것으로 보인다.

한숭홍의 책은 '종교학파와 방법론을 중심으로'라는 부제를 보면 여기에서 구태여 언급할 필요가 없을 듯하나, 이 책의 영어 제목이 흥미롭게

입장은 이노우에의 '종교시스템'이라는 개념을 연상시킨다. 이노우에 노부타카 외, 『신도, 일본 태생의 종교시스템』(박규태 옮김), 제이앤씨, 2010, 16-17, 348쪽 참조
59) 신응철, 『기독교문화학이란 무엇인가?』, 북코리아, 2006.
60) 한숭홍, 『문화종교학 —종교학파와 방법론을 중심으로』, 장로회신학대학출판부, 1987.
61) 신응철은 'cultural studies'를 '문화학'으로 번역하고 있지만, 여기에서는 인류학의 예를 따라 '문화연구'라는 용어로 사용하고자 한다.

도 『The Sacred in Religion and Culture』라는 점에 주목할 필요가 있다. 이 책의 영어 제목을 말 그대로 이해하면, '종교와 문화 안에 있는 성스러움'에 대해 논의하는 것이 '문화종교학'이고, 또한 부제를 감안하면 '문화종교학'의 일부가 '종교학'이 된다는 점이 이색적이다.

이 밖에 별 의미 없이, 다시 말해서 '종교'와 '종교문화'의 차이를 지적하지 않으면서, 종교학을 포함해서 여러 분야에서 무의식적으로 '종교문화'라는 용어를 사용하는 경우가 많이 있다. 최준식은 『한국의 종교, 문화로 읽는다』[62]라는 책을 세 권 출간하였다. 제목이 좀 생소하기는 하지만, 제목을 보면 최준식의 목표는 '문화로 종교읽기'이다. 최준식의 이 작업은 적어도 제목을 보면 정교수의 '문화를 통한 종교읽기'를 연상시킨다. 그러나 최준식의 작업은 구체적인 종교교단들을 하나씩 다루고 있다는 점에서 정교수의 그것과 전혀 다르다.

5) 문제의 귀결

지금까지 살펴본 내용을 중심으로 문제의 출발로 돌아가서 한국의 '종교문화'에 대해 정리를 해보고자 한다. 여기에서 주목하고자 하는 것은 한신대학교의 '종교문화학과'와 서울대학교 종교문제연구소에서 발간하는 『종교와 문화』, 그리고 '한국종교문화연구소'이다. 학과의 구성원들의 인식 여부와 상관없이, 한신대학교 '종교문화학과'라는 명칭은 신학의 '복음과 문화'의 관계에 대한 문제의식에서 비롯된 것으로 보인다. 그리고 역시 학술지를 발간하는 구성원과 한국종교문화연구소의 구성원들

---

[62] 최준식, 『한국의 종교, 문화로 읽는다 -무교·유교·불교』 1, 사계절, 1998; 『한국의 종교, 문화로 읽는다 -도교·신종교·동학』 2, 사계절, 2006; 『한국의 종교, 문화로 읽는다 -증산교·원불교』 3, 사계절, 2004.

의 인식 여부와 상관없이 『종교와 문화』, 그리고 '한국종교문화연구소'는 엘리아데 종교학의 문제의식에서 비롯된 것으로 보인다. 그리고 역시 구성원들의 인식 여부와 상관없이 한신대학교 '종교문화학과'와 『종교와 문화』, 그리고 '한국종교문화연구소'는 그러한 문제의식에서 비롯되는 지향점 앞에 각자 노출되어 있다. 따라서 한신대학교 종교문화학과의 영문 이름에 들어가 있는 'religion and culture'라는 용어는 그래도 적절한 반면, 『종교와 문화』, 그리고 '한국종교문화연구소'의 영문 이름에 들어가 있는 'religion and culture'는 어쩐지 어색하다. 물론 쉽게 전, 후자 모두 종교와 문화를 동시에 같은 비중으로 연구한다고 하면 필자의 문제 제기는 처음부터 의미가 없어질 것이다. 그러나 그렇게 쉽게 정리되기에는 문제가 좀 복잡한 것으로 보인다.

나. 일본의 '종교문화'

박규태[63])에 의하면, 일본에서는 '종교문화'라는 용어가 생소하며, 간혹 '종교와 문화'라는 제목의 책이 있을 뿐이라고 한다.

동경대학교 종교학과에서 1898년부터 2008년까지 개설되었던 교과목 1천여 개 가운데 '종교문화'와 비교적 관련이 있다고 생각되는 교과목은 아래와 같다.[64])

    1920 姉崎正治 敎授 宗敎と文化
    1921 松村武雄 講師 神話及宗敎文化(希臘の部)

---

63) 한양대 교수.
64) http://www.l.u-tokyo.ac.jp/religion/lecture.html.

    1922 姉崎正治 教授 宗教と文化
    1927 姉崎正治 教授 宗教と文化
    1943 宇野円空 教授 南方の宗教文化
    1963 岸本英夫 教授 文化と宗教 - 文化の問題を中心として
    1963 岸本英夫 教授 文化と宗教 - 文化の場における成立宗教の分析
    1978 野村暢清 講師 宗教的文化統合の研究
    2004 市川 裕 教授 宗教文化論研究
    2004 鎌田東二 講師 日本の宗教文化

교과목의 구체적인 내용은 파악하지 못하였으나 그래도 '종교와 문화', '종교문화', '문화와 종교', '종교적 문화', '종교문화론' 등의 용어가 보이고 있다는 점이 흥미롭다. 그리고 웹사이트 검색을 통해 1990년대와 2000년대에 발간된 '종교문화' 관련 서적을 검색해 보니 아래의 책들이 출간되어 있다는 것을 알 수 있었다. 편의상 책 제목만 나열해 보면 아래와 같다.

  - 日本·中國の宗教文化の研究
  - 中國古代の宗教と文化
  - 文化の深淵としての宗教
  - 文化は宗教を必要とするか
  - 人間の文化と宗教
  - 文化と宗教
  - 宗教と文化
  - 日本の宗教教育と宗教文化
  - 日本宗教文化の構造と祖型[65]

---

[65] 이 책의 개략적인 내용은 島薗進 外 編, 『宗敎學文獻事典』, 弘文堂, 2007, p. 414 참조.

몇 권 안 되는 책이지만 책 제목을 통해서 일본에서 '종교문화'는 특정지역의 종교를 논할 때, 그리고 종교와 문화의 관계를 논할 때 주로 사용되고 있다는 점을 짐작해 볼 수 있다.

일본에 가톨릭계 학교로 南山大學이 있다. 그리고 대학 안에 연구소로 南山宗敎文化硏究所가 있다. 이 연구소의 영문 이름은 'Nanzan Institute for Religion and Culture'이다. 이 연구소는 영문 학술지를 지속적으로 발간하여 비교적 우리나라를 포함해서 외국에도 알려져 있는 연구소이다. 1994년에 이 연구소는 '諸宗敎の對話'라는 부제가 붙어 있는 『宗敎と文化』[66]라는 책을 발간하였다. 목차는 아래와 같이 구성되어 있다.

- J・W・ハイジック,「オリエンテーション - 諸宗敎対話の反省と展望」
- 上田閑照,「宗敎と文化」
- ヤン・ヴァン・ブラフト,「諸宗敎対話の諸問題」
- 山折哲雄,「'宗敎的対話'の虚妄性 - '宗敎的共存'との対比において」
- 島薗 進,「現代宗敎の社会的役割と対話」
- 上田賢治,「宗敎間対話の反省と展望」
- 岡野守也,「諸宗敎間の対話か融合か」
- 八木誠一,「仏敎とキリスト敎の対話 - 直接経験の諸相」

이미 부제에서도 알 수 있듯이 '종교와 문화'라는 제목의 책에서 주로 종교간 대화의 문제를 다루고 있다는 점을 알 수 있다. 이 연구소의 문제의식은 신학의 '복음과 문화'의 문제의식과 유사할 것이라는 점을 짐작할 수 있다.

일본에서 '종교문화'는 아주 생경한 용어는 아닌 듯하다. 그래도 박규

---

66) 南山宗敎文化硏究所編,『宗敎と文化 -諸宗敎の対話』, 人文書院, 1994.

태의 증언을 다시 감안해보면, 일본에서 '종교문화'는 적어도 종교학 분야에서는 비교적 생소한 용어이며, 신학적인 관심이나, 아니면 별다른 의식 없이 '종교'와 유사한 개념으로 일부에서 사용되고 있는 것으로 보인다.

다. 중국의 '종교문화'

김훈67)에 의하면 중국의 경우, '종교문화'라는 용어가 많이 사용되고 있는데, 그 용어가 왜 사용되고 있는지에 대해서는 조심스럽게 접근해야 한다고 한다. 아마도 '종교문화'라는 용어를 사용할 수밖에 없는 숨은 의도가 있는데, 그 의도를 공개적으로 논의하는 것이 조심스럽다는 뜻인 듯하다.

중국은 일본과 달리, 어떻게 보면 우리나라 못지않게 '종교문화'라는 용어가 더 일반적으로 사용되고 있다. 북경대학교 종교학과는 불교, 도교, 기독교가 연구의 주축을 이루고, 종교이론 분야로는 종교학원리, 종교철학, 종교사회학 등의 교과목을 운영하고 있다. 교과목 수가 절대적으로 적기 때문인지 '종교문화'와 관련된 교과목은 보이지 않는다.

2009년에 북경대학 안에 종교문화연구원이 생겼다. 이 연구원에 佛敎研究中心(Research Center for Buddhism), 道敎文化硏究中心(Research Center for Taoism), 基督敎文化硏究中心(Research Center for Christianity), 伊斯兰文化硏究中心(Research Center for Islam), 丧葬与文明研究中心(Research Center for Funeral and Civilization), 欧美

---

67) 북경대 교수.

政教关系研究中心(Center of Church and State), 中国社会与宗教研究中心(Center for the Study of Chinese Religion and Society), 世界新兴宗教研究中心(Research Center of New Religions)이라는 8개의 연구소가 있다. 불교를 제외하고, 도교, 기독교, 이슬람 뒤에 '문화'가 덧붙여 있는 점에 유의할 필요가 있을 듯하다. 어쨌든 이 연구원의 영문 이름은 'Academy of Religious Studies, Peking University'이다. '종교문화'가 들어가 있을 자리에 'religious studies'가 들어가 있는 점이 흥미롭다. 서울대학교에 설치되어 있는 '종교문제연구소'의 영문 명칭이 'Center for Religious Studies'라는 점과 대비된다.

아래에서는 '종교문화'와 관련이 있는 책 몇 권을 차례대로 살피면서 논지를 전개하고자 한다. 卓新平은 2008년에 『中國宗敎學30年(1978-2008)』[68]이라는 책을 편집, 출간하였다. 이 책에 소개되어 있는 '기독교문화' 분야 연구 저서들 이름에 문화신학, 기독교와 문화, 기독교와 중국문화 등의 이름이 보이며, '종교문화학' 분야 연구 저서들 이름에 宗敎与文明, 宗敎与文化, 宗敎文化学导论, 宗敎文化导论, 文化与宗敎 등이 보인다. 이들 가운데 필자가 참조할 수 있었던 책들을 중심으로 살펴보고자 한다.

1998년에 陳村富가 『宗敎文化』[69]라는 책을 편집, 출간하였다. 책의 영문 이름은 *Religion and Culture*로 되어 있으나, 내용을 보면 중국어로 '宗敎与文化'와 '宗敎文化'가, 그리고 영어로는 'religion and culture'와 'religious culture'가 함께 사용되고 있다. '宗敎文化'를 종교학의 하위 분야로 보는 주장도 보이며, 과거에는 '宗敎文化'가 종교와 문화의

---

68) 卓新平 主編, 『中國宗敎學30年(1978-2008)』, 中國社會科學出版社, 2008.
69) 陳村富 主編, 『宗敎文化』 3, 東方出版社, 1998.

상호 영향, 종교 전파에 따르는 문화적 갈등을 주로 다루었는데, 앞으로는 역사에 대한 철학적 관점에서 신학적, 종교적 발전을 총체적으로 보는 방향으로 연구가 진행되어야 한다는 주장도 보인다. 아마도 여기에서 말하는 철학적 관점이란 마르크스주의적 관점을 말하는 것이 아닌가 한다.

高长江이 2000년에 『神与人: 宗教文化学导论』[70]이라는 책을 출간하였는데, 북경대학 도서관에도 이 책이 비치되어 있지 않았고, 출판사를 통해서도 구할 수가 없어서, 책의 내용을 참조할 수 없었다.[71] 단지 여기에서 이 책을 언급하는 것은 '宗教文化學'이라는 용어가 중국에서 사용되고 있다는 점을 언급하기 위해서이다.

2002년에 張志剛이 『宗敎學是什么』[72]라는 책을 출간하였다. 이 책은 종교학의 하위 분야로 종교인류학, 종교사회학, 종교심리학, 종교언어학과 함께 '종교문화학'을 소개하고 있다. 그리고 종교학의 주제별 연구로 종교와 이성, 종교와 감정, 종교와 의지, 종교와 종말, 종교와 대화를 소개하고 있다. '종교문화학' 부분에서는 도오슨(C. Dawson), 토인비(A. J. Toynbee), 카시러(E. Cassirer)를 차례대로 소개하고 있다.

陈浩와 曾琦云이 2006년에 대학교양교재용으로 『宗教文化导论』[73]이라는 책을 출간하였다. 책의 장 제목은 종교와 인류사회, 종교의 본질과 구성요소, 종교의 역사, 종교의 형태와 특징, 종교와 문화 창조, 종교학의 하위 분야로 되어 있다. 그리고 절 제목 가운데 특징적인 것으로는 종교와 사회통제, 종교와 전쟁, 종교와 경제, 종교와 법, 중국공산당의 종

---

[70] 高长江 『神与人: 宗教文化学导论』, 吉林人民出版社, 2000.
[71] 중국의 도서관이나 출판사 사정을 잘 모르지만, 아마도 이 책은 비중이 그다지 없는 책으로 짐작된다.
[72] 張志剛, 『宗敎學是什么』, 北京大學出版社, 2002.
[73] 陈浩・曾琦云 『宗教文化导论』, 浙江大学出版社, 2006.

교정책, 신흥종교와 邪敎, 종교와 철학, 종교와 윤리학, 종교와 과학, 종교와 예술 등을 열거할 수 있다. 종교학의 하위 분야로 비교종교학, 종교철학, 종교인류학, 종교사회학, 종교심리학를 제시하고 있는데, 여기에서는 '종교문화학'에 대한 언급이 빠져있는 것이 눈에 띈다.

중국에 종교사무를 총괄하는 國家宗敎事務局이 있고, 사무국 아래 직속기관으로 宗敎文化出版社가 있다.[74] 이 출판사에서 출판되는 종교 관련 서적은 국가적으로 공신력을 지닌다. 그런데 이 출판사의 이름에 들어가 있는 '宗敎文化'는 영어로 'religious culture'로 되어 있다는 점에 주목할 필요가 있다.[75]

중국에서 '종교문화학'이라는 분야는 제대로 정립되어 있지 않은 것으로 보인다. '종교문화학'은 그렇다고 해서 서구의 문화연구(cultural studies)의 성과 위에서 종교를 살피려는 노력도 그다지 포함되어 있지 않은 것으로 보인다. 그리고 우리나라와 유사하게 '宗敎文化'에 해당하는 영어 표기로 'religion and culture'와 'religious culture'가 뚜렷하게 구분되지 않고 혼용되고 있는 것으로 보인다.

중국에서 종교는 마르크스주의적 입장에서 일반적으로 이해되어 왔다. 극단적으로 말하면 종교는 결국 언제인가 없어지고 만다. 그래도 중국에서 현재와 미래에 종교가 구태여 필요하다면, 사회주의의 목표를 달성하는 데 기여하는 만큼만 필요할 뿐이다. 중국에서 현재 '종교' 대신에 '종교문화'가 더 선호되는 이유는 '종교문화'라는 용어를 사용하여 종교는 문화적 가치가 있으며, 따라서 연구할 필요가 있다는 점을 암묵적으로 드러내기 위해서인 것으로 보인다. 어떤 이유에서이든지 중국에서도

---

[74] http://www.sara.gov.cn/GB/jqgy/zsjg/liangshe.html.
[75] http://www1.chinaculture.org/library/2008-02/06/content_23634.htm.

이제는 종교가 연구되어야 할 필요가 있다는 점이 제기되고 있다. 그러나 이제까지의 마르크스주의적 입장에서는 종교가 연구 대상이 될 필요가 구태여 없었기 때문에 이 딜레마를 넘어서기 위해서 '宗教文化'라는 개념이 보다 선호되고 있는 것으로 짐작해 볼 수 있다.

3. 서구의 '종교문화'

우리나라의 종교학자들이 비교적 선호하는 서구 종교학자 가운데 브루스 링컨(B. Lincoln)이 있다. 그의 책 『거룩한 테러』[76]라는 책에 「종교와 문화의 관계에 대하여」라는 글이 실려 있다. 이 글에서 링컨은 종교가 윤리와 미적 취향과 함께 문화를 구성하는 요소라고 지적한다.[77]

그리고 서구에서는 종교가 문화 속에서 헤게모니적 위치를 차지하고 있었으나, 특히 칸트를 경계로 해서 경제가 문화의 핵심 영역이 되고, 종교는 사적 영역과 형이상학적 관심에 국한되게 되었다고 말한다. 종교와 문화의 관계에서 칸트 이전의 극단적인 예를 '종교적 최대주의의 문화 형태'로, 그리고 칸트 이후의 극단적인 예를 '종교적 최소주의의 문화 형태'로 구분하고, 이 양 쪽의 극단적인 예의 중간 어딘가에 종교와 문화의 관계 양상을 볼 수 있다고 말한다.[78] '종교와 문화'라는 같은 어귀가 들어있는 글임에도 불구하고 기독교 신학의 '복음과 문화'의 문제의식과 꽤 다른 내용을 말하고 있다는 것을 알 수 있다.

---

[76] 브루스 링컨, 『거룩한 테러 -9·11 이후 종교와 폭력에 관한 성찰』(김윤성 옮김), 돌베개, 2005.
[77] 같은 책, 123쪽.
[78] 같은 책, 131-133쪽.

서구의 경우에는 몇몇 학술지와 책, 그리고 대학에 설치되어 있는 '종교와 문화'학과의 교과 내용을 중심으로 논지를 전개해보고자 한다.

나이(Malory Nye)가 편집자로 있는 *Culture and Religion: An Interdisciplinary Journal*이라는 학술지가 영국에서 발간되고 있다. 이 학술지는 지금까지 '문화연구(cultural studies)'[79]가 종교에 그다지 관심을 보이지 않았다는 점, 그리고 종교학이 인류학을 비롯해서 다른 학문의 성과에 관심을 보이지 않았다는 점을 반성하고, 인류학, 문화연구, 비판이론, 젠더연구와 후기식민주의 연구에 관심이 있는 학자들의 학제간 연구, 다시 말해서 종교학과 문화연구, 그리고 인류학의 통합적인 연구를 지향하고 있다. 실천 지향적인 성향을 지니고 있는 '문화연구'가 영국에서 시작되었다는 점을 감안하면 영국에서 이런 성격의 학술지가 발간되고 있다는 점은 쉽게 이해할 수 있다.

종교는 문화의 형식(form) 가운데 하나이고, 따라서 종교연구는 문화연구의 형식 가운데 하나라는 점, 문화와 종교는 모두 정적인 실체가 아니라 변화하는 실체라는 점, 그리고 모든 문화는 혼성적(hybrid)이고, 모든 종교는 혼합적(syncretic)이며, 종교와 문화는 뒤엉켜(inextricable)있으며, 따라서 종교와 문화의 경계에 관심을 가질 필요가 있다는 등의 주장은 사실 종교학에서 그다지 새로운 주장은 아니다.[80] 그럼에도 불구하고 서구의 종교학 내, 외부에서 이런 주장을 여전히 종종 발견할 수 있다

---

[79] '문화연구'는 프랑크푸르트학파로부터 많은 영향을 받았다. E. Mendieta, ed., *The Frankfurt School on Religion*(New York: Routledge, 2005), p.2.
[80] Eric J. Sharpe, *Understanding Religion*(London: Duckworth, 1983), pp.125-142; Malyry Nye, *Religion: the Basic*(New York: Routledge, 2003), pp.21-48; Susan L. Mizruchi, ed., *Religion and Cultural Studies*(Princeton: Princeton University Press, 2001), p. x-xi 등 참조.

는 점이 오히려 흥미롭다.
'religion and culture'로 검색되는 책들로는 아래 책들을 열거할 수 있다.

- Annemarie De Waal Malefijt, *Religion and Culture: An Introduction to Anthropology of Religion*, Prospect Heights: Waveland Press, 1989
- Raymond Scupin, *Religion and Culture: An Anthropological Focus*, Upper Saddle River: Prentice Hall, 2007
- Jeremy R. Carrette, ed., *Religion and Culture: Michel Foucault*, New York: Routledge, 1999[81]

앞의 두 책은 종교인류학 관련 책이고, 맨 뒤의 책은 푸코의 저술 가운데 종교와 관련된 부분을 뽑아서 편집한 책이다. 그리고 특이하게 1919년에 나온 책을 2009년에 다시 출판한 책으로 'Frederick Schleiter, *Religion and Culture: A Critical Survey of Methods of Approach to Religious Phenomena*(General Books LLC, 2009)'라는 책이 보인다. 일본에서 1920년대에 개설되었던 교과목 '종교와 문화'도 아마도 위의 책과 마찬가지로 요즈음의 말로 바꾸면 '종교이론' 관련 과목이 아니었을까 추측해 볼 수 있을 듯하다.

그리고 'religion and culture'라는 이름이 들어가 있는 학과의 교과목들, 또는 종교학과에서 개설하고 있는 교과목이나 프로그램을 전반적으로 살펴본 결과, 'religion and culture'는 대체로 특정 지역의 종교를 살피거나, 또는 신학의 인접과목, 또는 '문화연구'의 영향을 일정 부분 받

---

[81] 푸코의 종교 관련 언급에 대해 분석한 책으로 Jeremy. R. Carrette, *Foucault and Religion: Spiritual Corporality and Political Spirituality*(London: Routledge, 2000)가 있다.

은 과목으로 정리해 볼 수 있었다.[82]

'religious culture'로 검색되는 책들은 그래도 비교적 많이 찾아볼 수 있는데, 대표적인 것 몇 개만 나열하면 아래와 같다.

- Miguel A. De La Torre, ed., *Hispanic American Religious Cultures*, Oxford : ABC-CLIO, 2009
- Anthony B. Pinn, ed., *African American Religious Cultures*, Oxford: ABC-CLIO, 2009
- Inessa Medzhibovskaya, *Tolstoy and the Religious Culture of His Time: A Biography of a Long Conversion, 1845-1885*, Lanham: Lexington Books, 2009
- Martin Austin Nesvig, ed., *Religious Culture in Modern Mexico*, Rowman & Littlefield Publishers, Inc., 2007
- Neil Mclynn, *Christian Politics and Religious Culture in Late Antiquity*, Ashgate Publishing, 2009
- Anne Dunan-page, ed., *The Religious Culture of the Huguenots, 1660-1750*, Ashgate Publishing, 2006
- Sue Morgan and Jacqueline de Vries, eds., *Women, Gender and Religious Cultures in Britain, 1800-1940*, Routledge, 2010
- Reid Barbour, *Literature and Religious Culture in Seventeenth-Century England*, Cambridge University Press, 2001

서구에서 'religious culture'는 주로 특정시기와 특정지역의 종교를 서술할 때 사용되는 용어라는 것을 짐작해 볼 수 있다.

---

[82] http://www.kcl.ac.uk/schools/sspp/education/research/groups/ctrc/
http://religion.unc.edu/grad/sf-religionculture.shtml
http://www.religion.ucsb.edu/areas.htm 등 참조.

4. 맺음말

본고의 일차적인 목표는 한국에서 '종교문화'라는 용어가 사용되는 맥락과 그 의미를 살피는 것이었다. 본고는 그러한 목표를 달성하기 위해서 일본과 중국, 그리고 서구의 경우도 아울러 살펴보았다. 일본과 중국, 그리고 서구의 경우에는 자료 접근의 어려움 때문에 인터넷 검색을 아울러 이용하였으나 논지 전개에는 큰 어려움이 없었다.

서구에서는 '종교문화'에 해당하는 용어로 'religion and culture'와 'religious culture'가 구분되어 사용되고 있다는 점을 알 수 있었다. 전자는 종교인류학에서, 또는 기독교신학의 '복음과 문화'의 연장선 위에서, 또는 '문화연구(cultural studies)' 분야에서 사용되는 용어로, 그리고 후자는 특정지역이나 특정시기의 종교를 언급할 때 사용되는 용어로 정리해 보았다. 그러나 서구 종교학의 경우 이 두 용어는 생각보다 일반적으로 사용되고 있지 않은 것으로 보인다.

일본에서 '종교문화'는 비교적 생소한 개념으로 보이며, 오히려 '종교문화'보다는 '종교와 문화'라는 용어가 사용되고 있는 것으로 보인다. 중국은 '종교와 문화'라는 용어와 함께 '종교문화'라는 용어가 적지 않게 사용되고 있다. 아직 구체적인 내용은 정립되어 있지 않은 것으로 보이지만, '종교문화학'이라는 용어까지 사용되고 있을 정도이다.

한국과 중국에서 서구와 일본과 달리 '종교문화'라는 용어가 꽤 보편적으로 사용되고 있다는 점에 의문을 가질 필요가 있다. 한국과 중국에서도 역시 '종교문화'는 'religion and culture'와 'religious culture'의 의미로 사용되고 있다. 북경대학 종교문화연구원의 경우를 보면 중국의 경우 '종교문화'는 불교, 도교문화, 기독교문화, 이슬람문화 등을 합친 것으로 이해할 수 있다. 그러나 한국의 '종교문화'는 개별종교를 합친 것으로 이해할 수 있는지가 명확하지 않다.

'종교와 사회', '종교와 정치', '종교와 문학', '종교와 경제', '종교와 여성'을, '종교사회', '종교정치', '종교문학', '종교경제', '종교여성'이라는 용어로 대체하면 매우 어색하다. 마찬가지로 '종교와 문화'를 '종교문화'로 대체하면 어색하다는 것이 필자의 견해이다.

종교학에서 '종교와 문화'는 '종교와 사회'가 종교사회학의 용어이듯이, 오히려 종교인류학의 용어였으면 하는 것이 필자의 바램이다. 아니면 브루스 링컨의 예에서 보았듯이 기독교 신학의 '복음과 문화'의 논의들을 염두에 두되, 종교가 문화 일반 속에서 수행하는 역할에 차라리 초점을 맞출 때 사용하는 용어로 사용되었으면 하는 것이 필자의 바램이다.

중국에서 '종교문화'가 선호되는 이유는 앞에서도 지적하였듯이 마르크스주의적 종교이해가 팽배해 있는 상황에서 종교에 대한 이해를 도모해야만 하는 딜레마로부터 벗어나기 위한 것으로 보인다. 다시 말해서 종교는 앞으로 없어져야만 할 것이지만, 종교가 지니고 있는 문화적 가치만은 그래도 인정해야하지 않겠느냐는 생각에서 '종교'라는 용어보다 '종교문화'라는 용어가 선호되고 있는 것으로 보인다.

한국에서 '종교문화'는 기독교 신학의 '복음과 문화'의 문제의식에서 벗어나기 위해서, 그리고 경우에 따라서는 엘리아데 종교학의 목적을 달성하기 위해서, 또는 특정시기의 통종교적 상황을 묘사하기 위해서 선호되고 있는 것으로 보인다. 그리고 좀 극단화시키면, 한국에서 '종교문화'는 종교학에서 지금까지 제기해왔던 독단론과 환원론, 그 중에서도 기독교의 독단론으로부터 벗어나기 위해서 선호되고 있다고 할 수 있다. 중국과 한국의 상황을 비교해보면, 중국은 마르크수주의적 환원론에서 벗어나기 위해서, 그리고 한국에서는 기독교적 독단론에서 벗어나기 위해 각각 '종교문화'라는 용어를 사용해 오고 있는 것으로 도식화해 볼 수 있다. 중국과 한국에 비해 일본에서는 독단론과 환원론으로부터 오는 위기의식을 그다지 크게 느끼지 못하고 있기 때문에 '종교문화'라는 용어가 구태여 필요하지 않았던 것으로 보인다.[83]

 한국과 일본의 관련학자들이 꽤 오랜 기간 '한일종교연구포럼'을 운영해오다가 2008년에 중국의 관련 학자들을 포함시키고 '동아시아종교문화학회'로 명칭을 변경, 지금까지 활동을 해오고 있다. 이 학회의 영어 명칭은 'East Asian Association of Religion and Culture'이다. 이 학회에서 일본 측의 비중이 비교적 적지 않음에도 불구하고, 그리고 일본에서는 '종교문화(Religion and Culture)'라는 용어가 꽤 어색했을 것이라는 점에서, 학회 명칭이 이렇게 정해진 데 대해 의아해했던 적이 있다. 아마도 학회 명칭이 이렇게 정해진 것은 일본 측 관련학자들이 한국과 중국에서 선호하는 '종교문화'라는 용어를 별 생각 없이 그대로 받아들였든지, 아니면 종교학을 비롯해서 역사학, 민속학, 불교학, 신학 등 종교 관련 제 분야의 연구자들의 참여를 독려하기 위해서였는지 모르겠다.

 글을 마치면서 스미스가 『종교의 의미와 목적』에서 '종교'라는 용어를 폐기하자고 한 주장이 머리에 다시 떠오른다. 적어도 한국의 경우 '종교문화'라는 용어는 매우 복합적인 맥락에서 사용되고 있다. '종교문화'는 '종교와 문화(religion and culture)'이기도 하고 '종교적 문화(religious culture)'이기도 하며, 경우에 따라서는 둘 모두가 아니고, 오히

---

83) 島薗進・高橋原・星野靖二 編, 『宗教學の形成科程』, 第1卷-第9卷(クレス出版, 2006); 島薗進・高橋原・星野靖二 編, 『宗教學の諸分野の形成』, 第1卷-第9卷(クレス出版, 2007) 참조.

려 '문화 안의 종교(religion in culture)'이기도 하다. 적어도 동아시아의 '종교문화'는 'religion and culture'나 'religious culture'가 아니라 동아시아 나름의 고유명사인 'zonggyomunhwa', 또는 'religion culture'로 이해해야 하지 않을까 하는 생각까지 해본다.

제2부
한국종교의 현재

1. 한국의 종교연합운동
   - 원불교를 중심으로
2. 미군정의 종교정책
3. 한국종교사
   - 갈등에서 공존으로
4. 현대 한국의 종교, 정치 그리고 국가
5. 현대 중국의 한국종교
   - 동북 삼성을 중심으로

제2부 한국종교의 현재

제1장
한국의 종교연합운동[1]

- 원불교를 중심으로 -

1. 머리말

본 글의 일차적인 목표는 근래에 원불교에서 전개하고 있는 종교연합 운동의 성격을 이해하는 데 있다. 원불교는 少太山 大宗師(朴重彬, 1891-1943)가 1916년 4월에 大覺을 한 뒤 '물질이 개벽되니 정신을 개벽하자'는 개교 표어 아래 원불교의 전신인 불법연구회를 창립하면서 생겨난 종교이다. 1943년 6월 소태산 대종사가 열반하자 불법연구회 초기부터 소태산 대종사의 제자로 활동하였던 鼎山 宗師(宋奎, 1900-1962)가 교단을 이끌었다. 정산 종사가 남긴 여러 업적 가운데 특히 본 글의 주제와 관련이 있는 것은 그가 열반하기 직전에 제시한 '한 울안 한 이치에(同源道理), 한 집안 한 권속이(同氣連契), 한 일터 한 일꾼으로(同拓事業)'라는 三同倫理이다. 정산 종사의 종통을 뒤 이어서 1962년에 宗

---

[1] 『인류문명과 원불교 사상』, 원불교출판사, 1991.

法師에 취임한 大山(金大擧, 1914-1998)은 곧 바로 개교 반백년 기념사업회를 발족하고, 1971년 10월에 '진리는 하나, 세계도 하나, 인류는 한 가족, 세상은 한 일터, 개척하자 一圓世界'라는 대회 주제 아래 성황리에 개교 반백년기념대회를 거행하였다. 그리고 1979년 3월 대각개교절 경축사에서 대산 종법사는 진정한 평화를 위한 3대 제언 가운데 공동시장개척, 심전계발훈련과 아울러 세계종교연합기구(United Religions, 약칭 UR)를 탄생시킬 것을 촉구하였다. 이 후 원불교는 교조 소태산 대종사의 一圓主義와 정산 종사의 三同倫理 이념에 따라 종교간의 대화와 화합을 강조하고 이를 실천하기 위해 종교연합운동을 적극 전개하고 있다.

소태산 대종사는 1918년 10월에 '원불교 紀元을 소태산의 대각의 해(1916년)로 정하고 每代를 36년으로 하되 1代를 다시 3회로 나누어 제1회 12년은 교단 창립의 정신적 경제적 기초를 세우고, 제2회 12년은 교법과 교재를 편성하는 기간으로, 제3회 12년은 인재를 양성 훈련하는 기간2)으로 발표하여 교단을 보다 계획적이고 합리적으로 운영하게 하였다. 제1대를 마감하는 성업봉찬회는 대종사 聖塔, 聖碑奉建과 교단 연혁작성, 공부 사업성적을 사정한 후 1953년 4월에 개최하였다. 이어 원불교는 1987년에 교단 제2대말을 맞고 1991년에는 소태산 대종사 탄생백주년을 맞이하게 된다. 이를 위해 1983년 11월 원불교는 교단 창립 제2대 및 대종사 탄생백주년성업봉찬사업준비위원회를 구성하여 사업을 추진하고 있는데, 대산 종법사는 諭示 중에서 政敎同心 종교연합운동으로 국운이 개척되고 세계평화가 이룩되는 기간이 되도록 다 함께 기원하고 정진하자고 하였다. 그리고 1988년 11월에 개최된 원불교 창립 제2대

---

2) 『원불교교사』, 제1편 제3장 5.법의 대전과 창립한도.

성업기념대회에서 앞으로 2024년까지의 원불교의 제3대를 '성숙기'로 설정하고, '원불교의 세계화'라는 표어 아래 마지막 목표로 원불교를 비롯한 유교, 불교, 기독교 등 세계의 모든 종교를 망라하는 '종교일원화운동'으로 결정하였다.

원불교의 종교연합은 政敎同心의 차원에서 활동하는 종교연합체를 지향하고 있다. 정치적으로 국제연합(UN)이 있으니 종교적으로 종교연합(UR)이 있어야 한다는 것이다. 원불교의 이러한 주장은 국내외적으로 매우 독특하다. 종교연합운동 또는 종교간의 대화나 협조의 필요성은 19세기말부터 시작되었다. 그러나 21세기를 앞두고 있는 현재 소위 지구촌이 점차 형성되어가면서 이러한 필요성은 점차 증대하고 있다. 원불교는 이러한 상황에 능동적으로 대처하기 위해서 대산 종법사가 종통을 이어받은 후부터 끊임없이 종교간의 연합운동의 필요성을 강조하고, 금후 원불교의 최대 목표 중의 하나로 종교일원화운동을 전개해 가고 있다.

원불교의 이런 활동에 대해서는 교단 내적인 연구가 활발히 이루어지고 있다. 원불교는 교단 내적으로 원불교 종교연합운동의 교리적인 근거, 종교연합운동의 과정과 방법, 그리고 목표에 대한 연구를 주로 하고 있다. 그러나 교단 외부에서는 원불교의 이러한 운동에 아직 관심을 보이고 있지 않기 때문에 이렇다 할 연구성과가 전무한 실정이다.[3] 따라서 본 논문은 원불교의 종교연합운동을 원불교의 주요 특징 중의 하나로 선정하여, 그것을 통해서 원불교의 현재와 미래를 파악하고, 아울러 한국의 종교연합운동에 대한 이해에 기여하고자 한다.

---

[3] 한국의 종교연합운동에 대해서는 한국종교협의회에 대한 연구가 있을 뿐이다. 윤이흠, 「한국 종교연합운동의 어제와 오늘」, 한국종교협의회 편, 『한국사회와 종교』, 신명출판사, 1989.

제2장에서는 먼저 종교연합운동의 유형을 국내와 국외로 구분하여 살필 것이다. 그 이유는 똑같이 종교연합운동이라고 하더라도 유형에 따라 그 과정과 목표가 다르기 때문에 우선 그 유형의 구분을 통해서 종교연합운동 전반에 대한 개념을 파악하기 위해서이다. 이어서 제3장에서는 구체적인 종교연합운동의 예를 살필 것이다. 모든 종교가 종교연합운동에 적극적인 관심을 표명하고 있는 것은 아니다. 따라서 여기에서는 지금까지 종교연합운동에 적극적인 관심을 표명해 온 몇몇 종교들을 선정하여, 종교연합운동의 과정과 목표, 그리고 이유를 살필 것이다. 이러한 작업은 모두 원불교 종교연합운동의 특징을 살피는 제4장의 과제를 해결하기 위한 전초 작업의 성격을 지닌다. 제4장에서는 이전까지의 작업을 토대로 원불교 종교연합운동의 교리적 근거와 교단사적 의미를 밝히고 아울러 종교사적 의의를 지적해 볼 것이다.

2. 종교연합운동의 유형

종교간의 대화에 대한 학문적 논의는 이제 어느 정도 정리 단계에 들어섰다. 국내에서도 많은 수의 종교학자들이 이 문제에 대한 논문을 발표하여 각기 나름대로의 의견을 개진하였고, 또한 이를 통해서 외국학자들의 견해도 대부분이 소개된 상태이다.[4] 따라서 여기에서는 종교간의

---

[4] 황필호, 「종교와 종교의 만남은 가능한가?」, 『철학』, 제17집, 1982; 정진홍, 『한국종교문화의 전개』, 집문당, 1986, 411-416쪽; 윤이흠, 『한국종교연구』, 집문당. 1986, 185-186쪽; 김승혜, 「한국의 종교현실과 공존의 문제」, 『종교연구』, 3집, 1987; 강돈구, 「전통사상과 종교간의 대화」, 『종교연구』. 4집, 1988; 김종서, 「종교집단간의 상호이해 -종교간 대화를 중심으로」, 『철학·종교사상의 제문제』 V, 한국정신문

대화에 대한 이론적인 접근보다는 그것의 실제적인 현실을 파악하는 데 주안점을 둘 것이다.

현재 국내에서는 몇몇 종단들이 종교연합운동이라는 용어를 널리 사용하고 있기 때문에 본 논문에서도 이 용어를 그대로 사용하겠지만, 정확히 말하면 일치의 정도에 따라서 대화, 협력, 연합, 그리고 통합은 구분이 가능하다. 그러나 여기에서는 종교연합운동을 대화, 협력, 연합, 통합을 모두 포괄하는 광의의 의미로 사용할 것이다. 또한 종교연합운동은 연합의 범위에 따라서도 구분이 가능하다. 다시 말해서 종교연합운동은 소위 같은 계열의 종단들에 한정될 수도 있고, 전혀 다른 계열의 종단 사이에서도 가능하다. 그리고 특정국가나 지역에 한정될 수도 있고, 국가나 지역의 한계를 넘어서서 국제적인 종교연합운동도 가능하다.

종교연합운동을 추상적인 이론이나 관념이 아니고 실제적인 운동으로 파악하기 위해서는 이와 같이 종교연합운동의 정도와 범위를 구분하는 것이 필요하다. 왜냐하면 종교연합운동은 이러한 정도와 범위의 차이에 따라서 그 목적과 전개 과정이 다를 것이기 때문이다. 제2장에서는 이러한 사실을 염두에 두고 국제적인 종교연합운동단체와 국내의 종교연합운동단체들의 현황을 개괄적으로 살피고 있는 그대로의 종교연합운동의 현실을 파악해 보기로 하겠다.[5]

화연구원, 1989.
[5] 각국의 국내 종교연합운동단체들도 살피는 것이 필요하다. 그러나 자료 수집의 어려움과 본 논문의 목적상 이 부분은 추후의 과제로 미루고자 한다.

가. 국제적인 종교연합운동

최근에 조사된 자료(1988년 1월1일 현재)를 중심으로 세계적인 규모의 종교연합운동을 종교별, 지역별 한정의 유무, 그리고 목적에 주목하여 구분하면 아래와 같이 정리할 수 있다.6)

- 세계이슬람협의회(MOTAMAR) : 이슬람 : 전 세계 : 통합과 연대
- 세계유대교협의회(WJC) : 유대교 : 전 세계 : 통합과 연대
- 세계불교도연맹(WFB) : 불교 : 전 세계 : 통합과 연대
- 세계교회협의회(WCC) : 개신교 : 전 세계 : 통합과 연대
- 아프리카교회협의회(AACC) : 개신교 : 아프리카 : 지역교회의 연대
- 카리브해교회협의회(CCC) : 개신교 : 카리브해 연안 국가 : 지역교회의 연대
- 아시아교회협의회(CCA) : 개신교 : 아시아 : 지역교회의 연대
- 유럽교회협의회(CEC) : 개신교, 정교회, 성공회: 동, 서유럽 : 지역교회의 연대
- 라틴아메리카교회협의회(CLAI) : 개신교 : 중남미 : 지역교회의 연대
- 서아시아교회협의회(MECC) : 개신교, 정교회, 성공회: 서아시아 : 지역교회의 연대
- 태평양교회협의회(PCC) : 개신교, 가톨릭 : 태평양 지역 : 지역교회의 연대
- 사도적 행동을 위한 복음공동체(CEVAA) : 개신교 : 불어를 공용어로 쓰는 지역 : 지역교회의 연대
- 기독교평화협의회(CPC) : 개신교 : 동유럽 : 지역교회의 연대
- 유럽이슬람협의회(ICE) : 이슬람 : 유럽 : 지역교인들의 연대
- 아시아종교인평화회의(ACRP) : 모든 종교 : 아시아 : 평화운동
- 이해의 전당(TOU) : 모든 종교 : 전 세계 : 상호 이해
- 국제자유종교연맹(IARF) : 모든 종교 : 전 세계 : 상호 이해
- 세계종교인평화회의(WCRP) : 모든 종교 : 전 세계 : 평화운동
- 세계종교협의회 : 모든 종교 : 전 세계 : 상호 이해

---

6) 中央學術研究編, 『宗敎間の協調と葛藤』, 佼成出版社, 1989, 第3部, 第3章, 「國際的, 宗敎協力推進團體の活動槪況」 참조.

이상의 정리에서 알 수 있듯이 국제적인 종교연합운동은 크게 네 개의 유형으로 구분이 가능하다. 첫째 유형은 이슬람, 불교, 기독교 등과 같이 세계 여러 지역에 분포해 있는 특정의 세계종교가 나름대로 연합운동을 전개하는 유형이다. 이 경우에는 종교간(inter-religious)의 연합운동이라기보다는 종파간(intra-religious)의 연합운동이라고 이해하는 것이 적절하다.

둘째 유형은 특정의 세계종교가 특정의 지역을 중심으로 전개하는 연합운동의 유형이다. 이 경우는 당연히 연합운동이 전개되고 있는 지역의 특성에 따라서 연합운동의 전개 내용이 다를 수 있다. 셋째 유형은 종교의 구분 없이 특정지역에서 전개되는 연합운동의 유형이다. 이 경우 현재까지는 1977년에 창설된 아시아종교인평화회의가 유일한데, 아시아종교인평화회의는 세계종교인평화회의와 밀접한 관계가 있다. 넷째 유형은 종교와 지역의 구분 없이 모든 종교가 세계 전지역을 무대로 전개하는 연합운동의 유형이다. 이들 유형을 다시 정리해보면 아래와 같다.

- 제1유형 : 특정 종교, 모든 지역
- 제2유형 : 특정 종교, 특정 지역
- 제3유형 : 모든 종교, 특정 지역
- 제4유형 : 모든 종교, 모든 지역

원불교에서 지향하고 있는 종교연합운동은 물론 제4유형에 속한다. 그런데 현재로서는 제4유형의 연합운동이 전 세계에 있는 모든 종교들의 참여를 목표로 하고 있기는 하지만 주도적인 종교나 개인, 그리고 주도적인 지역이나 국가가 존재하고 있는 것이 현실이다.[7] 따라서 원불교의 종교연합운동을 이해하기 위해서는 제4유형의 종교들이 어떤 지역에서, 무엇을 목적으로, 어떻게 연합운동을 전개하고 있는지를 파악하는 것이 필요하다.

원불교가 적극적으로 참여하고 있는 국제적인 종교연합운동은 우선 세계불교도연맹(WFB)을 들 수 있다. 원불교는 이미 1960년대부터 세계불교도연맹에 가입하기 위해서 꾸준히 활동을 전개하였다. 그 결과 1980년 세계불교도연맹 이사회에서 원불교를 정식 가입단체로 인정하고, 같은 해 11월 태국 국회의사당에서 개최된 제13차 세계불교도연맹 정기총회에서 만장일치로 정식 가입이 통과되었다. 그리하여 1982년 2월에는 총부 교정원 현관에 '세계불교도연맹 원불교본부(Won Buddhism Headquarters of the World Fellowship of Buddhism)'라는 현판을 걸고 보다 활발한 국제간의 종교연합활동을 전개하고 있다.[8] 그리고 무엇보다도 원불교가 심혈을 기울여 참여하고 있는 국제적인 종교연합운동은 세계종교인평화회의(WCRP)와 아시아종교인평화회의(ACRP)이다. 1970년 10월 일본 교토 국제회관에서 개최된 세계종교인평화회의 제1차 총회에 한국인으로서는 원불교 대표만이 참석하였고, 1986년 6월에 서울에서 개최된 제3회 아시아종교인평화회의는 원불교의 주도적인 참여가 없었다면 불가능하였다.[9]

---

[7] 1989년 1월 22일에서 1월 27일 사이에 오스트레일리아 맬버른에서 개최된 제5회 세계종교인평화회의(일본어로는 世界宗敎者平和會議로 표기하나 우리말로는 宗敎者보다는 宗敎人이 적절하다)에는 소련, 일본, 중국, 한국, 미국, 영국, 캐나다, 인도 등 60여 개국에서 불교, 기독교, 힌두교, 이슬람, 유대교, 시크교, 자이나교, 神道, 조로아스터교, 바하이교 등의 대표가 참석하였다. 그러나 세계종교인평화회의를 실제적으로 주도하고 있는 것은 일본의 立正佼成會이다. 그리고 각 종교의 대표가 그 종교나 그 종교가 속해 있는 국가를 실질적으로 대표하는지도 의문이다.

[8] 전팔근, 「해외교화사」, 원불교창립제2대 및 대종사탄생백주년성업봉찬회, 『원불교 70년정신사』, 원불교출판사, 1989, 758-760쪽.

나. 국내의 종교연합운동

국내의 종교연합운동은 크게 세 가지로 구분이 가능하다. 첫째, 불교와 개신교와 같이 여러 종파나 교파로 구성되어 있는 종교들이 종파나 교파간에 전개하는 연합운동이다. 이러한 연합운동의 공통적인 목표는 종파나 교파간의 유대와 협력을 통해서 개별 종교의 권익을 보호하는 데 있다. 따라서 이들은 합동으로 종교행사를 거행하여 개별 종교의 저력을 과시하거나 또는 소위 이단이나 邪敎의 침투와 같은 외부로부터의 도전에 공동 대응을 시도하기도 한다. 특히 개신교의 경우에는 교파가 난맥을 이루고 있기 때문에 개신교 전체보다는 특정한 목적에 부합하는 교파들이 부분적인 연합운동을 벌이고 있는 것이 현실이다. 불교의 경우 한국불교종단협의회가, 그리고 개신교의 경우에는 한국기독교교역자협의회, 한국예수교협의회, 한국기독교총연합회, 한국기독교보수교단협의회, 한국기독교교회협의회, 한국개신교교단협의회가 여기에 포함된다.[10]

둘째, 소위 민족자생종교들의 연합운동으로 한국민족종교협의회에서 그 예를 찾을 수 있다. 한국민족종교협의회는 민족자생종교 상호간의 이해와 발전을 도모하며, 나아가 기성 종교들과의 總和相生을 목적으로 한다. 기본적으로는 소규모의 자생종단들이 자신들의 민족주의적 성격을 부각하여 기성종교에 대항해 가는 연합운동의 성격을 지니고 있다.

셋째, 국내에 있는 모든 종교와 종교인들의 참여를 지향하는 한국종교협의회를 지적할 수 있다. 초기에는 가톨릭, 한국불교조계종, 대종교, 원불교, 성공회 등이 주도적인 활동을 벌였으나 소위 거대종단들이 참여하

---

[9] 같은 글, 760-764쪽.
[10] 문화공보부, 『한국의 종교』, 1989, 161, 291-296쪽.

지 않고 있기 때문에 전국적인 조직의 성격을 지니지는 못하고 있다. 최근에는 통일교가 주도적인 위치를 차지하고 있어서, 활발히 운동을 전개하고는 있으나 회원 종단의 획기적인 확보는 오히려 어렵게 되어가고 있다.11)

원불교는 이 세 부류의 연합운동에 모두 참여하여 적극적인 활동을 전개하고 있다. 소태산 대종사가 1916년 4월 원불교의 前身인 불법연구회를 창립하면서,

내가 스승의 지도 없이 도를 얻었으나, 발심한 동기로부터 도 얻은 경로를 돌아본다면 모든 일이 은연중 과거 부처님의 행적과 말씀에 부합되는바 많으므로, 나의 연원을 부처님에게 정하노라.12)

라고 한 것에서 직접적으로 알 수 있듯이 원불교는 불교종단의 성격을 지니고 있다. 제3공화국 당시 불교재산관리법의 적용 여부를 놓고 원불교가 불교인지의 여부에 대한 논란이 있기는 하였으나, 근래에는 한국불교종단협의회에 참여하여 국내외적으로 불교로서의 면모를 보여주고 있다. 그리고 원불교는 민족, 민중종교로서의 성격을 강조하여 한국민족종교협의회에도 참여함과 동시에 한국종교협의회에도 초기부터 참여하여 적극적인 활동을 전개하고 있다.

---

11) 참고로 일본의 대표적인 종교연합운동단체들로는 日本宗教聯盟, 新日本宗教團體聯合會, 全日本佛教會, 日本基督教團, 教派神道聯合會 등을 열거할 수 있다.
12) 『대종경』 서품 2장.

3. 외국종교의 연합운동

앞 장에서는 종교연합운동의 실제적인 상황과 개념을 파악하기 위해서 종교연합운동의 유형화를 시도해 보았다. 그 결과 우리는 종교연합운동의 유형에 따라 그 목적과 전개과정이 상이하다는 것을 알 수 있었고, 아울러 종교연합운동에 대한 포괄적인 논의보다는 구체적인 종교연합운동에 대한 분석적인 논의가 보다 더 생산적일 것이라는 점을 알 수 있었다. 따라서 본 장에서는 특히 제4유형의 종교연합운동에 적극적인 관심을 보이고 있는 외국의 종교들을 선택하여, 그 종교들이 왜, 그리고 어떤 목적 아래, 어떻게 종교연합운동을 벌이고 있는지를 살펴보도록 하겠다.

선택한 종교는 인도종교, 유니테리안교, 바하이교, 그리고 立正佼成會 등의 일본종교이다. 물론 이 밖의 다른 종교에서도 연합운동에 관심을 지니고 있는 것은 사실이다.[13] 그러나 여기에서 선택한 종교들은 19세기말 이후 국제적인 종교연합운동에 적극적인 참여와 지속적인 노력을 보였거나, 또는 근래이기는 하지만 종교연합운동에 구체적이고 객관적인 성과를 이룩하였다고 판단되는 종교들이다.

가. 인도종교

인도종교는 스스로를 매우 개방적이고 관용적인 종교로 주장한다. 그

---

[13] 제2바티칸공의회 이후 가톨릭교는 교황청에 종교대화평의회(Pontical Council for Interreligious Dialogue)를 설치하여 종교대화에 관심을 보이고 있다. 그러나 가톨릭의 이러한 움직임은 다른 종교에 대한 가톨릭의 태도 변화를 의미하는 것이며, 종교대화나 연합운동에 주도적인 노력으로 볼 수는 없다. 여기에 포함되지 않은 다른 종교의 경우도 상황은 마찬가지이다.

리고 학자들도 대체로 인도종교의 이러한 주장을 인정하고 있는 듯하다.14) 그러나 한편에서는 인도종교가 다른 종교에 비해 그렇게 개방적이고 관용적인 것은 아니라는 지적도 있다. 인도종교는 베다를 가장 완전한 형태의 계시로 믿고, 모든 종교의 계시를 판단하는 척도로 삼는다. 다시 말해서 인도종교는 다른 종교가 베다와 어느 정도 일치하는가에 따라서 관용의 태도를 보인다. 이렇게 볼 때 인도종교도 역시 자신들만이 진리를 소유하고 있다고 믿고, 다른 종교에 그것을 강요하려는 입장을 견지하고 있다고 할 수 있다.15)

인도종교는 19세기 중반 이후 일정한 변화를 보이게 된다. 학자들이 지적하는 바에 의하면 이러한 변화는 대체로 서구의 영향에 의한 것이다.16) 이 가운데 특히 우리의 관심을 끄는 것은 브라모협회(Brahmo Samaj)와 라마크리슈나운동(Ramakrishna movement)이다.

브라모협회는 람모한 로이(R. Roy, 1774-1883)에 의해 1828년 8월에 창립되었다. 로이는 베단타의 기반 위에서 인도에 유일신교를 부활시키려고 노력하였다. 그리하여 우주를 창조하고 유지하는 영원하고 불변하는 존재인 유일신을 기독교인, 이슬람교인, 그리고 힌두교인이 한자리에 모여서 예배할 것을 제의하였다. 타고르의 할아버지인 데벤드라나스 타고르가 브라모협회의 지도자가 되자 본 협회는 종교단체로서의 성격을 지니게 되었다. 그러다가 케샵 찬드라 센(Keshab Chandra Sen)이 등장

---

14) 류경희,「종교다원주의에 대한 힌두교와 기독교 태도의 비교」,『종교학연구』, 제8집, 1989, 9쪽.
15) H. 카워드,『종교다원주의와 세계종교』(한국종교연구회 옮김), 서광사, 1990, 172-173쪽.
16) N. Smart, "Asian Culture and the Impact of the West: India and China" in *New Religious Movements: A Perspective for Understanding Society*, ed. by E. Barker(New York: the Edwin Mellen Press, 1982).

하여 좀 더 급진적인 사람들을 이끌고 '인도 브라모협회(Brahom Samaj of India)'를 조직하자 타고르는 원래의 브라모협회를 '아디(原) 브라모협회(Adi brahmo Samaj)'로 이름을 바꾸고 좀 더 보수적인 성격을 유지하려고 하였다.17) 그 뒤 '인도 브라모협회'는 다시 두 단체로 분리되어 현재에는 '아디 브라모협회'와 '나바 비드하나협회(Nava Bidhana Samaj)', 그리고 '사드하란 브라모협회(Sadharan Brahmo Samaj)'가 활동 중이다.18)

이러한 역사적 변천을 거친 브라모협회의 사상은 람모한 로이와 케샵 찬드라 센을 통해서 살필 수 있다. 람모한 로이는 기독교 선교사들의 가르침에 강한 흥미를 느끼고 있었다. 그러나 그는 예수의 神性을 부인하였기 때문에 기독교 선교사들과 3년간에 걸친 논쟁을 벌였다. 그 결과 그는 힌두교가 기독교보다 결코 열등하지 않으며, 모든 종교의 신비는 인간의 이해를 넘어서기 때문에 특정 종교가 더 옳다고 할 수 없다고 주장하였다. 그는 기독교적 관념과 의례로부터 힌두교의 면역성을 기르고 기독교의 비판에 대처하기 위해 힌두교의 개혁을 시도하였다. 람모한 로이가 예수의 윤리적 가르침만을 수용하였던 반면, 케샵 찬드라 센은 그리스도를 힌두교 봉헌의 완성으로 받아들였다. 그리고 그는 힌두교와 이슬람, 그리고 기독교를 하나의 종교로 합치할 수 있다고 생각하고, 이러한 종교는 인도적인 것을 유지하면서도 세계적인 하나의 영적 공동체가 될 수 있다고 보았다.19) 브라모협회의 사상은 케샵 찬드라 센의 다음의 말에 잘 나타나 있다.

---

17) 한국종교연구회, 『세계종교사입문』, 청년사, 1989, 83-84쪽.
18) J. B. 노스, 『세계종교사』 상(윤이흠 옮김), 현음사, 1986, 826쪽.
19) H. 카워드, 앞의 책, 158-160쪽.

어떻게 힌두교인이 기독교인을 흡수할 수 있는가? 어떻게 기독교인이 힌두교인을 동화시키고 있는가? 나의 형제들이여! 이러한 친교를 강화하고, 서로의 좋은 점과 고귀한 점을 계속 흡수하시오! 분파주의자들처럼 서로를 증오하고 서로를 배제하지 마시오! 대신 인간성과 모든 진리를 포용하고 받아들이시오![20]

라마크리슈나운동은 브라모협회에 비해 좀 더 성공적이고, 인도 밖에까지 널리 알려져 있다. 라마크리슈나(Ramakrishna, 1836-1886)는 직관적 신비체험자로서 본래는 칼리 여신의 사원에서 사제생활을 하였다.[21] 그는 칼리 여신에 대한 신비체험을 한 뒤 밀교, 비슈누신앙, 아드바이타 베단타, 그리고 이슬람과 기독교에서도 동일한 체험을 하게 되었고, 결국에 다양한 종교들을 궁극적으로는 하나의 커다란 바다에서 합쳐지는 많은 물줄기에 비유하게 되었다.

라마크리슈나의 사상은 스와미 비베카난다(S. Vivekannanda, 1863-1902)에 의해 계승되었다. 스와미 비베카난다는 베단타의 열렬한 옹호자였으며, 라마크리슈나가 죽은 뒤 라마크리슈나운동을 일으켜 전 세계로 전파하였다. 1893년 시카고에서 열린 세계종교회의에 참석하여 모든 종교들이 동등한 가치를 지니고 있기 때문에, 종교간의 갈등을 극복해야 한다고 주장한 사람은 바로 스와미 비베카난다였다. 그는 모든 종교가 선하고 진실하며, 또 최고의 지혜는 그 사실을 깨닫는 데에 있다고 하고, 유일하게 배교행위라고 할 수 있는 것은 남을 개종시키려는 시도라고 하였다.[22] 라마크리슈나운동은 현재에도 인도에서 가장 활동적

---

[20] Keshab Chandra Sen "We Apostles of the New Dispensation" in *Sources of Indian Tradition*, vol.2 ed. by W. T. De Bary(New York: Columbia University Press, 1969), p.75.
[21] 한국종교연구회, 앞의 책, 87쪽.
[22] 에릭 샤프, 『종교학-그 연구의 역사』(윤이흠·윤원철 옮김), 한울, 1986, 312쪽 참조

인 사회봉사 단체 가운데 하나로 남아 있다.

지금까지 근대 인도종교의 개혁운동을 중심으로 인도종교가 종교연합운동에 관심을 가지게 되는 맥락을 살펴보았다.23) 대체로 인도종교의 종교연합운동에 대한 관심은 19세기 중반 이후 서구의 영향에 대한 인도종교의 개혁적인 반응으로 정리할 수 있다. 그리고 이러한 반응의 기저가 되는 사상은 "모든 종교는 하나의 진리를 향해 있다(All Religions points to the Same Truth)"는 인도종교의 전통적인 사상이었다.24) 이러한 전통적인 사상이 시대적인 상황에 의해 다시 이론화되고 강조되어 다원주의적인 인도종교의 특징을 이루고 있는 것이다.

나. 유니테리안교(Unitarianism)

유니테리안교는 종교간의 갈등 해소에 주도적인 역할을 담당하고 있는 기독교계의 종교이다. 원래 유니테리안교는 16세기 이후 폴란드, 트랜실바니아, 영국, 그리고 미국 등지에서 독자적으로 활동을 하였으나, 1961년 미국의 유니테리안교와 유니버살리스트교(Universalist Church)가 합병한 이후 북미의 경우에는 유니테리안 유니버살리스트교(Unitarian Universalist Association)로 알려져 있다.25) 유니테리안교의

---

23) 근대 인도종교의 개혁운동은 이 밖에도 아리아협회(Arya Samaj)를 지적해야 한다. 그러나 아리아협회는 "베다로 돌아가자"는 표어에서 알 수 있듯이 인도종교의 개혁운동이라기 보다는 복고운동이라고 할 수 있기 때문에 배타적인 성격을 보이고 있다. 그리고 인도종교의 종교연합운동에 대한 관심을 살피기 위해서는 라다크리슈난(S. Radhakrishnan)과 간디(M. Gandhi)도 살피는 것이 바람직하다. 그러나 이 두 사람은 모두 비베카난다의 영향을 지대하게 받았으며, 또한 전자는 학자로서, 그리고 후자는 정치가로서의 활동이 두드러졌기 때문에 고찰의 대상에서 제외하였다.
24) 인도종교의 이러한 태도에 대한 전통적인 교리적 근거는 류경희, 앞의 논문, 11-20쪽 참조.

종교연합운동에 대한 관심은 '유니테리안, 자유주의적 종교사상가 및 교역자 국제회의(International Council of Unitarian and other Liberal Religious Thinkers and Workers)'를 통해서 살필 수 있다. 유니테리안교는 시카고 세계종교회의의 취지를 이어받아 1901년에서 1913년 사이에 런던, 암스테르담, 제네바, 보스톤, 베를린, 파리 등지에서 국제회의를 주최하였다. 이어서 유니테리안교는 인도, 스리랑카, 중국, 일본 등지에서도 국제회의를 가지려고 하였으나 1차세계대전으로 인해 실현시키지 못하였다.[26]

유니테리안교의 이러한 움직임은 인도종교와 서로 친화력을 보일 수밖에 없었다. 라다크리슈난이 옥스퍼드의 멘체스타대학에서 강의를 하기 위해 최초로 영국을 방문한 것은 '유니테리안 히버트 저널(*Unitarian Hibbert Journal*)'의 편집장 잭스(L. P. Jacks)의 초청에 의한 것이었다.[27]

라다크리슈난은 스스로를 인도의 유니테리안이라고 자처할 정도였다.[28] 그리고 1900년에 창립된 '국제자유종교연맹(IARF)'은 인도의 브라모협회, 일본의 立正佼成會와 金光敎 등도 참여하고 있기는 하지만, 바로 유니테리안교가 국제자유종교연맹의 핵심적이고 주도적인 회원 종단이다.[29]

유니테리안교의 교리적인 특징은 신의 유일성, 예수의 人性과 인간의 종교적 책임은 긍정하면서, 삼위일체 교리, 예수의 神性, 인간의 타락 또는 완전한 타락은 부정하고 있다는 데에서 찾을 수 있다.[30] 특히 예수의

---

[25] J. B. 노스, 앞의 책, 429쪽.
[26] 에릭 샤프, 앞의 책, 309-310쪽.
[27] 같은 책, 316쪽.
[28] 같은 책, 319쪽.
[29] 中央學術硏究所編, 앞의 책, p.671.

神性을 부정하고 人性만을 긍정하는 입장은 4세기에 알렉산드리아의 장로였던 아리우스(Arius)가 알렉산드리아의 주교인 아타나시우스(Athanasius)에 반대해서 제시한 기독론(Arian christology)과 일맥상통한다. 기독교사에서 이야기하는 아리우스논쟁은 "…예수 그리스도는 神性을 가지고 있고 하느님이며 빛이며 진정한 신이며 창조된 것이 아니고 아버지와 똑같은 본질에서 태어났으며…"라는 니케아신조로 일단락되었다.[31] 그런데 7세기 이후 서구에서 합리주의가 영향력을 행사하게 되자 바로 이러한 아리우스식의 기독론이 재등장한 것이다.

유니테리안교의 이러한 기독론은 현대 기독교의 다원주의 신학의 기독론과도 유사하다. 현대 기독교신학자들은 기독교가 종교다원주의에 대처하기 위해서는 그리스도중심주의(christocentrism)에서 신중심주의(theocentrism)로 바뀌어야한다고 주장하고, 이러한 사고의 전환을 코페르니쿠스적 전회에 비유하기도 한다.[32] 이 경우 이들이 예수의 신성을 완전히 거부하는 것은 아니라고 하더라도 예수를 상대화시키고 있다는 점에서 이들의 기독론과 유니테리안교의 기독론은 유사하다고 할 수 있다.

앞에서도 지적하였듯이 북미의 유니테리안교는 1961년에 유니버살리스트교와 합병하였다. 유니버살리스트교는 18세기에 급진적인 경건주의(pietism), 그리고 침례교와 회중교(Congregationalism)로부터 파생되었다. 이 교회의 특징은 신이 모든 인류를 구원한다는 소위 萬人救援論에서 찾을 수 있다. 그리고 이 교회는 최후의 심판이 그것 자체가 목적이

---

[30] J. C. Godbey, "Unitarian Universalist Association" in *The Encyclopedia of Religion*, vol.15 ed. by M. Eliade(New York: Macmillam, 1987), pp.143-144.
[31] J. B. 노스, 앞의 책, 163쪽.
[32] 김경재, 「종교다원주의와 예수그리스도의 주성」, 『신학연구』, 27집, 1986, 369-411쪽; H. 카워드, 앞의 책, 70-74쪽.

아니고 어디까지나 補修的인 것이며 궁극적으로는 사탄과 천사, 그리고 모든 인간과 신이 화해하고 조화를 이루게 될 것이라고 주장한다.33)

이렇게 보면 유니테리안교가 19세기말 20세기초 이후 국제적인 종교연합운동에서 선도적인 역할을 할 수 있었던 맥락은 두 가지 측면에서 정리해 볼 수 있다. 첫째, 유니테리안교가 교리적으로 예수의 신성을 부정하는 비정통적인 기독론을 옹호하여 기독교의 정통적인 교리에 반기를 들었기 때문에 항상 기독교 내에서 소수파로 전락할 위험을 안고 있는 교회였다는 점이다. 따라서 유니테리안교는 자신들의 정당성을 확보하기 위해서 기독교 이외의 종교에 적극적인 관심을 보이고, 기독교 이외의 종교로부터 지지를 확보하려는 태도를 지니게 되었다. 둘째, 유니테리안교는 아리우스식의 기독론과 나아가서 유니버살리스트교의 만인구원론까지 채택하여 국제적인 종교연합운동의 교리적인 근거를 지니고 있었다는 점이다.

다. 바하이교(Bahaism)

역사상 존재하였던, 그리고 현재 존재하고 있는 모든 종교들의 진리성 여부는 세 가지 경우의 수로 나눌 수 있다. 모든 종교들 가운데 어느 하나가 진리이거나, 아니면 모든 종교가 틀렸거나, 또는 모든 종교가 진리인 경우가 그것이다. 바하이교는 바로 모든 종교가 진리라고 주장하는 종교이다. 얼핏 보면 바하이교의 이러한 주장은 "모든 종교는 하나의 진리를 향하고 있다"는 인도종교의 전통적인 주장과 유사하다. 그러나 바

---

33) J. C. Godbey, *op. cit*, p.145; 유니버살리스트교의 萬人救濟論은 이레니우스(Irenaeus)의 신정론(theodicy)과 통한다.

하이교는 인도종교와는 달리 인류 역사의 진보를 믿고 있기 때문에 모든 종교의 상대적인 가치를 인정하면서도 신의 계시는 새로운 예언자를 통해서 계속된다고 생각한다. 따라서 바하이교는 1천 년 이내에 바하이교 자체가 철폐될 것이라고까지 예견한다.34)

바하이교는 19세기 중반에 이슬람 지역에서 생겨난 새로운 종교로서 종종 이슬람과 바하이교의 관계는 힌두교와 시크교의 관계에 비유된다.35) 바하이교의 배경은 이슬람 시아파의 12이맘파이다.36) 1844년 이란에서 미르자 알리 무함메드(Mirza Ali Muhammad)는 스스로를 숨은 이맘의 예언자로 자처하고 자신의 뒤를 이을 사람을 찾고 있었다. 그가 죽은 뒤 바하 알라(Baha Allah)가 자신이 바로 미르자 알리 무함메드가 찾던 사람이라고 주장하고 현재의 터어키 지역에서 바하이교를 창립하였다. 그의 뒤를 이은 큰아들 아브드 알 바하(Abd al-Baha)는 이집트, 유럽, 미국 등지로의 여행을 통해서 바하이교의 지지 기반을 다지고 1920년에는 영국정부로부터 기사 작위까지 수여받았다. 그리고 아브드 알 바하의 뒤를 이은 외손자 쇼기 에펜디 라브-바니(Shoghi Effendi Rab-bani)는 옥스퍼드에서 공부를 마친 뒤 1923년에 이스라엘의 하이파(Haifa)에 바하이교의 본부를 세웠다.

바하이교는 그 뒤 급격히 세계 전지역에 전파되어 현재에는 바하이교의 경전이 700여 개의 언어로 번역이 되었다. 최근에는 아프리카, 인도, 베트남 지역에서 급격한 신장세를 보이고 있으며 이란에서는 30만 명의 신자를 가진 최대의 소수종교이고 전 세계적으로는 신자수가 2천만 명

---

34) A. Bausani, "Bahais" in *Encyclopedia of Religion*, vol.2, p.41.
35) J. B. 노스, 앞의 책, 537쪽.
36) 12이맘파에 대해서는 한국종교연구회, 앞의 책, 538-540쪽 참조.

에 육박하고 있다.

　바하이교의 교리에 의하면 종교적 진리는 절대적이지 않고 상대적이다.37) 신은 영원한 로고스를 통해서 스스로를 나타내는데, 로고스는 하나이지만 그 실현은 다수이다. 그리고 이 실현들은 세상에 점점 더 큰 공동체를 만들어 내는 것이 임무이다. 아브라함은 부족을, 모세는 민족을, 그리고 무함메드는 국가를 통합시켰고, 예수는 개개인의 영혼을 정화시켰다. 그러나 이것으로는 충분하지가 않다. 현재에는 전 인류가 하나의 공동체를 이루어야 하는데 바로 이 임무를 바하이교가 맡은 것이다. 그리고 바하이교는 예언자를 통한 신의 계시가 계속되는 것이기 때문에 바하 알라 이후에도 새로운 예언자가 나타날 것이며, 그 때는 바하이교의 임무가 끝난다고 믿고 있다.

　바하이교는 이러한 교리를 지니고 있기 때문에 다른 종교에 대해서 비교적 관용적인 태도를 보인다. 그리고 자신의 성전을 가지고 있기는 하지만 공식적인 의식은 없으며, 모든 종교의 신자들에게 성전을 개방한다. 그러나 바하이교의 본부가 이스라엘에 위치하고 있기 때문에 이슬람의 5행 중의 하나인 순례 조항에 저촉된다는 이유로 이슬람 지역에서는 박해를 받고 있다. 최근에는 이란 혁명 이후 170명의 바하이교 신자가 처형당하는 수난을 겪기도 하였다.

　이렇게 보면 바하이교는 이슬람적인 배경을 지니고 있으면서도 항상 이슬람으로부터 위협을 받고 있는 종교이고, 모든 종교의 상대적인 가치를 인정하면서 동시에 세계공동체 건설에 특별한 관심을 가지고 있는 종교로 정리할 수 있다. 그리고 바하이교는 국제적인 종교연합운동을 주도

---

37) A. Bausani, *op. cit.*, p.41.

적으로 그리고 구체적으로 벌이기보다는 오히려 자신들의 사상을 전파하는 데 적극적인 관심을 보이고 있다.

라. 일본종교

일본종교 가운데 국제적인 종교연합운동에 적극적인 관심을 보이고 있는 대표적인 종교는 大本敎와 立正佼成會이다. 이들은 모두 평화운동을 중심으로 종교연합운동을 벌이고 있다는 점에 특징이 있다.

1) 大本敎[38]

대본교는 일본 신종교의 원류 가운데 하나로 많은 수의 대본교계 교단을 성립시켰다. 생장의 집(生長の家), 世界救世敎를 비롯해서 神道天行居, 惟神會 등이 모두 대본교계 종단이며, 三五敎, 日本大光明敎會, 皇道治敎大本祭祀敎, 菊花會, 松綠神道大和山 등도 대본교계로 분류할 수 있다.[39] 대본교는 1882년에 나오(出口ナオ)가 창립한 종교로서 초기에는 복고적이고 반문명적인 성격을 지니고 있었다. 나중에 나오의 사위가 된 出口王仁三郞이 교단의 주도권을 잡고 국가신도에 다양한 습합신도설을 결합하여 교리를 체계화 시켰다. 그는 근대 천황제 국가의 정통신화인 記紀神話를 독자적으로 재해석하여 대본교 교의의 신화적 기초인 '國祖隱退'의 신화를 제시하고 '靈主體從'을 기조로 하는 세계변혁을 주장하였다. 國祖隱退의 신화는 현상 타파의 교리를 담고 있기 때문에 대본교는 1921년 제1차 탄압을 맞이하게 된다.[40]

---

[38] 현재는 교단 명칭이 大本이다.
[39] 村上重良, 『日本宗敎事典』, 講談社, 1988, p.382.

1차 탄압 이후 대본교는 개교 이래의 배타적이고 반문명적인 자세를 버리고 국내뿐 아니라 해외에서도 활발히 활동을 전개하였다. 1922년에는 바하이교와의 접촉을 통해 인류동포주의, 萬敎歸一思想, 항구적인 평화의 실현, 그리고 구세주에 의한 세계 변혁 등 교리상의 공통점을 발견하고 특히 에스페란토의 보급을 통한 해외 선교까지 시도하였다.[41] 대본교는 바하이교와는 교단적인 연합을 시도하지는 않았지만 중국의 종교단체인 世界紅卍字會 道院과는 병합이라고까지 할 수 있을 정도의 심도 깊은 제휴 관계를 맺기도 하였다.[42] 그리고 1925년에는 북경의 悟善社에서 도교, 救世新敎, 佛陀敎, 이슬람, 불교, 기독교의 일부가 참가한 가운데 세계종교연합회를 발족시켰다.[43]

1934년에는 외곽 정치단체인 昭和神聖會를 결성하여 아래로부터의 파시즘운동을 전개하기도 하였으나 1935년 12월에 國體의 변혁을 목적으로 한다는 이유로 제2차 탄압을 받게 되었다. 일본의 근대종교사에서 최대의 종교탄압으로 꼽히는 제2차 탄압으로 인해 대본교는 해체의 상태에까지 도달하였다. 패전 이후 대본교는 大本으로 명칭을 바꾸고 세계연방, 原水爆 금지, 헌법 옹호 등의 운동을 전개하였고, 1960년대 초기에

---

40) 出口榮二, 「大本 -序言と彈壓の歷史」, 『新宗敎の世系』 IV, 大藏出版, 1978, pp.21-26.
41) 對馬路人, 「新宗敎における万敎同根思想と宗敎協力運動の展開」, 中央學術硏究所編, 앞의 책, pp.276-277.
42) 道院은 1921년 중국 산동성에서 창설된 종교로 지고신인 老祖의 아래 유교, 도교, 불교, 이슬람, 기독교의 교조를 함께 모시기 때문에 五大敎라고도 한다. 이와 같이 五敎同源의 교리를 지니고 있기 때문에 다른 종교에 대해서 관용적이다. 그리고 세계의 구원은 '道慈'에 의해서 이루어진다고 하는데 道는 정신적, 종교적 수행이고, 慈는 자선활동을 목표로 한다.(吉岡義豊, 『現代中國の諸宗敎 -民衆宗敎の系譜』, 俊成出版社, 1974, pp.223-225).
43) 우리나라의 普天敎도 나중에 이 세계종교연합회에 참여하였다. 大馬路人, 앞의 논문, p.279.

는 종교평화운동에 주력하여 인류애와 萬敎同根의 정신을 부각시켰다.44)

이렇게 보면 대본교는 패전 전에 일본종교 가운데 국제적인 종교연합운동에 적극적인 관심을 보인 유일한 종교이고, 패전 후에는 평화운동을 중심으로 종교연합운동에 지대한 관심을 보인 종교라는 것을 알 수 있다. 패전 전 특히 제1차 탄압 직후부터 제2차 탄압까지 대본교가 종교연합운동에 적극적인 관심을 보였던 배경은 두 가지 측면에서 살필 수 있다.45)

첫째, 교단사적으로 그 당시의 대본교는 정치권력으로부터 심한 탄압을 받기 때문에 사회적으로 궁지에 몰려 있었고, 동시에 교단의 주도권이 이양되면서 出口王仁三郎의 독자적인 주도권 확립이 필요한 시기였다. 따라서 대본교는 다른 종교와의 연합을 통해서 스스로의 정당성을 확보하고, 교단 내적인 통합을 이룰 수 있었다는 점이다.

둘째, 교리적으로 萬敎同根思想을 견지하여 다른 종교에 대해서 관용성을 보이고 동시에 스스로는 겸허한 태도를 지닐 수 있었다는 점이다. 그러나 이러한 萬敎同根思想에 결과적으로는 세계의 모든 종교를 대본교로 통합시키려는 의도가 깃들어 있었기 때문에 대본교의 종교연합운동은 성과를 거둘 수 없었다.46)

2) 立正佼成會

立正佼成會는 庭野日敬과 長沼妙校가 1938년 靈友會를 탈퇴하여 대일본입정교성회를 발족한 것에서 비롯한다. 패전 후 살아있을 당시 生佛로 믿어지던 長沼妙校가 죽자 그의 이름을 따라서 '交'를 '佼'로 바

---
44) 出口榮二, 앞의 논문, pp.38-40.
45) 패전 후 大本敎의 평화운동은 立正佼成會의 평화운동과 맥락이 유사하다.
46) 大馬路人, 앞의 논문, pp.284-285.

꾸어 교단 이름을 立正佼成會로 바꾸었다. 입정교성회는 영우회의 선조 공양 외에 不動, 金神, 七神, 荒神, 九字, 九星, 六曜, 姓名學, 氣學, 天理敎, 國柱會 등 庭野日敬과 長沼妙校가 관계하였던 여러 종교의 교리를 함께 지니고 있다. 그러나 長沼妙校가 죽은 뒤에는 본래의 법화경 신앙을 강조하여 '久遠實成大恩敎主釋迦牟尼世尊'을 본존불로 정하였다. 따라서 본존불을 日蓮으로 정하고 있는 창가학회에 비해 입정교성회는 보다 더 근본불교적이라고 할 수 있다.[47]

입정교성회의 특징으로 法座(소그룹 활동), 明社運動(밝은 사회 만들기 운동)과 함께 평화운동을 지적할 수 있다. 庭野日敬은 1965년 제2바티칸 공의회에 옵저버로 참가한 뒤 같은 해에 신일본종교단체연합회의 이사장에 취임하여 종교협력운동을 전개하였다. 그는 1972년에 발족한 세계종교인평화회의의 일본위원회의 위원장이 되어 국제적인 종교평화운동에 노력하고 있다.[48] 세계종교인평화회의는 미국의 유니테리안 유니버살리스트교와 함께 입정교성회의 주도적인 참여에 의해 이루어졌다고 해도 과언이 아니다.[49]

입정교성회가 이와 같이 세계종교평화회의를 주도적으로 이끌고 있는 배경에 대해서는 여러 가지 설명이 가능하다.[50] 이것을 셋으로 구분해서 다음과 같이 정리해 볼 수 있다. 첫째, 패전 후 일본에서는 평화에 대한 관심이 고조된 데다가, 헌법에 의해 재무장이 금지되어 있기 때문에 국제적인 평화운동에 관심을 보일 수밖에 없었다.[51] 둘째 입정교성회는 창

---

[47] 沼田健哉, 『現代日本の新宗敎』, 創元社, 1988, pp.174-175.
[48] 村上重良, 앞의 책, pp.425-426.
[49] 礫岡哲也, 「前後宗敎協力によゐの平和運動の發生と展開」, 中央學術硏究所編, 앞의 책, p.308.
[50] 같은 글, pp.307-310.

가학회와 비슷한 시기에 창립된 신종교로 항상 창가학회에 대해 경쟁의식을 지니고 있었다. 좀더 국수적이고 폐쇄적인 창가학회와 경쟁하기 위해 입정교성회가 국제적인 평화운동에 참가하여 교단의 정체성을 확립하려는 것은 당연하다고 할 수 있다. 셋째, 입정교성회가 평화운동에 적극적인 관심을 보였던 1960년대는 교단사적으로 전환기였다는 점이다. 1960년대 말에 입정교성회는 교학의 체계화, 교단조직의 관료화, 의식의 정비를 대체로 마무리하기는 하였으나, 한편에서는 회원 수의 정체, 法座의 침체 등이 나타나기 시작하였다. 따라서 입정교성회는 그 당시 교단의 제도화에 따른 경직화를 탈피하기 위해서 새로운 목표의 필요성을 느끼고 있었는데, 바로 이러한 교단의 상황과 庭野日敬의 종교적 신념이 일치하였던 것이다.

4. 원불교의 종교연합운동

앞 장에서는 외국종교들이 벌이고 있는 국제적인 종교연합운동의 과정과 배경을 살펴보았다. 그 결과 우리는 국제적인 종교연합운동을 벌이고 있는 종교들의 교단 외적 및 교단 내적인 배경, 그리고 교리적인 면에서의 공통점을 발견할 수 있었다. 국제적인 종교연합운동에 주도적인 참여를 하고 있는 종교들은 대체로 그 지역에서 신종교의 성격을 지니고 있는 종교들이다. 따라서 이 종교들은 소위 기성종교들로부터 끊임없는 도전을 받으면서 교단의 독자성을 확보하고 선교활동을 벌여야 하는 과

---

51) 1960년대 大本이 평화운동에 참여한 것도 이러한 배경으로 설명이 가능하다.

제에 직면하고 있다. 이 종교들은 교단 내적인 면에서는 창립 초기의 과제, 즉 교단의 조직화와 교리의 체계화 등이 어느 정도 일단락 된 뒤 새로운 목표를 중심으로 교단의 응집력을 유지, 강화하여 도약의 계기를 찾으려는 종교들이다. 그리고 교리적인 면에서는 대체로 모든 종교의 상대적인 가치를 인정하기 때문에 다른 종교에 대해서 배타적이기보다는 관용적인 태도를 지니고 있다.

본 장에서는 이러한 사실들을 염두에 두고 원불교의 종교연합운동의 전개과정과 그 성격을 살펴보고자 한다.

가. 원불교 종교연합운동의 전개 과정

지금까지 원불교의 종교연합운동은 두 가지 측면에서 전개되었다. 하나는 국내외의 종교연합운동단체에 적극적인 참여를 하는 것이었고, 또 하나는 교단 내외에서 종교연합운동의 필요성과 당위성을 계속해서 강조하는 것이었다.[52]

원불교가 적극적으로 참여하고 있는 국내의 종교연합운동단체는 한국종교협의회를 들 수 있다. 한국종교협의회는 1965년 12월에 발족하였는데 이 때 원불교는 가톨릭, 개신교, 불교, 유교, 천도교와 함께 창립 종단으로 참가하였다. 1985년 10월에는 원불교를 대표해서 그 당시 수위단 중앙단원이었던 박길진이 협의회의 회장에 피선되기도 하였다. 원불교는 이 밖에도 한국민족종교협의회와 한국불교종단협의회에도 적극적인

---

52) 이 밖에도 원불교는 1960년대 말과 1970년대 초에 5차에 걸쳐서 대학생종교제를 개최하였으며, 1984년에는 원불교청년회가 중심이 되어 '세계평화를 위한 종교간의 대화'라는 주제 아래 각 종교의 청년 대표들과 토론회를 가지기도 하였다.

참여를 하고 있다. 그리고 원불교가 적극적으로 참여하고 있는 국제적인 종교연합단체는 무엇보다도 세계종교인평화회의와 아시아종교인평화회의를 들 수 있다. 한국종교 가운데 원불교는 이 두 단체에 가장 적극적인 참여를 하고 있다. 1986년 6월 서울에서 개최된 제3차 아시아종교인평화회의는 유치에서부터 준비 과정에 걸친 원불교의 노력이 없었다면 성과를 거둘 수 없었을 것이다. 이렇게 보면 원불교는 한국종교 가운데 종교연합운동에 가장 적극적인 참여를 하고 있는 종교라는 것을 알 수 있다.

원불교는 이와 같이 종교연합운동에 직접 참여를 하면서 동시에 각종 모임에서 기회가 주어질 때마다 정치적인 국제연합에 대등할 만한 국제종교기구인 세계종교연합(UR)의 창설을 제안하고 있다. 원불교가 이러한 제안을 맨 처음에 한 것은 일본 교토에서 개최된 세계종교인평화회의에 보낸 메시지에서였다. 이어서 1981년 인도 뉴델리에서 개최된 제2차 아시아종교인평화회의에서 세계종교연합 설립안을 제안하였다. 1984년 5월 교황 요한 바오로 2세가 우리나라를 방문하였을 때 환영사에서 종교연합의 설립을 제안하였다. 그리고 같은 해 8월 스리랑카에서 개최된 세계불교도대회와 같은 해 9월 케냐에서 개최된 세계종교인평화회의에서 세계종교연합의 창설을 다시 제안하였다.

한편, 교단 내적으로는 종교연합운동의 필요성이 최초로 제기된 것은 1965년 '하나의 세계 건설'을 강조한 대산 종법사의 취임 법설과 1966년의 '종교인으로서 갖추어야 할 세 가지'란 제목의 법설이었다.[53] 그리고 1971년 10월 개교반백년기념대회의 주제는 '진리는 하나, 세계도 하나, 인류는 한 가족, 세상은 한 일터, 개척하자 일원세계'였으며, 결의문에서

---

[53] 『원광』 제48호, 1965. 6. 15. 16쪽; 『원광』 제51호, 1966. 4. 25, 6쪽.

도 "국제적인 종교연합기구를 통하여 모든 종교의 교리적 융통과 종교적 공동과제를 토의하고…"라고 하여 국제적인 종교연합기구의 필요성과 당위성을 강조하였다.54) 또한 1977년 3월 대산 종법사는 취임사에서

> 앞으로는 우리나라에서 정치와 종교가 합심 합력하여 참으로 잘사는 문명국을 만들어야 할 것이요, 밖으로는 정치유엔은 미국에 있으나 종교의 총부는 이 땅에 세워, 내외의 평화작업을 통하여 결함 없는 원만 평등한 지상낙원을 건설하여야 하겠습니다.55)

라고 하여 종교연합 창설의 의미를 밝히고 있다. 제도적인 면에서는 1981년 5월 제87회 임시 수위단회에서 국제 종교연합기구 준비위원회를 구성하였는데, 이 준비위원회는 제12회 임시 수위단회에서 추진위원회로 명칭을 변경한 뒤 본격적인 활동 방안을 강구하고 있다.

원불교 종교연합운동의 전개 과정을 이와 같이 정리해 보았을 때 아직 그 성과는 적은 편이다. 교단 내에서도 아직 원불교 종교연합운동의 과제로 추진 본부의 재정비 강화, 기금확보, 추진 방법에 대한 교단 내적인 합의 등을 지적하고 있는 실정이다.56) 원불교의 종교연합운동은 앞으로 세계종교연합을 주도적으로 설립한다는 목표는 설정하였으나, 그 목표를 어떻게 달성할 것인가라는 문제는 결정이 안된 상태이다. 다시 말해서 원불교의 종교연합운동은 주로 지도부를 중심으로 전개되어 왔으며, 최근에 와서 비로소 교단내의 합의점을 도출하기 위해 구체적인 추진 방

---

54) 「원불교신보」, 제58호, 1971. 10. 15; 『원광』 제71호, 1971. 10. 30, 13쪽.
55) 『원광』 제92호, 1977. 4. 30, 13쪽.
56) 김도강, 「종교연합운동」, 원불교창립제2대 및 대종사탄생백주년성업봉찬회, 앞의 책, 353-354쪽.

안을 강구하고 있는 단계에 놓여있다. 따라서 앞으로 원불교가 구체적인 추진 방안을 어떻게 결정하느냐에 의해 그 전개 과정과 방향을 보다 더 뚜렷하게 파악할 수 있을 것이다.

나. 원불교 종교연합운동의 성격

원불교의 종교연합운동은 아직 시작 단계에 머물러 있기는 하지만 특히 세계종교연합의 설립을 추진하고 있다는 점에서는 국내외적으로 매우 특징 있는 면모를 보여주고 있다.57) 여기에서는 원불교의 종교연합운동을 세 가지 측면에서 살펴보고자 한다. 종교연합운동의 교리적 근거는 소태산 대종사의 一圓主義와 정산 종사의 三同倫理에서 찾을 수 있다.

원불교는 초기부터 다른 종교에 대해 적극적인 관심을 보여 왔다. 그 당시 우리나라에서 활동하였던 종교들이 대부분 다른 종교를 무시하거나, 또는 다른 종교와의 구분을 통해서 자신의 정체성을 확립하려고 하였던 것에 비해, 원불교는 다른 종교에 대한 적극적인 관심과 함께, 오히려 그들과의 구분을 없애려는 모습을 보여주고 있다. 예를 들어서 소태산 대종사는 자신을 찾아온 예수교 장로에게,

　　예수교에서도 예수의 심통제자만 되면 나의 하는 일을 알게 될 것이오, 내게서도 나의 심통제자만 되면 예수의 한 일을 알게 되리라. 그러므로, 모르는 사람은 저 교 이 교의 간격을 두어 마음에 변절한 것 같이 생각하고 교회 사이에 서로 적대시하는 일도 있지마는, 참으로 아는 사람은 때와 곳을 따라서 이름만 다를 뿐이요 다

---

57) 통일교도 국내외적으로 종교연합운동에 지대한 관심을 가지고 적극적인 활동을 벌이고 있다. 그러나 통일교는 원불교에 비해 기성 기독교와의 관계 정립에 더 많은 어려움을 지니고 있기 때문에 기독교연합운동에 더 큰 비중을 두고 있다.

한 집안으로 알게 되나니, 그 대의 가고 오는 것은 오직 그 대 자신이 알아서 하라…나의 제자 된 후라도 하나님을 신봉하는 마음이 더 두터워져야 나의 참된 제자니라.58)

라고 하여 예수교와 원불교 사이에 차이가 없음을 지적한다. 그리고 소태산 대종사는 제자 하나가 "만일 자가의 전통과 주장을 벗어난다면 혹 主見을 잃지 않겠나이까"라고 하자 다시,

이 말은 자가의 주견을 잃고 모든 법을 함부로 쓰라는 것이 아니라 정당한 주견을 세운 후에 다른 법을 널리 응용하라는 것이니 이 뜻을 또한 잘 알아야 하나니라.59)

라고 하여 원불교와 다른 종교의 관계를 정립하기 시작한다. 이어서 그는 봉래정사에 있을 때 큰 비로 인해 절벽 위에서 떨어지는 폭포와 사방 산골에서 흐르는 물을 보고,

저 여러 골짜기에서 흐르는 물이 지금은 그 갈래가 비록 다르나 마침내 한 곳으로 모아지리니 萬法歸一의 소식도 또한 이와 같으니라.60)

라고 하여 모든 종교는 결국 하나로 돌아간다는 주장을 하기에 이른다.
 정산 종사는 소태산의 이러한 사상을 三同倫理에서 재천명한다. 삼동윤리 가운데 특히 우리의 관심을 끄는 것은 '同源道理'이다.

 삼동윤리의 첫째 강령은 동원도리이니, 곧 모든 종교와 교회가 그 근본은 다

---

58) 『대종경』 전망품 14장.
59) 『대종경』 수행품 27장.
60) 『대종경』 성리품 10장.

같은 한 근원의 도리인 것을 알아서 서로 대동화합하자는 것이니라. 이 세상은 이른 바 세계의 삼대종교라 하는 불교와 기독교와 회교가 있고 유교와 도교 등 수 많은 기성종교가 있으며 근세 이래 이 나라를 비롯하여 세계 각처에 신흥종교의 수도 또한 적지 아니하여 이 모든 종교들이 서로 문호를 따로 세우고 각자의 주장과 방편을 따라 교화를 펴고 있으며 그 종지에 있어서도 이름과 형식은 각각 달리 표현하고 있으나 그 근본을 추구해본다면 근원되는 도리는 다 같이 일원의 진리에 벗어남이 없느니라. 그러므로 모든 종교가 대체에 있어서는 본래 하나인 것이며 천하의 종교인들이 다 같이 이 관계를 깨달아 크게 화합하는 때에는 세계의 모든 교회가 다 한 집안을 이루어…이 정신으로써 세계의 모든 종교를 일원으로 통일하는 데 앞장서야 할 것이니라.61)

이렇게 보면 원불교 종교연합운동의 교리적 근거는 '만법귀일'과 '동원도리'로 정리해 볼 수 있다. 원불교는 바로 이러한 교리로 인해 처음부터 종교연합운동을 적극적으로 추진할 수 있는 가능성을 지니고 있었다. 그러나 이러한 가능성이 실제적인 운동으로 나타난 것은 교단의 내적, 외적인 필요에 의한 것이다. 따라서 우리는 원불교 종교연합운동의 성격을 이해하기 위해서는 교리적인 근거와 함께 교단사적인 배경을 살펴보아야 한다.

원불교가 종교연합운동을 실제로 제기한 것은 대산 종법사의 취임 이후이다. 교단사적으로 볼 때 소태산 대종사가 교단의 기틀을 마련하였다면 정산 종사는 그 기틀을 확립시켰다고 할 수 있다. 따라서 이들의 뒤를 이은 대산 종법사는 확립된 기틀에 따라 원불교를 비약시킬 임무를 지니게 되었다. 그리고 소태산 대종사 당시에는 교단이 그의 카리스마에 의해서 이끌어졌다면 정산 종사 이후에는 교단이 교단 책임자의 카리스마

---

61) 『정산종사법어』 도운편 35장.

에만 의존할 수 없었다.62) 다시 말해서 원불교는 정산 종사 이후 교단이 제도화 과정을 거치면서 교단 운영의 방식이 바뀌게 되었고, 대산 종법사가 취임할 당시에는 교단 책임자의 카리스마를 거의 인정하지 않게 되었다. 예를 들어서 1948년에 종법사의 최고 자문기관으로 首位團會가 설치되었는데, 이 수위단회는 11년 뒤인 1959년에 교단의 최고 의결기관으로 격상되었다. 따라서 대산 종법사가 취임할 당시에는 이미 종법사가 가지고 있는 대부분의 중요 권한은 수위단회의 의결을 거쳐 시행하도록 되어 있었다.63) 게다가 종법사와 수위단원은 선거에 의해 결정되며 그 선거는 6년마다 다시 하게 되어 있기 때문에 교단은 종법사의 카리스마에 의해서 운영될 수 없는 제도적인 장치를 가지게 되었다.

따라서 대산 종법사는 원불교를 비약시킬 임무와 함께 교단을 내적으로 통합시키고 자신의 리더십을 강화시켜야 할 필요에 직면하게 되었다.64) 바로 이런 상황에 직면해서 대산 종법사를 중심으로 한 원불교의 지도부에서는 원불교의 새로운 목표를 제시하여야 했고 이 때 제시된 것이 바로 종교연합운동이었다.65)

한편, 원불교는 1960년대부터 해외 교화에 적극적인 관심을 보이게 되었다. 원불교는 1962년 문교부 인가의 해외포교연구소를 원광대학교에 설립하여 세계 각국의 종교단체 연구기관 및 단체들과 서신, 문헌 등

---

62) 카리스마의 일상화에 따른 교단 조직의 변화에 대한 문제는 M. Weber, *The Sociology of Religion*(Boston: BeaconPress, 1963), pp.60-79; 토마스 F. 오데아 외, 『종교사회학』(박원기 옮김), 이화여자대학교출판부, 1989, 제3장 참조.
63) 이성은, 「조직제도변천사」, 원불교창립제2대 및 대종사탄생백주년성업봉찬회, 앞의 책, 444쪽.
64) 이 점은 立正佼成會의 庭野日敬이 국제적인 평화운동을 벌이게 된 배경과 유사하다.
65) 따라서 원불교의 종교연합운동은 앞에서도 지적하였듯이 주로 교단 지도부에 의해 전개되었으며, 또한 교단의 통치조직의 특징으로 인해 이 운동이 교단의 전체적인 관심으로까지 확산되는 데에는 일정한 기간이 필요하였다.

의 교류를 통해 원불교를 세계에 알리기 시작하였다. 해외 포교연구소는 세계 각국에 원불교를 소개할 목적으로 영문판 기관지인 *Won Buddhism* 을 연 2회씩 발행, 1988년 현재까지 통권 4권 제4호까지 배포하고 있다.66) 이와 함께 원불교는 『원불교 교전』을 영어, 일어, 중국어, 그리고 에스페란토로 번역하여 해외 교화에 기반을 다지고 있다.67) 그리고 제도적인 면에서도 1974년 7월에 교정원 교무부에 해외포교 담당 교감직을 두어 교정원과의 연관 아래 해외 업무를 담당하게 하다가 1981년에는 교정원에 독립부서로 국제부를 신설하였다.68) 이와 같이 원불교는 해외 교화에 관심을 가지게 되면서 그 교화의 방법으로 종교연합운동을 전개하기에 이른 것이다. 그리고 종교연합운동을 통한 해외교화는 만법귀일과 동원도리의 교리와도 맥을 같이 하고, 또한 종교간의 대화, 또는 협조가 당위적으로 인식되고 있는 현재의 지구촌이라는 상황 속에서 설득력을 얻을 수 있었다.

이와 같이 원불교는 교단의 내적, 외적인 필요를 교리적인 근거 위에서 충족시키기 위해 종교연합운동을 전개하고 있는 것으로 정리할 수 있다.

5. 맺음말

지금까지 원불교의 종교연합운동의 성격을 파악하기 위해서 종교연

---

66) 원불교의 문서를 통한 해외교화는 성공적이었으며, 이 점은 바하이교가 초기에 국제선교를 할 당시에 취한 방법과 비슷하다.
67) 에스페란토를 이용한 해외교화는 패전 전에 大本이 에스페란토의 보급을 통해서 국제선교를 한 것과 비슷하다.
68) 전팔근, 앞의 논문, 755쪽.

합운동의 유형, 그리고 국제적인 종교연합운동을 전개하고 있는 외국 종교들의 사례를 살피고, 이어서 원불교 교단의 내적, 외적인 배경과 함께 그 교리적인 근거를 살펴보았다. 끝으로 원불교 종교연합운동에 대한 필자의 느낌을 피력하고 본 논문을 마무리하고자 한다.[69]

첫째, 모든 종교가 원불교 종교연합운동의 교리적 근거인 萬法歸一(一圓主義)과 同源道理를 진리로 받아들이지는 않을 것이다. 다시 말해서 적어도 현재 이러한 교리는 절대적 진리가 아니고 상대적 진리이다. 따라서 원불교는 현실적으로 이러한 교리에 동의하는 종교들과 우선적으로 연합운동을 벌이는 것이 필요하고, 또 그럴 수밖에 없을 것이다.

둘째, 원불교의 만법귀일, 동원도리는 소위 종교간의 병존주의와 포괄주의를 함께 지니고 있다. 따라서 만약 원불교가 一圓主義를 중심으로 한 종교일치운동을 벌인다면 그것은 포괄주의의 전형적인 모습을 나타내는 것이며, 이 경우에는 인도종교와 바하이교의 예에서 볼 수 있듯이 적어도 현실적으로는 실현 가능성이 희박하다.

셋째, 원불교의 종교연합운동은 국제교화의 측면에서 전개되어야 하고, 또 그런 측면에서 이해되어야 한다. 따라서 원불교는 소위 지구촌이라는 현실 상황 속에서 다른 종교들이 전개하고 있는 국제적인 선교의 방법과 결과, 그리고 그들 나름대로의 교리적인 근거에 우선적인 관심을 보이는 것이 바람직하다.

---

[69] 원불교 종교연합운동에 대한 평가, 또는 그것의 구체적인 방향이나 방법에 대한 제시는 필자의 능력(관심) 밖이다.

제2장
미군정의 종교정책[1]

1. 머리말

　현행 헌법 제20조 ①항과 ②항에는 각각 "모든 국민은 종교의 자유를 가진다"와 "국교는 인정되지 아니하며, 종교와 정치는 분리된다"라는 내용이 있다. 다른 나라의 헌법 조항 가운데 종교와 관련이 있는 조항들과 비교해 볼 때 우리나라의 종교에 관한 헌법 조항이 매우 간결하다는 것을 알 수 있다.[2] 그리고 이 조항은 1948년 7월 17일에 선포된 제헌헌법과 그 뒤 여러 차례에 걸쳐서 수정된 헌법들의 해당 부분과 거의 차이가 없다. 예를 들어서 제헌헌법 제12조는 "모든 국민은 신앙과 양심의 자유를 가진다. 국교는 존재하지 아니하며 종교는 정치로부터 분리된다"라고 되어 있다.

---

[1] 『종교학연구』, 제12집, 1993.
[2] 문화공보부, 『외국의 종교제도』, 1989, 제3장 외국의 종교관계법 자료 참조.

종교에 관한 헌법 조항이 비교적 간결하면서도 그것을 보완해 줄 수 있는 종교 전반과 관련이 있는 법률이 없다는 점에서 우리나라의 종교정책이 일관성 있게 그리고 합리적으로 시행될 수 있을 것이라는 점은 기대할 수 없다. 유일하게 종교 전반과 관련이 있는 헌법의 해당 조항이 우리나라 특유의 종교현실 속에서 끊임없이 주목을 받고, 또 반대로 헌법의 내용에 근거해서 우리나라 나름의 종교현실이 인식될 수 있을 때 비로소 합리적이고 일관성 있는 종교정책이 시행될 수 있다. 그리고 종교정책이 제대로 시행될 수 있을 때 비로소 우리나라의 종교인들이 진정한 의미의 종교자유를 누릴 수 있을 것이다.

종교정책적인 측면에서 볼 때 우리나라는 정교분리제도라기보다는 오히려 공인교제도[3])를 취하고 있다고 할 수 있다. 단적인 예로 예수의 탄생일인 크리스마스와 석가탄신일인 사월 초파일이 공휴일이라는 것에서 우리나라는 근본적으로 천주교와 개신교, 그리고 불교를 공인교로 하는 종교정책을 택하고 있다는 것을 알 수 있다. 國葬이 이들 3개 종교의 의식으로 치루어 지고 대통령이 개인 자격이 아니라 예를 들어서 조찬기도회에서 볼 수 있듯이 대통령의 이름으로 특정 종교의 행사에 참석하는 것에서도 이러한 사실을 적나라하게 간파할 수 있다.

특정의 국가가 역사적으로 전통이 깊거나 또는 현실적으로 영향력 면에서 두드러진 종교를 가지고 있는 경우 바로 그 종교를 공인교로 인정해 주는 것은 그다지 문제가 되지 않는다. 그러나 우리나라와 같이 특정의 종교가 역사적인 면이나 영향력 면에서 두드러진 위치를 점하지 못하

---

3) 공인교제도란 국가가 특정의 종교에 정책적으로 혜택을 부여해 주는 제도를 말한다. 정교분리제도 아래에서는 종교간의 평등이 유지될 수 있으나 공인교제도 아래에서는 근본적으로 종교간의 평등이 유지될 수 없다.

고 있는 상황 속에서 특정의 종교에 제도적인 혜택을 주는 공인교제도는 진정한 의미의 종교의 자유를 보장해 줄 수 없다. 왜냐하면 종교의 자유는 한편으로 종교간의 평등을 전제로 하는데 공인교제도는 근본적으로 종교간의 평등을 불가능하게 하기 때문이다. 공인된 종교는 종교의 자유를 적극적으로 확보해 나갈 수 있는 반면, 비공인된 종교는 종교의 자유를 한정된 범위 안에서만 누릴 수밖에 없다. 따라서 공인교 제도 아래에서 진정한 의미의 종교의 자유는 공인된 종교들만이 향유할 수 있다.

현재 우리나라의 공인교제도는 미군정의 기독교 우위의 종교정책에서 비롯되었다. 미군정에서 비롯된 기독교 우위의 종교정책이 제1공화국으로 이어져 기독교가 결국 공인교의 위치를 차지할 수 있었다. 그리고 제3공화국 이후 종교간의 평등을 보장하여야 한다는 인식에서 불교가 다시 공인교의 위치를 차지하게 된 것이다.[4]

본 논문은 미군정의 기독교 우호적인 종교정책이 구체적으로 어떻게 시행되었는지를 살피는 데 일차적인 목적이 있다. 제1공화국도 기본적으로 기독교 우호적인 종교정책을 시행하였다고 할 수 있기 때문에 제1공화국 당시의 사건이라도 관련 사항은 함께 살펴보도록 할 것이다. 우리는 미군정의 종교정책을 통해서 우리나라에서 기독교가 공인교의 위치를 차지하게 된 배경을 이해할 수 있을 것이다. 그리고 아울러 광복 이후의 한국 종교의 전반적인 상황, 즉 천주교와 개신교가 급격히 성장한 배경, 불교가 오랫동안 내분에 휩싸이게 된 이유, 유교가 종교라기보다는 오히려 윤리, 도덕단체로 이해되었던 이유, 광복 직후에는 소위 6대 종교에 포함될 수 있었던 천도교, 대종교 등의 소위 민족종교들이 점차 침체

---

4) 제3공화국 초기에 비로소 사찰령이 폐지되었다. 그리고 군승제도의 제정, 초파일의 공휴일 제정이 모두 3공화국 때의 일이다.

되었던 이유 등에 대해서도 이해의 실마리를 찾아 볼 수 있을 것이다.

2. 광복 직후의 종교 상황

미군정의 종교정책을 구체적으로 살펴보기 전에 먼저 그 당시 한국 종교의 전반적인 상황을 개괄적으로 정리해 보는 것이 필요하다. 광복 직후 각 종교들이 지니고 있었던 문제들은 각기 상이하였으나 대체로 일제의 잔재 청산 및 복구, 정치 현실에 대한 인식의 차이로부터 기인한 좌·우익의 갈등으로 요약해 볼 수 있다.

가. 일제의 잔재 청산 및 복구

광복 직후 유교계에는 명륜전문 출신 유림의 대동회, 영남유림 이기원 중심의 대동유림회, 재경유림 이재억의 유림회, 서북 출신 유림의 공맹학회, 경학원 시대의 유림들을 망라한 대성회가 병존해 있었다.[5] 1945년 10월 군정령 제15호에 의해 공자묘 경학원이라는 명칭을 성균관으로 고치고 1946년 봄에 전국의 유림을 통합하여 유도회총본부(김창숙)를 결성하였다. 그리고 1946년 6월에 김창숙은 미군정청의 문교부장 유억겸을 만나 1919년 6월에 제정된 향교재산관리규칙(總令 제91호)의 철폐와 관리권의 환원을 위한 교섭을 진행하였다.[6] 일제하에서는 향교재산관리규칙에 의거 향교재산은 府尹, 군수, 島司가 관리하고 그 지휘 감독은

---

[5] 대한민국사편찬위원회, 『대한민국사』, 탐구당, 1988, 602쪽.
[6] 『서울6백년사』 제5권, 1983, 1134쪽.

도지사가 맡았다. 따라서 일제하에서 향교 재산은 결국 조선총독부에 속하는 것이었다. 1948년에 유교는 각 도별로 향교재단을 설립하여 각 군에서 관장하던 재산을 환수할 수 있었다. 1945년 11월에 개최된 전국유림대회에서 성균관대학의 설립을 결의하고[7], 1946년 9월 25일에는 이석구가 소유하고 있던 재단법인 학린사와 종전의 명륜전문학교 재단, 그리고 재단법인 선린회 등을 합하여 성균관대학의 설립 인가를 받았다.[8]

대체로 미군정하에서 유교는 미군정과 우호적인 관계를 맺고 있었으며, 정권 담당자와의 이러한 우호적인 관계는 제1공화국 말기까지 지속되었다.[9]

미군정하에서 불교계는 총무원을 중심으로 하는 세력과 재야의 세력으로 양분되어 있었다. 광복 직후 총무원 측은 일본불교의 잔재를 없앤다는 명분으로 '조선불교 조계종'이라는 宗名을 '조선불교'로, 그리고 宗正과 宗憲을 각각 敎正과 敎憲으로 변경하고, 宗會 대신에 중앙교무회를 설치한 뒤 중앙총무원(원장 김법린) 산하기관으로 각 도에 敎施院을 두는 등 혁신을 꾀하였다. 그러나 1946년 10월 일제하의 총무원 관계 인사들의 숙청을 주장하는 백석기, 유성갑 등이 주도하던 불교혁신연맹이 혁명불교연맹과 선학원 등 7개 단체와 합동으로 전국승려대회를 개최하였다. 이들은 이 대회에서 사찰령, 조계종 총본산 태고사법, 그리고 31본말사법의 폐지를 결의하였다.[10]

---

7) 『동아일보』, 1945.12.10.
8) 『서울6백년사』 제5권, 1983년, 1135쪽; 『서울신문』, 1946.8.10.
9) 1956년 유교계는 세칭 農銀派와 정통파로 분열되어 이후 8년 동안 분쟁의 소용돌이 속에 빠지고 만다. 자유당 말기에 농은파가 이승만을 유도회 총재로 추대한 것에서 알 수 있듯이 유교와 제1공화국의 관계는 비교적 우호적이었다. 김운태, 『해방36년사』, 제2권, 성문각, 1976, 445-446쪽; 금장태, 「한국유교의 변동과 현황에 관한 조사연구」, 『사회변동과 한국의 종교』, 한국정신문화연구원, 1987, 20-23쪽.

이들 사이의 갈등은 비구와 대처, 禪과 敎, 그리고 재산관리권과 宗祖의 문제 등과 복잡하게 관련을 맺고 전개되었다. 1948년 초대 敎正이었던 박한영이 입적하고 이어 2대 교정에 송만암이 추대되었다. 그는 古佛會11)의 취지를 살려 종명을 조계종으로, 그리고 敎憲을 宗憲으로 바꾸고 새로 제정된 종헌에서 교화승과 수행승의 구별을 두기로 하였다. 이와 같이 불교 내부에서 비구승과 대처승의 분쟁을 해결하려는 노력이 계속되었다.12) 그러나 대체로 미군정하에서는 사찰관리권을 장악하고 있던 대처승 측의 총무원이 주도권을 잡고 있었다.13)

미군정하에서 불교계는 이러한 갈등을 겪으면서도 일제하에 제정된 사찰령을 없애려는 노력을 범불교적으로 기울였다. 그럼에도 불구하고 이러한 노력은 미군정의 반대에 부딪혀 성공을 거두지 못하였다. 그리고 제1공화국에서는 이승만의 소위 불교정화 정책으로 인해 불교계의 내분이 행정 당국으로부터 간섭을 받게 되었고, 급기야는 법원의 판결에 의존하는 지경에까지 이르렀다.

천주교와 개신교는 광복 직후 미군정과의 우호적인 관계 속에서 일제로부터 입은 피해를 쉽게 만회할 수 있었다. 미군정의 초대 민정장관 아놀드 소장은 천주교인이었으며, 또한 당시 미군의 군종을 총괄하는 책임자로서 하지 중장과 함께 일본군의 항복을 받는 조인식에 참석하였던 사

---

10) 정병조,「한국사회의 변동과 불교」, 같은 책, 79-80쪽; 대한민국사편찬위원회, 앞의 책, 603쪽.
11) 과거의 계율과 법식을 되찾아 불교의 변질을 막아야 한다는 취지로 광복 직후에 만들어졌음.
12) 『서울6백년사』 제5권, 1983, 1141쪽.
13) 광복 직후에는 전체 승려 7천여 명 가운데 선승이 7백여 명이었고, 1952년 당시에는 선승이 2백여 명 정도에 불과하였다. 따라서 수적인 면에서도 총무원 측이 압도적인 우위를 차지하고 있었다는 것을 알 수 있다. 정병조, 앞의 글, 81쪽 참조.

람도 천주교의 스펠만 대주교였다.14) 천주교는 이러한 우호적인 관계를 유지하기 위하여 미군 진주 직후 독립감사 미사제와 미국군 장병 환영식을 거행하였다.15)

미군정 또한 한국을 통치하기 위해 천주교와 개신교 인사들의 도움을 많이 필요로 하였다. 하지 중장은 남한에 진주한 직후 자신의 정치 고문인 나이스터 준장을 노기남 주교에게 보내 한국의 지도급 인사들의 명단을 작성해 줄 것을 요청하였다. 이에 노기남 주교는 60명의 지도급 인사들의 명단을 작성해 주었다.16) 또한 당시 미군정에 한국인을 천거하던 임무는 미국 선교사의 아들이며 해군 대령인 윌리암스가 맡았는데 그는 주로 개신교인들을 천거하였다.17) 이러한 사실들이 알게 모르게 작용하여 과도입법의회 의원 90명 가운데 21명이, 그리고 초대 입법의원 190명 가운데 38명(목사 13명 포함)이 개신교인이 될 수 있었던 것이다.18)

북한에 살고 있던 천주교인들과 개신교인들은 광복 후 6.25전쟁에 이르는 동안 대거 남하하였다. 특히 개신교의 경우 해방 후 10년간 2천여 개의 신설된 교회 가운데 90% 이상이 북한으로부터 내려온 교인들의 교회였다.19) 그리하여 북한의 기독교는 거의 소멸 상태에 도달한 반면 남한의 기독교는 이들의 힘으로 비약적인 발전을 볼 수 있었다.

천도교는 1945년 10월 천도교 임시대회 때 3.1운동 당시 33인의 한

---

14) 대한민국건국10년지간행회, 『대한민국건국10년지』, 건국기념사업회, 1956, 534, 532쪽.
15) 『매일신보』, 1945.9.26.
16) 노기남, 『나의 회상록』, 가톨릭출판사, 1969, 312-313쪽.
17) 심지연, 「미군정 3년의 정치사적 평가」, 『미군정정보보고서』 제1권, 일월서각, 1986, 3쪽.
18) 대한민국사편찬위원회, 앞의 책, 605쪽.
19) 대한민국건국10년지간행회, 앞의 책, 553쪽.

사람이면서 나중에 조선총독부 중추원 참의를 지냈던 최린의 출교를 결의하였다.[20] 종교계 인사 가운데 친일파로서는 유일하게 제재를 받은 경우이다. 그리고 광복 당시 천도교의 교인 가운데 70%가 북한에 살고 있었기 때문에 남한의 천도교는 불리한 여건에 놓여 있었다.[21] 천도교는 손병희가 제시한 '敎政一致'의 입장을 취하고 있었기 때문에 특히 미군정하에서는 다른 종교들에 비해 정치적인 문제에 적극적으로 대처하였다. 천도교는 '조선적 신민주주의'라는 정치 노선을 표방하고, 정당조직과 종단조직을 통해서 이원적인 활동을 전개하였다. 그러나 천도교 내부의 갈등이 재현되어 구파와 신파가 각각 輔國黨과 靑友黨이라는 정당조직으로, 그리고 천도교총부와 천도교총본부라는 종단조직으로 나뉘어 활동하였다. 미군정 말기에 두 개의 분파가 다시 통합하기는 하였으나 이러한 사정으로 인해 미군정하에서 천도교는 활발히 활동을 전개하지 못하였다.

대종교는 미군정 당시 소위 6대 종교에 들어갈 정도로 사회적인 면에서 인지도가 높은 편이었다. 대종교는 1946년 3월 환국하여 적산사찰 千代寺에 총본사를 설치하였다. 환국 후 飢寒同胞救濟會를 조직하였고 1946년 7월부터 國學講座와 敎理講修會를 개최하기도 하였다. 대종교는 광복 직후 단군전봉건기성회를 조직하였고[22], 매년 개천절 경축식을 거행하는 등 국조숭봉의 행사를 개최하여 일반으로부터 좋은 호응을 받았다.[23] 그러나 6.25동란 이후에는 대종교 屋舍의 불하대금마저 지불하지 못할 정도로 교세가 위축되었다.[24]

---

20) 『매일신보』, 1945.10.29.
21) 『서울6백년사』 제5권, 1983, 1184쪽.
22) 『매일신보』, 1945.10.26.
23) 『매일신보』, 1945.11.8.; 『동아일보』, 1946.10.24.; 『동아일보』, 1947.11.16.

증산교는 일제 말기의 침체된 국면을 극복하기 위해서 교파별로 복구 운동을 전개하는 한편 새로운 교파를 창설하였다. 母岳敎(여처자)와 仙佛敎(강순임)가 각각 1946년과 1949년에 창설되었고, 1946년에는 동아흥업사[25]가 大法社로, 그리고 1948년에는 무극도[26]가 태극도로 개편되었다. 그리고 증산교단의 연합체로 1949년에 증산교단통정원이, 그리고 1955년에는 증산대도회가 설립되었다.[27]

원불교는 광복 직후 전재동포구호사업, 한글보급, 교육사업 등 건국 3대 사업을 실시하였다. 그리고 1946년에는 불법연구회라는 교명을 원불교로 바꾸고 1947년에 비교적 일찍이 재단법인을 설립하였다.[28] 그리고 원불교는 곧 바로 학교 설립에 박차를 가하여 이후 교단 발전에 토대를 마련하였다.[29]

나. 좌·우익의 갈등

종교계도 미군정의 전반기에는 사회의 다른 부문에서와 마찬가지로 좌·우익으로 나뉘어 활동하였다. 그러다가 미군정의 후기로 접어들면서 좌익적인 종교단체들의 세력이 점차 쇠퇴하고 우익적인 종교단체들의 세력이 신장되었다. 대체로 천주교와 대종교는 우익적인 성향을, 그리고 천도교, 불교, 개신교, 유교는 정도의 차이가 있기는 하지만 좌·우익의

---

[24] 『서울6백년사』 제5권, 1983, 1184쪽.
[25] 1928년에 이상호가 창설한 東華敎가 1944년에 개칭된 것임.
[26] 1923년에 조철제가 창설한 교파.
[27] 서울대학교종교학과 종교문화연구실 편, 『전환기의 한국종교』, 집문당, 1986, 90-91쪽.
[28] 『동아일보』, 1948.2.3.
[29] 서울대학교종교학과 종교문화연구실 편, 앞의 책, 176-177쪽.

성격을 동시에 지니고 있었다.30) 천도교와 불교에서 좌익적인 성향을 지녔던 사람들은 월북을 하거나 또는 미군정과 제1공화국의 반공정책으로 인해 도태되었다. 그리고 개신교와 유교의 좌익적인 단체들은 그 활동이 저조한 편이었기 때문에 전체적으로 보면 개신교와 유교도 결국은 우익쪽으로 분류할 수 있다.

천주교는 일제시대에도 이미 공산주의에 대해 철저한 비판의식을 보였다.31) 만주의 연길교구는 독일 주교의 관장 아래 있었기 때문에 중국 공산당은 일본이 패망하자 연길교구의 재산을 적산으로 간주하였다. 따라서 만주지역의 천주교는 중국 공산당에 의해 많은 피해를 입게 되었다. 이러한 상황 속에서 천주교는 다른 어느 종교보다도 철저한 반공의식을 지니게 되었다. 미군정 당시 우리나라의 고아구제사업을 시찰한 어느 미국인 신부는 만약 미국이 남조선으로부터 철수하면 공산주의 세력이 남하할 것이라는 견해를 피력하기도 하였다.32)

천도교에서는 우익의 보국당과 함께 좌익적인 성향을 지닌 청우당이 함께 활동하였다.33) 청우당은 1919년 9월 김기전에 의해 창당되어 일제하에서도 활동을 하였던 천도교의 하부 조직이었다. 청우당은 일제 말기 침체되었다가 광복 후 1945년 9월에 김기전을 위원장으로 다시 발족되었다.34) 청우당은 미군정 초기에는 임시정부를 지지하였고, 나중에는 좌

---

30) 1948년 4월 22일, 23일 평양에서 개최한 남북한 연석회의에 청우당, 기독교민주동맹, 전국유교연맹이 참석하였다.(데이비드 콩드, 『분단과 미국 2』, 사계절, 1988, 174쪽)
31) 변진흥, 「1930년대 한국가톨릭교회의 공산주의 인식」, 『한국교회사논총』, 한국교회사연구소, 1982, 442-461쪽.
32) 『동아일보』, 1947.7.20.
33) 미군정 당시 侍天敎는 좌익적인 성향을 지녔던 것으로 보인다. 당시 견지동에 있던 시천교당은 좌익단체의 집회 장소로 많이 이용되었다.
34) 『자유신문』, 1945.10.11.

우합작 남북통일에 의한 완전한 민주정부의 수립을 주장하였다.35) 따라서 청우당은 미군정과 이승만에게 비우호적인 입장을 취하였다. 미군정에 대한 비우호적인 입장으로 인해 청우당은 좌익적 성향을 지닌 단체로 인식되었다.

보국당은 신숙을 위원장으로 1946년 7월에 창당되었다.36) 이 보국당은 1945년 12월에 설립되어 대한독립촉성청년동맹에 가입한 천도교청년단과 함께 우익적인 단체였다.37)

천도교 내부의 이러한 좌·우익의 대립은 1948년 4월 4일 천도교총부와 천도교총본부가 합동하기로 결정함에 따라 해소되었다.38) 1948년 5월에 청우당이, 그리고 1949년 1월에 보국당이 각각 간판을 내리고 종교활동에만 전념하기로 결정하였다.39) 그리고 이후에는 좌·우익의 대립이라기보다는 신·구파의 대립으로 그 양상이 변모하였다.

미군정 당시 불교계의 대표적인 좌익 단체는 혁명불교동맹과 불교혁신동맹을 들 수 있다. 혁명불교동맹은 '계급을 초월한 종교정신의 부흥과 신시대에 적합한 불교도의 사명을 달성하는 동시에 종래의 모든 봉건적 형식, 우매한 미신 등의 구폐를 타파 숙청하고 민족적 사회적 순교자가 되고자'40) 1946년 4월에 창립되었다. 혁명불교동맹은 교단개혁, 조국광복, 사회혁명을 강령으로 하고 다음의 내용을 불교계의 당면과제로 제시하였다.

---

35) 『조선일보』, 1946.2.11.
36) 보국당의 '建黨宣言'과 청우당에 대한 보국당의 견해는 심지연 엮음, 『해방정국논쟁사』 1, 한울, 1986, 131-133쪽 참조.
37) 천도교청년단에 대해서는 『동아일보』, 1945.12.18일자 참조.
38) 『조선일보』, 1948.4.6.
39) 『서울6백년사』 제5권, 1983, 1184쪽.
40) 『조선일보』, 1946.5.6.

- 승니와 교도를 구별하자.
- 사찰 토지는 국가사업에 제공하자.
- 불건전한 포교단을 숙청하자.
- 승니는 생업에 근로하자.
- 석가불만 본존으로 신봉하자.
- 간소 엄숙한 새 의식을 실시하자.[41]

이 가운데 특히 사찰토지의 국가 헌납과 승니의 생업 종사는 좌익적인 성향을 지닌 주장이라고 할 수 있다.

불교혁신동맹은 1946년 봄에 조명기, 정두석, 장원규, 박봉석, 강석주 등 청년 학승을 중심으로 결성되었다. 이들은 승적을 가진 사람들만이 교권을 독점하는 것이 부당하다는 인식 아래 敎徒制를 실시하여 대중불교를 건설하고, 持戒修行하는 眞僧을 보호하여 승단의 전통을 유지 발전시킬 것 등을 주장하였다.[42] 그리고 이들도 역시 승려가 약초를 재배하거나 공장을 건설하여 노동에 의해서 스스로 생활을 유지할 것을 촉구하였다.[43]

이 밖에도 朝鮮佛敎中央禪理參究院, 불교청년당, 불교여성총동맹 등을 비롯한 남녀 7개 불교단체가 1946년 12월에 대중불교 실현, 민족통일완수, 균등사회 건설 등의 강령 아래 결성한 불교혁신총연맹이 있었다.[44] 불교혁신총연맹은 특히 사찰소유 토지를 농민에게 분배할 것을 적극적으로 주장하였다.[45] 1947년에는 이들 단체와 선학원을 포함한 7개

---

41) 같은 글.
42) 대한민국건국10년지간행회, 앞의 책, 519쪽.
43) 같은 책, 520쪽.
44) 『조선일보』, 1946.12.6.
45) 『경향신문』, 1947.1.11.

단체가 모여 조선불교총본부를 세우고 그 협력단체로서 전국불교도총연맹을 결성하였다.46) 그리하여 이후 총무원과 이들 사이의 대립은 좌·우익의 대립으로 나타났다. 그러나 상당수의 혁신계 인사가 월북하였고47), 또 조선불교총본부가 남북협상 및 5.10선거에 대한 견해차로 분열되자 남한에서 좌익적인 불교 세력은 쇠퇴하고 말았다.48) 그리하여 이후 미군정 말기에는 좌·우익의 대립은 비구·대처의 대립으로 그 양상이 변모하였다.

개신교의 좌익 단체로는 1947년 2월 24일 侍天敎堂에서 결성된 기독교민주동맹이 있다.49) 그 당시 민주주의민족전선 의장이었던 김창준과 허헌, 노대욱 등이 '기독교정신에 입각하여 민주주의국가 건설을 기하고 조선에 당면한 정치 및 사회적 민주과업의 적극 실천을 기함'이라는 선언 강령 아래 좌익 성향의 기독교 인사들을 중심으로 결성하였다. 결성 당일 이들이 강금복의 장례행렬을 방해하여 우익 청년단체들과의 대립이 있었으나 세의 열세로 대한민주청년동맹, 대한독립청년당 등 우익 청년단체들에게 사죄 각서를 제출하였다.50) 그리고 기독교민주동맹은 1947년 7월 '기독교민주주의의 노선을 다시 밝히는 한편 외국어에 능통함을 기화로 조선 현실을 왜곡 선전하여 자기들의 기존 세력을 고수하려는 교내 반동파에 의하여 최근 많은 동지가 피습당한 사실을 지적하고' 반동파의 테러를 분쇄하겠다는 성명서를 발표하였다.51)

---

46) 『서울6백년사』 제5권, 1983년, 1128쪽.
47) 1946년에 총무원 측은 혁신계의 金龍潭 등을 좌익이라고 경찰에 고발하여 취조를 받게 하였다. 수일 후 이들은 풀려나기는 하였으나 이 사건을 계기로 혁신계 인사 가운데 56명이 월북하는 사건이 발생하였다. 대한민국사편찬위원회, 앞의 책, 604쪽.
48) 대한민국건국10년지간행회, 앞의 책, 520쪽.
49) 『경향신문』, 1947.2.23.
50) 『경향신문』, 1947.2.24.

유교의 좌익 단체인 전국유교연맹은 1947년 3월 24일에 결성되었고 같은 해 4월 23일에는 민주주의민족전선에 가입하였다.[52] 북한에서 전국유교연맹이 출현한 연도도 1947년인 점을 감안하면 남한의 전국유교연맹은 북한과의 연계 아래 결성된 것으로 보인다.[53] 북한에서는 이 단체가 1957년까지 활동한 흔적이 있으나 미군정 당시 남한에서는 두드러진 활동을 하였다는 기록이 없다.

전반적으로 미군정 당시 종교계의 좌익 세력은 미군정의 우익 선호적 정책으로 인해 점차 쇠퇴의 길을 걸었다. 이런 상황에서 미군정 당시 특기할 만한 사항은 우익 성향의 종교들이 연합체를 결성하여 좌익 성향의 종교단체들에 대처하였다는 점이다. 1945년 12월 20일 천도교 대강당에서 기독교를 비롯하여 대종교, 불교, 천도교, 유교, 천주교를 중심으로 조선독립촉성종교단체연합회가 결성되었다. 이 연합회는 '27년간 의로써 싸워 온 임시정부에 대하여 최대의 경의로써 그 지지를 표명하고 아울러 민족통일전선을 결성함으로써 조선 독립의 완성을 촉진하자는 의미로'[54] 결성되었다. 이 결성 모임에는 하지사령관(대리), 아놀드 민정장관, 김구, 이승만이 참석하였다. 그리고 다음 날에는 같은 장소에서 대한독립촉성전국청년총연맹이 결성되었는데 이 연맹에는 기독청년전선연합회, 기독청년동맹, 천도교청년단, 불교청년당, 神道靑年團이 가입하였다.[55] 이 두 단체는 1945년 12월에 신탁통치에 대한 반대 성명을 발표하

---

51) 『조선일보』, 1947.7.12.
52) 『해방20년 -자료편』, 세문사, 20쪽.
53) 고태우, 「북한 종교정책의 제문제」, 한국종교사회연구소 편, 『1945년 이후 한국종교의 성찰과 전망』, 민족문화사, 1989, 208쪽.
54) 『서울신문』, 1945.12.21.
55) 『동아일보』, 1945.12.22.

였다.56) 그리고 조선독립촉성종교연합회는 미군정과도 우호적인 관계를 맺고 있었다.57)

조선독립촉성종교연합회는 종교단체들 스스로의 발의로 결성되었으나 교화사업중앙협회는 미군정의 주도로 결성되었다. 교화사업중앙협회는 1946년 6월 20일 군정청 제1회의실에서 '애국사상의 고취, 도의정신의 향상, 근로정신의 보급, 생활개선의 장려를 슬로건으로 강력한 실천을 위하여', 불교중앙총무원, 천도교총본부, 기독교감리회, 기독교장로회, 기독교성결교회, 천주교회, 사회교육협회, 신생활협회, 사회사업협회, 문교부 문화국 등의 발기로 발족하였다.58)

3. 종교 관련 법의 개정

앞에서는 일제의 잔재 청산 및 복구, 그리고 좌·우익의 갈등을 중심으로 미군정 당시의 종교계의 상황을 살펴보았다. 여기에서는 미군정 당시 시행되었던 종교 관련 법의 개폐를 중심으로 미군정이 각 종교들에 대해서 취했던 입장들을 검토해 보고자 한다.

---

56) 『서울신문』, 1945.12.28.; 『서울신문』, 1945.12.30. 1946년 1월 조선공산당이 찬탁을 발표하자 이에 대해 賣國賊懲治各團體緊急協議會의 이름으로 반대 성명이 발표되었다. 이 협의회에 종교단체로 불교중앙총무원, 기독교청년회, 천도교청년회, 단군전봉건회가 참여하였다.(심지연 엮음, 앞의 책, 252쪽 참조)
57) 조선독립촉성종교연합회에 소속된 6대 종교의 대표들이 1946년 4월 26일 미군정의 자문기관인 민주의원의 김규식과 미소공동위원회를 인정하는 것이 좋다는 내용의 협의를 가졌다.(『조선일보』, 1946.4.28) 그리고 미소공동위원회에서 미군정이 임시정부에 참여시키자고 제안한 17명의 우익단체 대표와 3명의 민주주의민족전선 대표 가운데 우익단체 대표로 6명의 종교단체 대표가 있었다.(데이비드 콩드, 앞의 책, 149쪽 참조)
58) 『조선일보』, 1946.6.20.

미군정 당시 사법권은 1945년 11월에 한국인의 관할로 이관되었다. 초기에는 한국인이 미국인 군정관의 각 부서의 고문으로 임명되었으나 1946년 8월에는 반대로 한국인이 행정부의 각 부서의 책임을 맡고 미국인이 고문으로 임명되었다.[59] 1947년 2월에는 한국인이 민정장관에 임명되었다.[60] 1946년에 처음으로 개최된 과도입법의원은 1948년 5월 20일 종결할 때까지 법을 제정하고 군정청이 공포한 법령을 개정하는 일을 하였다.

미군은 남한에 진주하면서 태평양미국육군총사령부의 이름으로 포고 제1호를 공포하였다. 포고 제1호는 미군이 조선을 점령하는 이유가 항복문서 조항 이행과 조선인의 인권 및 종교상의 권리를 보호함에 있다고 하였다.[61] 그리고 미군정의 학무당국은 신교육방침을 각 도에 지시하였는데 '민족과 종교'라는 조항에 "전 조선 학교교육에 있어서 민족과 종교의 차별을 철폐함"이라는 내용이 들어 있다.[62] 포고 제1호의 '종교상의 권리 보호'와 신교육방침의 '민족과 종교의 차별 철폐'에서 '종교'는 물론 기독교를 의미한다고 할 수 있다.

1880년대에 서양 제국과 체결한 조약들은 거의가 서양의 각국 선교사들이 조선에서 자유롭게 활동하고, 또한 조선에 거주하는 외국인들이 종교활동을 자유롭게 할 수 있도록 보장하는 내용을 포함하고 있다.[63] 포고 제1호와 신교육방침은 비록 1880년대에 조선과 서양 제국 사이에 체

---

59) 대한민국건국10년지간행회, 앞의 책, 182쪽.
60) 한국인 초대 민정장관은 안재홍이었다. 천도교의 청우당은 미군정의 행정권 이양은 이름뿐이라는 점을 들어 미군정에 실질적이고 명실상부한 행정권의 이양을 촉구하였다.(『동아일보』, 1947.2.12).
61) 『매일신보』, 1945.9.7.
62) 『매일신보』, 1945.9.18.
63) 최종고, 『국가와 종교』, 현대사상사, 1983, 149-158쪽 참조.

결된 조약들보다 60여 년 뒤에 발표된 것이기는 하지만, '종교상의 권리 보호'와 '민족과 종교의 차별 철폐'라는 구절에서 기독교를 믿을 권리를 보호하고, 또한 외국인 선교사들의 자유로운 활동을 보호하겠다는 의지를 엿볼 수 있다.

미군정청은 1945년 10월 9일 군정법령 제11호(日政法規 일부개정 폐기의 건)를 발표하였다. 군정법령 제11호의 제1조 특별법의 폐지 가운데 '특별법'에는 1925년 5월 8일 제정된 치안유지법과 1919년 7월 18일에 제정된 神社法이 포함되어 있다.64) 그리고 제2조에는 '종족, 국적, 신앙 또는 정치사상을 이유로 차별을 生케하는' 일반 법령을 모두 폐지한다는 내용이 들어 있다. 치안유지법의 폐지로 이 법에 의해 위축되었던 종교의 활동이 전반적으로 활성화될 수 있었다. 특히 대종교, 증산교 계통의 종교 활동이 이 법의 폐지로 서서히 재개될 수 있었다.

미군정청은 1945년 9월과 10월에 걸쳐 군정청조령 제5조에 의거 직접 남한 내의 모든 神宮을 파괴하고 불태워 버렸다.65) 이어서 같은 해 11월에 미군정청은 神社의 소각과 소속 서류 및 재산의 압수 보관을 각도지사에게 명령하였다. 신사의 본전을 태우는 데에는 관리의 현장 입회가 요구되었고, 또한 그 신사 소재지의 10마일 이내에 주둔하고 있는 미군부대장에게 이를 보고하여야만 했다.66)

한편 같은 해 11월에 미군정청은 법령 제21호(법률제명령의 존속)를 공포하였다. 이 법령 제1조에 의해 1945년 8월 9일 실행중인 조선총독부의 모든 법률 및 명령이 미군정청의 특수 명령에 의해 폐지되지 않는 한

---

64) 치안유지법과 神社法의 내용은 각각 『朝鮮法規類編』 제2권 제8편 제16항과, 같은 책 제2권 제6편 제1항에서 제88항 참조.
65) 『자유신문』, 1945.10.18.
66) 『자유신문』, 1945.11.3.

효력을 지니게 되었다. 따라서 일제하의 종교 관련법도 미군정청이 직접 폐지하거나 변경하지 않는 한 그대로 효력을 발휘하였다.

미군정청은 법령 제15호로 공자묘 경학원을 성균관으로 그 명칭을 바꾸었다. 일제는 1911년 總令 제73호로 경학원규정을 공포하였다. 이 경학원규정은 '종교'를 다루고 있는 章에 포함되어 있지 않고 '學事'를 다루고 있는 장에 포함되어 있다. 경학원규정 제1조는 "경학원은 조선총독의 감독 아래 경학을 강구하여 風敎德化를 裨補하는 것을 목적으로 한다"라고 되어 있다. 경학원규정의 이러한 내용은 결국 일제하에서 유교는 종교라기보다는 교육기관으로, 그리고 도덕단체로 이해되었다는 것을 보여준다. 미군정청이 공자묘 경학원의 명칭을 성균관으로 바꾸었다는 것은 우리나라의 유교가 교육기관이나 도덕단체라기보다 종교단체로 활동할 수 있는 가능성을 지니게 되었다는 것을 의미한다.

김창숙은 1946년 6월부터 군정청의 문교부장 유억겸 등을 만나 일제하에 공포된 향교재산관리규칙의 철폐를 위한 교섭을 진행하였다.[67] 유교계의 이러한 노력의 결과 미군정청은 1948년 5월 남조선과도정부의 건의로 법령 제194호 '향교재산관리에 관한 건'을 공포하였다. 이 법의 공포로 1920년 6월 總令 제91호로 공포된 향교재산관리규칙과 1945년 5월 總令 제110호로 공포된 지방문묘규정이 효력을 상실하였다. 향교재산관리규칙의 주요 내용은 府尹, 군수, 島司가 향교재산을 관리하고, 향교재산의 매각, 양도, 교환 및 담보로 제공할 때는 조선총독의 인가를 받아야 한다는 것이다.[68] 이와 같이 일제하에서는 향교재산이 국가 재산으

---

[67] 『서울6백년사』 제5권, 1983년, 1134쪽.
[68] 일제하의 향교재산관리규칙은 1910년 4월 學部令 제2호로 공포된 향교재산관리규정을 수정한 것이다. 향교재산관리규정은 관찰사의 지휘 감독 아래 府尹, 郡守가 향교재산을 관리하고, 향교재산에 관해 최종적으로 보고를 받는 사람은 學部大臣

로 간주되었던 것이 미군정 법령 제194호 '향교재산관리에 관한 건'의 공포로 인해 유림의 공동재산으로 바뀌었다. 미군정법령 제194호의 주요 내용은 도별로 향교재단을 설립하여 향교재산을 보호한다는 것이다.

다시 말해서 일제하에서는 향교재산을 국가가 관리하였으나 미군정 당시부터는 유림이 직접 관리하되 다만 명시된 목적 이외의 사용을 할 수 없게 되었다. 그리고 이사는 각 향교의 유림대표로 하여금 선정케 하되 이사 1인은 도지사가 추천하는 도공무원으로 하였다.[69]

불교총무원에서는 1946년 7월 27일과 8월 22일에 군정장관에게 사찰령의 철폐를 신청하였다. 이 신청이 받아들여지지 않자 불교총무원장 김법린은 원세훈 외 25 의원의 연서를 얻어 사찰령과 포교규칙 등 4개 법령을 폐지할 것을 입법의원에 정식으로 제출하였다.[70] 그리하여 1947년 8월 8일 '사찰재산임시보호법'이 입법의원을 통과하였다. 그 당시 입법의원을 통과한 사찰재산임시보호법의 내용은 아래와 같다.[71]

제1조 사찰재산은 조선불교 교헌에 정한 바에 의하여 조선불교 교정의 허가를 受함이 아니면 此를 양도하거나 담보로 제공하거나 기타 처분을 할 수 없음. 사찰의 부채가 되는 행위도 亦同함.

제2조 사찰재산 처분 등에 관하여 국보, 고적, 명승, 천연기념물 보존령, 산림령 기타 법령에 의한 행정관청의 허가 또는 인가를 받고자 할 때에는 조선불교 교정을 경유하여야 함.

제3조 본법에 위반한 행위는 무효로 함.

임을 밝히고 있다.(官報 隆熙 4年 4月 28日)
[69] 1962년 1월 미군정 법령 제194호 '향교재산관리에 관한 건'은 폐지되고 대신 향교재산법(법률 제958호)이 제정되었다. 향교재산법에는 이사 1인을 도지사가 추천하는 도공무원으로 한다는 내용이 삭제되었다.
[70] 『동아일보』, 1947.3.5.
[71] 남조선과도입법의원속기록(略記) 제130호(1947년 8월 8일).

부칙
제1조 본법은 공포일부터 유효함.
제2조 아래의 법률은 종교자유의 원칙에 基하여 此를 폐지함.
사찰령(1911년 6월 制令 제7호)
사찰령시행규칙(1911년 7월 조선총독부령 제84호)[72]
포교규칙(1915년 8월 조선총독부령 제83호)
사원규칙(1915년 8월 조선총독부령 제80호)[73]

이 법의 주요 취지는 종교의 자유를 가로 막는 사찰령 등 일제의 악법은 폐지하되 사찰의 재산을 보호할 수 있는 제도적인 장치는 마련하자는 데에 있다. 그리고 사찰의 재산을 관리하고 보호하는 제도적인 장치로 정부 대신 그 당시 불교의 우두머리인 교정에게 권한을 부여하자는 것이다.

이 법이 입법의원을 통과하였음에도 불구하고 미군정 당국은 같은 해 10월 29일 이 법의 인준을 보류하였다. 미군정 당국이 이 법의 인준을 보류한 이유는 사찰재산임시보호법 가운데 '사찰재산'이라는 것이 그 전 일본불교 사원의 재산도 포함된 것으로 해석할 수도 있어서 그렇게 되면 막대한 적산이 조선불교라는 일개 종교단체로 귀속될 우려가 있다는 것이었다.[74] 그리고 같은 해 11월 12일에는 총무원 측과 대립 상태에 있던 조선불교총본부와 그 산하에 있던 10여 단체에서 이미 입법의원을 통과한 사찰재산임시보호법의 철폐를 주장하는 항의문을 하지 중장, 입법의원 의장, 군정장관, 민정장관, 대법원장 등 관계 방면에 제출하였다.[75]

---

[72] 속기록에는 사찰령시행규칙이 1912년 제정된 것으로 되어 있으나 이것은 잘못된 기록임.
[73] 사원규칙의 본래 명칭은 신사사원규칙이다. 속기록에는 이 법이 조선총독부령 제80호로 1936년에 제정된 것으로 되어 있으나 이것은 잘못된 기록임.
[74] 『경향신문』, 1947.11.28.
[75] 『동아일보』, 1947.11.14.

이와 같이 사찰재산임시보호법을 제정하여 불교의 인사권과 재정권을 되찾으려는 총무원 측의 노력은 미군정 당국과 불교 내부의 반발로 인해 무위로 끝나고 말았다. 제1공화국 당시에는 비구와 대처 사이의 내분으로 불교계는 사찰령의 폐지와 같은 중요한 문제를 해결할 수 있는 여유가 없었다. 따라서 이 사찰령이 폐지된 1962년 1월 20일까지 불교계는 인사권과 재정권을 불완전하게 사용할 수밖에 없었다. 예를 들어서 1955년 6월 29일에 문교부와 내무부 그리고 법무부가 함께 관계관 회의를 소집하여 1911년 6월에 제정된 사찰령과 7월에 제정된 사찰령시행규칙이 여전히 효력이 있음을 전제로 대처승을 부인하는 행정처분을 내렸던 것이다.76) 그리고 1960년 9월까지도 "사찰령은 舊헌법의 공포실시 후에도 효력이 존속하며 사찰령의 규정에 따라 주무장관의 허가 없는 사찰재산에 대한 일반적인 양도는 부정된다"는 대법원 판례가 나올 정도였다.77)

4. 종교관련 귀속재산의 처리

광복 직후에 적산으로 분류된 일본종교의 재산은 일제 말기에 발표된 자료들을 통해서 어느 정도 파악할 수 있다. 광복 직전 天理敎, 神理敎, 金光敎, 扶桑敎 등 교파신도의 포교당은 전국에 걸쳐 327개가 있었는

---

76) 대한민국건국10년지간행회, 앞의 책, 523쪽. 나중에 주지의 취임에 지방장관(도지사)의 인가를 요건으로 하는 사찰령시행규칙의 규정은 헌법(구) 제12조 소정의 자유보장에 관한 규정에 저촉된다는 대법원 판례가 나왔다.(1956년 7월 20일 대법원 판례 1956년 行上 1)
77) 1960년 9월 15일 大判 4291 民上 492(한국종교법학회 편, 『종교법판례집』, 육법사, 1982, 126쪽 참조).

데78), 이 가운데 대략 250여 개가 남한에 있었다.79) 일본불교는 眞宗大谷派, 日蓮宗, 曹洞宗, 眞言宗, 정토종 등 9종 17파의 사원이 138개 있었는데80), 이 가운데 120여 개가 남한에 있었다.81) 그리고 일본기독교의 교회는 54개가 있었고82), 神社와 神祠가 각각 60여 개 및 939개가 있었다.83) 이 밖에도 神道의 강습소가 4개, 천리교의 사회사업기관이 1개가 있었고, 일본불교의 학교가 8개, 유치원이 44개, 강습소가 13개, 의료기관이 4개, 사회사업기관이 12개, 그리고 일본기독교의 학교가 1개, 유치원이 3개 있었다.84)

일본종교의 적지 않은 이러한 재산이 미군정 당시에 어떻게 처리되었는지를 정확히 알 수 있는 자료는 아직 발견되지 않았다. 다만 그 당시 미군정 당국으로서는 남한에 대한 미국의 지배력을 확보하는 것을 주요 목표로 삼고 있었기 때문에 일본종교의 귀속 재산도 그러한 맥락에서 처리되었을 것으로 추측해 볼 수 있다.85)

미군정은 1945년 9월 25일 미군정법령 2호에 의해 패전국 재산에 대해 동결 및 이전 제한 조치를 취하였다. 그리고 같은 해 10월 13일에는 일본인 공, 사유재산의 미군정 귀속을 지시하였고, 1948년 9월 11일에는 한미 재정 및 재산에 관한 협정에 의해 귀속재산을 한국정부에 이관하였

---

78) 『朝鮮年鑑』, 1945, 210쪽.
79) 『朝鮮統計年鑑(1943年)』, 1949, 216쪽.
80) 『朝鮮年鑑』, 1945, 210쪽. 사원 이 외에 포교소가 전국에 719개 있었다.
81) 『朝鮮統計年鑑(1943년)』, 1949, 216쪽. 조선불교의 사찰 수는 1,326개이다.
82) 같은 책, 217쪽.
83) 『朝鮮年鑑』, 1945, 209쪽.
84) 朝鮮總督府學務局社會教育科, 『朝鮮に於ける宗教及享祀一覽』, 1937, 77, 79, 84, 93, 97쪽.
85) 김기원, 『미군정의 경제구조 -귀속기업체의 처리와 노동자 자주관리운동을 중심으로』, 푸른산, 1990, 244쪽 참조.

다. 제1공화국은 1949년 12월 19일 귀속재산처리법을 제정하고, 이어서 1950년 3월 30일 귀속재산처리법 시행령, 그리고 같은 해 5월 27일에는 귀속재산처리법 시행규칙을 제정하였다. 귀속재산의 처리는 1963년 5월 29일 귀속재산 처리에 관한 특별조치법으로 귀속휴면법인의 처리 및 비매각 재산의 국유화 조치가 취해짐으로써 일단락되었다.[86] 이와 같이 귀속 재산은 미군정에서 제3공화국 초기까지 오랜 기간에 걸쳐서 처리되었다.

1949년에 제정된 귀속재산처리법은 비록 미군정이 끝난 다음 제정되기는 하였지만, 이 법을 통해서 미군정의 귀속재산처리 정책의 일면을 엿볼 수 있다. 왜냐하면 이 법은 미군정이 시행한 정책을 인정하고 합법화하는 역할도 동시에 했을 것이기 때문이다. 귀속재산처리법 가운데 종교와 관련이 있는 조항은 다음과 같다.

제5조 귀속재산 중 대한민국헌법 제85조에 열거된 천연자원에 관한 권리 및 영림재산으로 필요한 임야, 역사적 가치 있는 토지, 건물, 기념품, 미술품, 문적 기타 공공성을 有하거나 영구히 보존함을 요하는 부동산과 동산은 국유 또는 공유로 한다.

정부, 공공단체에서 공용, 공공용 또는 공인된 교회, 후생기관에서 공익사업에 供하기 위하여 필요한 부동산과 동산에 대하여도 전항과 같다.

제15조 귀속재산은 합법적이며 사상이 온건하고 운영능력이 있는 선량한 연고자, 종업원 또는 농지개혁법에 의하여 농지를 매수당한 자와 주택에 있어서는 특히 국가에 유공한 무주택자, 그 유가족, 주택 없는 빈곤한 근로자 또는 귀속주택 이외의 주택을 구득하기 곤란한 자에게 우선적으로 매각한다.

---

[86] 같은 책의 '귀속재산 처리관련 일지' 참조.

공인된 교화, 후생 기타 공익에 관한 사단 또는 재단으로서 영리를 목적으로 하지 아니하는 법인이 필요로 하는 귀속재산에 대하여도 우선적으로 매각할 수 있다.

그리고 귀속재산처리법 시행령에는 다음과 같은 조항이 있다.

제4조 (略)법 제5조 제2항 후단에 규정된 공인된 교화, 후생기관에서 공익사업에 供하기 위하여 필요한 부동산과 동산은 교화, 후생기관의 소관부 장관이 제의하여 국무회의 의결로써 국무총리를 경유하여 대통령의 결재를 얻어 관재청장은 그 재산의 재산목록을 작성하여 재무부장관 또는 지방장관에게 이관한 후 재무부장관 또는 지방장관은 이를 당해 교화, 후생기관에게 사용하게 한다.

제31조 본령 시행 전에 외국인에게 임대한 귀속재산은 선량한 외국인에 한하여 별도 조치가 있을 때까지 계속하여 임대한다.

위의 법을 통해서 우리는 미군정과 제1공화국이 두 가지 방법을 통해서 종교관련 귀속재산을 처리하였을 것으로 추측해 볼 수 있다. 하나의 방법은 국유, 또는 공유로 하되 무상으로 사용할 수 있게 하는 것이고, 또 하나의 방법은 매각하는 것이다.

그리고 이 법조문에서 관심을 끄는 표현은 '공인된 교화기관'이다. 공인된 교화기관에 대한 더 이상의 언급이 없기 때문에 공인된 교화기관에 구체적으로 어떤 종교단체가 속하는지는 짐작해 볼 수밖에 없다. 일제하 당시 1915년에 제정된 포교규칙 제1조는 "本令에서 말하는 종교는 神道, 불교 및 기독교를 지칭한다"라고 되어 있다. 만약 이 포교규칙의 조항을 염두에 두고 이 법이 제정되었다면 여기에서 말하는 공인된 교화기관은 불교와 기독교를 말한다.

귀속재산처리법과 동법 시행령을 참고로 할 때 미군정은 종교관련 귀속재산을 주로 불교와 기독교에 매각하거나, 또는 이들이 사용할 수 있도록 하였다는 것을 알 수 있다. 대체로 몇몇 자료들을 중심으로 살펴볼 때 교파신도를 포함한 신도계통의 귀속재산과 일본기독교의 귀속재산은 기독교에, 그리고 일본불교의 귀속재산은 불교로 넘어 갔을 것으로 추측된다. 그리고 극히 일부의 귀속재산이 유교와 대종교로 넘어 왔다. 아래에서는 지금까지 발견된 몇몇 사례들을 중심으로 종교관련 귀속재산이 처리되는 과정을 구체적으로 살펴보도록 하자.

광복 직후 북한에서 월남한 기독교인 피난민들은 자기들끼리 모여서 예배를 볼 장소를 필요로 하였다. 마침 그 당시 서울 시내에는 천리교의 포교당이 40여 개 있었다. 이에 김재준과 한경직은 신도의 포교당을 접수하여 교회로 사용할 계획을 세웠다. 그러나 이미 천리교재단은 한국인의 한국천리교회로 이관되어 있었고, 동자동에 있는 천리교본부는 군정청 문교사회부장의 인허를 받아 서울원예학교라는 간판을 걸고 있었다.[87] 그리고 아직 군정청 당국은 종교관련 귀속재산을 어떻게 처리할 것인지에 대해 생각을 해보지 않은 상태에 있었다. 그러자 김재준과 한경직은 군정청의 도움으로 서울시와 임대차 계약을 맺고 당시 서울시 부시장 구스타프의 도움으로 천리교 재단을 접수하였다.[88] 그리하여 천리교본부가 있던 동자동에는 조선신학교와 성남교회가 창설되었고, 가장 큰 천리교회가 있었던 저동에는 영락교회가, 그리고 두 번째로 큰 천리교회가 있었던 東四軒町에는 경동교회가 창설될 수 있었다.[89]

---

[87] 김재준, 「한국신학대학 25년 회고」, 『신학연구』, 9집, 1965, 16-17쪽.
[88] 같은 글, 17쪽.
[89] 같은 글, 18쪽; 『경동교회30년사』, 1976, 37-40쪽; 최종고, 『영락교회의 부흥』, 한국문학사, 1974, 68쪽.

이러한 상황이 서울에서만 벌어진 것은 아니었다. 대구동부교회는 천리교경상교회의 자리에 세워졌다. 광복 직후 대구동부교회의 설립자인 손계웅은 천리교경상교회의 담당자에게 그 당시 현금 1천원을 주고 그 건물을 교회로 사용하려고 하였다.[90] 그러나 마을 주민들은 그 건물을 동사무실과 동공회당으로 사용하려고 하여 마을 주민들과 손계웅 진영의 충돌이 발생할 지경에 이르렀다. 그러자 손계웅 진영은 미군정 당국의 도움으로 건물 앞에 "이 건물은 기독교회와 유치원으로 사용한다"는 영문 간판을 내걸고 이 건물을 무난히 접수할 수 있었다.[91] 1953년 1월 17일 대구동부교회는 그 당시 귀속재산을 관리하고 있던 관재청과 교회당 임대차 계약을 맺고 건물을 정식으로 불하받았다.[92]

천주교, 개신교, 구세군, 성결교회 등에서는 본래 남산에 있던 조선신궁 자리에 기독교박물관을 세우고 연합예배당을 신축하려고 하였다.[93] 그러나 이들의 계획은 원안대로 실현되지 못하고 1948년 4월에 김양선 개인의 노력에 의해 조선신궁 자리에 기독교박물관이 개관되었다.[94] 우리는 조선신궁이 처리된 이 예에서 역시 남한 내에 있던 신도 계통의 귀속재산이 대체로 개신교 쪽으로 불하되었을 것으로 추측해 볼 수 있다.

그리고 이들 귀속재산은 특히 북한에서 내려온 기독교인 피난민들이 교회 활동을 할 수 있는 주요 터전이 되었다. 통계상으로도 광복 후 10년간 신설된 2천여 개의 교회 가운데 90% 이상이 피난민의 교회였다.[95]

---

90) 『대구동부교회40년사』, 1986, 27쪽.
91) 같은 책, 30쪽.
92) 같은 책, 44쪽.
93) 『조선일보』, 1947.4.23.
94) 『서울6백년사』 제5권, 1983년, 1178쪽.
95) 대한민국건국10년지간행회, 앞의 책, 553쪽.

이들 피난민의 교회 설립에 신도 계통의 귀속재산이 많은 도움이 되었던 것이다.

　천주교는 종교관련 귀속재산은 아니었지만 출판사를 하나 불하받음으로써 『경향신문』을 발행할 수 있었다. 일제시대에 있던 近澤印刷所는 광복 직후 조선공산당이 朝鮮精版社로 이름을 고치고, 기관지 『해방일보』를 인쇄하는 데 사용하였다. 그러다가 1946년 여름에 조선공산당이 조선정판사에서 위조지폐를 인쇄하였다는 소위 조선정판사 위조지폐사건이 발생하였다. 이에 우익을 표방하던 천주교는 군정청과 교섭하여 인쇄기계 일체를 포함하여 조선정판사를 접수, 대건인쇄소로 명칭을 변경하고 그해 10월부터 『경향신문』을 발행하였다.[96] 중립지를 표방한 『경향신문』은 1947년 9월 현재 서울에서 발간되는 일간지 가운데 61,300부라는 가장 많은 부수를 발행하고 있었다.[97] 이러한 사실에서 천주교가 그 당시 사회에 끼친 영향과 함께 『경향신문』이 천주교에 기여한 점이 적지 않았을 것이라는 사실을 알 수 있다.[98]

　광복 직후 불교의 김법린 총무원장은 하지 중장과 만나 일본불교의 사원을 조선불교에서 인수하기로 협의하였다.[99] 그리하여 博文寺, 東本願寺, 西本源寺, 和光敎團, 曹溪學院, 龍谷大學 등 일본불교 여러 종파의 재산을 선학원이 관리하게 되었다.[100] 그러나 나중에 이들 일본불교의 재산 관리권을 두고 선학원과 총무원의 갈등이 생겼다.[101] 미군정 당

---

[96] 같은 책, 534쪽.
[97] 『자료 대한민국사』 5권, 국사편찬위원회, 1972, 936쪽.
[98] 나중의 일이기는 하지만 천주교는 1962년에 군사정부의 후의로 강원도 춘천시에 있는 4만 평의 땅을 얻어 성심여자대학을 세울 수 있었다. 『서울6백년사』 제5권, 1983, 1168쪽 참조.
[99] 같은 책, 1144쪽.
[100] 같은 책, 1140쪽.

국은 1947년 8월 8일 입법의원을 통과한 사찰재산임시보호법을, 일본불교 관련 귀속재산이 조선불교라는 일개 종교단체로 귀속될 우려가 있다는 점을 이유로, 인준을 거부하였다. 이러한 사실에서 우리는 미군정 당국이 조선불교에게 일본불교 관련 귀속재산의 사용권만을 한시적으로 부여해 준 것에 불과하였다는 사실을 알 수 있다.

불교계는 내부의 갈등과 미군정 당국의 미온적인 태도로 인해 그나마 관리하던 귀속재산을 잃는 사례도 있었다. 1948년 2월 남산에 있던 동본원사가 국민대학관 교사로 사용되어 결국 일본불교 관련 귀속재산의 관리권마저 잃게 되었다.[102] 이러한 일은 미군정 당국이 결국 일본불교의 귀속재산을 조선불교에 선뜻 내어줄 생각이 없었기 때문에 일어난 것이다.

유교의 경우에는 일본 신종교의 하나인 善隣會의 귀속재산을 넘겨받았다. 1946년 9월 인가를 받은 성균관대학은 이석구가 소유하던 재단법인 學隣舍, 종전의 명륜전문학교 재단, 그리고 선린회 재단을 합한 것이었다.[103]

대종교는 1946년초 환국하여 일본불교 사찰인 千代寺에 총본사를 정하였다.[104] 나중에 소유권 및 불하권 취득에 대한 문제가 있었으나 국무총리를 지냈던 이범석과 관재처에 근무하던 오석만의 지원과 주선으로 천대사는 대종교에 불하될 수 있었다.[105]

---

[101] 강석주·박경훈, 『佛敎近百年』, 중앙신서, 1980, 234-235쪽.
[102] 남조선과도입법의원속기록(略記), 제206호(1948년 2월 5일).
[103] 『서울신문』, 1946.8.10; 『서울6백년사』 제5권, 1983년, 1135쪽.
[104] 『大倧敎重光六十年史』, 대종교총본사, 1971, 576쪽.
[105] 같은 책, 712쪽.

5. 공인교적 종교정책

앞에서는 종교관련 법의 개정과 종교관련 귀속재산의 처리를 중심으로 미군정의 각 종교에 대한 태도를 살펴보았다. 여기에서는 몇몇 사례들을 중심으로 미군정 당국과 그 뒤를 이은 제1공화국이 기독교 위주의 종교정책을 폈다는 점을 밝히고자 한다.

미군정 당시 남한의 인구를 2천만 명으로, 그리고 개신교인과 천주교인을 합하여 45만 명으로 잡는다면, 그 당시 남한 전체 인구에서 기독교인이 차지하는 비율은 2-3%에 불과하였다. 그럼에도 불구하고 미군정 초기에 벌써 예수의 탄신일인 크리스마스가 공휴일로 지정되었다. 미군정은 1945년 10월 일본이 써오던 축제일을 폐지하고 조선과 미국의 축제일과 공일만을 쉬기로 하였다.106) 미국의 축일은 정월 초하룻날, 독립기념일(7월 4일), 평화기념일(11월 11일), 추수감사일, 그리고 크리스마스 다섯 번이었다. 미군정이 끝났음에도 불구하고 제1공화국 이후 크리스마스는 그대로 공휴일로 지정이 되어 현재까지 이어지고 있다. 제1공화국 헌법에 정교분리 정책을 천명하고 있었음에도 불구하고 전체 인구의 2-3% 밖에 차지하지 못하는 종교의 축일이 공휴일로 지정이 되었다는 것은 주목할 만한 사실이다.

또한 기독교는 1947년 3월부터 매 일요일마다 서울방송을 이용하여 기독교의 복음을 전국에 전파할 수 있었다.107) 일제시대 경성방송의 후신인 서울방송은 그 당시 국영의 성격을 지녔기 때문에 기독교가 서울방송을 이용할 수 있었다는 것은 기독교가 국교의 지위까지 누렸다는 것을

---

106) 『자유신문』, 1945.10.19.
107) 대한민국건국10년지간행회, 앞의 책, 534쪽.

의미한다.

이런 상황에서 기독교는 일요일(主日)에 학교 행사를 금해줄 것과 함께 일요일의 공휴일화를 강력히 건의할 수 있었다.108) 1948년의 총선 일자가 5월 9일 일요일로 정해졌을 때 기독교에서는 이에 강력히 반대하였다. 그 당시 기독교계의 반대 성명은 아래와 같다.

유엔소총회에서 총선거를 가능한 지역에서 실시키로 함은 우리 기독교인으로서 환영하는 바이다. 그 선거일을 오는 5월 9일 즉 주일날로 결정함에 대해서는 반대하지 않을 수 없다. 북조선에서 재작년 즉 1946년 11월 3일을 선거일로 정한 데 대해서 이를 반대하다가 수많은 기독교인이 희생을 당하였거늘 이번 선거일을 주일로 정함은 우리 기독교인으로서는 이 선거에 참가 못하게 하는 것임으로 단호히 이를 배격하며 일자를 고치도록 요망한다.109)

결국 기독교의 이러한 반대에 부딪혀 행정 당국은 행정명령 20호에 의거 선거일을 하루 늦춘 5월 10일 월요일로 변경하였던 것이다.

미군정의 지지와 후원 속에 출현한 제1공화국은 미군정의 기독교 공인교적 정책을 그대로 계승하였다. 1948년 8월 15일 이승만은 대통령의 취임식 선서를 기도로 시작하였다.110) 미국에서 대통령 취임식을 기도로 시작하고 끝에 가서 신의 가호를 비는 것은 하등의 문제가 될 수 없다. 다시 말해서 미국의 경우 국가적인 행사를 기독교식으로 치루는 것은 문제가 되기는커녕 당연한 것이다. 그러나 미국과 종교적인 상황이 다른 우리나라에서 국가적인 행사를 특정 종교의 의식으로 행한다는 것은 결

---

108) 같은 책, 605-606쪽.
109) 『조선일보』, 1948.3.9.
110) 김양선, 『한국기독교해방10년사』, 대한예수교장로회총회, 1956, 357쪽.

국 국가가 그 종교를 특별히 공인해 주는 결과를 초래한다.

대한민국 수립 초기에 제1대 문교부장관 안호상은 국민학교 아동들에게 국기에 대해 경배를 하도록 하였다.111) 그러자 다시 기독교는 이에 대해 이의를 제기하여 결국 1949년 4월 국기에 대한 경배를 국기에 대한 주목으로 바꾸게 하였다.112)

1951년 2월 7일에는 대통령령에 의해 군종제도가 시행되었다. 물론 이 군종제도에는 장로교, 감리교, 성결교 등 개신교와 천주교만이 참여할 수 있었다. 군목 창설 당시 국군의 기독교인 비율이 5% 정도에 불과하였으나 1956년에는 15%까지 상승할 수 있었다.113) 그리고 17만에 달하는 공산군 포로에 대해 한·미 양국의 20명 목사의 활동으로 6만여 명이 전도되었다.114) 이 통계를 보면 군종제도가 기독교 선교에 얼마나 중요한 역할을 수행하였는지를 짐작할 수 있다. 군대라는 일종의 국가 단체 속에서 선교를 할 수 있는 기회를 잡을 수 있었던 것 역시 국가의 기독교 공인교적 정책 때문에 가능할 수 있었던 것이다.115)

기독교계는 제2대 정·부통령 선거에서 한국기독교연합회의 이름으로 대통령으로 이승만을 선출할 것을 촉구하였다. 이 때 이들은 그 이유로 이승만이 국기 경례를 주목례로 바꾸었고, 국군에 종군 목사제를 대통령령으로 만들었고, 국가의식을 기독교식으로 지령하였다는 점을 들고 있다.116) 이와 같이 기독교는 미군정과 제1공화국에서 공인교적 지위를 누

---

111) 최종고,『국가와 종교』, 현대사상사, 1983, 204쪽.
112) 김양선, 앞의 책, 357쪽.
113) 『서울6백년사』제5권, 1983, 1177쪽.
114) 대한민국사편찬위원회,『대한민국사』, 탐구당, 1988, 608쪽.
115) 군승제도는 한국군의 월남전 참전을 계기로 1968년 9월 11일 시행되었다.
116) 『기독공보』, 1952.8.4.

렸고 그 보답으로 정권을 지원해 주었던 것이다.

한편 미군정과 제1공화국의 기독교 공인교적 정책은 다른 종교를 공인하지 않는, 다시 말해서 기독교 이외의 종교들에게는 '종교의 자유'를 인정하지 않는 태도로 나타났다. 미군정 당시 민간신앙과 소위 '유사종교'에 대한 입장은 미군정 당시 이전의 그것과 별다른 차이를 보이고 있지 않다. 1947년 수도경찰청은 서울의 경우 무당이 굿을 할 수 있는 15개 장소를 지정하였다. 그 당시 신문 기사의 내용은 다음과 같다.

> 요즈음 무당의 굿놀이와 푸닥거리 등 미신행위가 날로 번성하여 사회 교화상 중대한 악 영향을 끼치고 있는 데 비추어 이를 그대로 버려둘 수 없어 수도청에서는 오랫동안 전하여 내려온 관습을 일시에 없애 버릴 수 없는 관계상 우선 시내 각 구역에 15개의 기도당을 지정한 후 모든 기도행위는 지정한 장소에서 하도록 엄명하였다는데 이런 조치에도 불구하고 앞으로 일반 가정과 지정한 장소가 아닌 시내 무당의 집에서 소란한 푸닥거리와 굿놀이 등 행위가 발견되는 때에는 엄벌에 처하여 이를 철저히 숙청해 나가리라 한다.117)

이와 같이 미군정 당시에는 민간신앙 일체가 미신으로 규정되고 없애야 할 것으로 이해되었다. 물론 무당의 굿에 대한 부정적인 태도는 조선조 이래 있어 왔다.118) 대한제국 당시에도 민영환의 건의로 巫卜과 雜術을 法部와 경무청으로 하여금 금지하였다는 기록이 있다.119)

그리고 미군정 당시 正道敎라는 종교단체가 유사종교로 지목되어 재판에 회부되었다. 그 당시 신문 기사의 내용은 아래와 같다.

---

117) 『서울신문』, 1947.11.20.
118) 황선명, 『조선조 종교사회사 연구』, 일지사, 1985, 193-202쪽.
119) 『고종실록』, 광무 9년 4월 17일.

해방 후 正道敎라는 표면은 종교단체 같이 꾸미고 내면에서는 완연 한 나라의 정부조직과 같은 구성으로 무지 몽매한 사람의 신도로 하여금 성금이라는 미명 아래 거액의 금품을 사취하다가 검거되어 장물 은닉죄와 안녕질서에 관한 죄로 기소 되었던 정도교에 대한 재판이 개정되었다… 교주 신태제(50)는 장시간에 걸쳐 정도 교의 교리를 설명하는 등 자기의 무죄를 역설하였다.[120]

세 번의 공판을 거쳐 정도교의 교주는 장물 은닉죄와 안녕질서에 관한 죄로 징역 2년과 벌금 천원의 구형을 받고, 결국 검사의 구형대로 선고를 받았다.[121]

이와 같이 민간신앙과 신종교에 대한 부정적인 관념이 미군정 당시에도 지속되었고 그로 인해 민간신앙과 신종교가 창조적인 역할을 수행할 수 있는 터전을 마련하지 못하였던 것이다.

제1공화국에서 전권을 행사하였던 이승만은 감리교를 믿었던 개신교인이었기 때문에 제1공화국의 종교정책은 이로부터 많은 영향을 받았다. 이승만은 1946년 서울운동장에서 거행된 개천절봉축식전에서 "단군은 신이 아니요 신성한 인물이니 이 고귀하신 성조의 자손인 우리들은 빛나는 전통과 그 성업을 계승하여 민족이 한데 뭉쳐서 하루바삐 자주독립을 누리지 않으면 안 된다"[122]라는 내용의 봉축사를 하였다. 이승만의 단군에 대한 이러한 입장이 대종교를 비롯한 단군 계통의 종교들에 부정적인 영향을 미쳤을 것이라는 점은 충분히 짐작할 수 있다.

이승만은 1954년 10월 1일에 "유교의 교훈을 지켜 예의지국 백성이 되자"는 담화문을 발표한 적이 있다.[123] 이 담화문에서 그는 공자의 교

---

120) 『조선일보』, 1946.11.7.
121) 『경향신문』, 1946.12.1.; 『조선일보』, 1946.12.18.
122) 『조선일보』, 1946.10.29.
123) 『대통령이승만박사담화집』, 제2집, 공보실, 1956, 244-247쪽.

주화, 조상의 신격화는 유교의 본래적인 모습이 아니며 윤리적인 면에서 유교와 기독교는 흡사하다는 주장을 하였다. 그리고 이어서 유교 윤리인 삼강오륜을 지켜 우리나라가 동방예의지국이라는 사실을 환기하자고 하였다. 이승만의 유교에 대한 이러한 인식이 유교의 비종교화를 가속화시켰던 것이다.

1954년 5월과 11월, 그리고 1955년 6월에 3회에 걸쳐 발표된 이승만의 불교 관련 담화에서 불교에 대한 이승만의 입장을 적나라하게 살필 수 있다. 대처승은 사찰에서 물러가고 독신승만이 남아 있으라는 이승만의 담화는 정교분리라는 헌법 조항에 당연히 위배되는 것이다. 이승만이 대통령으로서 이러한 담화를 할 수 있었던 것은 그를 포함한 제1공화국의 정권 담당자들이 불교를 종교로 인정하지 않았기 때문에 비로소 가능한 것이었다.

이와 같이 미군정의 종교정책은 제1공화국까지 그대로 계승되었다. 그리고 그 정책의 주요 내용은 한편으로는 기독교를 공인교로 인정해 주는 것이고, 또 한편으로는 기독교 이외의 종교를 종교로 인정해 주지 않는 것이었다.

6. 맺음말

기독교에 공인교적 위치를 부여해 주는 미군정의 종교정책이 제1공화국에 걸쳐서 가능할 수 있었던 것은 종교 관련 법의 개정과 종교 관련 귀속재산의 적절한 처리와 함께 기독교를 통해서 상당량의 구호물자가 유입되었기 때문이다. 미군정 당시에 미국교육단, 미국원조단 등 27개의 주한미민간구호단체 가운데 종교와 직접적으로 관련이 있는 단체로는 기독교세계봉사회(CWS), 메노나이트중앙위원회(MCC), 천주교국민후생협의회(NCWC), 유니테리안봉사위원회(USC), 전재구호봉사회천주교국민후생협의회(WRSINCWC), 기독교청년회(YMCA), 기독교여자청년회(YWCA) 등 7개 단체가 있었다. 그리고 이 밖에도 아동구호연맹(SCFED) 등 종교와 간접적으로 관련이 있을 것으로 추측이 되는 단체도 많이 있었다.[124] 이들의 원조는 6.25동란 이후 파괴된 교회의 복구와 새로운 교회의 신축에 적절히 이용될 수 있었다. 그리고 1954년 12월 25일 창설된 기독교방송국도 선교국의 지원이 없었다면 불가능하였다. 따라서 기독교는 6.25동란으로 인해 오히려 성장할 수 있었다고 말할 수 있을 정도였다.[125]

1951년부터 4년간 미국의 종교단체에서 보내온 구호물자 가운데 천주교의 구호물자가 7할을 차지하였다는 통계를 감안해 볼 때 개신교뿐만 아니라 천주교를 통해서 들어온 구호물자의 양도 상당하였다는 것을 알 수 있다.[126]

이와 같이 기독교를 통한 미국의 구호물자의 유입과 함께 미군정에서 시작된 기독교의 공인교 정책에 힘입어 미군정 당시 전체 인구의 2-3%에 불과하였던 기독교(천주교,개신교)가 1960년에는 전체 인구의 7.5%를 차지할 수 있게 되었다.

끝으로 미군정에서 시작되어 제1공화국까지 이어진 기독교의 공인교 정책을 현대 한국종교사에서 어떻게 평가할 수 있을 것인지에 대해서 간

---

124) 대한민국건국10년지간행회, 앞의 책, 183쪽.
125) 서명원, 『한국교회성장사』, 대한기독교서회, 1966, 264-269쪽.
126) 대한민국건국10년지간행회, 앞의 책, 532쪽.

단히 언급하면서 본 글을 마무리 짓도록 하겠다.

첫째, 미군정 이후 기독교가 한국과 미국의 통로 구실을 하여 결과적으로 기독교가 성장할 수 있었으며, 또한 문화, 사회, 정치, 학문 등 모든 영역에서 우리나라의 미국 의존도를 높여주는 역할을 하였다.

둘째, 헌법에 정교분리 조항이 있음에도 불구하고 내용에 있어서는 공인교제도를 실시하는 파행적인 종교정책의 모태가 되었다. 제3공화국에서 개신교와 천주교에 더해서 불교가 다시 공인교의 위치를 부여받음으로써 현재는 3개 종교가 공인교의 대우를 받고 있는 셈이다.

제3장
한국종교사

- 갈등에서 공존으로[1] -

1. 머리말

현재 우리나라의 종교상황을 혹자는 '다종교 상황'이라고 부른다. 다종교 상황이란 말 그대로 여러 종교가 존재하는 상황을 말한다. 무릇 지구상의 어느 나라에도 하나의 종교만 존재하는 나라는 없다. 극단적인 사회주의를 지향하고 있는 북한에서조차도 우리는 종교가 여럿 존재하고 있다는 사실을 알고 있다. 그럼에도 불구하고 우리나라의 종교상황을 구태여 '다종교 상황'이라고 언급하는 이유는 무엇인가?

일본을 종교박물관이라고 부르기도 한다. 지구상의 거의 모든 종교가 일본에 존재하고 있다는 의미일 것이다. 일본에 여러 종교가 존재하는 것은 사실이기는 하지만, 일본은 역시 불교와 신도가 주축을 이루고 있

---

[1] 강돈구 외, 『한국문화와 종교적 다양성』, 한국정신문화연구원, 2003(이 책은 2002년 한국학중앙연구원 공동과제로 수행된 연구임).

는 나라이다. 그리고 일본인들에게 불교와 신도의 차이는 크게 의미가 없다. 예를 들어서 일본인들은 아이가 태어나거나, 해가 바뀔 때에는 神社를 찾고, 사람이 죽어서는 사찰을 찾는다. 불교와 신도의 차이가 이와 같이 일본인들에게 큰 의미가 없다고 할 때, 일본은 신도가 주축을 이루고 있는 나라로, 아니면 적어도 동양종교가 주축을 이루고 있는 나라임에 틀림없다.

미국도, 요즈음 종교다원주의(religious pluralism)라는 용어가 많이 사용되고 있는 것에서 알 수 있듯이, 여러 종교가 존재하고 있다. 미국은 여러 인종과 민족으로 구성되어 있기 때문에, 그야말로 지구상에 있는 모든 종교가 존재하고 있는 나라라고 해도 과언이 아니다. 하지만 역시 미국은 개신교라는 서양종교가 주축을 이루고 있는 나라이다. 이 밖에 주지하다시피, 서아시아는 이슬람, 남미는 천주교, 서유럽은 개신교와 천주교, 동유럽은 동방정교, 아프리카는 이슬람과 기독교, 인도는 힌두교가 주축을 이루고 있다.

물론 특정 종교가 주축을 이루고 있다고 하더라도, 지역과 국가에 따라서는 종교간의 분쟁과 충돌이 국지적으로 발생할 수 있다. 인도의 경우 힌두교가 주축을 이루고 있지만, 힌두교와 이슬람, 그리고 시크교와의 분쟁은 역사가 깊다. 20세기 초반에 간디는 인도 민족주의를 통해, 종교로 인한 인도의 분열을 막아보려고 노력하였던 인물이다. 헌팅톤이 예상한 문명간의 충돌은 결국 종교간의 충돌 그 이상도 그 이하도 아니다. 따라서 혹자는 세계의 평화를 위해 보편가치를 창출해야 하는데 그 역할은 결국 종교가 맡을 수밖에 없다고 지적하기도 한다.[2]

---

[2] 정재식, 「세계화의 윤리적 문제와 전망 -지구촌의 맥락에서」, 유네스코한국위원회·한국정신문화연구원, 『세계화시대의 윤리적 쟁점』(제1회 공동가치포럼, 2002. 4.

우리나라의 종교상황을 '다종교적'이라고 할 때 그 의미는 말 그대로 여러 종교가 존재해 있다는 것보다는 오히려 다른 나라나 지역과 달리, 우리나라에는 주도적인 종교가 존재하지 않는다는 뜻을 지닌다. 대강의 통계를 볼 때 우리나라에는 종교인구가 전체 인구의 절반 정도이다.

그리고 종교 인구 가운데 불교와 개신교가 각각 비슷한 교세로 전체 인구의 40% 정도를, 천주교가 7% 전후를, 그리고 나머지가 3% 정도를 차지한다. 적어도 신도수로 보면, 우리나라에는 불교, 개신교, 천주교가 주축을 이루고 있다고 하겠다. 유교는 비록 신도수의 면에서는 적지만, 유교의 문화적, 사회적 영향력은 결코 무시할 수 없다. 그리고 민족종교나 신종교의 경우, 한국민족종교협의회 등의 연합운동을 통해 사회적 영향력을 키워 나가고 있다.[3]

지구상의 모든 종교가 우리나라에 있는 것은 아니지만, 우리나라에 비교적 많은 종교가 존재하는 것은 사실이다. 또한 우리나라의 종교상황은 주도적인 종교가 없다는 점, 그리고 동양종교와 서양종교가 서로 비슷한 세력을 지니고 존재한다는 점에서 다른 나라나 지역에서 찾아볼 수 없는 비교적 특이한 상황이다.

주도적인 종교가 없으면서, 동양과 서양의 종교가 함께 존재하는 상황은 여러 면에서 고찰할 측면이 있다. 본 논문은 일차적으로 한국의 다종교 상황이 종교간의 과도한 경쟁을 유발시켜, 종교간의 분쟁을 야기할 수 있다는 사실에 주목하고자 한다. 그러나 다종교 상황은 동시에 오히려 한국종교의 창조적인 발전에 도움을 줄 수 있는 바람직한 상황으로

---

26), 1-10쪽.
[3] 민족종교의 연합운동에 대해서는 이경우, 「민족종교의 종교연합운동 고찰」, 『수운 천사 탄강 180년 기념 종합학술대회』(수운교, 2001.11.11), 17-37쪽 참조.

이해될 수도 있을 것이라는 점에 주목하고자 한다. 물론 그렇기 위해서는 종교간의 갈등이 아니라 종교간의 공존이 전제되어야 함은 말할 필요도 없다.

이에 본 논문은 과거 전통시대에서부터 현재까지 종교간의 갈등 양상과 공존 양상을 역사적으로 살피고, 앞으로 한국종교가 공존의 관계로 나아갈 길을 제시해 보고자 한다.

2. 한국 종교사 1 : 갈등의 역사

삼국시대 불교가 전래되기 이전 우리나라의 종교가 어떤 모습으로 존재했었는지에 대해 구체적으로 아는 것은 현실적으로 불가능에 가깝다. 하지만 구석기시대의 종교상황은 자료가 전혀 없다고 하더라도, 신석기, 청동기, 철기시대의 우리나라의 종교가 어떤 모습이었을까 하는 점에 대해서는 약간의 유물과 유적 자료를 통해서 추측해 볼 수 있다.[4] 이 시기의 종교가 무속을 기반으로 하는 것이었든, 또는 최치원의 지적대로 소위 풍류도였든지 간에 적어도 삼국이 국가체재를 확고히 이루기 전까지 우리나라는 제정일치의 사회였을 것이라는 점에는 이의가 있을 수 없다.

이 시기의 종교는 여타 세계의 다른 지역들의 종교와 마찬가지로 아직 교리적인 측면에서 체계가 뚜렷하게 확립된 상태가 아니기 때문에, 종교간의 갈등은 그다지 노출되지 않았을 것이다. 이 시기는 집단의 우두머

---

[4] 한국종교연구회, 『한국종교문화사강의』, 청년사, 1998, 26-38쪽 참조.

리가 제사장의 역할도 같이 수행하는 사회였기 때문에 집단의 우두머리, 즉 제사장을 중심으로 종교행위가 치루어졌을 것이고, 이런 상황에서 종교간의 갈등은 우두머리의 카리스마에 의해 신속히 조정될 수 있었을 것이다.

우리나라에서 종교간의 갈등이 최초로 나타난 것은 아무래도 외래종교인 불교가 중국으로부터 전래되면서부터라고 하겠다. 인도종교는 본래 다른 종교들에 비해 일반적으로 포용력이 강하다고 지적되고 있다.

그러나 모든 종교가 출현할 당시에는, 비록 정도의 차이는 있을 수 있지만, 기존의 종교전통과 마찰을 일으키기 마련이다. 불교도 인도에서 처음 출현할 당시에는, 예를 들어서 카스트제도를 부정한다든지, 또는 무신론을 견지한다든지 하는 예에서 짐작할 수 있듯이, 인도의 기존 종교전통과 마찰을 일으킬 수밖에 없었다.

불교가 7세기경에 인도에서 쇠퇴한 이유에 대해서는 여전히 학자들의 관심거리이다. 6세기경 훈족이 인도에 침입한 것이라든지, 4세기경부터 붓다를 비쉬누의 아홉 번째 화신으로 신봉하는 비쉬누 신앙이 고조되었다든지, 또는 뒤의 일이기는 하지만, 12세기에 이슬람이 인도로 유입한 사건이 인도에서 불교가 쇠퇴하게 된 직, 간접적인 계기가 되었다고 할 수 있다.[5] 어쨌든 불교가 인도에서 쇠퇴의 길을 걸으면서, 인도 내에서 불교로 인한 종교갈등이 다소 있었던 것으로 추측해 볼 수 있다.

불교는 기본적으로 이웃 문화권으로 전파될 때 토착문화와 갈등을 보이지 않는 경향을 지니고 있다. 불교가 인도에서 스리랑카로, 그리고 다시 동남아시아로 전파될 때 해당 지역에서 큰 갈등을 겪었다는 사례는

---

[5] J. B 노스, 『세계종교사』 하(윤이흠 역), 현음사, 1986, 705-707쪽.

보이지 않는다. 오히려 불교는 해당 지역의 토착문화와의 접변을 통해 스스로를 변용하는 경향을 보였다. 단지 불교가 티벳으로 들어갔을 때에는 티벳의 토착종교인 본(Bon)교와 상당 부분 갈등을 겪은 것으로 보인다. 하지만 티벳에서 불교는 결과적으로 본교의 상당 부분을 수용하여 라마교로 변용하는 신축성을 보였다.[6]

중국에 전래된 불교는 때때로 유교, 도교와의 교리적인 논쟁을 야기시켰고, 三宗一武라고 하여 때때로 국가로부터 심각한 박해를 받는가 하면, 왕에 대한 승려의 禮敬問題 등을 중심으로 중국에서 갈등의 씨앗이 되기도 하였다. 하지만 전반적으로 불교는 중국에서 기존의 종교전통과 큰 마찰 없이 최근까지 지속되었다.

우리나라에 불교가 전래된 이후 불교와 기존 종교전통, 또는 불교 이후에 전래된 외래종교와의 관계는 중국의 그것과 유사하였다. 고구려와 백제에 불교가 들어올 때 기존 종교전통과 큰 마찰이 없었던 것으로 보인다. 그 이유는 특히 왕권이 스스로 나서서 불교를 수용했기 때문이었던 것으로 보인다. 단지 신라에서는 소위 '이차돈의 순교'에서 볼 수 있듯이 불교가 전래될 때 기존의 종교전통과 일정 부분 마찰이 있었다.[7]

하지만 신라에서도 시간이 지나감에 따라 예를 들어서 기존의 종교 성지에 사찰을 건립한다든지, 또는 기존의 종교 성지에서 불교 의식을 거행하는 등[8] 불교는 기존의 종교전통과 서로 영향을 주고받으면서, 큰 마찰 없이 성장할 수 있었다. 이런 상황은 불교라는 외래종교가 기존의 종교전통을 대체한 사례로 정리해 볼 수 있다.

---

[6] 같은 책, 744-753쪽.
[7] 한국종교연구회, 앞의 책, 53쪽 참조.
[8] 강돈구, 「포석정의 종교사적 이해」, 『한국사상사학』, 4·5합집, 1993 참조.

주지하다시피 여말선초가 되면서 불교는 유교 측으로부터 교리적으로 비판을 받는가 하면, 국가로부터도 극심한 통제를 받게 된다. 이런 상황에서 불교는 유불도 삼교가 그 근원이 같다는 논리를 제시하여, 주어진 상황에 적응하고자 하였다. 중국에서도 불교가 전래된 이후 유불도 삼교의 교섭 과정을 거치면서, 송대에 와서 유불도 삼교조화론, 삼교합일론, 삼교회통론이 제기된 적이 있었다. 우리나라에서도 김시습은 "三敎를 닦아 나감에 길은 각각 다르나 필경에는 敎旨가 동일하다(三敎進修異 畢竟同一旨)"[9]라고 하였고, 西山도 시대적인 상황 속에서 비록 불교를 옹호하려는 입장을 보이기는 하였지만, 불교의 중심 개념인 心을 중심으로 유불도 삼교를 회통시키려는 노력을 하였다.[10]

불교에 비록 '破邪顯正'이라는 개념이 있기는 하지만, 대체로 우리나라에서 불교는 역사적으로 종교간의 갈등을 나서서 조장한 예는 없었다. 조선조 유교와 불교의 갈등에서 불교는 항상 수세적인 입장을 견지하였다. 그리고 조선조 사회에서 유교와 불교의 갈등, 그리고 유교와 민간신앙의 갈등은 항상 유교 측으로부터 제기되었고, 유교 측의 승리로 끝을 맺었다.

조선조에서 본격적으로 제기된 종교간의 갈등은 서학(천주교)이 전래되면서부터이다. 유교는 18세기 말엽부터 '闢異端論'의 입장에서 서학을 철저히 비판하였다. 안정복의 『天學問答』, 신후담의 『西學辨』, 이헌경의 『天學問答』, 홍정하의 『證疑要旨』는 18세기 후반 서학에 대한 유교 측의 대표적인 교리 비판서들이다. 그리고 이항노의 『闢邪錄辨』, 이정관의 『闢邪辨正』, 김치진의 『斥邪論』, 김평묵의 『闢邪錄』, 황필수의

---

9) 「得註心經一部」, 『梅月堂全集』 券9, 성균관대학교대동문화연구원, 1992, 183쪽.
10) 休靜, 『西山大師集』, 대양서적, 1982, 141쪽.

『斥邪說』은 19세기 서학에 대한 유교 측의 비판서들이다.

유교 측은 이러한 교리적 비판과 함께, 정치적 힘을 이용하여 서학(천주교)을 철저히 박해하였다. 이에 맞서 서학(천주교)은 『天學初函』 등 중국에서 전래된 천주교 관련 서적[11]을 참고로 하여, 유교에 대한 서학의 호교론적 입장을 밝힘과 동시에, 때에 따라서는 그 당시 수세에 처해 있던 불교를 비판하는 글들을 발표하였다. 이 당시 서학 측의 대표적인 서적들로는 이벽의 『聖敎要旨』, 정약종의 『쥬교요지』, 그리고 정하상의 『上宰相書』 등을 열거할 수 있다.

이와 같이 천주교는 조선 후기에 유교와 교리적인 논변을 주고받기는 하였지만, 조선이 프랑스와 한불수호조약을 맺기 전까지는 국가로부터 극심한 탄압을 받았다.[12] 당시 조선조는 유교를 國是로 하고 있었기 때문에 국가로부터의 탄압은 유교 측으로부터의 탄압이라고 해도 과언이 아니다. 그러나 19세기 후반에 천주교에 대한 유교 측의 입장은 '벽이단론'보다는 중화사상에 입각한 '척사위정론'에 서 있었다. 따라서 19세기 후반 천주교에 대한 유교 측의 반박은 천주교의 교리 자체보다는 천주교가 洋夷와 관련이 있다는 점에 초점을 맞추고 있었다고 하겠다.

19세기 후반 개신교가 전래되면서 우리나라의 종교상황은 급격히 변화하게 되었다. 개신교는 미국, 캐나다, 영국, 호주 등지에서 각각 들어왔고, 이들은 소위 제국주의 세력과 밀접한 관련을 맺고 있었다. 그럼에도 불구하고 대체로 개신교의 각 교파들은 선교지를 분할, 관장함에 따라 개신교 교파 사이의 상호 갈등은 그다지 큰 문제가 되지 않았다. 개신교

---

[11] 배현숙, 「17·8세기에 전래된 천주교서적」, 『교회사연구』, 제3집, 1981 참조.
[12] 천주가 조선에서 완전한 신앙의 자유를 획득한 결정적인 사건은 敎民條約(1899)과 宣敎條約(1904)을 통해서이다. 신광철, 『천주교와 개신교 -만남과 갈등의 역사』, 한국기독교역사연구소, 1998, 68쪽 참조.

각 교파들은 서로 경쟁적 관계에 있었음에도 불구하고, 이들이 이와 같이 공존의 관계를 유지할 수 있었던 가장 큰 이유는 천주교라는 보다 큰 경쟁 상대를 의식하고 있었기 때문이다.

전래 초기 개신교와 천주교의 갈등 양상은 다양하게 전개되었다. 일단 이 두 종교의 갈등은 敎案에서 찾아볼 수 있다. 교안은 한국, 중국, 일본 등에서 천주교로 인해 야기된 분쟁과, 서구 열강과의 외교 교섭을 말하는데,13) 우리나라의 경우 대체로 교안은 천주교 신자와 지방관 사이에서 발생하였다. 천주교 신자들이 신앙의 자유를 얻게 되면서 서구 열강을 배경으로 지방 사회에서 과도한 권리를 누리려고 하였던 것이 직접적인 이유였지만, 천주교 신자와 개신교 신자 사이의 보이지 않는 경쟁과 반목이 그 간접적인 이유인 경우가 많았다. 그 대표적인 사례가 해서교안이다.14)

한편, 앞에서 보았듯이 유교와 서학 사이에 교리 논쟁이 있었던 것과 마찬가지로, 천주교와 개신교 사이에도 문서를 통한 교리 논쟁이 한동안 전개되었다. 천주교 측의 개신교 비판서 가운데 대표적인 서적으로 1907년에 발간된 『예수진교ᄉᆞ패』를 들 수 있고, 개신교 측의 천주교 비판서 가운데 대표적인 서적으로는 1908년데 발간된 『예수텬쥬량교변론』을 들 수 있다.15)

개신교와 천주교는 일제하와 광복을 거쳐 현재에 이르기까지 직접적인 충돌 양상을 보이지는 않았다. 이들 두 종교는 겉으로 보기에는 선의

---

13) 이원순, 「교안과 교민조약」, 『교회와 역사』, 제166호, 1989, 16쪽.
14) 해서교안에서 천주교인과 개신교인의 구체적인 충돌 내용에 대해서는 신광철, 앞의 책, 101-106쪽 참조.
15) 천주교와 개신교 사이의 교리 논쟁의 구체적인 내용에 대해서는 같은 책, 115-127쪽 참조.

의 경쟁을 벌이고 있는 것으로 보인다. 그리고 예를 들어서 소위 기독교계 신종교에 대해서 이들 두 종교의 반응에서 볼 수 있듯이 경우에 따라서는 상호 연합 양상도 보인다. 하지만 이들 두 종교의 갈등은 루터 이후 역사적으로 뿌리가 깊기 때문에 여전히 어느 정도 잠재되어 있다고 하겠다.

광복 이후 우리나라에서 종교간의 갈등은 대체로 전통종교와 개신교 사이에 발생하였다고 해도 과언이 아니다. 주지하다시피 현재 전통종교와 개신교의 갈등은 보기에 따라서는 심각한 지경에 이르고 있는 형편이다. 과거 조선조에서도 유교와 불교의 갈등은 심각한 때가 있었다. 그러나 적어도 한말 이후 현재까지 유교와 불교는 비교적 우호적인 관계를 유지하고 있는 편이다.16)

개신교도 전래 이후 일제하를 거치면서 전통종교와 심각한 갈등을 표출시키지는 않았다. 그 이유는 아마도 그 당시 개신교가 전통종교와 갈등을 표출시킬 정도로 사회적인 힘을 축적시키지 못하였기 때문일 것이다. 그러나 광복 후 미군정과 제1공화국을 거치는 동안 개신교가 적지 않은 사회적 역량을 축적하면서 개신교는 전통종교와 갈등 관계에 놓이게 되었다. 조선조에서는 유교가 우위적인 입장에서 불교를 적대시하였다면 이제는 개신교가 우위적인 입장에서 전통종교를 적대시하는 경향이 나타나고 있는 것이다.

과거 조선조에서 유교는 국교의 지위를 누렸기 때문에 불교는 유교의 공격에 수수방관할 수밖에 없었다. 그러나 현재 한국 사회는 모든 종교가 자유로운 활동을 할 수 있는 '종교의 자유'가 보장되는 사회이기 때문

---

16) 불교와 유교가 이와 같이 우호적인 관계를 맺고 있는 것은 불교학과 유학이 '동양철학'이라는 학문분과에 함께 속해 있다는 점과, 또한 기독교라는 공동의 경쟁 상대를 의식한 전략 차원에서 비롯된 것으로 보인다.

에 개신교의 공격적인 자세에 전통종교는 수수방관하는 것이 아니라 생존의 차원에서 반응을 보이고 있다. 그리고 개신교의 공격적인 자세도 법의 저촉을 받지 않는 범위 내에서 은근히 표출되고 있고, 전통종교의 반응도 개신교 자체에 대해서라기보다 종교정책을 수행하는 정부당국에 우회적으로 표출되고 있다.17)

여기에서는 장승과 단군 성전을 중심으로 근래에 발생하였던 개신교와 전통종교의 갈등 양상을 살펴보도록 하자.

1993년 11월 국회 상임위원회에서 모 국회의원은 예비군 동대장과 면장이 개신교복음을 전파하는 내용이 담긴 예비군 훈련 소집통지서와 재산세 고지서를 주민들에게 발송하는 사례가 있다고 폭로하였다.18) 그 국회의원은 서울지역의 모 예비군 동대장이 같은 해 10월 "예수를 믿으면 죄를 사함 받고 육신의 삶 속에서 평강을 누리며 살다가 육신의 삶이 끝나면 영원한 천국을 선물로 받는 영생을 얻는다"는 선교 내용이 담긴 예비군 훈련 소집통지서를 자료로 제시하였다. 공무를 수행하는 공무원이 주민들에게 발송하는 공문서에 이와 같이 특정종교를 선교하는 내용을 실었다는 사실은 개신교인들 가운데 상식의 차원은 물론 법의 차원에서 볼 때에도 문제가 있는 선교에 대한 열의를 지니고 있는 사람들이 적지 않다는 사실을 보여 준다.

일부 개신교인들의 선교에 대한 이러한 열의는 자칫 종교분쟁을 일으킬 소지가 충분히 있다. 그러나 불교, 유교 등 조직을 가지고 있는 종교단체들은 개신교의 이러한 선교 행위에 적극적이고 즉각적인 대처를 하

---

17) 개신교 일부의 불교에 대한 방화, 훼불에 대해서는 대한불교조계종포교원·종교편향대책위원회, 『종교편향백서』, 2000 참조.
18) 『경향신문』, 1993.11.16.

기 때문에 개신교의 잘못된 선교 행위는 종교분쟁으로까지 이어지기 전에 국가나 사회로부터 제재를 받는다. 그리고 개신교도 또한 사회적으로 무시할 수 없는 세력을 지니고 있는 종교단체보다는 오히려 민간의 전통적인 신앙행위나 또는 사회적으로 열세에 처해 있는 종교단체를 비난하고 나서는 경향이 있다.

마을제가 사라져가고 있으며, 그나마 남아 있다고 하더라도 형식만 남아 그저 관광의 대상으로 전락하고 있다. 그리고 무속이 몽골 등 다른 나라에 비해서 비교적 그 원형이 잘 남아 있음에도 불구하고 무속인은 종교인으로 대우를 받지 못하고 무속 행위도 종교 행위로 인정받지 못하고 있다. 마을제와 무속 등 민간신앙 전반이 이와 같은 상황에 처하게 된 배경에는 여러 가지 이유가 있을 수 있다. 가깝게는 새마을운동 등 정부의 근대화 정책, 그리고 멀게는 일본 제국주의에서 그 원인을 찾을 수 있다. 그러나 이러한 이유 못지않게 광복 후 제1공화국을 거쳐 한국에서 주요한 사회적 역량을 축적한 개신교의 타종교에 대한 배타적 인식이 중요한 요인으로 작용하였다는 사실을 인식할 필요가 있다.

1980년대 중반에 일부 대학교의 정문에 장승을 세운 적이 있었다. 마을 앞에 서 있는 장승이 경계 표시이면서 동시에 마을을 지키는 수호신의 역할을 한다는 점, 그리고 당시의 정치적인 상황을 함께 고려해 볼 때 대학교의 정문에 서 있는 장승은 우리에게 많은 의미를 전달해주는 것이었다. 그러나 당시 대학교의 정문에 서 있는 장승은 누군가에 의해 베어졌고, 다시 누군가가 세우면 또 누군가에 의해 베어졌다.

1988년 서울올림픽을 계기로 전국 170여 군데에 장승이 세워졌다.[19]

---

[19] 당시의 장승들은 신앙물이라기보다는 관광 차원에서 외국인들에게 눈요깃거리를 제공한다는 의미에서 세워진 것에 불과하였다.

그러나 서울올림픽이 끝난 뒤에 장승은 하나 둘씩 없어졌다. 그리고 1991년에는 서울의 동작구청과 지역 주민이 이 지역의 상징물로 장승을 세웠으나 전통문화와 우상숭배라는 논쟁에 휘말리다가 결국 밑동이 잘리고 말았다. 개신교인들이 장승을 우상이나 미신으로 보는 견해가 지속되는 한 장승의 건립은 물론 장승을 중심으로 한 마을제는 더 이상 지속되기 힘들 것으로 보인다.

한편, 제1공화국은 1948년 9월에 대한민국의 공용연호를 단군기원으로 결정한 법률 제4호 '연호에 관한 법률'[20]을 공포하였고, 이어서 1949년 10월에는 삼일절, 제헌절, 광복절과 함께 개천절을 국경일로 결정한 법률 제53호 '국경일에 관한 법률'[21]을 공포하였다. 그러나 제2공화국은 1962년 1월 1일부터 대한민국의 공용연호를 서력기원으로 할 것을 결정한 법률 제775호 '연호에 관한 법률'[22]을 다시 공포하였다. 그리하여 비록 단군기원은 더 이상 쓰지 않게 되었지만 개천절은 현재까지 여전히 국경일로 대우를 받고 있다.

단군이 우리 민족에게 과연 어떤 존재이며, 또한 개천절이 우리 민족에게 어떤 의미를 지닌 날인가에 대해서는 본 논문의 주제 밖의 일이다.[23] 여기에서는 다만 1980년대 중반에 있었던 단군 성전 건립을 둘러싼 찬반 논쟁을 중심으로 전통문화와 개신교의 갈등 사례를 살펴보고자 한다.

서울특별시는 아시아올림픽과 서울올림픽을 앞둔 시기인 1985년 2월

---

[20] 『관보』 제6호, 1948.9.28.
[21] 『관보』 호외, 1949.10.1.
[22] 『관보』 제3014호, 1961.12.1.
[23] 여기에 대해서는 강돈구, 「한국 민족주의에 대한 종교학적 이해」, 『한국철학종교사상사』, 원광대학교 종교문제연구소, 1990, 928-930쪽 참조.

말에 "단군 성조를 우리 민족의 역사적 주체성을 정립하는 구심체로 부각시킴으로써 영원한 번영의 대도를 향해 나아갈 수 있는 바탕을 마련코자 한다"는 취지 아래, 사직공원을 성역화하고 그 안에 단군 성전을 새로 건립하려는 계획을 수립하였다. 당시 사직공원 안에 있던 단군 성전은 1968년 현정회가 세운 것으로 건평 16평의 건물 안에 단군의 像과 영정이 모셔져 있어 비교적 초라한 형편이었다. 따라서 서울특별시는 기존의 단군 성전을 헐고 인근에 49억 원을 들여 단군 성전을 새로 건립할 계획을 세웠던 것이다. 그리하여 서울특별시는 같은 해 2월말에 단군성전건립운영위원회와 단군성전건립추진위원회를 구성하고, 4월말까지 단군 성전을 건립할 위치 선정, 5월에 설계 착수, 그리고 1986년 초에 공사를 시작하여 1987년까지 공사를 끝낸다는 계획을 세웠다.

단군 성전을 새로 건립하려는 서울특별시의 이러한 계획이 알려지자 개신교계는 같은 해 4월초에 "서울시민이 낸 세금으로 특정종교가 섬기는 인물의 성전을 건립하는 것은 부당하며, 개신교계 중, 고등학생들을 참배케 할 경우 우상숭배를 조장할 우려가 있다"는 이유를 들어 서울특별시장에게 단군 성전의 건립 중단을 건의하였다. 그러자 단군과 관련이 있는 사회단체 및 학계에서는 '단군은 민족의 시조라는 점에서 민족정신의 구심체로 섬기는 뜻이 있는 것이고 특정종교와는 무관한 것으로 보아야 하며, 정부가 개천절을 국경일로 정하고 있듯이 단군 성전을 정부 주도로 짓는 것은 조금도 어색할 것이 없는 일'이라고 하여 개신교계의 단군 성전 건립 중단 건의에 반대 입장을 표명하였다.[24]

단군 성전 확장 건립을 둘러싸고 이와 같이 찬반 양론이 있었음에도

---

[24] 『조선일보』, 1985.6.5.

불구하고 서울특별시는 개신교계의 반대 여론에 몰려 결국 7월 3일에 단군 성전 확장 건립계획을 백지화하고, 이미 결성되어 있던 단군성전건립운영위원회와 단군성전건립추진위원회를 해체하였다.25) 서울특별시가 이러한 결정을 내리자 단군과 관련이 있는 사회단체와 종교단체는 물론이고 여기에 불교까지 가세하여 단군 성전 건립의 필요성을 주장하고, "국조 비판을 삼가라"는 뜻이 담긴 성명서를 발표함과 동시에 범국민 서명운동을 전개하였다. 이에 다시 개신교계는 단군 성전 건립을 반대하는 모임을 곳곳에서 개최하였는데, 일부 지역에서는 '단군전 건립 결사반대 기도회'를 갖고 가두시위까지 벌이는가 하면, 어느 지역에서는 '단군전 건립 반대 구국연합예배'를 갖기도 하였다.26) 결국 사직공원 안에 있는 단군 성전은 1968년 현정회가 세운 그 단군 성전이 오늘까지 초라한 모습 그대로 남아 있게 되었다.

아마도 개신교가 전통문화와 이웃 종교에 대한 이러한 입장을 수정하지 않는 한, 적어도 우리나라에서 장승이 과거에 있었던 것처럼 그렇게 있기는 힘들게 될 것이고, 또한 단군 성전의 새로운 건립은 어려울 것으로 보인다.

---

25) 『조선일보』, 1985.7.4.
26) 당시 한국갤럽의 여론 조사에 의하면 전체 인구 가운데 단군 성전 건립에 찬성이 67.3%, 반대가 14.1%, 무응답이 18.6%을 차지하며, 단군 숭배의 필요성에 대해서는 각 종교별로 불교신자 87.2%, 천주교신자 65%, 개신교신자 56.1%, 비종교인 74.6%가 인정하고 있었다.(『주간종교』, 1985.8.14 참조)

3. 한국 종교사 2 : 공존의 역사

무릇 다른 지역의 종교가 전래될 때에는 기존의 종교와 전래된 종교 사이에 갈등이 있게 마련이다. 만약 종교를 전파시킨 지역이 전파된 지역보다 좀 더 발달된 문명을 지니고 있거나, 또는 정치, 경제적으로 보다 우위의 힘을 지니고 있는 지역이라면 전래된 종교는 공세적인 지위를 누리면서 확산되는 것이 일반적이다. 그리고 이 경우 대체로 전래된 종교는 사회의 상층부를 중심으로 전개된다. 이와 반대의 경우에 전래된 종교는 보다 수세적인 지위에 머물기 마련이고 종종 박해를 받으면서 서서히, 그리고 사회의 하층부를 중심으로 전개된다. 그 어느 경우이든 기존의 종교와 전래된 종교 사이에는 상호 교섭과 상호 갈등을 겪게 마련이다. 세계의 종교사가 이를 증명한다.

한국의 경우도 예외가 아니다. 불교가 들어올 당시 중국은 말할 것도 없이 한국보다 문명이 발달된 나라였기 때문에 불교는 고구려와 백제의 상층부를 중심으로 별 무리 없이 전래되고 수용될 수 있었다. 신라의 경우 고구려나 백제와 달리 '이차돈의 순교'에서 볼 수 있듯이 불교가 어렵게 수용된 것은 다른 요인도 있었겠지만, 일차적으로 수용된 불교가 중국보다는 고구려와 백제에서 전래되었기 때문이었을 것으로 생각된다.

보는 시각에 따라서는 유교의 전래도 불교에 못지않게 이른 시기에 이루어졌다고 할 수 있겠으나 적어도 통일신라와 고려는 불교국가였다고 해도 과언이 아닐 것이다. 따라서 불교의 수용 이후 고려 때까지 한국의 종교사는 무속을 중심으로 하는 고대종교(archaic religion)와 불교의 상호 교섭사로 정리해 볼 수 있다.

불교 이전의 전통신앙이 불교에 끼친 영향은 여러 가지 측면에서 살펴

볼 수 있다. 불교 이전의 전통신앙이 불교에 끼친 영향을 살필 수 있는 대표적인 사례로 신라시대에서부터 고려시대까지 행해졌던 팔관회를 지적할 수 있다. 팔관회는 본래 재가신도들이 하루 낮과 하루 밤 동안 八戒를 지키며 수양하는 금욕적인 법회였다. 그러나 팔관회의 실제 내용을 보면 팔관회는 금욕적인 불교 법회라기보다는 오히려 재래의 전통적인 의례였음에 틀림없다. 고려의 태조는 「訓要十條」에서 연등회는 부처를 섬기는 것이라고 말하면서, 팔관회는 天靈과 五岳, 名山, 大川, 龍神을 섬기는 것이라고 하였다.27) 또한 『고려사』에 서술되어 있는 팔관회의 의식 절차28)에서 百戱歌舞가 중요한 절차 가운데 하나였던 점을 미루어 볼 때, 비록 팔관회가 사찰에서 행해지기는 하였지만 팔관회를 불교 본래의 법회였다고는 결코 말할 수 없다. 신라와 고려시대의 사료를 함께 검토해 보면 팔관회는 전몰장병에 대한 추도식과 함께 고래로부터 신앙되던 신격들에 대한 숭배 의식이었음에 틀림없다.29)

불교 이전의 전통신앙이 불교에 끼친 영향은 또한 사찰 내부에 있는 三聖閣30)에서 찾아볼 수 있다. 삼성각에는 일반적으로 칠성, 산신, 獨聖이 모셔지고 있는데, 유동식은 이 칠성, 산신, 독성이 각각 환인, 단군, 환웅을 말한다고 하였다.31) 그러나 다른 것은 몰라도 산신에 대한 신앙의 역사가 불교의 전래 이전까지 거슬러 올라간다는 점은 분명하기 때문에 불교의 산신도와 산신기도에서 우리는 불교 이전의 전통신앙이 불교

---

27) 『고려사』 권2, 태조 26년.
28) 『고려사』 권 69, 禮志 23, 嘉禮雜儀條.
29) 강돈구, 「포석정의 종교사적 이해」, 『한국사상사학』 4·5합집, 1993 참조. 이 논문에서 필자는 포석정이 팔관회를 치르던 장소였을 것으로 추정하였다.
30) 三聖閣은 七星閣, 山神閣, 獨聖閣 등 여러 이름으로 불린다.
31) 유동식, 『한국무교의 역사와 구조』, 연세대학교출판부, 1975, 271쪽.

에 끼친 영향을 어렵지 않게 찾아 볼 수 있다.

불교가 재래의 전통신앙에 끼친 영향도 많이 발견할 수 있다. 우선 우리는 巫歌가 불교가사로부터 영향을 받았을 것이라는 점과, 굿의 열두 거리 가운데 제석거리가 불교의 제석도량에서 영향을 받았을 것이라는 점에 주목할 수 있다. 이 밖에도 현재의 무속의 세계관은 무엇보다도 불교로부터 영향을 받았을 것으로 생각된다. 본래 무속은 불교 전래 이전의 고대종교에서 유래된 것이다. 불교 이전의 고대종교는 종교사적으로 볼 때 일원적인 세계관을 지녔다. 다시 말해서 불교 이전의 전통신앙은 타계나 내세에 대한 관념을 확립하지 못하고 있었다. 비록 체계적인 구조를 지니고 있지는 못하다고 하더라도 현재의 무속이 그나마 지니고 있는 세계관은 불교의 영향 아래 형성된 것이라고 하겠다.[32]

한편, 유교가 중국으로부터 전래되면서 한국의 종교사는 다시 민간신앙과 불교, 그리고 유교의 교섭사가 되었다. 불교와 달리 유교는 그 전래 시기를 정확히 추정하는 것은 불가능하다. 유교사가들은 사상으로서의 유교의 전래 시기가 삼국시대 이전 상고시대까지 거슬러 올라갈 수 있으며, 상고시대 고대 부족의 제도나 의례에서 유교적인 요소들을 찾아 볼 수 있다고 말한다.[33] 삼국시대에 중국의 제도를 모방하여 교육제도를 확립하면서 유교경전이 주요 학습과목으로 선정되었던 사실은 이미 우리가 알고 있는 사실이다. 이로 인해 삼국시대 이후 한국의 정치, 사회, 교육제도 등 전 분야에 걸쳐서 유교가 지대한 영향을 끼쳤음은 말할 것도 없다.

---

[32] 무속의 세계관은 도교로부터도 일정 부분 영향을 받았다.
[33] 금장태・유동식, 『한국종교사상사 -유교・기독교편』, 연세대학교출판부, 1986, 6, 11쪽.

그러나 유교가 종교로서 본격적인 영향력을 행사한 것은 어디까지나 인재양성의 기능과 함께 先聖과 先賢에 대한 奉祀 기능을 동시에 가지고 있었던 성균관과 향교가 본격적으로 제 기능을 발휘하기 시작하였던 조선 초기부터였다고 하겠다. 고려말에 정주학을 도입한 안향은 당시 성균관의 전신인 국자감의 문묘가 피폐하였음을 안타까워하는 아래와 같은 시를 남겼다.

> 향 피고 등 밝은 곳곳마다 모두 부처에 빌고,
> 피리 불고 북치는 집집마다 다투어 굿하네,
> 오직 몇 간 안 되는 공자사당에는
> 뜰에 가득 가을 풀이요 적적하여 인적이 없네.34)

그렇다고 해서 조선 초기부터 유교가 사회 전반을 완전히 장악한 것이라고는 말할 수 없다. 유교가 사회 전반을 완전히 장악한 것은 역시 사회 상층부에 중화적 세계관이 확립되고 하층부에 주자의 가례가 지대한 영향을 미치기 시작한 16세기 후반에서 17세기 전반에 걸친 시기부터였다고 할 수 있다.

어쨌든 조선조가 유교를 국교로 삼으면서 정치주도자들은 조선조 내내 무속을 중심으로 하는 민간신앙과 불교의 의례를 淫祀로 규정하고 이에 대한 탄압을 자행하였다.35) 불교의 경우 승려는 거의 조선조 내내 도성을 출입할 권리마저 박탈당할 정도였으며, 승려가 다시 도성을 출입할 수 있는 권리를 가지게 된 것은 19세기말에 가서야 가능하였다. 그럼에도 불구하고 민간신앙과 불교는 사회 하층부와 부녀자들을 중심으로

---

34) 『晦軒先生實記』 卷之一 「題學宮」.
35) 황선명, 『조선조종교사회사연구』, 일지사, 1985 참조.

여전히 존속해 올 수 있었다.

　유교의 일방적인 탄압 속에서도 이와 같이 민간신앙과 불교가 존속해 올 수 있었던 것은 유교와 불교, 그리고 민간신앙이 각기 기능적인 역할 분담을 할 수 있었기 때문이다. 비록 유교가 국조오례의라는 국가적인 의례와 관혼상제의 가례를 중심으로 문화의 주요 부분을 장악하고 있기는 하였지만, 민간신앙과 불교의 세계관은 유교가 할 수 없는 또 다른 종교적인 기능을 여전히 수행할 수 있었던 것이다. 따라서 유교경전을 읽고 유교적인 윤리관을 따르는 사람이라고 할지라도 사찰을 방문할 수 있었고, 또한 그 집안의 부녀자들은 무당 집을 찾아가는 것이 가능하였다. 그리고 승려가 유교경전에 대한 해박한 지식을 겸비할 수 있었고, 또한 유림도 불경에 대한 해박한 지식을 겸비할 수 있었다.

　이런 상황에서 비록 유림과 승려는 존재하였지만 '유교인'이나 '불교인'이라는 용어는 무의미하였다. 구태여 유교인이나 불교인이라는 용어를 사용한다면 조선조의 사람들은 아마도 유교인이면서 불교인이었고, 또한 민간신앙인이었다고 하는 것이 정확한 표현일지 모른다. 다시 말해서 조선조에서는 유교적인 삶과 불교적인 삶, 그리고 민간신앙적인 삶을 하나의 사람이 함께 사는 것이 가능하였던 것이다. 그러나 이런 상황은 18세기말과 19세기말에 각각 천주교와 개신교라는 서구종교가 들어오면서 크게 바뀌었다. 그리고 이런 상황의 변화는 또한 19세기말에 'religion'의 번역어인 '종교'라는 용어가 사용되기 시작하면서, 그리고 19세기말 20세기초에 동학, 증산교, 대종교, 원불교 등 새로운 종교집단이 결성되고, 같은 시기에 천리교 등 일본의 교파신도와 정토종 등 일본의 종파불교가 들어오면서 급진전되었다.

　상황의 변화는 우선 종교인과 비종교인을 구분하는 것에서 찾을 수 있다. 종교라는 용어가 보편적으로 사용되면서 이제는 종교인과 비종교인을 구분하는 것이 가능해졌던 것이다.36) 그리고 특정종교에 가담하는 사람들에게 불교인, 천주교인, 개신교인, 천도교인, 증산교인, 대종교인 등의 용어가 비로소 사용되기 시작하였다. 앞에서도 지적하였듯이 19세기말 20세기초 이전에는 전체 사회 구성원을 종교별로 구분하는 것이 무의미하였으나 이제부터는 사회의 구성원을 구분하는 또 하나의 잣대로서 종교가 사용되었던 것이다.

이런 상황의 변화는 무엇보다도 이제부터는 종교간의 경쟁이 가능해졌다는 것을 의미한다. 그리고 종교간의 경쟁은 종교간의 상호 영향과 함께 상호 갈등으로 이어질 수 있다. 그러나 종교간의 경쟁은 기본적으로 각 종교의 세력이 균형을 유지하고, 또한 종교의 자유가 보장되는 사회에서나 가능한 것이다. 다시 말해서 특정종교가 세력 면에서 우위를 차지하고 있거나, 또는 국가가 국교나 공인교 제도를 채택하고 있는 사회에서는 종교간의 경쟁이 일어날 가능성이 희박하다. 예를 들어서 신도와 불교 위주의 종교정책을 수행하고, 또한 기독교의 세력이 그다지 크지 않았던 일제하에서는 종교의 경쟁이 가시적으로 나타나지 않았다.

그러나 광복 후 특히 산업화 이후 기독교의 세력이 확대되면서, 그리고 종교의 자유가 실질적으로 보장되면서, 한국사회는 종교간의 경쟁이 가시화되고, 그로 인해 종교간의 상호 영향과 갈등이 표출되게 되었다.

이와 같이 전통사회에서는 적어도 국가가 개입하지 않는 한 종교간의 과도한 경쟁은 표출되지 않았고, 오히려 종교간 상호 영향을 주고받은 것으로 정리해 볼 수 있다. 이하에서 우리는 한국종교사에서 종교간의

---

36) 19세기말 종교라는 용어의 사용 배경과 다양한 용례에 대해서는 장석만, 「개항기 한국사회의 '종교' 개념 형성에 관한 연구」, 서울대학교 박사학위 논문, 1992 참조.

공존을 지향해 왔던 움직임 세 가지를 지적하고, 각각의 움직임이 안고 있는 문제점들을 지적해 보고자 한다.

첫째, 종교회통론이다. 서양의 종교사는 대체로 서로를 구분하면서 자신의 사상을 정통적인 것으로 정립해 가는 역사였다. 따라서 서양의 종교사는 소위 정통과 이단의 갈등의 역사라고 해도 과언이 아니다. 동양의 종교사에서도 각 종교간이나 종파간의 갈등이 전혀 없었던 것은 아니다. 그러나 동양의 종교사는 서양의 종교사와 달리, 각 종교간의 갈등이 표출되는 가운데에서도 끊임없이 각 종교간의 회통을 주장하는 사상사적인 전통을 지니고 있다.

동양의 이러한 종교회통론이 불교를 통해서 인도로부터 동아시아로 전래된 것인지, 또는 동아시아 본래의 것인지 단언하기는 쉽지 않다. 인도의 경우 BCE 10세기경 리그 베다에서 단일신 개념이 등장하고, BCE 8세기경 우파니샤드에서 만물의 근원이며 본체인 브라만 개념이 형성되었다. 우리는 이미 세계에서 가장 오래된 종교 문헌 가운데 하나인 리그 베다에서 賢者들은 하나의 실재를 여러 가지로 표현하고 있다는 구절을 찾아볼 수 있다.

훨씬 후대로 내려와서 라마크리쉬나, 비베카난다, 타고르, 간디도 모든 종교는 하나의 진리에 이르는 서로 다른 길, 즉 하나의 목적지에 이르는 여러 가지의 길이며, 단일한 神性의 다양한 顯現이라고 하였다. 그리고 이들은 모든 종교는 끊임없이 낡은 형식을 버리고 성장해야 할 불완전한 것이라고 주장하였다.37) 이와 같이 인도는 역사적으로 힌두교와 불교, 조로아스타교, 시크교, 이슬람, 기독교가 서로 갈등을 노정시켜오는

---

37) 이지수, 「하나의 세계와 종교간의 만남에 있어서 현대 인도종교가들의 비전」, 『종교연구』, 제5집, 1989, 142-144쪽.

한편, 종교의 다양성 가운데 통일성을 추구하려는 종교회통론을 연연히 이어왔다.

중국에서는 불교가 전래된 직후부터 유불도의 삼교 교섭이 이루어졌다. 그러다가 수와 당을 거쳐 송 때에 와서 유불도 삼교조화론이 정립되었다. 남송의 효종은 불교로 마음을 닦고 도교로 몸을 다스리며 유교로 세상을 다스리면 삼교가 각각 서로 의존해서 하나로 통한다고 하였다.[38] 효종의 이 말에서 우리는 삼교조화론의 한 예를 살필 수 있다.

송의 이러한 삼교조화론은 금에 와서는 삼교합일론으로 전개되었다. 우리는 이러한 예를 왕중양(1112-1170)과 이순보에서 찾아볼 수 있다. 왕중양은 유교와 불교, 그리고 도교가 서로 통하고 삼교는 같은 원리를 지니고 있다고 주장하였다.[39] 그리고 이순보는 성인의 가르침이 도를 닦아 性으로 돌아간다는 점에서 모두 같기 때문에 교는 서로 다르나 그 근본은 같다고 주장하였다.[40]

명의 경우에 다시 우리는 이러한 예를 임조은(1517-1598)과 감산(1546-1623)에서 찾아 볼 수 있다. 임조은은 신유교가 이론에는 강하나 실천에는 약하고, 불교와 도교는 실천에는 강하나 이론에는 약하다고 주장하였다.[41] 나아가 그는 유교적인 세계관을 기반으로 불교와 도교의 실천을 종합하여 養性을 목표로 하는 사상을 새롭게 주창하였다.[42] 비록 그는 치병에도 대단한 관심을 보이기는 하였지만 養性을 위한 수련으로

---

[38] 구보타 료운, 『중국 유불도 삼교의 만남』(최준식 옮김), 민족사, 1990, 209쪽.
[39] 최준식, 「왕중양과 강증산의 삼교합일주의」, 『종교연구』, 제5집, 1989, 151쪽.
[40] 구보타 료운, 앞의 책, 224쪽.
[41] Judith A. Berling, The Syncretic Religion of Lin Chao-en(New York: Columbia University Press, 1980), p.90.
[42] Ibid., p.143.

아홉 단계를 제시하였으며, 나아가 유불도가 모두 면모를 쇄신하여 진정한 유교의 정신으로 돌아가야 한다고 주장하였다. 그러나 그는 여전히 유불도 삼교가 모두 夏라는 절대 존재를 지향하고 있기 때문에 이들 삼교 사이에 우열을 가리는 일은 불가능하다고 하였다.[43]

임조은이 유교를 기반으로 삼교를 회통시켰다면, 감산은 불교를 기반으로 삼교를 회통시키고자 한 인물이었다. 감산은 명을 대표하는 승려로 능엄경, 기신론, 법화경, 원각경, 능가경 등 불경은 물론이고, 춘추좌전, 중용, 노자, 장자 등 유교와 도교의 경전에 대해서도 주석을 내는 등 방대한 저술을 남겼다. 그는 석가가 불법 전파를 위해 미리 길을 닦아 놓도록, 그리고 사람의 집착하는 마음을 날카로운 창으로 미리 부수고자 공자와 노자, 장자를 자신의 출세에 앞서 파견하였다고 하였다. 그는 이와 같이 불교를 중심으로 유교와 도교를 포용하는 소위 포괄주의 입장에 서 있었던 것이다.

그러나 그는 한편으로는 "춘추를 모르면 세상일을 두루 섭렵할 수 없고, 노자와 장자를 알지 못하면 세상을 잊을 수 없으며, 몸으로 직접 참선하지 않으면 세속으로부터 벗어날 수 없다"[44]고 하여 삼교가 모두 필요하다는 점을 역설하였다. 그리고 각 종교의 배타적인 태도를 아래와 같이 신랄히 비난하였다.

사람들은 大道의 묘를 깨닫기는커녕 스스로 안과 밖에 장벽을 굳게 새운다. 도에 어찌 그런 구분이 있겠는가! 예나 지금이나 자기 학설을 지키기 위해 울타리를 굳게 친 자는 그의 이론이 여기에 있으면 저것은 外道라 비난하고, 자기 주장이 저

---

43) Ibid., p.219.
44) 憨山, 「觀老莊影響論」, 『憨山의 莊子 풀이』(오진탁 옮김), 서광사, 1990, 270쪽. (「觀老莊影響論」은 「三敎源流異同論」이라고도 한다.)

기에 있으면 이것은 이단이라고 맹렬히 단죄한다.45)

　중국의 이러한 삼교조화론, 또는 삼교회통론의 전통은 우리나라의 사상사 속에서도 끊임없이 제기되었다. 최치원은 스스로 儒者라고 하면서도 불교와 도교에 대해 해박한 지식을 가지고 있었다. 그는 유불도 삼교의 조화론이나 회통론을 구체적으로 전개시키지는 못하였다. 아마도 그 이유는 그 당시 중국이 당의 때였기 때문에 중국에서 아직 유불도 삼교 조화론이나 회통론이 정립되지 않았기 때문이었을 것으로 생각된다. 그러나 그는 한국종교사상사에서 유불도 삼교에 정통하면서 유불도 삼교의 가치를 똑 같이 인정하였던 최초의 인물이었다.46)

　김시습은 "삼교를 닦아 나감에 길은 각각 다르나 필경에는 敎旨가 동일하다"47)라고 하여 삼교가 서로 같음을 말하였다. 그는 승려의 생활을 하면서 유교의 義를 지켰고, 도교를 수련하여 仙人이 되고자 하였던 인물로 당시 지성인의 진면목을 보여주었다. 그리고 西山은 시대적인 상황 속에서 비록 불교를 옹호하려는 입장을 보이기는 하였지만, 불교의 중심 개념인 心을 중심으로 유불도 삼교를 회통시키려는 노력을 하였다. 서산의 心에 대한 아래와 같은 설명은 心이 절대 존재임을 상기시켜 주고 있다.

　어떤 물건이 모든 것을 모아 하나가 되어 천지에 앞서 생겼으니 지극히 크고 지극히 묘하여 지극히 비고 지극히 신령하여 한없이 넓고 한없이 분명하되 방위로

---

45) 같은 책, , 263-264쪽.
46) 김인종 외, 『고운 최치원』, 민음사, 1989, 53-172쪽; 최영성, 『최치원의 사상연구』, 아세아문화사, 1990, 62-109쪽 참조.
47) 「得註心經一部」,『梅月堂全集』券9 , 성균관대학교대동문화연구원, 1992, 183쪽.

도 그 장소를 정할 수 없고 겁수로도 그 수명을 헤아릴 수 없어서 나는 그 이름을 알 수 없다. 그래서 억지로 이름을 붙여 마음이라 한다.48)

동아시아의 종교사상사에서 끊임없이 제기되었던 이러한 회통론은 최근까지 삼교회통론에 머물러 있었으나, 근래에 와서는 유영모의 예에서 볼 수 있듯이, 유불도 삼교에 기독교를 포함시켜 四敎 회통론까지 제시되기에 이르렀다.49)

한국종교사에서 제시되었던 이러한 회통론은 물론 종교간의 갈등을 해소하고, 종교간의 공존을 가능하게 한 측면이 있는 것은 사실이다. 그러나 회통론은 자칫하면 피상적인 절충주의에 머무를 가능성 또한 있기 마련이다. 그리고 대개의 경우 회통론은 자신의 종교가 다른 종교를 모두 포함하고 있다는 소위 '포괄주의(inculusivism)'나 '혼합주의(syncretism)'로 흐를 가능성을 지니고 있어서 진정한 종교간의 공존을 성사시키기에는 나름대로 한계가 있다고 하겠다.

둘째, 종교간의 대화이다. 혹자는 금세기만큼이나 종교간의 대화가 필요한 시대는 없었다고 한다.50) 이러한 주장은 반드시 서구에서만 들을 수 있는 것이 아니며, 우리나라에서 종교에 관심을 가지고 있는 대부분의 사람들도 이와 비슷한 주장을 하고 있다.

그러면 하필이면 금세기에 종교간의 대화가 중요시되는 이유는 무엇일까? 이 질문은 물론 금세기 이전에도 종교간의 대화가 이루어졌다는

---

48) 休靜, 「道家龜鑑」, 『禪家龜鑑, 西山大師集』(법정・박경훈 역), 대양서적, 1982, 141쪽.
49) 강돈구, 「유영모 종교사상의 계보와 종교 사상사적 의의」, 김흥호・이정배 편, 『다석 유영모의 동양사상과 신학』, 솔, 2002, 337-387쪽 참조.
50) W. G. Oxtoby, *The Meaning of Other Faith*(Philadelphia: The Westminster Press, 1983), p.72.

것을 전제한 질문이다. 그러나 인접해 있는 종교간의 상호 영향이나, 또는 한 문화권 안에서 어쩔 수 없이 공존해 온 종교간의 상호 영향, 또는 상호 비판은 엄격한 의미에서 종교간의 대화라고는 할 수 없다. 왜냐하면 전자는 상대방의 존재를 인정하지 않는 경향이 있는 데 반해서, 후자는 상대방을 어떤 형태로든지 인정하려는 경향이 지배적이기 때문이다.

이러한 의미의 종교간의 대화의 시작을 학자들은 보통 1893년에 시카고에서 개최된 '세계종교인회의(World's Parliament of Religions)'에서 찾는다.[51] 이 회의의 목적이 달성되었느냐 하는 점은 비판의 여지가 있지만, 이러한 회의가 개최되어야 할 필요성이 19세기말 서구에서 비롯되었다는 사실에 주목할 필요가 있다. 종교간의 대화 분위기가 다시 고조된 것은 바티칸 제2공의회 이후의 일이다. 물론 그 사이에도 대화의 필요성을 역설한 사람들이 있기도 하였지만, 대화의 문제가 하나의 세계적인 흐름으로 제기된 것은 그 때 이후라고 해도 과언이 아니다.

우리나라에서 종교간 대화의 효시는 역시 크리스챤 아카데미라고 하겠다. 크리스챤 아카데미는 1959년 한국기독교사회문제연구회라는 모임에서 출발하여 1962년 독일 아카데미 운동의 창시자 에버하르트 뮬러(E. Mueller)와 한국의 강원용과의 만남이 계기가 되어 독일 교회가 이 모임을 재정적으로 후원하면서 비롯되었다. 이어 이 모임이 1965년에 재단법인 한국크리스챤 아카데미로 출발하면서 본격적인 활동을 전개하다가, 2000년에 창립 35주년을 맞아 재단명칭을 대화문화아카데미로 변경하고 일부 조직을 새롭게 개편, 오늘에 이르고 있다. 재단 명칭을 대화문화아카데미로 변경한 것은 지금까지 프로그램의 내용이었던 '대화문화'와

---

51) *Ibid.*, p.75.

'대화운동'을 전면에 부각시켜 운동의 형식과 내용을 명실상부하게 통일하고, 우리 사회에 화해와 상생의 문화를 일구어 나갈 것을 다짐하고 선언하고자 하는 것이라고 한다.[52]

크리스챤 아카데미는 지난 40여 년간 종교간 대화 프로그램을 진행해 오고 있다. 종교간 대화 프로그램에는 6대 종단의 젊은 성직자, 신학자들이 모이는 '젊은 종교인 대화모임'(연 2회), 각 종단의 예비 성직자들이 모여 대화와 친교를 나누는 '종교 청년 대화캠프'(연 1회)가 있다. 또한 젊은 종교지도자들이 공동의 주제를 놓고 정기적으로 대화를 나눌 수 있는 '생명대화 콜로키움', 그리고 '사이버 종교간 대화'도 기획하고 있다고 한다.

크리스챤 아카데미에서 비롯되었다고 할 수 있는 우리나라의 종교간 대화의 실상은 어떤가? 현재 우리나라에서 종교간의 대화에 대해서 문제를 제기하고 있는 사람들은 주로 종교학자들과 개신교신학자들이다. 이 두 부류의 학자들은 서로 상이한 문제의식에서 출발하여 종교간의 대화의 문제에 적극적인 발언을 하고 있다. 물론 이 상이한 문제의식이 전혀 별개의 것은 아니다. 이것들은 모두 종교다원주의라는 새로운 상황의 인식에서 출발하고 있다. 하지만 하나는 종교 외부의 관점에서 생긴 문제의식이고, 또 하나는 종교 내부의 관점에서 생긴 문제의식이다. 따라서 우리는 종교간의 대화의 현실을 살펴볼 때는 먼저 이러한 문제의식을 구별할 필요가 있다.

그러나 지금까지 우리나라에서 종교간의 대화에 대해 논의되어 온 내용들은 거의 모두 위의 두 가지 관점을 구분하지 않고 취급하는 경향이

---

52) http://daemuna.or.kr/ 참조.

있다. 예를 들어서 "종교간의 대화는 갈등 해소의 가장 직접적인 대안일 뿐만 아니라 자기 계발의 계기가 되기도 한다"[53]라고 했을 때 이 말은 두 가지 문제의식을 동시에 포괄하고 있는 것을 알 수 있다. 그러나 상이한 관점, 그리고 상이한 문제의식에서 출발한 논의는 결코 한데 섞여서 행해질 수가 없다. 똑같이 종교간의 대화란 주제를 중심으로 논의된 내용이라고 하더라도 상이한 관점과 상이한 문제의식에서 출발한 것이라면 우리는 그 내용에서 바람직한 결과를 추출해 낼 수가 없다. 다시 말해서 대부분의 경우, 종교간의 대화를 주제로 하고 있는 논의는 두 가지 문제의식이 복합적으로 내재해 있기 때문에 논의를 좀 더 바람직한 차원에서 전개시키기 위해서는 우선 이 두 가지 서로 상이한 문제의식을 구분해서 살피는 것이 중요하다.

지금까지 우리나라에서 첫 번째 문제의식에서 출발하여 종교간의 대화를 주제로 발표된 주장들은 대부분이 각 종교들이 종교다원주의라는 상황을 문자 그대로 인식할 것을 요구하고, 나아가서 각 종교인들이 서로 다른 신앙을 가지고 있는 종교인들에게 형제애를 지녀야 한다고 강변하고 있다.[54] 물론 이것은 매우 진전된 주장이라고 할 수 있지만 주지하다시피 모든 종교는 자기 신앙에의 봉헌을 특징으로 한다는 사실을 감안하면, 이러한 주장이 각 종교간의 잠재적인 갈등을 해소시킬 수 있는 구체적인 방안은 결코 되지 못한다는 사실을 인식할 수 있을 것이다. 비유를 들어 말한다면, 이러한 주장은 서로 싸우고 있는 사람들에게 너희들은 같은 인간이니까 서로 싸우지 말라는 주장과 별로 차이가 없다. 다시

---

[53] 윤이흠, 『한국종교연구』, 집문당, 1986, 186쪽.
[54] 같은 책, 188쪽; 김승혜, 「한국의 종교현실과 공존의 문제」, 『종교연구』, 제3집, 1987, 104-106쪽.

말해서 이러한 주장은 종교인들을 향한 또 다른 규범적인 발언에 불과하다.

그리고 신앙의 성숙을 지향하는 문제의식에서 출발한 두 번째 주장들은 우리나라의 경우 아직 본격적인 논의의 단계에 들어서 있지 않은 것으로 보인다. 이 경우 종교간의 대화에 능동적인 관심을 제기하고 있는 종교는 주로 개신교 계통의 종교이다. 그러나 신앙의 성숙을 과제로 한 종교간의 대화는 이른바 일방적인 대화보다는 쌍방적인 대화여만 한다.

쌍방적인 대화가 아닌 일방적인 대화의 경우에는 그것의 목적이 아무리 좋은 의미의 것이라고 하더라도 소위 절대주의의 경향을 지닐 수밖에 없다. 크리스챤 아카데미의 대화운동이 그 목적은 아무리 선의의 것이라고 하더라도, 보다 구체적이고 생산적인 성과를 보이지 못하는 것도 바로 이러한 이유에서 비롯한다.

셋째, 종교연합운동이다. 종교연합운동은 같은 계열의 종단들에 한정될 수도 있고 전혀 다른 계열의 종단 사이에서도 가능하다. 그리고 특정 국가나 지역에 한정될 수도 있고, 국가나 지역의 한계를 넘어서서 국제적인 종교연합운동도 가능하다. 종교연합운동을 추상적인 이론이나 관념이 아니고 실제적인 운동으로 파악하기 위해서는 이와 같이 종교연합운동의 정도와 범위를 구분하는 것이 필요하다. 왜냐하면 종교연합운동은 이러한 정도와 범위의 차이에 따라서 그 목적과 전개과정이 다르기 때문이다.

국제적인 종교연합운동은 크게 네 개의 유형으로 나누인다. 첫째 유형은 이슬람, 불교, 기독교 등과 같이 세계 여러 지역에 분포해 있는 특정의 세계종교가 나름대로 연합운동을 전개하는 유형이다. 이 경우에는 종교간(inter-religious)의 연합운동이라기보다는 종파간(intra-religious)의 연합운동이라고 이해하는 것이 적절하다.

둘째 유형은 특정의 세계종교가 특정의 지역을 중심으로 전개하는 연합운동의 유형이다. 이 경우에는 당연히 연합운동이 전개되고 있는 지역의 특성에 따라서 그 전개 내용이 다르다. 셋째 유형은 종교의 구분 없이 특정 지역에서 전개되는 연합운동의 유형이다. 이 경우 현재까지는 1977년에 창설된 아시아종교인평화회의가 유일한데, 아시아종교인평화회의는 세계종교인평화회의와 밀접한 관계가 있다. 넷째 유형은 종교와 지역의 구분 없이 모든 종교가 세계 전지역을 무대로 전개하는 연합운동의 유형이다. 우리나라의 종교는 상기의 종교연합운동 모두에 참여하고 있다.

한편, 국내의 종교연합운동은 다시 세 유형으로 구분할 수 있다.

첫째는 불교와 개신교와 같이 여러 종파나 교파로 구성되어 있는 종교들이 종파나 교파간에 전개하는 연합운동이다. 이러한 연합운동의 공통적인 목표는 종파나 교파간의 유대와 협력을 통해서 개별 종교의 권익을 보호하는 데 있다. 따라서 이들은 합동으로 종교행사를 거행하여 개별 종교의 저력을 과시하거나 또는 소위 이단이나 사교의 침투와 같은 외부로부터의 도전에 공동 대응을 시도하기도 한다. 특히 개신교의 경우에는 교파가 난맥을 이루고 있기 때문에 개신교 전체보다는 특정한 목적에 부합하는 교파들이 부분적인 연합운동을 벌이고 있는 것이 현실이다. 불교의 경우에는 한국불교종단협의회가, 그리고 개신교의 경우에는 한국기독교교역자협의회, 한국기독교지도자협의회, 한국개신교교단협의회가 여기에 포함된다.

둘째는 소위 민족자생종교들의 연합운동으로 한국민족종교협의회에서 그 예를 찾을 수 있다. 한국민족종교협의회는 민족자생종교 상호간의 이해와 발전을 도모하며, 나아가 기성종교들과의 우호 증진을 목적으로 한다. 기본적으로는 소규모의 자생종단들이 자신들의 민족주의적 성격을 부각하여 기성종교에 대항해 가는 연합운동의 성격을 지닌다.
　셋째는 국내에 있는 여러 종교와 종교인들의 참여를 지향하는 한국종교협의회를 지적할 수 있다. 초기에는 가톨릭, 조계종, 대종교, 원불교, 성공회 등이 주도적인 활동을 벌였으나 지금은 소위 거대종단들이 참여하지 않고 있기 때문에 전국적인 조직의 성격을 지니지 못하고 있다. 근래에는 통일교가 주도적으로 운동을 전개하고는 있으나 회원 종단의 획기적인 확보는 어려운 형편이다.
　지금까지 한국종교사에서 종교간의 공존을 지향해 왔던 움직임 세 가지를 살펴보고, 각각이 지니고 있는 문제점들을 지적해 보았다. 그렇다면 앞으로 우리는 종교간의 공존을 위해서 보다 바람직한 또 다른 그 어떤 노력들을 하는 것이 바람직할 것인가?

4. 한국 종교사 3 : 갈등에서 공존으로

　한국의 종교가 잠재적인 갈등의 관계에서 진정한 공존의 관계로 전개되기 위해서는 종교정책, 또는 종무행정을 관장하는 국가, 그리고 한국에서 종교행위를 하고 있는 각 종교들, 마지막으로 한국에서 삶을 영위하고 있는 국민들 세 차원에서 각각 고려해야 할 문제들이 있다.
　첫째, 국가의 종교정책 차원에서 고려해야 할 문제가 있다. 삼국시대 이래 고려시대까지는 국가 권력이 불교를 공인종교로, 그리고 조선조에는 유교를 국교로, 그리고 일제강점기에는 신도, 불교, 기독교를 공인종교로 간주해 왔다. 여러 종교가 비슷한 세력으로 서로 혼재해 있는 국가의 경우 국교나 공인교 제도를 채택하면, 국교나 공인교에서 제외된 종교들은 소외되기 마련이다. 미군정 이후 우리나라는 불교와 기독교(천주교, 개신교)를 공인교로 하는 정책을 시행해 온 감이 없지 않다.[55] 이로 인해 우리나라에서는 현재 종교간의 공정한 경쟁이 실질적으로 보장되어야 할 현대사회의 조건을 충족시키지 못하고 있다고 하겠다.

우리는 이제 종교의 자유 못지않게 종교간의 형평성 문제에 지대한 관심을 가질 필요가 있다. 극단적인 예라고 할 수 있겠지만, 유교와 친화력이 있는 태극기를 바라보면서, 기독교와 친화력이 있는 애국가를 부르는 불교 신자를 상상해 보자. 그리고 석가탄신일이나 크리스마스 때 불교와 기독교가 아닌 다른 종교를 믿고 있는 사람들의 마음을 생각해 보자.

그리고 잠재되어 있는 종교간의 갈등이 표출되었을 때 우리는 지금까지 어떤 태도를 보여 왔는가를 생각해보자.[56] 표출된 갈등을 법적으로 해결한다고 해서 모든 문제가 해결되는 것은 아니다. 표출된 갈등의 이면을 살펴서, 그 직, 간접적인 이유를 밝히고, 앞으로 가능하면 그런 일이 발생하지 않도록 해야 할 것이다. 종교를 시장 원리의 측면에서 바라보는 시각이 있다. 시장 원리에 의해 작동하는 것으로 종교를 바라본다고 했을 때 우선 우리가 염두에 두어야 할 것은 소위 독, 과점이 발생하지 않도록 하는 것이 무엇보다도 중요하다는 점이다.

현재 우리나라에는 문화관광부 종무실에서 종무행정을 담당하고 있다. 종무실은 정부와 종교계의 창구 역할, 종교 관련 비영리법인의 허가 및 관리, 그리고 종무행정 관련 민원 접수 및 처리를 주 업무로 하고 있다. 우리나라에서 종교단체는 임의단체가 되든지, 또는 종무실에서 관장

---

[55] 강돈구, 「미군정의 종교정책」, 『종교학연구』, 제12집, 1993.
[56] 종교간의 형평성 문제는, 비록 불교를 중심으로 서술된 보고서이기는 하지만, 대한불교조계종 포교원·종교편향대책위원회, 앞의 책을 참조할 수 있다.

하는 비영리법인이 되든지, 둘 중의 하나를 자유롭게 선택할 수 있다고는 하나, 현실적으로 종무실에서 관장하는 법인이 되는 것이 사회적으로 유리한 대우를 받고 있는 것이 사실이다.

우리나라에서 종교활동을 하는 단체들 가운데 종무실에서 관장하는 법인이 된 단체들은 사회적 공신력을 확보한 상태에서, 반드시 정부로부터 보호를 받기 위한 것은 아니라고 하더라도, 종무실을 통해 정부와 우호적인 관계를 유지하려고 노력한다. 그리고 기타 임의단체로 되어 있는 종교 관련 단체들은, 비록 사회로부터 도피하여 은둔을 목표로 하는 단체가 아니라면, 우선 종무실에서 관장하는 법인이 되기 위해 많은 노력을 기울이고 있다. 그리고 종무실에서 관장하는 법인이 된 단체들은 40여 개가 넘는 종교 관련 법령으로부터 보호를 받는 데 유리한 반면, 임의단체로 남아있는 종교 관련 단체들은 종교 관련 법령으로부터 오히려 규제를 받을 가능성이 높다.

우리나라의 종무행정은 근본적으로 정치에 종교를 어떻게 하면 이용할 것인가라는 데에서 출발한다. 물론 정치가 종교를 이용하려고 하는 것은 자연스러운 이치이다. 그리고 거꾸로 종교가 정치를 이용하려는 것도 자연스러운 이치이다. 정치와 종교는 어찌 보면 좋은 사회, 좋은 국가를 만들고자 한다는 점에서 같은 목표를 지니고 있다고 하겠다. 같은 목표를 지니고 있다는 점에서 정치와 종교는 시장이 같고, 따라서 서로 갈등 관계에 놓일 가능성이 높다. 이와 같은 이유 때문에 대부분의 현대 국가에서 정교분리를 채택하고 있는 것이다.

그런데 정치가 종교를 선별적으로 지원하고, 종교도 정치를 선별적으로 지원하려는 데에서 문제가 발생한다. 이런 상황에서 우리나라의 종무행정은, 그럴 수밖에 없는 논리를 찾으면서, 동시에 종교에 대해 적극적인 자세가 아니라 소극적인 자세를 취하는 경향을 보인다.

둘째, 한국에서 활동하고 있는 각 종교들의 차원에서 고려해야 할 문제가 있다. 문화 정체성이나 민족 정체성은 한번 확립되면 불변하는 것이 아니고, 계속해서 생성, 변화의 과정을 거친다.[57] 그러나 우리나라와 같이 주도적인 종교가 존재하지 않으면서 여러 종교가 혼재해 있는 상황에서는 문화 정체성과 민족 정체성이 쉽게 확립되기가 어렵다. 그리고 문화 정체성과 민족 정체성이 어느 정도 확립되지 않은 상태에서는 문화와 민족을 구성하는 집단들 사이에 과도한 경쟁이 발생하며, 이로 인해 문화와 민족의 통합성은 떨어지게 마련이다.

우리나라에서도 과거 삼국시대와 고려시대, 그리고 조선시대에는 주도적인 종교가 있어서, 이들 종교들이 문화 정체성 확립에 어느 정도 기여하였다고 하겠다. 그러나 근대 이후 서구의 종교가 유입되어 종교간의 경쟁이 어느 정도 보장되면서 종교의 혼재 상황이 발생하게 되었고, 그로 인해 우리나라의 종교는 문화와 민족 정체성 확립에 오히려 장애 요인으로 작용한 감이 없지 않다.

우리나라에는 대체로 종교인과 한국인이 따로따로 존재한다. 다시 말해서 우리나라에는 기독교인, 불교인 등의 종교인과, 한국인이 따로 존재한다. 그러나 앞으로 우리나라 사람은 종교인이면서 한국인이 될 필요가 있다. 다시 말해서 우리나라 사람은 앞으로 '기독교인이면서 한국인', '불교인이면서 한국인', '유교인이면서 한국인', '신종교인이면서 한국인'이 될 필요가 있다. 지금까지 우리는 '한국인 이전에 기독교인', '한국인 이전에 불교인'이 되고자 한 감이 없지 않다. '기독교인이기 이전에

---

[57] Harumi Befu, ed., *Cultural Nationalism in East Asia: Representation and Identity* (Berkeley: Institute of East Asian Studies, University of California, 1993) 참조.

한국인'과 '기독교인이면서 한국인'은 물론 다르다. 전자가 일치성(unity)을 강조한다면 후자는 여전히 다양성의 가능성을 열어 놓고 있다. 이와 같이 우리나라에 존재하는 각 종교들이 모두 한국이라는 공통분모를 강조할 때 이웃 종교들과의 공존 가능성이 보다 높아질 것이며, 말 그대로의 종교다원주의가 실현될 수 있을 것이다.

셋째, 한국에서 삶을 영위하고 있는 국민들 차원에서 고려해야 할 문제가 있다. 우선 사회 구성원들이 종교 일반에 대해 일정 수준의 지식을 구비하는 것이 무엇보다도 필요하다. 우리 주변에는 일요일마다 교회나 성당에 가는 사람들이 25%이다. 우리가 기독교 신앙을 가지고 있지 않다고 하더라도 전체 사회 구성원 가운데 25%의 이웃을 이해하기 위해서는 기독교에 대해 일정한 수준의 지식을 가지는 것은 매우 바람직하다.

신앙생활을 하는 사람들에게 그 신앙은 매우 소중하다. 신앙생활을 하는 이웃을 이해하기 위해서는 그 이웃에게 소중한 그 사람이 가지고 있는 신앙에 대해 먼저 아는 것이 필요하다. 우리나라는 여러 종교가 혼재해 있기 때문에 적어도 우리나라에 있는 주요 종교들에 대해서 어느 정도 알아야 사회 구성원들 사이의 상호 이해가 가능하다. 우리의 친지 가운데 교회나 성당, 그리고 사찰 등 종교시설에서 결혼식이나 장례식을 치르는 사람들이 적지 않다. 영안실에 가 보면 가끔 한 쪽에서는 목탁, 한 쪽에서는 찬송, 또 한 쪽에서는 천주교의 연도드리는 소리를 들을 수 있다. 종교시설에서 행하는 결혼식이나 장례식에 참석했을 때 그 의식을 방관자의 입장이 아니라 참여자의 입장에서 참례할 수 있을 때 비로소 사회의 구성원들이 동질감을 느낄 수 있을 것이다.

인간적인 사회가 성립되려면 먼저 나를 소중히 여기고, 또한 남을 소중히 여겨야 한다. 그리고 나에게 소중한 것이 있듯이 남에게도 소중한 것이 있다는 사실을 알아야 한다. 인간의 삶 속에서 가장 소중한 것 가운데 하나가 신앙의 문제이다. 남이 자기와 다른 신앙을 가지고 있다고 해서 그 사람을 '이상한 사람'으로 여겨서는 안 된다. 아무리 그 사람이 나와 다른 신앙을 가지고 있다고 하더라도, 그 사람은 나의 식구이고, 같은 이웃이고, 같은 마을 사람이고, 같은 대한민국 사람이고, 같은 한민족이고, 같은 인간이라는 점을 인식하여야 한다. 이 종교, 저 종교를 믿는 사람들 사이에는 그다지 차이가 없다. 그리고 신앙인과 비신앙인 사이에도 그다지 차이가 없다. 종교가 혼재해 있는 상태에서는 종교의 차이로 서로를 구분만 할 것이 아니라, 상대방의 종교를 공감적으로 이해하여 서로를 이해하는 것이 필요하다. 그러기 위해서는 일단 종교 일반에 대해 사회 구성원들이 일정 수준의 지식을 겸비하는 것이 무엇보다 중요하다.

5. 맺음말

지금까지 우리는 한국의 종교사를 갈등의 역사, 공존의 역사로 나누어 살피고, 끝으로 갈등의 역사에서 실질적인 공존의 역사로 한국의 종교가 전개되는 데 필요한 몇몇 조건들을 제시해 보았다.

무릇 대부분의 종교는 세상의 모든 현상을 설명해 낼 수 있는 나름의 교리체계를 지니고 있다. 역사가 진행됨에 따라 설명해 낼 수 없는 현상이 생기면, 각 종교들은 새로운 교리체계를 형성하거나, 또는 기존의 교리를 새롭게 해석해 내야 하는 과제를 안고 있다. 만약 스스로 이러한 과제를 수행하지 못할 때 그 종교는 역사의 뒤안길로 사라지고 만다. 이 점에서 대부분의 종교는 나름대로 보편성을 지니고 있다고 하겠다.

각기 보편성을 지니고 있는 종교들이 한 곳에서 활동을 할 때에는 필연적으로 서로 경쟁을 할 수밖에 없다. 이 때 만약 과도하고, 불공정한 경쟁이 벌어진다면 종교간에는 갈등이 생기고, 종교간의 공존은 불가능해진다. 따라서 어떻게 보면 종교간의 공존은 처음부터 가능하지 않은 것으로 여길 수 있다.

세계의 평화를 위해서 노력하는 종교들이 있다. 그리고 세계의 평화는 세계의 종교들이 공존할 수 있을 때 비로소 가능하다고 지적되기도 한다. 그러나 세계의 평화는 세계에 존재하는 민족과 국가간 사이의 문제이다. 세계의 각 민족과 국가는 상호 이익집단으로 서로를 견제하기 마련이다. 물론 종교가 각 민족과 국가가 공존할 수 있는 이데올로기를 제공할 수는 있을 것이다. 그러나 이것은 이념적으로는 가능해도 실질적으로는 결코 쉬운 일이 아니다. 세계의 종교들이 공존할 수 있기 위해서는 우선 세계의 종교들이 서로 공통의, 그리고 구체적이고, 실천적인 목표를 서로 계발하고, 공유하는 것이 필요하다.

이러한 상황은 한국의 종교들에도 그대로 적용된다. 각기 보편성을 지니고 있는 종교들이 상호 공존하기 위해서는 무언가 특수한 목표를 공유할 수 있어야 한다. 예를 들어서 남, 북한의 통일은 세계 인류의 과제라기보다는 우선적으로 우리 한국인의 과제이다. 불교인이든, 기독교인이든, 또 다른 종교인이든지 간에 통일은 우리 한국인 모두의 과제이다. 한국에 존재하는 모든 종교는 개별 종교를 초월해서 통일을 목표로 서로 노력하고, 그럴 수 있을 때 종교간의 공존 가능성은 보다 증가할 수 있다.

보편성을 지향하는 종교가 어떻게 한국이라는 특정 국가의 이익을 위해 노력해야만 하는가라는 질문이 있을 수 있다. 하느님이 어떻게 한국인만의 하느님일 수 있느냐라는 질문도 가능하다. 그러나 보편성을 지향하는 종교라고 해서 그 종교가 한국이라는 특정 국가의 이익을 도외시하라는 법은 없다. 그리고 하느님은 세계 인류의 하느님이면서, 한국인의 하느님이기도 하다.

　바로 이 점에서 한국의 종교는 보편성을 중심으로는 세계 인류와의 연대를 지향하고, 특수성을 중심으로는 한국 종교의 공존을 지향하는 자세를 견지할 필요가 있다.

제4장
현대 한국의 종교, 정치 그리고 국가[1]

1. 머리말

본 논문은 현재 한국의 종교와 정치, 그리고 종교와 국가간의 관계 설정이 바람직하지 못하다는 전제 아래 앞으로 이들 사이의 관계를 어떻게 설정해야 하고, 그렇게 하기 위해서는 어떤 일이 선행되어야 하는가를 살피고자 한다.

멀리는 일제시대부터 미군정, 그리고 역대 정권을 거쳐 최근까지 종교와 정치, 그리고 종교와 국가간의 관계가 결코 바람직하지 못한 방향으로 설정되어왔다는 점이 관련 학자들에 의해 누누이 지적되어 왔다.[2]

최근에는 특히 김영삼 정권과 이명박 정권 수립을 전후해서 두 사람이 개신교 장로이기 때문에 특정종교의 정치 개입을 염려해 왔고, 또한 장

---

[1] 『종교연구』, 제54집, 2009.
[2] 한국기독자교수협의회·한국교수불자연합회, 『현대사회에서 종교권력, 무엇이 문제인가』, 동연, 2008 참조.

로 대통령이 특정종교에 대해 편향된 정책을 시행하지 않을까 많이들 염려하였다.

주지하다시피 종교와 국가는 목적이 유사하다. 한마디로 종교와 국가는 구성원들이 행복한 삶을 영위하게 할 목적을 지닌다. 굳이 차이를 지적한다면, 종교는 현세뿐만 아니라 내세의 삶까지도 관심을 가지고 있다는 점일 것이다. 양자의 목적이 유사하기 때문에 양자 사이에는 상호 경쟁, 협조, 갈등 등 여러 가지 유형의 관계를 맺을 수 있다. 그러나 대체로 우리나라의 경우 정권 담당자들은 정권의 정당성을 유지하고, 구성원들의 지지를 얻기 위해 종교를 편파적으로 이용, 또는 지원해 온 경향이 있고, 종교 또한 자신들의 세력을 확장하기 위해 그러한 정권 담당자들에 대한 협조를 통해 직, 간접적인 혜택을 받아왔다.

이런 바람직하지 않은 현실에 주목하여 많은 학자들이 헌법에 명시된 '종교의 자유' 조항과 '정교분리' 조항을 중점적으로 분석하여 과연 종교의 자유와 정교분리가 진정으로 의미하는 것이 무엇인지를 제시하곤 하였다. 문제는 종교의 자유를 보장하되, 어디까지 보장할 것인지, 다시 말해서 종교의 자유를 말하면서 너무 과도하게 자신의 입장이나 권리를 주장하는 경우에는 어떻게 할 것인지, 그리고 정교분리 조항이 진정으로 의미하는 것이 무엇인지, 정교분리 조항이 제대로 실현되고 있는 것인지, 또는 정교분리라는 명분 아래 오히려 종교와 정치의 유착이 발생하고 있는 것은 아닌지 등에 대해서 여러 학자들이 자신들의 견해를 표명해 왔다.

그럼에도 불구하고 최근까지 바람직하지 못한 현실이 수정될 기미는 없다고 해도 과언이 아니다. 2007년 12월에 치러진 대통령 선거 때 각 후보자들이 내놓은 종교 관련 정책을 보면 앞으로도 잘못된 관행은 여전히 지속될 것 같은 생각을 떨칠 수 없다. 언제부터인가 사회의 일각에서 시민단체들을 중심으로 우리나라의 잘못된 종교적 관행들이 심각하게 지적되고 있고, 급기야는 '종교법인법'을 제정해야 한다는 주장까지 나오고 있다. 그리고 종무행정을 담당하고 있는 문광부 종무실에서도 종교 관련 법률들에 대한 종합적인 검토 및 기구의 개편을 주요 업무 가운데 하나로 제시하고 있어서, 앞으로 바람직한 변화의 조짐이 나타나리라는 기대를 그나마 가질 수 있다.

대체로 '종교와 국가'는 영어로 'Church and State'로 표기되며, 드물게 'Religion and State', 또는 'Religion and Nation'으로 표기되기도 한다. '종교와 정치'는 물론 'Religion and Politics'로 표기된다. 우리나라에서 '종교와 국가', 그리고 '종교와 정치'는 학자들 사이에서 흔히 혼용해서 같이 쓰이는 경향이 있다. 그리고 '종교정책'과 '종무행정', 또는 '종무정책'도 혼용해서 사용되는 경향이 있다. 우리나라의 종교정책을 운운하면서 사실 내용은 종무행정이 주로 다루어지고 있다.

이 주제를 다루고 있는 연구들은 각 종교의 정치적 태도, 그리고 정부의 종교단체에 대한 지원이나 통제, 그리고 종교단체의 정부에 대한 옹호, 저항 등, 그리고 정부와 종교단체 간의 관계에 대한 유형 및 근거를 주로 다루고 있다. 서구의 경우에도 종교와 정치라는 주제 아래 우리와 유사한 문제의식들을 주로 다루고 있는 것으로 보인다. 우리나라에서 '종교와 국가'는 '종교와 법'의 문제를 다룰 때 사용되기도 한다. 서양에서 '종교와 국가'는 주로 '기독교와 국가'의 문제를 다룬다. 그리고 일본에서 비교적 '종교와 국가' 관련 연구가 많이 이루어지고 있는데, 이 경우 대체로 일본 근대의 천황제와 종교의 문제를 다루는 연구가 주종을 이루며, '종교와 정치'의 경우 야스쿠니 신사 참배가 주된 주제 가운데 하나이다.

본 논문은 '국가의 종교정책', '정부의 종무행정'이 적절한 표현이라는 전제에서 출발한다. 정부는 통상 행정부와 같은 의미로 쓰이기 때문에 정부와 정권은 바뀌어도 국가는 바뀌지 않는다. 종교정책은 헌법을 포함해서 법률적 근거에 의해 확립되는 것이고 정부의 종무행정은 그러한 종교정책에 기반 아래 정부가 종교단체들을 지원, 관리하는 행위라고 할 수 있다. 따라서 본 글에서는 '종교와 국가'는 '종교정책'과, 그리고 '종교와 정치'는 '종무행정'과 관련이 있는 것으로 구분해서 사용하고자 한다.

이와 함께 본 논문은 종교와 정치, 그리고 종교와 국가라는 주제 아래 지금까지는 종교의 자유와 정교분리에 주목해 왔으나, 이제부터 우리나라의 종교정책과 종무행정은 무엇보다 종교간의 평등에 초점을 맞추어야 할 것이라는 전제에서 출발할 것이다.

2. 기존 연구와 이론

종교와 정치, 종교와 국가에 관한 연구는 우리나라의 경우, 종교학, 사회학, 법학 등에서 행해져 왔다. 서구 사회과학의 경우 종교에 관한 한 세속화 이론이 하나의 이데올로기로 작용해 왔기 때문에 생각보다 이 주제에 관한 연구가 그다지 많은 편은 아니다. 그나마 우리나라에서는 이 주제의 중요성을 일찍이 간파한 몇몇 학자들에 의해 이 주제가 꾸준히 주목을 받아왔다.

1980년대 전반에 최종고는 국가와 종교라는 주제에 지대한 관심을 지니고, 국내에서 '종교법학'이라는 연구 분야를 제창하기까지 하였다. 그는 이 때 종교자유의 보장과 한계, 정교분리의 내용과 의미, 종교 관련 판례의 정리, 종교 관련 입법의 필요성 제기, 유교, 불교 등 각 종교의 국가관, 대한민국 수립 후 4.19까지 기독교의 정치 참여 등 종교와 정치, 그리고 종교와 국가라는 주제가 다룰 수 있는 거의 모든 분야를 언급하였다.[3] 최종고의 법학분야의 이러한 연구는 양건[4], 연기영[5], 강경선[6] 등의 연구를 거쳐, 최근에는 박홍우[7], 송기춘[8] 등의 연구로 이어지고 있다.

1990년대초에 한국종교사회연구소는 국내에서 처음으로 전통사찰보존법, 향교재산법 등 현행 종교관련 법들을 포괄적으로 검토하여, 그것들이 지니고 있는 문제점들을 제시하고, 종교법인법 제정의 필요성을 제기하였다.[9] 종교학 분야의 이러한 관심은 이후 김종서[10], 이진구[11], 장석만[12]의 후속 연구로 이어졌다. 종교학 분야의 최근 흥미 있는 주장은 종교의 자유, 정교분리제도가 근대 이후 우리나라에 수용된 것이기 때문

---

[3] 최종고, 『국가와 종교』, 현대사상사, 1983; 최종고, 「한국종교법학의 현황과 전망」, 『종교와 문화』, 제5호, 1999.
[4] 양건, 「정교분리의 원칙」, 『고시계』, 1983년 9월호; 양건, 「종교의 자유와 한계」, 『고시계』, 1987년 3월호
[5] 연기영, 「세계의 종교법인법과 한국에서의 제정 가능성」, 『현대사회』, 25, 1987; 연기영, 「종교관계 법령의 문제점과 입법정책적 과제」, 『법과 사회』, 2, 1990.
[6] 강경선, 「국가권력과 종교」, 『공법연구』, 22권 2호, 1994.
[7] 박홍우, 「미국헌법상의 국교설립금지 원칙」, 『헌법논총』, 제13호, 2002.
[8] 송기춘, 「종교 관련 제도의 헌법적 문제점과 그 개선 방향」, 『헌법학연구』, 제12권 5호, 2006.
[9] 한국종교사회연구소 편, 『한국의 종교와 종교법 −종교단체의 법인체 등록』, 민족문화사, 1991. 이 책은 부록으로 외국의 종교관련 법을 수록하고 있다.
[10] 김종서, 「현대종교법제의 이론적 연구」, 『정신문화연구』, 15권 1호, 1992.
[11] 이진구, 「종교자유에 대한 한국 개신교의 이해에 관한 연구 −일제시대를 중심으로」, 서울대학교 박사학위 논문, 1996; 이진구, 「정교분리 담론과 정교유착의 현실」, 『불교평론』, 제3권 제2호, 2001; 이진구, 「현대 개신교와 종교권력」, 한국기독자교수협의회·한국교수불자연합회, 앞의 책.
[12] 장석만, 「'정교분리 원칙'의 갑옷을 벗어 던지고」, 『기독교사상』, 2005년 5월호; 장석만, 「개신교의 선교와 배타성」, 『철학과 현실』, 75호, 2007.

에 그러한 개념이나 제도에 대한 분석적인 성찰이 필요하며, 나아가서 정교분리제도의 수용이 종교의 권력화, 종교와 정치의 유착의 가능성을 열어놓았다는 주장이다.

법학과 종교학 분야의 연구가 종교의 자유, 정교분리제도, 종교관련 법령의 문제점 등을 중심으로 진행되어 온 반면, 사회학 분야의 연구는 개신교 등 특정종교의 정치적 태도와 정치참여의 유형, 그리고 그것의 역사적 이유 등을 중점적으로 살펴왔다. 이들은 특히 개신교 내부 각 세력들의 정치참여 방식을 구체적으로 살피고, 1980년대 후반 이후 개신교의 보수와 진보의 정치사회적 동향을 수렴, 또는 다층적 다원화, 또는 보수 진영의 헤게모니 확립 등으로 분석하고, 앞으로 개신교의 정치적 동향을 나름대로 예측하기도 하였다.[13] 이 밖에 강인철은 일제하, 미군정을 거쳐 이승만 정권까지 천주교와 개신교의 국가와 정치에 대한 태도를 분석한 연구를 발표하였다.[14]

역사학 분야에는 유교, 불교, 신도, 천주교, 개신교, 이슬람이 특정 시기의 특정 지역에서 국가와 어떤 관계를 지녀왔는가를 검토한 연구가 있다.[15] 이와 비슷한 연구로 천주교 관련 학자들이 주축이 되어, 서양사와 한국사에서 교회(천주교)와 국가, 그리고 종교와 국가라는 제목 아래 한국 고대부터 현재까지, 그리고 유교문화권에서 종교와 국가의 문제를 다

---

[13] 최종철, 「한국 기독교교회들의 정치적 태도, 1972-1990」, 『경제와 사회』, 제15권, 1992; 최종철, 「한국 기독교교회들의 정치적 태도, 1972-1990(Ⅱ)」, 『경제와 사회』, 제16권, 1992; 이수인, 「1987년 이후 한국 시민사회의 변동과 개신교의 정치사회적 태도」, 『경제와 사회』, 제56권, 2002; 이수인, 「개신교 보수분파의 정치적 행위 —사회학적 고찰」, 『경제와 사회』, 제64권, 2004; 강인철, 『한국의 개신교와 반공주의 —보수적 개신교의 정치적 행동주의 탐구』, 중심, 2007.
[14] 강인철, 『한국천주교의 역사사회학』, 한신대학교출판부, 2006; 강인철, 『한국기독교회와 국가·시민사회, 1945-1960』, 한국기독교역사연구소, 1996.
[15] 역사학회 편, 『역사상의 국가권력과 종교』, 일조각, 2000.

론 연구가 있다.16)

광복 이후 종교정책, 그리고 종교와 정치의 관계에 대한 통사적 고찰은 오경환17), 강돈구18), 노길명19), 강인철20)의 연구가 있으며, 종교가 시민공동체 활동을 통해 시민사회의 발전에 기여할 수 있다는 측면을 고찰한 연구도 있다.21) 좀 더 실천적인 목표를 지닌 연구로는 성직자 과세22), 종교편향23), 종교교육에 대한 연구들이 다수 있고, 종교 관련 시민단체들의 홈페이지24)에도 검토할 만한 자료들이 꽤 많이 제시되어 있다. 그리고 종교의 권력화를 비판하면서 그렇게 된 원인을 진단하고, 그것을 방지하기 위한 실천적 방안을 제시한 연구들이 있다.25)

한편, 우리나라의 종교와 정치, 그리고 종교와 국가간의 바람직한 관계를 모색하기 위해 각국의 사례를 검토한 연구가 다수 있어왔다.26) 외

---

16) 오경환 외, 『교회와 국가』, 인천가톨릭대학교출판부, 1997.
17) 같은 책.
18) 강돈구, 「미군정의 종교정책」, 『종교학연구』, 제12집, 1993.
19) 노길명, 「광복 이후 한국종교와 정치간의 관계 -해방공간부터 유신시기까지를 중심으로」, 『종교연구』, 제27집, 2002.
20) 강인철, 「민주화 과정과 종교」, 『종교연구』, 제27집, 2002.
21) 한도현·서우석·노연희·이진구, 『종교와 시민공동체 -자원봉사, 참여, 신앙』, 백산서당, 2006.
22) 한국법제연구원, 『성직자 과세논쟁 -국가발전을 위한 국내입법의견조사』, 1992.
23) 대한불교조계종포교원·종교편향대책위원회, 『종교편향백서』, 2000.
24) 종교법인법제정추진연대(http://www.rnlaw.co.kr), 종교자유정책연구원(http://www.kirf.or.kr), 종교비판자유실현시민연대(http://www.gigabon.com) 등.
25) 강인철, 「한국사회와 종교권력 -비교역사적 접근」, 『역사비평』, 통권 77호, 2006; 박광서, 「종교권력을 경계한다」, 『철학과 현실』, 75호, 2007; 장석만, 「개신교의 선교와 배타성」, 『철학과 현실』, 75호, 2007; 한국기독자교수협의회·한국교수불자연합회, 앞의 책.
26) 문화관광부·한국문화정책개발원, 『해외 각국의 종교현황과 제도 연구』, 1999; 문화관광부, 『종무행정편람』, 2006; 종교자유정책연구원, 『학교 종교자유 신장을 위한 법제개선 방안 세미나 자료집』, 2006.3.31; 고병철 외, 『21세기 종무정책의 기능강화와 발전방안 연구』, 종교문화연구원, 2007.

국의 사례가 물론 우리나라의 문제 진단과 해결에 어느 정도 기여할 수 있겠지만, 각국의 역사와 종교적 상황이 우리와 많이 차이가 나기 때문에 외국의 사례 검토가 우리의 문제 해결에 직접적인 도움이 될 것으로 생각해서는 안 된다.27)

앞에서도 지적하였듯이 서구의 경우 세속화 이론 때문에 종교와 정치, 종교와 국가의 문제가 학자들로부터 많은 관심을 끌지는 못하였지만, 이 문제에 대해 천착한 학자들이 전혀 없는 것은 아니다. 세속화 이론과 정교분리 원칙이 종교는 사적 영역, 그리고 정치는 공적 영역으로 구분된다는 전제에서 출발하고 있으나, 이들은 1980년대 이후 전 세계적으로 종교가 사적 영역에만 머물지 않고, 점차 공적 영역에서 중요한 비중을 담당하고 있는 점에 주목하고 있다.28) 서구의 학자들은 대체로 종교와 정치 간의 일반적인 관계 유형에 관심을 보이고 있으며, 이와 함께 지역 국가별 정치와 종교 간의 관계 유형에 대한 관심29)과 함께, 지역 국가별로 그러한 차이가 왜 나타나는지30), 그리고 종교가 선거에 미치는 영향 등에 관심31)을 보이고 있다. 이 밖에 서구학자들은 중국의 정치와 종교,

---

27) 좀 시간이 지나기는 했지만, 종교와 국가, 종교와 정치라는 주제에 대한 전반적인 연구사는 박문수, 「교회와 국가 간의 관계-그 연구사적 검토」, 오경환 외, 앞의 책을 참조할 수 있다.
28) José Casanova, *Public Religions in the Modern World*(Chicago: The University of Chicago Press, 1994), pp.5-6.
29) Robert Wuthnow, ed., *The Encyclopedia of Politics and Religion*, vol. 1-2(Washington, D.C. : Congressional Quarterly Inc., 1998); Jeffrey Haynes, ed., *The Politics of Religion: A Survey*(London: Routledge, 2006) 참조.
30) Jeff Haynes, *Religion in Global Politics*(Harlow: Pearson, 1998); Pippa Norris and Ronald Inglehart, *Sacred and Secular: Religion and Politics Worldwide*(New York: Cambridge University Press, 2004).
31) Jeff Manza and Nathan Wright, "Relgion and Political Behavior" in *Handbook of the Sociology of Religion*, ed. by Michele Dillon(Cambridge: Cambridge University Press, 2003), pp.297-314; James D. Torr, ed., *How Does Religion*

종교와 국가, 그리고 종교정책에 대해 많은 연구 업적을 내놓고 있다.[32] 아마도 이것은 서구의 종교인들이 중국 선교에 대해 비교적 높은 관심을 지니고 있기 때문인 것으로 보인다.

일본에서 종교와 정치, 그리고 종교와 국가에 대한 연구는 에도시대의 경우 주로 불교가 국가 운영에 기여한 점[33], 그리고 에도시대 이후에는 신도가 정치와 국가에 미치는 영향이 주로 다루어지며[34], 현대에는 국지적인 문제로 창가학회라는 특정 종교가 만든 공명당의 활동[35]과 함께 야스쿠니 신사 참배 문제가 주로 다루어지고 있는 것으로 보인다.

1970년대부터 여러 학자들의 연구에 힘입어 종교와 정치, 종교와 국가를 중심으로 우리나라의 현실이 앓고 있는 문제는 꾸준히 제기되었고, 그 해결책도 어느 정도 제시되었다. 그리고 최근에는 이 문제가 시민사회를 중심으로 좀 더 폭넓은 여론을 형성하면서, 우리나라의 종무행정을 담당하는 부서도 많은 노력을 기울일 것으로 보인다. 이 점을 염두에 두고, 본 글에서 필자는 지금까지 제기되었던 여러 견해들을 종합적으로 고찰하고, 좀 더 다른 측면, 그리고 좀 더 근본적인 측면에서 문제에 대한 해결을 도모해 보고자 한다.

Influence Politics?(Detroit: Greenhaven Press, 2006) 참조.

[32] Anthony C. Yu, *State and Religion in China: Historical and Textual Perspective*(Peru: Carus Publishing Company, 2005); Jason Kindopp and Carol Lee Hamrin, eds., *God and Caesar in China: Policy Implications of Church-State Tensions*(Washington, D.C. : The Brookings Institution, 2004) 참조.

[33] Nam-lin Hur, *Death and Social Order in Tokugawa Japna: Buddhism, Anti-Christianity, and the Danka System*(Cambridge, Ma. : the Harvard University Asia Center, 2007) 참조.

[34] Helen Hardacre, *Shinto and the State: 1868-1988*(Princeton, N.J. : Princeton University Press, 1989) 참조.

[35] 조성렬, 「일본불교의 정치실험, 공명당의 한계와 비전」, 『불교평론』, 제3권 제2호, 2001.

3. 종교와 정치

우리나라 헌법 제20조에 "모든 국민은 종교의 자유를 가진다", 그리고 "국교는 인정되지 아니하며 종교와 정치는 분리된다"라고 되어 있다. 종교의 자유는 대체로 해당 종교가 국가의 다른 구성원들에게 해를 끼치지 않는 범위 내에서 주장될 수 있는 것으로 이해되고 있다. 따라서 종교의 자유라는 측면에서 특정종교의 권리 주장은 법을 기준으로 해서 허용과 비허용의 구분이 가능하다. 최근에 바뀔 가능성이 엿보이기는 하지만, 근래까지 재림교회와 여호와의 증인의 양심적 병역거부가 법의 혹독한 제재를 받아온 것은 주지의 사실이다.

개신교는 1948년의 총선 일자가 5월 9일 일요일로 정해졌을 때 아래와 같이 이에 강력히 반대하였다.

> 유엔소총회에서 총선거를 가능한 지역에서 실시키로 함은 우리 기독교인으로서 환영하는 바이다. 그 선거일을 오는 5월 9일 즉 주일날로 결정함에 대해서는 반대하지 않을 수 없다. 북조선에서 재작년 즉 1946년 11월 3일을 선거일로 정한 데 대해서 이를 반대하다가 수많은 기독교인이 희생을 당하였거늘 이번 선거일을 주일로 정함은 우리 기독교인으로서는 이 선거에 참가 못하게 하는 것임으로 단호히 이를 배격하며 일자를 고치도록 요망한다.36)

같은 맥락에서 개신교는 최근에 공무원 채용시험을 일요일이 아니라 평일에 치룰 것을 주장하고 있다. 그러나 법조계는 공무원 채용시험을 평일에 치루면 국가의 다른 구성원들이 오히려 피해를 입는다는 쪽으로

---

36) 『조선일보』, 1948.3.9.

해석을 내리고 있다.

원불교는 그간 여러 해 동안의 노력 끝에 드디어 최근에 군종에 참여할 수 있게 되었다. 원불교의 이러한 요구에 힘입어 천태종까지 군종에 참여하게 되었다. 원불교 등이 새롭게 군종에 참여하게 된 것은 종교간의 형평성을 고려해서 국방부에서 단독으로 결정한 것으로 보이기는 하나, 이렇게 되기까지에는 원불교의 정치적인 영향력이 큰 힘을 발휘한 것으로 보인다.

종교의 종단 차원에서의 개별적인 요구는 앞으로도 끊임없이 제기될 것으로 보인다. 그리고 이러한 요구는 법의 테두리 내에서, 그리고 경우에 따라서는 정치적인 고려에 의해 허용 여부가 판단될 것이다. 법의 판단은 무엇보다 공정성이 중요하다. 그리고 공정성은 판결을 내리는 사법부의 능력이 중요한데, 적어도 종교 관련 판결은 판결을 내리는 판사 개인의 종교관이 영향을 미칠 가능성이 높다. 판사 개인의 주관을 그래도 좀 더 배제시키기 위해서는 판례가 중요한데, 우리나라의 경우 종교 관련 판례의 수가 절대적으로 부족하다는 데에 문제가 있다. 앞으로 이제는 시민단체 등이 중심이 되어 종교도 이제는 성역이 될 수 없다는 인식 아래 종교를 공적 영역에서 바라보고, 문제가 있을 때 적극적으로 소송을 제기하여 종교 관련 판례를 많이 생산해 낼 필요가 있다.

강원도 횡성군은 도 유형문화재인 풍수원 성당 일대를 유현문화관광지로 개발하기 위해, 주변 토지를 강제 수용하면서까지 2007년까지 국·도·군비 61억여 원과 천주교 원주교구의 33억 원 등 94억9천여 만 원을 투입해 조성할 계획이었다. 그러나 이 사업이 정교분리 원칙에 위배된다는 판결이 나 사업 추진에 제동이 걸렸다.[37]

종교와 관련된 문제에 정치인의 영향력을 줄이기 위해서는 정치인의 양식도 중요하지만, 그러한 영향력이 미치지 못하게 제도적인 장치를 마련하는 것이 필요하다. 국민 전체에서 종교인이 차지하는 비율보다 정치인 가운데 종교인이 차지하는 비율이 월등히 높다.[38] 대선이든 총선이든 선거 때면 정치인들은 종교단체를 찾아다닌다. 종교의 동원력을 염두에 두면 당연한 행동으로 보인다. 2007년 대선 때 주요 후보자들 3인 가운데 1인은 개신교인, 그리고 2인은 천주교인이었다. 따라서 이들은 모두 종교 일반, 또는 다른 종교들은 차치하고 소위 佛心을 잡기 위해서 불교 관련 공약을 내놓았다. 불교 관련 공약의 주요 내용을 각 후보의 구분 없이 정리해 보면 다음과 같다.

불교 관련 각종 법령 제, 개정(불교관련 각종 규제법을 사찰보존법으로 일원화); 불교문화와 유적의 계승 발전; 불교박물관 관리 지원; 민족의 전통문화를 계승한 불교문화행사 지원(전통사찰음식의 원형보존 및 대중화 지원); 국제불교문화교류센터 건립 지원; 화해협력과 상생을 위한 형평성 있는 종교정책; 남북불교교류와 북한불교 문화재 복원사업 지원; 지속적 공약실천을 위한 (가칭)불교전통문화연구소 설립; 종교편향과 근절에 대한 법제화 추진; 문화유산관련 정부기구에 불교인사의 참여 확대 지원; 10.27법난의 진상규명과 피해보상법 추진; 템플스테이를 위한 관광진흥개발기금법령 개정; 국립공원 내 전통사찰권역을 자연·문화복합유산보호지구로 지정; 전통사찰 종합방재시스템 구축 지원; 불교계 인재 중용; 불교방송 전국지방망 확충 지원; 중, 고등학교 종교선택권의 법제화; 청소년 불교문화체험 프로그램 추진 및 불교청소년수련관 건립 추진

선거공약인 만큼 실현성이 얼마나 있느냐, 그리고 선거기간에 불교계

---

[37] 종교자유정책연구원 홈페이지(http://www.kirf.or.kr) 참조.
[38] 국회의원 가운데 종교인이 3/4이 넘는다고 한다. 박광서, 「종교권력을 경계한다」, 『철학과 현실』, 75호, 2007, 36쪽 참조.

의 환심을 사기 위해 만들어진 공약이라는 점을 감안해야겠지만, 문제는 이러한 공약을 제시한 정치계의 종교현실 인식이다. 특정 시를 聖市로 봉헌한다든지, 청와대에 찬송가가 울려 퍼지게 하겠다는 등의 개신교인 정치인들의 이전의 행태를 기억하고 있는 불교계의 표를 얻기 위해서는 어느 정도 파격적인 공약을 제시해야 했는지도 모른다. 문제는 정치인들의 불교 관련 공약을 보면 우리나라에서 불교가 국교가 아닌가 하는 생각을 가질 수밖에 없다는 사실이다.

문화체육관광부 종무실이 종교 관련 사업에 지원한 경비의 내역을 살펴보면, 정치인들의 종교현실 인식이 완전히 뜬금없는 것이 아니라는 사실을 알 수 있다. 국정감사 자료에 의하면, 문광부가 최근 5년간 종교계에 지원한 총예산은 984억 원으로, 종교별 지출 내역은 불교에 147억 2,200만 원, 개신교와 천주교를 합쳐 30억 5,100만 원, 범종교계에 15억 3,500만 원, 유교에 41억 6,000만 원, 민족종교에 5억 200만 원이다. 이 가운데 지출 내역이 큰 몇몇 사례를 보면, 전통사찰보존에 90억 5,200만 원, 진각종 문화전승원 건립에 20억 원, 개신교 한국선교역사기념관 건립비용에 25억 원, 성균관유도연수원(유림회관) 건립 비용에 35억 원이다.[39] 그리고 최근 3년간 문광부의 종교행사 지원 현황을 종교별로, 그나마 종교연합활동으로 간주될 수 있는 것만 열거해보면 다음과 같다.[40]

<불교>
한일 불교문화교류(동산반야회), 전국만해백일장(대한불교청년회), 제2차대전 한국인희생자추모위령제(한일불교문화교류협의회), 백양사문화축제(백양사), 대각

---

[39] 『종교신문』, 2007.10.31 참조.
[40] 고병철 외, 앞의 책, 32-35쪽의 도표 참조.

회문화축제(대각회), 한국불교학결집대회 사업(한국불교학결집대회), 어린이 연꽃 노래잔치 사업(대한불교청년회), 불교 및 전통문화체험전(한국불교종단협의회), 한일불교문화교류대회(한일불교문화교류협의회), 영산대제 시연(영산재보존회), 전국불교청년대회(대한불교청년회), 참나찾기 청소년 팔관재 큰모임(참나찾기청소년지도자협의회), 불교대백과사전, 가산불교대사림 편찬(가산불교문화연구원), 불경독후감 현상공모전(동국대학교), 회당문화축제(대한불교진각종), 서울연꽃축제(영산재보존회), 파람미타 청소년 전국연합축제(인각사), 만해축전(만해사상실천선양회), 대한민국불교미술대전(대한불교조계종), 만해마을 개관3주년기념 생명·환경예술제(만해사상실천선양회), 불교선양 세계시조사랑 축제(세계시조사랑협회), 나눔으로 하나되는 세상 사업(대한불교조계종), 사명대사추모전국백일장(표충사), 남북불교학술대회(천태종총무원), 불교공연작품(한국예술인협회), 성철스님 열반 13주기 추모 학술회의(대한불교조계종백련불교문화), 천태 차문화 대회(대한불교천태종), 팔관회(부산광역시불교연합회), 세계석학 초청 종교와 평화대회(한국교수불자연합회), 종교와 문학 학술세미나 사업(시사랑문화인협의회), 한중일불교우호교류대회(한국불교종단협의회), 삼랑성 역사문화축제(전등사), 만해사상 학술세미나(민족문학작가대회), 대한민국불교합창페스티벌(한국불교종단협의회), 대한민국통일서예미술대전(조국평화통일불교협회), 천태국제학술대회(대한불교천태종), 전국불교사회복지대회(대한불교조계종사회복지재단), 불교음악 및 민요공연(대성사), 포교사 대상 한국문화 소개 프로그램(한국불교종단협의회)

<개신교>

세계교회협의회 총회(한국기독교교회협의회), 동북아평화국제학술대회(한국기독자교수협의회), 4.19혁명기념 국가조찬기도회(4.19혁명부상자회), 부활절기념 민족대화합 전국십자가대행진(한국교회부활절연합예배위원회), 국가와 민족을 위한 한국교회 원로 특별기도회(한국기독교총연합회), 아시아인의 평화를 위한 국제심포지엄(한국기독교교회협의회), 평화통일 기원 남북교회 기도회(한국기독교교회협의회), 동북아 평화와 안정을 위한 평화학교(한국기독교교회협의회), 전국 시각장애인 목회자 부부 세미나(한국시각장애인선교회), 중국동포 초청 한가위 대잔치(서울조선족교회), 평화·화해·일치를 위한 폭력극복운동(한국기독교교회협의회),

코리아 기독교평신도 세계대회(한국기독교총연합회), 한·중 교회간 기독교협의회(한국기독교교회협의회), 거리에서 드리는 성탄예배(다일복지재단), 한국교회의 밤(한국기독교총연합회), 이주노동자와 함께 하는 문화마당(한국기독교교회협의회), 이주노동자의 사회적 통합을 위한 세미나(한국기독교교회협의회), 선교사 대상 한국문화 소개 프로그램(한국세계선교협의회), 선교사 사업 운영회의(한국해외, 세계선교회), 선교사 대상 네트워크 구축사업(한국기독교총연합회), 세계한인선교사 대표자 초청 한국문화 소개(한국기독교총연합회)

<천주교>
경향잡지 100주년 기념 문화행사 지원(천주교주교회의), 아몰총회 개최(장상연합회), 가정축제(천주교마리아사업회), 청소년을 위한 순교자 현양 문화축제(천주교서울대교구유지재단), 가톨릭상 시상식(가톨릭신문사), 아름다운 가정, 아름다운 세상 창작사진 공모전(천주교서울대교구유지재단)

<유교>
퇴계학국제학술대회(국제퇴계학회)

<민족종교>
생명 평화 상생의 탈 축제(원불교), 인내천사상 대국민 강좌 사업(천도교중앙총부), 해외동포 2,3세를 위한 우리역사문화교육(천도교중앙총부), 청소년대학생 고구려유적지 순례사업(천도교중앙총부), 법인절 기념행사(원불교), 개천절 민족공동행사(대종교), 가족과 함께 하는 禪 여행(원불교), 한중일러 국제학술대회(동학학회), 천도교 현도문화 축제(천도교중앙총부), 민족종교 정신문화 교육사업(한국민족종교협의회), 겨레얼살리기 강연회(겨레얼살리기운동본부)

<범종교>
종단교역자 대화캠프사업(한국종교인평화회의), 무등산 풍경소리 연합음악회(증심사), 이웃종교문화 이해강좌(한국종교인평화회의), 영호남 종교인화합 한마당

(한국종교인평화회의), 한국종교인평화회의 20주년 행사(한국종교인평화회의), 대화문화아카데미 종교간 포럼(대화문화아카데미), 종교청년평화캠프(한국종교인평화회의), 세계종교인평화회의 총회 참석(한국종교인평화회의), 종교유적지 대화순례(한국종교인평화회의), 대한민국종교예술제(종교지도자협의회 등), URI 한국종교연합전국대회(종교연합선도기구), 종교신문언론인 심포지움(한국종교신문언론인협의회), 아시아종교인평화회의 30주년 행사(아시아종교인평화회의), 아시아종교인평화회의 집행위 개최(아시아종교인평화회의), 아시아종교인평화회의 집행위 참석(아시아종교인평화회의), 종교박물관 학술 심포지엄(한국박물관협회), 한국·이라크 종교교류 협력지원(아시아종교인평화회의), 성직자 오색 콘서트(한국기독교교회협의회), URI 세계종교연합 이사회(종교연합선도기구), URI 한국종교연합 평화포럼(종교연합선도기구), 한일 종교청년 교환캠프(아시아종교인평화회의)[41]

문광부 종무실의 주요 업무는 우리나라 종교정책 업무를 총괄하며 종교인들간의 화합과 갈등 해소를 통해 종교가 우리 사회에 건전한 영향을 미치도록 하는 것이다. 그리고 세부 업무는 다음과 같다.[42]

종무정책에 관한 종합계획의 수립 및 추진, 종교단체 관련업무의 지원, 종교 관련 법인의 설립허가 및 활동 지원, 종교간 협력 및 연합활동 지원, 남북 및 국제 종교교류의 지원, 종교활동 실태에 관한 조사·연구, 외래종교 업무의 처리 및 지원, 전통사찰 및 향교재산의 보존·관리에 관한 사항, 종교시설의 문화공간화 지원에 관한 사항

문광부가 종교계를 지원한 세부 내역과 문광부 홈페이지에 제시된 종무실의 업무 분야 사이에는 일정한 괴리가 있는 것으로 보인다. 정부의

---

[41] 이 밖에도 통일부를 통해 종교계에 지원된 비용도 적지 않을 것으로 보이나 구체적인 자료는 얻을 수 없었다.
[42] 문화체육관광부 홈페이지(http://www.mct.go.kr) 참조.

종교계 지원에 특정한 원칙이 있는 것으로 보이지도 않는다. 따라서 정부는 종무실의 예산 지원을 통해 종교계를 장악할 수 있는 위치에 놓이게 되고, 종교계는 예산 지원을 받기 위해 정부와 좋은 관계를 유지하기 위해 노력한다. 그리고 종교계는 정부로부터 예산을 지원받기 위해 의도적으로, 그리고 의욕적으로 많은 행사를 기획하고 개최하고 있는 것으로 보인다. 정부로부터 지원을 받고 개최되는 행사와 사업의 상당 부분은 정부가 지원할 것이 아니라 해당 종교들이 자체적으로 경비를 들여서 해야 할 것들로 보인다.[43] 문광부의 종교계 지원이 소위 '종교와 정치' 유착의 제도적인 고리가 될 위험성이 꽤 있다는 것을 알 수 있다.

정교분리의 원칙이 비록 국가별로 적용되는 내용이 다르고 정교분리의 진정한 의미에 대해서 합의된 내용이 없다고는 하나, 대체로 정교분리의 원칙은 ① 국교의 부인, ② 국가에 의한 특정종교의 우대 또는 차별의 금지, ③ 국가에 의한 종교활동의 금지 등을 그 내용으로 한다.[44]

대선 때 후보자들이 내세운 불교 관련 공약을 보면 불교가 국교가 아닌가 하는 생각을 할 수밖에 없고, 문광부의 종교 관련 지원 현황을 보면 국가가 특정종교를 우대함으로써 결과적으로 다른 종교들을 차별화시킨 것이 되며, 특정종교의 우대 지원은 국가가 간접적으로 종교활동을 한 것으로 볼 수밖에 없다.

당분간 우리나라에서 종교와 정치의 이러한 관계와 상호 인식은 바뀌지 않을 것으로 보인다.[45] 종교는 특히 경제적 지원의 측면에서 정치권

---

[43] 좀 다른 이야기이지만 한국연구재단의 신학 등 개별교학에 대한 지원도 고려해 볼 필요가 있다. 개별교학의 발전은 개별교단의 몫이지 정부가 지원할 사안이 아니다.
[44] 양건, 「한국의 종교법제와 그 기본문제」, 한국종교사회연구소 편, 『한국의 종교와 종교법: 종교단체의 법인체 등록』, 민족문화사, 1991, 22쪽.
[45] 2007년 10월에 열린 남북정상회담에 참가한 47명의 특별수행원 가운데 종교계 인사

력의 눈치를 보아야 하고, 정치는 정권의 유지와 재생산, 그리고 권력의 자의적인 행사를 위해 종교의 지원을 계속해서 필요로 할 것이기 때문이다. 따라서 앞으로 종교와 정치의 바람직한 관계를 재설정하기 위해서는 현행의 법과 행정의 제도적인 측면을 면밀히 검토해 볼 필요가 있을 것이다.

4. 종교와 국가

유네스코는 2001년 제31차 총회에서 문화다양성선언문(Universal Declaration on Cultural Diversity)을 채택하였다. 이 선언문은 유엔이 1948년 채택한 '세계인권선언'에 버금갈 만한 가치와 파급 효과를 문화 분야에서 지닐 것으로 보인다. 선언문 가운데 눈에 띠는 것은 제2조 '문화다양성에서 문화다원주의로'이다. 제2조의 내용은 아래와 같다.

점차 다양화되는 우리 사회에서는, 공존에 대한 의지와 더불어 다원적이고, 다양하며, 역동적인 문화 정체성을 지닌 사람들과 집단의 조화로운 상호작용을 보장하는 것이 필수적이다. 모든 시민을 포용하고 그들의 참가를 보장하는 정책은 사회적 단결과 시민사회의 역동성 및 평화를 위한 선행조건이므로, 문화다원주의는 문화다양성의 실현을 위한 기반인 것이다. 그 성격상 민주주의와 밀접한 관련을 맺고 있는 문화다원주의는 문화교류와 공공의 삶을 유지하는 창조적인 역량을 풍성하게 하는데 이바지할 수 있다.[46]

4명(권오성 한국기독교교회협의회 총무, 이성택 원불교 교정원장, 장익 천주교 주교회의 의장, 지관 조계종 총무원장)이 포함되어 있다. 종교계 인사를 정상회담 특별수행원에 포함시킨 것이 바람직한 것인지의 여부도 문제이지만, 4명의 선정 원칙도 매우 자의적임을 알 수 있다.

유네스코는 다시 2005년 제33차 총회에서 '문화적 표현의 다양성 보호와 증진 협약(Convention on the Protection and Promotion of the Diversity of Cultural Expression)'을 발표하였다.47) 협약 가운데 눈에 띠는 것은 제2조의 3항 '모든 문화에 대한 동등한 존엄성 인정과 존중 원칙'48)과 7항 '형평한 접근의 원칙'49)이다.

유네스코의 이러한 움직임에 힘입어 우리나라에서는 2006년 5월에 '문화헌장'을 공표하였다. 이 문화헌장은 우리나라 헌장 제정 사상 최초로 민이 만들고, 정부가 수용하는 형태의 형식과 절차를 밟아 제정, 공표되었다. 문화헌장 가운데 역시 우리의 관심을 끄는 내용은 "모든 시민은… 종교 등에 의한 어떠한 차별도 없이 문화를 창조하고 문화활동에 참여하며 문화를 향유할 평등한 권리를 지닌다", "사회공동체는 더불어 사는 삶의 토대가 될 기본적인 문화적 가치들을 늘 확인하고 존중해야 한다", "문화다양성은 개인적, 집단적 정체성과 자주성의 토대이고 사회를 풍요롭게 하는 다원성의 원리이며 평화와 공존의 기틀이다… 시민은 나라 안팎의 다양한 문화들 사이의 차이를 이해하고 존중하여 세계의 문화다양성과 평화를 증진하는 데 기여한다", "성적 소수자를 포함한 문화적, 종교적 소수자와 소수집단은 자기 의사에 반하는 문화 정체성을 강요받지 않는다" 등이다. 이 문화헌장은 유네스코가 제정한 선언문과 협약의 내용을 우리나라 현실에 맞게 보다 구체적으로 적용한 내용을 지니

---

46) 유네스코한국위원회 홈페이지(http://www.unesco.or.kr) 참조.
47) 이 협약은 2007년 3월 공식적으로 발효되었다.
48) 구체적 내용은 "문화적 표현의 다양성 보호와 증진은 소수자와 토착민의 문화를 포함한 모든 문화에 대한 동등한 존엄성의 인정과 존중이 전제되어야 한다"이다.
49) 구체적 내용은 "전 세계의 풍부하고 다양한 문화적 표현에 대한 형평한 접근과 그 표현과 보급 수단에 대한 문화의 접근은 문화다양성을 진흥하고 상호 이해를 장려하는 중요한 요소들이다"이다.

고 있는 것으로 보인다.

유네스코의 선언문과 협약, 그리고 우리나라의 문화헌장 가운데 '문화'를 '종교'로 바꾸어 그 내용을 이해하면 세계의 종교 현실이 어떻게 변화되는 것이 바람직할 것인지를 짐작해 볼 수 있다. 우리나라의 종교 현실도 세계의 종교 현실과 동떨어져서 별개로 존재할 수 없다는 것에 동의한다면, 앞으로 우리나라의 종교 현실도 어떻게 변화되어야 할지를 조감해 볼 수 있다.

모든 국가는 어느 종교를 지원하고, 어느 종교를 통제할 것인가, 다시 말해서 어느 종교를 어떻게, 어디까지 지원하고, 어느 종교를 왜, 어디까지 통제할 것인가라는 문제를 지니고 있다.[50] 그런데 각 종교의 정치와 국가에 대한 견해는 서로 다르며[51], 또한 각 국가의 종교 현실도 매우 상이하기 때문에 종교와 정치, 그리고 종교와 국가의 상관관계에 대한 정답은 있을 수 없다. 예를 들어서 다른 나라에서 그렇게 한다고 해서 우리나라에서도 그렇게 해야 한다거나, 또는 다른 나라에서 그렇게 하지 않는다고 해서 우리나라에서도 그렇게 하지 않아야 한다는 주장은 설득력이 없다. 다른 나라의 경우는 단지 말 그대로 참고사항일 뿐이다.

최근에 성직자의 과세 여부가 미디어를 통해 여론의 주목을 받고 있다. 성직자도 세금을 내야 한다는 주장과 내지 말아야 한다는 주장이 서로 팽팽하다. 내지 말아야 한다는 주장 가운데에는 국내법에 성직자에게

---

[50] Ted Gerard Jelen and Clyde Wilcox, *Religion and Politics in Comparative Perspective: The One, The Few, and The Many*(New York: Cambridge University Press, 2002), p.11.
[51] 예를 들어서 천주교의 교회법 285조는 성직자에게 국가 공권력 행사에 참여하는 공직을 금하고 있고, 교회법 287조는 성직자에게 정당의 지도적 직책을 금지할 뿐 아니라, 317조는 공식 교회단체의 지도직을 맡은 평신도가 정당의 지도직을 겸임하는 것도 금지하고 있다. 오경환 외, 앞의 책, 244-245쪽 참조.

세금을 부과해야 한다는 조항이 없다거나, 또는 성직자가 세금을 내면, 성직자의 신성성이 저하되기 때문에 성직자는 세금을 내서는 안 된다거나, 또는 성직자가 세금을 내는 것은 신학적으로 바람직하지 않다거나, 또는 대부분의 성직자는 면세점 이하의 급여를 받기 때문에 세금을 낼 수가 없다는 주장도 있다. 이러한 주장에 대해 그렇다고 해서 국내법에 성직자가 세금을 내지 않아도 좋다는 조항이 없다거나, 또는 성직자는 모든 국민에 대한 성직자가 아니라거나, 또는 신학적인 이유에 의한 양심적 병역거부가 국민의 4대 의무를 지키지 않는 것이라면, 역시 신학적인 이유에 의한 성직자의 납세 거부도 국민의 4대 의무를 지키지 않는 것이라거나, 또는 예를 들어서 박사학위를 받은 시간강사도 면세점 이하의 급여를 받고 있음에도 불구하고 강사료에서 세금을 내고 있다는 또 다른 주장을 구태여 할 필요가 없다.

이것은 하나의 작은 사례에 불과하다. 지금까지 여러 학자들이 누차 지적하였듯이 기득권 종교는 과도하리만큼 많은 혜택을 누려왔다. 이렇게 된 가장 큰 이유는 미군정 이후 우리나라의 종교정책이 파행적으로 운영되어 왔기 때문이다. 이제부터는 정치권력이 아니라 국가가 나서서 지금까지 제기된 문제들을 하나하나 해결해 나가야 한다. 그리고 국가가 문제들을 해결해 나갈 수 있도록 시민사회가 적극적으로 나서서 감시와 협조를 아끼지 말아야 한다.

종교학에서는 BC(Before Christ)와 AD(Anno Domini[52])를 각각 BCE(Before Common Era)와 CE(Common Era)로 사용한다. BCE와 CE

---

[52] 'in the year of our Lord'를 의미하는 라틴어이다. 따라서 BC와 AD를 각각 우리는 서력기원 전(서기 전 또는 기원 전)과 서력기원 후(서기 후 또는 기원 후)로 번역해서 사용하나, 정확히는 主前과 主後를 의미하며, 여기에서 말하는 주는 물론 기독교의 신이다.

는 아마도 예수를 메시아로 신앙하지 않는 유대교에서 처음으로 사용하기 시작한 것으로 보인다. 종교학은 각 종교들을 공평하게 대하려고 노력하는 의도에서 이 용어들을 사용한다. 자칭 종교학자라는 학자가 만약 BCE와 CE라는 용어 대신에 여전히 BC와 AD를 사용한다면, 그 학자는 종교학자라고 할 수 없다. 같은 맥락에서 'Middle East'의 번역어인 중동이라는 용어는 그것이 서구 중심의 용어라는 점에서 서구 이외의 지역에서 무분별하게 사용하는 것은 적절하지 않다. 예를 들어서 국내에서 그 지역을 연구하는 '중동학회'라는 학회 명칭은 적절치 않다. 물론 'Far East'의 번역어인 극동이라는 용어도 마찬가지이다. 중동과 극동은 적어도 서구 이외의 지역에서는 '서아시아'와 '동아시아'라는 용어로 바뀌어야 한다.

반대가 전혀 없는 것은 아니지만, 미국에서는 요즈음 'Merry Christmas'를 'Merry Holy Day'로 표기하려는 움직임이 있다고 한다.[53] 그리고 1950년대에 미국 지폐에 쓰이기 시작한 'In God We Trust'와 소위 '충성의 맹세(the Pledge of Allegiance)'에 포함되어 있는 'one nation under God'에서 'God'가 비록 시민종교(civil religion)로서의 긍정적인 역할을 수행하고 있음에도 불구하고[54], 이 구절들에 대해 이의를 제기하는 미국인들이 있다고 한다. 미국이 아무리 기독교 중심의 국가라고 하더라도 미국의 구성원들 모두가 기독교인이 아니라는 점이 비로소 인식되고, 비기독교인들이 자기들의 권리를 주장하고 있는 것이다.

그런데 우리나라의 경우는 어떠한가? 작은 문제들은 언급을 피하고,

---

[53] 종교자유정책연구원 홈페이지(http://www.kirf.or.kr) 참조.
[54] Hugh B. Urban, "Politics and Religion: An Overview" in *Encyclopedia of Religion*, vol. 11, 2005, p.7256.

크고 좀 더 근본적인 문제들 몇 가지만 살펴보기로 하자. 첫째, 우리나라에는 기독교와 불교 교조들의 출생일이 대통령령에 의해 공휴일로 지정되어 있다. 주지하다시피 예수 출생일이 공휴일이 된 것은 미군정 때부터이고, 석가모니의 출생일이 공휴일이 된 것은 제3공화국 때부터이다.

법 전문가들 사이에도 이 두 날이 공휴일로 지정된 것의 위헌 여부에 대해 의견이 나뉜다.[55] 그러나 필자는 이 두 날이 공휴일로 지정된 것은 정교분리나 국교 금지라는 헌법 정신에 위배된다고 생각한다. 비록 다른 나라의 예가 반드시 기준이 되는 것은 아니라고 하더라도, 종교와 관련된 특정일을 공휴일로 지정하는 나라들은 모두 나름대로 이유가 있다.[56]

우리나라는 미군정 당시 기독교인의 수가 매우 적었음에도 불구하고, 오로지 미국이 군정을 하였기 때문에 예수의 출생일이 공휴일이 되었고, 제1공화국 이후 그 결정을 그대로 이어받았다. 그리고 석가의 출생일이 공휴일이 된 것은 제3공화국 당시 겉으로는 형평의 원칙 때문이었다고 하지만 제3공화국과 불교가 좋은 관계를 유지하고 있었기 때문에 가능하였다.

분명한 것은 유독 기독교와 불교와 관련된 특정일이 공휴일로 지정됨으로써 적어도 기독교와 불교는 우리나라에서 비록 국교는 아니라고 하더라도 공인된 종교의 지위를 누리고 있다는 사실이다. 이런 상황에서 國葬이 기독교(개신교, 천주교)와 불교 성직자에 의해 진행되는 것은 오히려 자연스런 일이다.

---

[55] 최종고, 「한국종교법학의 현황과 전망」, 『종교와 문화』, 제5호, 1999; 박홍우, 「미국 헌법상의 국교설립금지 원칙」, 『헌법논총』, 제13호, 2002. 최종고는 반드시 위헌이라고는 할 수 없다는 입장인 것으로 보이나 박홍우는 명백한 위헌이라고 주장하고 있다.
[56] 문화공보부, 『외국의 종교제도』, 1989. 참조. 일본의 경우 종교와 관련된 공휴일은 없고, 흥미롭게도 인도의 경우에는 각종 종교와 관련된 공휴일이 많이 있다.

미국에서 예수의 출생일 등 기독교와 관련된 공휴일이 있는 것은, 그리고 워싱톤에 있는 국립가톨릭성당에서, 예를 들어서 레이건과 같은 전직 대통령의 장례미사를 국가적으로 치루는 것은 이들 종교가 소위 시민종교의 역할을 수행하고 있기 때문이다.57) 시민종교의 개념을 어떻게 정리한다고 하더라도 우리나라에서 기독교와 불교가 시민종교의 역할을 수행하고 있다고는 결코 할 수 없다.

우리나라 애국가 가사에 "하느님이 보우하사 우리나라 만세"라는 구절이 있다. 애국가 가사에 나오는 '하느님'이 우리 민족에게 어떤 존재인지에 대해서도 논의해 보아야겠지만, 분명한 것은 이 '하느님'은 적어도 불교와는 전혀 상관이 없으며, 현실적으로는 기독교와 매우 친화력이 있다는 사실이다. 그리고 태극기도 그것을 우리의 국기로 사용하게 된 유래는 정확하지 않다고 하더라도, 태극기는 분명히 주역에 근거한 것으로 유교적인 상징임에 틀림없다. 좀 안된 상황 묘사이지만, 유교적인 태극기를 바라보면서, 친기독교적인 애국가를 부르고 있는 불교 승려의 모습을 상상해 보자. 이런 엄청난 상황이 일반 국민은 물론이고, 불교 승려 본인도 전혀 의식하지 못한 채 벌어지고 있는 것이 우리의 종교현실이다.

불교와 유교가 유독 전통사찰보존법과 향교재산법이라는 종교 관련 법령에 의해 재산권 침해 등 각종 불이익을 당하고 있는 것으로 주장되기도 한다. 물론 여기에서 필자가 이 법령의 존재와 그 내용이 적절하다고 주장하려는 것은 아니다. 하지만 필자가 보기에 이 두 법령에 의해 불교와 유교는 재산권의 침해라기보다는 오히려 여러 면에서 직, 간접적

---

57) Geiko Müller-Fahrenholz, *America's Battle for God: A European Christian Looks at Civil Religion*(Grand Rapids: William B. Eerdmans Publishing Company, 2007), p.20.

인 혜택을 누리고 있다. 다른 종교와 달리 불교와 유교에만 적용되는 법령이 별도로 존재한다는 자체가 불교와 유교에 심리적인 압박을 줄 수가 있다. 따라서 이 두 법령은 불교와 유교에게 유리한 쪽으로 계속해서 수정, 보완되고 있는 실정이다.

이런 상황에서 대선 후보들은 위헌 소지가 있는 공약을 불교계에 너도나도 제시하고, 정부는 유림회관을 비롯해서 기독교와 불교 관련 박물관을 짓는 등에 적지 않은 예산 지원을 하고 있다. 정부는 불교, 개신교, 천주교, 나아가서 유교에까지 공인교의 위치를 부여하고 있고, 이들 종교 가운데는 공인교의 위치를 넘어서서 자신들의 종교가 국교의 위치를 차지하고 있는 것으로 생각하기까지 한다. 기득권 종교의 과도한 자기권리 주장은 현 상황에서 너무도 당연한 것이다. 기득권 종교는 자기들의 주장이 과도한 것인지조차 인식하지 못하는 경우가 종종 있다는 데 심각한 문제가 있다.

5. 맺음말

미군정 이후 기득권 종교의 권력화로 인해 정치세력이 우리나라의 종교 현실을 바로 잡는 것은 이미 쉽지 않은 상황이 되었다. 과거부터 기득권 종교들은 소위 '종교법인법' 제정에 반대해 왔다. 종교법인법이 몇몇 종교의 기득권을 침해할 수 있다는 우려 때문이었다. 최근 조사에 의하면 종교법인법 제정에 대해 종교의 구분 없이 전체 성직자들의 75.37%가, 그리고 전체 종단들 가운데 68.5%가 찬성하고 있다.[58] 그런데 흥미 있는 것은 개신교의 경우 성직자들이 종교법인법 제정에 대해 개인적으로는 찬성하면서도 98%의 개신교 성직자들이 자신들의 소속 종단이 반대할 것으로 예측하고 있다는 점이다. 이런 상황에서 정치세력의 일부가 비록 종교법인법 제정을 시도한다고 하더라도 기득권 종교의 반대에 부딪혀 그 실현 가능성은 크지 않을 것으로 보인다.

과거에는 언론매체들이 소위 신종교들의 잘못된 풍토를 비판하는 사례가 많이 있었다. 몇몇 신종교들이 전혀 문제가 없었던 것은 아니라고 하더라도 신종교들에 대한 집중적인 비판과 조명은 신종교를 속죄양으로 만든 경향이 없지 않았다. 그리고 그러한 비판과 조명은 우리와 마찬가지로 똑같은 국가 구성원들인 신종교 신자들의 종교의 자유를 침해한 것으로 이해될 수도 있다. 기성교단에서 특정교단을 '이단'이라고 했다고 해서 우리 모두가 그 교단을 '이단'으로 규정할 수도 없고, 그렇게 할 필요도 없다. 몇몇 교단은 언론매체에 의해 부당하게 이단으로 매도되어 눈에 보이지 않는 박해를 받아왔다.

다행히 이제는 몇몇 언론매체와 시민단체들이 나서서 오히려 기득권 종교의 잘못된 관행을 비판적으로 조명하여, 풍토를 바로잡기 위한 사회적 여론을 지속적으로 조성해 나가고 있다. 그리고 일부 학자들도 이제는 종교가 사회적 비판으로부터 결코 자유로울 수 없다는 인식 아래 잘못된 관행과 행태들을 지적하는 글들을 속속 발표하고 있다.

앞에서도 지적하였듯이 종교의 잘못된 관행과 행태들을 바로잡기 위해서는 일부 정치세력이 아니라 국가적인 차원에서 제도를 정비하고, 종교인들을 포함해서 국가 구성원들의 종교 관련 인식을 바꾸어 나가는 지속적이고 과감한 노력이 필요하다. 종교 관련 문제들은 이미 학자들에

---

58) 종교별로 보면, 천주교가 78.57%, 개신교가 47.83%, 불교가 73.33%, 신종교가 86.49%이다. 고병철 외, 앞의 책, 96쪽 참조.

의해 많이 지적되었고, 물론 합의된 것은 아니라고 하더라도 해결방안도 나름대로 제시되어 왔다. 이제부터는 제기된 문제들을 하나하나 해결해 나가는 것이 필요하다.

이 때 우리는 아래의 두 가지 사실을 지속적으로 상기할 필요가 있을 것이다.

- 이제부터 우리의 화두는 종교의 자유보다 오히려 종교의 평등이다.
- 현대사회에서 종교는 중요한 사회 자본(social capital)의 하나이다.

제5장
현대 중국의 한국 종교

- 동북 삼성을 중심으로1) -

1. 머리말

한국종교가 해외로 본격적으로 진출한 것은 비교적 최근의 일이다. 과거에는 한국인이 해외로 진출함에 따라 한국종교가 따라서 간 경우가 있었으나, 이제는 한국종교가 해외에서 외국인을 대상으로 선교와 포교를 벌이고 있다. 주지하다시피 현재 우리나라는 미국 다음으로 해외에 개신교 선교사를 많이 파견한 나라이다. 중국이 개혁 개방한 이래, 그리고 한국과 중국이 수교를 맺은 이후 개신교를 필두로 해서 한국의 종교들은 앞을 다투어 중국으로 진출하려는 노력을 다각도로 벌여왔다. 본 논문은 1980년대 이후 한국과 중국의 문화 교류에 한국종교가 많은 영향을 미치고 있다는 판단 아래, 중국, 특히 동북 삼성(요녕성, 길림성, 흑룡강)을 중심으로 한국종교가 중국에서 활동하고 있는 양상을 살피고자 한다.

---

1) 『종교연구』, 제54집, 2009.

해외의 여러 나라는 여러 경로를 통해서 한국문화를 접한다. 외국인은 우리나라를 직접 방문하지 않는 한 우선 그 지역에서 살고 있는 한국인 이주민이나 사업가, 그리고 여행객을 통해서 한국문화를 접한다. 그리고 요즈음 소위 '한류'를 주도하고 있는 드라마나 연예인을 통해서 한국문화를 접할 수 있다는 점 또한 주목해야 할 것이다. 대장금이라는 TV 드라마는 일본과 중국, 미국은 물론이고, 서아시아와 아프리카에서도 방영되었다고 한다. 다른 지역은 그렇다하더라도 서아시아와 아프리카에 한국문화가 소개되는 것은 그다지 쉬운 일이 아니다. 본 논문은 특히 한국종교의 선교와 포교, 포덕2)을 통해서 해외 여러 나라가 한국문화에 접할 수 있다는 점에 보다 주목하고자 한다. 우리는 과거 유교와 불교를 통해서 중국 문화를 접할 수 있었다. 그리고 근대에는 천주교와 개신교를 통해서 서구문화에 접할 수 있었고, 일제시대에는 신도와 일본불교를 통해서 일본문화에 보다 친숙할 수 있었다. 마찬가지로 해외 각국의 사람들이 개신교, 천주교, 불교 등 한국의 종교들을 통해서 한국문화에 접할 수 있고, 접해 오고 있다는 측면 또한 결코 무시할 수 없다.

종교는 문화교류의 수단이면서 또한 해외 거주 한민족의 통합과 정체성 유지에도 기여하는 바가 크다. 미국의 한인교회가 미국 교포들에게 미치는 영향력이 크다는 점에 이의를 제기할 사람은 아마도 없을 것이다. 최근에 한인들의 거주가 급격히 증가하고 있는 중국의 북경, 청도, 천진 등에 한국 개신교가 세운 한인교회들이 미국에서 한인교회들이 하고 있는 역할을 담당하고 있는 것으로 보인다.

본 논문은 해외에서 한국종교가 문화교류와 한민족 정체성 유지에 기

---

2) 종교에 따라 선교, 포교, 포덕 등 여러 용어를 사용하나, 본 글에서는 특별한 경우가 아니면 공통적으로 '선교'라는 용어를 사용하고자 한다.

여한다는 점에 주목하면서 중국교포들이 특히 많이 거주하고 있는 지역인 소위 동북 삼성을 중심으로 한국종교의 활동 양상을 살펴보고자 한다.

북경올림픽 당시, 한국과 일본이 경기를 하면 중국인들이 한국이 아니라 오히려 일본을 응원했다는 기사를 보고 놀란 적이 있다.[3] 최근에는 '嫌韓'이라는 용어가 등장하는 상황까지 벌어져 급기야는 국내에서 중국인들의 호감을 사려는 일련의 사회운동도 벌어지고 있다. 필자는 종교학자로서 혹시 한국종교가 중국인들에게 혐한의식을 심어주는 데 일조를 한 것은 아닌지 하는 주제넘은 걱정을 하고 있다. 고구려나 발해 등 고대사 문제, 그리고 단오를 한국의 세계문화유산으로 유네스코에 등록하려는 시도 등이 중국인들로 하여금 한국에 대한 견제의식을 심어주었을 가능성을 부인할 수는 없다. 그러나 한국종교의 중국 내 활동에 대한 우려는 본 연구를 위해 심양을 방문했을 때 현지의 중국교포[4]를 비롯해서 여러 사람으로부터 확인할 수 있었다.

처음에 생각했던 것보다 중국 내 한국종교 활동에 대한 연구는 많은 어려움이 따랐다. 중국 내에서 단기간에, 그리고 공개적으로 한국종교 활동에 대한 자료를 수집하는 것은 거의 불가능에 가깝다. 종교 관련 행정관료들에 대한 접근은 원천적으로 힘이 들었으며, 그들의 통제를 받고 있는 관련 종교인사들의 면담도 거의 불가능에 가까웠다. 게다가 국내에서 관련 자료를 수집하는 것도 결코 용이하지가 않았다. 관련 자료는 대부분이 비공개자료이기 때문에 아무리 연구를 위한다는 목적을 지닌 사

---

[3] 동북아역사재단이 2007년과 2008년 두 차례에 걸쳐 '한중일 역사인식 여론조사'를 실시했는데, 중국을 싫어하는 한국인은 34.5%에서 59.8%로, 한국을 싫어하는 중국인은 6.6%에서 16.4%로 늘었다고 한다. 동북아역사재단 홈페이지 (http://www.historyfoundation.or.kr) 참조.
[4] 요녕성 종교사무국에서 일하다가 은퇴한 사람이다.

람일지라도 외부인에게 쉽게 자료를 넘겨주지 않고 있다. 이유는 자료가 노출되면, 자신들의 중국 내 활동이 중국 측에 노출되어 활동의 제약이 불을 보듯 뻔하다는 논리이다.5)

자료 수집에 이런 어려움이 따름에도 불구하고 필자는 해외 거주 한민족의 종교에 대한 연구를 진작시킬 필요가 있다는 점, 그리고 한국종교가 문화교류와 한민족 정체성 확립과 유지에 많은 역할을 수행한다는 전제 아래 주어진 여건에서 연구를 진행하고자 하였다. 아래에서는 먼저 중국의 전반적인 종교상황과 종교정책을 살피고, 이어서 중국 동북삼성 내 한국종교 활동을 살핀 다음, 마지막으로 필자의 견해를 피력하는 순서를 밟고자 한다.

2. 중국의 종교상황과 종교정책

가. 중국의 종교상황

중국은 과거 종교가 '민중의 아편'과 '제국주의의 주구' 노릇을 해왔다는 인식 아래 공산화 이후 종교 소멸정책을 시행해 왔다. 하지만 그래도 그나마 명맥을 유지해오던 종교가 문화혁명 기간에 중국에서 완전히 소멸되다시피 하였다. 1978년 개혁개방 이후 중국은 종교가 나름대로 기여하는 측면이 있다는 인식 아래 한편으로는 여전히 종교를 통제, 관리하면서, 한편으로는 종교의 활동을 보장해주는 정책을 아울러 시행해 오

---

5) 『교회와 신앙』, 2005.12.15.

고 있다. 중국의 종교당국에 의하면 현재 티벳불교를 포함해서 중국의 불교사원은 1만3천여 개, 승려는 20여 만 명, 도교사원은 1천5백여 개, 도사는 2만5천여 명, 이슬람 사원은 3만 여 개, 성직자는 4만여 명, 천주교 성당은 공소를 포함해서 4천6백여 개, 성직자는 4천여 명, 개신교[6]는 교회가 1만2천여 개, 그리고 소위 '聚會点'이라고 부르는 개신교의 간이 집회장소가 2만 5천여 개다. 그리고 천주교인은 400여 만 명, 개신교인은 1천만여 명이다.[7]

중국의 종교 관련 통계를 보면, '단체', '院校', '장소'라는 용어가 등장한다. 단체는 종교단체를 말하는데, 종교단체에는 전국적인 규모로 중국불교협회, 중국도교협회, 중국이슬람협회, 중국천주교애국회, 중국천주교주교단, 중국기독교삼자애국운동위원회, 중국기독교협회가 있다. 그리고 이러한 종교단체는 우리식으로 말하면, 각 도와 시별로도 존재한다.

'원교'는 성직자를 양성하는 학교를 말하며, '장소'는 활동장소를 말하는데 우리식으로 말하면 개별 사찰, 교회, 성당을 말한다. 우리는 종교단체라고 하면, 교파나 종파를 주로 말하는데, 중국의 경우 교파나 종파를 인정하지 않고 있다. 그리고 중국에서는 불교, 도교, 이슬람, 천주교, 개신교 등 5개 종교만을 인정하고, 다른 종교는 인정하지 않는다. 따라서 소위 컬트(cult)로 분류되는 서구의 신종교와 일본의 신도계 종교들은 중국에서 발붙이기가 쉽지 않을 것으로 보인다.

도교는 홍콩, 대만, 싱가포르 쪽의 경제 지원에 의해 도관들을 재건하고 있으며, 이 지역의 순례객들과 관광객들에 의한 관광 수입이 꽤 큰

---

[6] 중국에서는 개신교를 기독교로 호칭하나, 본 글에서는 개신교라는 용어를 사용하고자 한다.
[7] 중국의 국가종교사무국 홈페이지(http:www.sara.gov.cn) 참조. 물론 중국의 경우에도 각 종교의 신자 수에 대한 통계는 천차만별이다.

것으로 보인다.8) 중국의 도교는 의례 위주의 도교, 그리고 불교와 유사하게 해탈 비슷한 것을 추구하는 도교가 있는데, 전자는 지역 사회에 대한 서비스를 위주로 하고, 후자는 도관에서 개인적으로 수행에 전념한다.9) 이 밖에 민간에 거주하면서 치병 등 점복을 해주는 도사들도 꽤 있는 것으로 보인다.

중국에는 북방불교와 남방불교, 그리고 티벳불교가 함께 존재한다. 북방불교는 절강성, 복건성, 그리고 강서성을 중심으로 한 중국의 동남부 지역에서 우세하며10), 남방불교는 남서지역, 그리고 티벳불교는 서부지역에서 우세하다. 소림사가 운남성의 사찰 4곳을 별도로 위탁관리하고, 병원 설립과 건강식품 제조 판매를 계획하고 있다는 점 등에서 중국의 불교가 우리나라의 불교와는 꽤 다르게 활동하고 있다는 사실을 알 수 있다.11) 도교가 화교들에 의해 경제적 지원을 받고 있는 데 비해 불교는 그렇지 못한 것으로 보인다. 한중일 3국의 불교교류대회가 매년 순회하며 개최되고 있으며, 우리나라의 사찰 가운데 중국의 사찰과 자매결연을 맺은 사찰도 적지 않게 있다.

이슬람은 중국 서북부를 중심으로 회족과 위그르족 등 20개의 소수민족이 신앙하고 있다. 그렇다고 해서 이슬람이 중국의 서북부 지역에 한정되어 있는 것은 아니며, 중국 전역에서 이슬람 사원인 淸眞寺를 어렵지 않게 찾아볼 수 있다.12)

---

8) Lai Chi-Tim, "Daoim in China Today, 1980-2002" in *Religion in China Today*, ed. Daniel L. Overmyer(Cambridge: Cambridge University Press, 2003), p.112.
9) *Ibid.*, p.107.
10) Raoul Birnbaum, "Buddhist China at the Century's Turn" in *Religion in China Today*, p.126.
11) 『중앙일보』, 2008.12.23.
12) 중국 이슬람의 개괄적인 설명은 Dru C. Gladney, "Islam in China: Accommodation

천주교는 본래 주교를 교황청에서 임명한다. 그러나 중국은 이러한 제도를 인정하지 않고, 1958년 중국 전역에서 선거를 통해 주교를 선출, 교황의 승인을 요청했으나 교황이 거절하였다.[13] 이로 인해 교황청이 중국의 천주교 전체를 인정할 수 있는지의 여부가 문제가 된다. 최근에 중국 당국과 교황청의 관계가 호전될 기미가 보이기는 하지만 이 문제는 쉽게 풀릴 것으로 보이지 않는다. 유럽에서 바티칸만이 대만과 수교를 맺고 있는데, 이것이 문제를 더 복잡하게 만들고 있는 것으로 보인다.[14]

베트남의 경우 정부가 바티칸에 주교 후보자 명단을 제출하면, 바티칸이 그 가운데에서 주교를 선정한다. 바티칸은 이 모델을 중국에 적용시키고자 하나 중국 정부가 이것을 받아들이지 않고 있다.[15]

중국의 천주교는 교황청을 인정하지 않는 부류와 교황청을 인정하는 부류로 양분되어 있는데, 전자를 官方敎會, 후자를 비관방교회라고 한다.[16] 전자는 국가의 승인 아래 비교적 자유롭게 활동하는 반면, 후자는 국가로부터 승인받지 않은 상태에서 비밀리에 활동하고 있다. 주교회의도 양쪽 교회에 따로 존재한다. 비관방교회의 주교들은 1978년 바티칸에 교황의 승인 없이 후계 주교를 선출할 수 있도록 요청하여 승인을 받았

---

or Separatism?" in *Religion in China Today* 참조.
[13] 현재 교황청은 그러한 일은 不法이나 儀式 자체가 정확했기 때문에 당시의 성직 임명은 유효하다는 입장을 견지하고 있다고 한다. 데이비드 아이크만, 『베이징에 오신 예수님』(김미수 옮김), 좋은 씨앗, 2005, 288-289쪽 참조.
[14] Daniel L. Overmyer, "Religion in China Today: Introduction" in *Religion in China Today*, p.7.
[15] Richard Madsen, "Catholic Revival During the Reform Era" in *Religion in China Today*, p.169.
[16] 관방교회는 공인교회, 비관방교회는 지하교회라고도 한다. '관방교회'는 대만 천주교에서 사용하는 용어로 보인다. 장춘선 『하나인가, 둘인가? 중국 천주교회의 미래 -중국 선교를 위한 사목적 및 신학적 반성』(김병수 옮김), 가톨릭대학교출판부, 2000, 177쪽.

다.17) 그리고 관방교회의 성직자 가운데 3분의 2가 비공개적으로나마 바티칸으로부터 승인을 받은 상태이기 때문에 최근에는 관방교회와 비관방교회 사이의 대립 양상이 줄었다고 한다.18) 천주교는 중국에서 하북성과 산서성에서 우세하다.19)

개신교는 미국과 한국을 비롯해서 서구 여러 나라에서 선교를 하고 있다. 다른 어느 종교보다 개신교의 성장이 두드러져 30년 안에 전체 인구의 20-30%가 예수를 믿는 사람들이 될 것이라는 추측까지 나올 정도이다.20) 2008년을 기준해서 지난 10년간 개신교 신자는 1천만여 명에서 1천6백만여 명으로 60% 가까이 증가했다는 통계도 있다.21) 그리고 일요일에 개신교 교회에 참석하는 사람은 중국이 유럽 전체를 합한 것보다 많다고 한다.22) 개신교는 처음 보급된 복건성이나 절강성 또는 강소성과 같은 해안 지방에서 가장 큰 성장을 보여 왔으나, 지금은 하남성과 안휘성의 중앙 지역, 그리고 중국 남서부의 산간 오지에서도 꽤 성장하고 있다고 한다23) 1976년 당시 중국 전체에 중국인 목사 3명, 그리고 북경에 교회가 단 1개 있었던 것을 생각하면, 30여 년이 지난 현재 개신교의 성장은 분명히 괄목할 만하다.24)

개신교도 천주교와 마찬가지로 국가로부터 승인을 받은 교회와 그렇

---

17) 데이비드 아이크만, 앞의 책, 293쪽.
18) Richard Madsen, *op. cit.*, p.168.
19) 데이비드 아이크만, 앞의 책, 292쪽.
20) 같은 책, 383쪽.
21) 『LA중앙일보』, 2008.7.23. 같은 통계에 의하면 천주교 신자는 4백여 만 명에서 5백여 만 명으로 25% 성장했다.
22) Daniel H. Bays, "Chinese Protestant Christianity Today" in *Religion in China Today*, p.182.
23) 토니 램버트, 『중국교회의 부활』(김창영·조은화 옮김), 성경의 말씀사, 1995, 209-210쪽.
24) 같은 책, 10쪽.

지 않은 교회로 양분되어 있다. 국가로부터 승인을 받은 교회는 그렇지 않은 교회로부터 국가에 종속된 교회이기 때문에 진정한 교회로 간주되지 않는다. 물론 국가로부터 승인을 받지 않은 교회는 국가로부터 종종 탄압을 받는다. 그리고 중국 당국은 개신교의 일부를 소위 '이단'으로 규정하여 활동을 금지하고 있다. '이단'으로 규정된 교파는 중국에서 자생한 것들도 꽤 있으며, 해외에서 중국으로 유입된 교파도 있다. 한국에서 들어간 교파 가운데에도 '이단'으로 규정되어 활동이 금지된 교파도 있다.

"법적으로는 이단을 규정할 수 없다(The law knows no heresy)"는 말이 있다. 단지 상대방의 종파나 교파를 교리적인 차이 등에 의해 '이단'으로 규정할 수 있을 뿐이다. 그러나 중국의 정부당국은 특정 교파를 이단으로 규정하고 활동을 금지하고 있다. 물론 그들도 어느 교파를 이단으로 규정할 수 있는지의 기준에 대해 많은 관심을 가지고 있는 것으로 보인다. 현재로서는 중국의 정부당국이 자국에서 발생한 교파와 외국에서 유입된 교파 가운데 미국이나 한국의 개신교 주류 교단이 가지고 있는 기준을 그대로 수용하여 이단을 규정하고 있는 것으로 보인다.[25]

현재 중국에서는 컬트나 섹트, 그리고 신종교로 분류될 수 있는 거의 모든 교파와 종파는 이단, 또는 사교로 분류되고 있다. 우리나라에서 들어간 통일교와 만민중앙교회 등도 이미 중국 당국으로부터 활동을 규제받고 있는 것으로 보인다. 미국에서 생겨난 여호와의 증인은 상해에서, 그리고 안식교는 여러 지역에서 강세를 보이고 있으며, 몰몬교도 나름대로 세력을 확장하고 있을 것으로 보인다.[26] 이들 교파에 대한 중국 당국

---

[25] 王淸淮·朱珉·李广, 『中國邪敎史』, 群衆出版社, 2007; 인병국, 『중국선교 안개 걷기』, 서역, 2001, 139-140쪽; 데이비드 아이크만, 앞의 책, 320-330쪽 참조.
[26] 토니 램버트, 『중국의 교회, 그 놀라운 성장』(이찬미·최태희 공역), 로뎀, 2007, 164쪽.

의 입장은 아직 확인하지 못하였으나 이들 교파는 비교적 자유롭게 활동하고 있는 것으로 보인다.

국가로부터 승인을 받은 교회를 소위 '三自敎會'라고 한다. 삼자교회는 자치, 自養, 自傳이라는 三自 원칙을 지키는 교회를 말한다. 삼자 원칙은 일반적으로 중국 당국이 종교를 통제하기 위해서 만들어낸 것으로 알려져 있으나 정확히는 영국 성공회 선교사들이 이미 주창한 것을[27], 중국인 교회 지도자들이 수용하여 제기한 토착화운동[28]에서 이미 시작되었다. 여러 가지 이유에 의해 1920년대 중국에서 반기독교운동이 본격화되면서 중국인 성직자들을 중심으로 1930년대에 자치, 자양, 자전을 중시하는 소위 '本色運動'이라고 하는 토착화운동이 일어났다.[29]

최근에 중국에서는 삼자교회라는 용어보다 '本色敎會'라는 용어를 보다 선호하고[30], 국내에서는 '가정교회'라는 용어가 보다 일반적으로 사용되고는 있으나, 본 글에서는 실제적인 상황에 보다 적절한 용어로 생각되는 '삼자교회'와 '지하교회'라는 용어를 사용하고자 한다. 비록 10여 년 전 자료이기는 하지만 1998년 당시 지하교회가 삼자교회보다 8배가 더 많았다는 통계가 있는 것으로 보아 중국 개신교 내에서 지하교회가 차지하는 영향력이 크다는 것을 알 수 있다.[31]

현재 중국의 개신교인들은 19세기초 서구 개신교 선교사들의 영향이

---

27) 『기독교타임즈』, 2008.5.18.
28) 대만을 포함해서 중국의 토착적 기독교에 대해서는 Daniel H. Bays, ed., *Christianity in China: From the Eighteenth Century to the Present*(Stanford: Stanford University Press, 1996), pp.269-366 참조.
29) CCL 엮음, 『중국교회 얼마나 알고 있나?』(HOPE 옮김), 전문인협력기구, 1990, 14쪽.
30) 劉家峰 編, 『离异与融會 -中國基督敎徒与本色敎會의 興起』, 上海人民出版社, 2005 참조.
31) 데이비드 아크만, 앞의 책, 134쪽.

아직 남아 있어서 꽤 보수적이고 근본주의적이다.32) 삼자교회는 예배를 드리고 종교적 행위를 하고는 있으나 신자들 사이의 교제는 없거나 매우 미약하며33), 부활과 재림에 대해서는 절대로 설교하지 않는다.34) 그리고 삼자교회는 예수를 믿는 사람과 그렇지 않은 사람 사이에 근본적인 차이가 없다고 생각하며, 세상은 점점 더 좋아질 것이고, 개신교인들은 사회주의를 옹호하고 사회주의 건설에 자발적으로 참여해야 한다고 주장한다. 따라서 삼자교회의 신학은 과정신학과 해방신학과 친화력이 있을 것으로 보이며35), 교파신학 가운데에는 장로교보다는 오히려 성공회나 감리교와 친화력이 있을 것으로 보인다.36)

중국 지하교회 신자의 3분의 2가 은사주의자라고 한다.37) 이들은 오순절파로부터 많은 영향을 받고, 치유와 예언, 방언, 성령의 은사 등을 강조하고 있다.38) 그리고 이들도 나름대로 '系統'이라는 조직을 가지고 있다. 계통은 우리나라의 개신교 교단과 유사한 측면이 있으며, 우리나라의 개신교 최대 교단보다 더 큰 계통도 있다고 한다.39) 지하교회의 이러한 조직 형태를 보면 중국 내에서 지하교회가 철저히 비밀리에만 활동하고 있지는 않은 것으로 보인다.

중국 개신교의 특징을 이해하기 위해서는 이 밖에 '백 투 예루살렘

---

32) Daniel H. Bays, *op. cit.*, pp.187-188.
33) 인병국, 『중국선교 안개 걷기』, 서역, 2001, 36쪽.
34) 인병국, 『한족 가정교회와 중국 선교』, 에스라서원, 1996, 19쪽; 데이비드 아크만, 앞의 책, 137-138쪽.
35) 인병국, 『조선족교회와 중국 선교』, 에스라서원, 1997, 97-98쪽 참조.
36) 삼자교회 신학의 보다 구체적인 내용은 中國基督敎三自愛國運動委員會・中國基督敎協會 編, 『中國敎會与傳敎運動』, 宗敎文化出版社, 2007, pp.381-502 참조.
37) 데이비드 아이크만, 앞의 책, 369쪽.
38) 같은 책, 122쪽.
39) 인병국, 『중국선교 안개 걷기』, 도서출판 서역, 2001, 143-144쪽.

(Back to Jerusalem)'과 '문화적 개신교인'이라는 개념을 알 필요가 있다.

'백 투 예루살렘'은 1920년대에 중앙아시아에 선교하려는 중국 개신교의 순교운동에서 비롯되었는데, 1990년대 중반부터 지하교회 신자들이 다시금 관심을 갖고 벌이고 있는 운동이다.40) 그리고 '문화적 개신교인'이라는 용어는 중국에서만 사용되는 용어이다. 그 의미는 예수에 대한 믿음을 가졌으나, 세례를 받지 않았거나 교회에 소속되지 않은 사람을 말한다. 혹자는 '문화적 개신교인'을 개신교를 연구하는 중국인으로 규정하기도 한다.41) 필자 나름으로 이 용어를 다시 정리하면 개신교에 친화력을 가지고 개신교의 이것저것에 대해서 관심을 지니고 있거나 나아가서 학술적으로 연구하는 사람을 의미한다고 할 수 있다.

나. 중국의 종교정책

중국 당국은 근대 시기에 서구종교가 중국 안에서 제국주의의 주구 노릇을 충실히 하였다는 점을 한시도 잊지 않고 있다. 그리고 동유럽의 사회주의가 붕괴된 것이 종교로부터 기인한 것이라고 생각한다.42) 그럼에도 불구하고 현재 중국 당국은 종교는 서서히 없어질 것이라는 전통적인 사회주의 종교관에서 탈피하여, 종교가 중국 사회를 위해서 분명히 기여하는 바가 있을 것이라는 점에 주목하고 있다. 그러면서 중국에서 종교의 자유가 충분히 보장되지 않고 있다는 미국 등 서구의 주장에 대해 중국 여러 민족, 각 지역 인민은 법에 따라 종교의 자유를 충분히 향유하고

---

40) 데이비드 아이크만, 앞의 책, 265-280쪽 참조.
41) 같은 책, 339쪽; 장쯔강, 「중국학계의 기독교연구」, 『신학과 세계』, 50집, 2004, 261-309쪽 참조.
42) 데이비드 아이크만, 앞의 책, 301쪽.

있으며, 국민의 종교자유를 존중하고 보호하는 것이 중국 정부의 장기적인 기본정책이라고 항변한다.43) 중국 당국의 종교관은 중국헌법에 반영되어 있다. 중국헌법 제32조 ①항은 "중화인민공화국은 중국 영내에 있는 외국인의 합법적인 권리와 이익을 보호한다. 중국 영내에 있는 외국인은 중화인민공화국의 법률을 준수해야 한다"이고, 제36조 ③항은 "국가는 정상적인 종교활동을 보장한다", 그리고 ④항은 "종교단체와 종교사무는 외국세력의 지배를 받지 아니한다"이다.44)

중국의 공산당은 사회조직의 독자성을 인정하지 않는다. 다시 말해서 중국에서 개인이나 집단 이익은 정당성을 인정받지 못하고, 공산당 이외의 조직은 공산당의 승인 아래에서만 존재할 수 있다. 개혁 개방 이전에는 공산당 지도부가 정부의 직위를 겸임하는 것이 일반적이었다. 그러나 개혁 개방 이후 공산당은 영도기구일 뿐이고 공산당이 정부의 업무에 자의적으로 간섭해서는 안 되며, 정부는 공산당의 일반적인 방침을 구체적인 정책으로 전환하고 실천하는 데 나름대로 자율권을 가져야 한다는 인식이 생겨났다.45)

중국에서 종교를 담당하는 기구도 이러한 인식을 바탕으로 조직되어 있다. 중국에서 종교를 관리하는 최상위기관인 국가종교사무국은 국무원의 직속기구이다.46) 국가종교사무국은 우리나라의 종무실에 해당한다고 할 수 있는데, 우리나라의 종무실과 달리 연구기능과 출판기능까지

---

43) 『흑룡강신문』, 2007.9.21.
44) 중국헌법은 김홍수, 『현대중국의 권력분산 -중앙과 지방의 변증법』, 세종출판사, 1998의 부록 참조.
45) 김재철, 「중국의 정치체제 -레닌주의 일당체제의 변천」, 김영명 편, 『동아시아의 정치체제』, 한림대학교아시아문화연구소, 1998, 43-57쪽.
46) 송영우 편, 『중국의 정치적 현대화 -개혁개방정책의 전개』, 평민사, 1991, 126쪽.

지니고 있다.47) 그리고 국가종교사무국의 지휘를 받는 전국 규모의 종교단체가 종교별로 존재한다. 이러한 종교단체는 각 성과 시에도 종교별로 존재한다. 흥미롭게도 종교별 단체에서 불교, 도교, 이슬람은 각각 한 개씩 있는데, 천주교와 개신교는 각각 두 개씩 있다. 천주교 관련 종교단체는 중국천주교애국회와 중국천주교주교단, 그리고 개신교 관련 종교단체는 중국기독교삼자애국운동위원회와 중국기독교협회가 있다. 불교, 도교, 이슬람 관련 종교단체는 공산당과 정부가 함께 있는 조직형태라면, 천주교와 개신교는 공산당과 정부가 별도로 존재하는 조직형태라고 할 수 있다. 개신교의 경우 중국기독교삼자애국운동위원회는 국가종교사무국과 공산당의 통일전선부의 관리 아래 개신교를 이끄는 단체라면, 중국기독교협회는 개신교 지도자들을 양성하거나 책자들을 출판하는 등 교회와 직접적인 일을 하는 단체이다. 천주교와 개신교의 경우 단체가 두 개씩 존재하는 것은 전자가 공산당, 그리고 후자가 정부의 역할을 하는 것으로 이해할 수 있으며, 이렇게 이원적인 조직을 가지고 있는 이유는 아마도 천주교와 개신교가 서구에서 비롯된 종교이기 때문에 관리를 보다 효율적으로 하기 위한 것으로 보인다.

개혁 개방 이후 종교활동이 재개되면서 중국 당국은 종교 관련 정책을 계속해서 내놓았다. 1982년 소위 '19호 문건'이 공포되고, 1983년에는 三定政策이 발표되고, 1991년에는 '6호문서', 그리고 1994년에는 종교활동장소 등기법, 외국인 종교활동 관리규정, 종교활동 장소 관리조례 등이, 그리고 2000년에는 외국인 종교활동 관리규정 시행세칙이 계속해서 발표되었다. 2004년에는 드디어 기존의 종교 관련 법을 총망라하는

---

47) 중국의 국가종교사무국 홈페이지(http://www.sara.gov.cn) 참조.

'종교사무조례'를 공포하고, 2005년 3월부터 시행하고 있다.48) 종교 관련 법은 이 밖에도 각 성, 또는 각 시별로 별도로 존재하기도 한다. '종교사무조례'가 전국적으로 시행되는 것이라면, 각 성 또는 각 시별 종교 관련 조례를 통해서 지방의 특성에 따라 법률이 시행되고 있다.

중국에서 종교 관련 법률은 탄력적으로 적용되고 있는 것으로 보인다. 그 지역의 종교 사무를 담당하는 관리가 누구냐에 따라 법률의 적용이 다를 수 있다. 따라서 중국에서 선교를 하려는 사람은 그 지역의 종교 사무를 담당하는 관리와 친밀한 관계를 유지하기위해 무엇보다 우선해서 노력을 기울이고 있다. 그리고 지역별로 종교 관련 법률이 별도로 존재하기 때문에 소위 종교의 자유가 보장되는 정도가 다를 수 있다. 원래 중국에서는 18세 미만의 청소년에게 전도하는 것이 금지되어 있으나 지역에 따라 이 금지조항이 지켜지지 않는 곳이 존재한다.49) 그리고 지하교회는 등록하지 않은 불법적인 종교장소임에도 불구하고 삼자교회가 나서서 지하교회에 바이블을 보급하는 곳도 있으며50), 중국 남서부 소수민족의 경우 지방 정부가 마약 등 사회적인 문제들을 해결하기 위해 개신교의 전파를 의도적으로 조장하는 경우도 있다.51) 그리고 중국 정부는 그 이유야 어쨌든 漢族 삼자교회보다 조선족 삼자교회를 보다 융통성

---

48) 종교사무조례의 구체적인 내용은 국가종교사무국 홈페이지, 또는 김학관, 『중국선교의 전망』, 예영커뮤니케이션, 2008 참조; 중국 종교정책의 변천 과정과 내용은 張踐・齊經軒, 『中國歷代民族宗敎政策』, 中國社會科學出版社, 2007; Donald E. MacInnis, *Religion in China Today: Policy and Practice*(Maryknoll: Orbis Books, 1989); 차차석, 「현대중국 종교정책의 변화과정과 전망」, 『한국불교학』, 제47집, 2007; 조재송, 「胡錦濤 체제의 신종교정책 析評」, 『중국학연구』, 제34집, 2005; 박만준, 「중국 제4세대 종교정책의 과제와 전망」, 『中蘇研究』, 통권 108호, 2005/2006 등 참조.
49) 토니 램버트, 『중국교회의 부활』(김창영・조은화 옮김), 성경의 말씀사, 1995, 168쪽.
50) 『교회연합신문』, 2008.11.21.
51) Daniel H. Bays, *op. cit.*, p.192.

있게 관리하고 있다는 지적도 있다.52)

　중국 종교정책의 기본 골자는 근본적으로 각 종교들이 사회주의와 친화력을 가지고, 애국에 앞장 설 것을 강조하는 것이다. 종교의 자유가 보장되어 있는 나라에서는 대체로 정교분리 정책을 시행한다. 정교분리 정책이란 간단히 말해서 종교와 국가가 대등한 관계에 서 있다는 것을 의미할 수 있다. 그러나 중국의 경우에는 종교에 애국을 강조하여 '애국종교'라는 용어까지 존재하기는 하지만, 실질적으로는 국가가 종교의 우위에 서 있는 정책을 유지하고 있다.53) 국가가 종교의 우위에 서 있는 정책을 인정하는 쪽이 삼자교회이고, 그렇지 않는 쪽이 지하교회이다. 바로 이 점에서 한국을 포함해서, 미국을 비롯한 서구사회에서는 중국에 종교자유가 보장되어 있지 않다고 비판하고 있는 것이다.

　중국 종교정책의 구체적인 내용 가운데 우리의 관심을 끄는 것으로는 중국에서는 도교, 불교, 이슬람, 천주교, 개신교 등 5개 종교만이 인정하고 있다는 점, 외국인이 중국인을 대상으로 선교를 할 수 없다는 점, 그러나 외국인들끼리의 종교활동은 중국 당국으로부터 허가를 얻으면 가능하다는 점, 중국인들끼리만 참석하는 종교활동도 당국으로부터 허가를 받은 장소에서만 가능하다는 점, 성직자 양성과 임명에 국가가 관여하고 성직자에게 일정 금액의 생활보조비를 지급한다는 점, 종교시설물의 신축과 보수에 정부가 경비를 보조하고 있다는 점 등을 열거할 수 있다.

---

52) 인병국, 앞의 책, 41-42쪽.
53) 인병국은 중국의 이런 상황을 '愛神愛國'이 아니라 '愛國愛神'이라고 비판한다. 같은 책, 60쪽.

3. 조선족의 현재와 종교상황

가. 조선족의 현재

2007년 8월말 중국 전체 인구는 13억 1,448명인데, 이 가운데 조선족은 200여 만 명으로 조선족 인구는 전체 인구의 0.15%에 해당한다.[54] 조선족은 요녕성에 25만, 길림성에 118만, 흑룡강성에 40만 정도가 거주하는데, 각 성별 전체 인구에서 조선족이 차지하는 비율은 요녕성은 0.5763%, 길림성은 4.2746%, 흑룡강성은 1.072%이다.[55] 현재 조선족 인구의 90%가 동북삼성에 살고 있다는 통계가 있기는 하지만[56], 2006년을 전후한 통계에 의하면 연변자치주의 조선족 비율은 33%에 머물고 있다. 그리고 비교적 조선족이 집중적으로 거주하고 있는 연길, 용정, 도문도 조선족 비율이 각각 59%, 67%, 58%로 나타나 있다.[57]

2006년 8월 『흑룡강신문』에 게재된 자료에 의하면, 최근에 조선족은 중국 내에서도 내몽골 지역을 포함한 동북삼성에 120만여 명, 심천과 광주 등 남부지역에 6만여 명, 상해와 남경 등 동부지역에 8만5천여 명, 청도와 위해 등 산동지역에 18만여 명, 북경과 천진 등 수도권 지역에 17만여 명이 거주하고 있다.[58] 심양과 대련 등 큰 도시에 주로 거주하는 이주 조선족들은 음식업 등 서비스업 또는 한국인 투자기업 또는 한국인

---

54) 외교통상부 홈페이지(http://www.mofat.go.kr) 참조.
55) 임채완 외, 「재외한인 집거지역 사회 경제」, 집문당, 2005, 175쪽.
56) 장세윤, 「중국 조선족의 현황 -1990년대 이후를 중심으로」, 한석정·노기식 편, 『만주-동아시아 융합의 공간』, 소명출판, 2008, 358쪽.
57) 같은 글, 363-364쪽.
58) 『흑룡강신문』, 2006.8.26.

과 관련이 있는 직업에 종사하며, 주로 18-50세의 청장년층이라고 한다.59) 같은 자료에 의하면 조선족은 한국에 15-20만여 명, 일본에 4-5만여 명, 러시아에 5-8만여 명, 미국에 5만여 명, 서아시아에 4-5만여 명이 중국 이외 지역에 거주하고 있다. 한국인이 세계 도처에 나가있다는 사실은 별로 놀랍지 않다. 그러나 조선족이 미국까지 진출하여 로스앤젤레스에 거주하는 조선족 수가 5천여 명에서 8천여 명으로 추산된다고 하는 사실은 그저 놀랍기만 하다.60)

동북삼성의 조선족이 중국 국내외로 진출하여 벌어들인 돈이 다시 동북삼성의 조선족 수중으로 들어감에 따라 조선족의 전반적인 경제상황은 꽤 호전되었을 것으로 예상된다. 그러나 조선족의 분산은 또 다른 여러 문제들을 노출시키고 있다. 조선족의 분산으로 인해 조선족 집중 거주지역이 와해됨에 따라 민족교육, 민족의 정체성, 청소년 교육 등에 있어서 많은 문제점들이 나타났다. 개혁개방 이후 조선족 인구의 20-25%가 도시로, 산해관 이내로, 그리고 한국 등으로 이주하면서, 조선족 농촌 마을이 감소 또는 소실되었다. 1996년 조선족학교 수가 1,130개였으나, 2006년에는 400여 개로 줄었다고 한다.61) 한 예에 불과하지만 현재 조선족이 겪고 있는 또 다른 어려움을 상상해 볼 수 있다.62) 이런 상황에서 일부에서는 조선족 마을을 기반으로 하고 도시의 새로운 조선족 집거를 중점으로 하는 조선족 거주지를 건설할 것을 제안하기도 한다.63) 그

---

59) 양영균, 「베이징 거주 조선족의 정체성과 민족관계」, 문옥표 외, 『해외 한인의 민족관계』, 아카넷, 2006, 96-97쪽.
60) 최민, 『변화하는 중국대륙, 선교도 달라져야 한다』, 쿰란출판사, 2007, 229쪽.
61) 『흑룡강신문』, 2008.6.24.
62) 특히 연변 조선족의 현재 모습은 채영국・박민영・장석흥・김태국・염인호・김춘선, 『연변 조선족 사회의 과거와 현재』, 고구려연구재단, 2006 참조.
63) 『흑룡강신문』, 2006.12.3.

리하여 흑룡강성의 성화촌, 요녕성의 만융촌 등 조선족의 새롭고 모범적인 밀집촌과 주거지가 형성되는 곳도 있다.64)

나. 동북삼성의 종교상황

동북삼성은 사실 중국의 다른 지역에 비해 종교적으로 특징이 많은 지역은 아니다. 이 지역에 도교는 6세기에 들어왔으나 원나라와 명나라 때는 사라졌다가 청나라 때 다시 들어왔다. 길림성의 경우 1948년에 도교사원이 125개였으나 2008년 현재 14개가 있다고 한다.65) 비록 길림성 자료에 의한 것이기는 하지만 동북삼성의 불교사찰도 주로 일제시대 때 세워진 것으로 보인다. 길림성의 경우 불교사찰은 105개이며, 승려는 1,253명인데, 승려 가운데 불학원 출신, 다시 말해서 제대로 교육을 받은 승려는 112명이며, 승려 가운데 3분의 2가 비구니승이다. 길림성중점문물보호 사찰 가운데 하나인 장춘의 반야사는 1922년에 창건되었으나 문화혁명 기간에 파괴되었다가 1980년에서 1987년까지 6년에 걸쳐 국가가 경비의 반 이상을 지원해서 복구되었다. 천주교는 등록된 종교활동장소가 73개, 신부는 54명이며, 개신교는 등록된 종교활동장소가 1,300여 개, 목사는 37명이다.

요녕성과 흑룡강성의 종교상황도 길림성의 종교상황과 크게 차이가 나지 않을 것으로 보인다. 요녕성의 경우 주목할 만한 사실은 일제시대에 구세군, 성공회, 그리고 조합교회 등 일본인 교회가 대련을 중심으로 꽤 활약하였다는 점이다.66)

---

64) 장세윤, 앞의 글, 372쪽 참조.
65) 길림성 민족위원회(종교국) 홈페이지(http://mw.jl.gov.cn) 참조.

동북삼성에는 도교와 불교의 성직자를 양성하는 기관이 없는 것으로 보인다. 천주교는 각 성별로 교구가 설치되어 있는데, 1983년에 3개 교구가 공동으로 '심양천주교신학원'을 설립하여 오늘에 이르고 있다.

1983년 개교 당시 이 신학원의 학생은 요녕성 출신 21명, 길림성 출신 9명, 흑룡강성 출신 13명, 하북성 출신 15명이었다.[67] 2008년 현재 조선족 신부는 8명인데, 이 가운데 5명이 연길, 용정, 화룡, 훈춘, 안도, 돈화 등지에서 사목을 하고 있다.[68] 조선족 천주교 신자는 700여 명이라고 한다.

중국에서 개신교가 급성장하고 있다고는 하나, 동북삼성은 다른 지역에 비해 개신교 밀집지역은 결코 아니다. 1982년에 심양에 동북신학원이 설립되어 목사를 양성하고 있다. 동북신학원은 동북삼성에 있는 유일한 목사 양성기관으로 학제는 3년이며, 조선족반을 별도로 운영하고 있다.

2008년 현재 동북신학원 출신은 8백여 명이며, 동북삼성의 조선족 목사들은 대부분 이 학교를 졸업하는데, 요녕성의 경우 조선족 목사가 20여 명 된다고 한다.[69]

동북삼성에는 우리나라에서 개신교를 포함해서 불교와 천주교, 그리고 원불교, 대순진리회가 활동하고 있다. 물론 개신교의 활동이 두드러진다. 비록 오래된 통계이기는 하지만 1990년 현재 삼자교회 조선족 교회는 요녕성 12개, 길림성 9개, 흑룡강성 1개이고, 지하교회 조선족 교회는 요녕성 12개, 길림성 15개, 흑룡강성 22개이다.[70] 비슷한 맥락에서

---

66) 遼寧省地方志編纂委員會辦公室 主編,『遼寧省志-宗敎志』, 遼寧人民出版社, 2002, pp.208-209.
67) 같은 책, p.268.
68) 『평화신문』, 2008.9.14.
69) 요녕성 종교국 관련 인사 면담에서 확인.
70) 김형석,「역사적 맥락에서 본 한중관계와 중국선교 문제」,『한국기독교와 역사』, 제4호, 1995, 274쪽.

역시 10년이 더 된 진단이기는 하지만, 조선족 교회의 경우 요녕성은 삼자교회 막강, 지하교회 미약, 길림성은 삼자교회 강, 지하교회 약, 흑룡강성은 삼자교회 약, 지하교회 강이라는 지적이 있다.[71] 구체적으로 확인하지는 못하였지만 최근에는 아마도 동북삼성의 경우에 적어도 조선족 지하교회의 수가 과거에 비해서는 꽤 줄었을 것으로 예상된다.

과거 창고나 공장, 공회당 등등으로 사용되던 교회 건축물이 개혁 개방 이후 교인들의 손으로 돌아오고, 한국교회의 적극적인 도움으로 90% 정도의 조선족 교회들이 새 예배당을 마련할 수 있었다.[72] 그리고 한국교회의 지속적인 재정적 지원으로 조선족 교회의 활동은 우리나라의 지방 교회의 모습과 유사해졌다. 동북삼성의 대표적인 조선족 교회로는 심양의 서탑교회, 연변의 연길교회, 하얼빈의 임마누엘교회를 들 수 있으며, 연길교회의 경우 교인 수가 1만여 명의 대형교회로 성장하였다.[73]

그러나 근래에는 앞에서도 지적하였듯이 조선족 사회가 해체의 길을 걷고, 또한 한국교회가 동북삼성에 국한하지 않고, 중국의 남부와 서쪽 지방 등 오지 지역과, 북경, 청도 등 한국인이 많이 진출해 있는 지역에 한인교회 설립에 보다 많은 관심을 보이고 있어서 동북삼성의 조선족 교회 또한 많은 변화를 보이고 있다. 조선족의 도시 이주 현상이 두드러지면서 문을 닫거나 몇몇 노인들만이 지키고 있는 농촌교회들도 적지 않다고 한다.[74] 예를 들어서 1978년에 설립된 용정교회는 처음에 신도가 1,500명 정도였으나 최근에는 800명 정도로 줄었다고 한다.[75]

---

71) 인병국, 『조선족교회와 중국 선교』, 에스라서원, 1997, 105쪽.
72) 『교회와 신앙』, 2003.7.16.
73) 최민, 『변화하는 중국대륙, 선교도 달라져야 한다』, 쿰란출판사, 2007, 172쪽.
74) 같은 책, 183쪽.
75) 『인천기독신문』, 2008.8.10.

4. 동북삼성의 한국종교

승려나 목사 등 한국인 성직자가 중국 내에서 중국인들을 대상으로 선교를 하거나 종교집회를 개최하는 것은 원칙적으로 불가능하다. 종교성직자가 중국을 방문할 수는 있으나 방문 목적은 예를 들어서 학술활동, 또는 문화교류 등 선교 이외의 다른 것이어야 한다. 한국 승려가 중국에서 사찰을 건립하고 중국인들을 상대로 법회를 열거나, 또는 한국인 신부나 목사가 중국에서 교회를 건립하고 중국인들을 상대로 미사나 예배를 보는 것은 있을 수 없다. 중국 내 한인교회를 가보면 입구에 이 교회는 한국인을 위한 교회라는 팻말이 붙어 있고, 또 예배를 시작하면서 목사는 여기에 혹시 중국인이 있으면 밖으로 나가라는 말부터 한다. 조선족이 중국인에 포함되는 것은 말할 필요도 없다.

동북삼성 한국종교의 모습은 두 가지 측면에서 고찰할 수 있다. 하나는 그 지역에 사업이나 유학 등을 목적으로 거주하는 한국인들만을 대상으로 하는 사찰, 교회, 그리고 성당을 들 수 있다. 그리고 또 하나는 한국인이 사찰이나 교회를 건립하고, 중국인, 특히 조선족을 대상으로 조선족 성직자가 운영하는 것을 들 수 있다.

가. 한국인 대상의 한국종교

조계종 포교원에 따르면 2006년 11월 현재 운영중인 중국 내 한인사찰은 북경 만월사, 영남불교대학 청도분원, 광주 불광선원, 남경 관음사, 천진 불광사, 위해 호림정사 등 6곳이다. 대체로 이러한 한인사찰은 그 지역의 한인불자회가 자체적으로 활동하다 국내 대형사찰의 지원을 받아 상가를 임대하여 사찰 용도로 사용하고 있다.76) 물론 이 경우에 한인 사찰은 중국정부 당국으로부터 허가를 받아야만 한다. 그렇지 않은 경우 불법적인 모임으로 감시의 대상이 되거나 집회 장소가 폐쇄당할 수 있다. 아무래도 동북삼성에 거주하는 한국인들이 북경이나 청도, 위해 등에 비해 그 숫자가 적기 때문에 동북삼성에 아직 한인사찰이 운영되고 있지 않은 것으로 보인다. 아마도 한인불자들은 개별적으로 중국사찰을 방문하거나 또는 소규모 모임을 나름대로 운영하고 있을 것으로 보인다.

요녕성의 대표적인 성당인 심양의 동관성당 구내 한쪽 구석에 30-40여 명이 앉을 수 있는 크기의 단층 일자형 건물이 있다. 내부는 성당의 구조가 갖추어 있다. 우리나라에서 파견한 신부가 한국인들을 대상으로 운영하는 한인성당이다. 물론 이 곳은 중국당국으로부터 허가를 받고 운영되고 있는 듯, 우리 연구자 일행이 5분 정도 방문했음에도 불구하고 그 사실이 공안당국에 알려졌다는 사실을 나중에 알았다.77) 아마도 동북삼성의 한인천주교인들은 이렇게 한인성당을 이용하거나, 또는 중국인 성당이나 조선족 성당을 이용하고 있을 것으로 예상된다. 연변에 있는 연길성당의 경우 시간을 달리하여 한번은 한족을 대상으로, 또 한번은 조선족을 대상으로 미사를 거행한다. 이 지역에 거주하는 한인들은 연길성당의 조선족 대상의 미사에 참석할 수 있을 것이다. 외국인이 중국인 대상의 종교집회에 참석하는 것은 자유롭다. 단지 외국인 성직자가 중국인 대상의 종교집회에 참가하여 설교나 설법을 하는 것은 제재를 받는다.

한국인이 진출한 웬만한 도시에는 한인교회가 있다. 북경에는 한인교

---

76) 『불교신문』, 2006.12.2.
77) 요녕성의 종교를 담당하는 고위급 인사의 소개로 다음날 서탑교회를 방문할 예정이었으나 동관성당 구내에 있는 한인성당을 방문한 이후 서탑교회로부터 다음날 약속을 취소하겠다는 통보를 받았다.

회가 100여 개가 있는데, 400여 명 신도 규모의 대학생 중심 교회도 있고, 청도에는 자체 건물을 가진 3천여 명 신도 규모의 교회도 있다.[78]

북경에는 한인기독교연합회가 구성되어 있을 정도이다.[79] 동북삼성에는 단동, 대련, 무순, 안산, 심양, 장춘, 하얼빈 등에 한인회가 구성되어 있다. 한인회가 구성되어 있는 지역 정도이면 한인교회가 활동하고 있을 것으로 추정된다. 한인교회가 공식적으로 활동하려면 물론 중국 당국으로부터 허가를 받아야 한다. 그러나 허가를 받지 않고 중국 당국의 묵인 아래 활동하고 있는 정기적인 집회도 있을 것으로 보인다.

요녕성의 경우 2008년 10월 현재 허가를 받은 한인교회는 단동 1개, 무순 1개, 대련 2개, 심양 3개이고, 허가를 요청하고 있는 한인교회가 심양 3개, 대련에 7-8개가 있다고 한다.[80] 이들 한인교회는 자체 건물을 가지고 있는 것이 아니고 대체로 큰 빌딩의 한 개 층을 임대해서 사용하고 있다. 대련에서 활동하고 있는 한인목사의 증언에 의하면 중국 당국은 도시마다 1개 정도씩 한인교회 설립을 허가해 주려는 의도를 지니고 있는 것으로 보인다. 이것이 사실이라면 한국교회가 특정 도시에서 자기 교파의 한인교회를 먼저 설립하여 허가를 받기 위해 현지의 중국 당국에 로비를 많이 벌이고 있을 것으로 예상된다.

원불교는 별도로 중국교구를 설치하여 운영하고 있는데 동북삼성의 경우 1994년부터 연길에서 포교를 시작하여, 현재 연길, 단동, 훈춘에서 교당을 운영하고 있다.[81], 그리고 2008년 2월 현재 장춘과 심양에 교당

---

[78] 최민, 앞의 책, 15-16쪽.
[79] 같은 책, 187쪽.
[80] 2008년 10월 23일 오후 3시-5시에 요녕성조선족경제문화교류협회에서 요녕성 종교 관련 담당자와 면담에서 확인.
[81] 『원불교신문』, 2004.6.18.

을 신설하려는 계획을 가지고 있다고 한다.82) 이들 지역에 있는 교당들이 중국 당국으로부터 허가를 받았는지는 확인할 수 없으나 익산으로 성지순례를 온 연변교당 신도들의 사진을 보면 조선족들도 원불교 교당에서 꽤 활동하고 있는 것으로 보인다.83) 대순진리회는 하얼빈사범대학 내에 대진대학교 중국 캠퍼스를 운영하고 있으며 2010년 완공 목표로 학교 내 부지에 대진테크노파크 조성을 진행중이다.84) 그리고 통일교도 선문대학교를 통해 중국에서 꽤 활동을 하였을 것으로 추정되나 현재는 한국 내 개신교의 적극적인 견제로 중국 내 활동이 저조한 것으로 보인다.

나. 조선족 대상의 한국종교

조계종은 2007년 봉은사, 조계사, 도선사, 흥국사의 지원으로 연변자치주불교협회에 6억 원을 지원, 3층 규모의 건물을 매입하고 1년여 동안의 공사를 거쳐 2008년 5월에 조선족 최초의 사찰인 水月精舍를 개원하였다. 물론 운영은 조계종이 아니라 연변조선족자치주 불교협회가 맡았다.85) 원래 천태종이 중국선교에서는 한 발 앞섰으나 근래에는 조계종이 불교를 관장하고 있는 중국 당국과 우호적인 교류를 벌이고 있어서 앞으로 조선족 사찰이 더 생길 수 있을 것으로 보인다.86)

천주교는 수원교구를 맡았던 김남수 주교가 만주 출신이었던 관계로 다른 교구보다 수원교구가 중심이 되어 동북삼성에서 선교활동을 벌이

---

82) 『원불교신문』, 2008.2.15.
83) 『원불교신문』, 2007.4.27.
84) http://www.chosun.com/national/news/200611/200611060628.html 참조.
85) 『불교신문』, 2008.6.4.
86) 『법보신문』, 2007.8.13.

고 있다. 주로 성당 부지 매입과 성당 건축 등에 경비를 지원하고 있는 것으로 보인다. 천주교는 비교적 중국 현행법 테두리 안에서 활동하고 있는 것으로 보이며, 파견된 신부는 한인 사목을 위주로 하고, 조선족에 대한 간접적인 선교는 주로 수사나 수녀들이 맡고 있는 것으로 보인다.

조선족을 한국에 있는 가톨릭대학교로 유치하여 신학교육을 시키고 있는데, 2009년 1월 현재 총 4명의 조선족이 경제적인 지원 아래 신학교육을 받고 있다고 한다.[87]

개신교의 130여 개 단체들이 소속된 한국세계선교협의회에 따르면 2007년 말 현재 개신교가 세계 각국에 파견한 선교사 수가 1만 7천여 명이다. 아직은 미국이 우리나라보다 많은 수의 선교사를 파견하고 있지만, 우리나라가 파견하는 선교사의 수는 앞으로도 계속 증가할 것으로 보인다. 개신교 선교사들은 아시아 지역에서 많이 활동하고 있는데, 중국에서 활동하고 있는 선교사의 수가 특히 많다.[88] 물론 이들 선교사는 모두 비공개적으로 활동하고 있기 때문에 그 정확한 수와 그들의 구체적인 활동 지역과 내용을 아는 것은 결코 쉽지 않다.

2006년 현재 연길을 중심으로 조선족 침례교회는 87개인데, 그 가운데 미국에 거주하고 있는 한인 침례교 목사 두 사람이 55개의 교회를, 그리고 한국에 있는 침례교 목사 한 사람이 25개의 교회를 후원하고 있다고 한다. 적어도 그 지역의 침례교에 관한 한 거의 모든 교회가 미국의 한인목사와 한국목사로부터 지원을 받고 있는 것이다.[89] 침례교의 예에 불과하지만, 장로교 등 다른 교파의 경우도 대체로 이와 유사할 것으로 보인다.

---

87) 2009년 1월 수원교구 중국선교위원장과의 대담에서 확인.
88) 한국선교연구원 홈페이지(http://krim.org) 참조.
89) 『침례신문』, 2006.9.20.

개신교는 다른 종교에 비해 적극적인 선교를 벌이는 것으로 유명하다. 어느 중국사람은 한국이 개신교 때문에 곧 망할 것이라거나, 또는 그럼에도 불구하고 왜 한국이 아직 망하지 않는지 모르겠다는 말을 한다.

중국에서 개신교 선교사들의 적극적인 활동이 그 중국 사람에게 그런 인상을 심어주었을 것이다. 현재 중국에서는 공산당과 특히 개신교 선교사들 사이에 보이지 않는 전쟁이 벌어져 있는 상황으로 보이기도 한다. 무엇보다 국가를 중시하는 공산당과 국가보다는 먼저 神國을 우선시하는 한국 개신교는 타협점을 쉽게 찾지 못할 것이다. 중국 내에서 조선족과 한국인 사이에, 그리고 나아가서 漢族과 한국인 사이의 잠재적인 갈등의 저변에는 이런 요인이 있는 것으로 보인다.

5. 맺음말

지금까지 동북삼성의 한국종교 상황을 알아보기 위해 중국의 전반적인 종교상황과 종교정책, 그리고 동북삼성의 종교상황과 한국종교의 현실을 제한적인 자료나마 접할 수 있는 자료를 토대로 차례대로 살펴보았다.

외국인이 중국 내에서 중국인을 상대로 선교를 할 수 없고, 중국인 성직자도 지정된 지역 이외에서는 중국인을 상대로 선교를 할 수 없다. 중국의 종교 성장은 중국인 성직자가 아니라 오히려 신자들에 의해 이루어지고 있다. 중국에 종교자유가 있든 없든 분명한 것은 중국의 이러한 상황은 중국 당국이 현재 '종교쇄국주의' 정책을 쓰고 있는 것에서 비롯한다.

동북삼성의 경우 적어도 현재까지는 다른 교파에 비해 장로교가 월등히 우세하다.[90] 비록 중국 내의 다른 지역과 마찬가지로 동북삼성의 경우 외국인의 선교활동이 금지되어있다고 하더라도, 장로교가 다른 교파에 비해 어떤 형태로든지 선교활동을 활발히 전개한 결과로 보인다.

중국의 종교당국은 외국으로부터의 선교비 유입을 외적으로는 금지하면서도, 그들의 표현대로, 조건이 붙지 않는 경제적 지원은 실질적으로 허용하고 있다. 그리하여 조선족을 대상으로 하는 교회나 성당, 그리고 법당의 상당수가 한국종교의 경제적 지원으로 설립, 보수, 유지될 수 있었다.

동북삼성 내의 한국종교의 상황을 이해하려면 본 글에서 다루지는 못하였으나 이 지역에서 한국종교가 벌이고 있는 사회사업이나 교육사업 등, 그리고 탈북자들에 대한 한국종교의 관심, 한국 이외의 국적을 지니고 있는 미주 등 한인 선교사들의 활동, 일본 등 외국종교의 이 지역에서의 활동 등도 살펴야 할 것이다. 이들에 대해 간략히 언급하면서 본고를 맺고자 한다.

한국종교는 소위 간적접인 선교 차원에서 병원이나 양로원, 그리고 학교를 설립하거나, 장학사업 등 여러 사업을 벌이고 있다. 2008년까지 국내에 이주해 온 탈북자가 모두 1만5,567명이라고 한다.[91] 최근까지 탈북자의 한국 이주에 개신교가 주도적인 역할을 담당했다는 것은 주지의 사실이다. 탈북자의 한국 이주에 관심이 있는 개신교인들은 미국의 남북전쟁 당시 남부의 흑인들을 북부로 탈출시키는 '비밀철로(Underground Railroad)'에서 힌트를 얻어, 북한주민을 탈출시키는 운동을 '서울행 기차(Seoul Train)'로 부르고 있다.[92] 또한 개신교 가운데는 사이판에 있는

---

[90] 2007년 1월 현재, 북경에 허가받은 감리교 한인교회가 없는 것을 보면, 북경에서도 장로교가 다른 교파에 비해 우월한 것으로 보인다. 『기독교타임즈』, 2007.1.18 참조.
[91] 『중앙일보』, 2009.1.6.
[92] 『파발마』(인쇄판), 제166호, 2006.6.26.

조선족들을 대상으로 신학교를 운영, 이들을 다시 중국으로 보내는 성직자 양성 프로그램을 운영하기도 한다.[93] 이런 양상은 천주교와 원불교에서도 살필 수 있다.

국내뿐만 아니라 미주 등에 있는 한인교회도 중국선교에 많은 관심을 갖고 중국 전역에서 활동하고 있다. 특히 미국 국적의 한인 선교사들은 한국 국적의 선교사들 보다 더 적극적인 활동을 벌이고 있다. 중국 국내법에 위배되는 선교활동을 하다 감금, 또는 추방되는 미국 국적의 선교사들은 한국 국적 선교사들보다 결코 적지 않을 것으로 보인다.[94]

동북삼성은 한국 못지않게 일본과 경제교류를 활발히 하고 있다. 따라서 이 지역에 거주하는 일본인들도 꽤 있을 것이며, 이들도 어떤 형태로든지 종교활동을 하고 있을 것으로 짐작된다. 필자는 일본종교가 이 지역에서 어떤 활동을 하고 있는지에 대해서도 큰 관심을 지니고 있었으나 별다른 자료를 확보할 수 없었다. 단지 요녕성 종교담당 관리에게 일본인들은 종교와 관련된 법적인 문제를 일으킨 사례가 없었다는 말을 들을 수 있었을 뿐이다.

본 글을 준비하면서 동북삼성 내 한국종교의 비공개적인 활동은 제외하고 중국 당국의 허가 아래 합법적으로 행해지는 그야말로 정당한 활동만을 다루는 것으로 자료 확보의 범위를 줄일 수밖에 없었다. 전자의 자료를 수집하기 위해서 연구자가 첩보원의 역할을 수행할 수는 없었기 때문이다. 그러나 문제는 후자의 자료 수집도 결코 쉬운 문제가 아니었다는 점이다. 외교통상부 홈페이지에 나와 있는 재외동포단체현황을 보면 중국의 경우 종교단체로 기재되어 있는 단체는 단지 3곳뿐이다.[95] 국내

---

[93] 『기독교타임즈』, 2001.8.30.
[94] 『기독교개혁신문』, 2006.9.2.

종교행정을 담당하는 문화체육관광부 종무실에도 관련 자료는 구비되어 있지 않았고, 국내의 선교단체나 교회도 관련 자료를 공개하지 않았다.

한국종교의 세계 각지에서의 활동은 문화 교류적인 측면에서 주목할 필요가 있다. 앞으로는 한국종교가 세계 각지에서 활동하고 있는 자료를 외교통상부나 문화체육관광부 등 정부 기관에서 확보하는 방안을 강구했으면 하는 바람을 가지면서 본 글을 맺는다.

---

95) 산동성에 소재하는 유방교회한글학교, 유방한인교회, 제남한인교회.

제3부
한국종교사 연구

1. 포석정의 종교사적 이해
2. 새로운 신화 만들기
   - 재야사학에 대한 또 다른 이해
3. 정역의 종교사적 이해
4. 유영모 종교사상의 계보
5. 함석헌 종교사상의 계보

제3부 한국종교사의 연구

제1장
포석정의 종교사적 이해[1]

1. 머리말

鮑石亭址는 경상북도 경주시 배동 경주의 남산 서쪽에 있는 포석골[2]의 입구에 위치하고 있으며 사적 1호이다. 현재 정자는 없으며 鮑魚[3]의 형태를 모방하여 만든 石溝가 남아 있다. 전에는 돌홈 처음 부분에 돌거북이 있어서 계곡의 물이 거북의 입에서 흘러나오게 하였다고 하나 현재 그 돌거북이 어디로 갔는지는 알 수 없다. 포석정지는 1915년에 개축되었는데 당시 원형의 훼손이 있었다고 하며 아직까지 본격적인 발굴은 이루어지지 않았다.[4]

---

[1] 『한국사상사학』, 4·5합집, 1993.
[2] 원래의 이름은 부흥골이나 포석정이 널리 알려져 있기 때문에 보통 포석골이라고 부른다.
[3] 전복으로 알려져 있으나 소금에 절인 고기를 지칭하기도 한다.
[4] 1991년 경주문화재연구소에 의해 포석정지에 대한 실측조사가 행해졌을 뿐이다. 『年報』, 제2호, 경주문화재연구소, 1991, 196쪽.

제1장 포석정의 종교사적 이해

지금까지 포석정지는 신라의 왕과 귀족들의 연회 장소로, 그리고 계곡의 물을 끌어들여 돌홈을 따라 흐르게 한 뒤 그 위에 잔을 띄워 놓고 술도 먹고 시도 짓던 曲水流觴과 관련이 있는 곳으로 알려져 있다. 곡수유상의 풍습은 한·중·일 삼국에 모두 있었던 풍습이나 경주의 포석정지가 곡수유상과 관련이 있는 유일한 유적이라는 지적도 있다.5) 신라 말기에 경애왕이 이 곳에서 진탕 놀다가 신라를 망하게 하였다는 이야기는 우리 모두에게 잘 알려져 있다.

본 논문은 포석정이 왕과 귀족의 연회 장소, 그리고 곡수유상과 관련이 있는 장소라는 지금까지의 견해에 이의를 제기하고자 한다.6) 그리고 이어서 포석정은 종교적인 행사가 치러지던 종교적인 聖所로 팔관회와 관련이 있던 장소일 가능성이 높다는 점을 지적하고자 한다. 따라서 본 논문은 두 부분으로 나누어 전반부에는 포석정과 관련이 있는 기록들을 중심으로 포석정이 종교적 성소일 가능성이 높다는 점을, 그리고 후반부에서는 포석정이 팔관회를 치루던 장소일 가능성이 높다는 점을 밝혀 볼 것이다.

이러한 추론에는 두 가지 어려움이 따른다. 첫째는 포석정이 곡수유상과 관련이 있는 장소라는 견해가 이미 오래 전부터 있어 왔으며, 또한

---

5) 최상수, 『경주의 고적과 전설』, 대재각, 1954, 49쪽. 그러나 일본의 福岡縣에서는 요즘까지도 曲水宴이 행해지고 있으며, 1983년에는 福岡縣의 '蘭亭曲水之宴訪華團'이 중국의 紹興에 가서 현지인과 합동으로 곡수유상의 행사를 치렀다고 하는 것을 보아 포석정지가 곡수유상과 관련이 있는 유일한 유적이라는 지적은 사실과 다르다.『조선일보』, 1992.4.22.
6) 이미 三品彰英도 포석정에서의 歌舞가 연회를 목적으로 한 것이 아니라는 점을 지적한 적이 있다. 그는 포석정에서의 가무는 남산신과 관련이 있으며, 그 가무를 오락적인 것으로 본 것은 후대의 道學者流의 훈계에 지나지 않는다고 하였다. 그러나 그는 포석정이 연회장소가 아니라는 점을 더 이상 상세히 다루지 않았고, 또한 곡수유상과 포석정이 관련되어 있다는 기존의 견해에 대해서도 전혀 언급하지 않았다. 三品彰英,『增補日鮮神話傳說の硏究』, 平凡社, 1972, p.286.

포석정에 관한 기록이 적기 때문에 본 글의 견해를 뒷받침할 문헌적인 근거가 약할 수밖에 없다는 점이다. 게다가 이 일대의 발굴이 아직 이루어져 있지 않기 때문에 본 글의 주장이 고고학적 유물의 뒷받침을 받을 수도 없다는 점이다. 둘째는 팔관회에 대한 연구가 적은 편은 아니나 아직 팔관회의 성격이 확실히 밝혀져 있는 상태는 아니라는 점이다. 게다가 팔관회에 대한 기록이 신라시대보다는 고려시대에 치중되어 있기 때문에 신라시대 팔관회의 성격을 밝히는 것은 더더욱 쉽지가 않다.

그러나 첫째 문제는 기록을 검토하되 종교학적 상식에 의한 추론을 통해서, 그리고 둘째 문제는 팔관회의 성격을 밝히기 보다는 포석정에서 벌어진 일과 팔관회에서 벌어진 일이 유사성이 높다는 점을 지적하여 본 글의 목적을 달성하고자 한다.

2. 포석정에 관한 문헌 자료

포석정에 대한 기록은 『삼국유사』와 『신증동국여지승람』에 남아 있다. 포석정에 대한 다른 기록들은 이 두 사료를 참조해서 자신들의 추측을 덧붙인 것으로 보인다. 따라서 포석정의 성격을 이해하려면 우선 이 두 사료의 기록을 면밀히 검토해 볼 필요가 있다. 내용이 다소 길기는 하지만 이 두 사료에 보이는 포석정 관련 기록을 옮겨 보면 아래와 같다.

① 왕(헌강왕)이 또 포석정에 갔을 때[又行鮑石亭] 南山神이 나타나 왕 앞에서 춤을 추었다. 그러나 왕에게만 보일 뿐 다른 사람들의 눈에는 보이지 않았다. 사람(신)이 나타나 춤을 추므로 왕 자신도 이를 따라 춤을 추면서 그 형상을 나타내었

다. 그 신의 이름은 혹 祥審이라고 했으며, 지금까지 나라 사람들은 이 춤을 전해 御舞祥審, 또는 御舞山神이라 한다. 어떤 이는 말하기를 신이 이미 나와서 춤을 추었으므로 그 모습을 살펴 工人에게 명하여 새기게 하여 후세 사람들에게 보이게 했기 때문에 象審이라고 했다고도 한다. 혹은 霜髥舞라고도 하니 이것은 그 형상에 따라 일컬은 것이다.　　　　　　　(『삼국유사』 권2 處容郎 望海寺)

② 효종랑이 남산의 포석정에서 놀고자 하니[孝宗郎遊南山鮑石亭] 그 문도들이 모두 달려왔으나 두 사람이 뒤늦게 왔다. 이에 효종랑이 그 까닭을 묻자 그들이 대답했다. "분황사 동쪽 마을에 20세 가량의 여인이 있었습니다. 그녀는 눈이 먼 어머니를 껴안았는데 서로 통곡하고 있었습니다. 그래서 그 마을 사람들에게 까닭을 물었습니다. 그들이 말하기를 집이 가난한 그 여자는 양식을 얻어다가 어머니를 여러 해 동안 봉양해 왔는데 마침 흉년이 들어…그러자 여인은 자신이 다만 어머니의 口腹의 봉양만을 하고 色難을 하지 못함을 탄식하여 서로 껴안고 울고 있다는 것이었습니다. 이것을 구경하느라고 늦었습니다." 이 말을 듣고 효종랑은 측은하여 곡식 1백 석을 보냈다…왕에게 이 일이 알려지자 진성왕은 곡식 5백 석과 집 한 채를 내려주고 군사를 보내어 그 집을 호위하여 도둑을 막게 했다.
　　　　　　　　　　　　　　　　　　(『삼국유사』 권5 貧女養母)

③ 견훤이 신라를 침범해서 고울부[7]에 이르자 경애왕은 우리 고려 태조에게 구원을 청했다. 태조는 장수에게 명하여 강한 군사 1만 명을 거느리고 가서 구원했는데, 구원병이 미처 이르기도 전에 견훤은 그해 겨울인 11월에 신라 서울로 쳐들어갔다. 이때 왕은 妃嬪과 宗戚들과 포석정에서 잔치를 열어 즐겁게 놀고 있었기 때문에[遊鮑石亭宴娛] 적병이 쳐들어오는 것도 모르다가 창졸간에 어찌할 줄을 몰랐다.　　　　　　　　　　　　(『삼국유사』 권2 金傳大王)

④ 견훤은 고울부를 습격하여 취하고 始林으로 군사를 내키어 드디어 신라 왕도에 쳐들어갔다. 마침 신라의 왕이 부인과 더불어 포석정에 나가 놀 때라[新羅王

---

[7] 지금의 경상북도 永川을 말함.

與夫人出遊鮑石亭] 이로 말미암아 낭패막심이었다. 견훤은 왕의 부인을 끌어다 강제로 욕보이고, 族弟 金傅로 하여금 왕위에 오르게 하였다.

(『삼국유사』 권2 후백제 견훤)

⑤ 돌을 다듬어 鮑魚의 형상을 만들었기 때문에 그렇게 이름지은 것이다. 곡수유상의 유적이 완연히 남아 있다. 고려 태조 10년에 후백제의 견훤이 고울부를 습격하고 近畿에 싹 다가왔다…. 그 때에 경애왕은 妃嬪과 宗戚들로 더불어 포석정에 나가 잔치를 하고 즐기다가 갑자기 적병이 왔다는 말을 듣고 어찌할 바를 알지 못하였다.　　　　　　　　　(『신증동국여지승람』 권21 경주부 고적)

이 밖에 경문왕(861-875) 시대에 당나라에 가서 시인으로 명성이 높던 신라 十賢의 한 사람인 최광유의 「鮑石亭奏樂詞」라는 시가 전해오고 있는데 그 시의 전문은 아래와 같다.[8]

　　祇園, 實際 두 절이 동서로 있는데
　　그 가운데 포석정이 있네
　　소나무 잣나무 서로 얽혀 무성한데
　　풀넝쿨은 온통 골짜기를 덮었네
　　머리를 돌려 보는 곳마다
　　진달래 가득 피어 차고 넘네
　　실안개는 구름인 양
　　자욱이 빗겨 있는데[9]

---

[8] 『東京通誌』 권7, 궁실.
[9] "祇園實際兮 二寺東西 松栢 相倚兮 蘿洞中 回首一望兮 塢花滿 細霧輕雲兮 竝朦朧".

3. 기존 학설에 대한 반론

　지금까지 학계에서는 위에 제시한 자료들을 중심으로 포석정을 신라의 왕과 귀족들이 곡수유상을 하면서 놀던 연회장소로 간주하고 있다. 포석정을 이렇게 보는 근거는 위에서 제시한 사료들 중에서 특히 견훤이 쳐들어오는지도 모르고 포석정에서 놀고 있었다는 경애왕에 대한 『삼국유사』의 기록과, 포석정이 곡수유상의 유적이라는 『신증동국여지승람』의 기록이다. 따라서 포석정에 대한 기존의 학설을 검토하기 위해서는 『삼국유사』의 기록을 통해서 과연 포석정이 왕과 귀족들의 연회 장소로 이해될 수 있는지의 여부를 살펴야 하고, 한편으로는 곡수유상이 본래 무엇이었는지를 살펴서 『신증동국여지승람』의 기록대로 포석정이 곡수유상과 관련이 있는지를 살펴야 한다.

가. 포석정과 연회 장소

　포석정에 대한 『삼국유사』의 기록은 몇 가지로 정리해 볼 수 있다. 우선 헌강왕이 남산신의 顯現을 보았다는 ①의 기록에서 포석정의 행사에서는 가무가 중요한 부분을 차지한다는 점이고, 효종랑이 포석정에 갔다는 ②의 기록에서 포석정의 행사에 화랑이 참석한다는 점이다. 그리고 견훤이 쳐들어오는지도 모르고 경애왕이 포석정에서 놀고 있었다는 ③과 ④의 기록에서는 포석정의 행사는 국가적으로 위급한 상황임에도 불구하고 치러지며 이 행사에는 왕과 妃嬪, 宗戚 등 중요한 사람들이 참석한다는 점이다.
　위의 기록들 중에서 포석정이 연회 장소였을 것이라는 견해는 첫째,

이들 기록이 모두 포석정에 가는 것을 '遊' 또는 '幸'으로 표기하고 있다는 점과, 둘째는 포석정에서 '宴娛'하였다는 ③의 기록에 근거한다.

먼저 첫째 근거부터 검토를 해보도록 하자. 현재 학계에서는 '遊' 또는 '幸'을 모두 '놀러갔다'는 의미로 해석하고 있다. 그러나 '遊'와 '幸'은 반드시 '놀러갔다'는 의미로만 해석할 수 있는 것은 아니다.

『삼국유사』에 '遊幸'이라는 어귀는 아래의 두 군데에서 발견할 수 있다.[10]

① 하루는 선덕왕이 남산에 거동을 한 틈을 타서[一日善德王遊幸南山] 뜰에 나무를 가득 쌓아 놓고 불을 지르니 연기가 일어났다. 왕이 그것을 보고 연기가 나는 까닭을 묻자 좌우에서 시중하는 신하들이 아뢰기를 "유신이 그 누이를 불태워 죽이는가 봅니다" 하였다.   (『삼국유사』 권1 태종춘추공)

② 경덕왕이 백률사에 갔다[景德王遊幸栢栗寺]. 산 밑에 다다랐을 때 땅 속에서 염불하는 소리가 들리므로 사람들을 시켜 파보니 큰 돌이 있는데 사면에 사방불이 새겨 있었다. 그래서 절을 짓고 掘佛로 절 이름을 삼았는데 지금은 잘못하여 掘石이라고 한다.   (『삼국유사』 권3 塔像 四佛山 掘佛山 萬佛山)

우리는 위의 기록에서 남산과 백율사가 종교적인 의의를 지니고 있는 장소라는 점을 염두에 둘 필요가 있다. 따라서 선덕왕과 경덕왕이 남산과 백율사에 각각 '遊幸'하였다는 것을 단지 놀러 갔다고 이해할 수는 없다.

또한『삼국유사』에는 '遊'가 58군데 나타난다. 고유명사에 포함되어 있는 8군데를 제외하고 각각의 용례를 살펴 보면 '遊'는 '놀다', '놀러

---

[10] 김용옥,『三國遺事引得』, 통나무, 1992, 1320-1321쪽 참조.

가다'라는 의미 이외에도 '두루 돌아다니다', '노닐다', '가다'라는 의미로도 쓰이는 것을 알 수 있다. 따라서 포석정에 관한 기록에 보이는 '遊' 또는 '幸'도 모두 헌강왕과 경애왕 그리고 효종랑이 포석정에 갔다는 것으로 해석할 수 있으며, 이 표현에서 포석정을 연회 장소로 이해하는 것은 무리가 따른다.

다음으로 ③의 인용문에 보이는 '遊鮑石亭宴娛'의 '宴娛'를 검토해 보도록 하자. 우선 이 기록을 문자 그대로 해석하기에는 몇 가지 문제가 따른다. 첫째는 그 당시가 신라로 보아서는 국가적으로 매우 위급한 상황이었다는 점이다. 그 당시 고려에 원군을 청해 놓고 있기는 하였지만 견훤의 군대가 이미 경주와 20-30km 정도밖에 떨어져 있지 않은 고울부(영천)까지 쳐들어와 있었다. 이러한 상황은 국가적으로 매우 위급한 상황이었음에 틀림이 없다. 그리고 이미 견훤의 막강한 군대가 경주와 가까운 고울부에 주둔해 있으면서 경주로 쳐들어 올 준비를 하고 있었다면 신라 측의 군대는 견훤의 군대의 모든 움직임에 촉각을 곤두세우고 있었을 것이다. 따라서 견훤의 군대가 아무리 불가사의한 전법을 사용하였다고 하더라도 견훤의 군대가 고울부에서 경주로 침입해 들어오는 것을 경애왕이 몰랐다는 것은 쉽게 이해가 되지 않는다.

신라 내부에 쿠데타 세력이 있어서 이들과 손을 잡은 견훤이 몰래 쳐들어 왔다면 경애왕과 그의 추종세력들이 이 사실을 몰랐을 가능성도 있다. 그러나 『삼국유사』의 기록을 보면 경애왕이 죽은 다음 견훤에 의해 왕이 된 金傳는 경애왕의 시체를 西堂에 안치하고 여러 신하들과 더불어 통곡하면서 장사를 지냈고, 고려의 태조가 사자를 보내어 弔祭하였다.11) 견훤과 손을 잡은 쿠데타 세력이 있었다면 이 세력은 김부와 관련이 있었을 것이다. 그리고 김부를 중심으로 한 쿠데타 세력은 죽은 경애왕을 통곡 속에 장사지내지 않았을 것이고 고려의 태조가 弔祭했을 리도 없다. 따라서 그 당시 신라 내부에 쿠데타 세력이 있었을 가능성은 없으며 견훤이 쳐들어오는 것을 경애왕이 미리 알았을 가능성이 높다.

둘째는 견훤이 경주로 침입해 들어 온 때가 음력 11월이었다는 점이다. 경주가 아무리 남쪽에 위치해 있다고 하더라도 음력 11월은 야외에서 음주가무를 즐기기에는 적절한 시기가 아니다. 아무리 경애왕이 주색잡기에 빠져서 방탕한 생활에 탐닉해 있었다고 하더라도 추운 한겨울에, 그것도 적군이 코앞까지 쳐들어와 있는 상황에서 야외에서, 그것도 妃嬪과 宗戚들을 모두 데리고 음주가무를 즐겼다는 것은 상식적으로 이해가 가지 않는다. 그리고 경애왕이 국가적인 위기 상황에서 음주가무만을 목적으로 한 연회에서 놀이를 하였다면, 국가가 패한 것에 대한 모든 책임이 그에게 전가되었을 것이다. 이 경우에 경애왕을 애도 속에 장사지낸다는 것은 있을 수 없는 일이다.

포석정이 음주가무를 즐기는 연회 장소가 아니었다면 '宴娛'라는 단어가 의미하는 숨은 뜻을 생각해 보아야 한다. 무릇 국가를 몰락의 경지로 몰고 간 왕들은 정사를 돌보지 않고 주색에서 헤맨 사람들로 묘사되는 것이 역사의 일반적이 예이다. 백제의 의자왕이 그랬고 신라의 경애왕이 이 부류에 속하는 왕이 아닌가 생각한다. 고려시대의 사람이었던 김부식과 일연은 신라의 마지막 왕 경순왕이 고려 태조에게 신라를 바친 것을 가상히 여겼을 것이다. 그리고 한편으로는 경순왕이 그러한 행동을 할 수밖에 없었던 역사적인 과정을 밝혀야만 했다.[12] 이 때 등장한 것이

---

11) 『삼국유사』 권2 金傅大王 및 『삼국사기』 권2 신라본기 敬順王卽位前紀條.
12) 『삼국유사』 권 12 신라본기 史論에는 다음과 같은 기록이 있다. "이 때를 당하여 경애왕은 더구나 유흥과 향락에 빠져 궁인 좌우와 함께 포석정에서 술 마시며 즐기면서 견훤의 습격을 알지도 못하였으니 문 밖에 韓擒虎, 다락 위의 張麗華와 다를

경애왕이었으며 경애왕의 모든 행위는 주색을 위한 것으로 이해된 것이다. 따라서 김부식과 일연은 적군이 쳐들어오는 것도 모르고 추운 한겨울에 야외에서 여자들과 함께 술을 먹고 놀아난 왕으로 경애왕을 묘사한 것이다.

③의 기록을 통해서 우리가 알 수 있는 것은 단지 첫째, 포석정의 행사가 위급한 상황에서도 치러질 수 있을 정도로 중요하다는 것, 둘째 행사가 치러지는 시기는 추운 겨울이라는 점, 그리고 셋째, 이 행사에서는 음주가무가 중요한 부분을 차지하고 있다는 점뿐이다.

지금까지 '遊幸'과 '宴娛'라는 단어들을 통해서 포석정을 단지 연회를 목적으로 하는 장소로 추론하는 것은 무리가 있다는 점을 살펴보았다. 이제부터는 위의 기록들 중에서 오히려 포석정이 연회 장소가 아닐 것이라는 점을 암시해 주는 기록들을 살펴보기로 하자.

우선 헌강왕이 포석정에서 남산신의 顯現을 보았다는 ①의 기록은 포석정이 연회 장소가 아닐 것이라는 추측을 가능하게 해 준다. ①의 기록 어디에도 포석정이 놀이를 하는 곳이라는 점을 보여주는 내용은 없다. ①의 기록이 보여주는 것은 헌강왕이 포석정에서 남산신으로부터 그 당시에는 알려져 있지 않은 신비한 춤을 배웠으며 그 춤이 일연이 살고 있던 고려 후기까지 계속해서 전승되었다는 사실뿐이다. 따라서 이 기록에서 우리가 주목해야 할 것은 포석정이 남산신의 顯現과 그 신이 가르쳐 준 춤과 관련이 있는 곳이라는 점이다.13)

것이 없다. 경순왕이 우리 태조에게 귀순한 것은 비록 어찌할 수 없어 한 일이나 또한 아름다운 일이라 할 수 있다. 그 때 만약 힘껏 싸워 죽음을 걸고 王師를 항거하여 힘이 꺾이고 형세만 궁급한 지경에 이르렀다면 반드시 종족은 멸망되고 죄 없는 백성에 해만 미쳤을 것이어늘 명령을 기다리지 않고 미리 府庫를 봉쇄하고 군현을 기록하여 바쳤으니 조정에 대한 공과 민생에 대한 덕이 매우 크다 하겠다."

무릇 그 어떤 신이라도 聖別된 장소와 시간에, 그리고 聖別된 인물에게 나타나게 마련이다. 종교적인 수행을 하는 사람들은 술과 놀이를 자제하는 것이 보편적이고 일반적인 현상이다. 왕이라는 존재는 이미 종교적인 신성성을 지니고 있기 때문에 헌강왕이 신의 계시를 보았다는 것은 이해할 수 있다. 그러나 연회만을 목적으로 하는 俗의 장소에 남산신이 顯現한다는 것은 상식적으로 있을 수 없다. 백 보를 양보해서 이러한 사건이 그래도 일어났다면 그 사건이 일어난 장소는 그 뒤에 신의 顯現을 다시 볼 수 있는 가능성이 높은 장소, 다시 말해서 종교적인 성소로 바뀌는 것이 일반적이다.

그리고 여기에서 우리는 신라에서 남산이 지니고 있던 종교적인 비중을 염두에 둘 필요가 있다. 현재도 경주의 남산 계곡과 능선 곳곳에서 신라 불교의 유적을 수도 없이 찾아볼 수 있다. 이러한 사실에서 우리는 신라시대에 경주 남산은 산 자체가 불교의 성지로 숭배되었을 것이라는 점을 알 수 있다. 그리고 경주 남산은 동쪽의 青松山, 서쪽의 皮田, 그리고 북쪽의 金剛山[14]과 함께 신라의 四靈地로서 대신들이 이곳에 모여서 큰 일을 의논하면 일이 반드시 이루어졌다고 한다.[15] 또한 포석정 가까이에는 박혁거세의 탄생설화가 깃들어 있는 羅井이 있고 박혁거세의 왕비인 알영이 태어난 우물인 閼英井이 있다. 지금은 초라한 비각만이 세워져 있으나 그 당시에는 이 일대가 상당히 중요한 의미를 지닌 공간으로 여겨졌을 것이다. 이렇게 보면 경주 남산의 서쪽 사면 밑에 있는 포석정이 聖別된 공간이었을 것이라는 점은 설득력을 얻을 수 있다.

---

13) 三品彰英도 이미 이 점을 지적하였다. 三品彰英, 앞의 책, p.286.
14) 현재 경상북도 永川에 있는 산.
15) 『삼국유사』 권1 진덕왕.

또한 남산신이라는 성스러운 존재로부터 배운 춤이 적어도 고려 후기까지 전승되었다는 ①의 후반부 기록을 다시 검토해 볼 필요가 있다. 성스러운 존재로부터 배운 이 춤은 그 유래에서 벌써 성스러운 의식과 관련이 있는 춤이다. 연회만을 위한 춤이었다면 그 춤이 그렇게 오랫동안 전승되지 않았을 것이다. 이 춤은 그것의 명칭은 어쨌든지간에 포석정의 행사에서 중요한 의미를 지니고 있었을 것이고 포석정에서 행사가 있을 때마다 추던 춤이었을 것이다. 경애왕이 나라가 위급한 상황에 처해 있음에도 불구하고 벌인 연회에서 추던 춤이었다면 그 춤은 환락의 춤으로 인식되었을 것이다. 유래에서 볼 때 성스러운 춤이 환락의 춤으로 바뀌는 것은 쉬운 일이 아니다.

따라서 ①의 후반부 기록에서 우리는 포석정이 성스러운 의식을 치르던 장소이고, 御舞祥審은 그 의식 중에 추던 춤이라는 점, 그리고 포석정에서 치르던 의식이 고려시대까지 지속되어 그 의식을 통해서 御舞祥審이 전승되었을 것으로 추측해볼 수 있는 것이다.

그리고 ②의 기록에서 우리가 주목해야 할 사실은 포석정이 얼마나 중요한 장소이기에 그리고 포석정에서 하는 일이 얼마나 중요한 일이기에 그 곳에 가는 것이 늦었다고 해서 늦게 갈 수밖에 없었던 이유를 밝혀야만 하였는가라는 점이다. 포석정이 연회를 위한 장소였다면 분명한 것은 그곳이 우리가 일반적으로 생각하는 연회 이상의 무언가 색다른 연회를 하는 곳이었을 것이다. 다시 말해서 포석정의 행사에 연회가 포함된 것이지, 그 행사 자체가 연회만을 위한 것은 아니었을 것이다. ②의 기록에서 우리가 알 수 있는 것은 포석정의 행사에 화랑이 참여하며 그 행사에서 화랑이 차지하는 역할이 중요했을 것이라는 점이다.

또한 포석정이 현존하고 있었을 당시의 유일한 기록이라고 할 수 있는 최광유의 「鮑石亭奏樂詞」에서도 포석정이 연회 장소였을 것으로 추측할 만한 내용은 찾아볼 수 없다. 최광유는 당나라에서 시인으로 명성이 높았던 사람이었다. 따라서 당연히 그는 중국의 풍습에 익숙해 있었을 것이다. 그럼에도 불구하고 그는 포석정을 소재로 시를 지으면서 포석정과 곡수유상을 관련짓지 않았다. 오히려 우리는 그의 시에서 포석정이 술과 놀이를 위한 연회 장소라기보다는 연회 장소 이상의 좀 더 중요한 의미를 지니고 있는 신비스런 장소라는 점을 느낄 수 있다.

그리고 최광유의 시에 의하면 기원사와 실제사의 중간에 포석정이 위치하고 있었다. 기원사와 실제사는 현존하는 절은 아니지만 『삼국사기』와 『삼국유사』에 이 두 절에 대한 언급이 있다. 『삼국사기』에 "기원사와 실제사 두 절이 이룩되었는데 이 때 황룡사의 工役도 끝냈다."[16]는 기록이 있는 것으로 보아, 이 두 절은 566년(진흥왕 27년)에 창건되었다는 것을 알 수 있다. 그리고 같은 책에 실제사는 무열왕 때 화랑 驟徒가 전쟁에 나가기 전에 道玉이라는 佛名으로 살고 있던 절이라는 언급이 있고[17], 또한 문무왕 때 공을 세웠음에도 불구하고 당시의 실세였던 김유신의 아들 三光으로 인해 군수직을 얻지 못한 裂起가 기원사의 중 順憬의 도움으로 군수직을 얻었다는 기록이 있다.[18] 그리고 『삼국유사』에는 실제사에 대한 아래와 같은 기록이 남아 있다.[19]

실제사의 승 迎如는 그 씨족이 자세치 아니하나 德과 行이 다 높았다. 경덕왕이 그를 맞아 공양코자 하여 사람을 보내어 불렀다. 迎如가 궐내에 들어와 齋를 마치

---

16) 『삼국사기』 권4 진흥왕 27년 2월조.
17) 『삼국사기』 권47 열전 제7 驟徒條.
18) 『삼국사기』 권47 열전 제7 裂起.
19) 『삼국사기』 권5 避隱 제8 迎如師.

고 돌아갈 때 왕이 사람을 시켜 절에 陪送케 하였더니 절문에 들어서자 곧 숨어 버려 그 소재를 알지 못하였다. 使者가 와서 아뢰니 왕이 괴이히 여겨 國師로 추봉하였으나 후에 다시 세상에 나타나지 아니하였다. 지금도 그 절을 國師房이라고 칭한다.

이 기록들을 참조해 볼 때 우리는 기원사와 실제사가 비교적 오래 전에 창건된 절이라는 점과 동시에 비교적 비중이 있었던 절이었다는 점을 알 수 있다. 그리고 이 두 절 사이에 포석정이 있었다면 포석정의 행사는 연회만을 목적으로 한 행사였다기보다는 불교적인 행사와 관련이 있었을 것이라는 추측이 가능해진다.

한편, 여기에서 우리는 포석정이 연회 장소가 아니였다면 그 당시 왕과 신하들이 연회 장소로 주로 어디를 이용하였는지를 확인할 필요가 있다. 『삼국사기』에 문무왕은 궁 안에 연못을 파고 산을 만들어 온갖 화초를 심고 진기한 동물들을 길렀고[20], 지극히 웅장하고 화려한 궁궐을 중수하였다는 기록이 보인다.[21] 이 기록은 바로 雁鴨池와 臨海殿이 문무왕 때 만들어 졌다는 것을 보여준다.[22] 그리고 임해전에서 왕과 신하들이 연회를 가졌다는 아래와 같은 기사들을 역시 『삼국유사』에서 찾아 볼 수 있다.

① 효소왕 6년(697년) 9월 임해전에서 여러 신하와 잔치하였다.
② 혜공왕 5년(769년) 봄 3월 임해전에서 여러 신하와 연회하였다.
③ 헌안왕 4년(860년) 가을 9월 왕은 임해전에서 여러 신하와 잔치하고 왕족인 膺廉과 더불어 三美에 대한 이야기를 들었다.

---

20) 『삼국사기』 권7 문무왕 14년.
21) 『삼국사기』 권7 문무왕 14년과 같은 왕 19년.
22) 안압지와 임해전은 백제의 宮南池와 望海亭을 본 뜬 것이다. 이기백, 「유교와 도교」, 『역사도시 경주』, 열화당, 1984, 222쪽.

④ 헌강왕 7년(881년) 봄 3월 임해전에서 여러 신하와 잔치하여 술이 얼큰하자 왕은 거문고를 타고 좌우 신하들은 각각 가사를 지어 올리며 매우 즐겁게 놀고 파했다.
⑤ 경순왕 5년(931년) 2월 고려 태조가 50여 騎를 거느리고 서울 가까이에 와서 배알할 것을 청하자 왕은 百官으로 더불어 교외로 나가 그를 맞고 들어와 극진한 마음으로 대접하고 임해전에서 큰 잔치를 베풀었다.

위의 기록들을 통해서 문무왕이 안압지와 임해전을 만든 뒤 신라의 왕들은 연회장소로 주로 임해전을 이용했다는 것을 알 수 있다. 그렇다면 다시 한번 포석정이 왕과 신하들이 연회만을 하기 위해서 만들어진 장소라는 점에 의구심을 가질 수밖에 없는 것이다.

나. 曲水流觴과 포석정

지금까지 포석정 관련 기사들을 중심으로 포석정이 연회 장소였을 가능성이 희박하다는 점을 제시하였다. 아울러 포석정은 오히려 종교적인 성소였을 가능성이 더 높다는 점도 제시하였다. 이제부터는 포석정이 과연 곡수유상과 관련이 있는 장소였는지를 검토해 보기로 하자.
포석정이 곡수유상과 관련이 있다는 견해는 이인노(1152-1220)의 아래의 시에서 최초로 발견할 수 있다.[23]

  石虎의 宮 안에는 가시가 나고, 銅駝의 언덕 위 行人도 없네
  높은 亭子 琴松도 반은 零落했는데,
  쇠잔한 달빛이 依依하게 옛 성을 비추네

---

23) 『신증동국여지승람』, 권 21, 경주부 고적.

當時의 管絃 소리 마침내 처량했고,
황금물 술잔은 둥둥 떠서 굽이 따라 흘렀으니
中流에서 魏나라의 山河는 속절없이 아깝구나24)
醉鄕에는 陳나라의 日月이 아랑곳 없었다네25)

『신증동국여지승람』에는 포석정이 곡수유상의 유적이라는 견해가 제시되어 있고, 이어서 이인노와 曹偉의 포석정에 관한 시 두 편이 실려 있다. 그리고 『東京通誌』에는 최광유의 『鮑石亭奏樂詞』와 이인노와 曹偉의 시 외에도 김시습의 시와 이익의 『海東樂府鮑石亭篇』이 실려 있다. 대체로 이들 시는 국가적인 위기 상황에서 풍류를 즐긴 경애왕을 힐책하고 역사의 현장인 포석정을 후대의 교훈으로 삼을 것을 공통적으로 말하고 있다.

이인노의 생존 시기를 감안하면 그의 시는 『삼국사기』가 간행된 뒤, 그리고 『삼국유사』가 간행되기 이전에 발표된 것임을 알 수 있다. 이인노와 거의 같은 시기에 활동하였던 이규보(1168-1241)는 자신이 奇平章의 契宴에 초청받은 것을 謝禮하는 아래와 같은 글을 남겼다.26)

아름다운 경치 좋은 계절에 바야흐로 곡수유상하는 잔치를 베푸는데, 한관 말객이 외람되게 초청하는 편지를 받고서, 물러나서 참람스러운 영광을 생각하니 너무도 부끄러움을 견디지 못했습니다… 9월의 重陽節과 3월 上巳節을 당하면, 鄭나라 유풍을 따라 바야흐로 祓禊를 닦되, 蘭亭의 훌륭했던 모임을 사모하여 특별히

---

24) 전국시대에 魏武候가 西河에 배를 타고 내려가다가 中流에서 "아름답다. 산하의 險固함이여, 이는 魏國의 보배로다"하니, 吳起가 말하기를, "덕에 있고 산하의 험한 데 있지 않습니다"라고 말한 것을 뜻함.
25) 陳後主가 張麗華 등 미인들과 술을 마시며 음탕하게 놀아서 밤과 낮이 없었다는 것을 뜻함.
26) 『동국이상국집』, 권 27 書 '謝奇平章召赴禊宴啓'.

아름다운 손님들을 초청하게 되는데, 어찌 오막살이 몸이 비단 자리의 말석에 끼이게 될 줄 알았겠습니까! 삼가 생각하건대, 저는 버릇없는 선비에다 썩은 儒者인데, 그야말로 훌륭한 이웃과 가까이 있는 인연으로, 역시 높은 잔치에 끼이는 허락을 입었습니다.

여기에서 우리는 이규보가 곡수유상을 祓禊와 蘭亭宴과 관련지우면서 포석정에 대해 언급하지 않는 것에 주목할 필요가 있다. 따라서 포석정이 곡수유상과 관련이 있다는 견해는 고려시대의 이인노에서 비롯되어 조선조에 와서 비로소 일반화된 것으로 짐작할 수 있다.

곡수유상이란 본래 중국에서 삼월 삼짇날 九曲의 流水에 잔을 띄워 놓고, 술을 마시며 시를 짓는 놀이였다. 곡수유상의 풍습은 周公이 洛邑에서 流水에 잔을 띄운 것에서 비롯하였다고도 하나 일반적으로 王羲之에서 비롯된 것으로 알려져 있다. 『古文眞寶』의 「蘭亭記」에 다음과 같은 기록이 있다.

永和 9년[27] 癸丑 늦은 봄 초순에 會稽山 북쪽 蘭亭[28]에 모였는데, 祓事[29]를 하기 위해서였다. 많은 賢才들이 모이고 젊은이, 나이 많은 이들이 모두 모였다. 이곳은 높은 산, 험준한 봉우리들이 있고, 무성한 숲과 길게 자란 대나무가 있다. 또 맑은 시냇물과 여울이 정자의 좌우를 띠처럼 서로 비치며 둘러싸고 있다. 시냇물을 끌어 들여 술잔을 띄울 굽이쳐 흐르는 물줄기를 만들어 놓고 차례로 줄지어 둘러 앉았다. 비록 거문고나 피리 같은 음악이 있는 성대한 연회는 아닐지라도 술 한 잔 마시고 시 한 수 읊으니 또한 그윽한 감정을 피기에 족하다.[30]

---

[27] 354년.
[28] 지금의 浙江省 紹興縣 남서쪽에 있었던 정자의 이름. 정자는 없어지고 天章寺라는 절만 남아 있다.
[29] 祓祭祀를 하는 것을 말함.
[30] 『古文眞寶 後集』, 「蘭亭記」.

宋代 桑世昌의 『蘭亭考』 上에는 「난정기」 다음에 이 날 지어진 37편의 시가 실려 있다. 그리고 이 날 시를 짓지 못한 사람들은 당시의 관습대로 罰酒를 큰 잔으로 석 잔씩 마셨다고 한다.

이상의 중국 측 자료들을 볼 때 곡수유상은 본래 음력 삼짇날 행하는 세시풍속의 하나였다는 것을 알 수 있다. 그리고 곡수유상에서 중요한 것은 술 먹고 질펀하게 노는 것이라기보다는 오히려 시를 짓고 시를 즐기는 것이었다는 점을 알 수 있다. 음력 삼월 삼짇날은 물가에 가서 흐르는 물에 몸을 깨끗이 씻고 신에게 빌어 재앙을 없애고 복을 기원하는 祓禊를 행하는 날로 이 풍습은 한·중·일 삼국에서 공통으로 발견된다.31) 삼월 삼짇날 祓禊를 하기 위해 모인 자리에서 왕희지가 처음으로 곡수유상을 한 것이다.

그런데 포석정이 이러한 곡수유상과 관련이 있는 곳이라고 하였을 때 몇 가지 의문이 생긴다. 첫째는 포석정에서 지어진 시가 한 편도 전해지지 않는다는 사실이다. 포석정이 9세기 중반 이후에 만들어졌다고 하더라도 포석정은 적어도 100여 년 이상 존재하였다. 1년에 한 번씩 삼월 삼짇날 곡수유상을 하였다고 하더라도 100번의 곡수유상을 하였고, 한 번의 곡수유상에서 10편의 시가 나왔다고 한다면 1천여 편 이상의 시가 지어졌을 것이다. 그렇다면 포석정의 곡수유상은 그저 잔을 띄워 놓고 술 먹는 데 급급하였거나 아니면 그 곳에서는 곡수유상이 아닌 다른 무엇이 행해졌다고 밖에 할 수 없다.

이 점은 다시 견훤이 경주에 침입해 들어 온 것이 음력 11월의 한겨울이었다는 사실과 연관시켜 생각해 볼 필요가 있다. 기존의 학설대로라면

---

31) 정중환, 「삼국유사와 일본서기에 보이는 祓禊思想」, 『동국사학』, 제15·16합집, 1981, 138쪽.

그 당시의 상황은 아래와 같이 묘사해 볼 수 있다. 적군이 코앞까지 쳐들어와 있는 국가적인 위기 상황에 술과 놀이에 굶주린 왕과 妃嬪 그리고 宗戚들이 함께 모여서 스산한 바람이 낙엽을 휘날리는 을씨년스런 추운 겨울에 얼음같이 차가운 물에 술잔을 띄워 놓고 차가운 손을 입김으로 호호 불면서 한가로이 시를 읊으며 놀고 있었다.

이러한 상황은 상식적으로 이해할 수 있는 상황이 아니다. 그리고 다시 강조해야 할 점은 곡수유상은 祓禊와 관련이 있는 것으로 겨울이 지나 날씨가 따듯해지기 시작하는 음력 삼월 초순에 행하는 것이지 추운 겨울인 음력 11월에 행하는 것이 아니라는 사실이다.[32]

곡수유상의 이러한 본래적인 의미를 감안할 때 포석정이 곡수유상을 행하던 장소라고 본 것은 조선조 이후 학자들의 자의적인 추측에 불과하다고 보는 것이 타당하다.

4. 팔관회

지금까지 우리는 포석정이 연회 장소도 아니고 곡수유상과도 관련이 없다는 점을 논리적으로 밝혔다. 그렇다면 남아 있는 과제는 포석정이 무엇을 하던 장소였을까 하는 문제를 해결하는 것이다. 이제부터는 신라와 고려시대의 팔관회에 관한 기록들을 중심으로 포석정에서 행한 행사

---

[32] 『열양세시기』 3월 3일조에 "계축년(1793) 봄에는 蘭亭의 그 해 곧 계축년으로써 曲水流觴之會를 만들고 여러 신하에게 명하여 그 자제들까지 모이게 했다. 그리하여 承旨와 史官까지 합쳐 39명이나 되었다"는 기록이 있다. 이것은 정조 때의 일이다. 따라서 조선조에서도 곡수유상은 봄에 행하는 것으로 인식하고 있었다는 점을 분명히 알 수 있다.

가 팔관회였을 가능성이 높다는 점을 밝혀보도록 하겠다.

가. 신라의 팔관회

신라에서 팔관회가 개최되었거나 또는 개최되었을 것으로 예상되는 기록은 아래의 두 기록에서 확인할 수 있다.

① 진흥왕 33년 겨울 10월 20일 전사한 장병을 위하여 八關筵會를 外寺에 베풀고 7일만에 파하였다.　　　　　　　　(『삼국사기』 권4 신라본기)

② 탑을 세운 뒤에 팔관회를 베풀고 죄인을 赦하면 외적이 침입하지 못할 것이다.　　　　　　　　(『삼국유사』 권3 塔像 황룡사구층탑)

①의 기록은 진흥왕 때의 일로 전몰장병을 추모하기 위해서 팔관회를 개최하였다는 것을, 그리고 ②의 기록은 선덕여왕 때의 일로 외적의 침입을 막기 위해 팔관회를 개최하였다는 것을 보여준다. 본래 불교의 팔관회는 재가신도들로 하여금 六齋日[33])에 하루에 한끼만을 먹고 八關齋戒를 지키게 하여 善業을 쌓게 하는 불교의식이다. 그러나 위의 기록에서 우리는 신라의 팔관회는 불교적인 의미보다는 호국적인 성격을 지니고 있었다는 사실을 알 수 있다. 진흥왕 때와 선덕여왕 때는 비록 정반대의 상황이기는 하지만 국가적으로 위급한 시기였다. 진흥왕 때는 영토를 확장해 가던 시기였고, 선덕여왕 때는 신라가 고립되어 위축되어 있던 시기였다.

---

33) 매달 6・14・15・23・29・30일을 말한다.

진흥왕이 최초로 팔관회를 개최한 이후 신라시대에는 매년 팔관회를 개최했을 것으로 예상된다. 그러나 우연의 일치일지는 모르지만 문헌 기록상 팔관회가 개최되었던 시기가 국가적으로 위급한 상황이었다면, 신라시대에는 국가가 위급한 상황에 처해 있을 때 팔관회를 더욱 철저히 개최하였을 가능성을 짐작해 볼 수 있다.

또한 ①의 기록에서 팔관회가 겨울(음력 10월)에 행해졌다는 사실에 주목할 필요가 있다. 궁예가 팔관회를 개최한 것도 11월이었다는 사실을 볼 때 고대에서 팔관회는 모두 겨울의 일이었다는 사실을 알 수 있다.34)

위의 두 기록만을 볼 때 팔관회를 개최한 장소가 어디였는지를 구체적으로 아는 것은 불가능하다. 황룡사가 준공된 것이 566년(진흥왕 27년)이고 최초로 팔관회가 개최된 것이 572년임에도 불구하고 ①의 기록에 의하면 팔관회는 황룡사가 아니고 外寺에서 개최되었다. 外寺가 구체적으로 어느 절을 말하는지는 알 수 없지만, 아마도 고려 후기에는 존재하지 않았거나 또는 비중이 낮았던 절이었을 것으로 짐작된다.35)

황룡사구층탑을 세우고 팔관회을 개최할 것을 권유한 ②의 기록도 팔관회를 개최한 장소가 황룡사라는 근거는 될 수 없다. 왜냐하면 황룡사구층탑을 세우고 팔관회를 개최하라고 하였지 황룡사구층탑을 세우고 그 곳에서 팔관회를 개최하라고 한 것은 아니었기 때문이다. 다시 말해서 『삼국사기』의 해당 부분을 볼 때 燃燈會와 百高座는 황룡사에서 개최한 것이 분명하지만 팔관회는 구체적으로 어디에서 했는지가 분명하지 않다. 팔관회의 명칭이 불교적이고 또한 성격이 호국적이라는 점에서

---

34) 『삼국사기』 권49 궁예에 "겨울 11월에 비로소 팔관회를 마련하였다"는 기록이 있다.
35) 팔관회가 최초로 개최된 때가 572년이 아니고 551년(진흥왕 12년)이라면 그 때는 아직 황룡사가 없었을 때이다. 안계현, 『한국불교사상사연구』, 동국대학교출판부, 1983, 201쪽 참조.

그 당시 대표적인 호국사찰이었던 황룡사에서 팔관회를 개최하였을 것이라는 주장은 추측에 불과할 뿐이다.

팔관회의 개최와 화랑의 제정이 모두 진흥왕 때의 일이라는 점도 아울러 상기할 필요가 있다. 그리고 신라의 팔관회에서 화랑이 차지한 비중이 중요했을 것이라는 지적은 고려의 팔관회를 살펴볼 때 충분히 설득력이 있다고 생각한다.36)

나. 고려의 팔관회

고려의 팔관회는 대체로 초기에 성하였고 현종 이후에는 점차 쇠퇴하기는 하였으나, 태조가 건국한 때부터 시작해서 고려말까지 왕실에 의해 주도되었던 국가적인 의식이었다. 때때로 팔관회의 축소론이 대두되기는 하였지만 거란이나 몽고의 침입과 같은 국가적인 변란이 있을 때는 오히려 팔관회의 개최가 요구되기도 하였다.37) 『고려사』에는 총 109회의 팔관회에 대한 기록이 있다. 이 가운데 본 글의 주제와 관련이 있는 것들을 중심으로 고려의 팔관회가 지니고 있는 성격을 살펴보기로 하자.38)

고려 최초의 팔관회는 "11월에 팔관회를 개최하여 왕이 威鳳樓에 거동하여 이 것을 보았으며 해마다 이를 常例로 하였다"39)는 기록에서 고려 개국초에 개최되었다는 것을 알 수 있다. 그리고 태조는 十訓要의 제

---

36) 같은 책, 208쪽.
37) 『고려사』 권94 열전 徐熙.
38) 고려의 팔관회는 개경(11월)과 서경(10월)에서 열렸으나 본 논문에서는 논지의 전개상 개경의 팔관회에만 주목하고자 한다.
39) 『고려사』 권1 태조 세가 원년 11월.

6조에서 아래와 같이 말하였다.

　　짐이 원하는 바는 燃燈과 八關에 있는데 연등은 부처님을 섬기는 까닭이요, 팔관은 天靈과 五岳, 명산대천과 龍神을 섬기기 때문이다. 뒷 세상에 간특한 신하가 加減을 建白하면 일체 금지해야 한다. 내가 당초부터 마음에 맹세하여 會日에는 國忌를 범하지 않고 임금과 신하가 함께 즐겼으니 마땅히 공경하게 이대로 거행해야 한다.[40]

　　여기에서 고려의 팔관회는 별일이 없는 한 매년 거행되었고, 그 성격은 불교적인 것이라기보다는 天靈과 五岳, 명산대천 그리고 龍神과 관계된 의식이었다는 것을 알 수 있다.
　　고려초의 팔관회는 성종 때 이후 32년 동안 중단되었다가 현종 원년 11월에 다시 復設되었다.[41] 『고려사』는 정종 원년에 개최된 팔관회에 대해 아래와 같이 기록하고 있다.

　　정종이 神鳳樓에서 팔관회를 베풀어 신하들로부터 朝賀를 받고 宋의 商客, 東北蕃, 耽羅國 등에서 方物을 헌납 받았으며 백관에게 잔치를 베풀었는데 이후부터 이런 방식의 팔관회를 매년 常例로 삼았다.[42]

　　이 기록에서 팔관회는 왕·신하·외국의 사신들이 참석하였고, 축제의 성격도 아울러 지니고 있었다는 것을 알 수 있다.
　　그리고 고려의 팔관회는 法王寺에서 11월 15일을 전후한 3일 동안 개최되었다.[43] 팔관회는 小會日과 大會日이 있어 소회일에는 왕이 법왕

---

40) 같은 책, 권1 태조 세가 26년.
41) 같은 책, 권69 禮志 嘉禮雜儀 仲冬八關會儀.
42) 같은 책, 권6 정종 세가 원년 11월.

사로 행차하는 것이 통례였고, 궁중 등에서 嘉禮를 받고 이어 獻壽, 지방 관리의 축하선물 奉呈 및 歌舞百戱의 순서로 행해졌다. 그리고 대회일에는 축하와 獻壽를 받고 외국 사신의 朝賀를 받았다.[44] 팔관회의 정경은 『고려사』의 아래 기록에서 살필 수 있다.

 圓形의 정원 한 곳에 輪燈을 설치하고 香燈을 곁에 걸어 놓아 밤이 새도록 땅에 광명과 향기가 가득하도록 하였고, 높이 50척이 되는 연화대 모양의 채색된 누각을 설치하여 멀리서 보면 아른아른하게 하였다. 갖가지 유희와 노래와 춤을 그 앞에서 벌였고, 신라의 故事를 따라서 四仙樂部의 龍・鳳・象・馬・車・船을 표현하였다.[45]

고려의 팔관회는 이와 같이 화려하게 장식된 누각을 중심으로 歌舞百戱가 따랐다는 외형상의 특징이 있었다.

그리고 위의 인용문에서 팔관회에서 하던 百戱 가운데 四仙樂部가 있는데 이것을 하는 사람들을 仙郞, 즉 화랑이라고 하였다는 사실에 주목할 필요가 있다. 신라 舊俗에 四仙門徒가 가장 성했는데 고려시대에도 良家의 자식 4인을 뽑아 天人이 입는 무지개 색의 옷을 입히고 팔관회가 열리는 마당에서 列舞하게 하였다는 기록을 『파한집』에서 찾아 볼 수 있다.[46] 그리고 의종 때에도 신라의 遺風대로 양반 가운데 유족한 자제를 뽑아 仙郞을 삼고 이들을 팔관회에 참석시킬 것이 요구되었다.[47]

---

43) 같은 책, 권84 刑法志1 官吏給與.
44) 같은 책, 권69 禮志11 및 이혜구, 「儀禮上으로 본 팔관회」, 『한국음악서설』, 서울대학교출판부, 1967, 77-296쪽 참조.
45) 『고려사』 권69 禮志11 팔관회조.
46) 『파한집』 권하.
47) 『고려사』 권18 의종 세가 22년 3월.

이렇게 보면 고려의 팔관회는 仙郎 또는 國仙의 歌舞百戲로 天靈, 五岳, 명산대천, 龍神을 歡悅시켜 복을 비는 국가적인 의식이었다는 이해가 가능해진다.48)

다. 포석정과 팔관회의 관련성

위에서는 신라와 고려의 팔관회와 관련이 있는 기록들을 중심으로 팔관회의 개략적인 성격을 살펴보았다. 지금까지 살펴본 내용들을 중심으로 신라시대에 포석정 일대에서 팔관회가 개최되었을 가능성을 지적해 보도록 하자.

첫째, 고려의 팔관회가 음력 11월에 개최되었는데 경애왕이 포석정에서 행사를 한 것도 똑같이 음력 11월이었다는 점이다. 진흥왕 때의 팔관회가 음력 10월에 개최되었다는 것 외에 신라에서 팔관회가 어느 달에 개최되었는지를 알 수 있는 자료는 없다. 그러나 궁예가 팔관회를 개최한 것도 11월이고 고려의 팔관회도 모두 11월에 개최되었다는 점을 감안할 때 신라의 팔관회도 이에서 크게 벗어나지는 않았을 것으로 생각할 수 있다. 그리고 기록으로는 남아 있지 않지만 신라에서도 매년 팔관회가 개최되었을 가능성을 배제할 수 없다. 역사의 지속성을 감안할 때 신라에서 하지 않던 일을 똑같이 불교의 영향권 아래 있었던 고려에서 갑자기 매년 개최하였을 리는 없다. 따라서 계절적으로 볼 때 경애왕의 포석정 행사가 팔관회였을 가능성이 높다고 하겠다.

둘째, 고려의 왕들이 팔관회 때 올라가서 참관하였던 威鳳樓나 神鳳

---

48) 이은봉, 「고려시대 불교와 토착신앙의 접촉관계」, 『종교연구』, 제6집, 1990, 33쪽.

樓와 마찬가지로 포석정이 亭子라는 점이다. 그리고 고려시대의 경우 연등회는 봉은사에서, 그리고 팔관회는 법왕사에서 각기 개최하였다는 점에 주목할 필요가 있다. 이와 마찬가지로 신라에서도 연등회와 팔관회는 서로 다른 절에서 개최하였을 가능성이 높다. 고려의 경우 연등회는 봉은사에서, 그리고 팔관회는 위봉루[49]가 있는 법왕사 일대에서 개최한 것과 마찬가지로, 신라의 경우 연등회는 황룡사에서 개최하고, 팔관회는 황룡사와 같은 시기에 건립된 기원사와 실제사가 있는 포석정 일대에서 개최하였을 가능성을 배제할 수 없다.

셋째, 고려의 팔관회에서 화랑이 차지하는 비중을 감안할 때 효종랑이 자신의 문도들을 데리고 포석정에 간 것은 포석정에서 개최된 팔관회에 참석하기 위한 것이라는 추측이 가능하다. 고려의 팔관회에서 화랑이 차자하는 비중이 높았던 것은 신라의 流風을 따른 것이라고 하였다. 따라서 신라의 팔관회에서도 화랑의 역할은 중요했을 것이고, 그 중요한 역할을 수행할 화랑이 포석정 행사에 때 늦게 온 것은 힐책을 받을 만한 일이었을 것이다. 『삼국유사』권5 貧女養母條에 실려 있는 이야기는 바로 이런 상황을 보여주는 것으로 생각해 볼 수 있다.

넷째, 고려의 팔관회에서 가무백희가 중요한 부분을 차지하였다는 점에서 헌강왕이 포석정에서 본 남산신의 춤인 御舞祥審, 御舞山神, 또는 霜髥舞는 바로 가무백희, 또는 四仙樂部의 시원과 관련이 있는 것으로 볼 수 있다. 『삼국사기』에 아래와 같은 기록이 있다.

    (헌강왕)이 서울 동쪽의 주·군을 순행할 때 어디서 왔는지 알 수 없는 네 사람이 御駕 앞에 나아가 노래하며 춤추는 데 그 모양이 해괴하고 衣冠이 이상하여 본

---

[49] 정종 이후 神鳳樓로 명칭이 변경되었다.

사람들은 山海의 精靈이라고 하였다.50)

　여기에서 우리는 남산신의 춤과 山海의 精靈 넷이 추던 춤이 헌강왕 때에 팔관회에서 추던 춤으로 정해지고 이 춤들이 고려시대의 가무백희와 四仙樂部로 연결되었을 것으로 생각해 볼 수 있는 것이다. 헌강왕에서 비롯된 그 춤이 일연 당시까지 전승될 수 있었던 것은 바로 이와 같이 팔관회를 통해서 가능할 수 있었다.51)
　그리고 경애왕이 포석정에서 연회를 즐겼다는 것은 팔관회의 가무백희가 축제적인 성격을 지니고 있었다는 점과의 관련 속에서 이해해 볼 수 있다. 특정의 종교적인 의식에 따르는 聖의 축제는 다른 종교적인 시각이나 또는 세속적인 시각에서 보면 俗의 축제로 볼 수밖에 없었을 것이다.
　다섯째, 경애왕이 국가적인 위기상황임에도 불구하고 포석정에서 연회를 즐겼다는 것은 고려시대에 여진과 몽고의 위협을 받으면서도 팔관회를 개최하였다는 사실과의 관련 속에서 이해해 볼 수 있다. 경애왕이 견훤의 위협에도 불구하고 妃嬪, 宗戚, 그리고 여러 신하들을 거느리고 추운 겨울날 곡수유상을 즐겼다는 것은 앞에서도 지적하였듯이 상식적으로 있을 수 없는 일이다. 그러나 국가적인 위기 상황에서 그때까지 포석정에서 매년 거행해 왔던 팔관회를 개최하여 국가의 수호를 염원하는 경애왕의 진지한 모습은 충분히 상상해 볼 수 있는 일이다.
　그리고 추운 겨울날임에도 불구하고 곡수유상을 즐기며 방탕한 생활

---

50) 『삼국사기』 권11 헌강왕 5년.
51) 조선시대에 와서 팔관회의 개최가 중지됨에 따라 이 춤은 四仙舞라는 이름으로 팔관회와는 상관없이 전승되었다. 『進饌儀軌』권3 四仙舞條 및 장사훈, 『한국전통무용연구』, 일지사, 1977, 305-308쪽.

을 즐기다가 결국 나라를 망하게 한 경애왕을 경순왕이 통곡 속에 장사 지내고 고려의 태조까지 사신을 보내와 弔祭하였다는 것은 상식적으로 이해할 수 없는 일이다. 그러나 국가적인 위기 상황 속에서 팔관회를 개최하여 국가의 미래를 걱정하고 天靈과 五岳, 명산대천과 龍神에게 호국을 기원하다가 적의 무리에게 살해당한 가련하고 애처로운 경애왕을 통곡 속에 장사지내고, 또한 태조가 사신을 보내 弔祭하였다는 것은 충분히 상상해 볼 수 있는 일이다.

5. 맺음말

지금까지 신라와 고려의 팔관회의 성격을 통해서 포석정에서 개최된 행사가 팔관회였을 것이라는 견해를 제시하였다. 끝으로 비록 正史가 아니기는 하지만 『角干先生實記』에 나오는 포석정 관련 기사를 중심으로 포석정이 팔관회와 관련이 있을 것이라는 본 글의 견해를 다시 한번 점검해 보기로 하겠다.

『각간선생실기』는 김유신을 주인공으로 하는 전기소설로 몇 개의 異本들이 전해오고 있다. 이 異本들의 祖本이 되는 김치복 家傳의 『角干演義』는 대개의 고대소설이 그렇듯이 저자와 저작연대를 알 수 없는 한문체 소설로 대략 저작연대의 상한선을 17세기 초엽일 것으로 추측하고 있다.[52] 비록 소설이기는 하지만 이 책은 『삼국사기』 김유신 열전의 내용을 골격으로 하고 부분부분 전승설화를 이용하고 있기 때문에 이 책의

---

[52] 박두포, 「角干實記巧」, 『동양문화』(영남대), 제12집, 1971, 150쪽.

내용을 모두 허구라고는 할 수 없다. 이 책의 내용 가운데 포석정과 관련이 있는 내용은 모두 문무왕 때의 일로 해당 부분을 옮겨보면 아래와 같다.

① 瓠石亭 아래에 忠烈廟를 세우고 朴堤上, 金讚德, 金奚論, 金歆運, 薛罽頭, 金品釋, 黃官昌, 金盤屈, 溫君解, 金義文, 竹竹, 箒項, 龍石, 穢破, 夫果 등을 享祭하고, 一等을 贈級하여 그들을 褒奬했다.

② 하루는 당나라 使者 한 사람이 왔다. 왕이 명하여 瓠石亭에서 잔치를 열게 하였다. 唐使는 성미가 본래 倨傲하여 신라 諸臣들을 보자 더욱 敬禮하지 않았다. 이때 선생은 鷲仙寺에 있었다. 왕이 선생을 잔치에 가기를 명하여 선생이 數騎를 거느리고 거기에 가니 唐使는 급히 의자에서 내려와 맞아 절하고 말하되 "南維鎭星을 오래도록 못 보았더니, 지금 여기에 계시니 개국공이 아니십니까?"하고는 이제까지의 그 오만함은 간 곳도 없이 사라졌다.53)

위 인용문에서 나오는 瓠石亭이 鮑石亭을 말하는 것이라면54) 우리는 여기에서 다시 포석정이 전몰장병 추모와 관련이 있고, 또한 포석정의 행사에 사신이 참석하였다는 사실에 주목할 필요가 있다.

우선 충렬묘를 포석정 아래에 세웠다는 ①의 기록을 살펴보기로 하자. 포석정이 만약 연회 장소나 곡수유상과 관련이 있는 장소라면 그 곳은 俗의 공간이다. 그리고 이와 달리 충렬묘는 聖의 공간이다. 聖의 장소인 충렬묘를 세우는 장소를 俗의 공간인 포석정 밑으로 선정하였다는 것은 이해가 가지 않는다. 적어도 종교학적인 상식에 의하면 새로이 창조된

---

53) 『角干先生實記』 권3(박두포 역), 을유문고, 1972, 257-258쪽.
54) 瓠石亭에 관한 기록이 전혀 남아 있지 않는 것으로 보아 瓠石亭은 포석정을 말하는 것으로 볼 수 있다. 『각간선생실기』에 나오는 瓠石亭을 포석정으로 보는 견해는 권오찬, 『신라의 빛』, 경주시, 1980, 265쪽. 포석정의 원래 명칭이 만약 瓠石亭이라면 지금 남아 있는 돌흠은 박이나 표주박의 모양을 딴 것이라고 할 수 있다.

聖의 공간은 이미 과거에 聖別된 공간일 가능성이 높다. 아니면 새로이 창조된 聖의 공간에 의해서 인접해 있는 俗의 공간은 聖의 공간으로 바뀌게 마련이다. 따라서 포석정과 충열묘는 서로 관련이 있었을 것이고 이 점에서 포석정의 행사는 전몰장병 추모와 관련이 있는 팔관회였을 것으로 추측해 볼 수 있다.

그리고 포석정 행사에 당나라 사신이 참석하였다는 ②의 기록도 포석정 행사가 팔관회였을 가능성을 배제하지 않는다. 문무왕 때 안압지와 임해전이 건립되었기 때문에 만약 당나라 사신을 위한 연회를 베풀었다면 그 장소는 임해전이었을 가능성이 높다. 그럼에도 불구하고 당나라 사신이 포석정 행사에 참석하였다는 것은 다시 고려의 팔관회에 외국의 사신이 참석하였다는 사실을 상기시킨다. 『고려사』에서 팔관회에 외국의 사신이 참석하였다는 기록은 아래와 같이 다섯 부분에서 확인할 수 있다.

① 덕종 3년 11월 : 宋商客, 東北蕃, 耽羅國
② 정종 2년 11월 : 宋商, 東女眞, 耽羅
③ 문종 27년 11월 : 大宋, 黑水, 耽羅, 日本
④ 숙종 6년 11월(丙子) : 宋商, 毛羅(耽羅), 女眞
⑤ 숙종 6년 11월(辛未) : 宋商, 耽羅, 東北蕃

따라서 ②의 인용문에서 당나라 사신이 포석정에 간 것은 팔관회에 참석하기 위한 것이었고 당나라 사신을 위한 연회는 팔관회의 한 부분을 말하는 것으로 볼 수 있다.

지금까지 포석정에 대한 기존의 학설이 지니고 있는 문제점들을 지적하고 포석정이 종교적인 성소, 그 중에서도 팔관회를 개최하던 장소였을 가능성이 높다는 견해를 피력하였다. 포석정이 지니고 있는 진정한 의미는 포석정 일대에 대한 세밀한 발굴이 있은 뒤에나 밝혀질 수 있을 것이다. 포석정에 대한 추측에 또 하나의 추측을 더해 놓은 감이 없지 않으나 종교학자의 상식에서 비롯한 추측이 역사학자나 고고학자, 그리고 민속학자들의 상식에 의해서 교정을 받을 기회가 주어지기 바란다.

제2장
새로운 신화 만들기

- 재야사학에 대한 또 다른 이해[1] -

1. 머리말

 "너희 나라의 역사가 반 만 년이 된다고 하는데 너는 그 말을 믿는가?" 이 질문은 오래 전 대학원에서 종교학을 전공하고 있던 필자에게 일본에서 한국 종교를 전공하기 위해 우리나라에 유학 온 일본인 대학원생이 묻던 말이다. 일본인 학생의 그 질문에 당시 필자는 매우 당혹했던 기억이 난다. 우선 소위 종교학을 전공한다는 학생이 신화에 나오는 이야기의 진위성에 관해 지대한 관심을 갖는다는 것이 당혹스러웠다. 그러나 나중에 우리나라는 개국 기원이 기원전 2333년인데 일본은 개국 기원이 비교적 오래지 않은 기원전 660년이라는 것을 알고 난 뒤, 일본인 대학원생의 그 질문의 의도를 파악하게 되었다. 아마도 우리나라의 역사

---

[1] 『정신문화연구』, 23권 1호, 2000(이 논문은 1999년 한국학중앙연구원 공동과제의 일환으로 수행된 연구임).

가 자기 나라의 역사보다 오래 되었다는 우리의 주장에 그 친구는 일본인으로서 자존심이 상했던 것 같다. 그리고 급기야는 우리나라의 개국 기원이 기원전 2333년이라는 주장이 사실이 아니어야만 일본인으로서 긍지를 느낄 수밖에 없었던 모양이다. 우리는 이 예에서 신화와 역사의 관계, 그리고 신화의 역사화와 역사의 신화화라는 주제에 접하게 된다.

일반적으로 신화와 역사는 뚜렷한 경계가 있는 것으로 인식되고 있다. 다시 말해서 신화는 도저히 일어날 수 없는 일에 관한 이야기로, 그리고 역사는 실제 일어난 일을 지칭하는 것으로 이해되고 있다. 따라서 과학적인 서술을 지향하는 역사학은 신화 자체의 중요성을 간과한다. 역사학은 신화의 사료적인 가치를 인정하지 않으며, 단지 신화를 통해서 당시의 사회적, 정치적, 문화적 상황을 복원해 내려는 데 관심을 가질 뿐이다.

그러나 종교학은 일찍부터 신화와 역사를 이와 같이 서로 상반되는 것으로 생각하지 않았다.[2] 종교학은 아무리 객관적이고 실증적인 안목으로 서술된 역사적 사실이라고 할지라도 결국은 역사가의 관점에 따라서, 또는 역사가의 상상력에 의해 창조된 것이라는 주장에 동조한다. 종교학은 역사가들이 서술한 역사도 결국은 자체 내에 신화적 요소를 내포하고 있으며, 따라서 신화와 역사는 모두 과거 사실에 대한 의미 부여의 기능을 담당한다는 점에서 서로 유사하다고 생각한다.[3]

이와 같이 신화와 역사의 유사성에 주목하고 나면 우리는 신화와 역사의 관계를 새롭게 볼 수 있는 여유를 가지게 된다. 신화는 여러 학문 분야의 연구를 통해 끊임없이 새롭게 인식된다. 역사를 사실로서의 역사와 의미로서의 역사로 구분해 볼 때, 역사학은 신화를 통해 사실을 밝혀내

---

[2] 한국종교연구회, 『종교 다시 읽기』, 청년사, 1999, 346-349쪽.
[3] 정진홍, 「신화·역사·종교」, 『기독교사상』, 1999, 10월호, 135-143쪽.

는 동시에 신화에서 또 다른 역사적 의미를 밝혀내고자 한다. 따라서 신화는 역사학에 의해 소위 역사화의 길을 걷는다. 단군신화를 비롯한 건국신화에 대한 역사학적 연구에서 우리는 이러한 예들을 볼 수 있다.

한편, 우리는 그것이 반드시 역사가에 의한 것은 아니라고 하더라도 역사가 신화화되는 예들을 많이 볼 수 있다. 을지문덕이나 이순신과 같이 역사에서 소위 영웅이라고 일컬어지는 인물들의 전기에서 우리는 그 전형적인 예를 찾아 볼 수 있다. 그리고 똑 같은 역사적 사실이 시대와 역사가에 따라 달리 이해되고 해석되는 예에서 우리는 역사의 신화화 현상을 볼 수 있다.

본 논문은 신화와 역사의 관계를 위와 같이 설정하고 이어서 한국 고대사 관련 신화의 특징 몇 가지를 아래와 같이 지적해 보고자 한다.

첫째, 시기적으로 고대와 관련이 있고, 오래된 문헌에 수록되어 있는 신화는 고대사의 공백을 메워주는 역할을 한다. 문헌 사료는 고대로 갈수록 상대적으로 그 수가 적기 때문에 중세사나 근, 현대사에 비해 고대사의 서술은 상대적으로 공백이 많다. 따라서 고대사의 서술은 문헌 사료 못지않게 동시에 고고학적 자료를 중시한다. 그렇다고 하더라도 고고학적 자료 또한 그다지 풍부하지 못한 상황에서 역사가에 의한 고대사 서술은 여전히 많은 공백을 지닌다. 하지만 중세사나 근, 현대사에 비해 고대사는 바로 민족의 기원과 직접적인 관련이 있다. 따라서 고대사에 대한 관심은 시대에 따라 강약의 차이는 있다고 하더라도 지속적으로 이어 왔고, 이때 신화는 고대사 서술의 갈증을 해소시켜 주는 주요 자료로 주목받는다.

둘째, 역사학계에서 말하는 소위 재야사학의 작업은 새로운 '신화 만들기(myth making)'[4)]라고 할 수 있다. 재야사학자들은 누구보다도 민족의 기원과 고대사에 관심을 많이 가지고 있기 때문에 강단사학자들의 한정된 고대사 서술에 결코 만족하지 못한다. 따라서 이들은 민족의 기원과 관련이 있는 고대사 서술을 체계화하기 위해 기존의 문헌 사료나 고고학적 자료를 나름대로 새롭게 해석해 내는 작업을 한다. 비록 이들의 작업이 역사학계에 그대로 수용되는 것은 아니지만 우리나라의 고대사 서술은 이들로부터 일정 부분 영향을 받고 있는 것은 틀림이 없다.

이들의 작업을 '새로운 신화 만들기'라고 하였다고 해서 이들의 작업이 전혀 의미가 없다는 것은 물론 아니다. 신화는 누군가에 의해서 계속 만들어지며, 모든 신화는 나름대로 의미를 지닌다. 또한 재야사학자들의 노력에 의해 우리나라의 고대사 서술이 부분적으로나마 바뀌어 가고 있다는 사실에서 우리는 신화의 역사화 과정을 볼 수 있다. 본 글의 중요한 목표 가운데 하나는 재야사학자들의 작업을 또 다른 시각에서 이해해 보자는 것이다. 재야사학자들의 고대사 서술은 고대사를 전공하는 역사가로부터 대부분 인정을 받지 못한다. 그럼에도 불구하고 고대사 서술에 일생을 보내는 재야 사학자들의 열정 어린 몸짓이 결코 무의미할 수는 없다. 우리는 이들의 작업을 적절히 자리매김해 줄 필요가 있다. 아니 적어도 우리는 이들이 왜 이러한 작업을 해야만 하는지를 이해해 줄 의무가 있다.

이러한 문제의식 아래 2장에서는 신화가 일반적으로 민족 정체성 확립에 어떤 역할을 하는지를 살펴보고, 이어서 3장에서는 일본과 중국의 경우를 각각 살펴볼 것이다. 4장에서는 이를 토대로 우리나라의 경우를

---

[4] N. Smart, "Religion, Myth and Nationalism", in *Religion and Politics in the Modern World*, eds. by P.H.Merkl and N.Smart(New York: New York University Press, 1985), p.19.

보다 구체적으로 살피고, 5장에서는 우리나라에서 최근 제기되고 있는 신화에 의한 고대사 인식이 중국과 일본의 고대사 인식과 어떤 충돌을 일으키고 있는지를 살필 것이다.

2. 신화와 민족 정체성

베푸(H. Befu)는 민족주의를 독립을 위한 민족주의(separatist nationalism), 통합을 위한 민족주의(pan-nationalist movement), 그리고 문화 민족주의(cultural nationalism)라는 세 유형으로 구분하였다.[5] 물론 민족주의의 이 세 유형은 서로 완전히 구분된다기보다는 서로 연결되어 있다. 이 가운데 특히 문화 민족주의는 독립을 위한 민족주의와 통합을 위한 민족주의 모두의 선결 과제라고 할 수 있다.

우리나라의 경우 민족주의의 세 유형 가운데 첫 번째 민족주의의 과제는 이미 해결되었으나 두 번째 민족주의와 세 번째 민족주의의 과제는 여전히 남아 있다. 두 번째 민족주의의 과제도 우리에게 중요한 과제이기는 하지만, 본 논문은 민족주의의 세 유형 가운데 특히 세 번째 유형인 문화 민족주의에 주목하고자 한다.

베푸는 문화 민족주의를 다시 상징적으로(symbolic) 표현되는 경우와, 언어적(verbal)으로 표현되는 경우로 구분하였다.[6] 우리는 이들을 각각 상징 민족주의와 담론 민족주의(discursive nationalism)로 부를 수 있을

---

[5] Harumi Befu, ed., *Cultural Nationalism in East Asia: Representation and Identity*(Berkeley: Institute of East Asian Studies, University of California, 1993), p.2.
[6] *Ibid.*, pp.2-3.

것이다. 상징 민족주의는 國歌와 國旗, 그리고 국립묘지나 무명용사의 묘지 등에서 그 예를 찾아 볼 수 있다. 담론 민족주의는 기본적으로 언술을 통해 민족의 정체성 확립을 도모한다. 따라서 민족의 주요 상징에 대한 해석도 담론 민족주의에 포함시킬 수 있다. 담론 민족주의는 속성상 시대에 따라 많이 변할 수 있으며, 경우에 따라서는 서로 상충적일 수도 있다. 그러나 대체로 담론 민족주의는 민족의 기원, 민족의 통합, 민족의 강역에 주된 관심을 지니며, 경우에 따라서는 자민족의 문화가 타민족의 문화보다 우월하다고 주장한다.

본 논문은 문화 민족주의의 두 유형 가운데 주로 담론 민족주의와 관련이 있다. 그리고 문화 민족주의의 주요 기능 가운데 하나가 바로 민족의 정체성 확립이라고 보고,[7] 담론 민족주의 가운데에서도 민족의 정체성 확립과 관련이 있는 내용에 초점을 맞추고자 한다.

민족의 정체성 확립을 위해서는 상징, 영웅, 순교자, 특별한 의미를 지닌 강역, 그리고 그러한 목적에 부합하게 사실을 재조명하는 역사 서술이 필요하다. 역사 서술에는 사실을 추구하고 정확성을 목표로 하는 것과, 과거를 낭만적으로 서술하고 과거로부터 영웅을 만들고자 하는 것 두 가지가 있다. 그런데 전자는 민족의 정체성 확립에 도움이 되기보다는 경우에 따라서 오히려 민족의 자존심을 해치는 경우가 종종 있다.

따라서 민족의 정체성을 확립하려는 자와 그것의 확립을 원하는 자, 다시 말해서 공급자와 수요자의 필요에 따라 사실로서의 역사를 영광된 역사로 만들려는 시도가 이루어진다.[8]

또한 민족의 정체성 확립은 공동체 의식이 있을 때 비로소 가능하다.

---

[7] 강돈구, 『한국 근대종교와 민족주의』, 집문당, 1992, 41-44쪽.
[8] 니니안 스마트, 『현대종교학』(강돈구 옮김), 청년사, 1986, 104-105쪽.

그런데 공동체 의식은 그 공동체와 다른 공동체를 구분해 주는 특징 (mark)을 구성원들이 의미 있는 것으로 받아들일 때 비로소 형성된다.[9]

본 논문은 우리 민족 공동체의 특징이 소위 재야사학자들에 의해 어떤 내용으로 부각되는지, 또한 그것이 동아시아 삼국의 경우와 비교해 볼 때 어떤 의미를 지니는지, 그리고 우리는 그것을 어떻게 이해하는 것이 적절한지에 대해 차례대로 살펴보고자 한다. 다시 말해서 본 논문은 이 시대에 왜 재야사서들이 등장하고 일반 대중으로부터 주목받고 있는지에 대해 적절한 답변을 제시해 보고자 한다.

3. 동아시아의 신화와 역사

가. 일본의 경우

우리나라의 경우를 적절한 시각에서 이해하기 위해서는 우선 일본과 중국 등 동아시아에서 신화가 민족 정체성 확립에 어떻게 기여하는지를 살피는 것이 필요하다.

고고학적 자료에 의하면 일본의 구석기는 50만 년 전까지 거슬러 올라간다. 그러나 대부분의 구석기문화 유적은 약 3만 년 전부터 시작되는 후기 구석기 시대에 속하며, 그 수는 대략 3천여 개이다.[10] 약 1만2천 년 전부터 기원전 300년경까지를 조몬(繩文) 시대라고 한다. 그 이유는 이 시대의 대표적인 고고학적 자료인 토기가 그 표면에 새끼줄처럼 생긴

---

[9] N. Smart, op. cit., p.17.
[10] 강창일・하종문, 『한 권으로 보는 일본사 101 장면』, 가람기획, 1998, 14쪽.

문양을 가지고 있기 때문이다. 이 시기 초창기에 속하는 토기는 세계적으로 현재까지 발굴된 토기 가운데 가장 오래된 것이라고 한다.[11]

이어서 기원전 3세기에서 기원후 3세기까지를 야요이(彌生) 시대라고 한다. 일본 역사서에 의하면 이 시기에는 벼농사를 짓고 금속기를 사용하던 소수의 사람들이 한반도로부터 와서 토착 조몬인과 함께 살며 문화를 영위하던 시기이다. 일본인의 원형은 아시아 남부의 고몽골로이드이다. 그런데 현재의 일본인은 이들과 야요이 시대 이후 도래한 신몽골로이드가 혼혈을 거듭하면서 형성되었다. 3세기 후반에서 4세기초에 최초의 통일 정권인 야마토(大和)가 성립하였으며, 3세기 후반부터 7세기까지를 고분시대라고 한다, 그리고 8세기초에 비로소 일본의 고대 국가 건설이 완성되었다.

일본 고대사에서 우리의 주목을 가장 많이 끄는 시기는 4세기이다. 이 시기에 대해 기록하고 있는 중국 측 사료는 전혀 없으며, 또한 이 시기에 대한 일본 측 사료도 신빙성이 없다. 따라서 이 시기의 일본 상황에 대해서 우리가 구체적으로 안다는 것은 거의 불가능하다. 그럼에도 불구하고 일본의 역사학계는 이 시기에 야마토 정권이 한반도에 출병하여 한반도 남부를 지배하였다는 소위 任那日本府說[12]을 주장하고 있다. 일본 역사학계 내에서도 임나일본부설의 신빙성에 이의를 제기하고 여러 수정된 주장을 하기도 한다. 그러나 임나일본부설이 과거에 일본이 한반도의 일부를 지배하였기 때문에 한반도는 기본적으로 일본의 故土라는 생각

---

[11] 같은 책, 16쪽.
[12] 4세기 중엽 일본의 제14대 천황 仲哀의 부인인 神功皇后가 신라를 토벌하였다거나 또는 그 뒤 약 200년간 조선에 任那를 근거지로 구축하여 이 곳을 바탕으로 백제의 일부 지역을 지배하고 신라 국경에서 고구려를 상대로 오랫동안 싸움을 벌였다는 일본 측의 주장으로 『고사기』와 『일본서기』에 그 내용이 실려 있다.

을 뒷받침하고 있는 것으로 보인다.

또한 일본 고대사에서 우리는 712년에 발간된『古事記』와 720년에 발간된『日本書紀』에 주목할 필요가 있다.『고사기』는 세 권으로 이루어져 있는데, 상권은 神統譜와 신화, 중권은 영웅과 역사적 인물, 그리고 하권은 천황의 계보를 싣고 있다. 다시 말해서『고사기』는 神代로부터 스이코(推古, 554-628) 천황에 이르는 황실의 연대기와 계보, 그리고 설화를 담고 있다.『일본서기』는 일본의 초대 천황인 진무(神武)로부터 지토(持統, 645-702) 천황까지를 편년체로 기술한 30권짜리 역사서이다.

이 밖에도 일본의 신화를 담고 있는 책으로 713년에 일본 정부가 전국의 지방 관청에 그 지방의 특산물과 지명의 유래 등을 조사하여 보고토록 하여 만든 일종의 지리서인『風土記』가 있다.

『고사기』상권, 그리고『일본서기』1권과 2권에 실려 있는 신화를 記紀神話라고 한다. 기기신화가 신도적인 세계관을 정치적, 문화적, 종교적인 용어로 표현하여 전체 일본을 신의 나라로 만들고 있다면,『풍토기』에 실려 있는 신화와 설화는 특정 지역을 신성화시키는 역할을 한다. 일본인들의 상당수는 이들 신화를 상당히 신빙성 있는 이야기(the plausible history)로 생각하고, 이들 신화에 근거하여 자기 민족은 하나의 기원을 가진 특별하고 깨끗한 민족으로 믿고 있고, 또한 그 점을 강조한다.[13]

도쿠가와 막부가 성립한 17세기 이후 18세기에 걸쳐서 '일본적 중화주의'가 생겨나고, 19세기 후반에서 20세기 전반에 일본주의가 팽배할 수 있었던 것, 그리고 최근에 다시 일본인론[14]이 제기될 수 있었던 것은

---

[13] Ian Reader, "Japanese Religions" in *Myth and History*, ed. by J. Holm(London: Pinter Publishers, 1994) 참조.

모두 이와 같이 일본의 신화가 일본민족이 인종적으로나 문화적으로 우월하다는 의식을 심어줄 수 있었기 때문이다.

이러한 관점에서 살펴보면 일본의 경우 '새로운 신화 만들기'가 다른 나라들에 비해 상대적으로 이미 완료된 상태라고 할 수 있다. 일본인들은 자신들의 과거를 경우에 따라서는 역사학자들의 역사 기술을 통해서, 그리고 다른 경우에는 신화를 통해서 이해하고 있다. 다시 말해서 이들은 신화에 의한 과거 이해와 역사에 의한 과거 이해를 동시에 시도하고 있으며, 양자간의 상호 괴리에 대해서는 별로 인식하지 못하고 있는 것으로 보인다.

나. 중국의 경우

중국은 일본에 비해 신화의 중요성을 그다지 강조하지 않는다. 중국에서는 대체로 신화가 사료가 없는 기간을 메우는 역할이나 또는 시인이나 문학가들의 상상력을 자극하는 역할을 하는 것으로 인식되고 있다. 어떤 학자는 중국에서도 옛날에는 신화가 매우 풍부했을 것으로 생각하고 있기는 하나, 역사가 흐름에 따라 신화는 대부분 소실되고 극히 일부분만 남아 있다. 게다가 중국의 신화는 수 천 개의 문헌에 분산되어 남아 있기 때문에 오늘날 중국 신화를 연구하는 학자들은 신화들을 재구성하는 데 많은 어려움을 겪고 있다.[15]

이처럼 중국에서 신화가 제대로 전해지지 못한 이유는 유교와 도교의

---

[14] Kosaku Yoshino, *Cultural Nationalism in Contemporary Japan: A Sociological Enquiry*(London: Routledge, 1992) 참조.

[15] Xinzhong Yao, "Chinese Religions" in *Myth and History*, ed. by J. Holm(London: Pinter Publishers, 1994) 참조.

영향 때문이다.16) 유교는 黃帝에 대한 공자의 언급에서 볼 수 있듯이 신화를 역사화, 도덕화하였으며, 도교는 혼돈에 대한 장자의 해석에서 볼 수 있듯이 신화를 철학화하는 데 주력하였다.

중국의 신화를 수록하고 있는 책들은 크게 세 부류로 나누어 볼 수 있다. 첫째, 신화를 역사의 공백을 메우는 보조 자료로 이용하여 신화를 역사화시키고 있는 책들로 『書經』과 『史記』가 대표적이다. 둘째, 신화를 철학적이고 종교적인 이야기로 변형시켜 신화의 내용을 축약시키고 있는 책들로, 『老子』, 『莊子』, 『筍子』, 『韓非子』, 『淮南子』가 여기에 해당한다. 셋째, 그나마 중국 신화를 원형에 가깝게 수록하고 있는 책으로는 「周頌」, 『山海經』, 『三五曆記』17), 『風俗通義』18)를 들 수 있다.

중국의 역사는 구석기에서 시작하여 신석기(仰韶文化 : BCE 5000년 - BCE 2500년, 龍山文化 : BCE 2300년-BCE 1800년)를 거쳐 夏(BCE 2050년-BCE 1550년), 殷(BCE 약 1800년-BCE 1100년), 周(춘추, 전국시대), 秦, 漢으로 이어진다. 夏에 관한 기록은 모두 후대에 편찬되어 신빙성이 없고, 또한 夏의 고고학적 유물도 부족한 상태이기 때문에 夏의 실재성은 논란의 여지가 있다. 그리고 殷도 청동기와 토기, 그리고 갑골문이 발견되고 있기는 하지만 殷의 역사적 상황을 구체적으로 아는 것은 거의 불가능하다. 따라서 중국의 고대사는 周, 그것도 춘추 전국시대부터 비교적 정확히 서술할 수 있을 정도이다.

그러나 중국의 고대사는 역사가에 의한 역사 서술보다 오히려 신화에 의해 재구성되어 있다. 여기서 우리가 주목하고자 하는 것은 소위 三皇

---

16) Ibid., p.171-172.
17) 삼국시대 徐整이 썼다고 하나 현재는 망실되고, 그 내용이 다른 문헌에 부분적으로 실려 있다. 중국의 창조 신화인 盤古神話가 이 책에 수록되어 있다.
18) 후한 때 應劭가 쓴 책으로 여와의 인간 창조 신화가 수록되어 있다.

五帝에 관한 중국인의 인식이다. 삼황오제의 시대는 바로 夏의 이전 시기이다. 삼황오제에 관한 기록은 중국 고전에 따라 그 내용이 상이하다.19) 그러나 대체로 三皇은 伏犧, 女媧, 神農을 지칭한다. 복희는 팔괘와 문자를 발명하고 결혼제도를 만들었는데 人頭蛇身의 형태를 지니고 있다. 여와는 기울어진 천지를 바로 잡았으며, 신농은 농업과 상업을 시작하고 의약을 만들었는데 牛頭人身의 형태를 지니고 있었다. 五帝는 黃帝, 顓頊, 帝嚳, 堯, 舜을 지칭한다. 舜은 禹에게 제위를 선양하였는데 바로 禹가 夏를 건국하였다. 이와 같이 일반적으로 중국인의 고대사 인식에 의하면 중국의 고대사는 삼황오제, 하, 은, 주, 진, 한으로 이어진다.

黃帝는 神農과 싸워 이기고, 또한 涿鹿에서 蚩尤의 난20)을 평정함으로써 왕이 될 수 있었다. 그는 이와 같이 무력으로 중국을 최초로 통일하고 문자, 역법, 궁궐, 의상, 화폐, 수레 등의 문물제도를 창안한 최초의 군주이다. 따라서 현재 黃帝는 중국 문명의 창시자인 동시에 중국 민족의 공동 조상으로 숭배 받고 있다. 『史記』에 의하면 黃帝의 뒤를 이은 四帝(전욱, 제곡, 요, 순)뿐만 아니라 夏의 시조인 禹, 殷의 시조 契, 周의 시조 稷, 그리고 최초로 중국을 통일한 시황제를 낳은 秦의 시조 費는 모두 黃帝의 후손이다. 중국에서 주나라 때 天, 天命, 天子, 天下로 형성된 帝王思想과 중국 위주의 세계관 수립이 가능할 수 있었고, 또한 宋나라 때 중화사상이 형성될 수 있었던 것은 모두 중국인들의 이러한 고대사 인식이 있었기 때문이다.

---

19) 「三皇本紀」는 본래 『史記』에 수록되어 있지 않았다. 「삼황본기」는 『사기』의 주석서로 당나라 때 司馬貞이 쓴 『史記索隱』에 수록되어 있던 것을 현재 통용되고 있는 『사기』에 재수록한 것이다. 그리고 「五帝本紀」는 『사기』 제1권에 수록되어 있다.
20) 袁珂, 『중국의 고대신화』(정석원 역), 문예출판사, 1987 참조.

제2장 새로운 신화 만들기

앞에서 살펴본 바와 같이 과거에는 중국의 신화가 漢族 중심의 민족주의 형성에 크게 기여하였다. 그러나 요즈음 중국에서는 漢族 중심의 민족주의 형성보다는 중국 내에 있는 여러 민족들이 어떻게 공존할 수 있는가에 초점을 맞추고, 신화 연구도 이러한 방향으로 진행되고 있는 것으로 보인다.21)

현재의 중국은 여러 민족으로 구성되어 있기 때문에 漢族의 정체성을 확립하는 문제보다는 중국 내의 여러 민족을 어떻게 통합시킬 것인가가 보다 중요한 문제로 대두될 수밖에 없다. 현대에 들어 와서 중국은 영토 내에 있는 여러 민족들을 사회주의라는 이데올로기를 통해 통합시킬 수 있었다. 그러나 사회주의의 영향력이 일정 부분 약화됨에 따라 중국은 영토 내에 있는 여러 민족들을 통합시킬 수 있는 또 다른 방안을 모색하고 있다. 과거에는 漢族을 중심에 놓고 다른 민족을 四夷라고 부른 것에서 알 수 있듯이 漢族 중심의 중화사상을 부각시켰으나, 이제는 급기야 여러 민족이 혈연관계에 있으며, 혈연을 중심으로 중화민족이 다시 형성되고 있다는 새로운 신화를 제시하기도 한다. 예를 들어서 孫進己는 중국 동북지방 민족의 원류를 연구하면서, 결국 이 지역의 민족들은 서로 同源과 同流로 얽혀 있으며, '儞中有我, 我中有儞'의 관계에 있다고 하였다.22) 아마도 孫進己의 이러한 주장은 중국 내에 있는 모든 민족들의 관계에도 그대로 적용시키려는 의도가 깔려 있는 것으로 보인다. 이런 상황에서 중국인들은 우리 한민족을 중국 민족의 한 갈래, 또는 중국 문화의 큰 영향을 받아 漢族化한 準漢族으로 파악하고 있을 것이라는 점을 쉽게 이해할 수 있다.

---

21) 빈미정, 「중국 고대 기원신화의 분석적 연구」, 서울대 박사학위논문, 1994, 11쪽.
22) 孫進己, 『동북민족원류』(임동석 옮김), 동문선, 1992, 8쪽.

4. 한국의 신화와 역사

가. 강단사학

우리나라는 현재 초등학교에서는 인물사와 생활사 중심으로, 중학교에서는 주제 중심으로, 그리고 고등학교에서는 정치·사회·경제·문화 등의 측면에서 국사를 교육시키고 있다.[23] 이처럼 초·중·고에 따라 교육의 목표가 각기 다르기 때문에 교육과정별 교과서는 주안점이 다르기는 하지만 그 기본 골격은 크게 차이가 나지 않는다. 이들 교과서가 비교적 간략한 내용을 수록하고 있기는 하나 현재 역사학계의 성과를 그대로 반영하고 있을 것으로 판단하여, 이 글에서는 이들을 주요 자료로 삼아 현재 역사학계의 고대사 서술을 정리해 보도록 하겠다.

우리나라에서 구석기시대는 약 70만 년 전부터이며, 기원전 6천 년경에는 신석기시대가, 그리고 기원전 1천 년 경에는 청동기 문화가 전개되기 시작하였다. 청동기 시대에 생산이 늘고 인구가 증가함에 따라 각 지역에서 군장 사회가 성립하였고, 이들이 연맹체를 구성하여 고조선을 이루었는데, 고조선은 우리나라 최초의 국가로서, 만주와 한반도에 걸쳐 세력을 떨쳤다. 기원전 4세기경부터 철기 문화가 보급되어 생산력이 더욱 늘어남에 따라 만주와 한반도 전 지역에서 새로운 나라들이 일어났는데 북쪽에서는 부여, 고구려, 옥저, 동예가 일어나고, 남쪽에서는 진국, 그리고 이어서 삼한이 형성되었다.[24]

고조선은 기원전 3세기경 요하를 경계로 중국의 燕과 대립할 만큼 강

---
[23] 『고등학교 국사(상)』, 2쪽.
[24] 『중학교 국사(상)』, 14쪽.

성하였다. 그러나 기원전 194년에 燕으로부터 입국한 衛滿이 왕검성에 쳐들어가 準王을 몰아내고 스스로 왕이 되어 위만 왕조를 성립시켰다.

위만 왕조는 漢에 의해 기원전 108년에 멸망하였다. 漢은 고조선의 일부 지역에 군현을 설치하여 지배하였으나 이들 군현은 313년에 고구려에 의해 소멸되었다. 그리고 부여, 고구려, 옥저, 동예, 삼한은 나중에 고구려, 백제, 신라의 삼국으로 이어졌다.

교과서에 나와 있는 지금까지의 고대사 서술에서 우리는 몇 가지 사항에 주목할 필요가 있다. 첫째, 고조선이 기원전 2333년에 건국되었다는 것이 연표에 기록되어 있으나 본문의 설명에서는 고조선이 청동기 시대에 성립된 것으로 설명되어 있다는 점이다.[25] 그리고 단군의 고조선 건국 내용이 『삼국유사』에 실려 있으며, 이 내용은 우리나라의 역사가 매우 오래되었음을 말해 주면서, 동시에 홍익인간의 건국이념과 고조선의 건국 사실은 우리 민족이 어려움을 당할 때마다 자긍심을 심어 주는 원동력이 되었다고 기술하고 있다. 여기에서 우리는 '신화로서의 역사'와 '사실로서의 역사'가 서로 상이한 내용을 담고 있음에도 불구하고 동일한 교과서에 함께 실려 있다는 사실에 주목할 필요가 있다. 연표에는 기원전 2333년에 고조선이 건국되었다고 하고(신화로서의 역사), 본문에서는 기원전 1000년 이후인 청동기 시대에 고조선이 성립되었다고 하고 있다(사실로서의 역사).

둘째, 東夷가 황하 하류와 淮河 河口, 그리고 산동반도를 포함하는 발해만 일대와 북으로는 송화강 유역까지, 그리고 남으로는 한반도 전체에 분포하고 있으며, 고조선의 세력은 서쪽으로 山海關과 大凌河를 포

---

25) 『고등학교 국사(상)』, 12쪽.

함하는 만주 일대와 한반도 북부에 걸쳐 있었다고 서술하고 있는 점이다.26) 고조선의 영토가 1989년 이전의 교과서에서는 한반도 북부 지역에 국한되어 있었다는 점을 고려할 때, 오늘날 이와 같이 동이의 분포와 고조선의 세력 범위를 상정한 것은 우리에게 많은 것을 생각하게 한다.

우선 동이와 고조선의 범위를 이처럼 상정한 것은 재야사학의 주장을 대폭 받아들인 것으로 보인다. 본 논문은 앞에서 지적하였듯이 재야사학의 대부분의 주장을 '새로운 신화 만들기'라고 보기 때문에 우리는 여기에서 새로운 신화의 또 다른 역사화의 예를 볼 수 있다.

셋째, 우리나라의 고대사는 중국과 일본에 비교해 볼 때 체계적인 서술을 하기가 비교적 어려운 것으로 보인다. 중국의 경우에는 삼황오제, 하, 은, 주, 진, 한으로 이어지면서 漢族 중심의 고대사 서술을 비교적 쉽게 할 수 있다. 그리고 중국은 우리나라와 일본에 비해 사료나 고고학적 자료가 비교적 풍부하여 큰 무리 없이 고대사를 체계적으로 서술할 수 있다. 다만 중국의 경우 우리나라와 다른 점이 있다면 중국이라는 나라가 여러 민족으로 구성되어 있기 때문에 현재의 시점에서 漢族 중심으로만 고대사를 서술할 때 생기는 문제를 어떻게 해결할 것인가가 또 다른 과제라고 할 수 있다. 중국은 지금의 중국 영토 내에 있는 모든 민족의 역사를 포괄하되 각 민족의 개별 역사를 하나의 축을 중심으로 재구성해야 하는 문제를 지니고 있다. 다시 말해서 중국은 영토는 비교적 변함이 없으나 민족이 다양하다는 데에서 고대사 서술에 어려움을 겪고 있다.

한편, 일본은 우리나라에 비해 영토의 변동이 비교적 없었으며, 또한

---

26) 같은 책, 25쪽.

민족도 중국과 같이 그다지 다양한 편이 아니다. 게다가 일본은 조몬 시대 사람들은 물론이고, 야요이 시대 이후 도래한 사람들까지를 포함해서 민족의 기원을 하나로 설명하는 신화가 현재까지 그대로 영향력을 발휘하고 있다. 또한 우리나라에 비해 8세기라는 비교적 이른 시기에 편찬된 사서들이 현재까지 존속해 오고 있는 것도 일본 고대사 서술에 많은 도움이 되고 있는 것으로 보인다.

이에 비해 우리나라는 비록 단일 민족이라는 신화가 여전히 영향력을 행사하고 있기는 하지만 고대로 갈수록 민족을 지칭하는 용어가 다양하게 등장하여 우리 민족의 기원을 밝히는 일이 결코 쉽지 않다. 더욱이 우리나라는 중국과의 국경이 수시로 바뀌어 영토의 변동이 많았기 때문에 특히 고대사를 서술할 때 민족을 중심으로 할 것인가, 아니면 영토를 중심으로 할 것인가에 따라 그 내용이 상이하다.

이와 같이 민족을 중심으로 하든, 영토를 중심으로 하든 우리나라의 체계적인 고대사 서술은 중국과 일본에 비해 어려움이 따른다. 나아가 우리나라는 고대사와 관련된 사료의 절대 부족, 그리고 최근까지 북한 지역과 만주 일대의 고고학적 자료에 쉽게 접근할 수 없었던 점 등으로 인해 고대사는 그야말로 비체계적으로 서술되어 왔다. 게다가 고조선, 부여, 고구려, 신라 등 몇몇 국가와 관련된 건국신화만이 남아 있기 때문에 고대사의 공백 부분을 메울 신화조차 제대로 남아 있지 못한 실정이다.

이러한 상황에서 근래 고대사의 체계적인 서술을 도모하는 재야사학의 노력은 확산될 수밖에 없다. 그리고 재야사학의 고대사 관련 주장이 일반 대중으로부터 호응을 얻는 것 또한 당연하다고 볼 수 있다.

우리나라의 고대사는 강단사학과 재야사학의 각축장이다. 실증사학을 표방하는 강단사학은 철저히 고증된 문헌과 확실한 고고학적 자료만을 토대로 고대사를 서술하고자 한다. 예를 들어서 강단사학은 그래도 신빙성이 있다고 여겨지는 『삼국사기』에 단군에 대한 언급이 없다는 점을 이유로 단군의 실재를 인정하려고 하지 않는다. 그리고 최근 북한에서 발굴된 단군릉도 고고학적 자료로 인정하기에는 불충분하다는 점을 이유로 북한학계의 주장을 정치적인 의도가 있는 것으로 단정한다.

그러나 문제는 현재 우리나라에서 강단사학의 고대사 서술만을 가지고 민족의 정체성을 확립한다는 것은 거의 불가능에 가깝다는 점이다. 이들에 의한 고대사 서술은 시기적으로 공백이 많을 뿐만 아니라 사실에 대한 의미 부여가 거의 없다. 이런 상황에서 중국이나 일본과 달리 우리나라에서 민족의 기원이나 민족의 정체성 확립에 지대한 관심을 가지고 있는 재야사학자들의 활동이 두드러지게 나타나는 것은 일견 당연하다고 하겠다.

나. 재야사학

재야사학자들은 예를 들어서 환인, 환웅, 단군 가운데 단군만 사실로 받아들이고, 환인, 환웅은 신화로 보는 사람들이 있는가 하면, 단군은 물론이고 환인, 환웅까지도 사실로 보는 사람들이 있을 정도로 매우 다양하다. 따라서 그들의 주장을 체계적으로 정리하여 고대사를 서술한다는 것은 거의 불가능에 가깝다. 그러나 대체로 이들은 크게 네 부류로 나누어 살필 수 있을 것으로 보인다.

첫째, 『揆園史話』와 『桓檀古記』 등 소위 재야사서들을 중심으로 우리의 고대사를 정리하는 사람들이다. 조선 초기와 일제하에서 우리는 고대사와 관련된 많은 사료들을 분실하였다. 조선 초기에는 중화주의라는 중국적 보편주의 속에 우리나라를 위치시키려는 의도 아래 우리의 주체의식을 강조하는 사서들을 대대적으로 수거하여 없애버렸다. 그리고 일제강점기에는 조선사편수회를 중심으로 우리나라의 역사를 정리한다는 명분아래 각 지방에 보관되어 있는 사서들을 대대적으로 수거하였는데 이 가운데 역시 우리의 주체의식을 고취시킬 수 있는 사서들은 모두 없애버린 것으로 추정된다. 이와 같이 크게 두 차례에 걸쳐 우리나라의 고대 사서들이 대대적으로 소멸되었음에도 불구하고 다행히 몇몇 사서들은 끈질기게 보존될 수 있었다. 실증사학자들은 대체로 이들 재야사서들이 위작이기 때문에 사료로서의 가치가 전혀 없다고 주장한다. 그러나 재야사학자들은 비록 이들 재야사서들의 내용이 나중에 부분적으로 첨삭되었을 가능성이 전혀 없는 것은 아니지만 거의 대부분의 내용은 사료로서의 가치가 충분히 있다고 주장한다.

둘째, 특정 종교의 사관을 중심으로 고대사를 정리하는 사람들이다.[27] 이들도 대체적으로는 재야사서들을 많이 참조하기는 하지만 이들 재야사서들의 내용을 특정 종교의 교리에 부합시키면서 좀더 체계화시키고 있다는 데 특징이 있다. 경우에 따라서 이들은 인류의 기원과 우리 민족의 기원을 구체적으로 밝히고 우리 민족이 전체 인류사에서 차지하는 위치와 비중을 강조하기도 한다.

셋째, 『삼국사기』와 같이 강단사학에서 기본적인 사료로 인정받고 있는 책들을 나름대로 재해석하여 고대사를 정리하는 사람들이다. 전원섭, 이중재, 오재성 등이 이 부류에 속한다.[28] 이들 가운데에는 『삼국사기』

---

[27] 안호상, 『나라 역사 육 천 년』, 한뿌리, 1993; 윤창열, 「9천 년 역사의 뿌리를 찾아서」, 『증산도사상연구』, 제4집, 1994.
[28] 전원섭, 『한의 역사로서의 한국고대사』, 반도, 1989; 이중재, 『고대조선과 일본의 역사』, 명문당, 1997; 오재성, 『밝혀질 우리 역사(동이민족사)』, 黎(리)민족사연구

에 나오는 지명을 집중적으로 고찰하여 고구려, 신라, 백제, 가야, 그리고 왜의 활동 무대가 모두 중국 대륙이었다고 주장하는 사람도 있다.

넷째, 강단사학과 재야사학의 중간쯤에 서 있는 사람들로 이들은 특히 중국 측의 문헌 사료들을 중점적으로 검토하면서 동시에 다른 부류의 학자들보다 고고학적 자료를 비교적 많이 참조하는 사람들이다.29) 윤내현은 자신의 주장이 북한 측의 주장과 유사하다는 오해를 받기도 하였지만, 한국 측 자료 못지않게 중국 측의 방대한 자료를 참조하는 동시에 고고학적 자료에 대한 해박한 지식을 동원하여 고대사를 새롭게 구성하고 있다. 다만 윤내현은 강단사학 측으로부터는 재야사학에 기운 사람으로, 그리고 재야사학 측으로부터는 강단사학에 기운 사람이라고 평가받고 있는 것으로 보인다. 이상시는 고고학적 자료를 지나치게 강조하는 고대사 연구에 의혹을 제기하고는 있지만, 재야사서를 비롯한 고대 사료들을 종합적으로 연구하고, 나아가서 인접학문의 연구 결과를 참조하자는 그의 제안을 고려할 때 이 부류에 속하는 학자로 분류할 수 있다.

재야사학자들의 주장은 주로 단군과 고조선을 어떻게 인식할 것인가라는 문제와 관련이 있는데, 이들 주장의 세부적인 내용은 다시 크게 세 부분으로 나누어 정리해 볼 수 있다. 첫째, 영토와 관련된 내용이다. 부여는 만주 일대 전체를 그 활동 무대로 삼았다. 그리고 고구려와 발해는 한반도 북부와 만주 일대를 활동 무대로 하였다. 그럼에도 불구하고 우리는 중국 측 사료를 참고로 하여 부여에 대해 극히 일부분만 알고 있을 뿐이고, 발해사가 우리 민족사에 포함된 것도 얼마 전의 일이다. 대체로

회, 1997.
29) 윤내현, 『고조선연구』, 일지사, 1994; 이상시, 『단군실사에 관한 문헌고증』, 가나출판사, 1987.

지금까지 우리는 민족사를 한반도 중심으로 서술해 왔던 것이다. 그러나 고조선의 강역을 어떻게 설정하느냐에 따라 민족사의 내용은 많이 달라진다. 오늘날에도 남한학계의 고조선에 대한 견해는 수도를 평양 부근으로 보는 견해, 고조선 전기의 중심은 요녕지방이었으나 후기는 대동강 하류로 이동하였다는 견해, 그리고 발해만 북안에서 서북안에 이르는 넓은 지역이 처음부터 끝까지 고조선의 강역이었다는 견해 등이 혼재해 왔다. 그러나 중·고등학교 교과서에서 볼 수 있듯이 근래에 들어서 강단사학도 고조선의 강역을 서쪽으로 山海關과 大凌河를 포함하는 만주 일대와 한반도 북부에 걸쳐 있었던 것으로 정리하고 있다.

강단사학에서 위만조선의 위치는 평양 부근으로 설정한다.[30] 교과서에서도 위만이 처음에는 중국으로부터 들어 와 고조선의 서쪽 변경을 수비하는 임무를 맡고 있다가 얼마 후에 고조선의 수도인 왕검성에 쳐들어가 準王을 몰아내고 왕이 되었다고 기술되어 있다.[31] 그러나 재야사학에서는 위만조선이 고조선의 서쪽 변경 지역에 있었을 뿐이라고 주장한다. 이와 함께 漢四郡도 강단사학에서는 평양과 그 주위에 있었던 것으로 기술하고 있으나 재야사학에서는 한사군 역시 고조선의 서쪽 변경 지역에 있었다고 주장한다. 그리고 앞에서도 언급하였듯이 오재성은 『삼국사기』와 중국 측 사료를 비교 분석하여 고구려, 백제, 신라의 활동무대는 지금의 북경과 황하, 양자강 유역, 즉 산동반도를 중심으로 하는 중국의 동부 지역 전체라고 주장한다.[32] 그에 의하면 과거 우리 민족의 활동 무대는 한반도와 만주 일대는 물론이고 현재 중국 영토의 대부분이 우리

---

30) 이기백, 『한국사신론』, 1985, 31쪽.
31) 『고등학교 국사(상)』, 29쪽.
32) 오재성에 의하면 倭는 그 당시 중국의 남동부 지역에 있었다.

민족의 영토였다.33)

　이와 같이 강단사학에서는 비록 고조선, 부여, 고구려, 발해가 만주 일대를 비롯한 지금의 중국 땅의 일부에서 활동하였다는 사실을 인정하면서도 민족사를 한반도 중심으로만 서술하려는 의도를 지니고 있는 반면, 재야사학에서는 우리 민족이 만주 일대를 비롯한 중국 땅의 일부, 또는 꽤 넓은 지역에서 활동하였다는 사실을 부각시켜 그 지역의 역사를 민족사에 포함시키려는 의도를 보이고 있다.

　둘째, 민족 구성과 관련된 부분이다. 중국인들은 우리 민족을 포함하여 중국 동쪽에 사는 종족을 총칭하여 東夷라 불렀다. 따라서 중국인들에 의하면 동이는 우리 민족을 포함하여 인접하는 여러 민족들을 포괄하는 개념이다. 동이 가운데 예족, 맥족, 부여족, **韓族** 등 우리 민족을 지칭하는 용어들이 있다. 그리고 이들 사이에는 언어나 풍속에서 공통적인 요소가 많으며 문헌상으로도 이들 사이에 구체적인 차이를 발견한다는 것은 거의 불가능하다.34)

　앞에서도 지적하였듯이 교과서에는 동이가 산동반도를 포함하는 발해만 일대, 그리고 북으로는 송화강 유역에서 남으로는 한반도 전체에까지 분포하였던 것으로 서술되어 있다.35) 교과서에 구체적으로 명시되어 있지는 않지만 이러한 서술은 우리 민족의 선조가 동이와 직결된다는 점을 암시하고 있는 것으로 보인다.

　『삼국유사』에는 황룡사에 구층탑을 세우면 이웃 나라가 모두 항복하여 올 것이고, 九韓이 조공도 할 것이라는 기록이 있다.36) 그리고 九

---

33) 이종재도 같은 주장을 하고 있다. 이종재, 앞의 책 참조.
34) 정구복, 『한국인의 역사의식 －고대편』, 한국정신문화연구원, 1989, 83쪽.
35) 『고등학교 국사』 상, 30쪽.
36) 『삼국유사』 권3, 塔像 제4, 「황룡사의 丈六」.

韓37)으로 日本, 中華, 吳越, 托羅, 鷹遊, 靺鞨, 丹國, 女狄, 濊貊 등을 열거하고 있다. 이들 九韓이 각각 구체적으로 어느 민족을 지칭하는지는 자세히 알 수 없지만, 분명한 것은 신라인들이 이들 九韓과 자신들을 구분하고 있었다는 점이다.

대체로 재야사학에서는 요즈음 東夷와 九夷를 모두 넓게 우리 민족의 조상을 지칭하는 용어로 이해하고 있는 것으로 보인다. 그런데 여기에서 약간의 문제가 발생한다. 중국 동북 지역의 동이는 그렇다고 하더라도 산동 지역의 동이를 우리 민족과 어떻게 연결시킬 수 있을 것인가의 문제에 직면한다. 대체로 강단사학과 중국학계에서는 이들 지역의 동이는 중국 민족의 조상과 관련이 있는 것으로 보고 있는 것에 반해, 재야사학에서는 중국 동북 지역의 동이는 물론이고 산동 지역의 동이도 우리 민족의 조상으로 보고 있다.38) 따라서 재야사학의 주장에 의하면 부여, 고구려, 옥저, 예, 맥, 말갈, 여진까지 우리 민족에 포괄되며, 결국 중국 고대사에서 우리 민족이 차지하는 비중이 의외로 커지게 된다. 예를 들어서 유창균은 중국 상고시대의 왕들과 관련된 신화에 나오는 이름들을 언어학적으로 분석하여 이들이 모두 동이와 관련이 있고, 결과적으로 중국의 상고사는 우리 민족의 고대사라고 주장하기까지 하였다.39) 또한 말갈과 여진 등이 우리 민족에 포괄됨으로써 중원을 지배했던 은, 요, 금, 원, 그리고 청도 우리 민족과 조상을 같이 하는 민족이 세운 국가라는 주장

---

37) 九韓은 아마도 九夷와 같은 말일 것이다. 九夷에 포괄되는 민족은 문헌에 따라 각기 다르다. 예를 들어서 『揆園史話』에는 畎夷, 嵎夷, 方夷, 黃夷, 白夷, 赤夷, 玄夷, 風夷, 暘夷를 九夷로 지칭하고 있다. 『규원사화』에는 우리 민족이 九夷로 분화하는 과정, 그리고 九夷의 조상이 같다는 점이 기술되어 있다(『규원사화』「太始記」)
38) 기수연, 「동이의 개념과 실체의 변천에 관한 연구」, 백산학회 편, 『한민족의 형성과 발전』, 백산자료원, 1999, 159쪽.
39) 유창균, 『문자에 숨겨진 민족의 연원』, 집문당, 1999 참조.

까지 있을 정도다.40)

  셋째, 민족의 정통성, 즉 민족사의 주류를 어떻게 보는지와 관련된 부분이다. 고대부터 현재까지 우리 민족이 세운 국가는 여럿이 있다. 물론 우리 민족의 범위를 어디까지 설정하느냐에 따라 우리 민족이 세운 국가도 그 범위가 다르다. 조선 초기와 중기에는 민족사의 흐름을 단군조선 - 기자조선 - 위만조선 - 한사군 - 삼국으로 이어지는 것으로 보았다.

  그리고 조선 후기에는 민족사의 흐름을 '단군조선 - 부여 - 고구려'로 이어지는 것으로 보는 계통과 '기자조선 - 마한 - 삼국'으로 이어지는 것으로 보는 계통이 동시에 있었다. 그러다가 한말 일제하에서는 '단군 - 기자 - 마한 - 삼국'으로 이어지는 소위 마한정통론이 주류를 이루었다.41)

  적어도 교과서를 참조해 볼 때 근래에 강단사학에서는 대체로 고조선을 반쯤만 인정하는 태도를 견지하고 있는 것으로 보인다. 고조선에 대해 언급을 하더라도 그러한 이야기가 『삼국유사』에 나온다는 것을 구태여 밝히고 있는 것에서 이러한 사실을 추정할 수 있다. 강단사학에서는 근래 민족사의 흐름을 '(고조선) - 위만조선 - 열국시대(부여, 고구려, 옥저, 동예, 마한, 진한, 변한) - 삼국시대'로 이어지는 것으로 보는 견해가 주류를 이룬다.42)

---

40) 『규원사화』「漫說」. 대종교 계통에서는 특히 동이 전체를 배달족이라는 하나의 큰 민족집단으로 간주한다.
41) 박광용, 「단군인식의 역사적 변천 -조선시대」, 『단군 -그 이해와 자료』, 서울대학교 출판부, 1994, 158-181쪽 참조.
42) 강단사학의 대표적인 역사서에 고대사 관련 지도를 보면 즐문토기 분포도, 무문토기 분포도, 위씨조선 시대도, 연맹왕국 시대도가 차례로 실려 있다. 위씨조선 시대도에는 부여, 예, 위씨조선, 임둔, 진번, 辰이 표기되어 있고, 연맹왕국 시대도에는 부여, 고구려, 옥저, 동예, 낙랑, 대방, 마한, 진한, 변한이 각각 표기되어 있다. 이기백, 앞의 책, 31, 39쪽 참조. 그러나 혹자는 민족사의 흐름을 위만조선에서부터 시작

그러나 근래 재야사학에서는 기자조선과 위만조선, 그리고 한사군이 모두 고조선의 서쪽 변경, 다시 말해서 만주의 서쪽 지역에 있었으며, 고조선(단군조선)은 곧 바로 열국시대로, 그리고 열국시대는 다시 삼국시대(또는 가야를 포함해서 사국시대)로 이어진다는 견해가 제기되고 있다. 이 견해에 의하면 우리 민족사의 흐름은 결코 단절된 적이 없으며, 또한 우리 영토가 중국의 영토가 된 적이 없다.[43] 그리고 고대사 관련 문헌에는 체계적으로 언급이 되어 있지 않음에도 불구하고 재야사학에서는 부여, 옥저, 동예, 마한, 진한, 변한, 고구려, 신라, 백제 등이 모두 단군의 후예들이 세운 나라라고 주장하고 있다.[44] 다시 말해서 재야사학에서는 우리 민족이 모두 단군의 후손으로 하나의 혈연공동체를 구성한다고 주장하고 있는 것이다.

5. 동아시아 신화의 상호 갈등

앞 장에서는 강단사학과 대비하여 고대사 관련 재야사학의 주요 내용을 몇 가지 측면에서 정리해 보았다. 기본적으로 한국과 중국, 일본의 고

하는 것은 일제의 식민사학에서 비롯한 것이라고 주장한다. 윤내현, 「고조선의 강역과 사회」, 『한국 상고사의 제문제』, 한국정신문화연구원, 1987, 146-149쪽 참조
43) 윤내현, 앞의 글, 155쪽 ; 이 밖에 윤내현의 『한국고대사신론』(일지사, 1986)과 『고조선연구』(일지사, 1994) 참조.
44) 『帝王韻紀』에는 단군이 처음 조선의 임금이 되었다는 기록과 함께 尸羅(신라), 高禮(고구려), 남북 옥저, 남북 부여, 예와 맥 등이 모두 단군의 후예라고 하였다. 그리고 『규원사화』에는 우리 先民이 모두 신시가 거느린 三千團部에서 나온 후손이라고 하였다(「단군기」). 그러나 『삼국유사』는 단군을 우리 민족의 시조로 기록하고 있음에도 불구하고, 이후 민족사의 흐름이 같은 혈연공동체에서 이어진다는 점을 지적하지는 않았다.

대사 서술은 자국의 정체성 확립과 서로 맞물려 있다. 따라서 각국의 고대사에 관심이 있는 학자들은 고대사 관련 문헌이나 고고학적 자료들을 자국의 민족의식 고취를 위해 적절히 해석하는 것이 일반적이다.45)

대체로 실증과 고증을 강조하는 강단사학은 각국의 고대사 서술이 상충하는 내용을 지니고 있더라도 그래도 상호 조정을 위해 공동 노력을 기울일 수 있다. 그러나 재야사학은 자국 민족의 정체성 확립을 무엇보다도 중요한 목표 가운데 하나로 간주하기 때문에 서로의 주장이 평행선을 유지한다. 특히 우리나라의 재야사학은 기본적으로 "과거 조선 고대 민족은 중국 고대문화의 건설자이며, 일본 문화의 선구자였다"46)는 입장을 견지하고 있기 때문에 중국이나 일본 측의 자국 고대사 인식과 상충하는 부분이 많이 있다. 여기에서는 우리나라와 중국, 그리고 일본의 고대사 관련 서술 가운데 서로 상충되는 내용을 살펴봄으로써 각국의 신화가 각기 민족 정체성 확립에 어떤 역할을 하는지를 조명해 보도록 하겠다.

중국은 역사를 민족 단위가 아니라 영역 중심으로 파악한다. 따라서 오늘날 소위 중원은 물론이고 만주도 중국의 영토이기 때문에 그곳에 대한 고대로부터의 연고권을 주장한다.47) 그러나 우리나라의 재야사학은 크게 두 가지 점에서 중국의 고대사 인식에 도전한다.

첫째, 재야사학은 중국의 신화시대는 물론이고 역사시대에 등장하는 주요 인물 가운데 상당수가 우리 민족의 선조라고 주장한다. 예를 들면

---

45) 혹자는 한국과 중국, 일본이 오래 전부터 자국의 역사를 이와 같이 국수주의적으로 해석해 온 것이 동아시아의 장래를 위해 좋지 않다고 주장하기도 한다. 이전,『우리는 단군의 자손인가』, 한울, 1999 참조.
46) 최동,『조선상고민족사』, 인간사, 1966(1988), 10쪽.
47) 윤내현 외 편저,『중국사 1』, 민음사, 1991, 32쪽.

복희는 환웅시대 5대째 임금의 아들이며, 신농은 환웅시대 8대째 임금의 신하이고, 黃帝를 탁록에서 격파한 치우는 바로 환웅시대 14대째 임금이라고 재야사학자들은 말한다.[48] 또한 이들은 舜, 강태공, 공자도 모두 동이의 자손이라고 말한다. 이런 맥락에서 과거 우리 민족이 중국 고대 문화를 건설했다는 주장이 가능하다.

둘째, 재야사학은 우리 민족이 중원을 지배하였거나, 적어도 중원까지 진출하였던 사실이 있었다는 점을 강조한다. 이들에 의하면 고구려와 백제는 한때 북경과 상해까지 진출하였으며, 통일신라는 한때 길림에서 북경까지 진출하였다.[49] 또한 혹자는 아예 백제, 고구려, 신라, 그리고 고려의 주 활동 무대가 중국이었다고까지 주장한다.[50]

한편, 일본은 앞에서 지적하였듯이 광개토대왕 비문의 구절을 근거로 하여 소위 임나일본부설을 중심으로 일본이 과거 한반도 남부를 지배하였다는 주장을 해오고 있다. 근래에는 일본 학계에서도 임나일본부의 실체를 두고 논란이 벌어지고 있기는 하나 일본인들은 일반적으로 이 설을 그대로 따르고 있는 것으로 보인다. 우리나라의 재야사학은 역시 크게 두 가지 점에서 일본의 고대사 인식에 도전하고 있다.

첫째, 재야사학은 일본 황족의 조상이 우리 민족이라고 주장한다. 일본신화는 우리나라와 관련이 있는 내용이 많고, 또한 우리나라의 신화와 유사한 것도 많이 있다. 따라서 한일 양국의 학자들은 자신들의 입장에 서서 우리나라와 일본의 신화를 나름대로 해석하고 있고, 그러한 이유로 해서 신화를 해석하는 데 양국 학자들 사이에 견해차가 많이 있다.[51]

---

[48] 안호상, 『나라 역사 육천년』, 한뿌리, 1993, 34-41쪽.
[49] 같은 책, 165-167쪽 ; 김성호, 『비류백제와 일본의 국가기원』, 지문사, 1982, 251-256쪽.
[50] 오재성, 『백제는 중국에 있었다』, 黎(리)민족사연구회, 1995 ; 이중재, 앞의 책 참조.
[51] 노성환, 「한국의 일본신화 연구」, 『고사기』(노성환 역주), 예전사, 1990, 235-254 참조.

일본 황족의 조상이 우리 민족이라는 설은 사실 일본인 학자들이 먼저 제기하였다. 江上波夫는 4세기말 대륙에서 침공해 온 기마민족이 원주민을 정복하고 야마토(大和)를 건설했다는 '기마민족국가설'을 제시하였다.52) 당시 江上波夫는 기마민족이 구체적으로 우리 민족이라고 지적하지는 않았다. 그러나 레드야드(G. Ledyard)는 기마민족이 부여족이라고 주장하였고,53) 나아가 홍원탁은 기마민족이 바로 백제인이라고 주장하였다.54) 鹿島昇은 일본의 皇統譜가 백제와 가야의 두 왕통을 합하여 이룬 것이고, 제38대 天智天皇은 백제의 夫餘 豊이라고 주장하였다.55)

또한 佐佐克明은 신라의 金多遂가 제40대 天武天皇이라고 주장했고, 谷川建一은 제1대 神武로부터 제14대 仲哀까지는 모두 가공의 인물이고, 제15대 應神이 최초의 실존 인물인데 應神은 한반도 태생이라고 주장하였다.56)

둘째, 재야사학은 삼국시대에 일정 기간 동안 우리 민족이 일본의 일부를 직접 지배했다고 주장한다. 우선 任那가 한반도 남부에 있었다는 일본 측의 주장에 대해서 재야사학은 임나가 대마도라고 주장한다.57) 그리고 경우에 따라서 임나는 본래 백제가 가야를 경영하기 위한 것이었는데, 가야를 경영하던 백제인의 후손이 일본으로 건너가서 자신들의 선조가 한 일을 야마토 정권이 한 일로 바꾼 데서 야마토 정권의 한반도 남부

---

52) 江上波夫, 『騎馬民族征服國家』, 中央公論社, 1967.
53) Gari Ledyard, "Galloping along with the Horseriders: Looking for the Founders of Japan", *Journal of Japanese Studies*, vol.1-2, 1975.
54) 홍원탁, 『백제와 大和日本의 기원』, 구다라 인터내셔널, 1994, 83-94쪽.
55) 최태영, 『한국상고사』, 유풍출판사, 1990, 130-132쪽.
56) 김성호는 應神이 비류백제의 마지막 왕이라고 주장한다. 김성호, 앞의 책, 199쪽.
57) 『桓檀古記』「고구려국본기」 ; 문정창, 『일본고대사』, 인간사, 1989, 325-327쪽 ; 홍진희, 『일본은 한국 역사를 왜 비뚜로 가르칠까』, 소나무, 1992, 50쪽.

경영론이 제기된 것이라고 주장하기도 한다.[58] 또한 삼국시대에 고구려, 백제, 신라가 모두 일본 내에서 자국의 영토를 가지고 있었다는 소위 '三韓三國의 日本列島內 分國論'을 주장하는가 하면,[59] 아예 백제가 4세기말에서 7세기 후반까지 3백 년 동안 일본을 통치하였다고 주장하기도 한다.[60]

이렇게 보면 재야사학은 기본적으로 일본의 고대사를 우리 민족사의 연장선상에서 이해하고 있다는 사실을 알 수 있다.

6. 맺음말

본 논문은 각 민족의 신화가 해당 민족의 정체성 확립에 결정적인 영향력을 행사한다는 전제에서 출발하였다. 신화는 여러 각도에서 정의내릴 수 있지만 본 글에서 말하는 신화는 소위 실증사학이 해명해 주지 못하는 부분을 해명해 주는 '이야기'로 정의하였다. 따라서 본 글에서 말하는 신화는 과거로부터 전해 오는 성스러운 이야기뿐만 아니라 새롭게 생겨나는 이야기도 포괄하였다. 본 글에서는 오히려 새롭게 생겨나는 이야기에 보다 주목하였다.

실증사학이 해명해 주지 못하는 부분을 해명해 주는 이야기를 신화라고 했을 때, 본 글에서 말하는 신화는 주로 당연히 고대사와 관련된 이야기들을 말한다. 왜냐하면 사료는 현대로 올수록 풍부하지만 고대로 갈수

---

58) 김현구, 『임나일본부연구 -한반도남부경영론비판』, 일조각, 1993, 47쪽.
59) 金錫亨, 『古代朝日關係硏究』(朝鮮史硏究會 譯), 徑草書房, 1969. 문정창도 김석형의 설을 따르고 있다. 문정창, 앞의 책 참조.
60) 윤영식, 『백제에 의한 倭國統治 3백년사』, 하나출판사, 1987 참조.

록 빈약하기 때문이다. 사료가 빈약한 고대로 거슬러 올라갈수록 실증주의를 강조하는 역사학은 할 말이 적을 수밖에 없으며, 바로 그 틈새를 이용하여 새로운 이야기는 계속해서 생겨나고 있다. 그리고 바로 이런 상황 아래에서 역사를 실증적으로 다루는 강단사학과 새로운 이야기를 만들어 내는 재야사학 사이에 끊임없는 갈등이 표출된다.

본 글은 재야사학의 의의를 어떻게 규정할 것인가라는 문제를 해결하기 위해 우선 중국과 일본에서 신화가 각각 민족의 정체성 확립에 어떻게 기여하는지를 살펴보았다. 그리고 나서 우리나라의 고대사를 중심으로 강단사학과 재야사학의 핵심적인 주장에 어떤 차이가 있는지를 살펴보고, 이어서 재야사학이 한국과 중국, 그리고 한국과 일본의 고대사 관련 쟁점에 대해 어떤 주장을 하고 있는지를 살펴보았다.

민족의 정체성은 확립, 수정, 재확립의 과정을 끊임없이 겪는다. 이 과정에서 민족의 역사는 민족의 비전에 따라 끊임없이 수정된다. 그런데 이런 맥락에서 과거는 경험적으로 있었던 사실로서의 의미보다는 오히려 있어야 할 사실로서의 의미가 보다 중요할 수 있다. 있어야 할 사실로서의 의미를 강조하는 것이 일반 대중을 오도하는 것으로 인식될 수도 있다. 그러나 있어야 할 사실로서의 의미 부여는 세계와 민족에 대한 나름대로의 견해를 확립시켜 준다는 점에서 중요하다.

신화는 있는 사실보다는 있어야 할 사실과, 있어야 할 사실의 의미를 밝혀주는 역할을 한다. 본 글에서는 재야사학의 업적을 신화의 범주에 넣고 논지를 이끌어 왔다. 그러나 정확히 말하면 재야사학은 있어야 할 사실을 찾는 일과 그렇게 찾아 낸 사실에 일정한 의미를 부여해 주는 역할을 하고 있는 것으로 이해할 수 있다.

이제 우리는 현재 우리나라에서 재야사학 관련 서적들이 왜 일반인들에게 그렇게 많은 호평을 받고 있는지에 대해 생각해 볼 필요가 있다. 이러한 현상은 여러 가지 측면에서 살펴볼 수 있다. 우선 강단사학에서 제시하고 있는 민족사, 특히 고대사가 우리 민족의 정체성 확립에 그다지 기여를 하지 못했다는 점을 지적할 수 있다. 민족의 정체성 확립은 타민족과 구별되는 특징을 부각시키고, 또한 그러한 특징에 일정한 의미를 부여할 수 있을 때, 또는 타민족보다 우리 민족이 무언가 우월한 점을 지니고 있다는 사실을 부각시킬 수 있을 때 비로소 가능해진다. 이렇게 볼 때 재야사학은 강단사학이 하지 못하는 역할을 나름대로 수행하고 있다는 점에서 그 의의를 지닌다.

또한 중국과 일본에 비해 우리 민족의 정체성이 비교적 덜 확립되어 있다는 점에서 재야사학의 등장 이유를 지적해 볼 수 있다. 민족의 정체성은 여러 가지 측면과 수단에 의해 확립될 수 있지만, 새로운 신화를 만들어 나가는 재야사학은 민족의 정체성 확립의 필요를 충족시켜줄 수 있는 또 다른 수단 가운데 하나임에 틀림없다.

중국은 신화와 역사가 긴밀한 관계를 맺고 있는 것으로 보인다. 삼황오제, 하, 은, 주로 이어지는 고대사 서술에서 신화는 적어도 삼황오제 시대의 역사적 공백을 메워주고 있기 때문이다. 일본은 신화와 역사가 각기 나름의 역할을 수행하고 있는 것으로 보인다. 예를 들어서 일본인은 역사적으로 임나가 한반도에 있었을 가능성이 전혀 없다는 것을 알고 있으면서도 고대에 일본이 한반도 남부를 지배하였다는 '있어야 할' 사실의 개연성을 믿고 살고 있는 것으로 보이기 때문이다.

이에 비해 우리나라는 신화와 역사가 각기 역할 분담을 하지 못하고 있는 것으로 보인다. 우리나라에서는 아직 고대사와 관련된 '새로운 신화 만들기'의 작업이 활발하게 벌어지고 있는 과정에 있다. 우리가 이와 같은 '새로운 신화 만들기'의 의의를 제대로 인식하고, 그것을 또 다른 안목에서 바라볼 수 있는 여유를 지닐 때 비로소 우리 민족의 정체성을 보다 생산적으로 확립할 수 있는 터전을 마련할 수 있게 될 것이다.

제3장
정역의 종교사적 이해[1]

1. 머리말

  종교의 3대 요소를 사상, 행위, 조직으로 구분한 바하(J. Wach)의 입장을 그대로 수용해 본다면 종교학에서 종교사상에 대한 연구는 다른 분야에 비해 극히 부진하게 이루어져 왔음을 알 수 있다.[2] 종교사상이 종교 현상에서 차지하는 비중이 꽤 중요함에도 불구하고 종교학자들이 종교사상 일반에 대한 관심을 구체적인 연구로 전개하지 못한 이유는 어디에 있을까? 여기에 대한 이유는 여러 가지가 지적될 수 있겠지만 가장 핵심적인 요인은 종교학의 성립 과정에서 찾을 수 있다. 첫째는 19세기 초 낭만주의라는 시대사조에 영향을 받은 학자들이 과거지향적인 태도를 지니고 신화 일반에 대한 관심을 지니고 있었고, 19세기 중반 이후

---

[1] 『한국종교의 이해』, 집문당, 1985.
[2] 小口偉一 編, 『宗敎學』, 弘文堂, 1981, p.115.

진화론이라는 사유 방식의 영향을 받은 학자들이 종교의 기원에 대한 관심을 지니게 되었는데, 이러한 분위기 속에서 19세기말에서 20세기초에 걸친 초기의 종교학자들은 원시종교와 고대종교를 일차적인 연구의 대상으로 삼았다는 점이 지적될 수 있다. 초기의 종교학자들의 이러한 경향, 즉, 소위 세계종교보다는 원시종교나 고대종교에 대한 일차적인 관심을 가지는 경향은 이후의 종교학에도 계속해서 영향력을 미쳤는데, 이러한 연구 분위기 속에서 종교사상 일반에 대한 관심이 수용될 수 있는 여지는 부족할 수밖에 없었다. 그리고 둘째는 종교학이 서구의 종교 전통, 즉, 기독교 전통의 자기 절대성을 극복하면서 성립, 전개되었기 때문에 종교학자들은 학문의 독자적인 정체성을 확립하기 위해 개별 종교사상에 대한 연구를 의도적으로 유보해 왔다는 점이 지적될 수 있다.3)

이와 같은 상황은 종교문헌 연구에도 똑같이 적용될 수 있다. 왜냐하면 종교학에서 종교사상에 대한 연구는 종교문헌, 종교음악, 종교회화, 종교예술, 종교문학 등을 포함해서 총체적으로 이루어져야 하겠지만, 특히 세계종교를 대상으로 할 때는 종교문헌이 종교사상 연구에 핵심적인 자료가 되는 것은 당연하기 때문이다.

지금까지 종교문헌에 대한 학문적 연구가 전혀 없었던 것은 아니다. 종교학에서 종교문헌이라고 하면 일단 문자화된 것을 총칭하는 것이라고 하겠는데 종교문헌에 대한 기존의 연구는 대략 다음과 같이 유형화해 볼 수 있다.

첫째, 개별 종교 전통 내에서 이루어져 온 종교문헌 연구를 들 수 있는데 여기에는 주로 교리를 중심으로 한 경전 주석학이 포함된다.

---

3) J. Waardenburg, *Classical Approachcs to the Study of Rcligiom: Aims, Method and Thcories of Rescarch*(New York: Walter de Gruyter, 1999), pp.74-78.

둘째, 특히 유일신 종교가 합리적인 사고방식에 도전을 받으면서 개별 종교를 옹호하기 위해 종교언어의 독특성을 주장하는 경향이 생기게 되는데, 주로 후기 비트겐슈타인 이후의 분석철학의 영향을 받은 종교철학자들에 의해서 이 때 제기되는 문제들을 중심으로 종교문헌에 대한 관심이 전개되고 있다. 셋째, 해석학 일반에서 연구되는 경향으로 이 분야에서는 신화를 포함한 종교언어를 하나의 암호문으로 설정하고 그것이 나타내고자 하는 의미를 해독해 내고자 하는데 이러한 관심을 중심으로 종교문헌에 대한 연구가 진행되고 있다.[4]

지금까지의 이러한 종교문헌 연구는 개별 종교 전통 내에서 이루어져 온 경전 주석학을 제외하고는 모두가 서양종교의 문헌을 대상으로 하고 있다는 문제점이 지적될 수 있다. 여기에 대한 이유는 따로 규명이 되어야 하겠지만[5], 적어도 지금까지 행해져온 종교문헌 연구의 일반적인 입장을 동양종교 문헌에 그대로 적용시키는 데에는 뚜렷한 한계가 나타난다. 왜냐하면 동양과 서양의 종교문헌에 사용되는 언어는 전자가 인식적(perceptive)이고 비인격적(impersonal)인 반면에, 후자는 계시적이고 인격적이라는 뚜렷한 차이가 지적될 수 있기 때문이다.[6]

본 논문은 이와 같은 문제의식 속에서 19세기 말 이후 한국종교의 변

---

[4] R. Bultman 과 P. Ricoeur가 이 분야의 대표적인 학자라고 할 수 있다.
[5] 종교언어를 중심으로 종교문헌에 대한 관심을 가지고 있는 학자들이 왜 서양의 종교문헌에만 관심을 가지고 있는지, 또는 이러한 학자들의 관심이 왜 동양의 종교문헌을 포괄할 수 없는지는 각기 나뉘어 규명되어야 할 것이다. 여기에서 분석철학자들의 신에 대한 관심은 이와는 다른 맥락에서 이해되어야 한다. 왜냐하면 이들의 관심은 분석철학의 언어관과 신의 언어관이 유사하다는 전제 위에서 출발하고 있기 때문에 융의 분석심리학을 통한 신비주의의 이해가 지니고 있는 것과 비슷한 한계를 지니고 있기 때문이다.(황필호, 『분석철학과 종교』, 종로서적, 1984 참조)
[6] T. Fawcett, *The Symbolic Language of Religion*(Minneapolis: Augsburg Publishing House, 1971), pp.194-197.

동 과정을 이해하는 데 중요한 위치를 차지하고 있는 正易이라는 종교문헌을 대상으로 종교학적 이해의 가능성을 엿보고자 한다. 필자가 말하는 종교문헌에 대한 종교학적 이해란 종교문헌의 성립 과정과 해당 문화권 내에서 그 종교문헌이 지니는 기능을 살피는 것을 의미한다.[7]

정역은 주역의 한국적 해석이라는 평가를 받을 만큼 주역과 밀접한 관계를 지니고 있기 때문에 본 논문은 먼저 주역의 일반적인 종교문헌적 성격을 살펴보고 그것과 대비해서 정역이 지니는 특성을 차례대로 지적해 보고자 한다.

2. 주역

가. 주역의 유래

유교의 경전 가운데 가장 난해한 책으로 일컬어지는 주역은 經과 傳으로 양분되어 있다. 經은 다시 上經과 下經으로 구분되어 있으며, 上經에는 乾爲天卦부터 離爲天卦까지 30개의 卦, 그리고 下經에는 澤山咸卦부터 火水濟卦까지 34개의 卦에 대한 卦辭와 각 卦를 구성하고 있는 여섯 개의 爻에 대한 爻辭가 각기 포함되어 있다. 그리고 傳에는 彖辭上下篇, 象辭上下篇, 繫辭上下篇, 그리고 文言, 序卦, 說卦, 雜卦로 구성되어 있어서 이를 十翼이라고 부르기도 한다.

---

[7] H. Ringgren, "Problems of the Formation and Function of Canon" in *Science of Religion: Studies in Methodology* ed. by L. Honko(Hague: Mouton, 1979), pp.3-11.

이와 같이 구성되어 있는 주역은 물론 한 사람에 의해 작성된 것은 결코 아니며, 유교의 다른 경전과는 달리 저작자나 편찬자가 분명하게 밝혀져 있지 않다는 특징을 지니고 있다. 전래의 통설에 의하면 八卦는 伏羲가 황하에서 나온 龍馬의 등에 있는 圖形을 보고 계시를 얻고, 다시 위로 天文을 보고 아래로 地理를 살피고 중간으로 만물의 각기 마땅한 바를 관찰하여 만들었다고 한다.[8] 그리고 八卦를 발전시킨 64卦의 작성자에 대해서는 통설이나마 일정하지가 않다. 64卦의 작성자를 鄭玄은 神農氏, 孫盛은 夏나라의 禹王, 史馬遷은 주나라의 文王, 그리고 王輔嗣는 伏羲氏라고 주장하였다.

卦의 총체의 뜻을 설명한 卦辭와 六爻의 각각에 대한 설명인 爻辭를 같이 일컫는 繫辭의 작자에 대해서도 두 가지 통설이 있다. 一說은 卦辭와 爻辭를 모두 주나라의 문왕이 지은 것이라고 주장하고 一說은 卦辭는 문왕이, 그리고 爻辭는 문왕의 아들인 주공이 지은 것이라고 주장한다. 후자는 주역의 升卦, 明夷卦, 旣濟卦의 爻辭에 나오는 용어와 글 뜻에 근거해서 爻辭는 문왕이 지은 것이 아니라고 주장한다.

易傳, 즉 十翼은 통설에 의하면 모두 공자의 저작으로 되어 있다. 그러나 학자들은 八卦는 복희씨에 의해, 그리고 64卦와 卦辭는 문왕에 의해, 爻辭는 주공에 의해, 十翼은 공자에 의해 저술되었다는 통설에 대해 회의를 표시하고 있다. 학자들이 회의를 표시하는 근본적인 이유는 통설의 근거가 되어온 古書들의 기록이 지니고 있는 신빈성이 희박하기 때문이다.[9] 학자들의 지배적인 견해에 의하면 주역의 형성 과정은 대략 다

---

[8] 古者伏羲氏之王天下也 仰則觀象於天 俯則觀法於地 觀鳥獸之文與地之宜 近取諸身 遠取諸物於是始作八卦(繫辭下).

[9] H. Wilhelm. *Changes: Eight Lectures on the I Ching*(New York. : Harper and Row, 1960), p.11.

음과 같이 요약해 볼 수 있다.

殷代에는 주역의 八卦가 아직 만들어지지 않았을 가능성이 높다. 왜냐하면 은대에는 주로 甲骨占이 사용되었고, 주역의 八卦와 밀접한 관계가 있는 蓍草를 이용한 占은 없었기 때문이다. 蓍草를 이용한 점은 周代에 와서 갑골점을 대신해서 만들어진 것이다. 이렇게 볼 때 주역의 八卦(小成卦)는 갑골이 불에 의해서 균열된 모습을 형상화한 것이며, 64卦(大成卦)는 八卦로부터 발전된 것이라고 추측할 수 있다. 그리고 卦辭와 爻辭는 甲骨占에 의한 占斷을 근간으로 해서 첨가되고 발전된 것이라고 하겠다. 주역은 이렇게 해서 經文이 완성된 이후 경문의 이해를 돕고자 할 목적으로 수세기에 걸쳐 각기 다른 사람들에 의해 작성된 十翼이 첨가되어 완성된 것으로 추정되고 있다.10)

한편 주역의 저술 연대도 현재로서는 추정에 그치고 있다. 다만 지배적인 견해에 의하면 八卦와 64卦를 중심으로 경문이 형성된 것은 갑골점에서 蓍草를 이용한 占(筮)으로 대치되는 기간인 은말 주초, 즉 기원전 12세기에서부터 시작하여 음양설이 정립되기 이전, 즉 기원전 7, 8세기에 걸쳐서 이루어졌으며11), 十翼은 전국시대를 전후해서 작성되기 시작하여(기원전 3~4세기), 한무제 이후(1세기)에 완성된 것으로 추정되고 있다.12) 그리고 주역 이전의 易이라고 전해지고 있는 連山易과 歸藏易은 64卦에 卦辭와 爻辭가 첨가되는 과정에서 생겨났던 異本으로 여겨진다.13)

---

10) Fung Yu-Lan, *A History of Chinese Philosophy*, vol. 1(London: George Allen and Union Ltd, 1952), pp.379-380.
11) 卦辭와 爻辭에는 陰陽이란 용어 대신에 剛柔라는 용어가 사용되고 있다.
12) 유명종, 『중국사상사(1)』, 이문출판사, 1983, 345쪽.
13) 狩野直喜, 『中國哲學史』, 岩波書店, 1953, pp.81-82.

지금까지 주역의 형성 과정에 대한 전래의 통설과 학자들의 지배적인 견해를 각기 살펴보았다. 그러나 어느 종교문헌이나 마찬가지지만 주역에 대한 정확한 기원이나 형성 과정을 밝히고 기존 견해들의 옳고 그름을 따지는 것도 중요하지만, 이것보다는 이러한 견해들이 지니는 의미를 살피는 것이 더 중요할 것으로 보인다. 적어도 이러한 견해들을 통해서 우리는 다음과 같은 몇 가지 사실들을 유추해 낼 수 있다.

첫째, 주역은 처음에 占書로 작성이 되었으며 나중에 十翼의 첨가에 의해 占書 이외의 역할도 수행하게 되었지만 기본적으로는 점서로서의 역할을 수행해 왔다.

둘째, 주역은 천 년 이상의 오랜 기간을 거쳐서 작성되었으며 진시왕의 焚書坑儒 때에도 분서의 대상에서 제외되었던 경전으로 유교의 경전 중에서는 독특한 위치를 차지하고 있다.[14]

셋째, 八卦가 복희씨에 의해서 작성되었다는 통설은 주역의 기원을 신화적인 인물에 연결시킴으로써 주역에 정당성을 부여해 주는 것이며, 또한 주역 자체를 신비화 시키는 것이다.

넷째, 공자가 十翼을 지었다는 통설은 주역이 유교의 정통적인 경전이라는 점을 강조하는 것이다.[15]

이와 같이 주역의 유래에 대한 설명이 의미하는 바를 생각해 본다면, 주역은 동양의 다른 종교문헌과는 달리 문헌 자체가 신비로운 측면을 지니고 있으며, 기본적으로 점서라는 비합리적인 성격을 강하게 지니고 있음에도 불구하고, 비교적 합리성을 강조해 온 유교의 전통 내에서 가장

---

14) 주역은 분서갱유 때 소실이 안 되었기 때문에 今古文學派의 논쟁에서 제외되기는 하였지만 주역이 분서의 대상이 안 되었던 것은 적어도 그 당시에는 주역이 정치나 도덕에 관한 책이 아니고 占書로 인식이 되었다는 사실을 보여준다.
15) 금장태, 『한국유교의 재조명』, 전망사, 1982, 291쪽.

전통이 깊고 오묘한 경전이라는 역설적인 위치를 차지하고 있다고 하겠다.

나. 주역의 종교문헌적 특징

앞에서는 주역의 유래에 대한 기존의 견해들을 중심으로 주역의 일반적인 성격을 살펴보았다. 여기에서는 주역이 유교 문화권에 끼친 영향을 중심으로 주역이 지니고 있는 특징을 지적해 보고자 한다.

빌헬름(H. Wilhelm)은 중국 문화에서 주역이 차지하는 위치는 기독교 문화권에서 바이블과 이슬람 문화권에서 쿠란이 차지하는 위치와 대비될 수 있다고 지적한 바 있다.[16] 바이블이나 쿠란이 기독교나 이슬람 문화권에서 경전으로서 차지하는 위치가 거의 독보적이라는 점을 감안할 때는 이러한 대비가 좀 과장된 것이라고 할 수도 있겠지만, 중국 문화권에서 주역이 누리고 있는 권위를 인정한다면 빌헬름의 이러한 대비가 전혀 근거 없는 것이라고만은 할 수 없다. 역사적으로 볼 때 주역은 유교의 학자들뿐만 아니고 거의 모든 분야의 학자들로부터 지대한 관심을 받아왔고, 주역의 권위는 거의 절대적인 것으로 간주되어 왔다. 천문이나 지리, 병법, 또는 의학이나 연금술 같은 분야에서도 자신들의 주장의 근거를 주역에서 찾고 있는데 이것은 이러한 분야의 학문들이 자신들의 정당성을 주역과의 관련 아래 확립하고자 한 것으로 이해할 수 있다.

주역은 동양사상들 사이의 상호 교섭이나 동, 서양의 사상 교류에서도 독특한 역할을 수행해 왔다. 老壯의 자연주의에 입각하여 易을 해석한 王弼(226-249)의 주역 연구서를 비롯하여 불교 승려나 유학자에 의해서

---

[16] H. Wilhelm, op. cit., p.viii.

도 주역과 불교사상을 관련시킨 연구서가 있으며, 주역에 의한 기독교 교리의 이해나 기독교 교리에 의한 주역의 이해를 위한 연구서도 있다.17) 그리고 서구의 근대 학문이 성립된 이후에는 사회학이나 심리학의 의한 주역의 이해와 분석도 나름대로 행해져 왔음은 주목할 필요가 있다.18) 적어도 이러한 사실을 볼 때 "주역에는 斯文亂賊이 없다"(易無亂賊)라는 말이 통용될 정도로 주역의 해석은 비교적 자유롭게 시도되어 왔다는 점을 지적할 수 있다.

유교의 전통 내에서도 주역에 대한 해석은 시대적인 변천을 겪는다. 漢代에는 象數易學, 魏晋隋唐代는 義理易學, 그리고 宋代에는 圖書易學이라고 불리듯이, 주역은 시대에 따라 도덕적인 측면이나 형이상학적 측면, 또는 우주론적 측면이 강조되어 왔다. 그러나 종교사적으로 볼 때 주역의 중요성은 도덕적인 측면이나 형이상학적 측면 보다는 오히려 우주론적 측면에 잘 나타나 있다.

주역의 우주론은 우주의 기원에 관한 설명인 음양설과 우주의 구조에 관한 설명인 오행설로부터 직접적인 영향을 받았다. 經에는 음양이란 용어 대신에 剛柔란 용어가 나오며 易傳에 비로서 음양이란 용어가 나타나기는 하지만, 經과 傳을 합해서 주역이라고 할 때 이것은 별로 문제가 되지 않을 것으로 보인다. 그리고 주역에는 오행에 대한 이야기가 직접 나타나지는 않지만 易傳의 중요한 사상 중의 하나라고 할 수 있는 數의 관념을 통해서 양자는 밀접한 관련을 맺고 있다고 할 수 있다.

주역의 우주론적 측면이 부각된 것은 宋代의 新儒家들, 특히 周敦頤

---

17) 이정용, 『易과 기독교』(정진홍 역,) 한국신학연구소, 1980 참조
18) 정창수, 「주역의 사회학적 해석」, 『한국사회학』, 10집, 1975; R. Wilhelm, *The I Ching*(New York: Pantheon Books, 1950)에서 C. C. Jung의 서문 참조; 이은봉, 「주역의 동시성 원리와 이상」, 『종교학 연구』, 3집, 1980 참조.

(1017/1073), 邵雍(101/1077), 그리고 張載(1020/1077)에 의해서인데, 이들이 자신들의 우주론을 전개시킨 것은 주로 주역의 다음과 같은 구절을 재해석하고 발전시킨 것이다.

(1) 天의 數는 1이요, 地의 數는 2요, 天의 數는 3이요, 地의 數는 4요……天의 數는 9요, 地의 數는 10이다. ……天數는 모두 합해 25이며, 地數는 30이다. 그리고 天地의 數는 55이다. 이것이 우주가 변화하고 귀신이 일을 행하는 이유이다.[19]

(2) 易에는 太極이 있고 여기에서 兩儀가 생긴다. 兩儀는 四象을 낳고 四象은 八卦를 낳는다.[20]

(3) 따라서 대체로 象은 聖人이 깊은 이치를 보는 일이 있어 이것을 형상에 담고 그 물건의 마땅한 것을 본뜬다. 이것을 象이라 한다.[21]

(4) 易이란 象이다. 象이란 像이다.[22]

이들이 전개한 우주의 기원과 생성 과정, 그리고 만물의 生長進行을 지배하는 원칙, 그리고 우주의 구조에 대한 설명이 도교나 불교의 영향을 얼마나 받은 것인지는 따로 살펴보아야 하겠지만, 이들이 전개한 우주론과, 특히 邵雍이 64卦圖 圖方位圖를 중심으로 『皇極經世』에서 밝힌 역사관은 주역이 지니고 있는 특징을 살펴볼 수 있는 중요한 자료라고 생각된다.

---

[19] 天一地二 天三地四……天數二十五有五 地數三十 凡天地之數五十有五 此所以成變化而行鬼神也(繫辭上).
[20] 易有太極 是生兩儀 兩儀生四象 四象生八卦(同上).
[21] 是故夫象 聖人有以見天下之賾 而擬諸其形容.
[22] 易者象也 象也者像也(繫辭下).

이렇게 보면 易傳의 형성 시기와 비슷한 기간에 작성된 淮南子가 도교의 색채를 강하게 띤 우주관을 전개한 문헌이라고 할 때, 주역은 神明之德을 알 수 있는 점서의 기능과 함께 유교의 전통 내에서 變化之道라는 역사관과 우주관을 제시해 주고 있는 문헌으로 정리해 볼 수 있다.[23]

3. 正易

가. 정역의 유래

주역의 유래에 대한 설명은 앞에서 살펴본 대로 전래의 說과 학자들의 說로 양분되어 있다. 학자들에 의해 밝혀진 바에 의하면 주역은 여러 사람들에 의해, 그리고 천 년 이상의 오랜 기간에 걸쳐서 성립된 문헌임에 틀림이 없으나, 전래의 통설에 의해 주역은 신비성과, 유교의 전통 내에서의 정통성이 부여되고 있다는 점을 지적하였다. 그리고 주역은 성립 과정에서 알 수 있듯이 기본적으로 점서라는 점, 그리고 주역이 중국 문화에 끼친 영향 중에서 특히 우주관을 제시해 주었다는 측면을 지적하였다.

주역의 한국적 해석이라고 하는 정역은 작성자와 성립 시기를 정확히 알 수 있다는 점에서 주역과 커다란 차이가 있다. 주역의 시초도 그것이 신화적인 인물과 결부되어 있어서 계시성이 강조되고 있기는 하지만, 정역은 역사적인 인물이 직접적인 계시를 통해서 일정 기간 동안 독자적으로 작성한 것으로 되어 있다. 물론 정역의 저자인 金一夫에 대한 자세한

---

[23] 邵雍의 역사관에 의하면 황금기는 요임금 시대이며 현세대는 만물이 몰락해 가는 剝卦에 해당된다.(馮友蘭, 『중국철학사』(정인재 역), 형설출판사, 1977, 제23장 참조).

전기가 남아있지는 않다. 그러나 그의 전기가 후대인에 의해 각색되고 신비화되었다고는 하지만, 그가 역사적으로 실존했던 인물임에는 틀림없다.

이정호의 『정역연구』에 의하면 정역의 성립 기간은 약 4년(1881/1885)으로 되어 있는데 그 성립 과정은 대략 다음과 같다. 먼저 김일부는 1881년 정역의 근간이 되는 正易八卦圖를 계시(신비 체험)에 의해서 발견하였다. 이어서 그는 孔夫子의 影像이 나타나 김일부에게 "내가 일찍이 하고자 하였으나 이루지 못한 것을 그대가 이루었으니 이런 장할 데가 있나!"라는 말을 듣고 「大易序」를 저술하였다. 그리고 이후 계속되는 수련 과정 속에서 1884년에 정역의 上篇인 「十五一言」에서 无位詩까지를 저술하고, 이어서 1885년에 正易詩와 布圖詩를 위시하여 그 下篇인 十一一言에서 十一吟까지를 저술하였다.24)

정역의 성립 과정에 대한 위의 설명은 세 부분으로 구분해서 그 설명이 의도하는 바를 살필 수 있다. 첫째, 正易八卦圖가 계시에 의해서 발견되었다는 설명에는 정역이 지니고 있는 신비성이 제시됨을 알 수 있다. 박상화는 伏羲八卦圖와 文王八卦圖가 각각 河圖, 洛書와 관련이 있다는 것과 대비해서, 正易八卦圖는 윷놀이판과 관련이 있다고 주장하고 있는데 그의 이러한 주장은 정역의 전통 내에서는 다소 역설적인 것이라고 여겨진다.25) 왜냐하면 신비성이 강조될 필요가 있는 정역의 근거를 놀이의 도구와 연결시킴으로써 결국 정역의 신비성을 약화시킨 결과를 초래하였기 때문이다. 그러나 박상화의 주장을 긍정적으로 평가한다면 그의 논리의 타당성은 차치하더라도 俗의 근거를 聖에서 찾는 것이

---

24) 이정호, 『정역연구』, 국제대학부설인문사회과학연구소, 1976, 제6장 참조.
25) 박상화, 『正易釋義』, 문해출판사, 1971 참조.

아니고 聖의 근거를 俗에서 찾았다는 그의 諧謔性이 지적될 수 있겠으며, 한편으로는 正易八卦圖를 윷판과 관련시켰다고 해서 정역의 신비성이 약화된 것이 아니고 오히려 正易八卦圖에 의해서 윷판의 신비성이 강조된 것으로 이해할 수도 있다. 이렇게 보면 주역이 합리적인 측면이 강조되는 유교의 전통 내에서 유일하게 신비적인 기원을 지니고 있는 종교문헌이라면, 정역도 이와 마찬가지로 기원 과정에서는 적어도 인간에 의해서 임의로 만들어진 것이 아니라는 사실이 강조되고 있음을 알 수 있다.

둘째, 大易序 저술 과정에서 孔夫子가 김일부에게 한 말의 내용을 통해서 보면 일단 정역은 유교가 지향하던 점을 완성한 문헌이라는 것이 암시되고 있음을 알 수 있다. 이것은 다시 말하면 정역 이전의 유교는 미완성의 것이고 정역이 비로서 유교의 완성된 모습을 밝힐 수 있는 문헌이라는 것이다. 그리고 정역이 유교의 완성된 모습을 밝힐 수 있는 문헌이라는 주장은 곧 정역이 지니고 있는 유교적인 정통성을 강조하는 것으로 이해할 수 있다.

셋째, 正易八卦圖와 大易序를 제외한 나머지 부분을 김일부 자신이 계속되는 수련 과정을 통해서 직접 저술하였다는 사실은 정역이 기본적으로 계시에 근거를 두었으면서도 한편으로는 인간의 사고를 통해서 성립되었다는 점을 밝혀 주는 것이고, 이것은 다시 말해서 정역의 논리적인 측면, 즉, 일관성을 암시해 주는 것으로 이해할 수 있다.

나. 정역과 주역의 비교

앞에서 정역의 유래를 중심으로 정역이 지니고 있는 신비성, 유교적인 정통성, 그리고 일관성을 지적하였다. 이것을 주역과 비교해 보면 우선 두 가지 면에서 차이가 있음을 알 수 있다. 첫째, 천 년 이상의 오랜 기간 동안 여러 사람에 의해서 작성이 된 주역과 달리, 정역은 4년이라는 비교적 짧은 기간 동안에 한 사람에 의해 작성이 되었기 때문에 정역이 주역보다 일관성이 있다는 점이다. 여기에서 지적해야 될 것은 정역이 주역의 한국적 해석이라고 해서 주역에 대한 기존의 주석서들과 정역을 같은 선 위에 놓고 평가해서는 안 된다는 점이다. 왜냐하면 정역 이전의 주역에 대한 주석서들은 주역이 근거하고 있는 팔괘도를 그대로 수용하고 있는 반면, 정역은 주역이 근거하고 있는 팔괘도에서 각 卦의 위치를 변경시킨 새로운 팔괘도에 근거하고 있기 때문이다. 따라서 정역은 주역에 대한 기존의 주석서들 보다는 오히려 주역과 같은 선 위에서 비교되어야 한다는 점이 지적될 수 있다.[26]

둘째, 주역은 성립 과정에서 알 수 있듯이 유교의 전통 내에서 기본적으로 점서의 기능을 수행해 온 것에 비해, 정역에는 점서의 기능이 없다는 차이가 지적될 수 있다. 물론 주역이 유교의 전통 내에서 점서의 기능만 지니고 있었던 것은 아니다. 그러나 보는 관점에 따라 주역이 지니고 있는 점서의 기능은 유교의 전통 내에서 면면히 이어져 내려오고 있다고 하겠으며 이 사실은 상당히 중요한 점을 시사해 주고 있다. 왜냐하면 소위 세계종교라고 일컬어질 수 있는 종교들이 보유하고 있는 경전들 중에서 점서의 기능을 동시에 지니고 있는 경전은 주역뿐이라는 사실이 지적될 수 있기 때문이다.

필자는 유교가 다른 종교 전통과는 달리 종교조직이나 종교의식을 체

---

[26] 이정호, 앞의 책, 12, 13, 19쪽 참조.

계적으로 안 갖추고 있는 근본적인 이유는 주역의 점서적 기능과 어느 정도 관계가 있다고 생각한다.27) 왜냐하면 다른 종교 전통에서는 종교의식이나 종교조직을 통해서 해결될 수 있는 문제들이 유교의 전통에서는 주역의 점서적 기능을 통해서 해결되어 왔다고 생각할 수 있기 때문이다. 그러나 정역은 주역과 달리 점서의 기능이 없기 때문에 주역에 근거를 두고 있는 전통적인 유교와는 달리, 정역에 근거를 두고 있는 종교들은 나름대로 종교의식과 종교조직을 갖게 되는 특징이 있다고 하겠다. 이 점은

> 有形한 세계 속에 보편적 이치를 파악하는 孔子의 下學上達하는 방법에 대하여 無形한 초월적 세계의 景致를 직관하는 김일부의 道通境地는 분명히 초월적 영역의 체험이 강조되는 종교적 성격이 부각되고 있음을 엿볼 수 있다.28)

라는 지적과 연결시켜 볼 때 주역의 점서적 기능이 정역의 종교적 성격으로 대치되었다고 생각할 수 있다. 이렇게 볼 때 變化之道를 나타내고 있는 주역은 점서로서 중요한 역할을 수행한 점에 비해, 정역은 八卦의 위치를 변경시킴으로써 전혀 새로운 易의 체계를 형성시켰음에도 불구하고 점서의 기능을 상실하였다는 점이 양자의 주요한 차이로 지적될 수 있다.

한편, 김일부는 정역이 주역을 계승, 극복한 것이고 주역은 복희역을 계승, 극복한 것으로 보고, 복희역, 주역, 정역의 사이에는 생성, 성장, 완성의 변증법적 발전의 관계가 있다고 하였다.29) 그러나 이것은 정역의

---

27) 가족과 제사를 유교의 종교조직과 종교의식으로 볼 수도 있겠지만 필자가 말하는 종교조직과 종교의식은 유교로 인해 생겨난 것들을 말한다.
28) 금장태・고광직, 『儒敎近百年』, 박영사, 1984, 675쪽.

전통 내에서 비로소 가능한 주장으로 보아야 한다.

그러면 앞에서 지적한 몇 가지 표면적인 차이를 제외하고 내용 면에서 정역과 주역 사이에는 어떤 차이가 있을까? 여기에서 주역과 정역은 우주관과 역사관을 강조한 정도에 의해서 근본적으로 입장을 달리하고 있다는 점이 지적될 수 있다.

변화의 원리로서의 易理를 파악하고 표현하는 방법은 무엇인가? 그것은 대체로 두 가지 방법으로 나누어 볼 수 있으니 그 하나는 變化之理를 時間系列에 의하여 사고하는 방법이요 또 하나는 變化法則을 空間系列에 의하여 표상하는 방법이다. 즉 전자는 시간적 曆數原理에 의한 易理의 논증 방법으로서 曆數論理가 되는 것이요, 후자는 공간적 卦象原理에 의한 易理의 논증 방법으로서 卦象論理가 되는 것이다. 그러나 이 두 가지 방법은 하나는 易理를 표현하는 수단에 있어서 혹은 數理를 혹은 卦象을 이용하는 차이가 있는 것일 뿐 어디까지나 유일한 易理의 표현상에 있어서는 유기적 표리관계를 이루고 있는 것으로서 결코 이원적인 것이 아님은 물론이다.30)

이와 같이 보면 易에는 근본적으로 曆數論理와 卦象論理가 포함되어 있다는 점을 지적할 수 있다. 그러나 주역과 정역은 양자의 논리 중에서 각기 선택하고 있는 입장이 현저하게 다르다. 왜냐하면 주역은 "易은 象이다"31)하고 있는데 비해, 정역은 "易은 曆數이다"32)라고 하고 있는 점을 볼 때 양자의 논리 중에서 주역은 특히 卦象論理를 선택하고 있고, 정역은 曆數論理를 선택하고 있기 때문이다. 여기에서 주역은 기본적으

---

29) 이정호, 앞의 책, 제1장 참조.
30) 유남상·신동호, 「주체적 민족사관의 체계화를 위한 한국역학적 연구」, 『충남대학교논문집』, 제13권 제1호, 1974, 128쪽.
31) 易者象也, 象也者像也(繫辭下).
32) 易者曆也(大易序).

로 卦象論理에 의해 공간관과 우주관을 강조하고 있으며, 정역은 기본적으로 曆數論理에 의해 시간관과 역사관을 강조하고 있다는 양자의 뚜렷한 차이점이 지적될 수 있다. 그러나 앞의 인용문에서 지적하였듯이 양자의 뚜렷한 차이가 이원적인 것은 아니다. 즉, 주역에는 공간관과 우주관만 나타나 있고 정역에는 시간관과 역사관만 나타나 있는 것은 아니다. 다만 역사관과 우주관이 양자에 모두 나타나 있기는 하지만 주역에는 특히 우주관이 강조되어 있고 정역에는 특히 역사관이 강조되어 있다는 점을 지적하는 것이다. 이 점은 어떤 의미에서는 주역이 내포하고 있는 역사관을 수정하고 체계화시킨 것이 바로 정역이라는 이해가 가능하게 해 준다.

4. 한국종교사에서 정역의 위치

주역에 대한 해석은 역사적으로 자유롭게 진행되어 왔으며 중국뿐만 아니라 우리나라에서도 주역에 대한 해석은 나름대로 있어 왔다.[33] 그러나 정역은 단순히 주역에 대한 주석서로 간주될 수 없는 독특한 특징을 지니고 있다. 왜냐하면 앞에서도 지적하였듯이 정역이 文王八卦圖에서 卦의 위치를 변경시켰다는 것은 文王八卦에 근거한 주역이 지니고 있는 우주관과 역사관이 정역에서는 근본적으로 상이하게 나타난다는 것을 의미한다. 적어도 정역 이전의 주역에 대한 해석들은 八卦의 위치를 변경시키지 않고 행해졌기 때문에 비록 강조점의 차이는 있을지언정 기본

---

33) 금장태, 앞의 책, 91-99쪽 참조.

적으로 주역의 전통 내에 포괄될 수 있다. 그러나 정역은 易의 체계를 유지하고는 있지만 주역의 完成易을 지향하고 있기 때문에 보는 관점에 따라서는 주역과는 전혀 상이한 내용을 지니고 있다고 하겠다.

그러면 이러한 정역이 한국종교사에서 차지하고 있는 위치는 어떻게 평가될 수 있을까? 주역과 대비될 수 있는 한국적인 역학체계가 19세기 중반 이후 한국에서 생겨났다는 것이 종교사적으로 어떤 의미를 지니고 있는 것일까?

하나의 종교문헌을 단순히 시대적인 산물이라고만 규정하는 것은 물론 문제가 따른다. 그러나 특정의 종교문헌이 시대적인 상황과 밀접한 관계를 맺고 있다는 것은 부인할 수 없다. 이것은 다시 말해서 시대적인 상황이 특정 종교문헌의 성립을 촉진시켰다는 말이 될 수 있다. 많은 학자들이 19세기 중반 이후에 한국에서 새로운 종교가 발생하게 된 것을 사회·문화적인 상황과 관련하여 설명해 왔다. 아노미 이론이나 상대적 박탈감, 문화접변이론, 카리스마 이론들이 모두 여기에 속한다고 할 수 있다. 이러한 이론들이 모두 주체-객체의 이분법적 사고에 기반을 두고 있다는 비판을 받고 있기는 하지만,[34] 하나의 종교문헌과 종교사상이 그 시대의 정신을 어느 정도 반영하고 있다는 주장은 설득력이 있다.

이러한 맥락에서 볼 때 정역이 지니는 시대사적 의미는 다음과 같이 세 가지로 정리해 볼 수 있다. 첫째, 수평적 평등사상이다. 주역의 抑陰 尊陽이 봉건적인 수직적 신분 질서의 기반 위에 서 있다면, 정역의 調陽 律陰은 근대적 이념인 평등사상을 지니고 있다고 하겠다. 둘째, 인간과 天地宇宙의 일치를 강조한 점이다. 정역에서는 10이 無極이요 하늘을

---

[34] J. Fabian, "The Anthropology of Religious Movements: From Explanation to Interpretation", *Social Research*, vol. 46, 1979. pp.12-20.

상징하고 5는 皇極이요 땅을 상징하고 1은 太極이요 사람을 상징한다고 하고, 無極과 皇極과 太極의 합일을 주장하고 있다.35) 이것은 결국 정역이 이전이 유교의 전통 내에서 주장되어 왔던 것과는 다른 측면을 강조하고 있는 것이라고 하겠다. 셋째, 정역의 先後天思想이다. 이정호에 의하면 선후천에 관한 설명이 이미 주역에도 여러 군데 나오고 있으며 後天易이 나올 것이 주역에 예시되어 있다고는 하나, 이러한 설명은 정역의 역학적인 정통성을 주장하는 것이라고 여겨진다.36) 문제는 정역에서 선후천사상이 구체적인 내용으로 나타나고 있다는 점이며 이것은 19세기 중반 이후 역사적 전환기에 요구되는 시대정신의 적절한 반영이라고 볼 수 있다.

정역은 이러한 선후천사상에 근거해서 미래의 모습을 낙관적으로 제시하고는 있으나, 그러한 미래의 모습을 실현할 수 있는 방법을 구체적으로 제시하고 있지 않다는 특징이 있다. 김일부에서 직접적으로 발생한 종단으로는 김일부를 天神의 아들이요, 미륵불의 再生身으로 믿고 우주생성의 원리인 五行에서 나는 五行聲(吟, 哦, 㗨, 咿, 吁)을 노래로 읊으며 춤을 추는 咏歌舞蹈敎, 그리고 김일부의 제자인 河相易이 정역을 기반으로 해서 1909년에 개교한 大宗敎, 이 밖에 大同敎, 중앙대종교, 大同稧, 正經學會 등을 들 수 있다.37) 그러나 정역을 저술한 김일부를 중심으로 생겨난 이러한 종단들이 그 뒤 활발히 전개되어 나갈 수 없었던 이유는 다른 것 보다는 우선 정역이 낙관적인 미래관을 현실화시킬 수 있는 구체적인 방법을 마련해 주고 있지 못하고 있다는 점에서 찾을 수 있다.

---

35) 이정호, 앞의 책, 제5장 참조.
36) 같은 책, 제1장 참조.
37) 한국종교사학회 편, 『한국종교』, 원광대학교종교문제연구소, 1973, 308쪽.

정역의 이러한 선후천사상에 근거한 새로운 역사관은 그 후의 종교사상에 심대한 영향을 끼쳤다. 그 중에서도 특히 증산교 계통의 後天開闢思想은 정역의 선후천사상과, 그것에 근거해서 낙관적인 미래를 실현시킬 수 있는 구체적인 방안이 같이 포함되어 있는 것으로 이해될 수 있다. 증산교 계통의 종단에서는 정역으로부터의 영향을 의도적으로 부인하고 있지만 이것은 종단의 고유성을 강조하기 위한 것으로 보이며, 적어도 증산교 계통의 역사관은 완전히 정역에 근거하고 있는 것으로 보인다.[38] 다만 증산교 계통은 정역이 제시한 미래의 역사관을 실현할 수 있는 구체적인 방법을 나름대로 제시하고 있다는 점에 특징이 있다고 하겠다.

보통 지적하듯이 19세기 중반 이후의 한국 신종교들의 사상적 특징 중의 하나가 후천개벽사상[39]이라고 할 때 이들이 모두 정역에 근거하고 있는 것은 물론 아니다. 동학 계통의 후천개벽설에 의하면 三皇五帝와 성현들이 이 세상에 나와서 하늘을 대신하여 인간을 가르치고 인도하던 시대를 선천시대라고 하고, 이들의 인도가 세월의 흐름에 따라 무력하게 되어져서 하늘이 직접 人心에 降하여 敎導하게 되는 시대를 후천시대라고 하는데[40], 이것과 정역은 물론이고 주역과의 관련성도 없는 것으로 보인다.[41] 또한 정감록의 예언에 근거한 新人의 출현에 의한 후천사상도 易學과는 전혀 관계가 없는 것으로 보인다.

이렇게 보면 정역은 19세기 중반 이후 우리나라가 역사적 변동기를 거치면서 새로운 미래관을 필요로 하였을 때 주역에 근거해서 즉, 유교의 전통 내에서 발생한 새로운 역사관이었으며 이후의 몇몇 종교사상에

---

38) 村山智順, 『朝鮮の類似宗教』, p.924.
39) 한국종교사학회 편, 앞의 책, 327-330쪽.
40) 백세명, 『동학사상과 천도교』, 동학사, 1956, 160-165쪽.
41) 물론 崔水雲은 金一夫보다 20여 년 일찍 활동하였다.

심대한 영향을 끼친 종교문헌이라는 지적이 가능해진다. 물론 유교 문화권에서 서구와의 문화접변 과정에서 발생한 종교 운동이 정역에 근거한 운동만 있었던 것은 아니다. 淸末의 公洋學者였던 康有爲를 중심으로 일어났던 공자교운동도 유교 문화권에서 발생하였던 대표적인 종교 운동 가운데 하나였다. 그러나 공자교운동은 「公洋傳」의 三世說(據亂世, 升乎世, 太平世)과 「禮記」 禮運編의 小康, 大同說에 근거하고 있다는 점에서 정역에 근거하고 있는 종교운동과 차이가 있다.42) 하지만 이 양자는 유교(주역)가 근본적으로 지니고 있는 순환론적인 역사관을 시대적인 상황의 영향 속에서 직선적인 역사관으로 변용시켰다는 공통점이 있다는 점이 지적될 수 있다.

5. 맺음말

지금까지 정역을 종교문헌의 범주 속에 넣고 그것의 형성 과정과 끼친 영향을 중심으로 한국종교사 속에서 정역이 차지하고 있는 위치를 살펴보았다. 이 때 그 방법으로 정역의 특징을 부각시키기 위해서 주역과의 비교를 시도하였으며, 그 결과 정역을 19세기말 역사적인 사회변동기에 유교전통에서 생겨난, 새로운 역사관을 제시해 주고 있는 종교문헌으로 이해하였다.

정역에 대한 종교사적 이해는 주역과의 비교 연구에 의해서 완전히 이루어졌다고는 할 수 없다. 앞에서도 언급하였듯이 정역에 대한 이해는

---

42) 금장태, 「사회변동과 유교의 역할」, 『사상과 정책』, 1984년 여름호, 85쪽 참조

이 밖에도 두 가지 측면에서 가능하다. 첫째는 정역을 유교전통 내에서 제기된 새로운 역사관이라고 했을 때 유교전통이 역사적 변동기를 거치면서 변모해 나가는 과정 속에서 정역을 이해하는 측면이 고려될 수 있겠다.

그리고 둘째는 정역이 제시하고 있는 역사관을 한국종교사 속에서 발견되는 다른 역사관들과 비교 연구하는 측면이다. 한국종교사에 나타나는 대표적인 역사관으로는 정역 이 외에도 미륵사상, 정감록사상, 그리고 메시아사상을 지적할 수 있다. 이들 각자는 모두 각기 다른 전통에 근거하고 있지만 정역이 나타난 19세기말 경에는 이미 이러한 주요 역사관들이 영향력을 행사하고 있었기 때문에 이들이 정역의 저자인 김일부에게 전혀 영향을 끼치지 않았다고는 할 수 없다. 따라서 정역에 대한 종교사적 이해를 위해서는 주역과의 비교 연구와 병행하여 이들 기존의 역사관들과의 비교 연구가 이루어져야 할 것이다. 이 경우 정역의 역사관은 정감록을 비롯하여 덜 체계화되어 있던 기존의 역사관이 역학체계의 논리를 빌어서 비로소 체계화된 것이라는 하나의 가설도 가능해질 수 있다. 물론 이러한 가설은 한국종교사를 꿰뚫는 전통적인 역사관(또는 유토피아 사상)이 있다는 또 하나의 전제 위에서 생길 수 있는 것이다.

본 논문은 머리말에서 언급하였듯이 종교문헌 일반, 특히 동양의 종교문헌에 대한 종교학적 이해의 시도로 평가받을 수 있을 것이다. 다만 이것은 앞으로의 연구를 위한 서론에 해당된다고 하겠으며 앞으로의 연구는 정역을 중심으로 한 구체적인 종교현상의 의미를 밝히는 것에 초점을 두어야 할 것이다. 이 중에서 특히 필자가 의식하고 있는 몇 가지 문제들을 밝히면서 맺음말에 대신하고자 한다.

첫째, 陰陽五行說, 干支, 그리고 24절후와 정역과의 관계
둘째, 주역과 정역의 우주관, 또는 역사관의 구체적인 차이
셋째, 정역에 근거하고 있는 종단의 종교의식의 의미를 통한 정역의 재이해
넷째, 김일부에 대한 전기사적 연구
다섯째, 19세기 중반 이후 유교전통 내에서 행해진 주역에 대한 다른 해석들과 정역의 차이와 갈등 등이다.

이상의 문제를 중심으로 정역과 관련이 있는 현상들이 밝혀질 때 비로소 한국종교사에서 정역이 차지하고 있는 위치를 제대로 규정할 수 있을 것이다.

제4장
유영모 종교사상의 계보[1]

1. 머리말

본 논문은 多夕 柳永模(1890-1981)의 종교사상을 살피고, 그것이 한국종교사상사에서 차지하는 의의를 밝히는 데 그 목적이 있다. 유영모는 지금까지 한국이 낳은 세계적인 종교사상가나 동방의 聖人으로 알려져 있는가 하면, 한편에서는 기독교의 이단, 또는 신비주의적인 사상가로 알려져 있다. 하지만 그에 대한 학술적인 연구는 그다지 많은 편이 아니다. 그 이유는 그가 남긴 저작물이 그다지 많지 않을 뿐만 아니라, 게다가 그의 저작물이 일반인들이 이해하기에 어려운 체제와 내용을 지니고 있어서 그의 종교사상에 접근하는 것이 용이하지 않기 때문이다.

그가 죽은 뒤 함석헌, 김흥호, 박영호 등 그의 제자들에 의해 유영모의 사상이 서서히 일반에 소개되기 시작하였다. 그의 일기인 『多夕日誌』가

---

[1] 『다석 유영모의 동양사상과 신학』, 솔, 2002.

1990년에 네 권으로 간행되었다. 그리고 박영호는 1994년과 1995년에 걸쳐 문화일보에 「다석 유영모의 생각과 믿음」이라는 제목의 글을 연재하여 유영모를 일반인들로부터 주목받게 하였다.

 유영모는 천주교와 개신교 신학자들로부터 높은 평가를 받았지만 그를 기독교의 테두리 안에서만 이해하고 평가하기에는 그의 사상의 폭이 보다 넓다. 물론 현금의 기독교 다원주의 신학자들도 기독교 이외의 다른 종교들에 대해서 일정한 지식을 가지고 있는 것이 사실이다. 그러나 유영모는 기독교 이외에도 동양의 전통종교인 유교, 불교, 도교는 물론이고 서구철학과 인도사상에 대해서까지 폭넓은 지식을 겸비하였다. 따라서 유영모는 기독교의 테두리 안에 가두어 놓기보다는 오히려 동양종교사상사, 또는 한국종교사상사의 맥락에서 이해하고 평가하는 것이 보다 적절하다.

 유영모는 한마디로 종교적 지성인이었다. 사실 우리 시대는 유영모와 같은 종교적 지성인을 필요로 한다. 특정 종교를 신봉하면서 그 종교에 관한 지식만을 소유하는 것이 아무렇지도 않고 오히려 당연시 되는 분위기는 현재 우리의 종교 상황에 적절하지 못하다. 특정 종교를 신봉하면서도 타종교에 대한 지식을 아울러 겸비하고 타종교에 대한 지식을 통해서 스스로의 신앙을 보다 잘 키워 나갈 수 있는 그러한 분위기가 우리에게는 절실히 필요하다. 아울러 특정 종교를 신봉하지 않더라도 종교 일반에 대한 지식은 인간, 사회, 문화를 이해하는 데 반드시 필요하다.

 본 논문은 우선 유영모의 사상의 형성과정과 내용, 그리고 그것이 그의 제자들을 중심으로 전개된 내용을 유영모의 사상 내부에서 살펴볼 것이다. 그리고 나아가서 그의 사상이 한국종교사에서 어떤 의의를 지니는지 그리고 그것이 현재와 미래의 한국종교 상황에 어떤 기여를 할 수 있는지를 예측해 볼 것이다.

　제2장에서는 그의 사상의 형성과정을 살피기 위해 그가 많은 영향을 받은 것으로 보이는 톨스토이와 간디, 그리고 內村鑑三의 종교사상 가운데 유영모의 사상과 직접 관련이 있는 것들을 살펴볼 것이다. 제3장에서는 그의 종교사상을 몇몇 핵심적인 주제를 중심으로 정리해 보고, 제4장에서는 그의 사상이 함석헌과 박영호를 중심으로 어떻게 전개되었는가를 살펴볼 것이다. 그리고 끝으로 제5장에서는 유영모의 종교사상이 한국종교사상사에서 차지하는 위치와 중요성을 지적해보고자 한다.

2. 톨스토이, 간디, 內村鑑三 그리고 유영모

　본 장에서는 톨스토이, 간디, 內村鑑三의 종교사상을 살펴보고자 한다. 유영모의 종교사상에 앞서 이들의 종교사상을 먼저 살피는 이유는 두 가지이다. 첫째 이유는 유영모가 이들로부터 많은 영향을 받았기 때문에 그의 종교사상의 형성과정을 이해하는 데 도움이 될 것이라는 판단에서이다.

　유영모는 15세에 기독교 신앙에 접한 뒤 처음으로 오산학교 교사로 부임했을 당시까지는 소위 정통 기독교신자로 자임하고 있었다. 그러다가 오산학교에 재직하고 있으면서 그는 內村鑑三, 톨스토이, 간디에 접하게 되었다. 실제로 『다석일지』나 『다석어록』에서 유영모는 이들 세 사람에 대해 다른 어느 사람들보다도 많이 언급하고 있다. 이런 사실에서부터 우리는 유영모가 이들 세 사람으로부터 많은 영향을 받았다는 점을 확인할 수 있다. 그러므로 이들 세 사람의 종교사상을 살펴봄으로써 우리는 유영모의 종교사상을 이해할 수 있는 보다 좋은 여건에 놓이게 될 것이다.

유영모를 이해하기 위한 사전 작업으로서 內村鑑三, 톨스토이, 간디를 먼저 검토하는 둘째 이유는 유영모의 종교사상이 전혀 근거가 없는, 다시 말해서 황당무계한 종교사상도 아니고, 유영모의 종교사상이 세계 최고의, 그리고 세계 유일의 종교사상도 아니라는 점을 밝히기 위해서이다. 우리는 특정의 종교사상가를 이해할 때 흔히 두 가지 오류에 빠지기 쉽다.

첫째 오류는 그의 종교사상이 황당무계하고 전혀 근거가 없다고 쉽게 간주하는 오류이다. 우리는 톨스토이, 간디, 內村鑑三의 종교사상을 일별하면서 그들의 종교사상과 유영모의 종교사상이 여러 면에서 유사하다는 사실을 알게 될 것이다. 톨스토이, 간디, 內村鑑三은 이미 세계가 인정하고 있는 종교사상가들이다. 이들의 종교사상과 유영모의 종교사상이 여러 면에서 서로 상통하는 점이 있다고 했을 때 우리는 유영모의 종교사상을 전혀 근거가 없다거나 또는 일고의 가치도 없다는 생각을 하지 않게 될 것이다.

둘째 오류는 특정의 종교사상가를 세계 최고의, 그리고 세계 유일의 사상가로 쉽게 간주하는 오류이다. 우리는 톨스토이, 간디, 內村鑑三의 종교사상과 유영모의 종교사상을 대비해 보는 방법을 통해서 유영모의 종교사상을 좀 더 객관적으로 이해하고 평가할 수 있는 안목을 가질 수 있을 것이다.

이들 세 사람 각각의 종교사상을 다루는 것만으로도 방대한 작업이 될 것이다. 여기에서는 이들 각각의 종교사상 가운데 유영모의 종교사상과 상통성이 있을 것이라고 여겨지는 부분만 간략히 살펴보고자 한다.

가. 톨스토이의 종교사상

유영모가 톨스토이에 대해 알게 된 경위를 정확히 알 수는 없다. 톨스토이가 1910년 11월에 죽자 오산학교에서도 톨스토이의 추도식이 있었는데 당시 톨스토이에 심취해 있던 이광수와 함께 유영모도 참석하였다.[2] 그리고 최남선은 4행을 한 수로, 72수나 되는 긴 弔詩를 그가 발행하는 『소년』[3]에 게재하였다. 약간 뒤의 일이기는 하지만 기독교 계통의 신문에도 톨스토이와 간디에 관한 글이 실리기도 하였다.[4] 따라서 톨스토이와 간디는 그 당시 지성인들에게 상당히 인기가 있었던 것으로 보이며, 유영모가 톨스토이에 대해 알게 된 것은 매우 자연스런 일로 생각된다.

게다가 유영모는 1911년 그의 동생 영묵이 죽자 죽음의 문제에 많은 고민을 하게 되었고, 이것을 계기로 노자와 불경을 읽었으며 아울러 톨스토이에 심취하였다. 이렇게 해서 유영모는 톨스토이로부터 지대한 영향을 받고 점차 정통기독교 신앙으로부터 멀어져 갔다.

유영모의 종교사상을 살피고 톨스토이의 종교사상을 살펴보면 두 사람의 종교사상은 거의 같다고 할 정도로 유사하다는 사실을 알 수 있다. 그리고 두 사람의 삶의 방식도 매우 유사한 측면을 발견할 수 있다.[5] 아마도 혹자가 유영모를 '톨스토이안'이라고 하더라도 유영모는 이러

---

[2] 박영호,『다석 유영모의 생애와 사상』, 홍익재, 1985, 59쪽.
[3] 1910년 12월 19일 발행.
[4] 강명석,「톨스토이와 간디의 종교사상에 대하여」,『기독신보』,1923.4.11, 4.18, 4.28, 5.2(차옥숭 편,『기독교자료집』, 권1, 한국종교사회연구소, 1993, 412-417쪽에 재수록); 최상현,「인도의 성웅 간디의 성격과 그 주의 주장」,『신학세계』, 제10권, 4호, 5호(차옥숭 편, 앞의 책, 권2, 400-405쪽에 재수록).
[5] 1928년에 작성된 유영모의 YMCA 강의안에 톨스토이의 생활 십계가 적혀 있다.(박영호, 앞의 책, 138쪽 참조) 그리고 유영모는 말년에 3일간 가출한 적이 있는데 이것도 톨스토이의 말년의 행적과 유사하다.

한 지적에 결코 반대하지 않았을 것이다.

톨스토이는 중년의 방황을 처음에는 러시아정교회의 신앙을 통해 극복하려고 하였다. 그러다가 그는 당시의 러시아정교회에 대해 환멸을 느끼고 스스로의 신앙을 정립해 나갔다. 그의 나이 51세가 되던 해에 『교회와 국가』라는 글을 시작으로 톨스토이는 종교에 관련된 많은 글을 발표하였다. 그는 1880년에 착수한 『참회록』을 1882년에 발표하였고, 1884년에는 『나의 종교』[6]를, 그리고 1887년에는 『참회록』의 후속편이라고 할 수 있는 『인생론』을 발표하였다.

그리고 그는 1901년에 소설 『부활』로 인해 러시아정교회로부터 정식으로 파문을 당하였다. 톨스토이에 대한 러시아정교회의 파문은 톨스토이에 대한 찬반 양론으로 나뉘어 많은 반향을 일으켰다. 이에 곧 톨스토이는 여러 사람이 즉각적으로 볼 수 있게 하기 위하여 자신의 입장을 신문에 공개하였다.[7] 이어서 그는 1902년에 『종교란 무엇인가, 또한 그 진수는 어디에 있는가?』[8]라는 제목의 책을 발표하였다. 아래에서는 이러

---

[6] 이 책은 러시아 당국의 검열로 출판이 되지 못하였으나 필사본으로 유포되었다가 외국어로 번역되었다. 이 책은 국내에서 '톨스토이, 『예술론/ 참회록/ 인생론/ 신앙론/ 교육론』(김병철 역), 을유문화사, 1983'라는 책에 「신앙론」이라는 제목으로 번역되어 실려 있다. 그리고 이 책의 일부가 「나의 종교」라는 제목으로 '월터 카우프만 편, 『톨스토이에서 까뮈까지의 종교』(김경남 역), 인문당, 1982, 42-72쪽'에 실려 있다. 이 책은 많은 반향을 일으켜 미국의 퀘이커교인과 톨스토이 사이에 편지 왕래까지 있었다. 이러한 반향의 답변으로 톨스토이는 1905년에 『하느님의 왕국은 당신 안에 있다』(Leo Tlostoy, *The Kingdom of God is within You: Or, Christianity not as a Mystical Teaching But as a New Concept of Life*, The Noonday Press, 1966)라는 책을 발표하였다. 이 두 책의 주제는 모두 예수의 산상수훈에 있는 '惡에 대한 무저항'이라는 계명이다.
[7] 톨스토이, 「종교회의의 파문 칙령과 그에 관해 내가 받은 편지들에 대한 답변」, 월터 카우프만 편, 앞의 책, 164-173쪽.
[8] 이 책은 '톨스토이, 『참회록・종교론』(김병철・김학수 역), 을유문화사, 1981'에 「종교론」이라는 제목으로 번역되어 실려 있다.

한 책들을 중심으로 톨스토이의 종교사상을 일별해 보도록 하자.

톨스토이의 종교사상은 먼저 당대의 시대적인 상황에 대한 비판에서 시작한다. 그의 말을 직접 인용해 보자.

> 인류는 성직자 계급에 의해서 결박되어 있는 최면술의 세계와 학자 제현들에 의해서 인도되고 있는 최면술(과학만능주의, 과학이 종교를 대체한다는 생각)의 세계로부터 탈피함으로써만 모든 재액과 불행으로부터 구원될 수 있다.9)

톨스토이는 이와 같이 당대의 과학과 위선적인 종교가들로부터 인류가 피해를 당하고 있다고 지적하면서, 특히 당대의 종교인 러시아정교회가 제구실을 하지 못하고 있다고 신랄하게 비판하였다. 예를 들어서, 그는 다른 교파들에 대한 배타적인 행태와 번잡한 의식에 대해 거부감을 표시하였고10), 기독교의 주요 교리인 삼위일체론11), 원죄론, 예수의 동정녀 탄생설 등을 부인하였다.12) 그리고 그는 종교의 타락은 모두 '①성직자 계급(중재자), ②기적에 대한 믿음, ③경전에 대한 믿음'에 기인한다고 하고,13) 참된 신앙은 결코 비합리적이지 않고 현대적인 지식과 모순되지 않는다고 주장하였다.14)

당대의 종교에 대한 이러한 비판적인 인식 아래 톨스토이는 모든 종교는 근본적으로 동일하다는 종교일치사상과 함께 종교의 요점을 아래와

---

9) 같은 책, 202쪽.
10) 톨스토이, 『인생론/ 참회록』(박병덕 옮김), 육문사, 1993, 384-389쪽.
11) 톨스토이, 「종교회의의 파문 칙령과 그에 관해 내가 받은 편지들에 대한 답변」, 월터 카우프만 편, 앞의 책, 172쪽.
12) 같은 글, 168쪽.
13) 톨스토이, 『참회록・종교론』(김병철・김학수 역), 을유문화사, 1981, 161쪽.
14) 같은 책, 166쪽.

같이 제시하였다.

만물의 본원으로서의 신의 존재는 절대적이고 유일하다. 그리고 인간에게는 이 본원으로서의 신의 소부분이 구비되어 있다. 따라서 인간은 각자의 생활방법 여하에 따라 자기 내부에 살고 있는 신적 본원의 일부분을 증대시킬 수도 있고 감소시킬 수도 있다. 이 본원을 증대하려고 원한다면 각자가 자기의 욕정을 억압하고 자기 내부에 사랑을 증대시켜야 한다. 그리고 이 목적을 달성하는 실제적 방법은 자기가 남에게서 도움을 받기를 원하듯이 남에게 먼저 그것을 행하라는 한 가지에 있다. 이것이 모든 참된 종교의 주의강령의 요점이다.

이러한 주의강령은 바라문교에도, 유대교에도, 유교에도, 기독교에도, 이슬람에도 모두 공통적이고 보편적인 것이다. 비록 불교가 신의 定義를 부여하지 않는다 해도 어쨌든 역시 인간이 그것에 융합해서 하나로 되는 본원, 열반에 이르면서 자기의 小我를 잊어버리는 본원, 그러한 본원을 인정하는 데는 변함이 없다. 따라서 인간이 열반에 달함으로써 하나로 결합되는 곳의 본원은 유대교나 기독교, 이슬람에 있어서 신으로 인정되고 있는 본원과 결국 같다.[15]

'사람의 마음은 신의 불을 켜는 촛대이다'라고 헤브라이의 속담은 말한다. 그렇다. 마음 속에 신의 불이 타지 않는 한 인간은 불행한 동물에 지나지 않는다. 그러나 일단 이 불이 타기 시작하는 그 날에는(이 불은 종교에 의해서 開眼을 얻은 마음 속에서만 불타는 것이다) 인간은 이 세상에서 가장 강한 존재로 된다. 그리고 이것은 그렇게 되는 것이 당연하다. 왜냐하면 이럴 경우에 인간의 내부에서 행동하는 것은 본인의 힘이 아니고 신의 힘이기 때문이다. 그렇다. 이것이야 말로 참된 종교이고, 또 진수이다.[16]

이상의 인용문에서 알 수 있듯이 톨스토이는 인간을 무한의 일부로, 그리고 이 우주를 이 무한의 의지에 의해 움직이는 것으로 보았다. 그리

---

15) 같은 책, 204-205쪽.
16) 같은 책, 220쪽.

고 그는 신은 靈인데 그 신의 발현이 우리들의 내부에 살고 있고, 우리는 각자의 생활에 의해서 이 신령의 힘을 증대시킬 수 있다고 하였다. 그는 그러기 위해서 인간이 동물적 자아가 요구하는 개인적인 행복에 대한 욕망을 버리고, 자신을 사랑하는 것 이상으로 다른 존재를 사랑해야 한다고 주장하였다.

이러한 톨스토이의 종교사상이 유영모의 종교사상과 어떻게 상통하는지는 제3장에서 구체적으로 알게 될 것이다.

나. 간디의 종교사상

유영모는 일기에 자신의 생년월일과 함께 간디, 內村鑑三, 함석헌의 생년월일을 함께 적어 놓았다. 그는 이들 세 사람에 대해 남다른 감정을 지니고 있었기 때문이다. 그리고 그는 예를 들어서 "간디는 1869년 10월 2일에 출생해서 1948년 1월 30일 인생을 졸업하였으니 올해(1957년)로 9주년이 된다"[17]라든가, 또는 "간디주의라고 할까 하는 것은 眞理把持 이 것이었다. 眞理把持는 참(진리)을 꼭 붙잡는다는 뜻이다"[18]라는 등 YMCA 강의 도중 간디에 대해 자주 언급하였다.

유영모가 간디로부터 받은 영향은 톨스토이의 그 것과 마찬가지로 두 가지로 나누어 생각해 볼 수 있다. 첫째는 유영모가 간디의 삶의 방식으로부터 받은 영향이고, 둘째는 간디의 종교사상으로부터 받은 영향이다.

유영모가 一日一食을 한 것은 간디로부터 받은 영향인 것으로 보인다.[19] 간디는 자기 아들 3형제에게 학교교육을 일부러 시키지 않았는데

---

17) 『多夕語錄』, 113쪽.
18) 같은 책, 113쪽.

유영모도 자식에 대한 학교교육에 반대하였다.[20] 그리고 무엇보다도 유영모는 간디의 금욕주의로부터 많은 영향을 받았다. 간디는 금욕생활을 하는 데 중요한 것으로 '①마음의 결심과 기도, ②먹는 것의 절제, ③부부가 각각 다른 방을 쓰는 것'을 지적하였는데, 유영모도 이와 비슷하게 '①하느님에의 복귀, ②하루 한 끼 먹기, ③널판지 위에서 잠자기'를 실천하였다.[21]

주지하다시피 간디는 톨스토이로부터 많은 영향을 받았다. 톨스토이는 러시아정교회에 대해서만이 아니라 도교와 불교 등 동양종교에 대해서까지 알고 있었다. 이와 비슷하게 간디도 힌두교에 대해서 뿐만 아니라 기독교, 이슬람, 불교, 조로아스터교 등 여러 종교에 대해서 알고 있었다.

톨스토이가 '악에 대한 무저항'에 관심을 가지고 이타적인 사랑을 강조하였듯이, 간디도 비폭력 정신을 강조하였다. 그리하여 간디는 "진정한 종교의 가르침은 모든 사람에게 봉사하고 모든 사람을 친구로 삼는 것이다. 친구에게 친절하기란 쉬운 일이다. 그러나 우리의 적으로 간주되는 사람을 친구로 삼는 것이 진정한 종교의 본질이다"[22]라고 까지 말하였다.

간디의 비폭력은 정치적인 목적만을 지닌 것이 아니었다. 톨스토이의 사랑이 종교적 목적을 지닌 것이 듯이, 간디의 비폭력은 초월적인 자아,

---

19) 김흥호, 「동양적으로 이해한 유영모의 기독교관」, 『동방의 성인 다석 유영모』, 무애, 1993, 298쪽.
20) 박영호, 앞의 책, 145쪽.
21) 같은 책, 188-189쪽.
22) 모한다스 K. 간디, 「비폭력은 강자의 무기다」, 황필호 편역, 『비폭력이란 무엇인가』, 종로서적, 1986, 107쪽.

즉 아트만을 보호하기 위한 것이었다. 간디는 비폭력이 동물로서의 인간이 아니라 정신으로서의 인간에게 필요한 것이라고 하였다. 동물로서의 인간은 폭력적이지만, 정신으로서의 인간은 비폭력적이라고 생각하였기 때문이다.23) 간디의 이러한 생각은 또한 인간이 동물적 본성으로부터 벗어나야 한다는 톨스토이의 주장과 서로 통한다.

톨스토이는 앞에서 지적하였듯이 모든 종교의 근본적인 교의는 공통적이라고 하여 종교일치사상을 주장하였다. 간디도 이와 비슷하게 유일한 신에 대한 신앙이 모든 종교의 초석이고, 모든 종교는 인간 안에 있는 신을 실현하는 것을 목표로 한다는 점에서 서로 같다는 종교일치사상을 주장하였다.24)

톨스토이는 인간에게 신의 소부분이 구비되어 있다고 하였다. 이와 비슷하게 간디도 신과 인간의 관계는 거대한 대양과 한 방울의 물방울의 관계와 같다고 하여, 신과 인간이 근본적으로 다르지 않다는 점을 지적하였다.25)

그러나 간디는 인도의 종교적 환경으로부터 영향을 받은 사상가답게 톨스토이에 비해 각 종교의 독특성을 보다 많이 강조하였다. 예를 들어서 그는 형체가 없는 신 못지않게 형체가 있는 신도 인정하였다. 그리하여 그는 비록 神像에 대한 기도를 좋아하지 않았음에도 불구하고 신상에 대한 기도를 금지해야 한다고 생각하지 않았다. 그는 어떤 사람에게는 신상에 대한 기도가 어울리고 또 다른 사람에게는 신상에 대한 기도가 어울리지 않을 뿐이며, 이 두 가지의 기도 가운데 어느 것이 옳은지는

---

23) 같은 책, 79쪽.
24) K. L. Seshagiri Rao, *Mahatma Gandhi and Comparative Religion*(Delhi: Motilal Banarsidass, 1978), p.88.
25) *Ibid.*, p.72.

알 수 없다고 하였다.26) 이와 같이 간디는 각 종교의 독특성을 인정하였기 때문에 종교의 통일보다는 종교의 조화, 다시 말해서 '다양성 속의 일치(unity in diversity)'를 주장하였다.

간디의 이러한 종교사상은 톨스토이의 그것과 함께 유영모의 종교사상의 형성에 많은 영향을 미쳤다.

다. 內村鑑三의 종교사상

유영모가 일본에서 체류하고 있던 1912년에서 1913년 사이에 김정식이 동경에 있는 한국 기독청년회 총무로 있었다. 그런데 김정식은 內村鑑三(1861-1930)과 가까운 사이로 지냈다. 아마도 유영모가 內村鑑三의 무교회 집회에 참석하게 된 것은 이러한 배경을 통해서였던 것으로 보인다.27) 그 때부터 유영모는 內村鑑三에 대해 잘 알게 되었으며, 그가 출간하던 무교회 잡지인 『聖書之硏究』를 구독하였던 것으로 보인다. 유영모가 기독교신학에 대해 어느 정도 지식을 갖게 된 것도 바로 『聖書之硏究』를 통해서였다.28)

유영모는 오산학교에서 교장으로 근무하던 1920년대초 수업 시간에 內村鑑三에 대해 자주 언급하였다.29) 그 영향으로 나중에 함석헌도 일본에 유학할 당시 內村鑑三의 무교회 집회에 참석할 수 있었다. 유영모는 함석헌을 통해 무교회주의자였던 김교신을 알게 되었다.

그러나 언제부터인가 유영모는 內村鑑三의 무교회와 자신의 신앙을

---

26) *Ibid.*, p.71.
27) 박영호, 앞의 책, 72-74쪽.
28) 김흥호, 앞의 글, 294쪽.
29) 『多夕日誌』, 제4권, 621쪽.

구분하고, 오히려 자신의 신앙을 톨스토이의 그 것과 같은 것으로 간주하였다.30) 유영모는 內村鑑三이 예수의 代贖信仰을 끝까지 고수한 것과 동양종교의 중요성을 간과한 것에 대해 못마땅하게 생각하였다. 유영모는 끝까지 예수를 단지 인간으로만 생각하였던 것이다.

그럼에도 불구하고 유영모는 분명히 內村鑑三의 무교회주의로부터 일정 부분 영향을 받았음에 틀림없다. 만약 유영모가 內村鑑三의 무교회주의를 완전히 거부하였다면 그로부터 지대한 영향을 받았던 김교신과 교분 관계를 유지하지 않았을 것이며, 김교신이 발행하던『성서조선』에 기고하지도 않았을 것이다.

內村鑑三은 일본(Japan)과 예수(Jesus)라는 두 개의 'J'를 동시에 강조하여 일본을 위해서는 기독교가, 그리고 기독교를 위해서는 일본이 필요하다는 점을 역설하였다. 그는 일본을 사랑하면서 동시에 예수의 복음이 일본이 간직해 온 목표를 달성하는 데 긴요하다는 점을 주장하였던 것이다. 그러나 그 당시는 이미 국가신도를 중심으로 국가적인 체계가 정립되는 시기였기 때문에, 그리고 일본의 기독교적 사명을 강조하는 것이 기독교의 보편성에 위배된다는 이유로 인해 內村鑑三은 사회와 기독교계 모두로부터 비판을 받았다.

內村鑑三의 기독교는 '무교회주의'와 '일본적 기독교'라는 용어로 정리해 볼 수 있다. 먼저 그의 무교회주의는 '제2의 종교개혁'을 목표로 하고 있다. 그는 로마 가톨릭교회가 로마 교황과 결탁한 것과 마찬가지로 루터는 독일의 봉건제후의 세속적 권위와 결탁했으며, 바이블의 권위를 교회 위에 둔 것은 올바른 일이었으나 바이블을 존중한 나머지 '바이블

---

30)『多夕語錄』, 287쪽.

숭배'를 초래했다고 비판하였다.31) 이로 인해 교파주의와 종교분쟁이 발생했는데 그는 이러한 현상을 치유하기 위해서 루터의 개혁에다 사랑을 첨가한 새로운 개혁이 필요하다고 하였다.32)

교파주의를 배격하고 무교회주의를 실현하기 위해서 그는 구체적으로 몇 가지 방안을 제시하였다. 첫째, 그는 제도와 건물로서의 교회를 부정하였다. 그에 의하면 에클레시아(Ecclesia)는 제도적인 교회나 교회당을 의미하지 않는다. 에클레시아는 본래 '규칙에 의하지 않고, 법률에 의하지 않으며, 예수를 그리스도라고 인정하는 자발적인 인식에서 나오는 사랑의 신앙을 기초로 한 그리스도 특유의 靈的 會衆'33)이다. 따라서 진정한 교회는 그리스도를 믿는 자들이 사랑에 의해서 결속된 영적 교제의 단체여야 하며, 인위적, 기교적, 제도적 교회여서는 안 된다.

둘째, 그는 교회의 성례전을 부정하였다. 기독교인의 구원은 예수 그리스도를 믿음으로써 이루어진다. 따라서 그리스도에 대한 신앙 이외의 모든 것은 구원에 관한 한 무의미하다.34) 구원을 얻기 위해서는 성례전을 행하는 것보다 오히려 바이블을 연구하는 것이 보다 좋은 방법이라는 것이 그의 입장이다.

셋째, 그는 교회의 성직을 부정하였다. 그리스도를 믿는 사람들이 모인 곳에 진정한 교회가 성립하는 것이기 때문에 안수례를 받은 목사나 전도사는 필요가 없다.35) '하느님이 주시는 생명의 힘에 의해서' 모든

---

31) 「루터가 남긴 害毒, 부록 제2종교개혁의 필요」, 『內村鑑三全集』, 제2권, 설우사, 1975, 437-439쪽.
32) 같은 글, 443쪽.
33) 「에크레시아」, 앞의 책, 제8권, 355쪽.
34) 「세례와 성찬」, 앞의 책, 제6권, 420쪽.
35) 「제사장이란 무엇인가?」 앞의 책, 제6권, 368쪽.

사람이 사제가 될 수 있기 때문에 특정한 성직자는 필요가 없다는 것이다.

內村鑑三의 이러한 교회조직이나 의식에 대한 생각은 그대로 유영모에게 영향을 끼친 것으로 보인다. 그러나 유영모의 종교사상과 內村鑑三의 무교회주의와 관련해서 무엇보다도 우리의 주목을 끄는 것은 內村鑑三의 종교관과 소위 '만인구원론'이다.

그의 종교관을 살피기 위해서는 그 당시 일본의 종교적 상황을 염두에 둘 필요가 있다. 명치유신 이후 국가신도가 형성되는 과정에서 불교는 서서히 위축되어 갔다. 기독교는 서구문화의 수용 통로로 근대론자들에 의해 각광을 받으면서도 세력 면에서는 괄목할 만한 성장을 보지 못했다. 그리고 기독교는 교파로 분열되어 있으면서도 우리나라와 달리 선교사들의 영향권에서 벗어나려고 활발히 움직이고 있었다. 유교는 도덕적인 면에서 여전히 영향력을 행사하고 있었고, 신도는 교파신도와 민간신앙으로 존재하면서 한편으로 국가권력과 관련을 맺으면서 국가 통합의 상징으로 작용하고 있었다.

內村鑑三은 일본의 문화와 도덕이 기본적으로 유교와 불교, 그리고 신도에 터하고 있다는 것을 인정하였다. 그리고 그는 다른 종교들의 존재를 인정하였다. 그는 기독교의 적은 불교가 아니고 불교의 적은 기독교가 아니라고 하였고[36], 다른 종교들과의 관련 속에서 기독교의 위치를 파악하는 여유를 지니고 있었다.[37]

그리고 그는 아시아의 전통종교들이 긍정적인 측면도 지니고 있다는 점을 인식하면서, 한편으로는 서구식의 제도화된 기독교는 배척하였다. 그리고 그는 탈서구화된 기독교가 아시아의 정신의 총체인 武士道와 결

---

[36] 「종교의 大敵」, 앞의 책, 제6권, 340쪽.
[37] 「유일한 종교」, 앞의 책, 제7권, 71-73쪽.

합될 때 그것이 진정한 종교가 될 수 있다고 하였다.

그러면서도 그는 자기가 주창한 무교회주의가 쉽게 타락할 수 있다는 점을 지적하는 일을 잊지 않았다. 무교회가 만약 고정된 규칙이나 정형화된 형식에 얽매이게 되면 무교회의 종교체계 자체가 목표로 되고, 그렇게 되면 무교회의 진정한 목표를 상실하게 된다는 것이다. 그는 이러한 가능성을 의식하고 끊임없는 정신적 혁명과 '과거의' 무교회를 지속적으로 부인하는 태도가 필요하다고 역설하였다.[38] 다시 말해서 그는 자신의 추종자들이 무교회를 계속해서 재창조해 나갈 것을 촉구하고, 자신의 무교회가 또 다른 교파로 전개되는 것을 원하지 않았던 것이다.

內村鑑三의 무교회주의의 또 다른 특징은 그의 '만인구원론'에서 찾아 볼 수 있다. 그는 바이블에 소수구원론의 근거가 되는 구절이 있다는 사실을 인정하였다.[39] 그러나 그는 소수구원론의 필연적인 결과는 편협, 배척, 자기 찬미이고 이 것으로 인해 수많은 종교전쟁이 일어났다고 지적하였다.[40] 신은 부분보다는 전체를 사랑하고, 신의 사랑이 무한하다는 것은 의심의 여지가 없는 사실이기 때문에 소수구원론보다는 만인구원론이 적절하다는 것이다.[41]

유영모는 內村鑑三과 마찬가지로 제도와 건물로서의 교회를 부정하고, 성례전과 성직을 거부하였고 교파주의를 배격하였다. 그리고 특히 종교조직의 운영에 대한 유영모의 견해는 內村鑑三의 그것을 연상시킨다. 內村鑑三이 자신의 모임을 정기적인 강연 중심으로 이끌어 나갔듯이, 유영모도 자신의 모임을 주로 YMCA 연경반 모임을 중심으로 이끌

---

38) 「무교회주의의 전진」, 앞의 책, 제8권, 429-431쪽.
39) 마태복음 22장 14절; 마태복음 25장 46절; 로마서 9장 27절.
40) 「만인의 구원」, 앞의 책, 제5권, 373쪽.
41) 같은 글, 374쪽.

어 나갔다.

內村鑑三은 자신의 제자들에게 "젊을 때는 노인에게서 독립해야 하고, 늙어서는 젊은이에게서 독립해야 한다. 사람은 누구에게서나 독립해야 하며 오직 하느님에게만 절대적으로 의지해야 한다"[42]라고 하여 제자들에게 독립심을 고취시켰다. 그리고 앞에서 지적하였듯이 그는 이미 자신이 주창한 무교회가 고정된 규칙이나 정형화된 형식에 얽매이게 될 가능성을 의식하고 끊임없는 정신적 혁명과 '과거의' 무교회를 지속적으로 부인하는 태도가 필요하다고 역설하였다.

마찬가지로 유영모는 제자 박영호에게 "나는 제자들을 모으지 않고 흩어서 모두가 제 노릇하기를 바래요. 박형도 나를 찾아올 생각도 안 나야 하고 편지 쓸 생각도 안 나야 됩니다. 이를 斷辭라고 하지요"[43]라고 하여 제자들의 독립심을 고취시켰다. 그리고 유영모는 "무슨 철학, 무슨 주의, 무슨 종교 따위가 완결을 보았다고 하는데 아직도 완결을 못 보았다는 것이 옳은 말이다… 이같이 모든 것이 미정이라면 어떻게 해야 하는가. 한 가지 뚜렷한 것이 있다. 그것은 모든 기존 이론에 묶이거나 매달리지 말고 맘을 맘대로 하는 것이다"[44]라고 하여 신앙의 고착화를 누구보다도 염려하였다.

---

42) 「무교회주의의 전진」, 앞의 책, 제8권, 430쪽.
43) 박영호, 「하느님의 얼을 생명으로 받든 님」, 『동방의 성인 다석 유영모』, 무애, 1993, 160쪽.
44) 『多夕語錄』, 137쪽.

3. 유영모의 종교사상

톨스토이, 간디, 그리고 內村鑑三은 동, 서양종교들에 대해 비교적 많은 지식을 가지고 있었다. 그리고 이들은 특정 종교를 고집하거나 다른 종교들에 대해 배타적인 태도를 지니지 않았다. 유영모는 이들에 비해 기독교, 유교, 불교, 도교 등에 대해 비교적 깊은 지식을 겸비하고 있었다. 그리고 이들과 유영모가 살았던 종교적 상황은 분명히 달랐다. 따라서 비록 이들, 특히 톨스토이와 간디의 종교사상과 유영모의 종교사상이 부합되는 점이 많다고 하더라도 세부적인 면에서는 분명히 차이를 보일 수밖에 없다. 본 장에서 우리는 이 점을 염두에 두고 유영모의 종교사상의 요점을 드러내 보도록 할 것이다.

가. 비교 종교연구

유영모는 각 종교에서 말하는 진리는 결국 하나라는 기본 전제에서 출발하였다. 겉으로 보기에 각 종교는 서로 다른 것 같지만 모든 종교들이 말하고자 하는 진리는 결국 하나라는 것이 유영모의 기본 생각이다. 그의 말을 직접 들어보자.

> 예수교, 불교, 유교는 다 다른지 모르나 진리는 하나 밖에 없는 것을 얘기하니 이보다 더 좋은 낙이 어디 있겠는가?[45]

유영모는 기본적으로 이러한 생각을 가지고 있었기 때문에 모든 종교

---
45) 같은 책, 59쪽.

의 존재 의의를 인정하는 입장을 취하였다. 그의 제자 가운데 한 사람은 "선생님 말씀이 '비유하면 어디를 찾아 갔는데 한 방에는 예수님이 계시고 한 방에는 부처님이 계시고 한 방에는 공자님이 계시다면 나로서는 세 분 다 찾아뵙고 인사를 드린다'는 말씀이 기억에 남는다"[46]라고 유영모를 추모하는 말을 하였다.

물론 유영모가 현존하는 기독교, 불교, 유교를 그대로 인정한 것은 아니었다. 유영모는 현재의 기독교, 불교, 유교는 예수, 부처, 공자가 본래 가르친 진리와는 거리가 있으나, 예수, 부처, 공자가 본래 가르친 진리는 똑 같다는 입장을 취하였다.

그렇기 때문에 그는 "同也者異也, 즉 같은 것이라는 것은 다른 것이다. 이단이라고 헤프게 부르지 말라"[47]라고 하여 특정 종교를 이단으로 매도하는 것을 반대하였다. 그리고 그는 여러 종교 가운데 어느 종교가 더 참된 종교인가를 비교하는 것에 반대하였고[48], 특정 종교에 대해 편견을 가져서는 못쓴다고 말하였다.[49]

유영모는 이와 같이 각 종교의 교조들이 말하는 진리는 같은 것이고, 각 종교는 모두 존재할 가치가 있다고 생각하였다. 따라서 그는 당연히 특정 개인이 특정 종교를 믿는 것은 그 개인의 자유이며, 특정 개인이 어느 종교를 믿을 것인가는 전적으로 그 개인에게 달린 문제라고 하였다.[50] 유영모는 이렇게 각 종교의 존재 의의를 모두 인정하고, 또 각 종교가 지시하는 진리는 같다고 생각하였기 때문에 자연스럽게 여러 종교

---

46) 『多夕日誌』, 제4권, 700쪽.
47) 『多夕語錄』, 79쪽.
48) 같은 책, 317쪽.
49) 같은 책, 316쪽.
50) 『多夕日誌』, 제1권, 3쪽.

에 관심을 가질 수밖에 없었다. 그는 여러 종교를 비교 연구하는 것이 무엇보다 중요하다는 사실을 아래와 같이 언급하였다.

알긴 무엇을 아는가. 우리는 아는 것이 없다. 예수교 믿는 사람은 유교를 이단시하고 불교를 우상숭배라고 한다. 불교에서는 예수를 비난한다. 유교를 나쁘다고 한다. 유교에서는 불교를 욕지거리하고 무엇을 안다고들 하는지 모르겠다. 남을 모르면 자기도 모른다. 자기가 그이(君子)가 되려면 다른 그이(君子)도 알아야 한다. 지금은 참 멍텅구리 시대다.51)

여러 종교를 비교 연구할 때 유영모는 여러 종교의 차이점보다는 공통점을 찾아내는 일에 힘을 쏟았다. 그는 여러 종교의 공통점에서 여러 종교가 지시하는 하나의 진리를 찾을 수 있다고 생각하였던 것이다.

그러나 유영모는 단순히 강단 종교학자가 아니었다. 따라서 그가 이와 같은 방법을 통해 여러 종교를 비교 연구한 것은 종교 연구 그 자체에 목적이 있었던 것은 아니다. 그는 여러 종교의 비교 연구를 통해서 모든 종교가 지향하는 하나의 진리를 찾아내는 것을 그의 인생 목표로 삼았다. 그는 "종교는 자유인데 자기가 어떻게 믿든 자기가 분명한 것을 믿으면 된다. 남의 말 듣고 믿으면 그게 무엇인가. 한 마리의 개가 의심이 나서 짖는데 다른 개들이 따라 짖는 것과 무엇이 다른가?52)"라고 하거나, 또는 "어떤 인생관도 제 인생관이지 남에게 꼭 주장할 수는 없다… 그저 밤낮 남에게 얻어서 살려는 생각, 그 것 못쓰는 것이다"53)라고 하여 종교에 대한 남의 주장을 비판 없이 그대로 수용하는 것을 반대하였다.

---

51) 같은 책, 57쪽.
52) 같은 책, 294쪽.
53) 『多夕語錄』, 291쪽.

또한 그는 "나 유영모가 예수를 이야기하는 것은 예수를 얘기하자는 것이 아니다. 공자를 말하는 것은 공자를 말하자는 것이 아니다. 예수처럼, 공자처럼, 간디같이, 톨스토이같이 하느님의 국물을 먹고 사는 것이 좋다고 해서 비슷하게 그 짓 하려고 말한 것뿐이다"54)라고 하여 스스로의 개인적인 종교적 삶을 추구하려고 노력하였다. 바로 이 점에서 우리는 유영모의 종교사상가로서의 진면목을 살펴볼 수 있다.

다시 말해서 그는 여러 종교들을 비교 연구하여 각 종교들에서 말하는 공통되는 하나의 진리를 찾아내고 다시 그 진리에 맞추어 자신의 삶을 이끌어 가고자 하였던 것이다.

나. 신관

유영모의 신관을 『다석어록』만을 통해서 일관성 있게 정리해 내는 것은 쉽지 않다. 『다석어록』에 신에 관한 언급이 전혀 없는 것은 아니나 『다석어록』에서 찾아볼 수 있는 신에 관한 직접적인 언급은 비교적 적은 편이기 때문이다. 그러나 여기에서는 가능한 한 『다석어록』에서 찾아볼 수 있는 신에 대한 언급만을 추출하여 유영모의 신관을 재구성해 보도록 하자. 유영모는 신이 존재한다는 사실을 다음과 같이 말하였다.

하느님이 계시느냐고 물으면 나는 '없다'고 말한다. 하느님을 아느냐고 물으면 나는 '모른다'고 말한다. 그러나 사람이 머리를 하늘에 두고 산다는 이 사실을 알기 때문에, 사람의 마음이 절대를 그린다는, 이 사실을 알기 때문에 나는 하느님을 믿는다. 몸의 본능인 성욕이 있는 것이 異性이 있다는 증거이듯이 내 마음에 절대(하

---

54) 같은 책, 112쪽.

느님)를 그리는 형이상적인 성욕이 있는 것은 하느님이 계시기 때문이다. 우리들이 바라고 흠모하는 거룩한 존재, 이 존재를 나는 하느님이라고 한다.55)

유영모는 이와 같이 종교학에서 마치 모든 인간을 '종교적 인간(homo religiosus)'으로 규정하듯이 모든 인간에게 절대를 그리는 본능적인 욕구가 있다는 사실에서 신의 존재를 추론하였다.

그러나 유영모가 믿었던 신은 전통적인 의미의 기독교의 신과는 그 속성이 달랐다. 그는 창조주로서의 신을 거부하고, 다음과 같이 바이블의 창조에 관한 이야기를 사실이 아니라 신화로서 이해할 것을 촉구하였다.

창세기에 적혀 있는 대로 창조주 하느님을 믿는다 안 믿는다는 것은 나와는 상관이 없다. 나는 하느님을 생명의 근본으로, 진리의 근본으로 하여 믿는 거지 창조주로서 믿는 것은 아니다. 창조는 무슨 창조인가. 창조주로서 믿는다든지 그것을 부정하든지 하는 것은 대단한 것은 아니다. 하느님에게 창조에 대한 시말서를 받아본 것이 창세기다. 이건 그 때에 사람들이 그렇게 해서 되었거니 하고 생각해 본 거다. 그러나 이건 그 때 사람의 생각이고 요새는 이걸 누가 믿어. 이것 가지고는 통하지 않는다.56)

유영모는 이와 같이 창조주로서의 신은 거부하면서 "하느님은 자연계를 다스리는 데 보이지 않는다. 하느님은 일을 하시는 데 통히 나타나지 않고 저절로 되게 하신다"57)라고 하여 주재자로서의 신은 인정하였다. 그리고 그는 다시 신을 우주의 절대 의식, 절대 인격으로 생각하였다.

---

55) 같은 책, 15-16쪽.
56) 같은 책, 345쪽.
57) 같은 책, 181-182쪽.

기독교인들은 유일신만을 생각하는 나머지 우주 만물을 하나의 죽은 물질로만 취급하는 사람이 많은데 나는 우주가 단순히 죽은 물질이라고 푸대접할 수는 없다. 내 몸의 살알(세포) 하나하나가 살아 있는 것처럼 우주만물은 하나하나가 산 것이며, 이 우주에는 절대 의식, 절대 인격이 있는 것으로 느껴진다. 하느님을 섬기라는 것은 만물을 무시하라는 뜻은 아니다.[58]

이상의 몇몇 인용문만을 통해서 우리는 유영모의 신관이 정확히 무엇인지는 알 수 없다. 그리고 유영모가 믿고 있는 신의 속성들이 얼핏 보기에 일관성을 결여하고 있다고 느낄 정도로 각기 상황에 따라서 달리 강조되고 있다는 점도 알 수 있다.

그렇다고 해서 우리는 유영모의 신관이 단순히 절충적이라거나 설득력이 없다고 매도해 버릴 수는 없다. 우리는 예를 들어서 기독교 신의 속성이 단순하지 않으며 시대에 따라 다른 속성이 강조된다는 사실을 알고 있으며, 유교의 天에 대한 관념이나 가까이는 동학의 신 관념 등이 우리에게 쉽게 포착되는 개념이 아니라는 사실을 잘 알고 있다.

유영모가 믿었던 신은 기독교의 신, 유교의 天, 도교의 道, 그리고 나아가서 불교의 니르바나[59]와 각각 통하는 개념이다. 물론 그렇다고 해서 유영모의 신이 전통적인 의미의 기독교의 신, 유교의 天, 도교의 道, 불교의 니르바나와 똑 같은 것은 아니다.

기독교의 경우 유영모의 신은 화이트헤드(A. N. Whitehead)에서 비롯한 과정신학에서 말하는 신과 유사하다.[60] 과정신학에서 말하는 신은 초

---

[58] 같은 책, 47쪽.
[59] 불교의 니르바나가 유영모의 신과 같은 존재라는 사실은 박영호가 주장하였다. 이 내용은 제4장에서 살피게 될 것이다.
[60] 김상일, 「과정신학의 발달과 전개」, 김경재・김상일 편, 『과정철학과 과정신학』, 전망사, 1988, 170-180쪽.

월적이면서 내재적이다.61) 그리고 이 신은 세계에 영향을 주면서 동시에 세계로부터 영향을 받는다.62) 이러한 신관을 하트숀(C. Hartshoune)은 인류 고등종교의 최고 발달 상태에서 나타나는 것으로 凡在神論(panentheism)이라고 하였다.

유교의 경우 공자가 믿었던 天에는 분명히 주재적 속성이 나타나 있다. 그러나 주자를 중심으로 한 성리학에서는 天의 理法的 속성이 강조되었다. 이러한 유교의 天을 주재적 속성만을 지녔다거나 또는 이법적 속성만을 지녔다고 말할 수는 없다. 유교의 天은 주재적 天이면서 동시에 이법적 天이다. 그리고 유교의 天은 초월성(상제, 신)과 내재성(태극, 도, 理)을 동시에 지니고 있으며, 인격적이면서 동시에 비인격적이기도 하다.63) 유영모의 신은 유교의 이러한 天과 통한다.

도교의 경우 道는 인격신으로 나타나기도 하고 氣로 나타나기도 하며, 無나 虛로 이해되기도 한다.64) 물론 유영모의 신은 도교의 이러한 道와도 통한다고 할 수 있다.

불교의 경우 궁극적 실재는 本際, 本覺, 實際, 第一義, 眞諦, 空, 眞如, 如如, 一心, 眞心, 涅槃 등 다양하게 나타난다.65) 박영호는 불교의 궁극적 실재를 나타내는 용어로 이 가운데 열반, 즉 니르바나를 선택하였는데 유영모의 신은 이러한 불교의 궁극적 실재와도 서로 통한다.

유영모의 신관을 일부에서는 범신론이라고 비판하고 있다. 그리고 유

---

61) 같은 글, 171쪽.
62) 같은 글, 172쪽.
63) 금장태, 「유교의 天・上帝觀」, 『신관의 토착화』, 한국사목연구소, 1995, 82-118쪽.
64) 박미라, 「『노자』 道論의 종교적 측면에 관한 일고」, 『종교학연구』, 제11집, 1992, 107-122쪽; 김낙필, 「도교의 근본개념」, 『신관의 토착화』, 한국사목연구소, 1995, 246-263쪽.
65) 정병조, 「한국불교의 신관」, 앞의 책, 60쪽.

영모와 박영호는 이러한 비판에 대해 범신론이 잘못된 신관이 아니라는 소극적인 대처를 하고 있다. 그러나 유영모의 신관은 현재로서는 종교철학에서 말하는 범재신론에 가깝다고 할 수 있다. 물론 그의 신관을 범재신론으로 한마디로 규정해 버리는 것은 그의 신관을 이해하는 데 오히려 장애가 될 수도 있다. 그러나 유영모의 신관을 범신론으로 규정하고 이해하는 것보다는 오히려 범재신론으로 규정하고 이해하는 것이 보다 적절하다.

다. 인간관

유영모의 신관에 대한 이해는 그의 인간관에 대한 이해를 통해서 보완될 수 있다. 왜냐하면 앞에서 지적하였듯이 유영모에 의하면 신은 인간 안에, 그리고 인간은 신 안에 있어서, 신과 인간이 밀접한 관계를 맺고 있기 때문이다.

유영모의 인간관은 우선 그의 예수에 대한 이해를 통해서 접근할 수 있다. 유영모에 의하면 예수만이 신의 아들이고 그리스도가 아니며, 인간은 누구나 다 신의 아들이고 그리스도가 될 수 있다. 그는 그리스도를 '하느님의 씨', 또는 '독생자'라고 불렀다. 그가 말하는 하느님의 씨나 독생자는 불교에서 말하는 불성이나 유교에서 말하는 性과 다르지 않다.

유영모에 의하면 인간은 누구나 다 하느님의 아들을 맡아 가지고 있는데 이 씨를 꼭 지켜서 키우는 것이 인간의 목표이다. 바로 이 점에서 유교와 불교, 그리고 기독교가 유영모의 종교사상에서 함께 만날 수 있는 터전이 마련된다.

유영모는 예수, 석가, 단군, 아담은 물론이고 모든 사람은 똑 같다고 생각하였다. 예수, 석가, 단군, 아담이 중요한 것은 이들이 모든 사람의 본보기가 되기 때문일 뿐이다. 그는 아래와 같이 聖人을 숭배하는 것을 단호히 거부하였다.

종교는 사람 숭배하는 것 아니다. 하느님을 바로 하느님으로 깨닫지 못하니까 사람더러 하느님 되어달라는 게 사람을 숭배하는 이유이다. 예수를 하느님 자리에 올려놓은 것도 이 때문이고 가톨릭이 마리아 숭배하는 것이 이 까닭이다.66)

따라서 예수가 우리에게 의미 있는 것은 단지 그가 하느님의 씨를 우리보다 먼저 싹 틔우고 완성하였다는 점에 있을 뿐이다.

유영모의 이러한 인간 이해는 그가 인간을 육체와 정신으로 구분해서 보는 이원론에서 비롯하였다. 그는 "나는 육체가 아니다. 생각하는 정신이다. 정신은 밖에서는 보이지 않지만 정신은 영원하다… 정신이 육체를 쓴 것이 사람이다"67)라고 하여 육체는 단지 정신(영혼)을 담는 그릇에 불과하다고 생각하였다.

따라서 그는 정신을 키우고 단련시키기 위해서 육체를 훈련시키는 금식이나 금욕을 무엇보다 중요한 수행 방법으로 간주하였다. 그리고 정신과 육체를 이와 같이 이원론적으로 생각하였기 때문에 유영모에게 죽음은 반드시 필요한 것이고 그 것을 피하려고 노력하는 것 자체가 의미 없는 일이다.

종교의 핵심은 죽음이다. 죽는 연습이 철학이요, 죽음을 없이 하자는 것이 종교다. 죽음의 연습은 생명을 기르기 위해서다. 斷食, 斷色이 죽음의 연습이다. 사는

---

66) 『多夕語錄』, 278쪽.
67) 같은 책, 30-31쪽.

것이 사는 것이 아니고 죽는 것이 죽는 것이 아니다. 산다는 것은 육체를 먹고 정신이 산다는 것이다. 밥을 먹듯이 육체를 먹는 것이 단식이다.68)

이와 같이 유영모는 인간은 누구나 다 신이 될 수 있고 그러기 위해서 끊임없이 노력해야 한다고 생각하여 꽤 유교적이고 불교적인 인간 이해를 지니고 있다. 그러나 그렇다고 해서 그의 인간 이해가 완전히 유교적이고, 불교적인 것은 아니다. 그는 인간은 짐승과 다르다는 점을 강조하여 불교와 유교의 인간 이해와 다른 면모를 보이고 있다.

독생자를 주셨다는 것은 하느님의 씨를 우리에게 주셨다는 것이다. 이 몸은 짐승이다. 짐승과 다름없이 멸망하고 만다. 그런데 하느님의 씨를 주신 게 다른 짐승과 다르다. 내 속에 있는 하느님 씨가 있어서 이것을 깨달으면 좋지 않겠는가?69)

그리고 그는 여전히 신의 인격성에 대해 곳곳에서 언급하고 있어서 불교와 유교의 입장과 다른 면모를 보이고 있다. 유영모가 인간을 '하늘방송 듣는 수신기'70)라고 한 것에서 알 수 있듯이 그가 하늘방송을 보내는 절대자의 의지를 부인한 것은 아니다. 바로 이 점에서 유영모의 신과 인간에 대한 이해의 특징을 찾아볼 수 있다.

예수에 대한 유영모의 이러한 이해는 물론 소위 정통 기독교의 입장과는 상이하다. 그러나 예수에 대한 유영모의 이러한 이해를 단지 이단적인 사상으로만 매도할 수는 없다. 정통 기독교에서 유영모를 이단자라고 규정한다고 해서 그의 종교사상의 가치가 저하되는 것은 아니다. 이 점

---

68) 같은 책, 148쪽.
69) 같은 책, 277쪽.
70) 같은 책, 341쪽.

은 루터가 로마 가톨릭으로부터 파문을 당하고 톨스토이가 러시아정교회로부터 파문을 당했다고 해서 루터와 톨스토이의 종교사상의 가치가 떨어지지 않는 것과 같다.

라. 구원관

유영모의 구원관은 이미 그의 신과 인간에 대한 이해에서 짐작해 볼 수 있다. 그는 먼저 예수나 미륵불을 기다리는 것을 헛 일이라고 하여, 예수 재림의 지상천국이나 미륵불의 불국정토, 공산주의에서 말하는 유토피아와 같은 이상세계의 존재를 단호히 거부하였다. 그의 말을 직접 인용해 보자.

옛날에 이상의 시대가 있었다는 사상도 미래에 이상의 시대가 올 것이라는 사상도 있다. 그러나 우리가 추측한 범위 내에서는 옛날에 좋은 때도 없었고 차차 내려오면서 언짢아졌다는 것도 믿어지지 않는다. 앞으로 천국이 온다고 하여도 거기서는 정신적으로 얼마나 키가 커지겠는가. 얼마나 많은 것을 보겠는가. 뭣이 이상적으로 될 것인지 몸뚱이를 가진 이상 그대로 바로 되리라고 믿어지지 않는다.[71]

그리고 유영모는 기독교에서 말하는 원죄를 소위 정통 기독교와 달리 해석하였다. 그는 "아담과 해와가 무엇을 따먹어서 그의 자손이 이같이 되었다고 자손들에게 죄다 뒤집어 씌우는데 그 따위 말이 어디 있는가. 그것은 일종의 신학으로 그렇게 생겨 나온 것이다"[72]라고 하여 모든 인간이 원죄를 지니고 있다는 기독교의 교리를 부인하였다.

---

[71] 같은 책, 222쪽.
[72] 같은 책, 262쪽.

이어서 그는 원죄에 관한 바이블의 내용을 상징적으로 해석하여 인류가 색욕의 유혹으로부터 벗어나야 한다는 당위성을 아래와 같이 제시하였다.

창세기에 '동산 중앙에 있는 나무의 실과'라고 한 것은 분명히 우리의 생식기를 말한 것이 아니겠는가. 뱀이라고 말은 하나 뱀의 꼴이 마치 남자의 생식기 그것과 무엇이 다른가… 아담은 해와가 유혹했다고 하고 해와는 뱀이 유혹했다고 했지만 아담의 생식기가 해와를 유혹했다고 하는 것이 옳을 것이다.[73]

그는 원죄를 오히려 불교에서 말하는 三毒(貪瞋痴)에 가까운 개념으로 이해하였다. 그에 의하면 인간은 三毒에 의하여 정신세계에서 하느님과 연락이 끊어졌고, 그리하여 인간이 인간답지 못하고 짐승으로 전락하였다. 그리고 이 짐승의 상태에서 다시 사람으로 회복하기 위해서는 하느님으로부터 성령을 받아야만 한다. 다시 말해서 유영모는 이 三毒의 원죄를 피하여 생명의 실권자인 참 아버지와 그의 아들인 참 나를 깨닫는 것이 인간에게 주어진 선천적인 절대 사명이요, 절대 목적이라고 하였다.[74]

우리는 다음의 인용에서 유영모의 신과 인간에 대한 이해와 함께 그의 구원론의 특징을 적절히 파악할 수 있다.

내가 독생자 로고스로 하느님의 아들인 것을 알고 이것에 매달려 줄곧 위로 올라가면 내가 하늘로 가는지 하늘이 내게로 오는지 그것은 모르겠지만 하늘나라는 가까워지고 있다. 영생을 얻는 것이 된다. 하느님의 씨인 로고스, 성령이 하늘나라

---

[73] 같은 책, 214쪽.
[74] 같은 책, 6쪽.

요, 영생이다. 사람마다 이것을 깨달으면 이 세상은 그대로 하늘나라이다… 자기 속에 하느님의 씨가 독생자라는 것을 믿어야 한다. 그러면 누구나 몸으로는 죽어도 독생자인 얼로는 멸망치 않는다.75)

유영모에게 구원은 결국 거짓 나인 자아로는 죽고 참 나인 신으로 솟아나자는 것으로 궁극적으로는 인간이 곧 신이 되어 신의 자리에 가는 것을 의미한다. 따라서 유영모에게 구원 과정은 가슴 속에서 순간순간 그리스도를 탄생시켜 끊임없이 成佛해 나가는 과정이며, 무한히 발전해 가는 인격 완성의 과정이다.76)

그렇다고 해서 유영모가 구원을 인간의 의지로서만 가능한 것으로 생각한 것은 아니다. 그는 여전히 인간 구원을 위한 절대자의 의지를 부인하지 않았다. 따라서 그의 구원관을 자력구원이나 타력구원으로 일방적으로 유형화할 수는 없다. 구태여 말한다면 그의 구원관은 자, 타력 병행 구원관이라고 할 수 있을 것이다. 이 점에서 그의 구원관은 유교나 불교, 그리고 동시에 기독교의 그것과 분명한 차이를 보이고 있다.

마. 종교관

유영모를 단순히 종교사상가로만 규정할 수는 없다. 그는 종교사상가이면서 한편으로 '종교가'이기도 하였다. 그는 "대개의 종교의 이름은 자신이 붙이는 것이 아니고 남이 붙여서 된 이름이 많은데 나를 보고 '바른소리치김(正音敎)'이라 해준다면 싫어하지 않겠어요"77)라고 하여 자

---

75) 같은 책, 216-217쪽.
76) 같은 책, 34쪽.
77) 박영호, 앞의 책, 254쪽.

신의 사상을 '正音敎'라고 부를 수 있다는 점을 언급하였다. 그리고 그는 자신의 집 대문에 "참을 찾고자 하거든 문을 두드리시오"[78]라는 글을 써 붙이고 있을 정도로 종교사상가이면서 한편으로는 종교가로서의 면모도 보이고 있다.

종교의식과 종교조직, 그리고 경전을 만들려고 하지 않은 유영모의 종교는 소위 '求道者의 종교'라고 할 수 있다. 유영모는 구도자답게 여타 사상은 물론이고 자신의 사상까지도 완결된 것으로 간주하지 않았다. 그에 의하면 구도의 과정도 어느 날 갑자기 완결되는 것이 아니다. 인류가 존재하는 한 이러한 구도의 과정은 끊임 없이 지속될 것이며, 개인의 경우에도 소위 頓悟만이 아니라 漸修가 반드시 필요하다. 물론 이러한 견해는 유영모 자신에게도 똑같이 해당된다.

聖神을 받고 頓悟를 하면 한꺼번에 다 될 줄 알아도 그렇지 않다. 석가도 단번에 모든 것을 다 알은 줄 알지만 그렇지 않다. 頓悟 뒤에도 漸修를 해야 한다. 頓悟도 한번만 하고 마는 게 아니다. 인생의 길이란 꽉 막혔던 것 같다가도 탁 트이는 수가 있고, 탁 트였다 싶다가도 또 꽉 막히고 그런 것이다.[79]

이와 같이 유영모는 자신의 사상이 결코 완결된 사상이 아니라 계속 발전해 가는, 다시 말해서 미완성의 사상이라는 점을 언급하면서 또 한편으로는 아래와 같이 자신의 신앙이 正道를 걷고 있다는 점을 확신하였다.

내가 성경만 먹고 사느냐 하면 그렇지 않다. 유교경전도 불교의 경전도 먹는다.

---

[78] 「多夕 柳永模 스승님 추모담」, 『多夕日誌』, 제4권, 706쪽.
[79] 같은 책, 288-289쪽.

살림이 구차하니까 제대로 먹지 못해서 여기저기에서 빌어먹고 있다. 그래서 희랍의 것이나 인도의 것이나 다 먹고 다니는데 그렇게 했다고 해서 내 맷감량으로는 소화가 안 되는 것도 아니어서 내 건강이 상한 적은 거의 없다. 여러분이 내 말을 감당할는지는 모르나 참고삼아 말하는데 그리스도교의 성경을 보나 희랍의 철학을 보나 내가 하는 말이 거기에 벗어나는 것이라고는 하나도 없다. 이 말의 옳고 그름의 판단은 하느님이 하여 주실 것이다.[80]

유영모의 이러한 주장에서 우리는 다시 그의 종교가로서의 측면을 살필 수 있다.

유영모는 그러나 자신의 사상을 종교로까지 충분히 전개시키지는 못하였다. 그는 기본적으로 종교의식을 싫어하였으며, 무엇보다도 종교의 교단화나 조직화를 바람직하지 못한 현상으로 생각하였다. 이것은 그가 內村鑑三으로부터 받은 영향이다. 그가 종교사상적으로는 무교회주의와 자신을 분명히 구별하고 있음에도 불구하고 김교신 등의 한국 무교회주의자들과 교분을 유지할 수 있었던 이유도 바로 이 점에서 찾을 수 있다. 만약 그가 무교회주의에 접할 기회를 가지지 못하였다면 아마도 그는 신종교의 다른 교조들과 비슷한 활동을 하였을지도 모른다.

바. 종교비판

유영모는 현재 상태의 유교, 불교, 기독교를 그대로 인정하지는 않았다. 그는 석가, 공자, 예수의 사상을 나름대로 이해하고, 그러한 이해를 근거로 기존의 종교전통들이 교조들의 사상으로부터 일탈해 있다는 점

---

80) 같은 책, 129쪽.

을 지적하였다.

우선 그는 모든 종교전통에 해당한다고 할 수 있는 사람 숭배와 기적에 대한 믿음을 철저히 비판하였다. 예를 들어서 그는 예수, 석가, 공자, 성모 마리아를 숭배하는 것을 못마땅하게 생각하였으며, 예수의 부활 같은 기적을 자기와는 상관없는 일로 간주하였다.[81] 그러면서 한편으로는 기존의 종교전통 가운데 자신의 사상에 부합하는 사상이나 학자, 그리고 경전 구절을 동시에 부각시켰다.

유영모가 불교와 도교에 대해 직접적으로 비판한 내용은 거의 찾아볼 수 없다. 유영모가 비판의 대상으로 삼은 종교는 주로 유교와 기독교이다. 유교의 경우 유영모는 육친의 아버지에 대한 효를 강조하는 입장을 무엇보다도 크게 비판하였다.

> 사람이 하느님에 대한 효는 잊어버린 지 오래고 아버지를 하늘같이 아는 것이 효라 한다… 부모보다는 하느님 아버지(天父)가 먼저라야 한다. 天命에 매달린 유교가 忘天을 해도 이만저만이 아니다. 그래서 유교가 맥을 쓰지 못한다.[82]

그리고 그는 "산소 치레나 하고 족보 타령이나 할 때가 아니다. 송장은 안보이게 치우면 되고 선조는 그 이름이나 적어 놓으면 된다"[83]고 하여 유교의 가족주의를 비판하였다. 그러면서 그는 불교에서 「반야심경」을 생각하듯 유교에서는 張橫渠의 「西銘」을 알아야 유교를 잘 아는 것이라고 하였다.[84] 가족주의가 아니라 大同主義를 보이고 있는 장횡거의

---

81) 같은 책, 179, 335, 279-280쪽.
82) 같은 책, 227쪽.
83) 같은 책, 226쪽.
84) 같은 책, 317쪽.

「서명」을 유교의 진수를 나타낸 글로 높이 평가하였던 것이다.

기독교의 경우 유영모의 비판은 세 가지로 요약할 수 있다. 첫째, 유영모는 개인적인 영혼불멸은 희랍사상에서 나온 것으로 기독교 본래의 것이 아니라고 부인하였다.[85] 둘째, 그는 "기독교 믿는 자는 예수만이 그리스도라 하지만 그리스도는 예수만이 아니다. 그리스도는 영원한 생명인 하느님으로부터 오는 聖神이다"[86]라고 하여 예수에 대한 기존의 교리를 부인하였다. 셋째, 그는 "예수가 인간을 위하여 십자가에 못 박혀 피 흘린 것을 믿으면 영생한다고 믿는 것은 나와 상관없다"[87]라고 하여 예수의 代贖信仰을 부인하였다. 유영모가 염두에 두고 있는 종교의 바람직한 모습은 기본적으로 '구도자의 종교'이다. 따라서 그가 현재의 기독교인들에 대해 "지금 교회에서 믿는다는 이들은 진짜 종이다. 종 노릇만 하고 있다"[88]고 말한 것은 당연한 일이다.

지금까지 우리는 유영모의 종교사상을 『多夕語錄』을 중심으로 살펴보았다. 『다석어록』은 1950년대 후반 몇 년간 유영모가 YMCA에서 강연한 내용을 기록으로 남긴 책이다. 따라서 이 책을 중심으로 그의 종교사상 전부를 이해한다는 것은 처음부터 어려운 작업이었다. 그러나 그의 종교사상을 직접적으로 일별할 수 있는 자료로는 현재까지 이 책이 유일하기 때문에 주로 이 책에 의존해서 그의 종교사상을 살펴보았다.

---

[85] 같은 책, 331쪽.
[86] 같은 책, 344쪽.
[87] 같은 책, 343-344쪽.
[88] 같은 책, 301쪽.

4. 유영모, 함석헌, 그리고 박영호

　유영모의 종교사상에 대한 이해는 함석헌과 박영호 등 그의 제자들의 종교사상에 대한 이해를 통해 보완될 수 있다. 왜냐하면 유영모의 종교사상은 그의 제자인 함석헌과 박영호에게 지대한 영향을 끼쳤기 때문이다.

　유영모는 함석헌을 가장 아끼는 제자 가운데 한 사람으로 생각하였다. 그리고 함석헌도 內村鑑三과 함께 유영모를 자기의 두 스승 가운데 한 사람으로 생각하였다. 그러나 1960년대초 함석헌의 失德이 세상에 알려지면서 유영모는 함석헌을 비난하기 시작하였다. 그러면서도 유영모는 끊임없이 함석헌이 다시 제자로 돌아오기를 고대하였다. 그러나 이미 유영모와 함석헌은 건널 수 없는 다리를 건너버렸다.

　혹자의 말대로 유영모는 소승적인 종교인이고, 함석헌은 대승적인 종교인인지도 모른다. 그리고 혹자의 말대로 유영모는 완숙한 사상가였고, 함석헌은 미숙한 사상가였는지도 모른다. 그러나 분명한 것은 유영모의 종교사상과 함석헌의 종교사상은 거의 차이가 없다고 할 수 있을 정도로 유사하다. 그럼에도 불구하고 함석헌은 종교에 대한 자신의 견해를 피력하면서 유영모에 대한 언급을 거의 하지 않았다.

　박영호는 원래 함석헌의 제자였다. 그러다가 1960년대초 함석헌을 떠나 유영모의 제자가 되었다. 그는 비록 비교적 늦게 유영모의 제자가 되었지만 유영모로부터 '졸업장'을 받은 유일한 인물이었고, 유영모가 일생동안 보던 신약성경을 물려받을 정도로 유영모로부터 신임을 받았다. 그리고 그는 현재까지 유영모의 사상을 학계나 사회에 알리는 데 지대한 공헌을 하였다. 박영호의 책을 보면 어디까지가 유영모의 말이고, 어디까지가 박영호의 말인지 구분할 수 없을 정도로 두 사람의 사상은 동전의 앞 뒤 면과 같다.

　유영모의 종교사상에 한 걸음 더 접근하기 위해서 여기에서는 박영호의 종교사상을 중점적으로 일별해 보도록 하자.[89]

　박영호의 약력을 구체적으로 알 수 있는 자료는 발견할 수 없다. 여기에서는 필자가 박영호로부터 직접 들은 이야기를 중심으로 그를 소개하고자 한다. 그는 어느 때인가 확실하지 않지만 아마도 6.25를 겪으면서 죽음의 문제에 대해 심각하게 고민하였던 것으로 보인다. 그러던 중 일본어판 톨스토이 전집을 읽고 톨스토이의 사상에 심취하였다. 그는 그 뒤 『사상계』를 통해 우리나라에 자기 말고도 함석헌이라는 사람이 톨스토이에 심취해 있다는 사실을 알게 되었다. 함석헌은 1956년부터 『사상계』에 글을 발표하기 시작하였던 것이다. 박영호는 함석헌이 지방 강연을 할 때 그를 찾아가 만났다. 그리고 그는 함석헌이 1957년 정만수 장로의 희사로 천안에서 '씨올농장'을 경영할 때 그 곳에 합류, 함석헌의 제자가 되었다.

　함석헌은 1960년초 이전부터 알고 지내던 한 여성과 사회적으로 비난받을 만한 관계를 맺었다. 이러한 사실을 알게 된 박영호는 함석헌의 제자이기를 포기하고 유영모의 제자가 되었다. 박영호는 유영모가 이미 70살이 넘어서 그의 제자가 되었기 때문에 다른 사람들에 비해 비교적 늦게 유영모의 제자가 된 셈이다. 그는 1967년에 『새 시대의 신앙-입체적인 새로운 신관』(기문사)을, 그리고 1970년에 『새 시대의 신앙(속)-입체적인 새로운 신관』(기문사)이라는 책을 발간하였다. 이 책은 박영호의 사상의 추이를 살필 수 있는 자료로서 가치가 있다.

---

[89] 함석헌에 대해서는 본 책에 실려 있는 「함석헌 종교사상의 계보」를 참조할 것.

바울이 예수의 사상을 세상에 알리는 데 공헌한 것처럼 박영호는 유영모의 사상을 세상에 알리는 데 지대한 공헌을 하였다. 만약 바울이 없었다면 예수는 세상에 알려지지 못했을 지도 모르는 것처럼 박영호가 없었다면 유영모도 세상에 알려지지 못했을 것이다. 이와 같이 유영모의 종교사상을 세상에 알리는 데 박영호가 기여한 공로는 대단히 크다. 또한 박영호는 유영모의 사후 '다석사상연구회'를 조직하여 매월 첫째 일요일에 개인 모임을 갖고 유영모의 사상을 전파하는 데 노력을 기울이고 있다.

그렇다고 해서 박영호가 단지 유영모의 사상을 전달만 한 것은 아니다. 그는 유영모가 알지 못했던 동, 서양의 또 다른 사상가들을 섭렵하면서 유영모의 사상을 검증하는 작업을 하였다. 그는 예수, 석가, 노자, 공자, 장자, 맹자 등 유영모가 자주 인용하였던 인물들뿐만 아니라 플로티노스, 에크하르트, 스피노자, 베르자에프, 헤르만 헷세, 슈바이처, 토인비, 브루노, 샤르댕, 주자, 육상산, 왕양명, 최치원, 율곡 등 동서고금의 사상가들을 통해 유영모의 사상을 검증하고 드러내는 작업을 하였다. 그러면서 동시에 그는 유영모의 일견 난해한 사상을 일반인들이 알기 쉽게 풀이해 나갔고, 또한 유영모의 사상을 보다 분명히 하기 위해 자신의 사상을 덧붙이는 일까지 하였다.

유영모는 정통 기독교의 기준에 의하면 기독교인은 아니었지만 그에게서는 분명히 친기독교적인 면모를 찾아볼 수 있다. 유영모의 친기독교적인 면모가 그대로 함석헌에게도 전달되었다. 그러나 박영호에게서는 친기독교적인 면모를 결코 찾아 볼 수 없다. 박영호의 말을 직접 인용해 보도록 하자.

필자(박영호)는 스승 유영모의 제자로서 스승의 사상에 이견이라고는 없이 사상적으로 완전히 일치한다. 그런데 꼭 한 가지 스승의 불교관에 대해서 이견 아닌 보완의 생각을 가지게 되었다. 스승 유영모는 "예수는 공자가 못한 하느님 아버지와 父子有親을 하였다. 그런데 석가는 四顧無親이야'라는 생각이었다. 돌아갈 때까지 이 생각에는 달라짐이 없었다. 이는 공자는 하느님을 아버지라고 생각하지 못하였고 석가는 하느님 아버지를 입에 올리지 아니하였으며 예수만이 하느님을 아버지로 사랑하였다는 것이다. 이 점에서 유영모는 크리스천이었다. 그런데 필자는 석가의 니르바나가 하느님인 것을 알게 되었다.[90]

유영모는 니르바나를 불교의 스님들이 설명하는 대로 法悅이나 죽음을 말하는 것으로 받아들였다. 그러나 유영모와 달리 박영호는 니르바나를 절대자, 즉 하느님으로 이해하였다. 이와 같이 박영호가 불교의 니르바나를 절대자, 즉 하느님으로 이해한 것은 유영모의 종교사상을 진일보시키는 데 중요한 기여를 하였다.

박영호가 니르바나를 절대자로 이해하기까지에는 사상적으로 많은 고민이 있었을 것으로 보인다. 그는 "니르바나는 허공과 같이 일체의 곳에 두루 차서 있기 때문에 실로 볼 수는 없으나 일체의 사람에게 자유롭게 나타낼 수가 있는 것이다"라는 『열반경』의 한 구절에 착안하여 니르바나를 절대자로 인식하게 되었다.[91]

박영호가 니르바나를 절대자로 이해한 것을 전혀 자의적인 것이라고는 할 수 없다. 불교에서 궁극적 실재는 다양하게 표현되고 있다. 그리고 열반(니르바나)이라는 개념도 불교 전통 속에서 매우 다양하게 이해되어 왔다.[92] 따라서 박영호가 니르바나를 절대자로 이해한 것을 전혀 근거가

---

90) 박영호, 「유영모가 본 유교, 불교, 기독교」, 『동방의 성인 다석 유영모』, 무애, 1993, 254쪽.
91) 박영호, 『다석 유영모의 생각과 믿음』, 문화일보, 1995, 90쪽.
92) T. P. Kasulis, "Nirvana", The Encyclopedia of Religion, vol. 10, pp.448-456 참조.

없는 것으로 일축할 수는 없다. 박영호는 석가가 브라만과 아트만을 부정하였으나 나중에는 절대성을 갖춘 브라만 격인 니르바나를 말하고 아트만격인 다르마(佛性)을 말하였다고 확신하였다.[93] 그는 이러한 확신을 토대로 유교, 불교, 도교, 그리고 기독교를 회통시키는 작업을 해 낼 수 있었다.

우선 그는 하나의 절대자를 힌두교는 브라마, 석가는 니르바나, 노자는 天道, 예수는 하느님 아버지라고 하였다고 주장하였다.[94] 그리고 그는 예수는 초월해 있는 하느님을 아버지라 하고 내재해 있는 하느님을 하느님 아들이라 하였으며, 석가는 초월해 있는 하느님을 니르바나라 하고 내재해 있는 하느님을 다르마라고 하였고, 中庸에서는 초월해 있는 하느님을 天이라 하고 내재해 있는 하느님을 性이라 하였다고 주장하였다.[95] 물론 이러한 회통사상이 유영모에게 없었던 것은 아니다. 유영모의 유교, 불교, 도교, 기독교의 회통사상이 박영호에 의해 비로소 보다 분명하게 정리될 수 있었을 뿐이다.

끝으로 박영호가 신과 인간의 관계를 비유적으로 설명한 내용을 인용하여 유영모의 종교사상의 특징을 다시 유추해 보도록 하자.

몸이 전구요, 맘이 필라멘트라면 얼은 전력이다… 하느님 아버지는 수억만 kw의 대전원이라면 그리스도라 부처라 진인이라 하는 전등불의 전기는 지극히 낮은 전압의 전기다. 전기로서는 아버지와 같으나 전압으로서는 아버지는 크시고 아들은 낮다. 예수나 석가도 몸의 사람으로는 톨스토이나 간디와 같은 전구에 지나지 않는다. 다만 明度가 높은 좋은 전구였을 뿐이다. 예수나 석가도 얼사람으로는 톨스토

---

[93] 박영호,「유영모가 본 유교, 불교, 기독교」, 258쪽.
[94] 유영모 옮김, 박영호 풀이,『에세이 노자』, 무애, 1992, 229쪽.
[95] 박영호,『중용 에세이』, 성천문화재단, 1994, 96쪽.

이나 간디와 같이 하느님으로부터 온 전기다.[96]

유영모의 신과 인간, 그리고 종교에 관한 견해가 박영호의 이 비유적인 설명에 의해 보다 확연히 이해될 수 있다.

5. 유영모 종교사상의 한국종교사적 의의

앞에서는 박영호의 종교사상을 통해서 유영모의 종교사상의 특징을 유추해 보았다. 여기에서는 유영모의 종교사상이 한국종교사상사에서 지니는 의미를 四敎 會通思想, 종교간의 대화, 종교다원주의로 각각 나누어 살펴보도록 하자.

가. 四敎 회통사상

유영모의 종교사상은 동양 종교전통이 역사적으로 끊임없이 제시해 왔던 종교 회통사상 가운데 하나로 유교, 불교, 도교, 기독교의 四敎 회통사상이라고 할 수 있다.

서양의 종교사는 대체로 서로를 구분하면서 자신의 사상을 정통적인 것으로 정립해 가는 역사였다. 따라서 서양의 종교사는 소위 정통과 이단의 갈등의 역사라고 해도 과언이 아니다. 동양의 종교사에서도 각 종교간이나 종파간의 갈등이 전혀 없었던 것은 아니다. 우리는 동아시아의 종교사 속에서 유교와 불교의 갈등, 도교와 불교의 갈등, 유교와 도교의

---

[96] 박영호, 『씨올의 말씀 -다석사상정해』, 홍익재, 1989, 171쪽.

갈등, 천주교와 유교의 갈등, 그리고 각 종파간의 갈등을 수 없이 찾아볼 수 있다. 그러나 동양의 종교사는, 서양의 종교사와 달리, 각 종교간의 갈등이 노정되는 가운데에서도 끊임없이 각 종교간의 회통을 주장하는 사상사적인 전통을 지니고 있다.

동양의 이러한 종교 회통사상이 불교를 통해서 인도로부터 동아시아로 전래된 것인지, 또는 동아시아 본래의 것인지 단언하기는 쉽지 않다. 인도의 경우 BCE 10세기경 리그 베다에서 단일신 개념이 등장하고, BCE 8세기경 우파니샤드에서 만물의 근원이며 본체인 브라만 개념이 형성되었다. 우리는 이미 세계에서 가장 오래된 종교 문헌 가운데 하나인 리그 베다에서 하나의 실재를 賢者들은 여러 가지로 표현하고 있다는 구절을 찾아볼 수 있다.

훨씬 후대로 내려와서 라마크리쉬나, 비베카난다, 타고르, 간디 등의 예에서 볼 수 있듯이, 인도에서는 역사적으로 힌두교와 불교, 조로아스터교, 시크교, 이슬람, 기독교가 서로 갈등을 보여 오는 한편, 종교의 다양성 가운데 통일성을 추구하려는 종교 회통사상이 끊임없이 이어왔다.

중국에서는 불교가 전래된 직후부터 유불도의 三敎 교섭이 이루어졌다. 그러다가 隋와 唐을 거쳐 宋 때에 와서 유불도 삼교조화론이 정립되었다. 그 뒤 삼교조화론은 金에 와서 삼교합일론으로 전개되었다. 우리는 이러한 예를 王重陽과 李純甫에서 찾아볼 수 있다.[97]

明의 경우에 다시 우리는 이러한 예를 林兆恩과 憨山에서 찾아 볼 수 있다. 임조은이 유교를 기반으로 삼교를 회통시켰다면[98], 감산은 불교를

---

[97] 최준식, 「王重陽과 姜甑山의 삼교합일주의」, 『종교연구』, 제5집, 1989, 151쪽; 구보타 료운, 『중국 유불선 삼교의 만남』(최준식 옮김), 민족사, 1990, 224쪽.
[98] Judith A. Berling, *The Syncretic Religion of Lin Chao-en*(New York: Columbia University Press, 1980) 참조.

기반으로 삼교를 회통시키고자 한 인물이었다.[99]

중국의 이러한 삼교조화론, 또는 삼교 회통사상의 전통은 우리나라의 사상사 속에서도 끊임없이 제기되었다. 최치원은 비록 유불도 三敎의 조화론이나 회통사상을 구체적으로 전개시키지는 못하였지만, 한국종교사상사에서 유불도 三敎에 정통하면서 유불도 三敎의 가치를 똑 같이 인정하였던 최초의 인물이었음에 틀림없다.[100]

김시습은 "三敎를 닦아 나감에 길은 각각 다르나 필경에는 敎旨가 동일하다"[101]라고 하여 三敎가 서로 같음을 말하였다. 그는 승려의 생활을 하면서 유교의 義를 지켰고, 도교를 수련하여 仙人이 되고자 하였던 인물로 당시 지성인의 진면목을 보여주었다. 西山은 시대적인 상황 속에서 비록 불교를 옹호하려는 입장을 보이기는 하였지만 불교의 중심 개념인 心을 중심으로 유불도 三敎를 회통시키려는 노력을 하였다. 특히 서산의 心에 대한 아래와 같은 설명은 유영모가 이해한 절대 존재를 상기시켜 주고 있다.

어떤 물건이 모든 것을 모아 하나가 되어 천지에 앞서 생겼으니 지극히 크고 지극히 묘하여 지극히 비고 지극히 신령하여 한없이 넓고 한없이 분명하되 방위로도 그 장소를 정할 수 없고 겁수로도 그 수명을 헤아릴 수 없어서 나는 그 이름을 알 수 없다. 그래서 억지로 이름을 붙여 마음이라 한다.[102]

---

[99] 憨山, 「觀老莊影響論」, 『憨山의 莊子 풀이』(오진탁 옮김), 서광사, 1990 참조.
[100] 김인종 외, 『고운 최치원』, 민음사, 1989, 53-172쪽; 최영성, 『최치원의 사상연구』, 아세아문화사, 1990, 62-109쪽.
[101] 「得註心經一部」, 『梅月堂全集』 券9, 성균관대학교대동문화연구원, 1992, 183쪽.
[102] 休靜, 「道家龜鑑」, 『禪家龜鑑, 西山大師集』(법정·박경훈 역), 대양서적, 1982, 141쪽.

우리는 이와 같이 동아시아 종교전통에서 끊임없이 제기되었던 삼교 조화론이나 삼교 회통사상의 맥락에서 유영모의 종교사상을 새롭게 평가해 볼 수 있다. 동아시아의 종교사상사에서 끊임없이 제기되었던 회통사상은 최근까지 삼교 회통사상에 머물러 있었다. 그러나 유영모는 유불도 삼교에 기독교를 포함시켜 四敎 회통사상을 제시하였던 것이다.

유영모의 이러한 四敎 회통사상은 결코 피상적인 절충주의에 머물러 있었던 것은 아니다. 그는, 앞에서도 지적하였듯이, 유불도와 더불어 기독교는 물론이고 동양사상 일반과 서양사상 일반에 대해서 해박한 지식을 겸비하고 있었다. 그리고 그에게 이러한 지식은 그 자체가 목적이 아니었다. 그의 전 생애는 소위 求道를 위한 것이었고 그렇기 때문에 그의 四敎 회통사상은 단순한 절충주의가 아니라 나름대로 일관성과 정합성을 지닌 사상으로 전개될 수 있었다.

나. 종교간의 대화

유영모의 종교사상은 종교간의 대화를 촉진시킬 수 있는 사상적인 단초를 제시해 준다는 점에서 평가받을 수 있다. 현대세계의 특징 가운데 하나는 지구촌화라고 종종 지적된다. 지구촌화를 특징으로 하는 현대세계에서 각 종교전통들 사이에는 과거와 달리 활발한 교섭이 진행되고 있다. 현대세계에서 다른 종교전통들에 대해 배타적인 입장을 고수하는 종교는 이제 더 이상 설 자리를 잃어 가고 있다. 우리나라에는 과거로부터 있어왔던 유교와 불교 등의 동양종교와 기독교라는 서양종교가 거의 비슷한 세력을 유지하고 있기 때문에 각 종교전통들 사이의 이러한 상호 교섭의 필요성은 더욱 절실하다.

종교간의 대화와 협조는 대체로 정치적인 상황이나 사회적인 상황에 의해 비롯된다. 다시 말해서 종교간의 대화나 협조는 종교적인 요인보다는 오히려 비종교적인 요인에 의해 이루어진다.[103] 우리는 이러한 예를 3·1운동에서 적절히 찾아 볼 수 있다.

우리나라와 같이 단일 민족으로 구성되어 있는 나라의 경우 종교간의 대화나 협조가 제대로 이루어지려면 각 종교전통들이 민족주의적 성향을 지니는 것이 필요하다.[104] 왜냐하면 각 종교전통의 공통분모는 종교적인 교리보다는 각 종교전통을 신봉하는 사람들이 같은 민족이라는 사실에서 찾을 수 있기 때문이다.

그렇다고 해서 종교사상적인 면에서 각 종교 사이의 상호 교섭이 전혀 불가능한 것은 아니다. 우리나라에서 유교와 불교의 교섭은 고려말 이후 끊임없이 이루어져 왔다. 金時習과 西山의 경우 유교와 불교의 교섭은 사상적인 면에서 꽤 진척된 단계에까지 도달하였다. 조선 후기 서학의 전래 이후 유교와 천주교의 상호 교섭도 비록 갈등의 양상을 종종 보이기는 하였지만 꽤 활발히 이루어져 왔다.[105]

약간 후대로 내려와서 최병헌과 윤성범에게서 유교와 기독교의 교섭을, 변선환에게서 불교와 기독교의 교섭을, 그리고 유동식에게서 기독교와 무교의 교섭을 살필 수 있다. 근대 이후 각 종교전통 사이의 교섭은, 이러한 예들에서 볼 수 있듯이, 대체로 기독교가 주축이 되었으며, 또한 기독교와 특정 종교 하나 사이의 교섭에 불과하였다.[106]

---

103) 강돈구,「전통사상과 종교간의 협조」,『전통사상의 현대적 의미』, 한국정신문화연구원, 1990, 98-105쪽.
104) 강돈구,『한국 근대종교와 민족주의』, 집문당, 1992, 6쪽.
105) 금장태,「동서교섭과 근대한국사상」, 성균관대출판부, 1984 참조.
106) 천주교와 개신교의 교섭에 대해서는, 신광철,『천주교와 개신교』, 한국기독교역사

종교전통들 사이의 교리적인 공통점에 대한 관심에서 비롯한 유영모의 종교사상은 각 종교전통들 사이의 사상적인 측면에서의 상호 교섭을 가능하게 해준다. 교리적인 공통점을 중심으로 한 각 종교전통들 사이의 상호 교섭은 우리나라에만 해당하는 것이 아니다. 우리나라에 존재하는 모든 종교들이 민족주의적 성향을 지닐 때 종교간의 대화가 가능하다는 지적은 우리나라라는 특정국가에만 해당한다. 그러나 교리적인 공통점을 중심으로 한 각 종교전통들 사이의 상호 교섭은 시공을 초월해서 적용될 수 있다. 또한 유영모의 종교사상은 기독교 등 특정 종교를 주축으로 하지도 않았기 때문에 각 종교전통들이 똑 같은 여건에서 상호 교섭을 할 수 있게 해준다.

다. 종교다원주의

유영모의 종교사상은 종교다원주의 맥락에서 이해될 수 있고, 또한 종교다원주의를 발전시키는 데 공헌할 수 있다는 점에서 평가받을 수 있다. 이 점에 대해서는 이미 기독교 신학계에서도 충분히 지적되었다.

유영모의 종교사상은 종교다원주의의 대표적인 주창자인 존 힉(J. Hick)의 종교사상과 그 맥을 같이 한다. 존 힉은 영국의 다원적인 종교상황으로부터 체험한 내용을 기반으로 기독교가 앞으로 예수 중심주의에서 실재(Reality) 중심주의로 코페르니쿠스적인 전환을 해야 한다고 주장하였다. 그는 기독교의 受肉과 삼위일체의 형이상학적인 교리가 기독교라는 인간의 전통에 속하는 것이지 결코 예수 자신의 가르침에 속하

연구소, 1998 참조.

는 것이 아니라고 하였다.107) 그리고 그는 하나의 세계종교라는 것은 있을 수 없어도 하나의 세계신학으로 접근해 가는 것은 가능하다고 하고108), 인간의 구원에 대해서도 아래와 같이 언급하였다.

신에 의한 구원이란 인간이라는 동물에서 '신의 아들들'을 만들어 가는 점진적인 신의 창조적 활동이다. 인간이 신으로부터 부여받은 본성 속에 잠재해 있는 모든 가능성을 실현함으로써 충분히 인간답게 되는 것이 구원이다. 그리고 이것은 한순간의 사건도 아니고 또 이기고 지는 승부도 아니다. 그것은 점진적인 성장이며 이 성장을 위해서는 이 세상 수명보다 훨씬 오랜 시간이 필요하다. 그래서 구원은 완만하고 다면적인 과정을 겪는다. 따라서 저 사람은 구원받았는가라고 묻기보다도, 저 사람은 구원의 길에 있는가라고 묻는다든가, 혹은 진실한 인간이 되고 있는가라고 묻는 편이 한층 적절하다.109)

나아가서 그는 실재가 하나이고 그를 이해하는 모습이 종교적으로 다양하기 때문에 각 종교전통들은 각자 서로에게서 배울 수 있다는 '상보적 다원주의(complementary pluralism)'를 제창하였다.110) 존 힉의 이러한 주장은 유영모의 종교사상과 일맥상통하는 것으로 보인다.

폴 니터(P. F. Knitter)는 존 힉과 비슷한 맥락에서 '통일적 다원주의(unitive pluralism)'를 제창하였다. 그에 의하면 통일적 다원주의는 공동의 핵을 발견하기 위해 종교들 사이의 역사적인 모든 차이점들을 제거해 버리려는 제설혼합주의(syncretism)도 아니며, 또한 하나의 종교가 다른 모든 종교들을 정화하고 흡수할 수 있는 능력을 가지고 있다고 믿는 종

---

107) 존 힉, 『새로운 기독교』(김승철 옮김), 나단, 1991, 24쪽.
108) 존 힉, 『하느님은 많은 이름을 가졌다』(이찬수 옮김), 창, 1991, 23쪽.
109) 존 힉, 『새로운 기독교』(김승철 옮김), 나단, 1991, 104쪽.
110) 같은 책, 107-108쪽.

교적 제국주의도 아니다. 통일적 다원주의에 대한 그의 말을 직접 인용해 보도록 하자.

> 통일적 다원주의란 각 종교가 자신의 개별주의(자신의 분리적 자아)의 일부는 상실하지만 자신의 인격성(관계성을 통한 자기 인식)을 강화시키게 되는 통일성이다. 각 종교들은 자신의 독특성을 계속 유지하지만, 그러나 이 독특성은 상호적 의존 속에서 다른 종교들과 관계함으로써 발전하고 또 새로운 깊이를 얻게 될 것이다.111)

물론 그는 이러한 통일적 다원주의의 기본적인 전제가 모든 종교들이 동등하게 타당하거나 타당할 수 있다는 점을 인정하는 것이라고 하였다.112) 그리고 그는 이어서 앞으로는 서로 다른 종교에 동시에 참여하는 개인들이 등장할 것이라고 예견하고, 이미 현재에도 비록 소수이기는 하지만 그러한 낌새를 엿볼 수 있다고 하였다.113)

존 힉과 폴 니터가 서양의 대표적인 종교다원주의자라면 유영모는 동양의 대표적인 종교다원주의자임에 틀림이 없다. 그러나 동양의 종교적인 전통과 상황이 서양의 그것과 다르듯이 동양에서 제기된 종교다원주의와 서양의 그것도 상이할 수밖에 없다. 또한 동, 서양에서 각기 제기된 종교다원주의가 앞으로 어떻게 전개될지 아직은 알 수 없다.

---

111) 폴 F. 니터, 『오직 예수이름으로만?』(변선환 역), 한국신학연구소, 1986, 27쪽.
112) 같은 책, 40쪽.
113) 같은 책, 333쪽.

6. 맺음말

우리는 지금까지 유영모의 종교사상을 정리해 보았다. 그러기 위해서 우리는 먼저 그의 생애를 살펴보았고, 이어 유영모에게 지대한 영향을 끼친 톨스토이, 간디, 內村鑑三의 종교사상을 살펴보았다. 그리고 유영모의 종교사상을 비교 종교연구, 신관, 인간관, 구원관, 종교관, 종교 비판으로 나누어 일별하였고, 또한 그의 사상을 재천명 내지는 보완한 인물로 박영호의 종교사상을 개괄하여 유영모의 종교사상을 추론해 보았다. 그리고 끝으로 유영모의 종교사상의 종교사상사적 의의를 四敎 회통사상, 종교간의 대화, 종교다원주의의 맥락에서 각각 고찰해 보았다.

유영모는 특정의 교단이나 경전, 교리, 의례를 만들지 않았다. 그는 특정 종교의 교조가 아니라 지성인이었다. 그는 한마디로 현대 한국의 '종교적 지성인'이었다. 지성인은 어떤 이유에서이건 종교에 대해 무지해서도 안 되고 종교에 대해 혐오하지도 않는다. 종교를 혐오하거나 종교에 대해 무지한 사람일수록 지성인에 가까운 것처럼 처신한다. 그러나 그런 사람을 지성인이라고 부르는 것은 잘못이다.

나아가 종교적 지성인은 특정 종교에 대한 지식만을 소유해서는 안 되고 종교 전반에 대해 해박한 지식을 소유해야 한다. 유교는 알면서 불교는 모르고, 불교는 알면서 유교는 알려고 하지 않거나, 유교와 불교는 알면서 기독교를 모르거나, 기독교는 알면서 유교와 불교는 알려고 하지 않는 사람은 결코 종교적 지성인이 될 수 없다. 유영모는 儒佛道基에 대해 해박한 지식을 겸비했던 인물이다. 또한 종교적 지성인은 특정 종교에 대한 신앙을 전통적인 방식대로 그대로 답습하지 않으며, 스스로 주체적인 사상을 형성해 나가고 주체적인 신앙생활을 해 나간다. 유영모는 기독교인이면서 기독교인이 아니었고, 유교인이면서 유교인이 아니었으며, 불교인이면서 불교인이 아니었다.

　세계가 변해가고 있는 만큼 종교도 변해가고 있다. 동, 서양의 종교가 거의 같은 비중을 차지하면서 존재하는 우리나라는 그야말로 종교적인 면에서 말 그대로 종교 다원적인 상황에 놓여 있다. 다른 나라에서는 이런 상황을 쉽게 찾아 볼 수 없다. 서양의 종교 다원적인 상황은 아무래도 기독교 중심적이다. 그리고 일본의 종교 다원적인 상황은 아무래도 불교 중심적이다. 기독교 중심의 서양종교와 유교와 불교 등의 동양종교가 함께 어우러져 있는 상황은 우리나라에서만 볼 수 있다. 따라서 혹자는 미래의 종교사상은 우리나라에서 생길 것이라고 예견하기도 한다. 이런 예견에 반드시 동조하지는 않는다고 하더라도 적어도 우리나라에는 종교적 지성인이 반드시 필요하다는 주장에 이의를 제기할 사람은 결코 없을 것이다.

　과거 우리 선조들은 유, 불, 도에 대한 지식을 함께 겸비한 인물들이 많이 있었다. 스스로를 유학자로 부르는 인물 가운데 불교와 도교에 대한 해박한 지식을 소유한 인물들이 많이 있었다. 대표적인 인물이 최치원이다. 불교적이면서도 유교적이고 그러면서도 도교적인 인물도 있었다. 대표적인 인물이 김시습이다. 불교의 승려이면서 유교와 도교에 대한 해박한 지식을 가진 인물도 있었다. 대표적인 인물이 西山이다. 조선조의 대표적인 성리학자 가운데 한사람인 율곡도 불교 승려와 불교에 대해 논할 수 있을 정도로 불교에 대해 해박한 지식을 소유하고 있었다.

　조선 후기에 서학이 들어오자 비록 서학을 비판하기 위해서이기는 하지만 서학 자체에 대해 깊이 이해하고 있었던 인물들이 많이 있었다. 이익, 신후담, 안정복 등이 바로 그들이다.

개신교가 들어온 뒤에는 본래 한학에 조예가 깊었음에도 불구하고 개신교에 입문하는 사람들이 많이 있었다. 그런 사람들 가운데 한 사람인 최병헌은 개신교뿐만 아니라 이슬람, 유교, 인도교 등 세계종교에 대한 지식도 함께 겸비하여 「亽교고략(四敎考略)」, 『聖山明鏡』, 『萬宗一臠』 등을 저술하였다. 이능화도 본래 불교인이었음에도 불구하고 불교는 물론이고, 유교, 도교, 기독교, 무속에도 해박한 지식을 갖추고 각 종교에 관한 서적뿐만 아니라 각 종교를 서로 비교하는 『百敎會通』이라는 책을 저술하였다. 근래에도 비록 개신교인에 국한되기는 하지만 윤성범, 유동식, 변선환이 각각 유교, 무속, 불교와 개신교를 연결시키려는 노력을 기울이면서 개신교 이외의 타종교에 대한 연구를 진행시키기도 하였다.

이와 같이 역사적으로 여러 종교에 관심을 기울인 종교적 지성인들이 여럿 있었지만 이들은 대체로 자신이 믿고 있는 특정 종교를 변증하거나 호교하려는 의도를 어느 정도 지니고 있었다. 그러나 유영모는 기독교, 불교, 유교, 도교 등 여타 종교들에 폭넓은 관심을 보였음에도 불구하고 특정 종교를 변증하거나 호교하려는 의도를 전혀 보이지 않았다. 바로 이 점에서 그는 다른 종교적 지성인들과 분명히 달랐다. 종교적 지성인이 되려면 우리는 우선 유영모를 알아야 한다. 왜냐하면 유영모는 종교적 지성인이 걸어야 할 길을 우리에게 제시한 흔치 않은 인물이기 때문이다.

제5장
함석헌 종교사상의 계보[1]

1. 들어가는 말

信天 咸錫憲(1901-1989)이 죽은 지 십여 년 남짓 지나지 않았음에도 불구하고 그에 대한 학술논문은 이미 수십 편이 발표되었다. 그의 종교사상에 대한 연구는 그러나 개신교 신학 테두리 내에서 주로 이루어져 왔다. 함석헌의 종교사상에 대한 대표적인 평가 가운데 우선 아래의 언급에 주목해 보자. 김경재는 함석헌 종교사상에 대해 아래와 같이 언급하였다.

> 함석헌의 씨ᄋᆞᆯ사상 속에 아세아의 정신적 유산의 알짬과 성서적 신앙의 핵심이 융합되어 새로운 21세기의 종교사상의 씨앗으로 열매 맺고 있다.[2]

---

[1] 『종교연구』, 제23집, 2001; 본 논문의 내용은 이 책에 수록되어 있는 「유영모 종교사상의 계보」와 일부 중복되는 부분이 있으나, 본 논문의 논지 전개상 어쩔 수 없다는 점 미리 밝힌다.

그리고 박재순은 함석헌 종교사상에 대해 아래와 같이 언급하였다.

십자가의 고난과 민족의 고난을 같은 맥락에서 봄으로써 참으로 한국적 기독교 신앙에 도달했다. 그는 기독교인이면서 그 누구보다도 한국적 인간, 민족혼의 화신이었다.3)

한마디로 말해서 함석헌은 동양과 서양의 종교사상을 융합하여 한국적 기독교를 주창한 독창적인 종교사상가였다는 지적들이다. 아직 함석헌의 종교사상을 폄하하는 글을 공개적으로 발표한 사례는 없는 것으로 보인다. 그러나 분명 그의 종교사상을 그다지 높게 평가하지 않는 사람도 우리 주위에 있는 것은 부인할 수 없다.

우리는 특정의 종교사상가를 평가할 때 두 가지 오류에 빠지기 쉽다. 첫째는 특정인의 종교사상이 황당무계하고 전혀 근거가 없다고 쉽게 간주하는 오류이고, 둘째는 특정인의 종교사상이 세계 최고의, 그리고 세계 유일의 사상이라고 쉽게 간주하는 오류이다.

이러한 오류에 빠지지 않기 위해서는 특정인의 종교사상을 보다 넓은 시각에서 이해하려는 노력이 필요하다. 특정인의 종교사상은 어느 날 갑자기 혼자의 힘으로 형성되지 않는다. 그는 이전의 종교사상가들로부터 일정 부분 영향을 받고, 그 위에 자신의 사상을 덧붙인다. 특정인의 종교사상을 보다 넓은 시각에서 이해하기 위해서는 그에게 영향을 미친 종교사상가들과 그로부터 영향을 받은 종교사상가들을 함께 고려하는 것이 필요하다.

---

2) 김경재, 「함석헌의 씨올사상연구」, 『신학연구』, 30집, 1989, 102쪽.
3) 박재순, 「함석헌의 씨올사상」, 『씨올의 소리』, 105호, 1988.9, 128쪽.

함석헌의 종교사상에 대한 기존의 연구는 대체로 함석헌의 종교사상만을 고려의 대상으로 삼은 것들이다. 여기에서 문제가 발생할 소지가 생긴다. 본 논문은 함석헌의 종교사상을 형성시킨 주요 인물들의 종교사상을 먼저 살피고 나서, 함석헌의 종교사상이 그들의 종교사상과 비교하여 어떤 변별성을 지니는지를 살필 것이다. 다시 말해서 함석헌의 종교사상과 맥을 같이하는 유사한 사상의 흐름 속에서 함석헌의 종교사상을 조망할 것이다. 이러한 과정을 통해야만 우리는 함석헌의 종교사상이 지니는 성격을 보다 명확히, 그리고 공정하게 이해할 수 있다.

함석헌의 종교사상에 영향을 미친 인물로 우리는 우선 內村鑑三과 유영모를 들어야 한다. 함석헌은 자신의 스승을 두 사람 꼽는다면 內村鑑三과 유영모를 꼽을 것이라고 틈만 있으면 언급하였다. 그러나 우리는 이들보다 앞서 內村鑑三, 유영모를 비롯해서 함석헌에게도 지대한 영향을 미친 톨스토이와 간디의 종교사상을 일별할 필요가 있다. 톨스토이와 간디의 종교사상을 살피지 않고는 이들 종교사상의 흐름을 이해할 수 없기 때문이다.

따라서 본 논문은 톨스토이와 간디, 內村鑑三, 그리고 유영모의 종교사상을 차례대로 일별하고, 이어서 이들과 대비하여 함석헌의 종교사상이 지니는 변별성을 찾아보도록 할 것이다. 그리고 이들에 덧붙여서 김교신과 박영호의 종교사상도 아울러 일별할 것이다. 김교신은 內村鑑三의 제자이면서 함석헌과 친밀한 사이였으며, 박영호는 함석헌의 제자였다가 나중에 유영모의 제자가 된 사람으로 현재도 활동하고 있는 인물이다.

2. 톨스토이와 간디

가. 톨스토이의 종교일치사상

톨스토이(1828-1910)의 종교사상은 먼저 당대의 시대적인 상황에 대한 비판에서 시작한다. 그는 당대의 과학과 위선적인 종교가들로부터 인류가 피해를 당하고 있다는 인식 아래 종교의 중요성을 다시 부각시키면서, 또 한편으로는 당대의 종교인 러시아정교회를 적극적으로 비판하였다. 그는 다른 교파들에 대한 배타적인 행태와 번잡한 의식에 대해 거부감을 표시하였고[4], 기독교의 주요 교리인 삼위일체론[5], 원죄론, 예수의 동정녀 탄생설 등을 부인하였다.[6] 그리고 그는 종교의 타락은 모두 '①성직계급(중재자), ②기적에 대한 믿음, ③경전에 대한 믿음'에 기인한다고 하고,[7] 참된 신앙은 결코 비합리적이지 않고 현대적인 지식과 모순되지 않는다고 하였다.[8]

당대의 종교에 대한 이러한 비판적인 인식 아래 톨스토이는 모든 종교는 근본적으로 동일한다는 종교일치사상과 함께 종교의 요점을 아래와 같이 제시하였다.

---

[4] 톨스토이, 『인생론/참회록』(박병덕 옮김), 육문사, 1993, 384-389쪽.
[5] 톨스토이는 하느님의 뜻이 인간인 예수의 가르침 속에 아주 명료하고 알기 쉽게 표현되어 있다는 것을 믿지만, 그 인간인 예수를 하느님이라고 생각하고 그에게 기도하는 것을 최대의 신성모독이라고 생각하였다. 톨스토이, 「종교회의의 파문 칙령과 그에 관해 내가 받은 편지들에 대한 답변」, 월터 카우프만 편, 『톨스토이에서 까뮈까지의 종교』(김경남 역), 인문당, 1982, 172쪽.
[6] 톨스토이, 앞의 글, 168쪽.
[7] 톨스토이, 『참회록·종교론』(김병철·김학수 역), 을유문화사, 1981, 161쪽.
[8] 같은 책, 166쪽.

'사람의 마음은 신의 불을 켜는 촛대이다'라고 헤브라이의 속담은 말한다. 그렇다. 마음 속에 신의 불이 타지 않는 한 인간은 불행한 동물에 지나지 않는다. 그러나 일단 이 불이 타기 시작하는 그 날에는(이 불은 종교에 의해서 開眼을 얻은 마음 속에서만 불타는 것이다) 인간은 이 세상에서 가장 강한 존재로 된다. 그리고 이것은 그렇게 되는 것이 당연하다. 왜냐하면 이럴 경우에 인간의 내부에서 행동하는 것은 본인의 힘이 아니고 신의 힘이기 때문이다. 그렇다. 이것이야말로 참된 종교이고, 또 眞髓이다.[9]

이상의 인용문에서 알 수 있듯이 톨스토이는 인간을 무한의 일부로, 그리고 이 무한의 의지에 의해 우주가 움직이는 것으로 보았다. 그리고 그는 신은 靈인데 그 신의 발현이 우리들의 내부에 살고 있고, 우리는 각자의 생활에 의해서 이 신령의 힘을 증대시킬 수 있다고 하였다. 그는 그러기 위해서 인간이 동물적 자아가 요구하는 개인적인 행복에 대한 욕망을 버리고, 자신을 사랑하는 것 이상으로 다른 존재를 사랑해야 한다고 주장하였다.

나. 간디의 종교조화사상

간디(1869-1948)는 톨스토이로부터 많은 영향을 받았다. 톨스토이는 러시아정교회에 대해서만이 아니라 도교와 불교 등 동양종교에 대해서까지 알고 있었다. 이와 비슷하게 간디도 힌두교에 대해서 뿐만 아니라 기독교, 이슬람, 불교, 조로아스터교 등 여러 종교에 대해서 알고 있었다.

톨스토이가 '악에 대한 무저항'에 관심을 가지고 이타적인 사랑을 강조하였듯이, 간디도 비폭력 정신을 강조하였다. 그리하여 간디는 "진정

---

[9] 같은 책, 220쪽.

한 종교의 가르침은 모든 사람에게 봉사하고 모든 사람을 친구로 삼는 것이다. 친구에게 친절하기란 쉬운 일이다. 그러나 우리의 적으로 간주되는 사람을 친구로 삼는 것이 진정한 종교의 본질이다"[10]라고 말하였다.

간디의 비폭력은 정치적인 목적만을 지닌 것이 아니었다. 톨스토이의 사랑이 종교적 목적을 지닌 것이 듯이 간디의 비폭력은 초월적인 자아, 즉 아트만을 보호하기 위한 것이었다.[11] 간디는 비폭력이 동물로서의 인간이 아니라 정신으로서의 인간에게 필요한 것이라고 하였다. 동물로서의 인간은 폭력적이지만 정신으로서의 인간은 비폭력적이라고 생각하였기 때문이다.[12] 간디의 이러한 생각은 또한 인간이 동물적 본성으로부터 벗어나야 한다는 톨스토이의 주장과 서로 통한다.

톨스토이는 앞에서 지적하였듯이 모든 종교의 근본적인 교의는 공통적이라고 하여 종교일치사상을 주장하였다. 간디도 이와 비슷하게 유일한 신에 대한 신앙이 모든 종교의 초석이고[13], 모든 종교는 인간 안에 있는 신을 실현하는 것을 목표로 한다는 점에서 서로 같다는 종교조화사상을 주장하였다.[14] 톨스토이는 인간에게 신의 소부분이 구비되어 있다고 하였다. 이와 비슷하게 간디도 신과 인간의 관계는 거대한 대양과 한 방울의 물방울의 관계와 같다고 하여, 신과 인간이 근본적으로 다르지 않다는 점을 말하였다.[15]

---

[10] 모한다스 K. 간디, 「비폭력은 강자의 무기다」, 황필호 편역, 『비폭력이란 무엇인가』, 종로서적, 1986, 107쪽.
[11] 같은 책, 89쪽.
[12] 같은 책, 79쪽.
[13] K. L. Seshagiri Rao, *Mahatma Gandhi and Comparative Religion*(Delhi: Motilal Banarsidass, 1978), p.117.
[14] *Ibid.*, p.88.
[15] *Ibid.*, p.72.

간디는 인도의 종교적 환경으로부터 영향을 받은 사상가답게 톨스토이에 비해 각 종교의 독특성을 보다 많이 강조하였다. 예를 들어서 그는 형체가 없는 신 못지않게 형체가 있는 신도 인정하였다. 그리하여 그는 비록 神像에 대한 기도를 좋아하지 않았음에도 불구하고 신상에 대한 기도를 금지해야 한다고 생각하지 않았다. 그는 어떤 사람에게는 신상에 대한 기도가 어울리고 또 다른 사람에게는 신상에 대한 기도가 어울리지 않을 뿐이며 이 두 가지의 기도 가운데 어느 것이 옳은지는 알 수 없다고 하였다.16) 이와 같이 간디는 각 종교의 독특성을 인정하였기 때문에 종교의 통일보다는 종교의 조화, 다시 말해서 다양성 속의 일치(unity in diversity)를 주장하였다.17)

간디의 이러한 종교사상은 톨스토이의 그것과 함께 內村鑑三, 유영모, 그리고 함석헌의 종교사상에 많은 영향을 미쳤다.

3. 內村鑑三과 김교신

가. 內村鑑三의 無敎會主義

內村鑑三(1861-1930)은 일본 무교회주의의 창시자이다. 그는 일본(Japan)과 예수(Jesus)라는 두 개의 'J'를 동시에 강조하여 일본을 위해서는 기독교가, 그리고 기독교를 위해서는 일본이 필요하다는 점을 역설하였다. 그의 기독교는 '무교회주의'와 '일본적 기독교'라는 용어로 정리해

---

16) *Ibid.*, p.71.
17) *Ibid.*, p.116.

볼 수 있다.

內村鑑三의 무교회주의는 '제2의 종교개혁'을 목표로 하고 있다. 루터의 개혁에 의해 가톨릭에서 개신교가 출현했는데 개신교가 다시 가톨릭화하였기 때문에 또 다시 개혁이 필요하다는 것이다. 그는 "사람이 의롭다 함을 얻는 것은 믿음에 있고 율법의 행위로 말미암는 것이 아니다"라는 루터의 복음신앙이 그 당시 유럽에 새로운 생명을 주었다는 사실을 인정한다. 그러나 가톨릭이 로마 교황과 결탁한 것과 마찬가지로 루터는 독일의 봉건제후의 세속적 권위와 결탁했으며, 바이블의 권위를 교회 위에 둔 것은 올바른 일이었으나, 바이블을 존중한 나머지 '바이블 숭배'를 초래했다고 비판하였다.[18] 이로 인해 교파주의와 종교분쟁이 발생했는데 이러한 현상을 치유하기 위해서는 루터의 개혁에다 사랑을 첨가한 새로운 개혁이 필요하다고 하였다.[19]

교파주의를 배격하고 무교회주의를 실현하기 위해서 그는 구체적으로 몇 가지 방안을 제시하였다. 첫째, 그는 제도와 건물로서의 교회를 부정하였다. 진정한 교회는 그리스도를 믿는 자들이 사랑에 의해서 결속된 영적 교제의 단체여야 하며, 인위적, 기교적, 제도적 교회여서는 안 된다는 것이다.[20] 둘째, 그는 교회의 성례전을 부정하였다.[21] 구원을 얻기 위해서는 성례전을 행하는 것보다 오히려 바이블을 연구하는 것이 보다 좋은 방법이라는 것이 그의 입장이다. 셋째, 그는 교회의 성직을 부정하였다.[22] 하느님이 주시는 생명의 힘에 의해서 모든 사람이 사제가 될 수

---

[18] 「루터가 남긴 害毒, 부록 제2종교개혁의 필요」, 『內村鑑三全集』, 제2권, 설우사, 1975, 437-439쪽.
[19] 같은 글, 443쪽.
[20] 「에크레시아」, 앞의 책, 제8권, 355쪽.
[21] 「세례와 성찬」, 같은 책, 제6권, 420쪽.

있기 때문에 특정한 성직자는 필요가 없다는 것이다.

內村鑑三의 묘비에는 '나는 일본을 위해서; 일본은 세계를 위해서; 세계는 그리스도를 위해서; 그리고 모든 것은 하느님을 위해서'라고 쓰여 있다. 그는 일본이 '일본적 기독교'를 통해서 기독교와 인류에 이바지할 수 있다고 생각하였기 때문이다. 그에 의하면 일본적 기독교는 武士道라는 밑둥에 기독교를 접목한 것이다.23) 그는 무사도가 '하느님께서 2천년이란 긴 세월 동안 현재의 세계 상태를 타개하시기 위하여 일본에서 배양하고 계셨던 것'24)이라고 지적하고, 아울러 이와 같이 무사도 위에 접목된 일본적 기독교의 세계사적, 그리고 기독교사적 사명을 강조하였다. 그의 이러한 지적은 세계를 구원하기 위해서 야웨가 유대인들을 선택하였다는 유대인들의 역사 인식과 궤를 같이 하는 것으로, 일본 역사에 기독교적 의미를 부여한 것이다.

한편, 그는 일본의 강역을 잠자리와 仙女에 비유하고25), 일본이 아메리카와 아시아의 매개자로서의 천직을 부여받았기 때문에26), 새로운 문명이 일본으로부터 출현하여 동, 서양으로 퍼져나갈 것이라고 하였다.

이러한 견해를 지니고 있었기 때문에 그는 두 개의 'J'(Japan과 Jesus)를 동시에 사랑한다고 하였고, 또한 자신이 기독교인이기 이전에 일본인이라는 점을 잊지 않았던 것이다.27)

---

22) 「제사장이란 무엇인가」, 같은 책, 368쪽.
23) 「武士道와 기독교(3)」, 같은 책, 제9권, 404쪽.
24) 같은 글, 405쪽.
25) 「地人論」, 같은 책, 제2권, 248-249쪽.
26) 같은 글, 255-256쪽.
27) 內村鑑三의 무교회주의의 보다 구체적인 내용에 대해서는 강돈구, 「한국 무교회운동의 종교사적 의미」, 『종교다원주의와 종교윤리』(나학진교수 정년 퇴임 기념 논문집), 집문당, 1994, 413-424쪽 참조.

나. 김교신의 조선적 기독교

김교신(1901-1945)의 무교회주의는 內村鑑三의 무교회주의를 그대로 받아들이는 한편 內村鑑三이 주장한 '일본적 기독교'를 '조선적 기독교'로 탈바꿈하였다. 김교신의 조선적 기독교를 內村鑑三이 어떻게 평가했는지는 알 수 없다. 그러나 김교신은 內村鑑三의 무교회주의가 '일본적 기독교'로 전개했듯이, 자신의 무교회주의도 '조선적 기독교'로 전개할 수 있으며, 이러한 '조선적 기독교'가 內村鑑三의 무교회주의의 테두리를 벗어난 것으로 보지 않았다.

종교, 기독교, 신, 그리스도, 바이블, 신앙, 전도, 사랑, 자연 등에 대한 김교신의 견해는 內村鑑三의 그것과 큰 차이를 보이지 않는다. 그리고 內村鑑三의 무교회주의의 특징이라고 할 수 있는 반선교사적 성향, 그리고 교회, 의식, 성직에 대한 부정적인 태도와 萬人救援論도 김교신에게서 그대로 찾아 볼 수 있다.[28]

內村鑑三의 무교회주의와 김교신의 무교회주의의 근본적인 차이는 김교신의 '조선적 기독교'에서 찾아 볼 수 있다. 內村鑑三의 '일본적 기독교'의 논리는 '일본적 기독교'가 기독교의 보편성에 기여할 수 있다는 것이었다. 그리고 한 걸음 더 나가서 內村鑑三은 '일본적 기독교'만이 보편적 기독교를 쇄신시킬 수 있으며, 같은 논리로 일본이 세계에서 중심적 역할을 수행할 것이라고 주장하였다. 바로 이와 같은 주장으로 인해 內村鑑三은 일본의 애국자로 평가를 받았던 것이다.

김교신은 內村鑑三의 무교회주의에는 동감하였지만, 內村鑑三의 무

---

[28] 『김교신전집』, 제1권, 경지사, 1975 참조.

교회주의가 '일본적 기독교'로 전개되는 것에는 당혹감을 느꼈다. 그러나 그가 內村鑑三에게서 배운 것은 무교회주의와 함께 기독교인은 자기 나라를 사랑해야 한다는 점이었다. 여기에서 '조선적 기독교'의 근거가 생긴 것이다. 그리고 內村鑑三의 주장대로 '일본적 기독교'가 기독교의 보편성에 기여할 수 있다면 '조선적 기독교'도 역시 기독교의 보편성에 기여할 수 있다는 것이 김교신의 생각이었다.

김교신의 무교회주의는 이와 같이 內村鑑三의 무교회주의를 그대로 수용한 반면, 內村鑑三의 '일본적 기독교'에서 '조선적 기독교'를 수립해 낸 것으로 이해해 볼 수 있다. 따라서 그에 대한 평가는 양분되어 있다. 혹자는 김교신의 무교회주의를 일본 제국주의의 앞잡이라고 비난하는가 하면[29], 혹자는 그것을 민족기독교의 원형으로,[30] 그리고 김교신을 진정한 애국자로[31] 평가하고 있다.

內村鑑三의 일본적 기독교의 밑바탕에는 분명히 무사도가 놓여 있다. 그러나 김교신의 조선적 기독교의 밑바탕에는 한국적인 그 무엇이 빠져 있다. 이런 이유로 인해 김교신의 무교회주의, 다시 말해서 조선적 기독교는 우리나라에 그 뿌리를 굳건히 내리지 못하고 말았다. 그리고 이 점에서 유영모와 함석헌이 비록 김교신과는 돈독한 친분을 유지하였음에도 불구하고 김교신의 무교회주의에 소극적인 참여만을 하였던 것이다.

---

[29] 김인서, 「무교회주의자 內村鑑三氏에 대하야」, 『신학지남』, 12권 4호, 1930.7, 71-376쪽; 김인서, 「무교회자의 비평에 답함」, 『신학지남』, 12권 6호, 1930.11.
[30] 민경배, 「김교신과 민족기독교」, 『나라사랑』, 제17집, 1974, 47-61쪽.
[31] 노평구 편, 『김교신과 한국 -신앙·교육·애국의 생애』, 경지사, 1975; 김정환, 『김교신』, 한국신학연구소출판부, 1980.

3. 유영모와 박영호

가. 유영모의 종교다원주의

유영모는 각 종교에서 말하는 진리는 결국 하나라는 기본 전제에서 출발하였다. 겉으로 보기에 각 종교는 서로 다른 것 같지만 모든 종교들이 말하고자 하는 진리는 결국 하나라는 것이 유영모의 기본 생각이다. 유영모의 이런 생각은 톨스토이의 종교사상과 궤를 같이 한다.

유영모는 기본적으로 이러한 생각을 가지고 있었기 때문에 모든 종교의 존재 의의를 인정하였다. 그의 제자 가운데 한 사람은 "선생님 말씀이 '비유하면 어디를 찾아 갔는데 한 방에는 예수님이 계시고 한 방에는 부처님이 계시고 한 방에는 공자님이 계시다면 나로서는 세 분 다 찾아뵙고 인사를 드린다'는 말씀이 기억에 남는다"[32]라고 유영모를 추모하는 말을 하였다. 유영모의 이러한 입장은 얼핏 간디의 종교사상을 상기시킨다.

유영모는 이와 같이 각 종교의 교조들이 말하는 진리는 같은 것이고, 각 종교는 모두 존재할 가치가 있기 때문에, 특정 개인이 특정 종교를 믿는 것은 그 개인의 자유이며, 특정 개인이 어느 종교를 믿을 것인가는 전적으로 그 개인에게 달린 문제라고 하였다.[33] 그러나 유영모가 현재 상태의 유교, 불교, 기독교를 그대로 인정한 것은 결코 아니다. 그는 기존의 종교전통들이 교조들의 사상으로부터 일탈해 있다는 점을 누차 지적하였다. 그는 우선 모든 종교전통에 해당한다고 할 수 있는 사람 숭배

---

[32] 『다석일지』, 제4권, 700쪽.
[33] 같은 책, 제1권, 3쪽.

와 기적에 대한 믿음을 철저히 비판하였다. 그는 예수, 석가, 공자, 성모 마리아를 숭배하는 것을 못마땅하게 생각하였으며34), 예수의 부활 같은 기적은 자기와는 상관없다고 하였다.35)

유영모가 믿었던 신은 전통적인 의미의 기독교의 신과는 그 속성이 달랐다. 그는 "하느님은 자연계를 다스리는 데 보이지 않는다. 하느님은 일을 하시는 데 통히 나타나지 않고 저절로 되게 하신다"36)라고 하여 주재자로서의 신만을 인정하고, 창조주로서의 신을 거부하였다. 그에 의하면 그 신은 우주의 절대 의식, 절대 인격이다.37)

그리고 유영모는 그리스도를 '하느님의 씨'38), 또는 '독생자'39)라고 불렀다. 그가 말하는 하느님의 씨나 독생자는 불교에서 말하는 佛性이나 유교에서 말하는 性과 다르지 않다.40) 그에 의하면 인간은 누구나 다 하느님의 아들을 맡아 가지고 있는데 이 씨를 꼭 지켜서 키우는 것이 인간의 목표이다. 앞에서도 보았듯이 이러한 견해는 톨스토이의 그것과 유사하다.

또한 유영모는 기독교에서 말하는 원죄를 소위 정통 기독교와 달리 해석하였다. 그는 원죄에 관한 바이블의 내용을 상징적으로 해석하여 인류가 색욕의 유혹으로부터 벗어나야 한다는 당위성을 제시하였다. 그리고 그는 원죄를 오히려 불교에서 말하는 三毒(貪瞋痴)에 가까운 개념으로 이해하였다.41) 그에 의하면 인간은 三毒에 의하여 정신세계에서 하느님

---

34) 『다석어록』, 179, 335쪽.
35) 같은 책, 279-280쪽.
36) 같은 책, 181-182쪽.
37) 같은 책, 47쪽.
38) 요한1서 3:9.
39) 요한 3:16.
40) 『다석어록』, 275, 371쪽.

과 연락이 끊어졌고, 그리하여 인간이 인간답지 못하고 짐승으로 전락하였다. 그리고 이 짐승의 상태에서 다시 사람으로 회복하기 위해서는 하느님으로부터 성령을 받아야만 한다.42)

따라서 유영모에게 구원이란 결국 거짓 나인 자아로는 죽고 참 나인 신으로 솟아나자는 것이며, 인간이 궁극적으로 곧 신이 되어 신의 자리에 가는 것을 의미한다.43) 다시 말해서 유영모에게 구원 과정은 가슴 속에서 순간순간 그리스도를 탄생시켜 끊임없이 成佛해 나가는 과정이며44), 무한히 발전해 가는 인격 완성의 과정이다.45)

유영모는 기본적으로 의식을 싫어하였으며, 무엇보다도 종교의 교단화나 조직화를 바람직하지 못한 현상으로 생각하였다. 이것은 그가 內村鑑三으로부터 받은 영향이다. 그가 종교사상적으로는 무교회주의와 자신을 분명히 구별하고 있음에도 불구하고, 김교신 등의 한국 무교회주의자들과 지속적으로 교분을 유지할 수 있었던 이유는 바로 이 점에서 찾을 수 있다.46)

나. 박영호의 四敎 회통사상

박영호는 함석헌의 제자로 있다가 유영모의 제자가 되었기 때문에 비

---

41) 같은 책, 262쪽.
42) 같은 책, 63쪽.
43) 같은 책, 38쪽.
44) 같은 책, 337쪽.
45) 같은 책, 34쪽.
46) 유영모의 종교사상에 대한 보다 구체적인 내용은 강돈구, 「다석 유영모의 종교사상(1)」, 『정신문화연구』, 제19권, 제4호, 1996과 강돈구, 「다석 유영모의 종교사상(2)」, 『정신문화연구』, 제20권, 제1호, 1997 참조.

교적 이 두 사람을 잘 이해하고 있다. 박영호는 유영모로부터 개인적인 졸업장을 받았는가 하면 유영모가 평생 지니고 있던 신약성경까지 물려받을 정도로 유영모로부터 두터운 신임을 얻었다.

바울이 예수의 사상을 세상에 알리는 데 공헌한 것처럼 박영호는 유영모의 사상을 세상에 알리는 데 지대한 공헌을 하였다. 그렇다고 해서 박영호가 단지 유영모의 사상을 전달만 한 것은 아니다. 그는 유영모가 알지 못했던 동, 서양의 또 다른 사상가들을 섭렵하면서 유영모의 사상을 검증하는 작업을 하였다. 그는 예수, 석가, 노자, 공자, 장자, 맹자 등 유영모가 자주 인용하였던 인물들뿐만 아니라 플로티노스, 에크하르트, 스피노자, 베르쟈에프, 헤르만 헷세, 슈바이처, 토인비, 브루노, 샤르댕, 주자, 육상산, 왕양명, 최치원, 율곡 등 동서고금의 사상가들을 통해 유영모의 사상을 검증하고 드러내는 작업을 하였다. 그러면서 동시에 그는 유영모의 일견 난해한 사상을 일반인들이 알기 쉽게 풀이해 나갔고, 또한 유영모의 사상을 보다 분명히 하기 위해 자신의 사상을 덧붙이는 일까지 하였다.

유영모는 정통 기독교의 기준에 의하면 기독교인은 아니었지만 그에게서는 분명히 친기독교적인 면모를 찾아볼 수 있다. 유영모의 친기독교적인 면모가 그대로 함석헌에게도 전달되었다. 그러나 박영호에게서는 친기독교적인 면모를 직접 찾아 볼 수 없다. 유영모는 니르바나를 法悅이나 죽음을 말하는 것으로 받아들였다. 그러나 박영호는 유영모와 달리 니르바나를 절대자, 즉 하느님으로 이해하였다. 이와 같이 박영호가 불교의 니르바나를 절대자, 즉 하느님으로 이해한 것은 유영모의 종교사상을 진일보시키는 데 중요한 기여를 하였다.

박영호는 석가가 브라만과 아트만을 부정하였으나 나중에는 절대성을 갖춘 브라만 격인 니르바나를 말하고 아트만격인 다르마(佛性)을 말하였다고 확신하였다.47) 그는 이러한 확신을 토대로 유교, 불교, 도교, 그리고 기독교를 회통시키는 작업을 해 낼 수 있었던 것이다.

우선 그는 하나의 절대자를 힌두교는 브라마, 석가는 니르바나, 노자는 天道, 예수는 하느님 아버지라고 하였다고 하였다.48) 그리고 그는 예수는 초월해 있는 하느님을 아버지라 하고 내재해 있는 하느님을 하느님 아들이라 하였으며, 석가는 초월해 있는 하느님을 니르바나라 하고 내재해 있는 하느님을 다르마라고 하였고, 中庸에서는 초월해 있는 하느님을 天이라 하고 내재해 있는 하느님을 性이라 하였다고 하였다.49)

물론 이러한 회통사상이 유영모에게 없었던 것은 아니다. 유영모의 유교, 불교, 도교, 기독교의 회통사상이 박영호에 의해 비로소 보다 분명히 정리될 수 있었던 것이다. 박영호는 신과 인간의 관계를 비유적으로 아래와 같이 설명하였다.

몸이 전구요, 맘이 필라멘트라면 얼은 전력이다… 하느님 아버지는 수억만 kw의 대전원이라면 그리스도라 부처라 진인이라 하는 전등불의 전기는 지극히 낮은 전압의 전기다. 전기로서는 아버지와 같으나 전압으로서는 아버지는 크시고 아들은 낮다. 예수나 석가도 몸의 사람으로는 톨스토이나 간디와 같은 전구에 지나지 않는다. 다만 明度가 높은 좋은 전구였을 뿐이다. 예수나 석가도 얼사람으로는 톨스토이나 간디와 같이 하느님으로부터 온 전기다.50)

이상의 인용문을 통해서 우리는 유영모에서 함석헌으로 이어지는 종

---

47) 박영호, 『다석 유영모의 생각과 믿음』, 문화일보, 1995, 258쪽.
48) 유영모 옮김, 박영호 풀이, 『에세이 노자』, 무애, 1992, 229쪽.
49) 박영호, 『中庸 에세이』, 성천문화재단, 1994, 96쪽.
50) 박영호, 『씨올의 말씀 -다석사상정해』, 홍익재, 1989, 171쪽.

교사상의 맥을 보다 잘 이해할 수 있다.

4. 함석헌 종교사상의 변별성

함석헌[51])의 종교사상에서 우리는 內村鑑三과 김교신으로 이어지는 무교회주의와, 유영모, 박영호로 이어지는 종교사상의 흐름 두 가지를 동시에 엿볼 수 있다. 물론 여기에 톨스토이와 간디의 종교사상이 특히 유영모를 통해 함석헌으로 이어지는 흐름도 엿볼 수 있다.

함석헌도 누차 지적하였듯이 그에게 內村鑑三과 유영모 두 사람은 큰 스승이었다. 그는 일본 유학 시절에 김교신을 통해 內村鑑三의 무교회 모임에 참석하게 되었다. 귀국 후에도 그는 김교신 등과 함께 한국의 초기 무교회주의를 주도한 인물들 가운데 한 사람이었다. 그러나 1940년을 전후해서 그는 內村鑑三과 김교신의 무교회주의로부터 서서히 멀어져, 급기야 1950년대초에는 무교회주의와 결별을 하였다.

함석헌은 1921년 유영모가 교장으로 있던 오산학교에 편입하면서 유영모를 만나게 되었다. 따라서 함석헌은 內村鑑三보다 유영모를 먼저 만났다. 그러나 그 당시 유영모는 이미 內村鑑三을 알고 있었기 때문에 함석헌은 유영모를 통해 內村鑑三의 종교사상에 일찍이 접할 수 있었다. 주지하다시피 유영모는 一日一食을 행한 사람으로 유명하다. 유영모는 하루에 저녁 한 끼만 먹었으나 함석헌은 하루에 점심 한 끼만 먹었다고 한다. 함석헌이 유영모를 얼마나 존경하였는지를 알 수 있게 해주

---

51) 함석헌의 약력에 대해서는 김용준, 「선생님의 걸어오신 길 -함석헌 선생님 약력」, 『씨올의 소리』, 99호, 1989. 3월호, 44-50쪽 참조.

는 부분이다. 유영모도 함석헌을 매우 아꼈음에도 불구하고, 1960년대초에 함석헌의 스캔들로 인해 두 사람은 결별하였다. 이후 유영모는 함석헌을 비난하는 말을 종종 한 것으로 알려져 있으나, 함석헌은 끝까지 유영모를 비난하는 말을 하지 않았다.

內村鑑三과 유영모 두 사람의 종교사상이 함석헌의 종교사상에 녹아 있는 것은 틀림없다. 그러나 이제부터는 이 두 사람의 종교사상과 함석헌의 종교사상의 차이를 찾아보도록 하자.

일반적으로 함석헌은 1950년대에 무교회주의로부터 완전히 탈퇴한 것으로 이해되고 있다. 그는 1952년에 「흰 손」52)을, 그리고 1953년에 「대선언」53)을 발표했다. 그는 이 글들에서 무교회주의를 포함한 이미 있는 모든 종교들로부터 탈퇴를 선언했다. 그리고 그는 「말씀모임」이라는 글에서 "오산에 있을 때만 해도 우찌무라의 테두리를 벗지 못했었다"54)고 하여 그가 오산을 떠난 1940년대초부터 이미 內村鑑三으로부터 멀어졌음을 밝혔다.

그러나 여기에서 우리가 주목해야 할 점은 함석헌은 처음부터 끝까지 '무교회주의'에 투철한 사람이었다는 사실이다. 그 근거를 몇 가지 살펴보도록 하자. 「흰 손」과 「대선언」을 발표한 뒤 그는 자신의 심정을 아래와 같이 피력하였다.

그것은 나의 이미 있는 모든 종교에서의, 물론 무교회에서도, 탈퇴를 선언하는 것이었다. 새 시대를 건질 새 종교를 애원하는 기도였다. 그러나 내가 기독교를 버리려 하면 버려질까? 무교회를 내놓으려 하면 내놔질까? 버릴 수 있고 내 놓을 수 있

---

52) 「흰 손」, 『함석헌전집』, 제6권, 한길사, 1983, 337-354쪽.
53) 「대선언」, 같은 책, 256-260쪽.
54) 「말씀모임」, 같은 책, 제3권, 138쪽.

는 것은 진리가 아니다. 그것은 정말 내놓고 버려야 할 껍질을 두고 하는 말이다. 내가 기독교의 이단자가 되노라 하는 것도 참 기독교적이기 위해서 하는 말이요, 무교회를 내 놓는다는 것도 더 무교회적이기 위해서 하는 것이다.55)

이어서 그는 당시 무교회의 동료들이 자신에 대해 분노를 느끼는 것에 대해 오히려 섭섭하게 느꼈다고 하였다. 여기에서 우리는 함석헌이 內村鑑三의 테두리에서 벗어 난 것과 그 당시의 무교회를 비판한 것은 모두 '무교회 정신'에 입각한 것이라는 점을 인식할 필요가 있다.

함석헌은 또한 자신이 동양종교에 관심을 가지게 된 이유 가운데 하나가 '동양적인 것 갖고는 안 된다'고 말한 內村鑑三에 대한 일종의 반발심이었다고 말하였다.56) 그리고 內村鑑三의 무교회주의가 자기 자신과 우리에게 모두 소용이 없다고 하고 그 이유로 아래와 같이 말하였다.

자리가 더 좋은 것이 없으면 그것은 '다다미'를 쓸 수가 있고, 김치가 모자라면 '다꾸앙'을 써도 좋지만, 정치는 암만해도 일본 혼을 가지고 우리를 다스려 될 수는 없고, 신앙도 우찌무라의 무교회를 가지고 우리를 살릴 수 없다… 그러니 나는 지난날에 배우던 무교회를 찾고 그것을 받들고 있을 겨를이 없었다. 나는 오늘 나의 종교, 우리의 종교를 발견해야 했다. 그러노라니 어느덧 나도 모르게 무교회 빛깔이 차차 멀어지게 되었다… 나는 무교회 친구들의 기대를 저버리고 섭섭하게 만들었다.57)

함석헌이 內村鑑三의 무교회로부터 벗어나려고 한 것은 이와 같이 나의 종교, 우리의 종교, 주체적인 종교를 찾기 위한 것이었다. 그러나 그

---

55) 같은 글, 141쪽.
56) 「퀘이커와 평화사상」, 같은 책, 제3권, 156쪽.
57) 「말씀모임」, 같은 책, 139쪽.

의 이러한 입장은 그가 철두철미 內村鑑三을 이해하고 있었기 때문에 가능한 것이었다. 內村鑑三은 이미 자신이 주창한 무교회가 고정된 규칙이나 정형화된 형식에 얽매이게 될 가능성을 의식하고 끊임없는 정신적 혁명과 '과거의' 무교회를 지속적으로 부인하는 태도가 필요하다고 하였다.58) 그리고 자신의 추종자들이 무교회를 계속해서 재창조해 나갈 것을 촉구하고 자신의 무교회가 또 다른 교파로 전개되는 것을 원하지 않았다. 이렇게 보면 역설적이게도 內村鑑三의 무교회와 그 당시의 무교회를 비판하고 그와 달리 동양종교 연구에 몰두한 함석헌의 입장은 참으로 무교회주의적인 것으로 볼 수 있는 것이다.

함석헌이 나중에 퀘이커교에 가담한 것도 무교회주의로부터 이탈한 것으로 볼 수만은 없다. 그는 이미 자신이 일본에서 內村鑑三 문하에 있을 때 퀘이커에 대해서 이미 다 알았다고 하였다. 그의 말을 직접 인용해 보도록 하자.

> 나는 일본 있을 때 우찌무라 영감한테 세례를 받았어요. 우찌무라도 퀘이커와 공통된 점이 많아요, 나도 그 때부터 퀘이커를 다 알게 됐지요. 그 때 나는 우찌무라와 니노베와 함께 퀘이커 모임에 갔었는데 우찌무라는 무교회주의자가 되었고, 니노베는 퀘이커가 되었어요.59)

이와 같이 함석헌이 퀘이커에 가담한 이유 가운데 하나는 퀘이커가 무교회주의와 유사하다는 생각을 가지고 있었기 때문이다.60)

---

58) 「무교회주의의 전진」, 『內村鑑三全集』, 제8권, 429-431쪽.
59) 「퀘이커와 평화사상」, 『함석헌전집』, 제3권, 168쪽.
60) 함석헌은 "지금 내가 같이 있는 퀘이커도 내 영혼의 주는 아닙니다"라고 말한 적이 있다. 퀘이커에 대한 함석헌의 생각을 알 수 있게 해주는 말이다. 「펜들힐의 명상」, 같은 책, 318쪽.

이어서 새 시대의 종교에 대한 함석헌의 견해를 살펴보도록 하자.

새 종교는 어떤 것일까? 이처럼 궁금한 것은 없지만 알지 못하는 것이 마땅한 일이다. 새 종교가 나오지만 그것은 나오는 때까지 알 수 없다… 미래의 종교는 절대 알 수 없고 기다리는 수밖에 없다. 그러나 해산하는 날이 도적같이 임하여 어머니도 아들도 알 수 없으나 그러나 그것을 槪算을 할 수 있고 그것으로 인하여 産褥의 준비를 할 수는 있는 것같이 역사에 있어서도 새 종교가 어떤 것이요, 언제 어디서 나타나게 될지는 전연 알 수 없으나, 그러나 또 그 대개는 추산을 할 수 있다. 그리하여 그것으로 새로 오는 말씀을 받을 준비를 할 수 있다.[61]

함석헌의 새 시대의 종교에 대한 이러한 견해는 內村鑑三의 미래의 무교회에 대한 견해와 그다지 멀지 않다. 內村鑑三은 말년에 자신의 제자들 사이에 불화가 생기자 무교회주의의 미래의 모습에 대한 자신의 견해를 아래와 같이 밝혔다.

무교회주의는 이 세상에서는 실행이 불가능한 주의이다. 만일 실행이 가능하다면 교회가 되어서 나타난다. 무교회주의의 좋은 점은 그 실행이 불가능한 점에 있다. 그리스도의 가르침도 또한 그렇다. 산상수훈이 문자 그대로 실행될 수가 있으리라고 믿는 사람은 없다. 불가능한 것을 실행하려고 노력 분투하는 곳에 그리스도의 가치가 있다. 무교회는 그리스도의 재림이 이루어져야만 그 실행을 볼 수 있는 주의이다. 그 때까지는 부분적 실현으로 만족해야 한다.[62]

內村鑑三은 이와 같이 무교회주의를 종말론적으로 이해하고 있는데 그의 이러한 입장과 함석헌의 미래의 종교에 대한 입장은 상당히 근접해 있다.

---

61) 「새 시대의 종교」, 같은 책, 222-223쪽.
62) 『內村鑑三全集』, 제20권, 590-591쪽.

지금까지 우리는 함석헌의 입장이 무교회적이라는 것을 다소 장황하게 살펴보았다. 그렇지만 함석헌의 무교회주의가 內村鑑三이나 김교신의 그것과 완전히 같은 것은 아니다.63) 함석헌의 종교사상의 첫째 특징은 역시 '조선적 기독교'에서 찾을 수 있다. 김교신과 마찬가지로 함석헌도 內村鑑三으로부터 무교회주의를 받아들이되, 內村鑑三의 '일본적 기독교' 대신에 '조선적 기독교'를 확립하려고 하였다. 그러나 함석헌의 '조선적 기독교'는 김교신의 그것과 차이가 있다. 김교신은 한반도의 강역에 의미를 부여한 반면, 함석헌은 한반도의 강역보다는 오히려 역사에 착안하였다.

함석헌은 "한국 역사의 밑에 숨어 흐르는 바닥 가락은 고난이다"64)라고 하였다. 그리고 한국을 '수난의 여왕'65), 또는 '세계의 하수구'나 '公娼'66)으로 표현하였다. 그리고 그 고난은 결코 情意없는 자연현상도 아니고, 잔혹한 운명의 장난도 아니며, 그것은 하느님의 섭리라고 하였다.67) 고난의 역사인 한국의 역사는 이와 같이 하느님의 섭리에 의한 것이기 때문에 당연히 뜻과 의미가 있게 마련이다. 그리하여 그는 한반도와 한민족의 세계사적 사명을 '세계의 불의를 담당함으로써 인류의 역사를 도덕적으로 한층 높이 올리는 일'68)로 규정하였다. 다시 말해서 "조선 사람의 손에 세계의 운명이 달려 있다"69)는 것이다. 그의 이러한 주

---

63) 예를 들어서 함석헌은 內村鑑三이나 김교신과 달리 代贖信仰을 거부하고 있는 듯이 보인다. 「어떻게 하는 것이 버리는 것이냐」, 『함석헌전집』, 제5권, 262쪽 참조.
64) 「한국 역사의 기조」, 같은 책, 제1권, 72쪽.
65) 「지리적으로 결정된 한국 역사의 성질」, 같은 책, 81쪽.
66) 「역사가 지시하는 우리의 사명」, 같은 책, 330쪽.
67) 「고난의 의미」, 같은 책, 315쪽.
68) 「역사가 지시하는 우리의 사명」, 같은 책, 328쪽.
69) 「무교회 신앙과 조선」, 같은 책, 제3권, 129쪽.

장의 논리와 배경은 "예수가 개인적으로 나타냈던 그것을, 세계 역사에 있어서 한국 민족이라고 하는 자격을 가지고 할 수 있지 않을까, 그렇게 생각을 해 봤던 겁니다."70)라는 그의 말에서 살필 수 있다.71)

함석헌 종교사상의 둘째 특징은 그의 다원주의적 종교관에서 찾을 수 있다. 그의 다원주의적 종교관은 內村鑑三과 김교신의 그 것보다 한층 더 진전된 것으로, 유영모로부터 받은 영향에 기인한다. 함석헌의 다원주의적 종교관은 아래와 같은 언급에서 직접 살필 수 있다.

내게는 이제는 기독교가 유일의 참 종교도 아니요, 성경만 완전한 진리도 아니다. 모든 종교는 따지고 들어가면 결국 하나이다.72)

기독교가 결코 유일의 진리도 아니요, 참 사관이 성경에만 있는 것이 아니다. 같은 진리가 기독교에서는 기독교식으로 나타났을 뿐이다.73)

이 단계에서 인류가 생각할 것은 다원적으로 하면서 어떻게 하나가 될 수 있겠나 하는 것이 우리의 하느님이 원하는 바일 거요. 생명의 목표가 그런 거니까. 그렇지 않고 하느님은 하나 밖에 없는데 이게 무슨 소리냐, 노자가 다 뭐냐 한다면 통쾌한 것 같지만 하느님이 너무 조그마해진단 말이야.74)

---

70) 「한국 역사의 의미」, 같은 책, 386쪽.
71) 함석헌의 한국사에 대한 섭리사적 이해는 內村鑑三의 제자였던 藤井武의 일본사에 대한 섭리사적 이해와 대비된다. 함석헌은 한국사를 '고난의 역사'로 보았는데, 藤井武는 일본사를 '産痛의 역사'로 보았다. 지명관은 함석헌의 조선사관이 藤井武의 일본사관으로부터 많은 영향을 받았음을 지적하였다. 池明觀, 「咸錫憲の朝鮮史觀に對する一考察」, 『翰林日本學硏究』, 제4집, 1999, 6-24쪽 참조.
72) 「넷째 판에 부치는 말」, 『함석헌전집』, 제1권, 18쪽.
73) 「종교적 사관」, 같은 책, 41쪽.
74) 「퀘이커와 평화사상」, 같은 책, 제3권, 172쪽.

그의 이러한 다원주의적 종교관은 톨스토이와 간디의 종교사상과 맥을 같이 한다. 그러나 "내가 노자도 좋아하고 장자도 좋아하지만 내가 믿는 내 주님이 누구냐 하면 예수 그리스도지, 다른 이가 있겠느냐"[75]라는 그의 언급을 보면, 함석헌의 다원주의적 종교관은 톨스토이나 간디보다는 유영모의 그것과 보다 유사하다는 것을 알 수 있다. 함석헌의 이러한 다원주의적 종교관이 기독교의 다원주의 신학과 친화력을 가질 것이라는 점은 추측하기에 어렵지 않다.

다시 정리하면 함석헌의 종교사상의 두 기둥은 內村鑑三과 유영모이다. 그의 조선적 기독교는 內村鑑三의 무교회주의로부터 영향을 받았다. 內村鑑三의 무교회주의가 일본적 기독교의 성격을 지닌 것에 착안하여, 김교신은 한반도의 지정학적 여건에 착안하여 조선적 기독교를 전개하였고, 함석헌은 한국 역사에 인류 구원사적 의미, 다시 말해서 섭리사적 의미를 부여하여 조선적 기독교를 전개하였다. 그러나 內村鑑三은 무사도라는 일본 혼을 강조한 것에 비해, 함석헌과 김교신은 한국적인 그 무엇을 지적해 내지 못하였다는 중요한 차이점을 지적할 필요가 있다. 또한 김교신은 보다 정통 기독교에 가까웠던 것에 비해, 함석헌은 동양종교의 중요성과 잠재력을 보다 많이 인식하였다는 차이점도 동시에 지적할 수 있다.

유영모는 소승적인 종교인이고, 함석헌은 대승적인 종교인이었다는 지적이 있다. 그리고 거꾸로 유영모는 완숙한 사상가였고, 함석헌은 미숙한 사상가였다는 지적도 있다. 우리는 이러한 지적에서 함석헌과 유영모의 미묘한 차이점을 느껴볼 수 있다. 그러나 유영모와 함석헌은 종교

---

[75] 「돌이켜 잠잠하라」, 같은 책, 제11권, 1984, 30쪽.

사상적인 면에서는 적어도 큰 차이를 지니고 있지 않았던 것으로 보인다. 차이를 구태여 지적해 본다면, 유영모는 보다 톨스토이적이었고, 함석헌은 보다 간디적이었다고 할 수 있을 것이다.

유영모와 함석헌은 친기독교적 다원주의적 종교사상을 가지고 있었다. 그러나 이들의 종교사상이 친기독교적이라는 의미는 이들의 종교사상이 기독교 테두리 안에 머물러 있었다는 말은 결코 아니다. 이 점에서 함석헌의 제자였다가 나중에 유영모의 제자가 되었던 박영호의 종교사상은 친기독교적 성향을 벗어났다는 점에서 양자의 종교사상과 차이를 지니고 있다고 하겠다.

5. 나오는 말

지금까지 우리는 함석헌의 종교사상을 보다 커다란 맥락에서 이해하기 위해 톨스토이와 간디, 내촌감삼과 김교신, 유영모와 박영호의 종교사상을 차례대로 살피고, 이어서 이들과의 관련 속에서 함석헌의 종교사상이 지니는 변별성을 찾아보고자 하였다.

함석헌의 종교사상은 여러 각도에서 연구될 수 있다. 첫째, 그의 사상을 밝혀내 일반인과 학계에 알리는 연구가 가능하다. 이러한 시각에서는 여타 다른 사상가들과 대비하여 함석헌의 사상을 검증하고, 또한 그의 사상을 재해석, 발전시킬 수 있다. 그리고 나아가서 이러한 연구를 기반으로 유교, 불교, 기독교계 등 현실의 종교계를 향해서 나름대로의 발언을 할 수 있다.

둘째, 특정 종교의 신학이나 교학의 입장에서 함석헌의 사상을 연구하여 자신의 신학이나 교학을 새로운 각도에서 재조명하는 연구가 가능하다. 예를 들어 현재 기독교계 일부에서 함석헌에게 가지는 관심이 여기에 해당한다.

셋째, 함석헌의 기독교 이해, 불교 이해, 유교 이해, 도교 이해 등이 각 종교의 본래 의미와 상이하다는 점을 밝히는 연구가 가능하다. 아직 함석헌의 사상이 학계에 본격적으로 알려져 있지 않기 때문에 아직 그의 영향력이 어디까지 미칠지는 알 수 없다. 만약 그에 대한 첫째와 둘째 시각에서의 연구가 본격적으로 진행된다면 셋째 시각에서의 연구도 병행될 수 있을 것으로 예상된다. 예수의 代贖信仰을 부인하는 듯이 보이는 함석헌은 기독교계 일부로부터 이단으로 규정될 수도 있을 것이라는 점은 충분히 예상할 수 있다.

본 논문은 첫째 시각에서 이루어진 연구이다. 그러면서도 함석헌의 종교사상을 객관적으로, 그리고 보다 넓은 시각에서 이해하기 위해, 그와 맥을 같이 하는 사람들과 대비하면서, 그의 사상이 지니는 변별성을 지적해 보고자 노력하였다.

함석헌은 한마디로 종교적 지성인이었다. 사실 우리 시대는 함석헌 같은 종교적 지성인을 필요로 한다. 특정 종교를 신봉하면서 그 종교에 관한 지식만을 소유하는 것이 아무렇지도 않고 오히려 당연시되는 분위기는 현재 우리의 종교 상황에 적절하지 못하다. 특정 종교를 신봉하면서도 타종교에 대한 지식을 아울러 겸비하고 타종교에 대한 지식을 통해서 스스로의 신앙을 보다 잘 키워 나갈 수 있는 그러한 분위기가 우리에게 절실히 필요하다. 아울러 특정 종교를 신봉하지 않더라도 종교 일반에 대한 지식은 인간, 사회, 문화를 이해하는 데 반드시 필요하다. 함석헌이라는 거대한 봉우리에서 우리 시대에 걸맞는 종교적 지성인의 모델을 볼 수 있었던 것은 분명 이 시대를 사는 우리들의 행운이다.

　함석헌이라는 봉우리는 주변의 또 다른 봉우리들과 함께 어울려 하나의 산군을 이룬다. 우리는 함석헌이라는 봉우리뿐만 아니라 그가 포함되어 있는 산군 전체를 보아야 한다. 그래야 함석헌이라는 봉우리의 진면목을 제대로 볼 수 있을 것이다.

제4부

신종교 연구

1. 신종교 연구 서설
2. 한국 신종교의 역사관
3. 신종교 연구의 길

제4부 신종교 연구

제1장
신종교 연구 서설[1]

1. 머리말

프레이저(J. Frazer)는 1927년의 저서에서 "종교가 더 이상 진위의 문제로 취급되지 않고 여타 다른 인간의 표현물(활동)같이 연구 될 수 있는 시기가 도래할 것이다"[2]라고 선언적인 발언을 한 적이 있다. 그의 이러한 발언이 현재 어느 정도까지 실현이 되었느냐 하는 점은 학자 개개인에 따라서 다르게 평가 될 수 있을 것이다. 그리고 또한 이 점은 각국의 종교학의 성향과 발전 정도에 따라 국가별로 달리 평가 될 수 있을 것이다. 그러나 필자의 개인적인 견해에 의하면 적어도 우리나라 상황에서 프레이저의 이러한 선언적인 발언은 실현의 낌새는 보일지언정 아직 구체적인 성과를 보이고 있지 못하다. 대부분의 학자들이 인정하고 있듯이

---

[1] 『종교학연구』, 제6집, 1986.
[2] J. G. Frazer, *The Gorgon's Head*(London: Macmillan, 1927), pp.281-282.

순수한 종교현상은 존재하지 않는다는 점을 감안해 보면, 종교연구를 종교학자의 전유물로만 생각한다든지 또는 종교연구의 성과를 종교학자들의 업적만 가지고 평가하는 것은 무리한 태도일지 모른다. 하지만 종교현상을 연구하는 것이 종교학자들의 주요 목적이라는 점을 인정해 보면 필자의 개인적인 평가가 전혀 근거 없는 것은 아니라는 사실을 수긍할 수 있을 것이다.

필자는 이러한 상황의 가장 근본적인 이유는 종교학의 주요 연구 주제들이 우리나라에서 아직 정착이 되지 않았기 때문이라고 생각한다. 그리고 나아가서 종교학의 일반적이고 보편적인 연구 주제들이 우리나라의 종교현상이나 종교자료와 연결되지 못하고 있다는 사실도 지적할 수 있을 것이다. 이러한 상황을 넘어설 수 있는 방법은 여러 가지가 있을 수 있겠지만, 필자가 생각하고 있는 것은 우선 우리나라의 특징적인 종교현상과 구체적인 종교자료를 발굴 내지는 정리를 하고, 이어서 이것들을 좀 더 포괄적인 시각, 즉 종교학적 시각에 의해 설명을 해 나가는 것이다.

필자가 이러한 의도를 가지고 먼저 착안을 한 것은 우리나라의 신종교이다. 혹자는 신종교하면 신흥종교, 유사종교, 사교, 미신 등의 어휘가 지니는 뉘앙스에 의해 신종교 자체를 종교학의 연구대상이 될 가치가 없는 것처럼 생각할 수도 있을 것이다. 그리고 신종교에 관심을 가지고 있는 학자들이 모두 학문적인 관심 이외의 또 다른 이해관계를 지니고 있는 것처럼 생각할 수도 있을 것이다. 이것은 물론 지금까지의 신종교에 대한 연구 업적을 평가하는 자세에서 나온 생각일 것이다. 여기에서는 이러한 평가적인 생각에 직접적으로 언급을 하는 것보다는 우회적으로 신종교 연구의 중요성을 몇 가지 지적하는 것이 좋을 듯하다.

먼저 지적할 수 있는 것은 신종교가 기존의 종교이론을 검증하거나 아니면 새로운 종교이론의 제시를 가능하게 해주는 주요 자료들을 제공해 주고 있다는 사실이다. 이것은 다시 두 가지로 구분해서 살펴 볼 수 있다. 첫째는 글록(C. Y. Glock)의 지적대로 신종교 연구를 통해서 종교와 사회변동, 종교운동의 지속과 변화를 결정짓는 요인, 또는 신비체험, 방언, 신앙치료, 그리고 회심에 대한 이론들을 구체적으로 검증할 수 있다는 것이다.3) 다시 말해서 신종교의 개념 규정을 어떻게 내리든지 간에 일반적인 종교이론을 검증하고 정립하는 데 신종교가 적합한 연구 대상이 될 수 있다는 점이다. 그리고 둘째는 캡스(W. H. Capps)의 지적대로 신종교가 종교학의 연구대상이 됨에 따라 종교학의 계몽주의의 도그마를 극복할 수 있는 계기를 맞이할 수 있다는 점이다.4) 이것은 신종교 연구를 통해서 종교이론의 새로운 패러다임이 생겨날 수도 있다는 점을 암시하는 말이다.

이러한 주장들은 모두 일반적인 종교이론의 측면에서의 지적이라고 한다면 우리나라의 경우를 고려해 볼 때 신종교에 대한 연구가 근대종교사를 이해하고 서술하는 데 필수 불가결하다는 점이 지적될 필요가 있다. 지금까지 근대종교사의 서술은 개별 종교별로 서술되어 왔다. 하지만 "한국종교사는 그 속에 나타나는 여러 종교 전통들이 그 시대의 문화,

---

3) Charles Y. Glock, "What is Next in the Study of New Religions?" in *Understanding the New Religions*, eds. by J. Needleman and George Baker(New York: The Seabury Press, 1978), pp.255-256; G. Prunner, "The Birthday of God: A Sacrificial Service of Chungsan'gyo", *Korea Journal*, vol.16, 1976.
4) W. H. Capps, "The Interpretation of New Religion and Religious Studies" in J. Needleman and George Baker, *op. cit.*, pp.101-105. 캡스는 이 글에서 계몽주의에 의해 종교가 학문적인 연구의 대상이 된 반면에 계몽주의적인 종교학은 ①조사의 대상이 불변하고 분리해 낼 수 있는 본질을 지니고, ②종교는 과학적인 방법에 의해 기계적으로 연구될 수 있으며, ③연구주제에 관계없이 '객관성'만이 진리를 밝혀낼 수 있고, ④분석(analysis)과 태도(attitude)는 구분될 수 있으며, ⑤냉정하고 공정한 태도만이 학문의 적절한 태도라는 도그마를 지니게 되었다고 말하고 있다.

사회적 요청에 따라 상호 작용하고 수용, 반응하며 또한 스스로를 역사의 흐름 속에서 보존, 전개하는 일련의 지속적인 상호 관계의 연속이다"[5]라는 지적을 감안해 보면 개별 종교의 역사적인 서술만을 통해서 한국(근대)종교사를 이해한다는 것은 처음부터 한계가 있는 발상이다.

특히 근대종교사는 전통종교들의 개혁운동, 외래종교, 그리고 제3의 종교(third alternative)들이 같은 시대적인 상황 속에서 전개되고 있기 때문에 개별 종교의 역사적인 서술만으로는 그 시대의 종교적인 상황을 거의 이해 할 수 없다고 해도 과언이 아니다. 이 때 신종교의 개념을 민족종교나 민중종교(운동)와 같이 좁은 의미로 사용한다고 하더라도 제3의 종교들에 대한 연구는 그 나름대로 중요성을 지니고 있을 것이며, 좀 더 넓은 의미로 종교운동이라는 의미로 사용한다면 전통종교들의 개혁운동이나 외래종교의 전개 과정도 좀 더 포괄적인 시각에서 이해 될 수 있을 것이다.[6]

우리나라의 현대 종교적인 상황을 이해하는 데 있어서도, 물론 근대의 종교사적인 흐름을 이해하여야 하겠지만, 'official religion'의 상대적인 개념인 'popular religion'[7]을 신종교와 유사한 개념으로 받아들인다거나, 또는 신종교를 'marginal religion'이나 'fringe religion'[8], 또는 'new

---

[5] 윤이흠, 「신념유형으로 본 한국종교사」, 『한국종교의 이해』, 집문당, 1985, 17쪽.
[6] T. J. Solomon, "The Response of Three New Religions to the Crisis in the Japanese Value System", *Journal for the Scientific Study of Religion*, vol.16(1), 1977. 솔로몬은 이 논문에서 일본 신종교 연구의 타당성을 종교적 역동성과 일본종교의 새로운 사회적 형태를 찾아볼 수 있다는 점에서 찾고 있다.
[7] P. H. Vrijhof and J. Waardenburg, eds., *Official and Popular Religion*(New York: Mouton Publishers, 1979); P. W. Williams, *Popular Religion in America*(Englewood, N.J. : Prentice-Hal, 1980).
[8] Anson D. Shupe, *Six Perspectives on New Religions*(New York: The Edwin Mellen Press, 1981).

religious movement'⁹⁾의 개념으로 이해한다면, 신종교에 대한 연구는 세속화 이론에 의한 현대 한국의 종교적 상황에 대한 이해나 아니면 종교다원주의라는 종교적 상황의 특징만을 과도하게 지적하는 것보다 오히려 좀 더 구체적이고 실질적인 이해에 도움이 될 수 있을 것이다.

2. 문제의 제기

신종교 연구의 중요성을 이와 같이 평가해 볼 때 우리나라의 신종교 연구의 성과는 몇몇 학자들의 의욕적인 연구에도 불구하고 아직 미흡한 상태에 머물고 있다고 아니할 수 없다. 이러한 상태를 오히려 외국인 학자가 지적하고 있음에도 불구하고 필자의 개인적인 견해에 의하면 현재까지 학자들의 연구 경향은 村山智順이 1935년에 발간한 『朝鮮の類似宗敎』의 범위를 크게 벗어나고 있지 못하다. 신종교에 대한 연구 업적이 미흡하다는 것도 문제가 되겠지만, 그 보다 심각한 문제는 우리나라에도 일본에 못지않게 신종교의 수가 양적으로 많다는 점이 국내 학자들에 의해 지적이 되고 있음에도 불구하고 우리나라의 신종교가 일본의 신종교에 비해 외국학자들에게 거의 소개가 되지 못하였다는 사실이다.

신종교에 대한 연구를 좀 더 바람직한 방향으로 전개시키기 위해서는 우선 기존의 연구 업적을 비판적으로 재정리하고 그것을 기반으로 해서 연구를 보다 바람직한 시각에서 진행시켜 나가는 것이 필요하다. 왜냐하면, 국내학자들의 업적을 완전히 무시하고 외국의 이론들을 무분별하게

---

⁹⁾ E. Barker, ed., *New Religions Movements: A Perspective for Understanding Society*(New York: The Edwin Mellen Press, 1982).

국내 상황에 적용시키는 태도보다는 오히려 국내학자들의 연구 업적을 토대로 새로운 방향을 제시하는 것이 더 바람직한 태도라고 할 수 있기 때문이다.

  신종교에 대한 기존의 연구는 여러 학문 분과에서 이루어져 왔다. 대표적인 학문 분과만 나열해 보더라도 기존의 연구는 종교학을 비롯해서 사회학, 인류학, 역사학, 정신의학, 선교학, 정치학, 민속학 등의 분야에서 각기 나름대로 행해졌다. 이들 각 분야의 연구 업적을 별도로 정리하는 것도 충분히 가치가 있을 것이나 본 논문에서는 기존의 연구 업적을 나열식으로 정리하기보다는 오히려 비판적으로 정리하는 것을 목표로 삼고 있기 때문에 기존의 연구 경향이 지니고 있는 문제점에 치중해서 살펴보고자 한다. 이 때 선택될 수 있는 문제점들을 필자는 우선 대략 세 가지 면에서 주목하고자 한다. 첫째는 신종교의 개념 규정에서 생기는 문제, 둘째는 신종교의 계보 및 특성을 지적했을 때 생기는 문제, 그리고 신종교의 발생 요인을 제시하고 있는 이론들이 지니고 있는 문제들을 각기 다루어 보고자 한다. 기존의 연구 업적들이 지니고 있는 문제점들은 이 밖에도 예를 들어서 방법론의 문제 같은 것들이 더 열거될 수 있겠으나, 이 것들은 우선 이 세 가지 측면에서 정리가 되고 난 다음에 해결할 수 있는 것들이다.

3. 연구 경향과 이론적인 검토

가. 신종교의 정의

　모든 학문은 전문 용어를 가지고 있게 마련이다. 그리고 대부분의 학문은 정확하지 못한 용어를 사용하기도 하며 그로 인한 논쟁을 계속해서 벌이고 있는 것도 사실이다. 신종교의 전문 용어들 가운데에도 불명확한 의미를 지니고 사용되고 있는 것들이 꽤 있다. 그 가장 큰 이유는, 예를 들어서 타부(taboo), 토템(totem), 마나(mana), 페티시(fetish) 등의 용어에서 볼 수 있듯이, 특정 문화권에서 발견되는 현상을 지칭하는 용어를 일반적이고 보편적인 용어로 사용하는 데서 찾을 수 있다.[10] 종교학의 전문 용어 가운데 원래 특정 문화권의 특정 현상을 지칭하는 용어로 시작되었다가 다른 문화권의 유사 현상도 포괄하는 용어로 정착이 되고 그 과정에서 자연스럽게 부가적인 의미를 내포하게 된 것들이 많이 있다.

　따라서 종교학자는 무엇보다도 먼저 전문 용어를 사용할 경우 그 용어를 무분별하게 사용하는 것보다는 그 용어가 사용되게 된 원래의 배경을 살피는 것이 중요하며, 가능한 한 용어를 정확하게 사용하도록 노력하는 것이 필요하다. 그렇지 않을 경우에 생길 수 있는 문제 가운데 가장 극단적인 예가 유교가 종교냐, 아니냐 하는 문제이다. 종교라는 전문 용어가 생겨나게 된 역사적인 배경을 이해하지 못한 경우에는 이러한 질문이 상당히 중요한 것으로 여겨질 수 있을 것이다. 그러나 이 문제는 종교를 어떻게 정의하느냐에 따라 달리 답변이 나올 수 있는 문제이며, 종교 개

---

[10] Th. P. van Baaren and H. J. W. Drijvers, eds., *Religion, Culture and Methodology*(The Hague: Mouton Publishers, 1973), pp.52-54.

념의 역사적인 배경을 알고 나면 이러한 질문 자체가 잘못된 것이라는 사실을 쉽게 알 수 있다.

신종교라는 개념도 정의를 내리기가 꽤 어려운 용어들 가운데 하나이다. 왜냐하면 '종교'라는 용어 자체의 개념 정의가 주지하다시피 간단하지가 않을 뿐더러 '新'이라는 용어의 한계 또한 분명하지 않기 때문이다. 게다가 신종교에 대한 대부분의 학자들의 정의를 보면 일반적으로 신종교라는 용어를 잔여 범주(residual category)[11]로 사용하고 있기 때문에 여기에서 생기는 부정적인 문제가 발생한다. 다시 말해서 '~을 제외한, 또는 ~이 아닌 종교'로 정의된 신종교라는 용어는 결코 서술적이고 분석적인 용어(terminus technicus)가 될 수 없다는 점이 지적될 수 있다.

그렇다고 여기에서 필자가 이와 같이 애매모호한 신종교라는 용어를 사용하지 말자고 주장하거나, 아니면 신종교라는 용어를 다시 사전식으로 정의하려고 하는 것은 아니다. 왜냐하면, 첫 번째의 경우 스미스(W. C. Smith)가 종교라는 용어의 역사적인 배경을 살피고 나서 그 용어를 폐기하고 새로운 용어를 사용할 것을 주장하였을 때 블리커(C. J. Bleeker)의 지적대로 오히려 용어의 혼돈만 초래할 수 있다는 비판이 그대로 적용될 수 있을 것이며, 두 번째의 경우 콤스톡(W. R. Comstock)이 지적한대로 종교라는 용어는 작업 가설적인 의미만을 지닌다는 사실, 즉 다시 말해서 이 용어는 서술적인 범주로서 학자 개개인의 연구 범위와 목적에 따라 달리 사용될 수 있다는 주장이 그대로 적용될 수 있기 때문이다.[12] 따라서 본 논문에서는 먼저 국내와 국외의 학자들이 사용하는

---

[11] 잔여 범주에 대해서는 T. Parsons, *The Structure of Social Action*(New York: Free Press, 1968) 참조.

[12] W. C. Smith, *The Meaning and End of Religion*(New York: Harper & Row, 1978); C. J. Bleeker, *The Rainbow: A Collection of Studies in the Science of*

신종교, 그리고 이와 유사한 용어들이 사용되는 배경과 맥락을 살펴보고 나서 서술적인 범주로서의 신종교의 개념 정의를 개방적이고 융통성 있는 태도로 제시해 보고자 한다.

먼저 국내에서 사용되고 있는 신종교와 이와 유사한 용어들이 사용되고 있는 배경과 맥락을 학자별로 살펴보면 다음과 같다.

(1) 村山智順 : (신흥)유사종교

분명한 개념 정의 없이 동학계(천도교 4개파 및 시천교, 상제교 외 15개), 哆敎系(보천교 외 10개), 불교계(불법연구회, 금강도 외 9개), 숭신계(관성교, 단군교, 대종교, 詠歌舞敎 외 12개), 유교계(태극교, 공자교, 大成敎會 외 4개), 계통불명(濟化敎, 覺世道 외 3개)의 6계통, 81개 종단을 다루고 있다.13)

(2) 장병길 : 신(흥)종교

신(흥)종교를 시대적으로 새로 일어난 종교, 그리고 하층에 받아들여지는 신앙을 토대로 집단화한 종교로 규정하고, 일제 후기를 기준으로 해서 그 이전에 생긴 것을 신종교, 그 이후에 생긴 것을 신흥종교로 구분하고 있다.14) 그리고 여기에는 해방 이전은 村山智順이 지적한 종단들이 그대로 포함되고 있으며, 해방 이후에는 등록단체와 비등록단체로 구분해서 등록단체에는 불교계(대한불교법화종, 원불교 외 12개), 동학계(천도교), 단군계(대종교 외 2개), 유교계(국제도덕협회 외 2개), 무속계(대한정도회), 기독교계(세계기독교통일신령협회, 한국예수교전도관), 그리고 비등록단체에는 유교계(一心敎 외 5개), 불교계(생활불교 외 5개), 도교계(대한도교 외 3개), 기독교계(장막성전 외 14개), 동학계(시천교 외 7개), 동학(신명파)계(증산교 외 10개), 易理系(戊法台 외 3개), 일관계(국제도덕회 외 6개), 국조단군계(단군교 외 12개), 관우계(관성교 외 2개), 巫信系(自覺道 외 7개), 기타(창가

Religion(Leiden: E. J. Brill, 1975), p.24; W. 리처드 콤스톡, 『종교학』(윤원철 역), 전망사, 1983, 47-49쪽.
13) 村山智順, 『朝鮮の類似宗敎』, 朝鮮總督府, 1935, pp.18-47.
14) 장병길, 『한국고유신앙연구』, 서울대 동아문화연구소, 1970, 105-106쪽.

학회 외 4개)를 포함시키고 있다.15)

(3) 이강오 : 신흥종교(유사종교, 민족종교)

근대에 한국에서 한국인에 의하여 새로운 종단으로 창도된 종단들의 전부를 신흥종교로 규정하고, 이 가운데 마음을 닦고 기운을 바르게 하는 방법으로 한울님을 자기 안에 모시면서 쓰러지는 나라를 구하고 퇴폐된 윤리, 도덕을 바로 세울 것을 목적한 동학이나, 국조를 받들어 민족의 주체성과 나라를 찾고 전통적인 윤리, 도덕을 바로 잡게 한 단군교 등을 민족종교로 규정하고 있다.16) 그리고 신흥종교를 창교형, 분파형, 개조형, 위조형의 네 가지로 분류하고, 위조형을 유사종교로 규정하고 있다.17) 신흥종교에 수운계(17개), 단군계(27개), 증산계(59개), 일부계(8개), 봉남계(16개), 晨鷄系(10개), 불교계(49개), 기독교계(40개), 무속숭신계(27개), 연합계(5개), 계통불명(24개), 일관도계(5개), 외래계(16개), 도합 303개를 포함시키고 있다.(1975년 조사)

(4) 류병덕 : 신(흥)종교, 유사종교, 민중종교, 민족종교

신흥종교를 최근 약 100여 년간에 대두한 군소 종교집단, 또는 억압된 민중의 願望 복합체로 규정하고, 그 가운데 가르침이나 활동 중에 진리성, 윤리성, 역사성, 대중성이 들어있는 종교를 신흥종교로 구분하고 있다. 그리고 신흥종교 가운데 分流性과 습합성이 강한 것들을 유사종교라고 규정하고 있다. 신흥종교에는 유교계(영가무도교, 일심교 등 64개), 불교계(天華佛敎, 佛入宗 등 64개), 기독교계(世界一家公會, 새일수도원 등 25개), 동학계(天眞敎, 수운교 등 20개), 국조단군계(光明大道, 亞亞神宮 등 17개), 증산계(보천교, 태극도 등 47개), 봉남계(12개), 각세도계(10개), 계통불명(12개), 무속숭신계(관성묘 등 20개)를 포함시키고 있다.18) 한편 (개화기, 일제기) 민족종교, 또는 민중종교라는 용어를 사용하고 여기에 동학과

---

15) 장병길, 「한국신흥종교사」, 『한국문화사대계 12』, 고대민족문화연구소, 1970, 858-866쪽.
16) 이강오, 「한국신흥종교의 개관」, 『대계 최일운박사 회갑기념 논문집』, 1975, 158쪽.
17) 이강오, 「신흥종교 Ⅰ」, 『한국민속대관 3』, 고대민족문화연구소, 1982, 616쪽.
18) 류병덕, 『한국신흥종교』, 원광대종교문제연구소, 1974, 88, 5, 94, 81, 89-90쪽.

김일부, 증산, 나철, 소태산의 종교를 포함시키고 있다.[19]

(5) 문상희 : 신흥종교(유사종교, 민족적 종교)

기성종교들, 즉 유교, 불교, 기독교와 같은 세계종교를 제외하고서 현 한국사회에서 새로 일어난 종교 단체를 신흥종교로 규정하고 있다. 윤리성에 비추어서 건전한 것은 민족적인 종교로, 그리고 그렇지 않은 것은 유사종교(邪敎)로 보고 있다.[20] 신흥종교에 동학계(13개), 증산계(48계), 불교계(71개), 유교계(6개), 단군교계(17개), 무속계(16개), 기독교계(25개), 봉남계(12개), 각세도계(10개), 계보불명(15개), 외래계(중국계, 일본계, 미국계)를 포함시키고 있다.[21]

(6) 기타

① 노길명 : 신흥종교

문상희의 개념에 동조를 하고 있으며, 동학, 증산교, 원불교, 대종교, 각세도, 동방교, 통일교, 박장로교 등을 이 개념에 포함시키고 있다.[22]

② 한승조, 정연선 : 신흥(민족)종교

전자는 문상희의 개념에 동조를 하고 있으며 특히 전통적인 민간신앙과 민중사상의 바탕 위에서 발생하였고 전통적인 가치관을 담고 있는 것들을 신흥민족종교라고 하고 있으며, 후자는 1860-1945년까지의 신흥(민족)종교에 동학, 증산교, 대종교, 원불교를 포함시키고 있다.[23]

---

[19] 류병덕, 「개화기, 일제시의 민족종교사상에 관한 연구」, 『철학사상의 제문제(Ⅲ)』, 한국정신문화연구원, 1985 참조; 류병덕, 『원불교와 한국사회』, 원광대출판국, 1977, 366쪽.
[20] 문상희, 「한국신흥종교의 계보와 기본교리」, 『대화』, 제39호, 1973, 29-30쪽.
[21] 문상희, 「한국의 신흥종교」, 『한국종교』, 원광대종교문제연구소, 1973, 302-325쪽.
[22] 노길명, 「신흥종교 Ⅱ」, 『한국민속대관 3』, 고대민족문화연구소, 1982, 669-670쪽; 노길명, 「신흥종교 발생의 사회학적 의미」, 『새생명』, 1975.10.
[23] 한승조, 「신흥민족종교에 담겨진 한국사회의 미래상」, 『제1회 한국학 국제회의 논문집』, 한국정신문화연구원, 1979, 1098-1099쪽; 정연선, 「한국신흥종교의 정치사상적 의의」, 고려대 박사학위논문, 1982 참조.

③ 김한구 : 보국종교(운동)

동학을 보국종교운동(Religious Revitalization Movement)으로 규정짓고 있다.24)

④ 정재식 : new religion

동학, 원불교, 통일교, 전도관, 천리교, 창가학회 등을 포함시키고 있다.25)

⑤ 황선명 : (근대) 민중종교 (운동)

동학, 정역, 증산을 중심으로 발생한 종교를 민중종교로 규정짓고 있다.26)

이상에서 살펴본 바와 같이 신종교, 그리고 이와 유사한 개념으로 신흥종교, 유사종교, 민족종교, 민중종교, 보국종교 등의 용어가 국내학자들에 의해서 사용되어 오고 있다. 이들 가운데 신흥종교라는 용어가 좀 더 일반적으로 사용되고 있는 개념이다. 그러나 필자는 신흥종교보다는 신종교가 좀 더 가치중립적이라는 점과 외국의 학자들이 많이 사용하고 있는 'new religiion'의 개념이 신흥종교 보다 신종교에 더 적합할 것이라는 이유에서 이러한 용어들을 신종교로 묶는 것이 더 타당할 것이라고 생각한다.27) 그리고 대부분의 학자들이 신종교라는 개념에 포함시키고 있는 종교들이 비슷하기는 하나 약간씩의 차이도 발견된다는 점을 알 수 있었다.

다음에 신종교와 유사한 개념으로 외국의 학자들이 사용하고 있는 특

---

24) 김한구, 「한국 보국종교의 유래와 그 영향에 관한 연구」, 『현상과 인식』, 제5권, 제4호, 1981, 140쪽.
25) Chai-Sik Chung, "Korea: The Continuing Syncretism" in *Religion and Societies: Asia and the Middle East*, ed. by C. Carldarola(Berlin: Mouton Publishers, 1982), pp.622-624.
26) 황선명, 「후천개벽과 혁세사상」, 『한국근대민중종교사상』, 학민사, 1983 참조.
27) 小口偉一·堀一郎 監修, 『宗敎學辭典』, 東京大學出版會, 1973, pp.411-417 참조.

징적인 용어들을 나열해 보면 아래와 같다.

먼저 란테나리(V .Lanternari)는 1964년에 신종교와 유사한 개념으로 'nativistic movement', 'revitalistic movement', 'millenarian movement', 'messianic movement', 'popular messianic movement', 'new religious movement', 'prophetic movement', 'religious movement', 'politico-religious sect', 'crisis cult' 등 26개를 제시하고 있다.[28] 이 밖에도 필자가 조사한 바에 의하면 'contemporary religious revivals'[29], 'nontraditional religious movement'[30], 'new cult'[31], 'religious experimentation'[32], 'marginal religious movement'[33], 'new minority religion'[34], 'modern religious movement'[35], 'emergent religion'[36], 'fringe religion'[37] 등을 여기에 첨가할 수 있다. 이들 가운데 개개 학자

---

[28] V. Lanternari, "Nativistic and Socio-Religious Movements", *Comparative Studies in History and Society*, vol.16(4), 1974, p.493.

[29] O. Madro, "A Marxist Perspective on Contemporary Religious Revivals", *Social Research*, vol.37(2), 1970.

[30] J. Jacobs, "The Economy of Love in Religious Commitment: The Deconversion of Women from Nontraditional Religious Movement", *Journal for the Scientific Study of Religion*, vol.23(2), 1984.

[31] D, Martin, "Revised Dogma and New Cult", *Daedalus*, vol.111(1), 1982.

[32] R. Wuthnow, *Experimentation in American Religion*(Berkeldy: University of California Press), 1978.

[33] C. L. Harper, "Cults and Communities: the Community Interfaces of Three Marginal Religious Movements", *Journal for the Scientific Study of Religion*, vol.21(1), 1982.

[34] F. Sontag, "New Minority Religions as Heresies" *International Journal of Philosophy of Religion*, vol.14. 1983.

[35] L. P. Gerlach and V. H. Hine, "Five factor Crucial to the Growth and Spread of a Modern Religious Movement", *Journal for the Scientific Study of Religion*, vol. 7(1), 1968.

[36] R. S. Elwood, "Emergent Religion in America: A Historical Perspective" in J. Needleman and George Barker, *op. cit.*

[37] Anson D. Shupe, *op. cit.*, p.7.

가 뚜렷한 정의를 내리지 않고 무분별하게 사용한 것도 많이 있지만 주목할 만한 개념 정의를 몇 개 열거하면 다음과 같다.

(1) 윌슨(B. Wilson)은 신종교(new religion)를 전통종교(older religion) 보다 더 확실하고(surer), 더 간결하고(shorter), 더 신속하고(swifter), 더 분명한 (clearer) 구원의 방법을 제시해주는 종교로 규정하고 있다.[38]

(2) 캠프벨(C. Campbell)은 트뢸치의 신비주의의 특징과 파슨스(T. Parsons), 머튼(R. K. Merton) 등이 사용한 공동체(collectivity)라는 개념을 복합적으로 수용하여 신종교(cult)를 신비 공동체(mystic collectivity)로 규정하고 있다.[39]

(3) 하그로브(B. Hargrove)는 '신종교(new religion)'에서 '신(new)'과 '종교(religion)'를 분리시키고, '신'의 개념에 의해 다른 문화권에서 유입된 종교, 문화의 일반적인 흐름을 역전시키거나 아니면 그 흐름을 더 급속화시키는 종교, 이미 존재하고 있는 종교적 요소들을 독특하게 결합시킨 종교들로 제한하고, '종교'는 삶을 조직화시키고, 행위에 의미를 부여해 주며, 인간에게 정체성을 제공해 주는 청사진으로 정의하고 있다. 이어서 신종교를 연구 대상으로 선택하기 위해서는 그것의 하위 개념으로 통합적 종교와 변형적 종교로 구분하는 것이 유리하다고 주장하고 있다.[40]

(4) 백포드(J. A. Beckford)는 '신종교(contemporary religious movements in west)'를 정의 내리기 위해서 우선 '종교'와 '운동'을 구분하고 있다. 그리고 연

---

[38] B. R. Wilson, "The New Religions: Preliminary Considerations" in E. Barker, *op. cit.*, p.7.
[39] C. Campbell, "Clarifying the Cult", *British Journal of Sociology*, vol.28(3), 1977, pp.375-386.
[40] B. Hargrove, "Integrative and Transformative Religions" in J. Needleman and George Vaker, *op. cit.*, pp.257-266.

구의 목적을 위해서는 배타적인 정의보다는 포괄적인 정의가 더 유리하다는 전제 아래 종교의 개념은 기어츠(C. Geertz), 그리고 운동의 개념은 킹(W. King)의 개념을 그대로 수용하고 있다.41)

(5) 슈페(A. D. Shupe)는 '신종교(fringe religion)'를 사회적인 공인을 완전하게 부여받지 못한 집단(group), 그리고 상류층에 있는 대부분의 사람들, 또는 중요한 사람들이 소속하거나 인정하고 있는 종교집단과 동등한 지위를 누리지 못하는 종교집단으로 규정하고 있다.42)

개개의 학자들이 내린 신종교의 개념 정의도 중요하지만 필자가 생각하기에는 이들이 이러한 개념을 가지고 다루고 있는 종교들이 주로 어떤 것이냐를 살피는 것도 이에 못지않게 중요하다. 이것은 학자들의 전공 분야와 소속 지역에 따라 달리 나타나고 있는데, 인류학의 경우에는 소위 제3세계에서 19세기 중반 이후에 생겨난 종교운동들을 주로 다루고 있으며, 사회학의 경우에는 서구에서 특히 1960년대 이후에 생겨난 종교들을 주고 다루고 있다. 물론 학자에 따라서는 예를 들어서 윌슨이나 슈페의 경우와 같이 이 두 경향을 모두 수용하고 있는 학자들도 있다. 참고적으로 살펴보면 서구의 학자들은 일반적으로 유대교, 기독교의 신정통주의(neo-orthodox)와 신근본주의(neo-fundamentalist version), 신동양주의(neo-orientalism), 그리고 잠재력 계발운동(human potential movement)을 신종교에 포함시키고 있다.43)

---

41) J. A. Beckford, "Explaining religious Movements", *International Social Science Journal*, vol.29(2), 1977, pp.235-236.
42) Anson D. Shupe, *op. cit.*, pp.5-12.
43) J. Coleman and G. Baum, eds., *New Religious Movements*(New York: The Seabury press, 1983), p.1.

우리나라의 상황을 좀 더 잘 이해하기 위해서는 같은 문화권에 속해 있는 일본의 경우를 살펴보는 것이 필요하다. 따라서 일본의 경우는 간단하게나마 구미 학자들의 그것과 따로 분리해서 정리를 해 보도록 하겠다.

일본의 학자들은 신종교, 신흥종교, 민중(대중)종교, 현대종교, 신종교운동, 신흥교단 등의 용어를 혼용해서 사용하고 있으나 최근에는 일반적으로 신종교라는 용어를 사용하고 있다. 이들은 신종교의 개념 규정을 크게 두 가지 측면, 즉 종교사적 측면과 종교사회학적 측면에서 내리고 있다. 먼저 종교사적 측면에서는 幕末期說, 今世期說, 전후설로 나뉘어져 있으며 학자에 따라서는 江戶 후기부터 일어난 국학운동을 신종교의 출발로 보는 사람도 있다. 그리고 종교사회학적 측면에서는 신종교를 발생기 종교, 반기성종교, 민중(대중)종교운동으로 보는 입장이 각기 나뉘어져 있다.44) 그러나 필자의 견해에 의하면 黑主敎(1813년 창립)를 비롯한 소위 교파신도의 성립을 신종교의 역사적인 출발로 보는 설이 일반적이다.

한편, 일본은 근대종교사의 전개 과정이 우리나라와는 많이 상이할 뿐더러 서구 종교의 영향을 받는 과정에서도 많은 차이를 보이고 있다. 그리고 일본의 신종교는 주로 신도와 불교에 기반을 두고 있기 때문에 신종교의 개념 규정이나 신종교에 포함시키는 종단의 내용은 학자에 따라 별로 차이를 보이지 않는다. 참고적으로 일본의 신종교를 주 연구 분야로 삼고 있는 에어하르트(H. B. Earhart)의 경우를 보면 그는 일본의 신종교를 혁신적(revitalistic)인 특성을 지니고 있으면서 조직을 형성하고 있는 종교로 한정시키고 있다. 다시 말해서 그는 단순히 분리된 집단

---

44) 井上順孝他, 『新宗敎硏究調査ツハンドブブワ』, 雄山閣, 1980, pp.3-7.

(schismatic group)이나 조직화되어 있지 않은 종교는 신종교에서 제외시키고 있다.45)

지금까지 국내와 국외의 학자들이 사용하고 있는 개념들과 그 개념에 포함시키고 있는 종교들의 범위를 개략적으로 살펴보았다. 앞에서도 언급하였듯이 신종교의 개념 정의는 종교의 정의를 중심으로 학자들이 겪어 왔던 논쟁 과정에서 많은 시사를 받을 필요가 있다. 주지하고 있듯이 종교의 정의는 종교가 지니고 있는 속성들의 공통부분을 나열하는 경향보다는 오히려 연구 범위를 어떻게 설정할 것이냐 하는 문제로 귀착이 되고 있다. 따라서 신종교의 개념 규정도 신종교라는 개념에 포함될 수 있는 종교들의 속성들을 나열하는 것보다는 우선 연구 범위의 설정이라는 측면을 강조하는 것이 필요하다.

물론 이 때는 맥과이어(M. B. Mcquire)도 지적하고 있듯이 연구 범위의 설정이라는 측면에서 신종교의 개념 규정은 될 수 있는 대로 많은 종교를 포괄시킬 수 있어야만 하며 그러면서도 적절히 배타적이어야 한다.46) 포괄적이어야만 한다는 측면을 강조하려면 지금까지 국내의 학자들이 신종교와 이와 유사한 개념으로 지칭하고 있는 모든 종교를 포괄하는 개념 규정을 내리면 좋을 지도 모르겠다. 하지만 이것은 신종교의 연구사를 정리하기 위한 개념 규정으로는 적절할지 모르지만 기술적이고 분석적인 개념으로는 적절하지 못하다.47) 따라서 필자는 작업 가설적인

---

45) H. B. Earhart, "The Interpretation of the New Religions of Japan as New Religious Movements" in *Religious Ferment in Asia*, ed, by R. J. Miller(Lawrence: The University Press of Kansas, 1974), pp.171-173.
46) M. B. Mcquire, *Religion: The Social Context*(Belmont, Ca. : Wadsworth Publishing Company, 1981), p.5.
47) 일본 신종교의 연구사를 정리한 책인 井上順孝・孝本貢他,『新宗教研究調査ハンドブック』, 雄山各, 1981, p.13을 보면 이와 같이 개념 규정을 내리고 있다.

의미에서, 즉 다시 말해서 연구 범위의 설정이라는 측면에서, 그리고 우리나라의 근대종교사나 현대의 종교적인 상황을 이해한다는 목적을 위해서 신종교의 개념 규정을 슈페가 사용한 '신종교(fringe religion)'의 개념으로 사용할 것을 제안하고자 한다. 그리고 덧 붙여서 좀 더 배타적인 개념 규정을 위해 에어하르트의 입장을 수용해서 조직체를 가지고 있는 종교로 한정을 짓고, 나아가서 신종교의 구성원을 후원자(affiliates), 고객(clients), 신도(members), 교직자(adepts)로 구분했을 때 특히 신도의 수가 일정 수준을 유지하고 있는 종단으로 한정을 짓고자 한다.[48]

나. 신종교의 계보 및 특성

앞에서도 지적하였듯이 村山智順이 1935년에 우리나라의 신종교를 동학계, 훔치교계, 불교계, 숭신계, 유교계, 계통불명으로 계보를 정리한 이래 대부분의 학자들이 그의 방법을 따르고 있다. 村山智順과 후대의 학자들이 정리하고 있는 계보상의 차이는 후대의 학자들이 정리하고 있는 계보가 더 세분화되어 있다는 것뿐이다. 예를 들어서 村山智順은 6계통으로 계보를 정리하고 있는 반면, 문상희(1973년)는 이에 무속계, 기독교계, 외래계 등을 포함해서 11계통, 그리고 이강오(1975년)는 이에 다시 일관도계, 연합계 등을 포함해서 13계통으로 정리하고 있다.

물론 후대의 학자들이 정리한 계통 분류도 서로 비슷한 시기에 행해졌음에도 불구하고 차이가 발견되기도 한다. 이것은 신종교가 빠른 속도로 변동 과정을 보이고 있다는 점과도 관련이 있겠지만, 개개 학자들의 계

---

[48] F. B. Bird and F. Westley, "The Economic Strategies of New Religious Movements", *Sociological Analysis*, vol.46(2), 1985, p.160.

보 분류 기준이 서로 다르다는 점과 정확한 계보 추적이 어려운 신종교들이 상당수 있다는 것과도 관련이 있다.[49] 몇 가지만 예를 들자면 해방 전에 일본에서 유입된 신종교들이 현재 일본과의 관련성을 거부하고 독자적인 종단을 유지하고 있는 경우나 또는 1950년을 전후에서 중국에서 유입된 일관도가 현재 단군신앙을 중요시하고 있는 경우에는 이러한 신종교들을 단순히 불교계나 외래계로 분류해 버리는 것은 문제가 있다.

필자는 여기에서 우선 상기의 학자들이 계보를 정리한 목적을 두 가지로 정리하고, 그것이 지니고 있는 문제점을 각기 구분해서 지적해 보고자 한다. 첫째는 얼핏 보기에 상당수에 달하고 있는 신종교들을 신앙 대상의 특징을 중심으로 분류하거나, 아니면 분파과정을 추적하는 방법을 통해서 신종교들에 대한 이해의 실마리를 찾고자 하는 것이다. 이것은 특히 村山智順과 문상희에게서 찾아 볼 수 있는데 이러한 분류를 통한 신종교 이해의 목적이 전자의 경우는 소위 유사종교에 대한 종무 정책 수립에 있으며, 후자의 경우는 특정종교의 선교정책 수립에 있다고 할 수 있다.[50] 종무정책 수립과 특정종교의 선교정책 수립은 물론 별 개의 것이나 이 두 경우에 모두 신종교에 대한 연구가 연구 이외의 특정 목적을 지니고 있다는 면에서 같은 것임에 틀림이 없다.

레이엔덱커(L. Laeyendecker)는 최근에 발표된 '종교사회학의 사회학'에 관한 논문들이 제기하고 있는 문제점을 사회학의 결정론적인 인간관과 종교적인 인간관의 갈등, 그리고 스폰서인 (종교)단체가 종교사회학에 미치는 영향으로 정리하고 있다.[51] 그리고 이어서 사회학이 지니고

---

[49] 학자들이 정리한 계보 분류의 내용은 앞에서 언급을 하였기 때문에 여기에서는 생략하고자 한다.
[50] 村山智順, 앞의 책, 第十章 類宗の影響 참조; 문상희,「한국신흥종교의 계보와 기본교리」,『대화』, 제39호, 1973, 47쪽.

있는 폭로적(unmasking) 기능과 상대화(relativising) 기능으로 인해 종교사회학자는 하나의 딜레마에 빠져있다고 말하고 있다.

　　종교사회학자는 하나의 딜레마, 즉 만약 그가 생각하고 있는 모든 것을 말해 버리면 다른 사람들이 그의 말에 더 이상 귀를 기울이지 않으며, 만약 다른 사람들로 하여금 자신의 이야기에 귀를 기울이게 하려면 그는 모든 것을 말해서는 안 된다는 딜레마에 빠져 있다."52)

　필자가 구태여 라이엔덱커의 말을 인용한 이유는 연구의 목적이 특정적일 경우, 즉 다시 말해서 연구의 결과를 필요로 하는 사람들이 특정인일 경우에 그 때 이용되는 연구 방법은 연구의 결과를 필요로 하는 사람들이 바뀔 경우에는 유용성이 줄어 들 수 있다는 점을 지적하기 위해서이다. 필자가 앞에서 지적하였듯이 신종교 연구가 우리나라 근대종교사의 이해나 아니면 우리나라의 현대 종교적인 상황의 이해, 또는 종교이론의 검증이나 종교학의 계몽주의적인 패러다임의 극복이라는 점에 목적이 있다면 상기의 계보 분류를 통한 신종교 이해는 나름의 한계를 지닐 수밖에 없다.

　둘째는 신종교의 계보 분류가 목적 그 자체인 경우이다. 이와 같이 계보의 분류가 신앙 대상과 분파의 두 가지 기준을 함께 고려해서 행해질 때는 분류 자체의 의도가 불분명해질 위험이 따른다. 왈리스(R. Wallis)는 종단이 분파를 하는 이유로 ①경제, 민족, 도시-시골, 계층상의 이유, ②문화적 이유, ③개인적 갈등, ④권력 투쟁의 네 가지로 구분하고 있

---

51) Leo Laeyendecker, "The Sociology of the Sociology of Religion: Deficiences and Opportunities", *Social Compass*, vol.31(2-3), 1984, p.162.
52) *Ibid.*, p.166.

다.53) 우리나라에 존재하고 있는 신종교의 분파 이유 가운데 이 네 가지의 이유 말고 또 다른 것이 있는지, 아니면 이 네 가지 가운데 주로 어떤 이유로 인해 분파가 이루어지는지는 따로 고찰해 볼 필요가 있다. 그런데 문제는 하나의 기준에 의한 분류는 적어도 유형론이 지니고 있는 장점과 한계를 동시에 지닐 수가 있지만 두 가지 기준이 함께 사용된 분류는 그나마 유형론의 장점을 지닐 수가 없다는 사실이다.54)

이러한 한계는 첫 번째의 경우에도 똑같이 해당이 되겠지만, 이러한 계보상의 분류가 지니고 있는 또 다른 한계를 지적하기 위해서 잠시 'church-sect' 유형론에 대해서 살펴보기로 하자.

서구에서는 종교의 변동 내지 종교의 분파 과정을 이해하기 위한 이론으로 트뢸체(E. Troeltsch)와 베버(M. Weber) 이후 'church-sect' 유형론이 일찍이 대두되었다. 그리고 니버(H. R. Niebuhr)의 디노미네이션(denomination)이나 그 뒤 'cult' 개념이 더 첨가되어 잉거(M. Yinger)는 'church', 'ecclesia', 'denomination'(또는 'class church'라고도 함), 'the established sect', 'sect', 'cult'의 여섯 가지 유형으로 교단론을 정리하였다.55)

우리나라에서도 김경동은 신종교 연구를 위한 이론적인 틀로서 오스터왈(G. Oosterwal)의 메시아 운동 개념과 함께 이와 유사한 교단론을

---

53) Roy Wallis, *Salvation and Protest: Studies of Social and Religious Movements*(London: Frances Printer Ltd., 1979), p.177.
54) 유형론의 장점과 한계는 J. Fabian, "The Anthropology of Religious Movements: From Explanation to Interpretation", *Social Research*, vol.46, 1979, pp.14-17; F. Whaling, ed., *Contemporary Approaches to the Study of Religion*, vol. I (Berlin: Mouton Publishers, 1984), pp.211-220 참조.
55) M. Yinger, *The Scientific Study of Religion*(New York: Macmillan, 1970), pp.256-280; 井門當二夫 編, 『講座宗敎學 3』, 東京大學出版會, 1978, pp.160-229 참조.

제시한 바가 있다.56) 그리하여 김경동은 유사종교를 'cult'로, 그리고 신흥종교를 'sect'라는 개념으로 사용할 것을 제안하기도 하였다.57) 그러나 일본의 신종교를 주 연구 분야로 삼고 있는 데비스(W. Davis)는 "동양에는 기독교 교회, 섹트, 디노미네이션 등의 구분을 가능하게 해주는 종교행위나 역사적인 경험이 실제적으로 없기 때문에 이러한 개념들을 일본, 중국, 그리고 한국의 종교적 상황에 그대로 적용하는 것은 매우 잘못된 생각이다"58)라고 지적하고 있다.

데비스의 주장을 그대로 수용해 본다면 'church-sect' 유형론을 우리나라의 신종교에 적용하는 것은 매우 위험스럽다. 물론 도움이 전혀 안된다고는 할 수 없지만 문제는 특정 종교를 이와 같은 교단론에 근거해서 섹트나 컬트 또는 디노미네이션으로 규정하는 것은 그 특정 종교의 조직을 이해하는 데는 어느 정도 도움이 될 수 있지만 이러한 개념을 중심으로 모든 신종교를 분류하는 시도는 전혀 무의미하다. 이러한 시도는 신종교의 조직을 이해하는 것 보다는 오히려 'church-sect' 유형론의 검증을 위한 것이거나, 아니면 유형론 그 자체를 위한 시도에 불과하다.59)

이렇게 보면 뚜렷한 이론적인 기준도 없이 무조건 계보를 정리하는 것은 신종교의 이해를 위한 것도 아니며, 그렇다고 해서 계보 정리의 유용

---

56) 김경동, 「신흥종교에 대한 사회학적 접근-한국 신종교 연구를 위한 시안」, 『동산신태식박사송수기념논문집』, 계명대출판부, 1969, 369-383쪽; 김광억은 한국 신종교를 'cargo cult'와 메시아 운동과 유사한 형태라고 지적하고 있다. 김광억, 「사회변동과 종교운동」, 『신인간』, 1983. 5월호
57) 김경동, 앞의 논문, 382쪽.
58) W. Davis, "Japanese Religious Affiliation: Motives and Obligations", *Sociological Analysis*, vol.44, 1983, p.141.
59) R. Stark and W. S. Bainbridge, "Of churches, Sects and Cults: Preliminary Concepts for a Theory of Religious Movements," *Journal for the Scientific Study of Religion*, vol.18. 1979 참조.

성을 검증하는 것도 아니다. 그리고 이러한 계보 정리는 개별 종단에 또 다른 명칭만 부여해줄 뿐이지 그 종단에 대한 설명은 결코 될 수 없다는 점도 지적되어야 한다. 다만 이 경우에 수확이 있다면 유교 계통의 신종교가 존재하지 않는다는 지적에서 볼 수 있듯이 신종교의 이해에 도움이 된다기보다는 오히려 유교의 특징을 부각시켜 주는 것뿐이다.60)

유형론은 그 자체에 목적이 있는 것이 아니고 개별 현상의 이해에 도움을 줄 수 있는 한도 내에서 유용하다는 일반적인 지적을 감안해 보면, 필자는 앞으로의 계보 정리는 분파의 경우와 신앙 대상에 의한 분류를 구분하고 계보를 더 세분화할 필요가 있다고 생각한다. 즉 개별 신종교의 고유성을 이해하기 위해서는 동학계에 어떠어떠한 종단이 있다는 것보다는, 어떤 종단이 동학계라는 이해를 가능하게 해줄 수 있는 계보 정리, 또는 유형론이 필요하다고 하겠다.

한편, 지금까지 신종교를 연구한 학자들은 거의 모두 신종교의 특성들을 나열식으로 지적하고 있는데 몇몇 학자들을 예로 들어 보면 아래와 같다.

(1) 村山智順: 종교종합화, 후천개벽관, 지상천국사상, 기적과 구세주(유사종교의 사상적인 특징)61)
(2) 류병덕: 종교 糅合, 후천개벽사상, 교주숭배, 정감록사상, 신명사상(신흥종교의 특징)62)
(3) 문상희: 종교합일, 후천개벽, 지상천국, 구세주신앙, 선민신앙, 정감록신앙, 무속신앙(신흥종교 교리의 특징)63)

---

60) 이강오, 『한국신흥종교의 개관』, 162쪽 참조.
61) 村山智順, 앞의 책, pp.917-933.
62) 류병덕, 앞의 책, 92-94쪽.
63) 문상희, 앞의 책, 325-343쪽.

(4) 이강오: 종말론의 강조, 구세주신앙(교주의 우상화), 개벽신앙, 지상낙원건설, 선민사상, 정교합일론, 혼합교리(신흥종교의 특색)[64]
(5) 한승조: 종교혼합, 융합·통일의 경향, 현상타파적이며 미래지향적인 개혁의지, 한국 중심의 세계평화사상, 성속융합, 영육쌍전, 교정일치, 정신문명과 물질문명의 조화사상, 지상천국의 유토피아 사상(한국신흥종교의 공동 특징)[65]
(6) 노길명: 하류계층(불만에 차고 억압된 자들)을 대상으로 전파, 교주의 카리스마적 성격, 계시사상(시한부 종말론), 통일사상(신흥종교의 특성)[66]
(7) 김열규 : 종합주의, 해원사상, 신비체험(동학 및 증산교계 신흥종교의 특징)[67]
(8) 김득렬 : 역사의 종말 임박, 현실 교회들의 타락, 구원 받기 위해서는 그 종파의 주장을 따라야 함, 영적 특수체험의 강조, 성서의 문자적 해석(기독교계 소종파들의 공통점)[68]

이 밖에도 신흥종교를 연구한 학자들은 대체로 이와 비슷하게 신종교(사상)의 특징을 나름대로 지적하고 있다.[69]

개개 학자들이 지적하고 있는 신종교의 특징을 좀 더 타당하게 정리하는 것은 이 글의 목적이 아니지만 이러한 내용을 중심으로 검토되어야 할 몇 가지 문제점에 대해서 잠시 생각해 보는 것이 좋을 듯하다.

첫째, 후대의 학자들이 지적하고 있는 내용이 村山智順이 이미 지적하였던 내용을 크게 벗어나고 있지 않으며, 좀 심하게 말하면 그것을 그

---

[64] 이강오, 앞의 논문, 212-213쪽(이강오는 본래 16가지를 열거하고 있으나 대표적인 것을 필자가 다시 정리한 것임).
[65] 한승조, 앞의 논문, 1100-1104쪽.
[66] 노길명, 「신흥종교 발생의 사회학적 의미」, 『새생명』, 1975. 10월호, 44-45쪽.
[67] 김열규, 「신흥종교와 민간신앙」, 『한국학보』, 4집, 1976.
[68] 김득렬, 「한국 예수교 전도관 소고」, 『현대와 신학』, 제6집, 1970, 210쪽.
[69] 김광일, 「한국신흥종교의 정신의학적 분석」, 『기독교사상』, 1978. 8월호 ; 장병길, 『한국고유신앙연구』, 서울대 동아문화연구소, 1970, 108-121쪽; G. Prunner, "The New Religions in Korean Society", 『제1회 한국학 국제학술회의 논문집』, 한국정신문화연구원, 1979, 1079-1095쪽.

대로 반복하고 있다는 점이다. 다른 나라의 신종교를 연구하고 있는 학자들이 그 지역에 있는 신종교의 특징을 이런 식으로 정리하는 사례가 거의 없다는 사실과[70], 村山智順의 신종교 연구의 목적이 소위 유사종교에 대한 파악에 있었다는 점은 결코 우리가 간과해서는 안 될 점이다. 다시 말해서 유사종교의 실태 파악을 통한 식민지 정책을 수립하기 위해 생겨난 문제의식을 후대의 학자들이 그대로 수용하고 있는 이유는 당연히 검토 받아야 할 것이다.

둘째, 거의 모든 학자들이 용어는 다소 다를지언정 모두 함께 지적하고 있는 교리혼합의 문제이다. 교리혼합은 영어의 'syncretism'을 번역한 용어인데 이것은 신종교의 특징뿐만 아니고 경우에 따라서는 한국종교의 특징을 지적하는 용어로도 사용되고 있다. 예를 들어서 정대위는 우리나라에서 기독교의 성공을 하나의 혼합현상으로 설명하면서 "한국인들은 철학할 때는 불교인이 되고 예를 갖출 때는 유교인이 되고 생의 위기에 직면할 때에는 무속인이 된다"는 외국인의 말을 인용하고 있다.[71]

정재식도 한국의 종교적 상황을 설명하면서 한마디로 'syncretism'으로 규정하고 있다.[72] 물론 이와 같은 맥락에서 일본의 종교적인 상황도 똑같이 'syncretism'이라는 용어로 지적되고 있다는 사례를 볼 수도 있다. 예를 들어서 일본인은 결혼식은 신사에서 그리고 장례식은 절에서

---

[70] 기타가와는 일본 신종교의 특징을 'naive optimism'과 'ethnocentrism'이라고 지적하고 있으나 그의 문제의식은 검토되어야만 할 것이다. J. M. Kitagawa, "New Religious in Japan: A Historical Perspective" in *Religion and Change in Contemporary Asia*, ed. by R. E. Spence(Minneapolis: University of Minnesota Press, 1971), pp.41-42.

[71] 정대위, 「한국사회에 있어서의 종교혼합」, 『사상계』, 1960. 3월, 208쪽(이 글은 정대위의 박사논문 요약임).

[72] Chai-Sik Chung, *op. cit.*

행하는 것이 일반적이며, 또한 칼다롤라(C. Caldarola)도 현대 일본의 종교적인 상황을 'syncretism'이라는 용어를 사용하여 지적하고 있다.[73]

본래 'syncretism'은 플루타크와 에라스무스를 거쳐서 교회개혁을 전후하여 정착된 용어이며 주로 철학과 종교사에서 사용된 개념이다. 그리고 이 용어는 잡종, 혼성물(hybrid)이라는 경멸적인 의미도 함축하고 있어서 일반적으로 원칙에서 벗어나는 것, 또는 진리를 버리고 타협을 갈구하는 시도를 지칭할 때 사용되어 왔다.[74] 따라서 기독교사에서는 항상 예를 들어서 영지주의와 같이 이단적인 경향을 지니고 있는 사상이나 분파에 이 용어가 사용되었으며, 교회개혁 이후 프로테스탄티즘에서 가톨릭의 성모 마리아에 대한 숭배 의식을 'syncretism'이라는 용어로 비난하고 있다는 것은 주지의 사실이다.

하지만 전체 기독교사를 살펴보면 'syncretism'은 기독교 자체에 위협이 되기도 하였지만 도움이 되기도 하였다는 사실을 부인할 수 없다. 다시 말해서 가장 많이 'syncretism'이라는 용어를 사용하고 있는 기독교 자신도 어느 정도까지는 'syncretism'을 수용할 수밖에 없었다는 점이 지적되어야만 한다. 이 점은 윌슨(B. Wilson)이 세속화에 대한 기독교의 반응을 교회 통합주의(ecumenism), 카리스마적 갱신(charismatic renewal), 자발적 탈구조화(voluntary destructuration), 합리화(rationalization), 절충주의(eclectism)의 다섯 가지로 지적하고 있는 것 중에서 용어는 다소 다르지만 마지막의 절충주의를 보면 알 수 있다.[75]

---

[73] C. Caldarola, "Japan: Religious Syncretism in a Secular Society" in C. Caldarola, ed, *op. cit.*, p.18.
[74] James Moffatt, "Syncretism" in *Encyclopedia of Religion and Ethics*, ed. by J. Hastings(Edinburgh: T&T. Clark, 1921), vol.12, pp.155-157.

완전히 새로운 종교적 신념체계는 없다. … 예를 들어 석가, 공자, 예수의 신념
체계는 그들 이전의 문화체계를 내포하고 있다. 엄격한 의미에서 새로운 종교의 출
현, 또는 종교개혁은 창조가 아니라 기성 가치체계의 쇄신이다. 종교현상에 대해서
도 "하늘 아래 새로운 것은 없다"는 고대의 지혜가 그대로 적용된다.[75]

위의 지적을 감안해 보면, 'syncretism'이라는 용어는 비록 정도의 차이는 있을지언정 세계사에 출현했던 모든 종교에 붙일 수 있다고 해도 틀린 말은 아니다.

이와 같이 보면 우리는 어떤 특정 종교를 'syncretism'이라고 규정하기 보다는 오히려 'syncretism'이라는 용어를 사용하는 학자들의 문제의식을 먼저 검토해 보아야만 한다. 村山智順이 우리나라 신종교의 특징을 '종교종합화'라는 용어로 규정한 것은 한국 신종교의 무가치성을 보여주기 위해서라는 사실을 조금만 생각하면 곧 이해할 수 있다. 그런데 후대의 학자들이 그의 뒤를 이어서 신종교의 특징을 'syncretism'이라고 규정하는 이유는 과연 어디에 있을까? 그리고 서구의 학자들, 또는 서구인의 시각을 가지고 있는 학자들이 우리나라를 포함한 동양의 종교를 'syncretism'이라는 용어로 특징짓는 이유는 무엇이며, 그것은 과연 타당한 지적이라고 할 수 있을까?

물론 개개의 종교들을 살펴보면 종교에 따라서는 'syncretism'이라는 현상이 더 두드러진 종교도 있을 수 있다. 그러나 본래부터 경멸적인 뉘앙스를 다분히 지니고 있는 용어를 특정 종교의 특징으로 지적하는 것은 그 종교에다 또 다른 별명을 붙여주는 것에 불과하다. 다시 말해서

---

75) 브라이언 윌슨, 『현대의 종교적 변용』(윤원철 역), 전망사, 1984, 108쪽; 柳川啓一 編, 『現代社會と宗教』, 東洋哲學研究所, 1978, pp.37-39 참조.
76) 윤이흠, 앞의 논문, 19쪽.

'syncretism'이라는 용어는 기술적인 용어라기보다는 오히려 그 종교에 대한 이해를 가로막는 장애물의 역할을 할 수도 있다.

따라서 특히 신종교의 특징을 'syncretism'이라는 용어로 어설프게 지적하고 단순히 몇몇 종교의 부분적인 혼합물로 생각하는 것 보다는 비록 혼합물의 성격을 보여준다 하더라도 그 혼합물의 독특한 면, 즉 창조적인 면을 밝혀 낼 수 있는 기술적인 용어를 찾아내야만 한다. 다시 말해서 어떤 종교이든지 그것을 'syncretism'으로 규정해 버리고 나면 어쩔 수 없이 그 종교의 창조적인 과정을 포착할 수 없다는 사실을 잊어서는 안 된다.[77]

셋째, 신종교의 특징을 무속과 관련짓는 데서 생길 수 있는 문제이다. 이것은 긍정적인 측면과 부정적인 측면을 모두 지니고 있는데, 먼저 신종교에서 전통적인 요소를 찾는다는 점에서는 바람직한 지적이라고 할 수 있다. 예를 들어서 김열규는 동학 및 증산계 신종교의 전통적인 요소를 세 가지로 지적하면서 그 가운데 하나로 신비체험을 들고 있다.[78]

이것은 하다크레(H. Hardacre)가 일본 신종교의 치병의례를 설명하면서 그것이 일본 전통종교와 밀접한 관련을 지니고 있다는 점을 강조하는 것과 마찬가지로 긍정적인 평가를 받을 수도 있다.[79] 그러나 신종교가 신비체험을 강조한다고 해서 그 신비체험을 모두 무속적인 현상이라고 간단하게 지적해 버리는 것은 부정적인 평가를 받을 수밖에 없다. 왜냐

---

[77] J. Fabian, op. cit., pp.14-17.
[78] 김열규, 앞의 논문 참조.
[79] Helen Hardacre, "The Transformation of Healing in the Japanese New Religions", History of Religions, vol.21, 1982, p.320; H. B. Earhart, "Toward a Theory of the Formation of the Japanese New Religions: A Case Study of Gedatsu-Kai", History of Religions, vol.20, 1980, p.181.

하면 이런 식의 주장은 예를 들어서 서구의 오순절 운동을 무속적인 현상이라고 지적하는 것과 마찬가지의 오류를 범할 수 있기 때문이다. 대부분의 종교, 아니 모든 종교는 나름대로의 신비주의(mysticism)를 지니고 있다. 이 때 이슬람의 수피 신비주의(Sufi mysticism)를 단순히 무속적인 현상이라고 지칭할 수 있을까? 물론 이것은 우리나라의 무속을 수피적이라고 지칭하는 것과 같은 오류에 속한다. 따라서 무속의 공수, 기독교의 방언, 또는 신종교에서 발견되는 神言, 吐說 등이 유사한 현상이라고 해서 이들을 모두 무속적인 현상이라고 간단하게 지칭하는 것은 문제가 있다. 게다가 이와 같이 신종교의 특징을 무속신앙이라고 규정하고 그 무속신앙이 한국인의 심성에 미친 영향을 의타심, 운명신앙, 역사의식의 결여, 주술신앙이라고 열거한다면 이것은 결국 신종교에 대한 정당한 설명이라기보다는 오히려 가치 평가적인 설명이라는 비난을 받아 마땅하다.[80]

넷째, 신종교의 특징의 하나로 선민신앙을 지적하는 문제이다. 몰(H. Mol)은 종교를 '정체성의 聖化(sacralization of the identity)'로 정의하고 있다. 그는 종교를 이해하는데 정체성 개념이 유용하다고 하고, 개인이나 집단, 그리고 사회가 존재하기 위해서는 반드시 정체성이 필요하다고 지적하였다.[81] 종교와 정체성 확립이 밀접한 관련이 있다는 몰의 주장을 그대로 인정해 보면 우리나라의 신종교가 선민신앙을 지니고 있다는 사실은 그다지 놀랍거나 해괴한 일이 아니다. 왜냐하면 일본의 신종교도 그 가치체계는 보편성을 주장하면서도 일본 민족주의의 독특한 가

---

[80] 문상희, 「토속신앙이 한국인의 윤리관에 미친 영향」, 『철학사상의 제문제』(Ⅲ), 한국정신문화연구원, 1985, 64-49쪽; 문상희, 『한국신흥종교의 계보와 기본교리』, 30쪽.
[81] H. Mol, *Identity and the Sacred: A Sketch for a new Social Scientific Theory of Religion*(London: Blackwell, 1976), p.59.

치체계와 밀접한 관련이 있다는 지적, 그리고 우리나라에서 발생한 통일교가 미국에 가서 미국인의 소명의식을 강조하고 있다는 지적을 보면 우리나라 신종교의 선민사상은 특이한 것이라기 보다는 당연히 있을 수 있는 내용이라고 할 수 있기 때문이다.82) 신종교의 선민사상은 민족 정체성 확립의 맥락에서 이해되어야할 것이며, "한국이야말로 하느님이 선택한 동방의 그 한 나라라는 것을 아무런 학적인 근거도 없이 막연한 생각을 가지고 외치고 있다"83)라는 지적에서 볼 수 있듯이 일방적으로 비판받아야 할 내용이 결코 아니다.

이 밖에도 지상낙원 건설(지상천국), 구세주 신앙, 종말론의 강조 등도 모두 각기 천착을 해보아야만 할 내용들이다. 예를 들어서, 벨라(R. Bellah)와 기타가와(J. M. Kitagawa)는 모두 현대종교(modern religion)의 특징으로 지금, 이곳에서의 구원을 지적하고 있는데, 이렇게 보면 지상낙원 건설은 우리나라 신종교만의 특징이라기보다는 현대의 모든 종교들이 지니고 있는 특징이라고 보는 것이 더 타당할지도 모른다.84)

지금까지 학자들이 지적하고 있는 신종교의 특징들을 검토해 본 것에서 알 수 있듯이 그 내용 하나하나가 거의 문제점을 지니고 있지만 가장 근본적인 문제는 도대체 신종교의 특징들을 이와 같이 열거하는 것이 어

---

82) T. J. Solomon, "The Response of Three New Religions to the Crisis in the Japanese Value System", *Journal for the Scientific Study of Religion*, vol.16(1), 1977, p.13; D. Anthony and T. L. Robbins, "The Effect of Detente on the Growth of New Religions: Reverend Moon and the Unification Church", J. Needleman and G. Baker, *op. cit.*, pp.80-100.
83) 김광일, 앞의 논문, 30쪽.
84) R. Bellah, *Beyond Belief: Essays on Religion in a Post-Traditional World*(New York: Harper and Row, 1970), pp.39-44.; J. M. Kitagawa, "Primitive, Classical and Modern Religions" in *The History of Religions*, ed. by J. M. Kitagawa with the collaboration of M. Eliade and C. H. Long(Chicago: The University of Chicago Press, 1967), pp.57-65.

떤 유용성을 지닐 수 있는가 하는 것이다. 민경배는 우리나라의 초기 기독교인들이 대부분 비사회적이고 개인 구령적이며, 신비주의적이고 종말론적인 신앙을 지니고 있었다고 지적하고 있는데, 이것은 학자들이 지금까지 지적하고 있는 신종교의 특징과 거의 일치하고 있다는 것을 알 수 있다.[85] 따라서 이 사실은 필자가 앞에서 암시적으로 지적하였듯이 적어도 1910년을 전후한 시기까지는 기독교도 신종교의 범주 안에 들어가야 한다는 필자의 주장을 지지해 준다. 그러나 한편으로는 신종교의 특징을 이와 같이 지적하는 것은 오히려 신종교와 그것의 상대적인 개념이라고 할 수 있는 기성종교와의 구분을 애매하게 해준다는 점을 보여주기도 한다.

여러 종교들 가운데 연구의 목적을 위해, 또는 서술상의 필요에 의해 일부를 범주화해 놓고 그것들의 특징을 열거하는 것은, 인간의 삶과 관련이 있는 모든 현상들 가운데 일부를 종교라는 용어로 범주화해 놓고 그것의 본질(essence)이나 특성(nature)을 지적하는 것과 마찬가지의 어려움을 겪게 마련이다. 학자들이 지적하고 있는 신종교의 특징들은 신종교들의 공통부분도 아니며, 그렇다고 해서 신종교들만이 지니고 있는 특징들도 아니라고 할 수 있기 때문에 필자는 앞으로는 개별 신종교의 고유성을 이해할 수 있는 관점에서 이러한 이해의 방법이 수정되어야만 할 것이라고 생각한다.

---

[85] 민경배, 「한국근대문화와 기독교의 형태 및 그 영향범위」, 『한국사학』, 한국정신문화연구원, 1980, 229-230쪽.

다. 신종교의 발생이론

　신종교가 종교의 하위 범주라는 사실을 인정해 보면 신종교의 발생이론은 당연히 일반적인 종교의 발생이론이기도 할 것이라는 점은 쉽게 이해될 수 있다. 그리고 이러한 연결점을 인정하고 나면 종교의 발생이론은 종교학사에서 볼 때 19세기말에서 20세기초에 대두되었던 종교의 기원에 관한 문제와 당연히 연결될 수밖에 없다는 사실도 수긍할 수 있다.
　물론 종교의 기원에 관한 문제와 (신)종교의 발생에 관한 문제는 생겨나게 된 배경이 다르다. 종교의 기원에 관한 문제는 도대체 종교일반이 어떻게 해서 생겨났는가를 살피기 위한 것이며 종교의 최초의 형태를 진화론적인 시각에 의해 추적해내는 것인데 대해서, (신)종교의 발생이론은 종교일반이라기 보다는 특정 종교의 발생 원인을 찾아내고자 하는 것이다. 다시 말해서 종교 기원의 문제는 종교의 'origin'을 밝히기 위한 것이었다면, (신)종교의 발생이론은 종교의 'cause'를 밝히기 위한 것이다.
　용어의 차이는 있을지언정 현재 학자들이 제시하고 있는 (신)종교의 발생이론은 놀랍게도 19세기말에서 20세기초에 학자들이 제시하였던 종교의 기원에 관한 이론 가운데 일부와 내용이 유사하다. 주지하다시피 종교학사에서 종교의 기원에 관한 문제는 제1차세계대전을 전후해서 이미 해결될 수 없는 문제로 귀착이 되었다.[86]
　종교학사를 살펴보면 이와 비슷한 과정을 겪었던 문제의식들이 여럿이 있다. 예를 들어서 신화 - 제의학파에서 한동안 논란을 계속하였던 문제, 즉 신화와 제의 가운데 어느 것이 먼저 존재하였는가의 문제, 그리

---

[86] W. 리처드 콤스톡, 『종교학』(윤원철 역), 전망사, 1983, 10-20쪽.

고 신의 존재 여부에 관한 문제도 이와 비슷한 과정을 겪었던 문제의식 들이다.87) 이와 같은 사실들을 살펴보면 종교학사는 꼭 쿤(T.Kuhn)의 패러다임이라는 개념을 빌리지 않더라도 답변이 가능한 질문, 또는 적절한 질문을 찾아 나가는 과정으로 이해할 수도 있다.88) 그렇다면 종교의 기원에 관한 이론 가운데 일부분, 다시 말해서 주로 사회학적 이론과 심리학적 이론에 근거를 두고 있는 (신)종교 발생에 관한 이론을 종교학사의 관점에서 어떻게 평가해야만 할까라는 문제는 당연히 검토해 보아야만 한다. 부적절한 문제의식에서 나온 이론을 그 문제의식이 사라지고 난 현재에 와서 그대로 (신)종교 발생에 관한 이론으로 수용하는 것이 과연 타당할 수 있을지의 여부는 살펴보아야만 할 문제이다.

콤스톡은 종교의 기원에 관한 이론들을 정리하고 나서 다음과 같이 언급한 적이 있다.

기원에 대한 문제를 제기하고 또 그 해답을 추구하는 것은 이처럼 매우 복잡한 현상을 어쩔 수 없이 단순화시키고 왜곡시키게 된다… 종교 기원에 대한 문제는 사변적인 것이고, 과학적인 방법으로 그 해답을 찾기는 힘들다. 그러나 종교가 인간의 경험과 행동에서 매우 구체적인 요소로 존재한다는 사실만은 변함이 없다. 그리하여 종교를 하나의 '주어진 것(given)'으로 받아들이고, 가능한 한 최선의 분석적 도구와 정확한 기술 방법을 동원하여 종교를 연구하는 것이 더 큰 성과를 가져올 것이라고 생각한다.89)

---

87) A. Wallace, *Religion: An Anthropological View*(New York: Random House, 1966), p.102; 존 H. 힉, 『종교철학개론』(황필호 역편), 종로서적, 1980, 41-88쪽.
88) 와르덴버그는 종교학사를 'breaking through a culture's or a religion's self-absolutization'으로 정리하고 있다. J. Waardenburg, *Classical Approaches to he Study of Religion: Aims, Methods and Theories of Research*(The Hague: Mouton, 1973), pp.74-75.
89) W. 리처드 콤스톡, 앞의 책, 19-20쪽.

결론적으로 말해서 필자는 콤스톡의 이러한 지적이 신종교의 발생이론에도 그대로 적용이 될 수 있다고 생각한다.

종교는 사회에 대해서 변동을 야기, 또는 촉진시키거나 방해를 하고, 또한 사회는 종교의 흥륭이나 쇠퇴에 지대한 영향을 미친다. 그리고 신종교는 그것이 처해 있는 사회, 문화적인 상황 속에서 급격히 성장하였다가 소멸하거나 또는 계속해서 초기의 형태를 유지하기도 하고, 아니면 초기의 형태를 변형하여 유지하기도 한다. 이와 같은 사실은 이미 여러 학자들이 지적하고 있는 것인데, 문제는 신종교의 발생 원인을 몇몇 이론에서 찾고 그것을 천편일률적으로 모든 신종교에 적용하는 것보다는 신종교를 각기 '주어진 것'으로 인정하고, 그것과 사회, 문화적인 상황과의 상호 관련 속에서, 보다 구체적으로, 예를 들어서 신종교의 전개과정 (life-cycle)을 살펴보는 것이 신종교를 이해하는 데 더 직접적인 도움이 될 수 있을 것이라는 점이다.

예를 들어서 레온(M. P. Leone)은 몰몬교에 대한 연구 저서에서 몰몬교의 발생 원인을 찾기 보다는 오히려 미국에서 다른 유토피아 운동이 대체로 실패했음에도 불구하고 몰몬교가 지속될 수 있었던 이유를 지적하고 있는데, 이러한 문제의식을 지닌 연구가 몰몬교를 이해하는 데 더 도움이 된다는 사실은 의심의 여지가 없다.[90]

이제부터 필자가 이와 같이 주장하는 근거를 제시하기 위해서 지금까지 학자들이 제시해 왔던 신종교의 발생이론들을 개략적으로 검토해 보기로 하자. 먼저 국내의 학자들이 제시하고 있는 이론들 가운데 특징적

---

[90] M. P. Leone, *Roots of Modern Mormonism*(Cambridge: Harvard University Press, 1979). 레온은 이 책에서 몰몬교 지속의 요인 가운데 하나로 'do-it-yourself theology'를 지적하고 있다.

인 것을 간추리면 다음과 같다.

(1) 전통적인 가치관이 붕괴되고 새로운 가치관이 아직 정립되지 않았을 때 발생한다.(박장로교, 통일교의 발생원인)[91]
(2) 역사적 전환기의 사회적 급변기에 정국의 혼란, 사회적 불안, 가치관의 붕괴, 지배 종교의 부재, 기성종교의 외면 등등 복합적인 사회 병리를 요인으로 발생한다… 한 사회에서 신흥종교의 증가율은 사회적 아노미 현상과 정비례하는 것이며, 반대로 안정된 사회일수록 신흥종교의 자연 소멸율은 높아진다.[92]
(3) 신흥종교는 사회적 대변혁기에 일어난 특수한 종교적 현상(아노미 상태)이며, 사회 하층민들의 願望 복합체로서 그 소원을 종교적 환상에 투사한 복합현상이다.[93] 신흥종교의 발생 요인으로는 정국의 혼미, 사회적 불안, 경제적 파탄, 사상의 분열, 지배 종교의 분열 등을 들 수 있다. 신흥종교는 기본 질서에 대한 불신, 불평, 좌절, 불안감에서 파국적인 위기의식을 가장 예민하게 느끼는 계층의 사람들이 일으키는 반체제적 종교 운동이다. 따라서 신흥종교는 전환기의 종교요, 위기의 종교이며, 신흥종교의 발생은 사회 불안과 정비례한다.[94]
(4) 문화접변, 가치체계의 붕괴, 산업사회에서 자아확신의 붕괴, 기성종교나 세속적 이데올로기에 대한 불안에서 발생한다.[95]
(5) 종교의 성쇠는 정치적 안정과 역비례한다. 즉, 정치적 혼란기에는 신흥종교가 발생하게 마련이다.[96]

---

[91] F. Moos, "Leadership and Organization in the Olive Tree Movement", *The New Religions of Korea*(Royal Asiatic Society, Transactions of the Korea Branch), vol.43, 1967, pp.15-16.
[92] 류병덕, 앞의 책, 92쪽.
[93] 문상희, 「한국의 신흥종교」, 『한국종교』, 원광대 종교문제연구소, 1973, 344-345쪽.
[94] 문상희, 「한국신흥종교의 계보와 기본교리」, 46쪽.
[95] 노길명, 앞의 논문, 43쪽; 게르너트 푸르너, 「세계신흥종교의 동향과 증산사상」, 『증산사상연구』, 제4집, 1978, 230-239쪽.
[96] 정연선, 앞의 논문, 230쪽; 급격한 정치, 사회적 변동에 의해 개신교가 성장하였다는

(6) 인간의 보편적인 심성 속에 자리 잡고 있는 유토피아에 대한 **願望**, 즉 혁세사상이 서구사상의 충격, 사회, 경제적 요인에 의한 상대적 박탈감과 아노미적 상황에서 나타난 것이다.(조선말의 민중운동)[97]

학자에 따라서는 동학을 위시한 한국의 신종교를 'revitalization movement', 또는 메시아 운동이나 'cargo cult'의 개념으로 이해하려는 시도도 있다.[98] 이 가운데 특히 김한구는 기독교의 메시아사상의 영향을 받고, 기존 문화권에 있던 '문화영웅(culture hero)' 신화가 자극을 받아서 동학이 발생하였다고 주장하고 있다.[99] 그리고 글록(C. Glock)과 스타크(R. Stark)의 이론을 수용해서 박탈감의 내용에 따라 종교집단 형성의 분류를 시도한 학자도 있다.[100]

지금까지 열거한 발생이론 가운데 가장 특징적이고 전체를 대표할 수 있을 것이라고 생각되는 내용은 다음의 것이다.

설명도 여기에 해당된다. 허남린, 「최근 개신교 성장의 문화적 요인에 대한 연구」, 『종교학연구』, 제5집, 1985, 185쪽 참조.

[97] 황선명, 「후천개벽과 혁세사상」, 『한국근대민중종교사상』, 학민사, 1983, 33-34쪽. 이 논문에서 황선명은 직접적인 원인을 사회 경제적 요인보다는 인간의 심성에 깔려 있는 혁세사상에서 찾고 있는데 이 점은 넬슨의 입장과 비슷하다. G. K. Nelson, "Cults and New Religions: Towards a Sociology of Religious Creativity", *Sociology and Social Research*, vol. 68(3), 1984, p.317 참조.

[98] 김경동, 앞의 논문 참조; 김광억, 「사회변동과 종교운동」, 『신인간』, 1983. 8월호 참조; Young Choon Kim, *The Ch'ondogyo Concepts of Man: An Essence of Korean Thought*(Seoul: Pan Korea Book Corporation, 1978); Han G. Kim, "Religious Protest and Revitalization Movement among Minorities", *Korea Journal*, vol.20(9), 1980.

[99] Han G. Kim, *op. cit.* 그러나 세계 각지에서 발견되는 메시아사상이 반드시 기독교의 영향을 받고 생겨났다는 사실은 이미 부인되고 있기 때문에 김한구의 이론은 근거 없는 가설에 불과하다. Weston La Barre, "Materials for a History of Studies of Crisis Cults: A Bibliographic Essay", *Current Anthropology*, vol.12(1), 1971, p.18 참조.

[100] 김문조, 「종교집단형성의 사회적 배경」, 『고대문화』, 제16집, 1976.

신흥종교 운동의 양적 및 질적 확대는 자살, 빈부의 격차, 부정부패, 매춘, 소년 비행, 알콜 및 약물중독 등과 마찬가지로 사회해체와 문화갈등의 소산으로 사회불안의 척도가 된다.101)

이렇게 보면 이제까지 국내의 학자들이 제시하고 있는 신종교의 발생 이론은 주로 사회, 경제, 정치적인 혼란(아노미 상황), 상대적 박탈감, 기성종교의 쇠퇴(전통적인 가치관의 붕괴), 정신 병리적 요인, 문화접변으로 요약할 수 있다. 이들 각각이 지니고 있는 한계를 검토해 보는 것이 순서일 것 같다. 왜냐하면 대부분의 학자들은 기능론적 설명과 발생이론을 혼동하고 있기 때문이다.

종교에 대한 기능론적인 설명의 타당성은 이미 몇몇 학자들이 검토한 적이 있다.102) 그런데 문제는 벨라(R. N. Bellah)가 지적한 대로 기능론적 설명은 결과론적 환원주의(consequential reductionism)에 빠질 위험성을 지니고 있다는 점이다.103) 여기에서 결과론적 환원주의란 종교가 어떤 기능을 수행한다고 했을 때 그 종교가 그러한 기능을 수행하기 위해서 발생했다는 설명이 지니는 오류를 말한다. 벨라는 이것을 극복하기 위해서 상징적 실재론(symbolic realism)을 주장하였는데, 이러한 입장은 신종교를 주로 연구하고 있는 학자들과의 논쟁을 야기시키기도 하였고, 로버트슨(R. Robertson)은 벨라의 이러한 입장을 'sociological Jungism' 이라고 혹평하기까지 하였다.104) 여기에서는 이러한 논쟁에 뛰어들 필요

---

101) 노길명, 앞의 논문, 45쪽.
102) Hans H. Penner, "The Poverty of Functionalism", *History of Religions*, vol.11(2), 1971; H. Burhenn, "Functionalism and the Explanation of Religion", *Journal for the Scientific Study of Religion*, vol.19(4), 1980.
103) R. N. Bellah, *op. cit.*, p.248.

는 없지만 필자는 벨라가 암시한 대로 종교에 대한 기능론적인 설명과 발생이론은 반드시 구별되어야만 할 것이라고 생각한다. 다시 말해서 종교에 대한 기능론적인 설명은 종교의 발생 원인을 설명하는 것이 결코 될 수 없다는 점을 염두에 두어야 한다. 이 점을 염두에 두고 학자들이 제시하고 있는 이론들을 각기 검토해 보기로 하자.[105]

첫째, 신종교가 이미 존재하고 있는 종교들이 제대로 기능을 수행하지 못하였기 때문에 발생하였다는 설명은 간단히 이야기해서 동어 반복적인 설명에 지나지 않는다.[106] 신종교에 대한 동어 반복적인 설명이란 신종교 이해에 전혀 도움이 되지 않는 설명을 말한다. 예를 들어서 이러한 설명은 "우산을 쓰는 이유는 비가 오기 때문이다"라는 것과 같은 논리적 구조를 지니고 있다. 마찬가지로 이미 존재하고 있는 종교들이 제대로 기능과 역할을 수행하면 신종교의 발생은 줄어들 것이라는 전망도 단순히 "비가 오지 않으면 우산을 쓰지 않을 것이다."라는 명제와 같은 논리적 구조를 지니고 있다.

둘째, 신종교의 발생 원인을 정신, 병리적 요인에서 찾는 것은 심리학적 환원주의(psychological reductionism, psychologism)에 불과하다. 울프(D. M. Wulff)는 최근에 종교심리학사를 정리하면서 지금까지 대부분의 종교심리학자들은 호교론(apologetics)과 심리주의(psychologism)의 진퇴유곡에서 벗어나지 못하고 있다고 지적하고 그것의 대안으로 회의

---

104) R. Robertson, *Meaning and Change: Explanations in the Cultural Sociology of Modern Society*(Oxford: Basil Blackwell, 1978), p.196.
105) 여기에서는 분파에 의한 신종교나 외국에서 유입된 종교는 검토 대상에서 제외하기로 한다.
106) R. J. Zwi Werblowsky, "Religion New and Not So New: Fragments of An Agenda", in E. Barker, ed., *op. cit.*, p.34.

주의적(sceptic)이고 불가지론적(agnostic)인 입장을 제시하고 있다.107)

　울프의 이러한 지적도 많은 시사를 해 준다고 할 수 있지만 무엇보다도 중요한 것은 특히 프로이드 이후의 정신분석학적 설명은 오히려 신종교 보다는 기독교를 포함한 소위 세계종교, 그 중에서도 주로 유일신론적 종교에 해당된다는 사실이다. 그렇다고 해서 정신분석학적 설명이 반드시 신종교에는 해당이 안 된다고 할 수는 없지만 그러한 설명이 마치 기독교를 포함한 세계종교에는 해당이 안 되고 오로지 신종교에만 해당되는 것처럼 생각하고 그러한 입장에서 신종교에 대한 비판적인 견해를 피력하는 것은 대단히 목적지향적인 태도라고 아니할 수 없다.108) 따라서 정신분석학에 토대를 두고 있는 사회심리학적인 설명은 종교학사나 종교심리학사의 기반 위에서 적절히, 그리고 조심스럽게, 다시 말해서 심리주의에 빠지지 않는 전제 위에서 이루어져야만 한다.

　셋째, 문화접변에 의한 설명은 그것이 우리나라의 특징적인 종교적 상황을 고려할 수 있는 여지를 전혀 가지고 있지 못하다는 문제점을 지니고 있다.109) 예를 들어서 노길명은 동학은 서학, 그리고 증산교, 원불교, 대종교, 각세도는 일본 문화, 그리고 동방교, 통일교, 전도관은 6.25 이후 서구문화와의 접변과정에서 생겨난 메시아운동이라고 규정하고 있다.

　이러한 문화접변 이론은 주로 인류학에서 발전된 이론이라고 하겠는데, 린튼(R. Linton)이나 왈라스(A. F. C. Wallace) 이후 워슬리(P.

---

107) David M. Wulff, "Psychological Approaches" in *Contemporary Approaches to the Study of Religion*, vol. II, ed. by F. Whaling(Berlin: Mouton Publishers, 1985), p,27, p.42.
108) 김광일, 「한국신흥종교의 사회심리학적 고찰」, 『대화』, 제39호, 1973을 참조.
109) 문화접변에 의한 설명은 G. 푸르너, 앞의 논문; 황선명, 앞의 논문; 노길명, 앞의 논문 참조.

Worsely)와 란테나리(V. Lanternari)가 이 이론을 주장한 대표적인 학자들이다.110) 그러나 이 이론은 근본적으로 역사를 주체와 객체의 이분법에 의해서 이해하고자 하는 태도를 지니고 있다는 비판을 받을 여지가 있다. 다시 말해서 이 이론은 신종교가 천년왕국(millenium)이나 荷物(cargo), 또는 보편적인 사랑과 같은 구원의 방법을 제시하고 있기는 하지만, 실제로는 억압(oppression)이나 문화적 오염(contamination)에 대항하는 수단이라고 보며, 나아가서 연구자 자신들은 합리적이고 신종교에 참가하는 사람들은 비합리적이라고 규정하고 있기 때문에 신종교의 성격을 이해하는 이론으로는 부적절하다는 평가를 받게 된다.111)

또한 이 이론은 어느 시기를 문화접변 시기로 볼 것이냐 하는 난점을 지니고 있으며, 이 이론의 기본적인 전제가 되는 신종교의 교량적 기능(bridging function)도 문화접변 시기가 아닌 동안에도 신종교가 지속을 하고 있다는 점을 설명해 주지 못하고 있기 때문에 한계를 지니고 있다.112) 그러나 무엇보다도 문제가 되는 것은 이 이론이 본래 멜라네시아나 아프리카, 그리고 19세기의 북미 인디언들을 대상으로 해서 생겨난 이론이라는 점이다. 란테나리는 아시아와 인도네시아의 메시아운동은 매우 다양한 반면, 오세아니아, 아프리카, 그리고 아메리카 인디언들의 메시아운동은 획일성이 있다고 지적하고 있다.113) 이런 지적을 감안해

---

110) P. Worsley, *The Trumpet Shall Sound: A Study of "Cargo" Cults in Melanesia*(New York: Schocken Books, 1968); V. Lanternari, *The Religions of the Oppressed: A Study of Modern Messianic Cults*(New York: Mentor Books, 1963).
111) J. Fabian, *op. cit.*, pp.13-14; K. Burridge, *New Heaven, New Earth: A Study of Millenarian Activities*(New York: Schocken Books, 1969), pp. 123-124.
112) Anson D. Shupe, *op. cit.*, pp.85-98. 신종교의 교량적 기능에 대해서는 M. Yinger, *The Scientific Study of Religion*(New York: Macmillan, 1970), p.273, p.343, p.329 참조.

보면 이 세 지역의 종교적 상황보다는 우리나라의 종교적 상황이 외부의 공격에 대응할 수 있는 완충구조를 더 많이 지니고 있다고 볼 수 있기 때문에 이 문화접변 이론을 우리나라에 그대로 적용해 버리는 것은 문제가 있다.

이것은 우리와 상황이 비슷하다고 할 수 있는 중국이나 일본의 신종교의 발생을 문화접변 이론으로 설명해 버리는 주장이 거의 없다는 사실을 보아서도 알 수 있다.

넷째, 아노미 이론이 지니고 있는 한계는 한 마디로 말해서 사회학주의(sociologism)의 위험이다. 이 이론을 제대로 검토하려면 뒤르캥(E. Durkheim)의 종교이론부터 출발을 해야 할 것이다. 그러나 여기에서는 뒤르캥의 종교이론을 본격적으로 검토하기보다는 뒤르캥의 종교이론에 대한 올리버(I. Oliver)의 비판을 간단히 소개하는 것이 좋을 듯하다.[114]

올리버에 의하면 뒤르캥은 종교에 대해서 양가감정을 지니고 있다. 그는 종교를 사회가 존속하기 위해서는 어쩔 수 없이 있어야만 할 사회적 사실(social fact)로 평가하면서, 한편으로는 거의 마르크스의 종교이론과 유사할 정도로 종교를 사회적 산물로 간주해 버리고 있다. 따라서 올리버는 뒤르캥이 극단적인 실증주의를 주장하면서도 실제로는 상당한 정도의 형이상학을 보여 주고 있다고 지적하고 있다. 이렇게 볼 때 뒤르캥의 종교이론은 종교를 사회적 부산물(epiphenomena)로만 규정해 버릴 수 있는 여지를 다분히 지니고 있다.[115]

---

[113] V. Lanternari, op. cit., p.237.
[114] Ivan Oliver, "The Limits of the Sociology of Religion: a Critique of the Durkheimian Approach", British Journal of Sociology, vol.27(4), 1976, pp.461-473.
[115] 종교사회학의 'epiphenomenalistic stance'에 대한 비판은 F. Whaling, ed., op. cit.,

문제는 뒤르캥의 종교이론에 근거를 두고 있는 아노미 이론이 신종교를 설명할 때 생기는 한계이다. 아노미 이론에 의한 신종교에 대한 일반적인 설명은 전통적인 종교와 사회가 급격한 사회변동에 의해 붕괴되고 이것이 엄청난 불안(무규범, 아노미)을 야기시키며, 이로 인해 신종교가 발생되고, 이어서 사람들이 신종교에 가담하게 된다는 것이다. 이와 같은 설명이 지니는 문제점을 에어하르트 등의 주장을 토대로 지적해 보면 다음과 같다.116)

① 아노미 이론은 사회적 상황이 마치 신종교 발생의 직접적이고 유일한 원인이 되는 것처럼 사회적 상황을 너무 강조하고 있다. 신종교의 발생을 이해하기 위해서는 그 당시의 사회적 상황뿐만 아니라 적어도 그 이전의 역사적인 전통과 창시자와 조직자의 역할도 고려해야만 한다.

② 신종교 발생에 대한 아노미 이론의 적용은 논리적 오류를 범하고 있다. 이전에 아노미적 상황이 존재한다고 해서 신종교가 발생한다는 주장은 이전의 상황과 이후의 상황이 인과적으로 관련이 있다는 것이다. 그러나 예를 들어서 "아침에 비가 왔다. 그리고 나는 사무실에 갔다"라는 말과, "아침에 비가 왔기 때문에 나는 사무실에 갔다"라는 말은 전혀 다르다고 하겠는데, 위의 설명은 이와 같은 오류를 범하고 있다. 이것은 좀 극단적으로 말하면 어두운 골목에서 동전을 잃어버리고, 잃어버린 장소가 아니라 가로등이 켜있는 장소에서 동전을 찾는 행위와 비슷하다.117)

③ 아노미 이론은 아노미 상황에서 신종교만이 발생할 수 있다는 전제를 지니고 있다. 그러나 아노미 상황에서는 전통종교의 부흥(2차세계대전 당시 영

---

pp.97-103 참조.
116) H. B. Earhart, op. cit., pp.179-181 참조.
117) 김영정 편, 『집단행동론』, 진흥문화사, 1984, 88쪽 참조.

국의 종교적 상황)이나 또는 개인적인 불안을 해결할 수 있는 세속적인 수단의 출현(최근의 미국의 경우)이 또한 가능하다. 따라서 아노미 이론과 신종교의 발생만이 직접적인 인과관계를 지닌다는 설명은 근거가 확실하지가 않으며, 아노미 상황이 모든 종교의 발생 원인인지 아니면 오직 신종교만의 발생원인인지도 명확하지가 않다.

한편, 여기에서 아노미 이론과 관련이 있다고 할 수 있는 정치적 상황과 신종교와의 관계도 살펴보는 것이 좋을 듯하다. 왜냐하면 학자에 따라서는 정치적 상황과 신종교와의 관계를 과도하게 지적하거나 아니면 신종교와 정치운동 사이의 전후 관계를 강조하는 경우가 있기 때문이다.118) 종교가 부흥하면 사회적 혼란이 없다는 주장(Halévy thesis)이나 또는 정치적 억압 상황에서 종교가 부흥한다는 주장(Thomson's hypothesis)이 모두 경험적인 근거가 빈약하다는 지적을 감안해 보면 신종교와 정치적 상황과의 관계가 반드시 인과적인 관계라고 주장할 수 없다는 점을 염두에 두어야 한다.119)

다섯째, 상대적 박탈감이라는 개념은 분석적인 개념이 되기에는 부족하다. 아벨(D. Aberle)은 상대적 박탈감을 '합법적인 願望과 실제 사이의 괴리감'으로 정의하고 있으며, 글록(C. Y. Glock)과 스타크(R. Stark)는 박탈감을 '개인이나 집단이 다른 개인이나 집단, 또는 내재화된 기준과 비교하였을 때 느끼는 불평등한 감정'으로 정의하고 있다.120) 특히

---

118) 예를 들어서 콘(N. Cohn)은 정치운동이 천년왕국운동으로, 그리고 워슬리(P. Worsley)는 천년왕국운동이 정치운동으로 전개된다고 주장하고 있으며, 노길명은 동학과 증산교의 관계를 이와 유사한 맥락에서 설명하고 있다.(노길명,「일제하의 증산교운동-보천교를 중심으로 한 서술적 연구」,『근대한국종교사상』, 원광대출판국, 1984, 124-132쪽).
119) F. Whaling, ed., op. cit., pp.124-132.
120) D. Aberle, "A Note on Relative Deprivation Theory as Applied to Millenarian

글록과 스타크는 'church-sect' 이론이 경제적 박탈감에 대한 반응이 세속적이지 않고 종교적인 이유를 제시하지 못하는 한계를 지니고 있다고 지적하고, 박탈감의 내용(economic, social, organismic, ethical, phychic)에 따라 각기 다른 종교집단(sect, church, healing movement, reform movement, cult)이 출현한다는 가설을 제시하고 있다.121) 문제는 이러한 상대적 박탈감이 지니고 있는 기본적인 전제는 박탈감을 느끼고 있으면서도 직접적인 해결 수단을 가지고 있지 못한 사람들에게 종교가 보상 기능을 한다는 점이다.122) 여기에서는 바로 이러한 종교의 보상 기능에 초점을 맞추어서 상대적 박탈감에 의한 신종교에 대한 설명이 지니고 있는 한계를 지적해보기로 하겠다.

① 신종교를 연구대상으로 하고 있는 학자들의 주요 관심사를 신종교의 발생 원인과 사람들이 신종교에 가입하는 이유로 구분한다면, 상대적 박탈감은 후자의 관심에 포함된다는 점을 강조할 필요가 있다. 다시 말해서 상대적 박탈감은 회심(conversion)이라는 연구 주제에 포함되는 개념이기 때문에 이것을 신종교의 발생과 직접 연결시키는 것은 문제가 있다. 따라서 상대적 박탈감은 사회심리학적인 개념이며 어디까지나 신종교의 발생과 직접 연결시키기 보다는 왜 사람들이 신종교에 가입을 하는가라는 문제의식을 해명해 줄 가능성이 있는 개념으로 간주해야만 한다.123)

② 상대적 박탈감 이론은 너무 거대한 범주(gross category)로서 개인의 다양

---

and Other Cult Movements" in *Reader in Comparative Religion*, ed. by W. A. Lessa and E. Z. Vogt(New York: Harper & Row, 1963), p.528; C. T. Glock and R. Stark, *Religion and Society in Tension*(Chicago: Rand Mcnally & Company, 1965), p.246.
121) *Ibid.*, p.259.
122) *Ibid.*, p.258.
123) Anson D. Shupe, *op. cit.*, pp.113-136.

성을 설명하지 못하며 경험적으로 검증할 수 없는 가설에 지나지 않는다는 평가를 받을 수 있다.124) 다시 말해서 이 이론도 동어반복적인 설명에 불과하다는 지적을 받을 수 있는 여지가 있으며, 나아가서 일정한 것(a constant)을 가지고 일정하지 않은 것(a variable)을 설명할 수 없다는 명제에 위배되는 이론이기도 하다.125)

③ 그리고 예를 들어서 바커(E. Barker)는 서구의 통일교인들의 연령이 주로 18세에서 28세이며, 남성이 2/3를 차지하고, 중산층이 많으며, 대부분이 결혼을 하지 않은 사람들로 구성이 되어 있다고 지적하고 있는데, 이 자료를 참고해 보면 상대적 박탈감은 적어도 서구의 통일교에는 적용이 되지 않는다.126) 그리고 하인(V. H. Hine)은 미국, 멕시코, 하이티, 콜롬비아를 중심으로 오순절 운동을 직접 조사하고 나서 상대적 박탈감과 신종교의 가입은 직접적인 인과 관계가 없다고 지적하고 있다.127)

④ 또한 상대적 박탈감이 신종교에 가입하기 전에 생기는 것인지 아니면 신종교에 가입하고 나서 생기는 것인지도 불확실하며, 만약 신종교에 가입하기 전에 상대적 박탈감을 느꼈다면 신종교에 가입하고 나서 그것이 해소된 뒤에도 계속 신종교를 이탈하지 않고 있는 상황을 어떻게 설명해야 될 것인지가 해결되지 않는다.

이렇게 볼 때 상대적 박탈감을 신종교 가입의 직접적인 이유로 간주해

---

124) B. Wilson, *Religion in Sociological Perspective*(Oxford: Oxford University Press, 1982), pp.117-118; G. Allan, "A Theory of Millennialism: The Irvingite Movement as an Illusion", *British Journal of Sociology*, vol.25, 1974, p.297.
125) Roy Wallis, *op. cit.*, p.4; V. H. Hine, "Deprivation and Disorganization Theories of Social Movements" in *Religious Movements in Contemporary America*, eds. by I. I. Zaretsky and M. P. Leone(Princeton: Princeton University Press, 1974), p.655.
126) E. Barker, *The Making of a Moonie: Brainwashing or Choice?*(Oxford: Basil Blackwell, 1984), p.234.
127) V. H. Hine, *op. cit.*, pp.646-661.

버리는 것은 무사히 임무를 마치고 귀대하는 군인들이 식수난에 허덕이다가 사막의 오아시스에서 벌이는 질서 없는 행위를 보고 그 군인들의 군기가 해이하다고 단정해 버리는 것과 똑같은 오류를 범하고 있다.[128] 따라서 우리는 신종교의 가입 이유를 단순히 상대적 박탈감에서 찾고 말 것이 아니라 오히려 신종교 자체의 내적 구조와 역동적인 과정에서 찾는 것이 더 바람직할 것이라고 생각한다.[129]

최근에 우스노우(R. Wuthnow)는 상대적 박탈감 이론을 비판하고 세계체계(world system) 이론을 도입해서 다양한 신종교가 발생하게 되는 필요조건으로서 사회적 상황을 유형화 하였다. 그는 사회가 지니고 있는 경제적 힘과 정치적 힘의 정도에 따라서 세계질서(World Order)를, 확장 기간, 양극화 기간, 재조직 기간으로 구분하고 각각에 따라 발생 가능한 신종교의 유형을 여섯 가지로 제시하고 있다.[130]

이와 비슷한 맥락에서 레이너(S. Rayner)는 더글라스(M. Douglas)의 'grid-group analysis' 이론을 도입해서 'low grid/ high group'의 사회가 특히 천년왕국을 지향하는 종교가 발생할 필요조건이 된다는 '분석적 유형론'을 제시하였다.[131] 이들이 제시하고 있는 이론들은 모두 서로 다른

---

128) 김영정 편, 앞의 책, 94-95쪽.
129) L. P. Gerlach and V. H. Hine, "Five Factors Crucial to the Growth and Spread of a Modern Religious Movements", *Journal for the Scientific Study of Religion*, vol.7(1), 1968, p.38; D. W. Wimverley, "Socioeconomic Deprivation and Religious Salience: A Cognitive Behavioral Approach", *The Sociological Quarterley*, vol.25, 1984, p.236; J. A. Beckford, "Explaining Religious Movement", *International Social Science Journal*, vol. 29, 1977, pp.246-247.
130) R. Wuthnow, "World Order and Religious Movements", in E, Barker, ed., *op. cit.*, pp.47-65.
131) Steve Rayner, "The Perception of Time and Space in Egalitarian Sects: A Millenarian Cosmology" in *Essays in the Sociology of Perception*, ed., by M. Douglas(London : R. K. P., 1982), pp.247-274.

지역, 또는 서로 다른 시기에 발생한 신종교의 사회적 상황을 비교할 수 있다는 점, 그리고 그러한 사회적 상황을 좀 더 구체적으로 이해할 수 있는 유형론이라는 점에서는 유용한 이론이다. 그러나 우스노우와 레이너도 각기 지적하고 있듯이 이 이론들은 어디까지나 가설적인 유형론이기 때문에 좀 더 경험적인 자료의 뒷받침이 필요한 이론들이며 우리나라의 상황에 적용하기 위해서는 좀 더 검토되어야 할 이론들이라고 하겠다.

4. 맺음말

지금까지 신종교의 개념, 신종교의 계보 및 특성, 그리고 신종교의 발생이론을 중심으로 그것들이 지니고 있는 문제점들을 검토해 보았다. 종교학의 경우에는 어떤 연구 주제도 마찬가지겠지만 처음에 문제가 되는 것은 학자가 특정 연구 주제에 관심을 가지는 이유, 그리고 연구의 결과를 들어 주는 대상이 누구냐 하는 것이다. 이 점에서 필자는 신종교 연구의 중요성을 우리나라의 근대종교사의 이해와 현대의 종교적 상황의 이해라는 측면에서 강조하였다. 그리고 지금까지 우리나라의 신종교를 대상으로 연구한 학자들의 업적을 신종교 이론의 관점에서 비판적으로 검토해 보았다. 그 이유는 앞에서도 지적하였듯이 기존의 연구 업적들을 불필요한 것으로 매도하기 위한 것이 결코 아니고 다만 앞으로 좀 더 생산적인 연구를 위한 방향을 모색하기 위한 것이었다.

앞에서는 개개의 문제점들을 따로 구분해서 지적을 하였기 때문에 경우에 따라서는 그 내용이 중복되기도 하였다. 다시 말해서 지적된 문제점이 여러 경우에 같이 해당되는 사례가 없지 않았다. 따라서 여기에서는 전체적으로 신종교에 대한 기존의 연구가 공통적으로 지니고 있는 기본적인 문제점들을 몇 가지 지적하면서 맺음말에 대신하고자 한다.

첫째, 신종교에 대한 기존의 연구는 모두 평형상태(equilibrium)-긴장상태(stress) - 재평형상태(new equilibrium)라는 문화적 모델(cultural model)을 지지하고 있다는 점이다.132) 이러한 이론의 전제는 생리학에서 말하는 항상성(homeostasis)의 원리라고 하겠는데 문제는 이러한 입장에서는 신종교를 평형상태를 갈구하기 위한 것(striving for equilibrium)으로 보게 된다는 점이다.133) 그러나 레페버(H. G. Lefever)의 주장대로 신종교에의 가입을 하층민들의 상대적 박탈감으로부터의 도피나 아니면 정신병리적인 이유에서 찾기 보다는 정체성의 형성 과정, 또는 문화적 가치와 규범의 유지나 형성 과정으로 이해한다면 신종교를 평형상태보다는 쇄신을 갈구하는 것(striving for regeneration)으로 보는 것이 더 타당할 것이다.134)

둘째, 우리나라에서 신종교의 출현 기점을 동학에서부터 잡는다고 하더라고 그 뒤 신종교는 출현했다가 완전 소멸하는 경우보다는 소규모일지라도 대체적으로 지속이 된다는 점을 감안해 볼 때 신종교에 대한 무책임한 견해의 표명은 종교의 자유에 대한 보이지 않는 침해를 저지르는 것이라는 사실을 상기해 볼 필요가 있다.135) 신종교에 대해서는 항상 필(J. D. Y. Peel)이 지적한대로 인식적인 가정(cognitive assumption)을 보

---

132) H. B. Earhart, "The Interpretation of the New Religions of Japan as New Religious Movements" in *Religious Ferment in Asia*, ed. by R. J. Miller(Lawrence: The University Press of Kansas, 1974), pp.178-179.
133) 藤井正雄, 「運動としての宗教」, 井門富二夫 編, 『講座宗敎學 3』, 東京大學出版會, 1978, p.286.
134) H. G. Lefever, "The Religion of the Poor: Escape or Creative Force?", *Journal for the Scientific Study of Religion*, vol. 16, 1977, p.227.
135) J. S. Judah, "New Religions and Religious Liberty", in J. Needleman and G. Baker, eds., *op. cit.*, pp.201-208.

류하는 자세를 견지해야만 할 것이다.[136]

셋째, 신종교 연구 방법에 있어서는 2차적인 자료에만 의존하는 태도보다는 현지조사를 통한 1차 자료의 발굴 및 정리가 필요할 것이며 연구자 개인의 편견을 적절히 처리하기 위해서는 다양한 조사 방법을 이용하는 공동연구가 바람직할 것이다.[137] 그리고 신종교라는 종교현상은 우리나라에만 존재하는 것이 아니고 공시적, 통시적으로 존재하는 현상인 만큼 비교 문화적인 관점에서의 연구가 우리나라의 종교적 상황을 적절히 이해하는데 도움이 될 것이다.

마지막으로 종교에 대한 일반화가 지니는 위험성을 지적한 에반스-프리챠드(E. E. Evans-Pritchard)의 말을 인용하면서 본 논문을 마무리 짓고자 한다.

종교에 대한 일반화는 의심의 여지가 있다. 그것은 항상 너무 거창하며 기껏해야 몇몇 부분적인 사실에 대한 설명에 불과할 뿐이다. 종교학자들은 좀 더 겸손하고 좀 더 학자다울 필요가 있다. 그는 종교에 대한 일반화보다는 특정의 종교, 특정의 사람들, 또는 종교사상이나 종교행위의 특정한 문제들에 관심을 지녀야만 한다… 개념들에 의한 변증법적 분석에 의해 도출된 포괄적인 분석에 의해 도출된 한정된 결론에 만족해야만 한다.[138]

---

[136] J. D. Y. Peel, "Understanding Alien Belief-System", *British Journal of Sociology*, vol. xx, no.1, 1969, p.82.

[137] D. Stone, "On Knowing how we know about the New Religions", in J. Needleman and G. Baker, eds., *op. cit.*, pp.141-152.

[138] E. E. Evans-Pritchard, "Religion" in *The Institution of Primitive Society*, eds., by E. E. Evans-Pritchard and Others(Glencoe, Ⅲ: The Free Press, 1954), pp.6-7.

제2장
한국 신종교의 역사관[1]

1. 머리말

본 논문의 목적은 현존하는 한국의 신종교들이 각각 역사를 어떻게 이해하고 있는지를 살펴보는 데 있다. 각 종교들은 역사의 흐름 속에서 일정한 유형을 찾아내고자 하며, 또한 역사의 목적, 의미, 가치를 찾아내고자 한다. 본 논문은 한국의 신종교들의 이러한 관심이 어떻게 나타나고 있는지를 살피게 될 것이다. 다시 말해서 본 논문은 한국 신종교들의 역사철학을 살펴보는 데 그 목표를 두게 될 것이다.

역사철학은 주지하다시피 두 가지 의미를 지닌다. 하나는 역사학 방법론을 살피는 역사철학으로 비판적 역사철학이라고 한다면, 또 하나는 역사 그 자체를 철학적으로 살피는 사변적 역사철학이 있다. 비판적 역사

---

[1] 『현대 한국종교의 역사 이해』, 한국정신문화연구원, 1997(이 책은 1996년 한국학중앙연구원 공동과제로 수행된 연구임).

철학과 사변적 역사철학의 관계는 과학철학(philosophy of science)과 자연철학(philosophy of nature)의 관계에 대비될 수 있다. 이 때 본 논문이 관심을 가지는 영역은 사변적 역사철학의 분야에 속한다. 물론 그렇다고 해서 본 논문이 한국의 신종교들을 자료로 해서 사변적 역사철학을 구성하고자 하는 데에 관심을 가지는 것은 아니다. 본 논문은 한국의 신종교들의 사변적 역사철학을 서술하는 데 일차적인 목표를 둘 것이다.

본 논문의 이러한 관심은 또한 종교학 분야 가운데 종교사상학에 속한다고 할 수 있다. 종교사상은 개별 교학이나 철학, 그리고 종교학이 관심을 가질 수 있는 분야이다. 이 때 개별 교학은 주로 호교적인 문제의식에서 출발하여 종교사상에 관심을 가진다면, 철학은 대체적으로 역사적인 맥락을 염두에 두지 않고 종교사상을 연구하는 특징을 지닌다. 철학의 이러한 관심은 주로 종교철학 분야에서 다루어진다. 이에 비해 종교학은 개별 교학과 달리 호교적인 문제의식에는 관심이 없으며, 또한 철학과 달리 종교사상의 역사적인 맥락을 동시에 고려한다는 특징을 지닌다.

이렇게 볼 때 본 논문의 관심은 종교학의 종교사상학에 속하며, 종교사상학 가운데 각 종교들이 역사나 시간을 어떻게 이해하고 있는지를 살펴보는 데 있다. 물론 각 종교의 역사와 시간에 대한 이해는 세계(우주)와 공간에 대한 이해와 밀접한 관련을 맺는다. 전자를 종교의 역사관이라고 한다면 후자는 종교의 세계관(우주관)이라고 할 수 있다. 또한 종교의 역사관이나 세계관은 인간관이나 구원관과도 밀접한 관련을 맺는다. 따라서 각 종교의 역사관을 이해하기 위해서는 각 종교의 세계관, 인간관, 구원관에 대한 이해를 필요로 한다. 그럼에도 불구하고 본 논문은 한국 신종교의 역사관에 대한 이해에 일차적인 목적이 있기 때문에 필요한 경우에만 각각의 세계관, 인간관, 구원관을 선별적으로 참고할 것이다.

현재 한국에는 크게 세 부류의 역사관이 혼재하고 있다. 첫째는 단군신화에 기반을 두고 있는 민족주의적 단군사관이다. 단군신화는 정확히 말하면 개국신화의 일종이다. 주지하다시피 단군신화는 한민족의 기원을 설명해 주지는 않는다. 단군신화에 대한 해석을 어떻게 하든지 간에 단군신화는 단군이라는 정치적 인물의 출생을 설명해 주는 신화라는 점에는 이의가 없을 것이다. 비록 우리 민족이 단군의 자손이라는 또 다른 신화를 우리 민족이 살아 왔다고 하더라도 적어도 단군신화의 내용만을 감안한다면 우리 민족이 모두 단군의 자손이라는 사실을 암시해 주는 기록은 단군신화에 나타나 있지 않다.[2] 그렇다고 하더라도 대체로 우리 민족은 자신들이 환인-환웅-단군으로 이어지는 天孫이라는 신화를 살아 왔다. 이 신화에 의해 우리 민족의 기원은 신성성을 지니게 되었고 이로 인해 한민족 고유의 민족주의적 역사관이 형성되어, 민족이 수난을 겪을 때마다 단군신화가 운위되어 왔다.

둘째는 세속적인 역사관이다. 세속적인 역사관은 크게 다시 진보적 역사관과 퇴보적 역사관으로 구분해 볼 수 있다. 말 그대로 진보적 역사관은 역사가 일정 방향을 향해 발전적으로 진보해 나간다는 사관이라면, 퇴보적 역사관은 인류의 역사가 진보의 반대 방향으로 서서히 퇴보해 간다는 사관이다.

서구의 경우 진보적 역사관은 계몽주의 사조와 진화론에서 그 예를 찾아 볼 수 있으며, 현재에도 여전히 영향력을 미치고 있는 전형적인 역사관이라고 할 수 있다. 19세기말 이후 서양의 이러한 사상이 유입된 이후 우리나라에서도 역시 진보적 역사관은 현재까지 지대한 영향력을 행사

---

[2] 강돈구, 「한국 민족주의에 대한 종교학적 이해」, 『한국철학종교사상사』, 원광대학교 종교문제연구소, 1990, 931-932쪽 참조.

하고 있다. 진보적 역사관의 대표적인 예는 역대 정권의 정치적 조작에서 찾아 볼 수 있다. 제3공화국은 일인당 국민소득과 수출액의 일정 목표를 설정해 놓고 그 목표를 향해 가는 국가의 진보적인 미래상을 제시하였고, 제5공화국은 선진조국이라는 기치 아래 '88올림픽 이후'라는 국가의 선진적인 미래상을 제시하였다.

퇴보적 역사관은 핵전쟁, 인구와 환경 문제, 윤리 도덕의 문제 등에서 살필 수 있듯이 지구가 종말을 향해 서서히 퇴보해 가고 있다는 역사관에서 그 예를 찾아 볼 수 있다. 우리나라의 경우 특히 북한의 침략에 의한 남한의 공산화를 염려하는 입장에서 그 예를 찾아 볼 수 있다.

셋째는 종교적 역사관이다. 우리나라는 다른 나라에서 그 예를 찾아 볼 수 없을 정도로 여러 종교가 그야말로 비슷한 세력을 가지고 때로는 협조 관계를, 그리고 때로는 갈등 관계를 유지하면서 활동하고 있다.

대체로 서양의 경우 동양의 종교가 유입하더라도 서양종교가 주도적인 종교의 역할을 하고 있으며, 동양의 경우 서양종교가 유입하더라도 동양종교가 주도적인 종교의 역할을 하고 있다. 이에 비해 우리나라는 동양에 위치하고 있으면서도 서양 종교가 유입된 뒤에 서양 종교와 동양 종교가 거의 비슷한 영향력을 행사하고 있는 특이한 종교상황을 지니고 있다.

이로 인해 우리나라의 종교적 역사관은 유교와 불교 등 동양종교의 역사관과 기독교라는 서양종교의 역사관이 거의 병존해 있다고 해도 과언이 아니며, 이에 덧붙여 동학, 증산교, 대종교, 원불교, 통일교 등 소위 신종교들의 역사관도 만만치 않은 영향력을 행사하고 있다고 하겠다.

이와 같이 우리나라에는 크게 세 부류의 역사관이 병존해 있다. 그러나 앞에서 보았듯이 둘째와 셋째의 역사관이 다시 여러 종류로 분류될 수 있기 때문에 우리나라는 그야말로 여러 종류의 역사관이 혼재하고 있는 나라라고 아니 할 수 없다.

이런 상황에서 우리는 이러한 여러 종류의 역사관을 하나의 역사관으로 획일시키려는 노력을 기울이기보다는 여러 역사관이 혼재가 아니라 공존할 수 있는 터전을 마련하는 일에 노력을 기울일 필요가 있다. 여러 역사관의 혼재 상황을 공존 상황으로 유도하기 위해서는 자기가 지지하고 있는 역사관에 대한 이해는 물론이고 나아가 타인이 지지하고 있는 역사관에 대한 이해도 역시 중요하다.[3] 본 논문은 이런 문제의식 아래 셋째 부류의 역사관, 즉 종교적 역사관 가운데 특히 현대 신종교의 역사관들에 대한 이해를 시도하고자 한다.

본 논문은 이러한 목적을 달성하기 위해 우선 제2장에서 세계 종교 일반의 역사관을 개괄적으로 살펴볼 것이다. 대체로 종교 일반의 역사관은 순환적 역사관과 직선적 역사관으로 대별되는 것이 상례이기 때문에 본 논문도 이러한 예를 따라 순환적 역사관과 직선적 역사관의 특징을 일별할 것이다. 제3장에서는 이러한 이해를 토대로 한국 종교 일반의 역사관의 특징을 살펴볼 것이다. 앞에서도 지적하였듯이 우리나라의 종교 상황은 여러 종교가 혼재 내지 공존해 있는 상황이기 때문에 한국 신종교 역사관의 특징을 이해하기 위해서는 유교, 불교, 기독교 등 신종교 이외의 종교들의 역사관에 대한 이해 또한 당연히 필요할 수밖에 없다.

제4장에서는 한국 신종교의 역사관에 기본적 골격을 이루고 있다고 생각되는 몇몇 역사이론들을 살펴볼 것이다. 여기에서는 비결 예언서라

---

[3] 종교다원주의의 실현을 위해 타종교에 대한 이해는 반드시 필요하다. 그런데 타종교의 시간과 역사에 대한 이해는 타종교를 이해하는 좋은 방법 가운데 하나이다. A. N. Balslev and J. N. Mohanty, eds., *Religion and Time*(Leiden: E. J. Brill, 1993), pp.12-14 참조.

고 할 수 있는 정감록과 격암유록, 주역에서 비롯한 정역에서 제시하고 있는 역사이론과, 불교의 미륵사상, 그리고 기독교의 천년왕국적 종말론을 주로 살펴볼 것이다.

제5장에서는 이러한 역사이론들이 한국 신종교의 역사관에 구체적으로 어떻게 반영되고 있는지를 몇몇 종단들의 예를 통해서 살펴보게 될 것이다. 이 때 개별 종단들의 구체적인 역사관보다는 한국 신종교 역사관의 전반적인 특징을 살피는 데에 우선적인 노력을 기울이게 될 것이다.

2. 종교 일반의 역사관

세계종교사에 나타났던 모든 종교전통들의 역사관을 유형화한다는 것은 쉬운 일이 아니다. 그러나 대체로 우리는 인류와 함께 존재해 온 종교전통들의 역사관을 순환적 역사관과 직선적 역사관으로 대별해 볼 수 있다. 본 장에서는 한국종교, 특히 한국 신종교의 역사관의 이해를 돕는 범위 내에서 종교 일반의 역사관을 두 유형으로 구분해서 일별해 보도록 하겠다.

가. 순환적 역사관

특정의 윤리적이고 활동적인, 다시 말해서 역사에 참여하거나 역사를 주도하는 유일신을 전제로 하지 않는 종교전통들은 대체로 순환적인 역사관을 지니고 있다.4) 순환적인 역사관은 중국, 인도, 서아시아, 그리고 그리스, 로마 세계에서까지 널리 찾아 볼 수 있다. 이러한 역사관이 널리 확산될 수 있었던 배경으로 우리는 인간의 일회적인 삶의 모습이나 1년의 농업 주기, 그리고 춘하추동이라는 자연적인 주기를 지적할 수 있다.5)

역사를 순환적으로 이해하더라도 각 종교전통마다 그 양상은 다양하게 나타난다. 역사에 대한 순환적인 이해의 실마리는 역시 한 달간의 달의 주기적인 변화와 일 년간의 해의 순환에서 찾아 볼 수 있다. 이 가운데 특히 일 년간의 해의 순환과 관련이 있는 서아시아의 신년의례에서 역사에 대한 순환적인 이해의 가장 간단한 예를 찾아 볼 수 있다.

서아시아의 신년의례 가운데 가장 대표적인 바빌론의 신년의례인 아키투(Akitu)에서는 12일간에 걸쳐 우주 창조신화와 관련이 있는 의례가 행해진다. 우주 창조신화와 관련이 있는 의례는 결국 천지 창조를 기념하는 의미를 지니는데, 의례의 과정은 원초적인 카오스의 회복과 우주 창조 행위의 반복으로 이루어진다.6) 이러한 신년의례는 매 신년 초에 우주 창조 행위를 반복함으로써 역사를 1년 단위의 순환 과정으로 이해하는 사유방식에서 비롯된 것이다.

우주 창조 행위의 반복이라는 의미는 찾아 볼 수 없지만 우리가 현재 1년의 마지막 때에 치르는 송년회와 1년의 시작에 행하는 신년 하례식에서도 시간을 1년 단위의 순환 과정으로 이해하는 모습을 살필 수 있다.7)

---

4) Winston L. King, *Introduction to Religion: A Phenomenological Approach*(New York: Harper & Row,1954), p.188.
5) 데이빗 베빙톤, 『역사관의 유형들』(천진석·김진영 옮김), 두란노, 1986, 32-33쪽.
6) M.엘리아데, 『우주와 역사 -영원회귀의 신화』(정진홍 역), 현대사상사, 1976, 83-88쪽.
7) 우리나라의 경우 현실적으로 양력과 음력을 함께 사용하고 있기 때문에 1년의 끝과 시작이 모호할 수밖에 없다. 게다가 크리스마스가 공휴일로 지정되어 기독교만의 행사가 아니라 일반인들에게도 의미가 있는 날로 기능을 하기 때문에 우리는 연말 연초가 12월 중순부터 2월초까지 이어지는 기이한 연말 연초를 보내고 있다.

이렇게 보면 시간을 1년 단위의 순환 과정으로 보는 태도는 세계적으로 거의 보편적인 현상이라고 할 수 있다.

달이나 해의 주기를 중심으로 역사를 순환적으로 보는 태도 이 외에도 순환적인 역사 이해의 예는 왕조 중심의 역사 이해에서도 그 예를 찾아볼 수 있다. 동아시아의 경우 계속해서 한 해를 더하는 방식으로 햇수를 누적적으로 표기하지 않고, 연호를 부여하는 등의 방법을 통하여, 특정 왕의 재세 기간을 구분해서 표기하는 방식에서 순환적인 역사 이해의 태도를 살펴볼 수 있다. 이 때 왕의 즉위식이 새로운 시대나 새로운 역사의 시작이라는 의미를 지니기 때문에 왕의 즉위식이 중요할 수밖에 없다는 점은 말할 나위가 없다.

특정 왕의 재세 기간뿐만 아니라 왕조의 교체도 이러한 의미를 지니며, 현재 우리의 정치 상황에서 새로운 대통령의 선출에 의해 이루어지는 공화국의 교체도 이러한 의미를 지닌다고 할 수 있다. 입헌군주제를 선택하고 있는 영국이나 일본의 경우 새로운 왕의 즉위는 지나간 역사의 끝과 새로운 역사의 시작이라는 역사의 순환적인 의미를 보다 명확히 보여주고 있는 전형적인 예이다.

고전종교의 경우 순환적인 역사 이해를 가장 전형적으로 보여주고 있는 종교는 역시 인도종교라고 할 수 있다. 인도종교의 순환적인 역사관을 간단히 살펴보면 다음과 같다.[8]

브라흐마신의 하루를 가리키는 劫(kalpa)은 신의 시간을 계산하는 개념이며, 인간의 시간을 계산하는 개념은 유가(yuga)이다. 劫과 유가는

---

[8] 길희성, 『인도철학사』, 민음사, 1984, 219-220쪽; W. L. King, op. cit., pp.194 - 198; B. Walker, Hindu World, vol.1(London: George Allen & Unwin LTD, 1968), pp.6-9; T. W. Organ, Hinduism: Its Historical Development(Woodbury, N. Y. : Barron's Educational Series, 1974), pp.184-186 참조.

인도경전이나 신화에서 다양하게 이해되고 있으나 대체로 다음과 같이 정리될 수 있다.

자이나교에서 비롯된 것으로 알려져 있는 유가에는 '크리타 유가(Kṛita-yuga)', '트레타 유가(Treta-yuga)', '드바파라 유가(Dvāpara-yuga)', '칼리 유가(Kali-yuga)'가 있다. 크리타 유가는 황금시기로 이 시기의 주된 덕목은 진리와 정의이다. 이 시기에는 시기, 속임수, 슬픔, 자만, 증오, 잔인과 같은 일체의 악이 존재하지 않으며, 모든 사람들은 하나의 신을 믿고 하나의 베다만이 존재한다. 그리고 인간의 수명은 4천 년이며, 성행위가 아니라 단지 생각에 의해 아이가 출생하며, 이 시기의 색은 흰색이다.

트레타 유가의 정의는 앞 선 시기의 그 것보다 4분의 3으로 줄어든다. 이 시기의 주된 덕목은 지식이며, 이 시기의 색은 붉은 색이다. 이 시기에 인간은 종교의례의 필요성을 느끼기 시작하며, 노동에 대한 보상을 요구한다. 그리고 이 시기에는 네 개의 베다가 존재하며, 인간의 수명은 3천 년이고 단지 접촉에 의해 아이가 출생한다.

드바파라 유가의 정의는 크리타 유가의 정의의 절반이다. 이 시기의 색은 노란 색이며, 주된 덕목은 희생제의이다. 질병과 고통, 그리고 재난이 시작되며, 카스트가 생긴다. 이 시기의 경전은 프라나(Purāṇa)이고, 인간의 수명은 2천 년이며, 아이는 성행위에 의해 출생한다.

칼리 유가의 정의는 크리타 유가의 정의의 10분의 1이다. 이 시기는 현재 인류가 살고 있는 시기로 기원전 3102년 2월 17일 밤에 시작되었다. 따라서 현재 인류는 앞으로 42만 7천 년 동안만 존속할 것이다. 칼리 유가의 마지막 시기에 비쉬누신이 나타나서 물과 불로 우주를 파괴할 것이다. 이 시기에 진정한 종교의례는 시행되지 않으며, 이 시기의 경전은 탄트라(Tantras)이다. 이 시기의 색은 검은 색이며, 인간의 수명은 1백 세를 넘지 못한다. 이 시기는 분노, 증오, 탐욕, 부조화의 시기로, 육체적, 정신적으로 질병이 만연하며, 젊은이가 늙은이를 더 이상 존경하지 않고, 물질과 섹스에 대한 과도한 집착과 동성애가 만연한다.

이러한 네 유가는 각 유가의 직전 시기인 '삼디야(saṁdhyā, 여명)'와 직후 시기인 '삼디얌사(saṁdhyāṁśa, 황혼)'에 의해 서로 연결된다. 현재 우리가 살고 있는 칼리 유가가 지나고 나면 지구는 파괴되고, 일정 기간이 지나고 난 다음 크리타 유가의 삼디야부터 다시 시작된다.

네 유가의 전체를 합친 시기를 '마하 유가(maha-yuga)'라고 하는데 마하 유가는 신의 햇수로는 1만2천 년, 그리고 인간의 햇수로는 4백3십2만 년이다. 각 마하 유가의 마지막에는 홍수와 불에 의해 지구가 파괴되는 라야(laya)라고 하는 우주적 사건이 발생하는데 라야가 발생하는 기간 동안 우주는 브라흐마신에게 돌아가 잠재태의 모습으로 존재한다. 이 시기가 지나가면 우주는 다시 새롭게 재창조되어 새로운 마하 유가가 시작된다.

마하 유가 1천 개가 합치면 '아르다 칼파(ardha-kalpa, 半劫)'가 되는데, 이 아르다 칼파는 브라흐마신의 하루의 반에 해당하며, 인간의 햇수로 43억2천만 년이다. 그리고 두 개의 아르다 칼파, 즉 2천 개의 마하 유가가 모여서 1劫, 즉 브라흐마신의 하루가 된다.

브라흐마신의 낮과 밤이 교차되는 시기에는 하위의 신들을 포함한 전체 우주가 파괴되는 프랄라야(pralaya)라고 하는 우주적 사건이 발생한다. 이어서 한 개의 아르다 칼파(半劫) 기간 동안, 다시 말해서 인간의 햇수로 43억2천만 년 동안 브라흐마신은 휴식을 취하게 된다.

브라흐마신은 그의 햇수(1년: 360劫)로 1백 년을 산다. 현재 브라흐마신의 나이는 51세이다. 브라흐마신의 나이가 1백 세가 되면 다시 마하 프랄라야(mahā-pralaya)라는 우주의 대사건이 발생한다. 이 때가 되면 전체 우주는 파괴되고 브라흐마신 자신을 포함한 모든 신들이 멸망한다. 그리고 이어서 브라흐마신의 한 생애의 기간만큼 무질서가 유지되다가 또 다른 브라흐마신이 탄생하여 이전에 겪던 역사를 반복한다.

이상에서 알 수 있듯이 역사를 순환적으로 이해하는 종교전통에서는 우주의 창조와 파괴는 대체로 중요한 의미를 지니지 못한다. 바빌론의 경우에서 보았듯이 원시 고대 종교전통에서는 실제로 우주의 종말이라는 개념은 존재하지 않으며, 우주의 창조도 신년의례를 통해 현재화될 뿐이다. 따라서 역사를 순환적으로 이해하는 종교전통에서는 단지 궁극적 존재와의 지금 여기에서의 합일이라는 관념이 무엇보다도 중요한 의미를 지닌다.[9]

나. 직선적 역사관

위에서는 순환적 역사 이해의 예를 인도종교를 중심으로 살펴보았다. 직선적 역사관은 이러한 순환적 역사관과 좋은 대조를 이룬다. 역사의 직선적 이해는 주로 유대교, 기독교 전통과 이슬람, 그리고 조로아스터교에서 그 전형적인 예를 살필 수 있다. 이러한 종교전통에서 우주와 그 안에 있는 모든 존재들은 창조라는 특정의 시간에서 시작하여 마지막 종말 또는 목표를 향해 직선적인 역사 과정을 밟는다.

이들 종교전통에서는 대체로 창조주가 無에서 우주와 인간을 창조하였다고 생각한다. 신이 우주를 창조하는 과정을 가장 잘 살필 수 있는

---

[9] W. L. King, *op. cit.*, p.200.

경전 구절을 바이블에서 인용하면 아래와 같다.

한 처음에 하느님께서 하늘과 땅을 지어 내셨다. 땅은 아직 모양을 갖추지 않고 아무 것도 생기지 않았는데, 어둠이 깊은 물 위에 뒤덮여 있었고 그 물 위에 하느님의 기운이 휘돌고 있었다.(창세기 1:1-2)

내가 야웨다. 누가 또 있느냐? 나밖에 다른 신은 없다… 빛을 만든 것도 나요, 어둠을 지은 것도 나다. 행복을 주는 것도 나요, 불행을 조장하는 것도 나다… 땅을 만든 것은 나다. 그 위에 사람을 창조해 놓은 것도 나다. 이 손으로 내가 하늘을 펼쳤다. 그 모든 별들에게 내가 명령을 내렸다.(이사야 45:5,7,12)

이들 종교전통에서는 창조주가 우주와 인간뿐만 아니라 시간까지도 창조하였다고 생각한다.[10] 따라서 창조 이전에 신이 무엇을 하고 있었는지를 묻는 것은 전혀 의미가 없다.

인도종교의 경우 창조주와 피조물의 관계는 포괄, 내재, 또는 동일의 관계로 나타나는 것에 비해, 유대교, 기독교, 이슬람의 경우 신과 피조물은 엄격히 구별된다. 따라서 이러한 종교전통에서 인간의 신격화는 당연히 이단으로 규정된다.

또한 이들 종교전통의 경우 역사는 종말을 향해 일직선으로 나아간다고 생각한다. 다시 말해서 이들 종교전통은 역사를 결코 되돌릴 수 없다고 생각한다. 종말의 때에 기독교에서는 새로운 하늘과 새로운 땅이 도래한다고 하고, 이슬람이나 조로아스터교에서는 광대한 우주 공간 어딘가에 천국이 생겨난다고 말한다. 이 때 종말은 서로 상반된 두 가지 의미를 지닌다. 다시 말해서 종말은 축복과 선, 그리고 저주와 심판이 공존하

---

[10] Ibid., p.204.

는 시기이다. 그리고 종말의 때에 우주는 완전 파괴나 또는 근본적인 개조에 의해 정화된다. 다시 말해서 종말의 때에 모든 악과 악한 존재들은 영원히 멸망한다.

그러면 이들 종교전통의 경우 인간의 운명은 어떻게 된다고 생각하는가? 종말의 때가 올 때까지 죽은 자는 조용히 잠을 자거나, 또는 선택받은 개인은 죽자마자 개별적으로 구원을 받는다고 한다. 다만 후자의 경우 완전한 구원은 종말의 때에 가서 이루어진다고 한다. 따라서 이들 종교전통의 경우 우주와 우주 안에 있는 모든 존재들은 앞으로 다가 올 종말의 때에 구원이나 심판을 받지만, 선택받은 인간은 죽자마자 개별적으로, 그리고 영원히 구원을 받는다는 이중의 의미를 지닌 구원관을 보여준다.

여기에서 종말의 때가 왜 즉각적으로 도래하지 않는가라는 문제가 제기될 수 있다. 대체로 이들 종교전통은 그 이유가 신에게 적대적인 존재가 이 우주 안에 존재하고 있기 때문이라고 말한다.

조로아스터교의 경우 빛의 신인 아후라 마즈다(Ahura Mazda)와 어두움의 신인 아리만(Ahriman)이 1만2천 년 동안 극렬한 싸움을 벌이고 난 뒤에 아리만이 멸망하고 우주가 구원된다고 말한다. 유대교와 기독교, 그리고 이슬람의 경우에도 정도의 차이는 있지만 신에게 적대적인 존재에 대해 말하고 있다. 유대교의 경우 바빌론 유폐 이전에는, 「욥기」에서 볼 수 있듯이, 신에게 적대적인 존재는 그저 절대자 앞에서 짖어대는 개와 같은 존재로 묘사되다가, 바빌론 유폐 이후에는 조로아스터교의 영향을 받고, 「다니엘서」에서 볼 수 있듯이, 신에게 적대적인 존재는 막강한 영향력을 행사하는 존재로 부각된다. 유대교의 영향을 받은 기독교도 종말의 때가 늦어지는 이유에 대한 설명으로 역시 사탄의 존재를 지적하고 있으며, 유대교와 기독교의 영향을 받은 이슬람의 경우에도 신에게 적대적이고 악을 선동하는 골치 아픈 존재로 이블리스(Iblis)의 존재를 말하고 있다.

이상의 설명을 순환적 역사관을 지지하는 종교전통의 그것과 비교하면 다음과 같이 정리해 볼 수 있다. 전자의 경우 역사는 짧게는 24시간의 순환과정부터 길게는 수십억 년의 순환과정을 끊임없이 순환하는 것으로 이해한다. 반면에 후자의 경우 언제부터인지, 그리고 어느 곳에서부터인지는 확실히 알 수 없지만, 역사가 시작되어 마지막의 목표지점을 향해 나아가는 것으로 이해한다.

인도종교의 경우 시, 공간의 규정을 받고 있는 모든 존재들은 환상이라고 하여 그 중요성을 전혀 부여하고 있지 않는 데 비해, 직선적 역사관을 지지하는 종교전통의 경우 비록 이 세상이 악하게 되었다고 하더라도 이 세상이 본질적으로 악한 것은 아니라고 생각한다. 왜냐하면 이들 종교전통은 시, 공간의 규정을 받고 있는 존재들을 본질적으로 선하고 가치가 있는 것으로 보고 있기 때문이다.

전자의 경우 인간의 구원은 오직 개별적으로 이루어진다. 그리고 이 경우 구원은 끊이지 않고 순환하는 역사과정으로부터 벗어나 완전히 새로운 양상의 존재가 되는 것을 의미한다. 그러나 후자의 경우 인간의 구원은 비시간적인(nontemporal, eternal) 존재로가 아니라 여전히 시간적인(temporal, everlasting) 존재로의 탈바꿈을 의미한다. 또한 이들 종교전통은 이와 관련하여 종말의 때에 도래하는 새로운 세상은 현재의 세상과 전혀 무관한 세상이 아니라고 생각한다. 다시 말해서 새로운 세상과 현재의 세상은 영속성을 지닌다. 그리고 종말의 때에 일어나는 우주의 변혁은 완전하면서 동시에 일회적이라고 생각한다.

이상의 정리는 여전히 이상형으로서의 직선적인 역사이해와 순환적인 역사이해에 대한 것으로 실제 역사상에 나타나는 종교전통들이 이러한 두 가지 역사관을 부분적으로 공유하고 있다는 점은 말할 필요도 없다.11)

3. 한국종교 일반의 역사관

우리나라에는 앞에서도 지적하였듯이 여러 종교가 공존하고 있다. 우리나라에는 유교와 불교로 대표되는 동양의 주요 종교전통들이 있는가 하면, 또한 기독교로 대표되는 서양의 주요 종교전통이 있다. 이들 동, 서양의 주요 전통종교들은 다른 나라의 경우와 달리 우리나라의 경우에는 비슷한 세력을 지니고 함께 영향력을 행사하고 있다.

이러한 상황은 일본이나 중국을 위시한 동양의 어느 나라에서도 볼 수 없는 상황이다. 일본은 우리나라보다 기독교가 더 일찍이 들어갔음에도 불구하고 어디까지나 불교가 중요한 영향력을 행사하고 있는 나라이다. 그리고 중국은 기독교와 이슬람을 중심으로 한 서양의 종교전통이 있기는 하지만 역시 유교와 불교 중심의 동양의 종교전통이 중요한 영향력을 행사하고 있다. 그리고 유럽과 북미, 그리고 남미의 경우 그 것이 천주교이든 개신교이든 대체로 기독교가 중요한 영향력을 행사하고 있으며, 서아시아와 북아프리카 지역을 중심으로 한 지역에는 이슬람이 주도권을 잡고 있다.

---

11) *Ibid.*, pp.214-218.

이와 같이 세계의 다른 지역과 비교해 볼 때 우리나라는 동, 서양의 종교전통들이 비슷한 세력을 지니고 각기 영향력을 행사하고 있는 유일한 나라이다. 우리나라는 국교를 채택하고 있지 않음에도 불구하고 **國葬**과 같은 국가적인 행사에 불교, 천주교, 개신교가 같이 참석하여 의례를 집전하고 있다.12) 이 점 또한 매우 특이한 경우라고 할 수 있다.

게다가 우리나라는 무속을 중심으로 하는 민간신앙이 여전히 무시 못할 영향력을 행사하고 있는 나라이다. 따라서 우리나라에는 제2장에서 살펴 본 역사이해의 두 유형인 순환적 역사관과 직선적 역사관이 거의 비슷한 세력으로 함께 공존하고 있으며, 나아가서 무속이라는 원시종교의 역사관 또한 존재한다.13)

여기에서 우리나라에서 활동하고 있는 주요 종교전통들의 역사관을 상세히 고찰할 필요는 없다. 다만 본 연구의 제4장 신종교 역사관의 특징을 부각시키려는 의도 아래 우리나라의 주요 종교전통들의 역사관을 개괄적으로 살펴보고자 한다.

유교와 불교는 기본적으로 역사를 순환적으로 이해하고 있는 종교전통이다. 그리고 이들 종교전통은 역사에 개입하는 초월자의 존재를 인정하지 않기 때문에 역사의 전개 그 자체에는 비교적 관심을 덜 보이고 있다. 다만 이들 종교전통의 경우에도 예를 들어서 『春秋公羊傳』에 보이

---

12) 이로 인한 문제점에 대해서는 강돈구, 「미군정의 종교정책」, 『종교학연구』, 제12집, 1993, 37-41쪽 참조.
13) 우리나라 무속의 경우 불교와 도교의 영향을 받기는 하였지만 기본적으로 일원론적인 공간관을 지니고 있다. 비록 무속에서도 내세를 말하고, 또한 극락을 말하고 있기는 하지만 그 곳의 모습이 그다지 뚜렷하지 않다. 그리고 무속은 특정 지역이나 국가와 관련된 의례를 행하기도 하지만 기본적으로 한 개인의 삶과 관련된 의례를 주로 행한다. 따라서 무속은 우주의 창조나 종말, 또는 우주 역사의 순환적인 과정에 대해서는 그다지 관심을 보이지 않는다. 이 점 세계 여러 지역의 다른 원시종교의 경우와 유사하다.

는 '張三世說'14)이나 불교의 미륵사상과 같은 일견 직선적인 역사관도 찾아 볼 수 있다는 점 또한 간과해서는 안 될 것이다.

기독교는 기본적으로 역사를 직선적으로 이해하는 종교전통이다. 기독교에서 역사는 신이 우주와 아담을 창조하면서부터 시작한다. 그 뒤 아담은 신에게 죄를 짓고, 그를 포함해서 그의 후손들이 그 대가를 치르게 되었다. 그러나 신의 배려로 인간들은 처음에는 아브라함의 자손과 이스라엘을 통해, 그리고 나중에는 예수 그리스도와 교회를 통해 구원받을 수 있는 가능성을 얻게 되었다. 마침내 예수의 재림에 의한 종말의 때가 되면 마지막 심판이 있게 되고, 새로운 하늘과 새로운 땅이 나타나며 죽은 자는 부활하여 영생을 누리게 된다.

기독교의 역사관은 두 가지 상반된 요소에 의해 여러 다양한 모습으로 나타난다. 두 가지 상반된 요소란 영원히 존재하는 무시간적 존재인 신 자신이 역사에 참여한다는 사상과, 그럼에도 불구하고 인간들 자신도 역사의 과정에 일말의 책임을 진다는 사상을 말한다. 전자를 신의 예정설이라고 하고 후자를 인간의 자유의지설이라고 하는데 이 두 가지 상반된 교리를 어떻게 해석하느냐에 따라 기독교의 역사관은 여러 가지 유형을 보인다.15)

유교, 불교, 기독교는 전반적으로 역사가 오래 되었기 때문에 종교사회학적 개념으로 '교회 유형(church type)'에 속하기 때문에 사회를 개혁하기보다는 사회를 유지하는 쪽으로 기능을 한다. 이들 종교전통은 역사의 급격한 변화를 그다지 선호하지 않는 편이다. 그러나 신종교들은 대

---

14) 역사가 衰亂의 상태에서 升平의 상태로, 그리고 升平의 상태에서 太平의 상태로 단계적으로 진전한다는 설. 전해종, 「중국인의 전통적 역사관」, 『사관의 현대적 조명』(차하순 편저), 청람, 1978, 194-195쪽 참조.
15) C. T. Mckintire, "History: Christian Views", *ERE*, vol. 6, pp.397.

체로 '섹트'나 '컬트' 유형에 속하기 때문에 사회를 유지하기보다는 사회를 개혁하는 쪽으로 기능을 하게 마련이다.16) 따라서 신종교들은 역사의 급격한 변화를 오히려 선호하는 편이다.

신종교들의 역사관은 대체로 이전 종교전통에서 친화력이 있는 사상 요소들을 취사선택하거나, 또는 이전 종교전통의 사상을 나름대로 재해석하여 이용하는 경우가 많다. 우리나라의 경우 신종교에 영향을 미친 대표적인 역사이해를 종교전통별로 나열해 보면 다음과 같이 정리해 볼 수 있을 것이다.

- 비결신앙(참서류) : 정감록, 격암유록
- 유교 : 정역
- 불교 : 미륵신앙
- 기독교 : 천년왕국적 종말론

우리나라의 신종교들은 대체로 위에서 제시한 역사이해들 가운데 하나, 또는 둘 이상의 것들을 함께 수용하여 나름대로의 역사관을 제시하고 있는 것으로 이해된다. 제4장에서는 우선 전통종교의 역사이해에서 비롯되어 신종교의 역사관에 영향을 미쳤다고 생각되는 것들을 차례대로 고찰해 보도록 하자.

---

16) 교회와 섹트, 그리고 컬트 유형에 대해서는 J. Milton Yinger, *The Scientific Study of Religion*(New York: Macmillan,1970), pp.251-281 ; 김종서,「현대 종교조직의 유형론 연구」,『정신문화연구』, 13권 4호, 1990 등 참조.

4. 한국 신종교에 영향을 준 역사이론

가. 정감록

1923년 동아일보에 아래와 같은 기사가 실려 있다.

    아무러나 정도령이란 생각은 계룡산에 들어온 사람뿐만 아니라 거의 조선 삼천만 사람으로 모르는 이가 없고 행여나 하는 이가 적지 않은 모양이다. 이 정도령 사상은 조선에서 정감록을 구약성경으로 삼고 근래에 일어난 모든 종교가 다 이용하였던 것이다. 이러한 미신이 왜 있나? 그것은 백성들이 현실 생활에 불만과 불평을 가지고 새로운 혁명에 새로운 천지가 열리기를 기다리는 가엾은 생각이 있는 때문이다. "아 이러 고야 살 수 있나? 세상이 뒤 짚이지 않고야 살 수 있나?" 하는 생각을 가졌기 때문이다. 이러한 미신은 조선에만 있는 것이 아니라 유대 백성들이 메시아를 기다리는 것이나 일본 오오모토교도[17]들이 새 천지를 기다리는 것이나 예수교도 중의 다수가 예수의 재림을 기다리는 것이나 다 같은 생각이다.[18]

    위의 기사에서 우리는 정감록이 비결서로서 비록 지식층에게는 한낱 황당무계한 책으로 인식되고 있음에도 불구하고 민간들뿐만 아니라 신종교에도 상당한 영향력을 적어도 일제시대까지도 행사하고 있었다는 사실을 알 수 있다.

    정감록은 필사로 유포되어 오는 동안 오자와 탈자는 물론 원저자가 아닌 사람의 첨삭, 보필이 있어 왔기 때문에 여러 異本이 존재한다. 하지만 여러 이본들 가운데 어느 것이 眞本인지를 확인할 길은 전혀 없다. 비록

---

17) 현재 일본의 大本이라는 신종교를 말함.
18) 『동아일보』, 1923.1.11.

책제목에 원본이니 진본이니 하는 이름이 들어가 있다고 하더라도 그 책을 바로 진본이나 원본으로 간주해서는 안 된다. 원본이니 진본이니 하는 이름이 들어 가 있는 정감록은 그것이 원본이나 진본이라기보다는 그 책의 편자가 그 책에 권위를 부여하기 위해 그런 이름을 붙인 것이다.[19] 이들 여러 이본들 가운데 규장각본과 하회본이 가장 진본에 가까운 것으로 알려져 있는데 이 두 본 가운데에서도 규장각본이 비록 지질로 보아 최근에 필사된 것이기는 하지만 전체 체재나 내용으로 보아 가장 신빙성이 있을 것으로 판단되기도 한다.[20] 그러나 이러한 판단도 물론 확실한 근거에 의한 것은 아니다.

정감록에는 「鑑訣」을 비롯하여 「東國歷代氣數本宮陰陽訣」, 「歷代王都本宮數」, 「三韓山林秘記」, 「道詵秘訣」 등의 여러 비결들이 포함되어 있다. 따라서 정감록은 광의의 정감록과 협의의 정감록으로 구분해서 이해할 필요가 있다. 광의의 정감록이란 위에서 지적하였듯이 「감결」을 비롯한 여러 비결들을 총칭해서 말하는 것이다. 그리고 협의의 정감록은 「감결」만을 말한다. 아마도 후대의 편자들이 「감결」을 중심으로 하고 당시에 유포되어 있던 여러 비결들을 합본해서 '정감록'이라는 제목으로 책을 만들어 낸 것이 아닌가 짐작된다.

이러한 사실을 감안할 때 「감결」 이외의 다른 비결들의 영향력이 결코 적었다고는 볼 수 없다. 다만 19세기 발생한 신종교들에 주로 영향을 끼친 것은 「감결」이라고 할 수 있기 때문에 여기에서는 「감결」만을 대상으로 그 내용을 살펴보고자 한다.

---

[19] 『정감록』의 이본과 각 이본들의 내용상의 차이에 대해서는 김수산·이동민 공편저, 『정감록』, 명문당, 1981, 27-65쪽 ; 안춘근 편, 『정감록집성』, 아세아문화사, 1981, 4-8쪽 ; 촌산지순, 『조선의 점복과 예언』(김희경 역), 동문선, 1990, 533-537쪽 참조.
[20] 김수산·이동민 공편저, 앞의 책, 37-38쪽.

「감결」은 다른 비결들과 달리 누구에 의해, 언제 쓰여졌는지를 판단하기가 결코 쉽지 않다. 대체로 「감결」의 저자로 도선, 무학, 정도전, 정여립 등이 거론되어 왔으나 이들 가운데 과연 누가 「감결」의 직접적인 저자인지를 확인할 길은 전혀 없다. 다만 우리가 추측할 수 있는 사실은 단지 조선조에 불만을 품고 새로운 왕조의 출현을 기대한 사람들 가운데 누군가가 지었을 것이라는 점뿐이다.

이와 같이 저자가 불확실한 상태에서 「감결」의 정확한 저작연대를 밝히는 것 또한 쉬운 일이 아니다. 다만 「감결」의 내용을 가지고 그 저작연대를 추측해 보는 것이 가능할 뿐이다. 지금까지 제기된 학설에 의하면 정감록은 대체로 성종 이후 인조 이전 사이의 어느 시기, 다시 말해서 15세기 후반에서 17세기 전반 사이에 쓰여진 것으로 추정되고 있다.[21] 기존의 학설이 정감록이 쓰여진 시기를 이와 같이 추정하는 근거는 다음과 같이 정리해 볼 수 있다.

첫째, 정감록에 보이는 지명 가운데, 신라와 고려 때의 지명이 없는 것은 아니나, 상당 부분의 지명이 조선 초기에 개명된 것들이다. 다시 말해서 정감록에 보이는 풍기, 보은, 무주, 합천 등의 지명은 조선 초기 태종 때부터 있었던 지명이다. 이 점을 감안할 때 정감록의 저작 시기는 적어도 조선 초기 이전까지 거슬러 올라갈 수는 결코 없다는 사실을 알 수 있다.

둘째, 세조 3년(1457년)과 성종 원년(1470년)에 금서로 지목된 음양서와 참위서 및 참서 목록에 정감록이 빠져 있는 점을 보아 정감록은 적어

---

[21] 혹자는 정감록이 임진·병자 양란 이후 나온 책으로 생각하고 있다.(신일철, 「정감록해제」, 『한국의 민속·종교사상』, 삼성출판사, 1977, 275쪽) 그러나 이것은 임진·병자 양란 이후 사회가 혼란하고 민심이 흉흉한 틈을 타고 정감록이 나왔을 것이라는 그야말로 일반적인 추측에 불과할 뿐이다.

도 15세기 후반 이후에 쓰여진 책임을 알 수 있다.22)

셋째, 『인조실록』에 "초포에 밀물이 들고 계룡에 도읍을 세우면, 조선은 모두 털모자를 쓰고 털옷을 입으리라(草浦潮入 鷄龍建都 朝鮮皆着 毛笠毛衣)"는 구절이 나오는데 이 구절이 정감록의 문구와 부합되는 점을 감안할 때 정감록은 이미 인조 때에는 있었을 것으로 추정할 수 있다.23)

「감결」은 漢隆公의 둘째 아들 沁과 셋째 아들 淵이 鄭公과 함께 금강산을 비롯한 여러 산천을 유람하면서 대화한 내용을 적고 있다. 주로 李沁이 묻고 鄭鑑이 대답하는 형식을 취하고 있는데 이씨 조선이 멸망하고 정씨의 새로운 국가가 계룡산에서 흥기한다는 내용을 핵심으로 하고 있다.

여러 이본에 따라 내용이 약간씩 차이가 나기도 하지만 대체로 「감결」의 주요한 내용 가운데 본고와 관련이 있는 부분은 왕조의 흥망성쇠, 천재지변과 내우외환, 그리고 十勝地의 제시이다.

첫째, 「감결」은 이어지는 국가의 존속 기간과 도읍지에 대해 예언하고 있는데 그 내용은 아래와 같다.

곤륜산으로부터 내려온 산맥이 백두산에 이르고, 元氣가 평양에 이르렀으나 평양은 이미 천 년의 운수가 지나고 송악으로 옮겨져서 5백 년 도읍할 땅이 되지만,

---

22) 세조 3년 丁丑에 금서로 분류된 비결류는 『古朝鮮秘詞』, 『大辯說』, 『朝代記』, 『周南逸士記』 등 17종이며, 성종 원년 庚寅에 금서로 지적된 비결류는 『周南逸士記』, 『誌公記』, 『表訓天詞』, 『三聖密記』 등 12종이다.
23) 나중에 살펴보게 될 격암유록의 「은비가」에는 兩白, 三豊, 小頭無足, 弓乙, 十勝 등 정감록에 나와 있는 용어들이 보인다. 이와 달리 정감록에는 격암유록을 비판하는 문구나 또는 격암유록의 내용을 암시하는 글귀가 전혀 보이지 않는다. 이렇게 볼 때 정감록이 적어도 격암유록보다 먼저 나왔을 것으로 추정해 볼 수 있다.

요사한 중과 宮姬가 난을 꾸미고 땅 기운이 늙어서 기력이 쇠약해지고 하늘 운수가 막혀지면 운수는 한양으로 옮길 것이다… 내려온 산맥의 운수가 금강산으로 옮기어 태백산, 소백산에 이르러 산천이 기운을 모아 계룡산으로 들어가니 정씨의 8백 년 도읍할 땅이요, 元脈은 가야산으로 들어가니 조씨의 천 년 도읍할 땅이요, 전주는 범씨의 6백 년 도읍할 땅이요, 송악에 되돌아와서 왕씨가 다시 일어난 땅인데 나머지는 자세하지 않아서 상고할 수 없다.24)

이상의 내용을 중심으로 각 왕조의 존속기간과 도읍지를 도표로 정리하면 다음과 같다.

<각 왕조의 존속 기간과 도읍지>

왕조	왕씨	이씨	정씨	조씨	범씨	왕씨
존속 기간	500년	400년	800년	1,000년	600년	미상
도읍지	송악	한양	계룡산	가야산	전주	송악

대체로 왕씨에서 이씨, 정씨, 조씨, 범씨, 그리고 다시 왕씨로 이어지는 왕조의 교체와 각 왕조의 도읍지에 대해서는 여러 이본들이 같은 내용을 이야기하고 있다. 그러나 각 왕조의 존속 기간에 대해서 이본들이 제시한 내용은 약간씩 상이하다.

조선조 당시에 이씨 조선이 멸망하고 정씨 성을 가진 사람이 나타나 계룡산을 도읍지로 하는 새로운 국가를 건설할 것이라는 예언과 참언이 끊이지 않고 나타났다. 그러나 정감록 사상의 영향을 암암리에 받고 계룡산 신도안으로 이주한 사람이 늘기 시작한 시점은 1910년대 초부터이며, 이후 이주민의 증가가 눈에 띠게 나타나는 시기는 1920년대 전후,

---

24) 『정감록』, 『한국의 민속·종교사상』, 삼성출판사, 1977, 281쪽.

그리고 일제 말기에서 광복 후 1, 2년과 6·25동란 전후이다.[25] 그리고 1955년 당시에 상제교, 단군교, 일심교, 태을교, 관성교, 정도교 등의 신종교 교단이 계룡산 신도안에서 활동을 하고 있었던 것으로 조사된 적이 있다.[26] 이 보다 앞서 1918년부터 1924년까지 신도안의 거주 인구를 일경이 조사한 바에 의하면 1920년에서 1922년까지 신도안으로 이주한 인구는 총 호수 9백 가구, 3,897명이었고, 1924년말 현재 총 호수 1,515가구, 6,949명이었다.[27] 물론 신도안으로 이주한 사람들이 모두 계속해서 그 곳에 거주한 것은 아니었으나, 1950년대 중반까지 대체로 1천 가구에 6천여 명이 거주하고 있었던 것으로 조사되었으며,[28] 1984년 신도안 재개발사업으로 거주자들이 인근 지역으로 모두 이주하기 직전까지도 1,080 가구가 거주하였던 것으로 조사되었다.[29]

그 동안 신도안에 거주하였던 사람들은 모두가 정씨 성을 가진 새로운 구세주, 즉 정도령이라는 眞人을 기다리며 종교적 삶을 영위하였다. 그리고 1984년을 기점으로 신도안이 철거된 이후에도 이들은 대체로 계룡산에서 가까운 논산, 연산, 대전 인근 지역으로 이주하여 여전히 정도령의 출현을 고대하며 종교적 삶을 영위하고 있다.[30]

둘째, 「감결」에는 각 왕조의 교체기에 천재지변과 내우외환이 발생한다는 일종의 말세사상을 보이고 있다. 「감결」에 보이는 말세사상과 관련이 있는 구절을 인용하면 아래와 같다.

---

[25] 최재석, 「신앙촌락의 연구」, 『아세아연구』, 제2권 1호, 1959, 150-151쪽.
[26] 같은 글, 157-162쪽.
[27] 촌산지순, 앞의 책, 571쪽.
[28] 최재석, 앞의 글, 148쪽.
[29] 류병덕, 「계룡산신도안」, 『민족문화대백과사전』, 제2권, 1988, 246쪽.
[30] 같은 글, 246쪽.

申年 봄 3월, 聖歲 가을 8월에 인천, 부평 사이에 밤에 배 천 척이 닿고, 안성, 죽산 사이에 쌓인 송장이 산과 같고, 여주, 광주 사이에 사람의 그림자가 영영 끊어지고 隋城, 唐城 사이에 흐르는 피가 내를 이루고 한강 남쪽 백 리에 닭과 개의 울음소리가 없고, 사람의 그림자가 아주 끊어질 것이다.[31]

9년의 큰 흉년에 백성들이 나무껍질을 먹고 살 것이요, 4년 동안 염병에 인명이 반은 덜릴 것이요, 사대부의 집은 인삼으로 망하고, 벼슬아치의 집은 탐욕으로 망할 것이다.[32]

계룡산에 돌이 희어지고, 30리의 평평한 모래밭에 남문이 다시 일어나고, 너의 먼 후손에 쥐 얼굴에 범의 눈 같은 사람이 생기고, 큰 흉년이 가끔 들고, 虎患으로 사람이 상하고, 생선과 소금이 지극히 천하여지고, 냇물이 마르고 산이 무너지면 백두산 북쪽에 오랑캐 말이 길게 울고, 평안・황해 兩西 사이에 원통한 피가 하늘에 넘칠 것이다. 한양 남쪽 백리에 사람이 어떻게 살겠는가?[33]

「감결」은 이와 같이 정도령이라는 진인의 출현 전에 천재지변과 내우외환이 일어나는 모습을 구체적으로 묘사하고 있다. 그러나 「감결」은 말세의 모습을 이상과 같이 일방적으로 묘사하고 있는 데 그치지 않는다. 「감결」은 다른 여타의 종교적 예언서와 마찬가지로 이러한 말세를 피해 갈 수 있는 방법을 또한 말하고 있는 것이다.

셋째, 「감결」은 말세를 피해갈 수 있는 방법으로 소위 十勝地라는 장소에 거주할 것을 권고하고 있다. 정감록의 각 이본들이 제시하는 십승지도 일정하지가 않다. 여러 이본들이 제시하는 십승지 가운데 빈도수가

---

31) 『정감록』, 『한국의 민속・종교사상』, 삼성출판사, 1977, 282쪽.
32) 같은 책, 284쪽.
33) 같은 책, 284쪽.

많은 것들을 열 군데 정리하면 아래와 같다.34)

① 풍기 차암 금계촌
② 가야산 남쪽 만수동
③ 공주군 유구·마곡 사이
④ 예천 금당동 북쪽
⑤ 영월 동쪽 상류
⑥ 무주군 무풍면 방동
⑦ 부안군 호암
⑧ 운봉면 지리산 아래 동점동
⑨ 안동군 화산
⑩ 속리산 난증항

이상에서 살펴본 정감록의 내용을 다시 정리해 보면 다음과 같다. 정감록이 쓰여진 당시는 이씨의 조선시대였다. 이씨의 조선시대가 일정 기간 지나면 멸망하고 정씨의 성을 가진 진인이 출현해서 계룡산의 신도안에 도읍을 정하고 새로운 국가를 만든다. 그러나 진인이 출현해서 새로운 정씨 국가를 만들기 전에 소위 환난의 시대가 일정 기간 존속하는데 이 환난을 피하기 위해서는 십승지 가운데 한 곳에 거주하여야만 한다.

정감록의 이러한 역사이해는 19세기의 민중운동에도 지대한 영향을 미쳤다. 민중운동의 주도자들이 정도령이라는 진인을 자처하고 나섰던 것이다. 그러나 민중운동은 또한 신종교와 관련이 있는 경우가 많았기 때문에 정감록은 민중운동과 함께 신종교에도 또한 많은 영향을 미칠 수 있었다. 비록 십승지에 살고 있었던 사람들이 뚜렷한 종교교단을 이루고

---

34) 김수산·이동민 공편저, 앞의 책, 63-64쪽.

활동하였던 것은 아니었으나 19세기 후반 이후 우리나라에서 활동하였던 많은 신종교들은 자신들의 교조를 바로 정도령이라는 진인으로 생각하였던 것이다. 따라서 이들 신종교는 조만간 천재지변과 내우외환의 말세가 도래할 것이고, 자신들의 종교지도자를 통해서 이러한 말세의 천재지변과 내우외환이라는 환난을 극복할 수 있을 것으로 믿었던 것이다.

나. 格菴遺錄

격암유록의 저자 南師古의 호는 格菴 또는 敬菴으로 영양 남씨이다. 본관은 의령이며, 중종 4년(1567년)에 영양에서 태어나 선조 4년(1571년)에 63세로 생애를 마쳤다. 그는 역학, 풍수, 천문, 복서 등에 통달해 명종 때 사직서의 참봉을 지냈으며, 선조 때는 천문학 교수를 지낸 인물이다.35)

정감록에 그의 이름으로 되어 있는 비결문인「南師古秘訣」과「南格菴十勝地論」, 그리고「南敬菴山水十勝保吉之地」가 수록되어 있다.36) 그는「남사고비결」에서 조선의 수도인 한양에 각종 재난이 일어날 것을 예언하였으며,「남격암십승지론」과「남경암산수십승보길지지」에서는 재난을 피할 수 있는 열 군데 피난처를 구체적으로 열거하였다. 한편, 그는 연월일시의 干支를 택하는 대본으로『選擇紀要』37)란 책을 편찬한 것으로 알려져 있다.

그는 이 밖에도 많은 예언서를 썼던 것으로 알려져 있으며,『東野彙

---

35)『격암유록』(강덕영 해역), 동방인, 1994, 54쪽.
36) 안춘근 편, 앞의 책 참조
37) 규장각에 소장되어 있는 상·하 2책, 목활자본인『선택기요』에는 편찬자가 南秉吉로 되어 있으나, 이 남병길은 남사고와 같은 인물로 추정되고 있다.

輯』,『大東奇聞』에 각 7편,『鷄山談藪』에 3편,『松窩雜說』,『芝峰類說』,『於于野談』,『靑丘野談』에 각 1편씩 그에 관한 설화가 전해지고 있다. 특히『지봉유설』에는 남사고가 異人을 만나 眞訣을 얻어 비술에 통하게 되었다는 이야기가 실려 있다.38) 그리고 경상북도 울진 일대를 중심으로 그에 관한 구전설화들이 많이 전해지고 있다.39)

그는 살아 생전에 많은 예언을 하였던 것으로 알려져 있다. 그는 명종(1546-1566 재위)을 앞세워 놓고 국정을 좌지우지하여 많은 폐단을 낳았던 중종의 계비 문정왕후가 곧 죽을 것을 예언하였는가 하면, 豊臣秀吉의 출생과 임진왜란의 발발을 예언하기도 하였다고 한다.40) 따라서 그는 유교를 국시로 하였던 조선 중기 그가 살아 있을 동안에는 부정적으로 평가되기도 하였지만, 죽은 뒤 숙종 35년(1709년)에는 울진에 있는 향사에 배향되었다. 이 점을 고려할 때 그는 그 당시 많은 영향력을 행사하였던 인물이었음에 틀림이 없었다고 하겠다.

격암유록 안에는 여러 예언들이 들어 있기 때문에 남사고의 후손들이 비밀리에 보관해 오다가 근래에 세상에 내놓은 것으로 알려져 있다. 격암유록의 원본은 발견되지 않았고, 단지 충남 서산군 지곡면 도성리에 사는 이도은이라는 사람이 1944년 6월 1일에 필사한 책이 전해올 뿐이다. 현재 이 필사본은 국립중앙도서관41)과 규장각에 소장되어 있다. 원본은 이도은이 필사할 당시 불태워져 버렸다고 한다.42)

격암유록의 '격암'이 남사고의 호일 뿐만 아니라 격암유록의 맨 처음

---

38)『芝峰類說』文章部 哀辭條.
39) 조동일,「남사고설화」,『한국민족문화대백과사전』, 제5권, 1988, 408쪽.
40) 홍만종,『해동이적』(이석호 역), 을유문화사, 1982, 160-164쪽 참조.
41) 고서목록 1496-4호.
42)『격암유록』(강덕영 해역), 동반인, 1944, 347쪽.

에 「남사고비결」43)이 실려 있는 점을 고려하여 격암유록의 저자는 일반적으로 남사고일 것으로 간주되어 왔다. 그러나 격암유록에는 조선 중기에 사용하지 않은 용어들이 적지 않게 나오기 때문에 이 책이 조선 중기에 살았던 남사고가 직접 썼을 것이라는 사실에는 의문이 따른다. 예를 들어서 격암유록에는 서학, 복음, 전도, 천당, 삼위일체, 철학, 日兵, 佛英米露, 至氣今至 願爲大降44), 천부경45), 공산, 광신도 등 조선 중기에는 결코 사용하지 않았던 용어들이 나온다. 이들 사실들을 종합해 볼 때 조선 중기의 남사고가 격암유록을 직접 썼을 것이라는 점에는 의문이 갈 수밖에 없다. 격암유록은 오히려 기독교가 전래되고, 일본을 위시한 프랑스, 영국, 미국, 러시아 등 제국주의 세력들이 조선을 침탈하기 시작할 즈음부터 그리고 천부경이 세상에 알려지고, 기독교에 대한 비판이 고조되고, 공산주의 세력이 활동을 할 무렵까지의 어느 시기인가에 남사고의 이름을 가탁하여 누군가가 쓴 것으로 추정된다.46)

그렇다면 왜 하필이면 19세기말에서 20세기초에 쓰여졌을 것으로 생각되는 비결서의 저자를 남사고라는 인물이라고 하였을까라는 의구심이 생긴다. 앞에서도 지적하였듯이 광의의 정감록은 「감결」을 맨 앞에 두고 여러 비결을 함께 집성한 책이다. 마찬가지로 격암유록도 「남사고비결」을 맨 앞에 두고 여러 비결을 함께 집성한 형식을 취하고 있다. 그런데

---

43) 「남사고비결」의 앞부분에 남사고에 대한 간단한 인물 소개가 실려 있다.
44) 동학의 주문.
45) 대종교 측의 주장에 의하면 천부경은 계연수라는 사람이 1916년에 태백산 석벽에서 발견, 이를 탁본하여 1917년초에 대종교에 전해온 뒤부터 세상에 알려졌다고 한다. (『대종교요감』, 대종교총본사, 1983, 9쪽 참조)
46) 만약 격암유록이 필사 과정을 통해 여러 인물들에 의해 첨삭이 되면서 쓰여진 책이 아니고 한 인물에 의해 쓰여진 책이라면 격암유록은 아무리 빨라도 1920년대에 쓰여진 책으로 추측해 볼 수 있다.

여러 이본들에 실려 있는 「감결」의 내용은 그다지 큰 차이를 보이지 않고 있는데 비해, 광의의 정감록에 실려 있는 「남사고비결」과 격암유록의 맨 앞에 실려 있는 「남사고비결」의 내용은 완전히 상이하다.

이렇게 볼 때 격암유록이 쓰여질 당시에도 내용이 다양한 「남사고비결」이라는 이름의 여러 비결들이 존재했던 것으로 추측된다. 격암유록의 저자는 여러 「남사고비결」 가운데 하나를 선택하고 그것과 맥을 같이 하는 비결서들을 써서 그 것들을 합본하여 격암유록이라는 이름을 붙인 것으로 추측된다. 물론 격암유록에 실려 있는 「남사고비결」도 격암유록이 쓰여질 당시에 전래되어 온 것인지, 또는 격암유록의 저자가 완전히 새로운 비결을 쓰고 나서 이름을 「남사고비결」이라고 한 것인지는 불분명하다.

다만 이러한 점들을 감안해 볼 때 우리는 격암유록의 저자가 그 때까지 전래되어 온 「남사고비결」의 내용에 완전히 공감하고 그러한 맥락에서 새로운 비결을 쓰고 그것을 한데 묶어서 격암유록이라는 이름을 붙인 것으로 추측해 볼 수 있다. 그리고 남사고에 관한 설화가 주로 경상북도 울진 지역을 중심으로 분포되어 있다는 사실에서 그 지역에서 남사고의 영향력이 강하다는 점을 생각해 볼 수 있고, 따라서 격암유록 또한 그 지역 부근에서 쓰여진 것이 아닐까라는 추측을 조심스럽게 해 볼 수 있을 뿐이다.

지금까지 우리는 격암유록의 저자가 남사고가 아닐 것이라는 점을 밝혀 보았다. 정감록의 경우에는 저자가 누구인지 알 수 없기 때문에 정감록의 저자가 누구인가라는 문제를 중심으로 정감록이라는 비결서의 중요성이 의문시되지는 않는다. 그러나 격암유록의 경우에는 저자가 남사고 자신이 아닐 것이라는 사실에서 격암유록이라는 비결서는 한낱 조작된 책에 불과할 것이라는 의구심이 제기되기도 한다. 다시 말해서 저자가 조작되었기 때문에 격암유록은 날조된 책이고 따라서 일고의 가치도 없는 책이라고 생각할 수도 있다.

그러나 문제는 격암유록이 남사고가 직접 쓴 책이 아니라고 해서, 그리고 격암유록이 조선 중기가 아니고 한말, 일제하에 쓰여진 책이라고 해서 격암유록의 중요도가 떨어지는 것은 아니다. 그 이유는 두 가지 점에서 제기해 볼 수 있다.

첫째, 격암유록은 남사고라는 인물을 결코 신성시하거나 또는 그에게 어떤 미래의 역사적인 의무를 부과하지 않았다. 이 점은 격암유록의 저자가 남사고이든지 아니든지 하는 문제가 전혀 중요하지 않다는 사실을 말해 준다. 다시 말해서 격암유록에는 간단한 약력 이 외에는 남사고라는 인물이 전혀 등장하지 않기 때문에 저자가 남사고인지의 여부는 그다지 문제가 되지 않는다.

둘째, 격암유록에 우리가 주목하는 이유는 격암유록이 미래의 사건을 예언하고 있다는 사실이다. 따라서 격암유록이 쓰여진 시기가 조선 중기이든 한말, 일제하이든 두 시기 모두 과거이기 때문에 이 또한 문제가 되지 않는다.

격암유록에는 세론시, 계룡론 등 논 18편, 궁을가, 은비가 등 가사 30편, 출장론, 승지론 등 논 10편, 말초가, 말중가 등 가사 3편이 차례대로 실려 있다. 특히 가사는 국한문이 혼용되어 있는 것이 특징이다. 그런데 격암유록은 여타 다른 비결서들과 마찬가지로 破字[47]나 은유, 비유 등의 방법을 사용하여 쓰여진 글이기 때문에 해석하는 데 어려움이 따르는

---

[47] 예를 들어서 '八人'을 '火'로, '四口合體'를 '田'으로, '一字縱橫'이나 '一立一臥'를 '十'으로 해석하는 것을 말한다.

것은 물론이고, 또한 해석도 다양하게 할 수 있는 가능성이 있다.48) 격암유록은 이미 10여 명 이상의 사람들에 의해 번역, 또는 해석이 되었는데 번역과 해석이 각기 상당한 차이를 보인다. 따라서 혹자는 격암유록을 포함한 비결류들이 '귀에 걸면 귀걸이, 코에 걸면 코걸이'식의 해석이 가능하기 때문에 일고의 가치도 없는 글들이라고 평가하기도 한다.

우리는 본고에서 격암유록을 어떻게 해석할 것인 가에는 전혀 관심이 없다. 격암유록을 어떻게 해석할 것인가 하는 문제는 격암유록을 인생의 지침서나 자기 종단의 경전과 같이 비중 있는 문헌으로 간주하는 사람들이 고민할 문제이다. 본고에서 우리는 격암유록이 어떻게 형성된 문헌인가, 그리고 동시에 이 문헌이 해당 사회에 살고 있는 사람들에게 어떤 영향을 끼치고 있는가 하는 문제에만 관심을 가질 뿐이다.49) 따라서 이하에서 우리의 다음 관심은 격암유록이 우리나라의 신종교인들에게 어떤 영향을 미쳤는가를 살피는 것이 될 것이다.

격암유록의 내용 가운데 우리들의 관심을 끄는 내용은 다음과 같이 정리해 볼 수 있다. 첫째, 격암유록은 지나온 과거를 있는 그대로 이미 예언한 책이며, 이 점을 고려할 때 격암유록은 또한 앞으로의 있을 일을 한 치의 오차도 없이 예언한 책으로 간주되고 있다는 점이다. 혹자는 그러한 예로 격암유록이 임진왜란, 병자호란, 일제침략, 한일합방, 남북분단, 6.25전쟁, 자유당 정권, 4.19와 5.16 그리고 군사정권으로 이어지는

---

48) 「生初之樂」에 '知解此書有福家 未解此書無福家'라고 하여 격암유록 안에는 이미 이 책의 해석이 쉽지 않을 것이라는 점을 말하고 있다.
49) 종교문헌에 대한 종교학의 일반적인 관심은 그 문헌이 어떻게 형성되었으며, 또한 그 문헌이 사람들에게 어떤 영향을 미쳤는가라는 문제에 집중되어 있다. H. Ringgren, "Problems of the Formation and Function of a Canon" in *Science of Religion: Studies in Methodology* ed. by L.Honko(Hague: mouton, 1979), pp.3-11 참조.

근, 현대사를 이미 예언하였고, 앞으로 남북통일이 이루어지고, 황금만능주의가 세상을 지배하는 세상이 오며, 종국에 가서는 고도로 진화된 인류가 새로운 차원의 문명세계를 이루게 된다는 예언 내용을 수록하고 있다고 주장한다.[50]

둘째, 격암유록을 통해서 볼 때 그러면 앞으로 어떤 일이 일어날 것인가 하는 문제이다. 앞으로 멀지 않은 장래에 우리나라에서 세계를 구원할 구세주가 나타나 우리나라를 중심으로 구원의 역사를 시작하는데 이 구세주는 특정의 姓氏를 지닌 자라는 것이 격암유록에 대한 일반적인 해석이다.

물론 이 때 두 가지 해결해야 할 사항이 제기된다. 다시 말해서 나타날 구세주는 구체적으로 누구인가, 그리고 그 때는 언제인가 하는 문제가 제기된다. 이에 대한 해석은 예상대로 역시 해석하는 사람에 따라 각기 상이하다. 정감록에서는 진인이 정씨 성을 가질 것으로 예언하였지만 격암유록에서는 진인이 정씨가 아니라 박씨[51]나 조씨[52] 성을 가질 것이라는 주장이 있다. 그리고 혹자는 누가 진인인지, 그리고 진인이 언제 출현하는지는 아직 밝힐 때가 아니지만 2023년에서 2025년까지에 새로운 세계가 완성되며, 그 뒤의 일에 대해서는 격암유록에 기록이 없다고 주장하기도 한다.[53]

셋째, 앞으로 일어날 미래의 사건에 대처하는 방안은 무엇인가 하는

---

50) 박순용, 『남사고의 마지막 예언』, 삼한, 1996, 13쪽.
51) 강덕영은 전도관의 박태선이 진인이라고 주장한다.(강덕영 해역, 앞의 책, 61, 69, 70쪽 참조)
52) 김은태는 승리제단의 조희성이 진인이라고 주장한다.(김은태 편저, 『정도령Ⅰ』, 해인, 1988, 337쪽 참조)
53) 박순용, 앞의 책, 106, 235, 241쪽 참조.

문제 또한 중요한 문제로 제기된다. 대체로 격암유록을 중요시하는 신종교 종단들은 대부분의 종교들이 그렇듯이 새로 출현할 진인을 기다리면서 새로운 때를 기다릴 것을 주장한다. 그러나 정감록의 경우와 달리 격암유록은 윤리적인 삶의 중요성도 강조하는 것 또한 잊지 않고 있다는 특징을 지니고 있다.54) 또한 해석자에 따라 진인의 출현을 기다리고 새로운 때를 기다리는 것 못지않게 개개인이 특정의 수련을 통해 진인과 같은 존재가 되는 것이 급선무라는 점을 격암유록이 말하고 있다고 주장하기도 한다.55)

지금까지 살펴본 격암유록의 내용과 격암유록에 대한 해석자의 주장을 종합해 보면 격암유록은 정감록과 몇 가지 점에서 차이를 보이고 있다는 사실을 알 수 있다. 정감록은 정씨 성의 진인을 기다리며 세상으로부터 도피하여 십승지에서 소극적으로 은둔하면서 살 것을 주장한다. 그러나 이와 달리 격암유록은 진인의 성씨를 다양하게 해석할 여지를 남기고 있으면서, 동시에 미래의 청사진에 따라 세상에 적극적으로 개입할 것을 주장하고 있다. 그리고 정감록이 한반도의 미래에만 관심을 가지는 반면 격암유록은 한반도를 중심으로 한 세계 전체의 미래에도 관심을 지니고 있다는 차이 또한 지적할 수 있다.

다. 正易

정역은 19세기 후반부에 김일부(1826-1898)라는 인물에 의해 쓰여졌다. 김일부의 본관은 광산, 이름은 恒, 자는 道心이고, 일부는 그의 호이

---

54) 「羅馬一 二十三條」에 사람이 지켜야 할 23개조의 윤리적인 덕목을 제시하고 있다.
55) 박순용이 『격암유록』을 이러한 방식으로 해석하고 있다. 박순용, 앞의 책 참조.

다. 신라 37대 왕손의 후예이며, 조선조 광산부원군의 13대 손으로 경력공파이다. 아버지 인로와 어머니 대구 서씨 사이의 맏아들로 충남 논산군 양촌면 남산리에서 태어났다. 20세 전후에 민씨와 결혼하여 딸을 하나 두었다. 젊었을 때 학문수업에 관해서는 많이 알려져 있지 않으나 36세 이전까지는 주로 문장과 예법에 대한 연마에 힘 쓴 것 같다.[56]

그는 이서구의 학통을 이어받은 이수증[57]으로부터 觀碧이라는 호를 받고 그로부터 배웠다고 한다. 이 때 동학을 창도한 최제우와 남학을 창도한 김광화도 함께 배웠다. 이수증은 한 때 최제우와 김광화에게는 각각 선도와 불도를 대표하여 이 세상에 나온 것이니 주문을 외고 깊이 근신하라는 가르침을 주고, 김일부에게는 "그대는 쇠하여가는 공부자의 도를 이어 장차 크게 天時를 받들 것이니 이런 장할 데가 있나. 이제까지는 '너'라 하고 '해라'를 했으나 이제부터는 '자네'라 하기도 과만한 터인즉 '하소'를 할 것이니 그리 알고, 예서만 자꾸 볼 것이 아니라 書傳을 많이 읽으소 그러노라면 자연 감동이 되어 크게 깨닫는 바가 있을 것이고, 후일 정녕코 책을 지을 터이니 그 속에 나의 이 글 한 수만 넣어 주소"라고 하면서 아래의 글을 김일부에게 주었다고 한다.[58]

맑은 것을 보는 것은 물만 같음이 없고, 덕을 좋아하는 것은 인을 행함이 마땅하구나. 빛이 천심월에서 동하니, 그대에게 권하나니 이 진리를 찾아보소.[59]

---

[56] 이정호, 『정역연구』, 국제대학 인문사회과학연구소, 1976, 제6장과 금장태·고광직, 『유학근백년』, 박영사, 1984, 373-381쪽을 참조할 수 있다.
[57] 일명 이운규라고도 함.
[58] 이정호, 앞의 책, 200쪽.
[59] 觀淡莫如水 好德宜行仁 影動天心月 勸君尋此眞.

이에 김일부는 서전 읽기와 주역 연구에 심혈을 기울인 나머지 1879년에 '影動天心月'의 진리를 찾게 되었다고 한다. 그 뒤 다시 2년 여의 노력과 정진 끝에 김국현으로 하여금 소위 제3괘도인 '정역8괘도'를 그리게 하고, 같은 해 6월에는 「大易序」를 저술하였다. 이 「대역서」는 正副 2본으로 되어 있어 정본은 초서이고 부본은 행서로 교정한 것인데 현재 남아 있는 김일부의 유일한 친필이다.

정역의 밑받침인 정역8괘도를 완성한 김일부는 다시 계속되는 연마 끝에 1884년 11월 정역의 상편인 「十五一言」에서 「無位詩」까지를 완성하고, 이어서 1885년 6월에는 「正易詩」와 「布圖詩」를 위시하여 정역의 하편인 「十一一言」에서 「十一吟」까지를 완성하였다.

정역을 완성한 뒤 1893년에는 동학의 난을 피해 국사봉 향적산(충남 논산 연산면 도곡리)에 향산정사를 짓고 제자들을 가르치기 시작하였다. 이 때 김일부를 따라 입산한 제자는 김홍현(덕당), 권종하(일청), 이상룡(십청), 김영곤(청탄), 하상역(계월) 등 40여 인에 달하였다고 한다.

1894년에는 향적산에 올라 온 2백여 명의 동학도들이 몽둥이를 들고 행패를 부리자 김일부가 이들을 詠歌로 감화시켰다는 일화가 남아 있다. 그는 1898년(72세) 추석에 성묘를 하기 위해 다오개(논산 부적면 부황리)에 내려왔다가 같은 해 11월에 사망하였는데, 임종 직전에 둘째 부인 박씨와의 소생인 아들 두현에게 주역과 手稿本 정역, 그리고 「대역서」를 맡기고, 다시 두현은 그의 의형인 김광덕에게 이 것들을 넘겨주었다.

그런데 아깝게도 1944년 김광덕은 이 것들을 모두 일제에게 압수당하고 말았다. 현재는 다시 김일부의 후손에게 돌아 온 「대역서」만이 전하고 그가 직접 쓴 정역은 남아 있지 않다.

김일부는 정역이 주역을 계승, 극복한 것이고 주역은 복희역을 계승,

극복한 것으로 보고, 복희역, 주역, 정역의 사이에는 생성, 성장, 완성의 변증법적 발전의 관계가 있다고 하였다.60)

정역이 한국종교사에서 차지하고 있는 위치는 어떻게 평가할 수 있을까? 주역과 대비할 수 있는 한국적인 역학체계가 19세기 중반 이후 한국에서 생겨난 것에 대한 종교사적인 의미는 세 가지로 지적할 수 있다. 첫째, 정역의 수평적 평등사상이다. 주역의 抑陰尊陽이 봉건적인 수직적 신분질서의 기반 위에 서 있다면, 정역의 調陽律陰은 근대적 이념인 평등사상을 지니고 있다.

둘째, 정역이 인간과 우주의 일치를 강조한 점이다. 정역에서는 10은 無極이요 하늘을 상징하고, 5는 皇極이요 땅을 상징하고, 1은 太極이요 사람을 상징한다고 하고, 무극과 황극과 태극의 합일을 주장하고 있다.

셋째, 정역의 선후천사상이다. 선후천에 관한 설명이 이미 주역에도 여러 군데 나오고 있으며 후천역이 나올 것도 주역에 예시되어 있다고는 하나, 이러한 지적은 정역의 역학적인 정통성을 주장하는 것이라고 여겨진다. 다만 문제는 정역에서 선후천사상이 구체적인 내용으로 나타나고 있다는 점이며 이것은 19세기 중반 이후 역사적 전환기에 요구되는 시대정신의 적절한 반영이라고 볼 수 있다. 정역은 이러한 선후천사상에 근거해서 미래의 모습을 낙관적으로 제시하고 있으나, 그러한 미래의 모습을 실현할 수 있는 방법을 구체적으로 제시하고 있지는 않다. 정역을 저술한 김일부를 중심으로 생겨난 종단들이 그 뒤 활발히 전개되어 나갈 수 없었던 이유는 무엇보다도 정역이 낙관적인 미래관을 현실화시킬 수 있는 구체적인 방법을 마련해 주고 있지 않다는 점에서 찾을 수 있다.61)

---

60) 각각의 8괘도는 앞의 책, 12, 13, 19쪽을 참조할 것.
61) 강돈구, 「정역의 종교사적 이해」, 『한국종교의 이해』, 집문당, 1985, 319-320쪽.

정역은 한마디로 23.5도 기울어져 있는 지구의 축이 때가 되면 똑바로 서고 지상천국인 유리세계가 도래한다는 예언을 말하고 있는 문헌이다. 유리세계는 1년이 365¼일이던 것이 360일이 되고 항상 봄과 같은 날씨가 계속되는 이상세계를 말한다.

그런데 정역은 유리세계가 실현될 날을 기다리면서 詠歌舞蹈 등의 수련을 말하고 있기는 하지만 대체로 유리세계가 곧 실현될 것이라는 점을 믿고 단지 그 날을 수동적으로 기다리는 경향이 강하다. 이 점은 정감록이나 격암유록이 특정의 신적 존재의 주도적인 역할을 강조하고 인간의 편에서 그러한 존재의 도움을 받기 위해서 적극적인 노력을 기울이는 것과는 대조적이다. 정역이 이러한 특징을 지니는 이유는 정역이 특정한 신적 존재의 역할을 전혀 말하지 않고 있는 데서 비롯된 것으로 보인다.

라. 미륵사상

미륵은 범어로 'Maitreya'인데 慈氏라고도 한다. 인도 바라내국의 바라문 집에 태어나 석가모니의 교화를 받고 미래에 성불할 것이라는 受記[62]를 받았다고 한다. 미륵은 석가모니보다 먼저 입멸하여 兜率天에 올라갔는데 현재 그곳에서 天人들을 교화하는 보살로 있다. 그는 석가모니가 입멸한 뒤 56억7천만 년이 지나면 閻浮提[63]로 내려와 華林園 안에 있는 용화수 아래에서 득도하여 미륵불이 될 것이다. 그리고 나서 미륵불은 3회의 설법[64]을 거쳐 석가모니의 교화를 받지 못한 모든 중생을

---
[62] 受莂이라고도 하는데, 부처로부터 當來에 부처가 될 것이라는 記別을 받는 것을 말함.
[63] 원래는 인도를 지칭하는 말이었는데 현재에는 인간세계, 즉 사바세계를 지칭하는 말로 바뀌었다.

제도한다고 한다.

  미륵과 관련이 있는 대표적인 불경은 彌勒上生經, 彌勒下生經, 彌勒成佛經이 있는데 이를 합쳐서 彌勒三部經65)이라고 한다. 미륵상생경은 석가모니가 미륵에 대해서 말하는 형식을 취하고 있는 경전이다. 주요 내용은 다음과 같이 요약해 볼 수 있다. 미륵은 그 때부터 12년 뒤에 목숨을 마치고 도솔천에 왕생할 것이다. 그 때 도솔천에는 5백만 억의 천인들이 거주하고 있는데 이들이 미륵에게 보배로 된 궁전을 지어 공양할 것이다. 도솔천에 왕생하고자 하는 중생은 五戒와 八齋戒와 具足戒를 지니고 몸과 마음으로 정진하여 번뇌는 다 끊지 못하더라도 十善을 닦아 도솔천의 미묘하고 거룩한 즐거움을 생각하여야 한다. 미륵보살은 염부제의 햇수로 56억7천만 년 동안 도솔천에서 설법하여, 수 없는 천인들을 교화한 뒤, 다시 염부제에 태어날 것이다.

  미륵하생경도 역시 석가모니가 미륵에 대해서 말하는 형식을 취하고 있는 경전이다. 이 경전은 久遠한 미래에 미륵보살이 이 세상에 태어나서 부처가 되고 양거왕을 비롯하여 많은 중생들을 교화하는 것을 주제로 삼고 있다. 그 주요 내용은 다음과 같이 요약해 볼 수 있다. 56억7천만 년 뒤에 인간의 수명이 8만4천 세가 되면 미륵보살이 범마월 부인의 오른쪽 옆구리에서 태어나 용화수 아래에서 부처가 될 것이다. 미륵불은 四諦, 八正道, 十二因緣, 三十七道品을 중심으로 3회에 걸쳐 설법을 하여, 제1회에는 상근기의 사람 96억 인이, 제2회에는 중근기의 사람 94억 인이, 그리고 제3회에는 하근기의 사람 92억 인이 제도될 것이다.

---

64) 龍華三會라고 함.
65) 이 세 경전에 觀彌勒菩薩下生經, 彌勒下生成佛經, 彌勒來時經을 합하여 미륵6부 경이라고도 한다.

미륵불의 수명은 8만4천 세이고, 그가 열반에 든 뒤 불법은 또한 8만4천 년 동안 세상에 머물러 용화세계가 실현될 것이다.

미륵성불경은 미륵하생경의 내용과 그다지 차이가 없는 경전이다. 이 세 경전의 내용을 검토해 보면 미륵성불경이 맨 먼저 성립되고 이어서 미륵하생경과 미륵상생경이 차례대로 성립되었다는 것을 알 수 있다.66) 따라서 미륵신앙이 인도에서 성립될 때에도 상생신앙보다 하생신앙이 먼저 생겨났을 것으로 추측된다.

하생신앙은 미륵하생경의 내용에서 살펴보았듯이 도솔천에 있던 미륵보살이 사바세계에 내려와 미륵불이 되어 중생을 구제하고, 용화세계를 이룩할 것이라는 점을 믿는 것이다. 이 때 미륵불의 3회의 설법에 참여하기 위해서는 공덕을 쌓거나 경전을 독송하고, 남을 위해 자비심을 내고 보시하며, 탑과 사리 등을 공양하여야 한다. 그런데 일반 중생들은 석가모니 사후 미륵불이 출현하는 57억7천만 년이라는 긴 세월을 앉아서 기다릴 수만은 없었다. 따라서 하생신앙은 말법사상과 자연스럽게 관련을 맺게 되었다.

불교는 여러 차례의 법난을 거치면서 불법을 지켜야 한다는 자각과 함께 시대를 正法, 像法, 그리고 末法으로 구분하는 三時라는 관념을 형성시켰다. 다시 말해서 석가모니가 죽고 나서 시대가 지나감에 따라 그가 설한 불법이 점차 지켜지지 않는다는 역사관에 의해 시대를 正, 像, 末의 三時로 나누는 관념이 형성되었다. 三時의 時限에 대해서는 여러 설이 있으나 일반적으로 정법은 5백 년, 상법은 1천 년, 말법은 1만 년이라는 설을 취한다. 특히 말법의 시대는 불법만이 남아 있고 깨달음과 실

---

66) 김삼룡, 『한국미륵신앙의 연구』, 동화출판공사, 1983, 33-34쪽 참조.

천은 완전히 사라지며, 그나마 말법이 끝나면 불법까지 멸한다. 따라서 말법의 시대에는 구제자에 의지하고자 하는 관념이 팽배하게 마련이고, 이 때 이러한 말법사상은 미륵하생신앙과 자연스럽게 결탁을 하게 된 것이다.[67] 이 두 사상의 결합에 의해 현재 시기는 말법의 시기이며, 지금 이 순간에도 미륵이 출현하여 중생을 제도하고 용화세계를 이룩할 수 있을 것이라는 신념이 성립되었던 것이다.

한편, 앞에서도 언급하였듯이 하생신앙보다 뒤늦게 성립한 것으로 보이는 상생신앙은 미륵보살이 거주하고 있는 도솔천에 사후에 바로 태어나고자 하는 신앙이다. 사후에 도솔천에 미륵보살과 함께 머물던 중생은 미륵보살이 사바세계에 내려올 때 함께 내려와 미륵불의 최초 설법에 참여하여 제일 먼저 제도받기를 원한다. 상생신앙도 역시 미륵불이 출현하기까지의 56억7천만 년이라는 긴 세월을 기다리지 못하는 일반 중생들을 위하여 성립한 것으로 보인다.

또한 상생신앙은 아미타 정토신앙과 유사한 측면을 지니고 있다. 미륵보살이 거주하고 있는 도솔천은 아미타불이 거주하는 서역 정토와 마찬가지로 중생이 사후에 갈 수 있는 좋은 곳이기 때문이다. 그러나 아미타 정토와 도솔천은 몇 가지 점에서 차이를 보인다. 왜냐하면 도솔천에 왕생한 사람은 惡心에 의해 지옥에 떨어질 수도 있으나 아미타 정토에 왕생한 사람은 영원히 그 곳에 머물 수 있기 때문이다. 따라서 불교가 후기로 내려와 정토신앙이 성립되면서 미륵상생신앙은 아미타 정토신앙에 자리를 내어주고 일반적으로 미륵신앙하면 주로 하생신앙을 일컫게 되었다.

---

[67] 사실 미륵하생경의 앞부분에 보면 미륵이 하생할 때 사바세계는 비극적인 세계가 아니라 오히려 모든 것이 풍족하고 안락한 세계이다. 따라서 미륵하생신앙과 말법사상의 내용이 완전히 일치하는 것은 아니다. 그러나 민간에서는 교리적인 불일치보다는 교리적인 친화성이 더 중요하다.

이러한 미륵신앙은 인도에서 성립된 뒤 중국을 거쳐 우리나라로 들어오고 다시 일본으로 들어갔다. 그러나 한·중·일의 미륵신앙을 비교해 보면 미륵신앙의 전통이 오늘날까지 끊임없이 살아 있는 나라는 우리나라밖에 없다는 것을 알 수 있다.[68] 그리고 미륵신앙은 궁예의 예에서 볼 수 있듯이 정치적으로 영향을 미치기도 하였지만 한말 이후의 신종교에도 지대한 영향을 미쳤다.

마. 천년왕국적 종말론

천년왕국이라는 용어 자체는 기독교에서 유래하였지만 현재에는 종말론이나 말세론적 경향을 지닌 모든 종교운동을 천년왕국 운동이라는 용어로 지칭하기도 한다.[69] 그러나 여기에서 말하는 천년왕국적 종말론이라는 용어는 기독교의 경우에만 한정해서 사용하고자 한다.

기독교의 천년왕국적 종말론은 「요한계시록」 20장, 특히 그 가운데에서도 4-6절에서 비롯하였는데 그 내용은 아래와 같다.

나는 또 많은 높은 좌석과 그 위에 앉아 있는 사람들을 보았습니다. 그들은 심판할 권한을 받은 사람들이었습니다. 또 예수께서 계시하신 진리와 하느님의 말씀을 전파했다고 해서 목을 잘리운 사람들의 영혼을 보았습니다. 그들은 그 짐승이나 그의 우상에게 절을 하지 않고 이마와 손에 낙인을 받지 않는 사람들입니다. 그들은 살아서 그리스도와 함께 천 년 동안 왕노릇하였습니다. 이것이 첫째 부활입니다. 그 나머지 죽은 자들은 천 년이 끝나기까지 살아나지 못할 것입니다. 이 첫째 부활에 참여하는 사람은 행복하고 거룩합니다. 그들에게는 둘째 죽음이 아무런 세력도

---

[68] 김삼룡, 앞의 책, 24쪽.
[69] 鈴木中正 編, 『千年王國的民衆運動の硏究』, 東京大學出版會, 1982 참조.

부리지 못합니다. 이 사람들은 하느님과 그리스도를 섬기는 사제가 되고 천 년 동안 그리스도와 함께 왕 노릇할 것입니다.

이에 근거해서 일반적으로 기독교인들은 그리스도가 재림할 때 여전히 살아 있는 사람들을 제외하고 모든 인간은 틀림없이 육신의 죽음을 맞는데, 이 때 그들은 곧 바로 영혼의 상태에 적합한 중간 상태로 가며, 자신을 예수 그리스도의 구속 사역에 의탁한 사람들은 지복과 상급의 장소로 갈 것이고, 그렇게 하지 않은 사람들은 형벌과 고통의 장소로 갈 것으로 믿고 있다. 그리고 또한 이들은 장차 그리스도가 육신으로 친히 다시 올 것이며, 그 때 죽은 사람들이 모두 부활하여 자신의 궁극적인 종착점, 즉 천당이나 지옥으로 가게 될 것이며, 거기서 그들은 변하지 않는 상태로 영원히 있을 것으로 믿고 있다.[70]

그리스도의 재림을 중심으로 종말의 때에 일어날 사건 및 과정에 대한 기독교 신학의 입장은 매우 다양하다. 예를 들어서 그리스도가 천년왕국 이후에 재림할 것인지, 또는 이전에 재림할 것인지, 또는 '천년왕국'에서 천 년이란 기간을 문자적으로 이해할 것이 아니라 상징적으로 이해해야 한다는 견해들이 있다. 이러한 견해들은 차례대로 후천년설(postmillennialism), 전천년설(premillennialism), 그리고 무천년설(amillinnialism)이라고 부른다. 아래에서는 이들 견해들에 대해 좀 더 상세히 고찰해 보도록 하자.

후천년설에 대해 최초로 언급한 사람은 12세기의 가톨릭 사제였던 플로리스의 요아킴(Hoachim of Floris)이며, 이 설을 체계적으로 발전시킨 사람은 18세기 영국의 휘트비(Daniel Whitby, 1638-1762)였다.[71] 아우

---

[70] 밀라드 에릭슨, 『현대 종말론 연구』(박양희 옮김), 생명의 말씀사, 1996, 6-7쪽.

구스부르크 신조와 웨스트민스터 신조는 기본적으로 후천년설을 취하며, 루터파와 장로교도 이 입장을 따르는 경향을 보였다. 그리고 19세기와 20세기초의 프린스턴 신학파는 후천년설을 대변하였다.[72]

후천년설은 복음전파와 성령의 구원 사역을 통해 전 세계는 결국 기독교화될 것이며, 그리스도의 재림은 의와 평화가 지배하는 긴 시기 즉 천년왕국 말기에 있을 것으로 본다.[73] 그리고 후천년설은 그리스도의 재림 이전에 모든 민족의 회개를 기대하며, 신의 왕국이 미래의 어느 때 파국적으로 도래하는 것이 아니라, 복음의 꾸준한 전파에 의해서 점진적으로 완성된다고 생각한다.[74] 또한 신의 왕국은 미래의 천상적 실재가 아니라 현존하는 지상적 실재이며, 천년왕국의 기간에 대해 문자주의적인 태도를 취하지 않는다. 다시 말해서 후천년설은 천 년이 어떤 긴 시간이지 반드시 달력으로 헤아리는 천 년이 아니라고 생각한다.

그리고 후천년설은 천년왕국의 끝 부분이 배도의 시대이며, 적그리스도가 출현하여 악이 창궐하는 시대이나, 결국 천년왕국이 그리스도의 인격적이고 육체적인 재림으로 끝나게 될 것으로 생각한다. 그리고 예수의 재림에 이어 모든 사람이 부활하여 심판을 받으며, 그 결과에 따라 영원한 두 상태 가운데 하나에 떨어지게 될 것으로 생각한다.[75]

무천년설은 필로(Philo)와 오리겐(Origen) 등을 통해서 교회에 점진적으로 들어온 다음 아우구스티누스에 의해 체계화되었다. 미국의 웨스트

---

71) 장두만, 「최근 대두되는 종말론의 비교」, 『시한부 종말론과 이단에 관한 자료집』, 기독교대한성결교회, 1992, 20-21.
72) 밀라드 에릭슨, 앞의 책, 73쪽.
73) 장두만, 앞의 글, 21쪽.
74) 밀라드 에릭슨, 앞의 책, 65-67쪽.
75) 같은 책, 67-69.

민스터 신학교가 대체로 무천년설을 지지하고 있으며, 대부분의 장로교단은 물론이고 미국 개혁교회와 기독교 개혁교회 등의 역사적 개혁파에 속하는 보수주의자는 주로 무천년주의자이다.76) 우리나라의 많은 신학교들도 신학적 입장에서는 이 무천년설을 지지하고 있다.

무천년설은 문자적이고 가시적인 지상의 천년왕국은 없으며, 그리스도의 초림부터 재림까지의 긴 기간, 즉 교회시대가 바로 천년왕국이라고 주장한다. 다시 말해서 그리스도의 지상적 천 년 통치는 없다고 생각한다.

그리고 무천년설은 후천년설과 마찬가지로 「요한계시록」의 천 년을 문자적이라기보다 상징적으로 보며, 그리스도의 재림에 이어 전체의 부활과 모든 사람의 심판과 모든 사람이 각각 영원한 미래의 상태에 이를 것으로 보고 있다.77)

전천년설은 초대교회가 일반적으로 따랐던 설로, 현재에는 복음주의 혹은 보수주의 진영에서 일반적으로 따르고 있는 설이다. 한국 개신교회의 목회자들은 대부분 이 전천년설을 기본적인 입장으로 깔고 있다. 이 점은 무천년설을 지지하는 신학교들의 입장과 다르다. 그러나 목회자들의 영향으로 인해 일부 진보적 교파들을 제외한 한국 개신교회의 일반적 입장은 전천년설을 지지하고 있다고 보아도 무방하다.

전천년설은 교회시대의 마지막에 지상에 범세계적인 7년 대환난이 있으며 그 뒤 그리스도가 지상에 가시적으로 재림해서 땅 위에 문자적이고 가시적인 천년왕국을 건설해 직접 왕으로 통치할 것으로 생각한다. 다시 말해서 천년왕국 바로 앞에 대환난이 있을 것으로 생각한다.

그런데 전천년설은 다시 대환난 기간을 중심으로 그리스도가 언제 재

---

76) 같은 책, 95쪽.
77) 같은 책, 90-91쪽.

림할 것인가에 따라 다시 대환난 이전 휴거설(pretribulational rapture theory), 대환난 이후 휴거설(posttribulational rapture theory), 대환난 중간 휴거설(midtribulational rapture theory), 부분휴거설(partial rapture theory) 등으로 구분된다.

대환난 이전 휴거설은 천년왕국의 기간을 명확히 천 년이라고 말하고 대환난의 기간을 정확히 7년이라고 말한다. 이 설은 한국교회에도 상당히 널리 퍼져있으며, 보수적인 침례교 운동과 독립적인 근본주의 교회는 거의 보편적으로 이 견해를 받아들이고 있다. 대체로 이 설의 핵심적인 주장은 교회가 7년 대환난이 시작되기 전에 휴거되어 7년 대환난을 통과하지 않으며, 7년 대환난이 끝난 후 그리스도와 함께 지상에 내려와 천년왕국에 들어가 그리스도의 통치에 동참한다는 것으로 요약할 수 있다.[78]

따라서 이 설은 그리스도의 재림을 두 국면으로 나누어 설명한다. 그리스도 재림의 첫째 국면은 그리스도가 교회를 위하여, 즉 교회를 세상에서 데려가기 위해 오는 것이며, 둘째 국면은 그리스도가 지상의 나라를 세우고 자기의 통치를 수립하고 천년왕국을 시작하기 위해 교회와 더불어 오는 것을 말한다.[79] 대환난 이전설의 핵심 주장은 세대주의(dispensionalism)[80]의 전체 체계에 속하기 때문에 대환난 이전설을 지

---

[78] 장두만, 앞의 글, 28쪽.
[79] 밀란드 에릭슨, 앞의 책, 163쪽.
[80] 세대주의를 발전시킨 사람은 플리머스형제단에 소속해 있던 다비(John Nelson Darby, 1800-1882)이며, 다비의 세대주의가 미국으로 건너가서 스코필드(Cyrus I.Scofield, 1843-1921)에 의해 발전되었다. 세대주의 발흥은 근본주의 운동의 발흥과 거의 비슷하기 때문에 세대주의는 사실상 근본주의의 공식 신학이라고 할 수 있다. 세대주의는 바이블을 문자적으로 해석하며, 바이블의 모든 증거를 하나의 통일된 전체로 통합하려고 시도한다. 스코필드는 기독교의 역사를 아래와 같이 일곱 세대로 구분하였다. 무죄(에덴, 창 1:28) -양심(타락에서 홍수까지, 창 3:23) -인간

지하는 사람들은 모두 세대주의자라고 할 수 있다.

대환난 이후 휴거설은 일반적으로 대부분의 전천년론자들이 지지하는 입장으로, 그리스도는 대환난 마지막에 단 한번 재림할 것으로 생각한다. 이 설의 핵심적인 주장은 교회가 하느님의 보호를 받으면서 7년 대환난을 통과하고 7년 대환난의 마지막, 즉 그리스도 재림 직전에 휴거되어 그리스도와 함께 지상에 돌아온다는 것으로 요약할 수 있다.[81] 다시 말해서 이 설에 의하면 교회는 대환난 동안 세상에 남아 있게 된다. 그리고 이 설은 후천년설과 마찬가지로 신의 왕국을 이 땅에 현존하는 것으로 생각한다.

대환난 중간 휴거설은 교회가 대환난 기간의 전반부 3년 6개월은 땅에 있으면서 대환난의 일부를 경험하다가 대환난이 가장 심해지기 직전에 휴거될 것으로 생각한다. 그리고 부분휴거설은 교회의 일부는 대환난 이전에 휴거되고 다른 일부는 대환난 내내 땅에 머물 것으로 생각한다.[82] 다시 말해서 이 설은 그리스도의 공중 재림 때 모든 신도들이 휴거되는 것이 아니고, 소위 영적으로 준비된 신도들이 7년 대환난 기간 중 여러 차례에 걸쳐서 휴거된다고 생각한다.

전체적으로 보아 후천년설은 전천년설이나 무천년설에 비해 낙관적이다. 왜냐하면 전천년론자들은 영적 상태가 더 나빠지고 불신이 커질 것이라고 믿으며, 무천년론자들도 비슷하게 생각하는 경향이 있는 반면,

---

정부(노아에서 바벨까지, 창8:21) -약속(아브라함에서 애굽까지, 창 12:1) -율법(모세에서 세례 요한까지, 출 19:8) -은혜(교회시대, 요 1:17) -왕국(천년왕국, 엡 1:10); 세대주의에 대해서는 V. S. 포이쓰레스, 『세대주의 이해』(권성수 역), 총신대학출판부,1990, 19, 27쪽; 밀란드 에릭슨, 앞의 책, 137, 142, 145, 156쪽; 노길명, 『한국신흥종교연구』, 경세원, 1996, 254-255쪽 참조.

[81] 장두만, 앞의 글, 27쪽.
[82] 밀란드 에릭슨, 앞의 책, 210쪽.

후천년론자들은 복음의 전파를 통하여 세상이 기독교화하고 그와 더불어 신의 왕국이 실현될 것으로 보고 있기 때문이다. 그리고 후천년론자들에게 천년왕국은 현 시대와 정도에서만 다를 뿐인 반면, 전천년론자들에게 천년왕국은 전혀 다른 세계이다.

5. 한국 신종교의 역사관

지금까지 한국 신종교의 역사관에 영향을 미쳤다고 생각되는 종교문헌으로 정감록과 격암유록, 그리고 정역을 살피고, 이어서 불교의 미륵사상과 기독교의 천년왕국적 종말론을 차례대로 살펴보았다. 이러한 사상들이 한국 신종교에 영향을 미칠 때는 하나 이상의 사상들이 복합적으로 영향을 미치는 것이 일반적이다. 여기에서는 이러한 여러 사상들이 구체적으로 어떻게 한국 신종교에 반영되고 있는지 몇몇 종단들을 중심으로 그 특징을 살펴보고자 한다.

동학을 창도한 수운은 前萬古와 後萬古, 이전 시절과 오는 시절, 개벽 후 5만년, 하원갑과 상원갑의 용어에서 볼 수 있듯이 역사를 크게 양분하고 있다. 그리고 지난 시절은 병들고 실패한 시대이고 앞으로 오게 될 시절은 태평성세라고 하였다.[83] 수운에 따르면 지난 시대는 선천시대이고 앞으로 올 시대는 후천시대이며, 선천시대는 5만년, 그리고 후천시대도 역시 5만년 동안 지속된다. 그리고 현재는 선천과 후천이 교체되는 후천개벽의 시기이다. 후천시대는 예를 들어서 빈부의 차가 존재하지 않

---

[83] 표영삼, 『동학창도과정』, 천도교중앙총부출판부, 1989, 20쪽.

는 이상사회로서 동학의 시천주신앙에 의한 도덕사회, 즉 군자적 공동체이다.

수운의 이러한 지적에서 우리는 수운의 역사관이 기본적으로 盛運과 衰運의 순환적 교체를 상정하는 역학적 순환사관에 기초하고 있다는 것을 알 수 있다.[84] 그리고 이에 덧붙여 수운의 역사관에서 맹자로부터 춘추학에 이르는 一治一亂의 순환사관도 발견할 수 있다.

수운의 역사관이 동아시아 전래의 이러한 역사의식만을 그대로 반영하고 있는 것은 아니다. 수운은 '侍天主'라는 그의 사상에서 살필 수 있듯이 신적 존재를 상정하고 있기 때문이다. 다시 말해서 동학의 역사관은 역학적 순환사관이나 一治一亂의 순환사관에 기초를 두고 있다고 하더라도 이러한 순환사관이 역사의 흐름에 따라 저절로 전개되는 것이 아니라, 신적 존재의 의지에 따르는 것으로 보고 있다는 점에서 동아시아 전래의 순환사관과 차이가 있다.

동학이 신적 존재의 의지를 말하고 있다고 하더라도 동학의 역사관은 기독교의 섭리사관과 다르다. 기독교의 전통적인 섭리사관은 신의 의지가 인간의 의지와 상관없이 역사에 반영될 수 있다. 그러나 동학에서 말하는 신의 의지는 "개벽 후 5만년에 勞而無功 하다가서 너를 만나 성공했다"[85]라는 구절에서 알 수 있듯이 인간의 의지와 결코 무관하지 않다. 동학의 신적 존재는 인간의 의지가 있어야만 자신의 의지를 펼 수 있는 제한된 능력의 소유자이다.[86] 그리고 동학은 후천개벽, 즉 '다시 개벽'의

---

[84] 신일철, 「최수운의 역사의식」, 『동학사상과 동학혁명』(이현희 엮음), 청아출판사, 1984, 14-15쪽.
[85] 『용담유사』, 「용담가」.
[86] 기독교는 전통적으로 전지전능의 신을 말하고 있다. 그러나 기독교 일부에서도 신의 전지전능성에 한계가 있다고 지적하기도 한다. 기독교에서 이러한 주제는 '神正論

도래가 비교적 쉽게 성사될 수 있을 것이라는 낙관적인 견해를 보이고 있다.87)

또한 동학은 "이씨 조선 4백 년에 운이 역시 다 했던가"라는 구절에서 볼 수 있듯이 정감록과 유사한 왕조 교체사관을 담고 있다. 비록 동학은 이씨 조선 뒤에 올 왕조에 대해서는 언급을 하고 있지는 않지만, 정감록과 마찬가지로 '我國' 이외의 국가의 역사에 대해서는 관심을 표명하지 않았다.88)

동학의 후천개벽은 우주의 개벽이나 세계의 멸망을 말하고 있지 않다는 점에서 정역에서 말하는 후천개벽과도 다르다. 동학의 후천개벽은 정신개벽이니 인문개벽이니 하는 말에서 알 수 있듯이 역사의 급격한 변동보다는 점진적인 변화를 말하고 있을 뿐이다.89)

이상에서 살펴 본 동학의 역사관은 역의 순환사상, 인간의 의지에 영향을 받는 신관, 그리고 정감록으로부터 일정한 영향을 받은 역사관으로, 후천개벽을 말하고 있기는 하지만 급격한 변동이 아니라 점진적인 발전을 지향하는 역사관으로 정리해 볼 수 있다.

대종교, 원불교90) 등의 역사관도 비록 동학의 역사관과 구체적인 내용에 있어서는 차이를 보이기는 하지만 그 틀에 있어서는 유사한 성격을 보이고 있다. 왜냐하면 이들 종교도 동학과 마찬가지로 역사의 급격한

(theodicy)'에서 복잡하게 다루어지고 있다.
87) 이 점 기독교의 무천년설과 유사한 견해라고 할 수 있다.
88) 수운의 동학은 개국 이전에 발생한 것이기 때문에 세계의 역사에 대해서는 말하고 있지 않다. 비록 동학이 중국, 일본, 서양을 말하고 있기는 하지만 기본적으로 소중화의식에 서 있다. 강돈구, 『한국 근대종교와 민족주의』, 집문당, 1993 참조.
89) 동학에는 종말이나 지옥 개념이 없다. 김철, 『동학(천도교) 이론의 개요』, 동선사, 1992, 20쪽.
90) 원불교의 역사관에 대해서는 김홍철, 「원불교의 역사관」, 『원불교사상론고』, 원광대학교출판국, 1980, 157-163, 205-210쪽 참조.

변동 대신에 점진적인 변화를 말하고 있기 때문이다. 그리고 기독교적인 색채를 강하게 띠고 있는 통일교[91], 전도관[92], 승리제단[93])도 비록 교조를 구세주로 상정하기는 하지만 역사의 급격한 종말을 말하고 있지 않다는 점에서 동학의 역사관과 유사한 역사관을 지니고 있다고 하겠다.

다만 이들 종교들은 동학이나 대종교, 그리고 원불교와 달리 격암유록의 영향을 일정하게 받고 있다는 점에서 그 특징을 지적해 볼 수 있다. 앞에서 지적하였듯이 격암유록은 한국에서 구세주가 나타나 한국을 중심으로 인류를 구원하게 될 것이라는 점을 예언한 서적이다. 그러면서도 격암유록은 정역과 달리 천재지변과 같은 급격한 우주의 변동을 말하고 있지 않다. 바로 이 점에서 통일교, 전도관, 승리제단 등의 역사관은 격암유록의 역사관과 친화력을 지니게 되었다. 왜냐하면 이들 종단에서는 자기 종단의 교조가 바로 격암유록에서 예언한 구세주라고 주장하고 있기 때문이다.

증산교단과 기독교 계통의 다미선교회 등의 역사관은 역사의 급격한 종말을 예언하고 있다는 점에서 앞에서 살펴본 종교들의 역사관과 대비된다. 증산도의 역사관[94])에 의하면 우주는 12만9천6백 년을 1주기로 계속해서 순환하는 과정을 거친다.[95]) 그리고 이 1주기는 다시 크게 선천시

---

91) 통일교의 신관도 인간의 의지를 필요로 한다는 점에서 전지전능의 신이 아니다. 통일교의 신관은 적어도 신의 불완전성을 말하고 있다는 점에서 동학의 신관과 일맥상통한다.
92) 전도관은 1955년 박태선에 의해 창립되었다. 초기의 공식 명칭은 한국예수교부흥협회였으나 나중에 한국예수교전도관부흥협회로 개칭하였고, 1980년부터 다시 한국천부교전도관부흥협회로 개칭하였다. 현재 전도관에서 분리된 여러 교파가 활동하고 있다.
93) 전도관에서 비롯된 종단으로 조희성이 창립하였다.
94) 증산교는 여러 교파로 구성되어 있다. 따라서 증산교의 역사관도 교파에 따라 달리 정리될 수 있다. 여기에서는 증산교의 여러 교파 가운데 교리서를 가장 많이 출판한 증산도의 견해를 중심으로 증산교의 역사관을 정리하였다.

대와 후천시대로 구성된다.[96] 선천시대는 生, 長의 시대로서 우주가 아직 미완성된 상태이기 때문에 인간의 삶도 완전할 수가 없다. 그러나 후천시대는 우주가 완성된 시대이기 때문에 인간의 삶 또한 완전하다. 선천과 후천 사이에 우주의 일대 변혁이 일어나는데 이를 후천개벽이라고 한다. 우주의 일대 변혁이란 지축이 오른쪽으로 23.5도 기울어져 있는 지구를 비롯하여 태양계 행성 모두의 자전축이 정북을 가리키게 되는 것을 말한다.

선천시대의 전반부인 生의 시기에 우주는 하도에서 비롯된 복희8괘를 그 원리로 하고, 선천시대의 후반부인 長의 시기에 우주는 낙서에서 비롯된 문왕8괘를 그 원리로 한다. 이에 비해 후천시대에 우주는 김일부가 제시한 정역8괘를 그 원리로 한다. 그리고 복희8괘를 원리로 하는 生의 시기에는 1년이 366일이고, 문왕8괘를 원리로 하는 長의 시기에는 1년이 365¼일이며, 정역8괘를 원리로 하는 후천시대에는 1년이 360일이다.

증산도에서 말하는 우주의 일대 변혁이라는 이러한 후천개벽은 정역에서 말하는 것과 동일한 것으로 보인다. 그러나 증산도의 후천개벽과 정역의 후천개벽은 몇 가지 점에서 주목할 만한 차이점을 보인다. 첫째, 정역과 달리 증산도는 증산이라는 우주의 주재자로서의 신적 존재를 상정한다. 정역에서는 우주의 변혁이 시간이 지나감에 따라 자연히 이루어진다. 그러나 증산도에서 우주의 변혁은 증산이라는 신적 존재의 의지에

---

[95] 증산도의 거시적인 역사관은 비록 1주기의 기간이 짧기는 하지만 순환적인 역사관이라는 점에서는 인도종교의 역사관과 궤를 같이 한다. 그러나 증산도의 역사관에서는 대체로 다가올 미래에 선천에서 후천으로 바뀌는 것만 말하지 후천에서 다시 선천으로 바뀌는 먼 미래에 대해서는 언급을 하지 않는다는 점에서 인도종교의 역사관과 다르다.
[96] 안경전, 『증산도의 진리 -현대의 결말과 새출발』, 대원출판, 1981, 155-156쪽.

의해 이루어진다. 그리고 이 신적 존재는 후천개벽이 일어난 뒤에 여러 신명과 조상신들과 함께 지상에 다시 재림하여 신명계와 인간계를 하나의 세계로 만든다.[97]

둘째, 정역은 선, 후천 교체기에 특정의 재난이 있을 것으로 보고 있지 않으나, 증산도는 病劫[98]이라는 인류 최대의 재난이 있을 것으로 예상한다. 이 병겁은 한국에서 시작하여 3년간 지속되며[99], 오직 증산이 알려준 醫統[100]에 의해서만 이 병겁을 피할 수 있다고 한다. 그리고 병겁을 피한 사람들일지라도 증산이 다시 출세하면 각자가 수도한 정도에 따라 대접을 달리 받게 된다.

셋째, 정역과 달리 증산도는 한국이 후천세계의 종주국이 된다거나, 또는 세계 통일 정부가 한국에 세워질 것이라는 주장에서 볼 수 있듯이 한국과 한민족의 세계사적 긍지와 사명의식을 부여하고 있다.[101]

이 밖에 증산은 "조선사람은 정씨만 찾나니 아무 것도 배운 것 없이 정씨만 찾아서 무엇하리요. 한갓 분잡케만 될 뿐이라. 그러므로 정씨와 조씨와 범씨를 다 없이 하였노라"[102]에서 볼 수 있듯이 정감록을 철저히 비판하는 한편, 대순전경의 여러 군데에서 스스로를 미륵으로 자처한 것에서 볼 수 있듯이 미륵사상과는 꽤 친화력이 있는 것으로 보인다.[103]

이상의 내용을 정리하면 증산교단의 역사관은 동아시아 전래의 순환

---

97) 노상균, 『새희망 증산도』, 대원출판, 1989, 159-160쪽.
98) 인류의 지식으로는 치유할 수 없는 전염병이 만연하여 인류의 태반이 죽게 되는 상태를 말한다.
99) 노상균, 앞의 책, 151쪽.
100) 증산교단 내에 각 교파는 이 의통을 알고 있는 교파가 정통성을 지니고 있다는 묵계 아래 각각 자기 교파가 이 의통을 알고 있다고 주장한다.
101) 노상균, 앞의 책, 160쪽.
102) 『대순전경』 5:22.
103) 앞의 책, 3:40, 4:2, 5:12 등.

적인 역사관과 정역의 역사관, 그리고 미륵사상의 역사관을 함께 지니고 있는 것으로 볼 수 있다. 그리고 구태여 기독교의 천년왕국적 종말론과 비교를 한다면, 증산교단의 역사관은 전천년설 가운데 대환난 이후 휴거설과 유사하다는 점도 아울러 지적해 볼 수 있다.

다미선교회 등 기독교 계통의 일부 교파에서도 급격한 우주의 변동을 말하고 있다는 점에서 증산교단과 유사한 역사관을 지니고 있다고 하겠다. 다만 이들 교파는 정역이 아니라 천년왕국적 종말론에 근거한 새 하늘과 새 땅을 말하고 있다는 차이가 있을 뿐이다. 소위 '시한부종말론자'로 불리고 있는 이들 교파는 세상의 종말이 예수의 공중 재림, 신도들의 휴거, 7년간의 대환난, 예수의 지상 재림, 천년왕국, 백보좌 심판, 새 하늘과 새 땅의 도래 등 일곱 단계를 거쳐 진행된다고 말하고 있다.[104] 따라서 이들은 전형적인 전천년설을 지지하고 있다고 하겠다. 그런데 이들은 대환난 이전에 모든 신도들이 휴거되는 것이 아니고 일부는 대환난 기간 중에 순교를 하기도 하고, 또 일부는 대환난의 중간 지점, 즉 예수의 공중 재림이 있은 후 3년 6개월이 되는 때에 휴거된다고 말하고 있다.[105] 따라서 이들은 대환난 이전 휴거설을 중심으로 하되 대환난 중간 휴거설과 대환난 부분 휴거설을 일정 부분 수용한 전천년설을 지지하고 있는 것으로 보인다.

---

[104] 노길명, 앞의 책, 267쪽.
[105] 필자는 다미선교회가 휴거일로 정한 1992년 10월 28일 이전 두 달 전부터 10월 28일 다음 주까지 매주 다미선교회의 집회에 참석하여 답사를 하였는데 이 이야기는 그 때 들은 것이다.

6. 맺음말

지금까지 우리는 한국 신종교의 역사관을 살펴보기 위해 2장에서 순환적 역사관과 직선적 역사관으로 구분해서 종교 일반의 역사관을 살펴보고, 3장에서는 유교, 불교, 기독교 등을 중심으로 한국종교 일반의 역사관을 일별해 보았다. 그리고 4장에서는 한국 신종교의 역사관에 지대한 영향을 미친 것으로 판단되는 종교문헌으로 정감록과 격암유록, 그리고 정역의 역사이론을 각각 살펴보고, 이어서 불교의 미륵사상과 기독교에서 비롯한 천년왕국적 종말론을 살펴보았다. 5장에서는 이들 역사이론들이 한국 신종교에 구체적으로 어떻게 반영되었는지를 몇몇 종단들을 중심으로 개괄적으로 살펴보았다.

그 결과 우리는 두 가지 사실을 확인할 수 있었다. 첫째, 한국 신종교의 역사관은 정감록과 격암유록과 같은 비결류나 예언서의 영향은 물론, 기존 종교전통의 역사관들로부터도 함께 영향을 받고 있다는 사실이다. 그러나 이러한 사실이 한국 신종교를 폄하하는 데 악용되어서는 안 될 것으로 생각한다. 다시 말해서 이러한 사실이 한국 신종교는 독창성이 없고, 단지 여러 종교들의 교리를 혼합, 또는 조합해서 자신의 교리로 삼고 있다는 비난의 빌미가 되어서는 안 된다. 한국은 다른 나라와 달리 동, 서양의 여러 종교전통들이 함께 공존하고 있다는 점을 감안할 때 이러한 사실은 한편 당연한 일로 생각해 볼 수 있기 때문이다. 우리가 앞으로 해야 할 일은 한국 신종교를 소위 '제설혼합주의(syncretism)'의 전형으로 규정짓는 것에서 나아가 한국 신종교 교리의 자체 논리를 추적해 가는 일이어야만 한다.

둘째, 한국 신종교가 모두 역사의 종말이나 우주의 급격한 변동을 기다리고, 추구하는 소위 '시한부 종말론'을 신봉하고 있지 않다는 사실이다. 대체로 지금까지 학계에서는 한국 신종교의 주요한 특징 가운데 하나로 '후천개벽'을 들어 왔다. 그리고 후천개벽의 내용이 구체적으로 무엇인지에 대해서 언급하기보다는 신종교를 신봉하는 사람들이 모두 역사의 급격한 종말을 고대하면서 사회로부터 도피하거나 은둔하는 생활을 하고 있는 것처럼 묘사해 왔다.

그러나 한국의 신종교가 모두 시한부종말론을 지지하는 것은 아니다. 5장에서 살펴보았듯이 한국 신종교의 역사관은 크게 두 부류, 즉 역사의 점진적인 변화를 추구하는 부류와 역사의 급격한 변동을 추구하는 부류로 분리해 볼 수 있다. 동학을 비롯한 대종교, 원불교, 그리고 기독교적 색채가 강한 통일교, 전도관 등까지도 역사의 종말론보다는 역사의 점진적인 발전을 말하는 첫 번째 부류에 속한다. 그리고 두 번째 부류에는 정역을 토대로 하는 역사관을 지지하고 있는 증산교단과 천년왕국적 종말론을 토대로 하는 다미선교회 등 기독교의 일부 교파가 속한다. 따라서 역사의 급격한 변동과 우주의 변혁을 지지하는 종단이 한국 신종교의 대세를 이루는 것으로 보아서는 결코 안 된다. 다시 말해서 종말론의 강조가 한국 신종교 역사관의 특징인 것으로 짐작해서는 안 된다.

본 논문이 이러한 사실을 확인하기는 하였지만 우리 앞에는 여전히 남아 있는 과제들이 있다. 첫째는 개별 종단의 역사관을 종단별로 좀 더 구체적으로 고찰하는 작업이다. 물론 이러한 작업은 종교학자만의 일이라기보다는 개별 종교의 교학자들이 함께 관심을 가져야 할 것이다. 그리고 둘째는 한국 신종교 역사관의 특징을 일본과 중국을 비롯한 여타 국가의 신종교들의 역사관과 비교하는 작업이다. 물론 이러한 작업은 일본과 중국을 비롯한 외국 종교학자들의 도움을 필요로 하는 일이다.

제3장
신종교 연구의 길[1]

1. 들어가는 말

본 논문은 원광대학교 동양종교학과 김홍철 교수의 회갑 기념 논문집 편집위원회의 청탁에 의해 쓰여진 글이다. 편집위원회는 한국 신종교에 관해 필자가 관심 있는 주제를 자유롭게 선택하여 논문 한 편을 쓸 것을 요청하였다. 청탁을 받고 몇 가지 생각을 하게 되었다. 첫째는 과연 지금 이 시점에서 필자가 한국 신종교에 관해 전문적인 또 다른 논문을 쓸 능력과 자격이 있는가라는 점을 생각하게 되었다. 나는 과거에 신종교에 관해 몇 편의 논문을 발표하기는 하였다. 그리고 어느 논문에서인가는 앞으로 신종교 연구가 지향해야 할 방향을 설정해 보기도 하였다. 그러나 지금 이 시점에서 과거 언제인가 내가 설정한 방향대로 진일보한 연구 업적을 내놓았는가에 대한 반성을 하게 되었다. 그리고 동시에 내가

---

[1] 『한국종교』, 제23집, 원광대학교종교문제연구소, 1998.

우리나라에서 몇 안 되는 신종교 연구자로 분류되는 것이 자못 부끄럽기까지 하였다.

둘째는 한국 신종교에 관한 나름의 주제를 자유롭게 선택해도 좋다고 한 청탁의 말에서 한 걸음 더 나아가 이번 논문은 좀 자기 고백적인 글을 써 보면 어떨까 하는 생각을 해 보았다. 언제부터인가 필자는 논문 형식을 지니지 않은 글은 가능하면 쓰지 않으려고 해 왔다. 그러나 이번 논문에서는 논문 형식을 염두에 두기는 하되 논문 형식을 고집할 경우 쓸 수 없는 개인적인 견해와 입장을 피력해 보는 것이 어떨까 하는 생각을 하게 되었다.

이상의 자괴심과 욕구 사이에서 며칠을 고심하다가 논문의 제목을 「한국 신종교 연구의 길」로 설정하고 본 논문에서는 필자의 자기 고백적인 반성을 피력해 보기로 하였다. 본 논문의 이러한 형식과 내용은 읽는 사람들로 하여금 거부감을 느끼게 할 수 있을 것이다. 왜냐하면 자기 고백적인 글은 학술 서적의 머리말이나 또는 역자 후기에나 쓸 수 있는 성격의 글이며 이러한 글은 종교학의 학문성을 저하시킬 것이라는 의구심을 불러일으킬 수 있을 것이기 때문이다.

논문의 형식을 염두에 둔 자기 고백적인 글은 동시에 모험적인 글이 될 수도 있을 것으로 생각한다. 무릇 어느 학자의 전문적인 서적이나 논문을 읽을 경우 그 학자가 공부해 온 과정이나 문제의식을 먼저 알게 되면 그 서적이나 논문을 통해서 그 학자가 진정으로 말하고자 한 내용을 보다 쉽게 이해할 수 있다. 종교학의 경우 다른 학문분과에 비해 이러한 필요성은 보다 크다고 하겠다. 종교에 대한 '객관적인 이해'를 목표로 하는 종교학의 경우 지금까지는 종교에 대한 학자 나름의 사적인 견해와 입장을 은폐시키는 것이 일반적이었다. 아니 어떻게 보면 학자 나름의 종교에 대한 사적인 견해와 입장을 은폐시키는 것이 종교에 대한 '객관적인 연구'에 기여하는 것으로 생각되어 왔다.

종교현상은 상호 경쟁적이지 않고 상호 보완적인 여러 방법들에 의해 연구되어야 하고 따라서 종교학(religious studies)은 여러 학문 분과가 서로 만나는 장소여야 한다는 샤프의 말에 나는 전적으로 동의한다. 그리고 또한 학자가 종교 일반에 대한 자신의 개인적인 입장을 먼저 밝히기만 한다면 종교에 대해 그 어떤 견해를 피력한다고 하더라도 그 견해는 나름의 가치를 지닐 수 있다는 그의 말에도 역시 동의한다.[2]

본 논문에서 종교학을 전공하게 된 배경과 연구 과정, 그리고 종교 일반에 대한 자기 고백적인 견해를 피력하는 것이 종교학자 일 개인을 이해하는 데 많은 도움이 된다는 사실을 보여 줄 것이다. 그러기 위해서 우선 제2장에서 종교에 관심을 가지게 된 배경과, 종교 연구의 과정, 그리고 그 가운데에서도 특히 신종교에 관심을 가지게 된 이유를 밝혀 볼 것이다. 이 과정에서 한국 신종교 연구의 현재 모습이 자연스럽게 제시될 수 있을 것으로 기대한다. 제3장에서는 일본 신종교 가운데 하나인 옴진리교에 대한 일본 학계의 반응을 참고로 하여 한국 신종교 연구의 미래 모습을 예견해보도록 하겠다.

이상의 내용을 통해서 기존의 신종교 연구가 지니고 있는 문제점들 가운데 지금까지 지적되지 않았던 몇몇 사실들을 언급할 것이고, 또한 이제는 한국의 신종교 연구가 '총론의 시대'에서 '각론의 시대'로 진입해야 할 때라는 점을 지적할 것이다.

---

[2] E. J. Sharpe, *Comparative Religion: A History*(London: Duckworth, 1986), pp.292-293.

2. 신종교 연구의 현재

가. 종교 연구의 길

고등학교 시절 대학에 가서 종교학을 전공하는 것이 어떨까 잠시 생각해 본 적이 있다. 그러나 그 생각은 잠시였다. 장래를 생각하고 또한 주위 사람들의 기대를 염두에 둘 때 역시 남들이 주로 선택하는 전공을 선택하는 것이 좋을 것으로 여겼던 것이다. 그러다가 대학에 들어가서 도서관에 들러 종교 쪽 서가에서 우연히 책 한 권을 뽑아 읽기 시작하였다.

지금은 책 이름도 정확히 기억은 나지 않지만 아마 지금도 그 책은 그 도서관 그 서가에 그대로 꽂혀 있을 것이다. 그 책은 미국에서 결혼을 할 때 상대방과 종교가 다를 경우 어떤 절차를 거치는지에 대한 자세한 내용을 수록하고 있다. 책을 다 읽고 나서 나는 도대체 사랑을 전제로 결혼을 하는데 종교가 서로 다른 것이 무엇이 그렇게 복잡하고 큰 문제들을 야기시킬 수 있는가라는 점에 대해 의아하게 생각하였다.

2학년이 되어서 학과를 선택할 때 나는 주위의 친구들과 다른 길을 걷게 되었다. 종교학과를 선택하였던 것이다. 당시 앞에는 두 개의 길이 보였다. 그 하나는 대부분의 친구들이 선택하는 넓은 길이었고, 또 하나는 거의 선택하는 친구들이 없는 아주 좁은 길이었다. 그 좁은 길을 선택하였다.

그 이유는 다음과 같았다. 당시 나에게는 세상 사람들이 살아가는 모습이 크게 두 가지로 보였다. 하나는 소위 俗의 세계에서 삶을 영위하는 것이고, 또 하나는 聖의 세계에서 삶을 영위하는 것이다. 후자는 우리가 보통 말하는 성직자들의 삶의 모습이다.

보통 사람들에게 聖의 삶은 그다지 중요하지 않다. 따라서 그들은 스스럼없이 俗의 삶을 선택할 수 있다. 그러나 당시 나에게는 俗과 聖의 삶이 똑같은 비중을 지니고 있는 것으로 여겨졌다. 그러면서 동시에 聖의 삶을 살고 있는 신부, 수녀, 목사, 스님 등 성직자들의 삶이 俗의 삶을 살고 있는 보통사람들의 삶보다 더 의미가 있는 것으로 여겨졌다. 그들의 눈은 보통사람들의 눈과 달리 맑고 빛이 나는 것처럼 보였다. 그리고 보통사람들의 그것과 비교해 볼 때 그들의 삶의 모습은 자신만만해 보였고, 어떤 의미에서는 오만스럽기까지 하다는 생각이 들었다. 하지만 당시 나는 성직자가 되려는 생각은 전혀 없었다. 아니 나로서는 이미 때가 늦었다는 생각이 들었는지도 모른다.

당시 聖의 삶이 왜 보다 의미가 있어 보이는지, 그리고 그런 삶을 살고 있는 사람들이 왜 오만스럽기까지 할 정도로 자신만만해 보이는지 그 이유를 알아야만 했다. 그 이유를 알아야만 나도 보통사람들같이 俗의 삶을 살 수 있을 것으로 여겨졌다. 그런 이유로 종교학의 문을 서서히, 그리고 조심스럽게 두드렸던 것이다.

종교학과에 들어가자 심리학과에 들어갔던 친구 하나가 나에게 성취욕이 없다는 苦言을 해 주었다. 종교학과에 들어가기가 타 학과에 들어가는 것보다 매우 수월함에도 불구하고 종교학과를 선택하였다는 사실을 지적하는 것이었다. 그 때 나는 그 친구에게 직업에 우열이 없듯이 학문에도 우열이 있을 수 없다는 말을 해 주었다.

당시에 종교학을 전공하는 학생들과 마찬가지로 주로 엘리아데(M. Eliade)의 책을 중점적으로 읽어 나갔다. 지금은 그의 책들 가운데 중요한 것들이 많이 번역이 되었으나 그 당시에는 주로 원서로 읽을 수밖에 없었다. 『우주와 역사』(정진홍 역, 현대사상사, 1976)[3], 『성과 속』(이동하 역, 학민사, 1983)[4], 『종교형태론』(이은봉 역, 형설출판사, 1979)[5], 『종교의 의미』(박규태, 서광사, 1990)[6] 등이 특히 기억에 남는 책들이다. 앞의 세 책은 종교학의 입문서 역할을 해 주었으며, 뒤의 책[7]은 종교학자로서의 자긍심을 심어 준 책이다.

학부 후반부와 대학원 과정을 거치면서 종교인류학과 종교사회학, 종교심리학, 그리고 종교철학 책들을 읽어 나갔다. 그 때 두 가지 문제가 제기되었다. 첫째, 지금은 조금 달라졌지만 당시에는 도대체 자기 자신을 종교학자라고 규정하고 있는 학자들이 그다지 많지 않다는 점이 기이하게 생각되었다. 아무리 책을 뒤져보아도 엘리아데와 그의 제자들을 제외하고는 거의가 신학자, 인류학자, 사회학자, 심리학자, 철학자 등으로 분류되는 사람들이었다. 종교학자로 분류되기도 하는 바하(J. Wach)는 스스로를 사회학자로 규정하고 있고, 스미스(W. C. Smith)는 스스로를 인문학자, 또는 역사학자로 규정하고 있다. 그렇게도 중요한 종교현상을 객관적으로 연구하는 종교학을 전공하는 '종교학자'는 도대체 이 넓은 천지에 어디에 숨어 있는 것인가, 아니면 없다는 것인가? 만약 종교학자의 수가 그렇게도 적다면 종교현상은 생각보다 연구할 가치가 별로 없는 하찮은 현상에 불과한 것은 아닌가? 사실 현재도 국내의 경우 비록 종교학회의 회원 수는 수 백 명이지만 스스로를 종교학자로 규정하는 학자는

---

[3] M. Eliade, *The Myth of the Eternal Return*(Princeton, N.J. : Princeton University Press, 1954).
[4] M. Eliade, *The Sacred and the Profane*(New York: Harcourt, Brace & World, Inc., 1959).
[5] M. Eliade, *Patterns in Comparative Religion*(New York: New American Library, 1963).
[6] M. Eliade, *The Quest: History and Meaning in Religion*(Chicago: The University of Chicago Press, 1969).
[7] 특히 1장과 4장.

손으로 꼽을 만 할 정도에 불과하다.

둘째, 엘리아데로부터 배운 종교학과, 종교인류학, 종교사회학, 종교심리학 등 사회과학적 종교연구는 상호 어떤 관계에 있는 것인지가 또한 문제로 대두되었다. 사실 엘리아데의 종교학은 거대이론(grand theory)을 지향하고, 사회과학적 종교연구는 베버, 프로이드, 융 등의 이 후에는 오히려 세밀한 문제를 과학적으로 분석하고 설명하려는 경향을 보인다.

그리고 엘리아데의 종교학은 사회과학적 종교연구가 종교현상을 종교현상 그 자체가 아니라 문화현상, 사회현상, 심리현상으로 환원시키는 오류를 범한다고 지적하고 있으며, 반대로 사회과학적 종교연구는 엘리아데의 종교학을 사변적(speculative)이라고 비판한다.[8]

이런 고민 속에서 엘리아데가 누누이 언급했던 '위대한'[9] 종교학이 과연 실제적으로 실현될 수 있는가, 그리고 종교학이라는 학문이 도대체 무엇인가를 할 수 있는 학문인가에 대해 회의를 느끼기도 하였다. 학생들 사이에서도 나름대로의 방법론이 없는 종교학이 하나의 학문분과로 성립할 수 있는가에 대한 의구심이 종종 제기되기도 하였다.

이런 상황에서 나에게 일차적으로 중요한 것은 유교, 불교, 기독교, 신종교 등 특정종교나 무속과 같은 구체적인 종교현상이라기보다는 오히려 종교학의 정체성이었다. 아니 보다 정확히 말한다면 종교학의 정체성,

---

[8] 엘리아데에 대한 사회과학 측의 대표적인 비판서로는 J. A. Saliba, *'Homo Religiosus' in Mircea Eliade: An Anthropological Evaluation*(Liden: E. J. Brill, 1976)을 참조할 것.

[9] 종교학의 '위대성'은 다른 학문이 결코 할 수 없는 그 무엇인가를 종교학만이 할 수 있다는 의미에서 사용한 말이다. M.엘리아데,『종교의 의미』(박규태 옮김), 서광사, 1990, 제1장과 제4장; R. N. Bellah, "Religious Studies as 'New Religion'" in *Understanding the New Religions* eds. by J. Needleman & G. Baker(New York: The Seabury Press, 1978), pp.106-112; 정진홍,「형이상학적 반란, 그 뒤」,『한국종교문화의 전개』, 집문당, 1986, 420-437쪽 참조.

또는 종교 이론에 관심을 쏟다 보니까 특정종교나 구체적인 종교현상에 지속적이고 치밀한 관심을 쏟을 여유가 없었던 것이다.10)

나. 신종교 연구의 길

내가 어릴 적 살던 마을11)은 경기도 소사(현재는 부천)에 인접해 있는 지금의 개봉동이다. 우리 동네를 포함해서 가까운 인근 동네에는 절도 교회도 없었다. 따라서 나는 간혹 시주승을 보았을 뿐이고, 옆 마을에 사는 중년의 남자 하나가 일요일이면 성경책을 옆에 끼고 우리 동네를 지나다니는 것을 보았을 뿐이다. 그리고 동네에 '만신'이라고 불리운 무당한 사람이 있었고, 또한 조금 떨어진 동네에 사는 '손꼽쟁이'라고 불리운 여자 무당이 가끔 우리 동네에 나타나곤 하였다.

개봉동은 그 당시 경기도였으나 나중에 서울특별시 영등포구로, 그리고 다시 구로구로 편입되었다. 개봉동에서 그다지 멀지 않은 곳에 있는 소사는 전도관의 신앙촌이 있던 곳이다. 당시 전도관에 다닌다는 아낙네가 보따리를 이고 다니면서 전도관에서 만든 간장과 이불을 팔고 다닌 것을 본 기억이 있다. 시기는 1960년대 전반이었다. 그리고 친구들끼리 '박장로 살인강도 사람 죽이네'로 시작하는 좀 섬뜩한 노래를 무슨 의미인지도 모르면서 따라 부르고 놀았던 기억이 난다. 물론 누가 그 노래를 만들었으며, 누구로부터 그 노래를 배웠는지도 모르면서 말이다.

---

10) 나중에 필자는 종교학의 정체성이나 종교 이론에 대해 약간의 논문을 발표하였다. 강돈구, 「종교심리학의 경향과 과제」, 『종교학연구』, 제10집, 1991, 39-63쪽; 강돈구, 「현대 종교이론의 쟁점」, 『종교학연구』, 제11집, 1992, 79-105쪽; 강돈구, 「한국종교학의 회고와 전망」, 『정신문화연구』, 18권 1호, 1995, 33-58쪽.
11) 당시 마을 이름은 '천신'이었다.

초등학교 시절에는 크리스마스 때 교회에 가면 무언가 준다는 친구들 말을 듣고 한두 차례 교회에 가 본 적이 있다. 아마도 나와 유사한 경험을 한 사람들이 꽤 있을 것으로 생각된다.

그러다가 종교학을 전공으로 선택한 뒤인 대학 2학년 가을에 우연히 중곡동에 있는 대순진리회 본부를 방문한 적이 있다. 건물은 겉보기에 여느 사찰과 비슷하였다. 그러나 그 안에서 만난 사람들은 승려가 아니라 시골에서나 봄직한 옷차림을 하고 있는 동네 아저씨들이었다. 상식적으로 볼 때 사찰같이 생긴 건물에는 승려가 있어야 하고 시골에서나 봄직한 동네 아저씨들은 동네 사랑방에 있어야 한다. 그런데 상호 상반된 상황을 보았으니 심리학에서 말하는 소위 '인지부조화(cognitive dissonance)'[12]를 느낄 수밖에 없었다. 신종교와 나와의 첫 번째 만남은 이렇게 시작하였다.

대학 4학년 때에 모악산 부근에 있는 증산 계통의 종단들을 둘러 볼 기회를 두 차례 가질 수 있었다. 선배 한 사람과 『대순전경』에 나와 있는 강증산의 행적을 찾아 헤매고 다니던 일, 그리고 통정원 부근 마당에서 일하던 村老에게 장장 두, 세 시간에 걸쳐서 나라와 세계와 우주에 대한 장황한 이야기를 듣던 일이 기억난다. 강증산이 임종을 한 장소인 약방과 그의 무덤, 그리고 미륵불교 등 증산 계통의 여러 종단을 방문한 기억도 난다. 중곡동에 있는 대순진리회 본부를 통한 신종교와의 첫 번째 만남에서 느꼈던 인지부조화는 어느덧 사라지고 이들에게 서서히 친밀감을 느끼게 되었다.

---

[12] L. Festinger, H. W. Ricken & S. Schachter, *When Prophecy Fails: A Social and Psychological Study of a Modern Group that Predicted the Destruction of the World*(Minneapolis: University of Minnesota Press, 1956) 참조.

대학 4학년 때는 계룡산 신도안도 방문하였다. 그다지 많이 돌아다니지는 못하였지만 특별히 우주일주평화국[13])을 방문한 기억이 남는다. 이전에 그 종단의 교주는 스스로 거세를 하였다는 말을 들은 적이 있었다. 마침 교주는 출타중이라 만나 볼 수 없었으나 소속 교인인 아주머니 한 분으로부터 교주가 해변 어딘가에서 겪었다는 신비체험에 대해 자세히 들을 수 있었다. 교주에 대한 그 아주머니의 절대적인 신뢰감에 약간 의아해 하기도 하였지만 이런 교단, 또는 종교현상에 대해 종교학에서는 어떤 말을, 어떻게 할 수 있을 것인가에 대해 궁금한 마음을 가지게 되었다.

비록 짜임새 있는 참여관찰이 아니라 잠깐 동안 보고 듣고 느끼는 경험이기는 하였지만 이런 경험을 통해서 적어도 이런 종단들이 사회나 학계에서 일반적으로 말하는 사이비종교나 유사종교, 또는 이단이라고 만은 할 수 없는 무언가 다른 이야기를 할 수 있는 연구대상이 될 수 있다는 생각을 하게 되었다. 그 때부터 내가 할 수 있는 일은 두 가지로 정리되었다. 하나는 우리나라 신종교 전반에 대한 지식을 겸비하면서 동시에 몇몇 종단들에 대한 집중적인 참여관찰을 통해 학술적으로 가치가 있는 자료들을 수집하는 것이다. 그리고 또 하나는 그러한 자료들을 정리하고 분석해서 학술적인 발언을 할 수 있는 이론적인 지식을 겸비하는 것이다.

현상에 대한 지식과 이론에 대한 지식은 모두 필요하다. 그러나 이 양자 가운데 어떤 것을 먼저 하는 것이 더 중요한지에 대해서는 서로 다른 견해가 있을 수 있다. 당시에 나로서는 집중적인 참여관찰을 할 수 있는 여건이 구비되어 있지 않았기 때문에, 그리고 이론에 대한 지식을 습득하여야 현상이 제대로 보일 것이라는 판단 아래, 우선 신종교 전반의 이

---

[13]) 그 당시에는 세계일가공회라고 하였다.

론에 대한 논문과 서적들을 읽어 나가는 길을 택하였다. 그 결과 1986년에 「신종교연구서설」14)이라는 제목의 논문을 발표하였다.

그 논문은 신종교를 연구하는 우리나라의 학자들이 외국의 신종교 연구 경향을 고려하지 않음으로써 우리나라의 신종교 연구가 거의 제자리 걸음을 걷고 있는 것이 아닌가 하는 생각에서 출발하였다. 그리고 당시로서는 구할 수 있는 가능한 한 많은 연구 서적들을 참조하여 국내의 신종교 연구의 문제점들을 지적하고, 앞으로 신종교를 연구하는 학자들이 염두에 두어야 할 몇 가지 방향을 나름대로 제시하고자 하였다.

우선 그 논문에서 나는 국내의 신종교 연구가 지니고 있는 문제점들을 신종교의 정의, 신종교의 특성, 신종교의 발생 이론으로 구분해서 지적하였다. 신종교에 대한 서구 및 일본의 연구 결과를 참조하여 신종교에 대한 국내의 기존 연구가 그 동안 당연시 해 온 여러 주장들을 비판적으로 검토하였다. 그리고 이어서 신종교는 사회나 문화의 현상 유지나 평형상태(equilibrium)가 아니라 창조나 쇄신(regeneration)을 추구하는 제3의 종교(the alternative religion)로 보아야 하며15), 특히 신종교에 대한 무책임한 발언은 종교의 자유를 침해할 소지가 많고, 또한 신종교에 대한 적절한 연구를 위해서는 무엇보다도 1차적인 자료의 수집이 시급하다는 점 등을 지적하였다.

이 논문을 발표한 이후 사실 신종교 이론에 대해서는 일단 나름대로

---

14) 강돈구, 「신종교연구서설」, 『종교학연구』, 제6집, 1986.
15) 벨은 의례가 단순히 사회적 평형상태(social equilibrium)를 복구하는 것이 아니라 사회가 스스로를 계속해서 재규정(redefine)하고 새롭게 활성화시키는(renewing) 지속적인 과정의 일부분으로 보아야 한다고 하였는데 이 말은 신종교에도 똑같이 적용될 수 있다. C. Bell, *Ritual: Perspectives and Dimensions*(Oxford: Oxford University Press, 1997), p. 39 참조.

정리가 되었다고 생각하였다.16) 따라서 그 이후 나는 신종교에 대한 직접적인 참여관찰을 통한 구체적인 연구에 매진하여야 했다. 그러나 여러 사정으로 인해 마음만 앞섰을 뿐 그러한 계획을 실천에 옮기지 못하고 현재에 이르렀다.

그 동안 참여관찰이라고는 할 수 없지만 종종 탐방의 성격을 지닌 '실태조사'를 수행할 기회가 있었다. 1985년에 문화부 종무실의 지원 아래 한국종교학회가 수행한 신종교 실태조사에 장병길, 류병덕, 김홍철과 함께 참여하였다.17) 그 때 서울 지역 일부의 몇몇 신종교들을 돌아 볼 수 있었다. 자칭 메시아며 신이라고 주장하는 교주를 만나 보기도 하고, 또 일본에서 들어 온 일련종 계통의 몇몇 종단과 천리교, 일관도 계통의 몇 몇 종단, 그리고 기독교과학협회(크리스찬 사이언스) 등을 방문하였다.

그 뒤 몇몇 관심 있는 동료들과 함께 원불교, 천도교, 대종교, 한얼교, 몰몬교, 천존회, 증산도, 대순진리회, 금강대도, 갱정유도 등의 집회에 참여해 보기도 하였고, '한일 종교연구자 교류 심포지움'에 참여하여 일본의 대표적인 신종교 교단 가운데 일부를 탐방하기도 하였다. 그리고 1997년에는 대학원 강의의 일환으로 한 학기 동안 통일교(주일 예배, 합동결혼식), 용문산기도원, 일심원, 삼신신앙대본사 등 십 여 개의 종단을 탐방하였다.

1992년은 다미선교회 등 시한부 종말론이 사회로부터 주목을 받던 때였다. 당시 나는 다미선교회를 참여 관찰하여 논문을 한 편 쓸 작정으로 그들이 종말의 때라고 지목하였던 10월 28일 두 달 전부터 10월 28일

---

16) 서구 및 일본에서 신종교 이론에 관한 연구는 1980년대 후반 이후 1990년대에 보다 더 활발히 이루어져 왔다.
17) 그 결과 미출판 보고서로 우여곡절 끝에 「한국신종교실태조사보고서」(한국종교학회, 1985)가 간행되었다.

한 달 이후까지 총 3개월간 그들의 집회에 매주 참여하려고 하였다. 10월 28일 당일을 포함해서 그 이전 두 달 동안 여러 차례 집회에 참여하였으나 10월 28일 이후에는 그들이 잠적하였다는 신문 기사를 읽고 집회 참여를 포기하였다. 따라서 다미선교회에 대한 부분적인 자료 수집에 그쳐 결과적으로 논문 작성에는 실패하였다.

그 당시 나름대로 소중한 경험을 하기는 하였지만 특정 종단, 그것도 특히 사회나 언론으로부터 비판의 대상이 되고 있는 종단에 대한 집중적인 참여관찰 그 자체도 어려울 뿐 아니라 그것을 통한 연구가 상당히 어렵다는 생각을 가지게 되었다. 그리고 그러한 종단에 대한 사회나 언론, 학계의 인식 태도에 상당히 문제가 많다는 사실도 알게 되었다. 당시 나는 모 중앙 일간지로부터 다미선교회에 대한 원고 청탁을 받고 '천년왕국운동'이라는 제목의 원고를 작성해 주었는데 그 원고가 실리지 못한 좋지 못한 경험을 하게 되었다. 당시에 작성하였던 원고는 아래와 같다.

기존의 종교와 다른 독특한 교리를 주장하는 종교는 끊임없이 생겨나고 있다. 그리고 그러한 종교는 여지없이 사회적인 비판의 대상이 되고 있다. 과거에도 그랬고 현재도 세계 곳곳에서 그렇다. 우리나라도 결코 예외일 수는 없는 모양이다.

요즈음 문제가 되고 있는 시한부 종말론은 정확히 말한다면 1990년대초에 한국에서 발생한 개신교계의 천년왕국운동(millennialism)으로 규정할 수 있다. 우리나라 종교사에서 기독교계의 천년왕국운동은 이 것말고도 두 번 더 있었다. 첫째는 조선조 후기 천주교 전래 당시의 천년왕국운동이고, 둘째는 일제하 1920년대와 1930년대의 개신교 천년왕국운동이다.

천주교는 전래 당시 정부로부터 심한 박해를 받았다. 그 당시 천주교는 많은 순교자를 냈으며 그 결과 103인의 성인을 자랑하고 있다. 그렇게 많은 수의 순진무구한 사람들이 신앙을 위해서 목숨을 버릴 수 있었던 것은 그들이 곧, 그야말로 곧 예수가 재림할 것이라는 점을 믿었기 때문이다.

개신교 일각에서 제기된 요즈음의 천년왕국운동에 대해 그야말로 온 사회가 들끓듯이 비난의 화살을 쏘아 대고 있는 것에서, 조선조 후기 천주교 천년왕국론자들이 겪었던 박해의 현대판을 보는 듯하다. 그 당시 천주교인들은 '출세가 봉쇄된 문벌이나 버려진 서얼들과 나라를 원망하고 뜻을 상실한 무리들'로 단죄되었다. 그들은 박해로 목숨을 잃었고, 현대의 천년왕국론자들은 사회적인 고립 속에서 속죄양이 되어가고 있다.
　근래 우리 사회에 문제가 있어서 그러한 기괴한 종교가 생겨났다면서 우리 사회를 걱정하는 목소리가 드높다. 맞는 말이다. 그리고 시한부 종말론자들은 말도 안 되는 교리로 혹세무민하는 집단이기 때문에 그들을 사회에서 제거해야 한다는 주장도 있다. 그것도 맞는 말이다. 조선조 후기에서도 그렇고 현재에도 그렇다. 다만 조선조 후기의 경우 우리의 기억 속에 남아 있는 것은 오로지 기괴한 신앙을 가지고 있다는 이유만으로 그렇게 많은 사람들을 학살한 잔인무도한 위정자들의 모습이다. 마찬가지로 근래 진실로 걱정스러운 것은 현대판 천년왕국운동론자들을 그런 식으로 야박하게 처리해 버리는 바로 우리들의 모습이다.
　미국에서 2백여 년 전에 있었던 일이 생각난다. 처녀 한 명이 수녀원에 들어갔다. 그러자 그 처녀의 부모가 마을사람들에게 이 문제를 공동으로 대처할 것을 제안하였다. 마을사람들 가운데 몇 명이 위원회를 구성하여 수녀원에 들어간 그 처녀를 만났다. 자발적으로 들어간 것인지, 또는 강제적으로 들어간 것인지를 밝히기 위해서였다. 조사 결과 그 처녀는 자발적으로 수녀원에 들어간 것으로 밝혀졌고, 수녀원은 잘못이 없다는 판정이 났다. 그러나 정확히 일주일 후 마을사람들은 그 수녀원을 불태워 버렸다. 그 당시 천주교는 미국에서 이단으로 간주되었기 때문이다.
　새로운 종교운동과 종교적인 실험은 적절한 인내심을 가지고 관찰할 필요가 있다. 새로운 것에서 창조적인 것이 나올 가능성이 높다는 점에서 더욱 그러하다. 만약 그것이 진리라면 존속할 것이고, 만약 그것이 진리가 아니라면 저절로 없어질 것이다. 그리고 이 때 잊어서는 안 될 것이 그러한 운동에 참여하는 사람들도 우리와 마찬가지로 정신이 멀쩡하고, 우리와 같이 인간으로서 살 권리를 지니고 있는 그야말로 우리와 똑 같은 사람들이라는 점이다.
　수천 년 동안 해왔던 일을 언제까지 계속할 것인가? 현대의 특징은 다원화이다. 우리와 다른 주장을 하는 사람들도 존재할 가치가 있다. 그 주장이 종교적인 주장일 때는 더욱 그렇다.

다미선교회에 대한 비판이 고조되고 있는 시점에서 그 신문은 이러한 글을 도저히 실을 수 없었을 것이다. 지금 보면 위의 글에 전혀 문제가 없는 것은 아니다. 그러나 위의 글을 통해서 우리는 신종교를 연구하는 학자들 사이에 서로 많은 것을 논의할 수 있을 것으로 생각한다.

학계는 당시 다미선교회를 중심으로 하는 시한부 종말론에 대해 제대로 된 학술 논문을 거의 발표하지 못하였으며, 종교학계 마저도 언론의 다미선교회에 대한 마녀사냥에 아무런 거부감 없이 충실히 동참하고 말았다. 적어도 종교학자는 매스컴을 통해 신종교에 대해 발언할 때는 신중을 기해야 한다. 매스컴이 원하는 것만을 발언하는 것은 종교학자의 임무가 아니다. 그러한 종교학자는 종교학자라기보다는 사회적인 출세를 지향하는 탤런트이다. 대체로 종교 기자를 포함해서 매스컴에 관여하는 사람들은 종교에 대해 무지한 경우가 의외로 많다. 따라서 종교학자는 기자들을 교육시키는 차원에서라도 의도적으로 다른 발언을 하는 것도 필요하다.[18]

1994년에 승리제단이 다시 사회의 관심거리가 되었으나 다미선교회에 대한 2년 전의 개인적인 경험으로 인해 참여관찰을 시도할 생각을 할 수 없었다. 그러다가 1995년에 일본에서 사린이라는 독가스에 의한 무차별 테러로 우리에게 알려진 옴진리교라는 종단에 주목할 기회를 가지게 되었다. 일본에서는 그러한 종단에 대해 사회나 언론, 그리고 종교학계를 위시한 학계에서 어떻게 대처하는지가 나에게 일차적인 관심거리였다. 옴진리교 사건이 일어난 지 1년이 지난 1996년에 친지의 도움으로

---

[18] 일본의 경우 오옴진리교에 대한 매스컴의 태도에 대해 매스컴 내부와 언론학 쪽에서 예리한 비판이 제기되기도 하였다. 小林弘忠, 『マスコミ vs. オウム眞理敎』, 三一書房, 1995; 江藤文夫, 『オウム報道』, かもがわ出版, 1995; 現代人文社編輯部 編, 『檢証! オウム報道 —今回だけが例外なのか?』, 現代人文社, 1995 참조

옴진리교에 대한 주요 연구 결과들을 수집하였다. 아래에서는 일본의 경우를 참조하여 우리나라의 신종교 연구가 지니고 있는 몇몇 문제점을 재검토하고 이어서 앞으로 신종교 연구가 어떻게 진행되는 것이 바람직한 것인지에 대한 몇 가지 견해를 피력해 보고자 한다.

3. 신종교 연구의 미래

가. 신종교의 범주

인간, 사회, 문화, 역사, 문학 등에 대해 총체적인 정의를 내리는 작업은 이제는 더 이상 흥미 있는 일이 아니다. 물론 사전적인 정의는 경우에 따라 필요하다. 종교의 경우도 마찬가지이다. 얼마 전까지 우리는 종교에 대해 여러 사람이 합의할 수 있는 정의를 내리기 위해 노력해 왔다. 따라서 우리는 종교에 대한 수 없이 많은 정의가 있다는 사실을 잘 알고 있다. 그러나 이제 우리는 종교에 대해 총체적인 정의를 내리려는 시도에 더 이상 관심이 없다.

종교에 대한 정의는 두 가지 의도에 의해 시도될 수 있다. 하나는 종교의 본질을 밝히기 위한 것이고, 또 하나는 연구의 범위를 한정짓기 위한 것이다. 베버의 말을 인용할 필요도 없이 전자는 이제 더 이상 우리의 관심을 끌지 못한다. 종교에 대한 정의는 단지 종교학의 연구 대상을 한정하기 위해 필요할 뿐이다.

신종교에 대해서도 우리는 지금까지 총체적 정의를 내리기 위해 많은 노력을 기울여 왔다. 아니 지금까지 우리는 아직도 이러한 노력에 시간을 소비하고 있는지 모른다. 종교와 신종교는 크게 다르지 않다. 종교에 대한 정의가 종교 연구의 대상을 한정시키는 데 의의가 있듯이, 신종교에 대한 정의도 신종교 연구의 대상을 한정시키는 데 의의가 있을 뿐이다.

우리는 또한 신종교에 대한 인식을 바꿀 필요가 있다. 경제학이 인간을 경제적 동물이라고 하고 정치학이 인간을 정치적 동물이라고 하듯이, 종교학은 인간을 종교적 동물(homo religiosus)이라고 한다. 따라서 종교학자에게 비종교인(무종교인)과 종교인은 크게 다르지 않다. 종교학자는 종교인의 삶과 마찬가지로 비종교인의 삶에서도 종교적인 측면을 쉽게 찾아 낼 수 있다. 비종교인이 나름대로 삶의 의의를 추구하고 자기 방식대로 살아 나가듯이 종교인도 마찬가지로 나름대로 삶의 의의를 추구하고 자기 방식대로 살아 나간다.

종교학자에게 종교와 신종교가 크게 다르지 않듯이, 종교인과 신종교인도 역시 크게 다르지 않다. 세속의 눈으로 볼 때 비종교인과 종교인이 다르듯이 종교인의 눈으로 볼 때에만 종교인과 신종교인은 다르다. 종교와 신종교가 크게 다르지 않다는 말은 신종교가 종교의 부분집합이라는 사실을 의미한다.

우리는 지금까지 비종교인과 종교인은 다르고, 종교인과 신종교인은 다르다는 생각에 젖어 있었다. 그리고 이렇게 가정된 구분 아래 비종교인과 종교인은 어떻게 다르며, 종교인과 신종교인은 어떻게 다른가, 그리고 종교와 신종교는 어떻게 다른가라는 질문에 매달려 있었다. 이제 우리는 종교와 신종교가 크게 다르지 않고 종교인과 신종교인이 크게 다르지 않다는 사실을 인식해야 한다. 그리고 그렇게 전환된 인식 아래 신종교를 연구할 필요가 있다.

종교와 신종교의 차이에 대한 지적은 이제 신종교의 본질이나 특성을 이해하기 위한 것이 되어서는 안 되며, 단지 연구 대상으로서 신종교의 범주를 한정짓기 위한 것이어야 한다. 종교와 달리 신종교가 지니고 있는 특성으로 종말론의 강조, 혼합적인 교리, 지상천국사상, 선민사상, 구세주신앙, 신비체험 등이 일반적으로 지적되고 있다. 그러나 신종교가 이러한 특성들을 보편적으로 지니고 있는 것은 아니다. 그리고 신종교와 상대편에 서 있는 것으로 이해되고 있는 종교도 이러한 특성들 가운데 일부를 종종 지니고 있다. 따라서 우리가 이와 같이 신종교의 특성들을 지적했다고 해서 신종교 자체에 대한 이해가 끝났다고 생각해서는 안 된다. 이제부터 우리는 이러한 지적이 단지 신종교라는 연구 대상을 한정 짓는다는 점에서 의의가 있을 뿐이며, 신종교에 대한 이러한 지적은 신종교 연구의 시작에 불과하다는 사실을 인식할 필요가 있다.

신종교에 해당하는 영어 표현은 상당히 다양하다.[19] 그러나 대체로 서구의 경우 어떤 종교들을 신종교에 포함시킬 것인가에 대해서는 어느 정도 합의가 이루어져 있다. 서구에서는 기독교사에서 소위 이단(heretics)으로 정죄되었던 운동에서 비롯된 종교들, 동양종교에 뿌리를 두고 근래에 생겨난 종교들, 유대, 기독교의 신정통주의와 신근본주의 등 종교사회학적으로 섹트(sect)와 컬트(cult)로 분류되는 종교들을 일반적으로 신종교라고 부른다.[20] 이와 같이 서구의 신종교도 다양한 모습을 보이고는 있으나 기본적으로 기독교에 뿌리를 둔 신종교들이 주종을 이룬다.

일본의 경우 신종교는 대체로 불교와 신도에 뿌리를 두고 있다. 불교

---

[19] 강돈구, 앞의 논문, 191-193쪽.
[20] 김종서 외, 『현대 신종교의 이해』, 한국정신문화연구원, 1994, 제2장과 제3장; J. Coleman and G. Baum, eds., *New Religious Movements*(New York: The Seabury Press, 1983), p.1 참조.

종파 가운데 비교적 역사가 오래된 종파와 교파신도는 신종교에서 제외시키는 경향이 있다. 일본에서 불교와 신도는 바하가 말하는 확산종교(diffused religion)의 성향을 지니고 있고, 또한 기독교의 영향력이 약하기 때문에 일본 신종교는 다른 나라에 비해 의외로 응집력과 영향력이 강하다. 따라서 일본에서는 신종교만을 주로 연구하는 학자들의 수가 상대적으로 많은 편이다.

우리나라의 신종교는 동학, 대종교, 증산교, 원불교 등 유교, 불교, 도교 및 단군과 무속의 영향을 골고루 받은 종단들이 주종을 이룬다. 우리나라의 경우 불교와 기독교는 여러 종파와 교파로 이루어져 있지만 대부분이 분파에 의해 성립된 것들이기 때문에 이들을 모두 신종교로 분류하는 것은 무리가 있다. 그러나 물론 진각종이나 천태종, 그리고 통일교나 전도관 등과 같이 교조의 특이한 신비체험이나 새로운 계시에서 비롯한 종단들은 신종교로 분류될 수 있다.

다시 정리하면 서구의 신종교는 기독교에, 그리고 일본의 신종교는 신도와 불교에 주로 뿌리를 두고 있는 반면, 우리나라의 신종교는 유교, 불교, 도교, 무속 등 전통종교에서 비롯된 종단들과 기독교에서 비롯된 종단들이 함께 공존하고 있는 모습을 보인다. 이러한 현상은 서구나 일본과 달리 우리나라에는 동양종교와 서양종교가 비슷한 세력을 지니고 공존하고 있기 때문에 일어나는 당연한 현상이라고 할 수 있다.

서구에서는 여전히 신종교의 영향력이 그다지 크지 않은 것으로 보이며, 일본은 우리나라나 서구에 비해 신종교의 영향력이 비교적 큰 것으로 보인다. 이것은 신도와 불교가 일본 종교계를 장악하고 있으면서 기독교의 세력이 미미하고, 또한 신종교가 신도나 불교보다 비교적 조직력이 강하기 때문인 것으로 보인다.

한국과 일본의 신종교의 영향력을 비교하기 위해 참고적으로 양국의 종교통계를 제시해 보면 아래와 같다.

<한 국>[21]

종 교 별	전체 인구 구성비(%)
불 교	23.2
개 신 교	19.7
천 주 교	6.6
신 종 교	0.8
계	100

<일 본>[22]

종 교 별	종교 인구 구성비(%)
신 도	53.8
불 교	40.4
기 독 교	0.7
신 종 교	5.1
계	100

---

21) 『한국종교연감』, 종교사회연구소, 1997 참조. 1995년 통계임.
22) 『宗敎年鑑』, 宗務廳, 1997 참조. 1997년 통계임.

한국의 종교통계는 전체 인구 가운데 각 종교의 신도수가 차지하는 구성비를 나타낸 것이고, 일본의 종교통계는 전체 종교 인구 가운데 각 종교의 신도수가 차지하는 구성비를 나타낸 것이다. 일본의 경우 전체 인구는 1억 2천여 명인데도 불구하고 종교 인구는 2억2천여 명으로 조사된다고 한다. 이유는 일본인들에게 자신의 종교가 무엇인가라고 물었을 때 여타 다른 나라 사람들과 달리 몇몇 종교를 한꺼번에 말하는 경우가 많기 때문이다. 그러나 자신의 종교가 신종교 가운데 무엇이라고 말한 사람들은 신도나 불교 등 다른 종교를 동시에 믿는다는 말을 하지 않을 것으로 생각되기 때문에, 신종교인이 전체 인구에서 차지하는 구성비는 대략 9% 정도가 될 것으로 추측된다.

나. 신종교 연구의 이유

신종교 연구의 현재 상황을 검토하고 앞으로의 방향을 제시하기 위해서는 지금까지 신종교 연구를 어떤 사람들이 어떤 이유에 의해 수행해 왔는지를 살펴보는 것이 필요하다.

일본에서 종교학은 주로 신종교와 기독교를 주요 연구 대상으로 삼고 있는 것으로 보인다. 일본 종교의 다수를 차지하는 불교와 신도는 철학이나 역사학 분야에서 주로 연구되고 있다. 아마도 종교학은 서구에서 유입된 학문이기 때문에 대부분의 나라에서 기독교는 종교학의 연구 대상으로 쉽게 등장할 수 있었다. 일본의 신종교는 종교학 분야와 사회학 분야에서 집중적으로 연구되고 있으며, 연구 인력도 꽤 확보되어 있다. 그리고 외국 학자들 가운데 일본 신종교에 관심을 가지고 연구하는 학자도 여러 명이 있다. 일본에서는 1990년에 『新宗教事典』[23])이 발간되었는데 이 책은 일본 신종교 연구사에 한 획을 그은 책으로 평가된다.

우리나라에서는 신종교를 주요 연구 대상으로 삼고 있는 학자는 그다지 많지 않다. 일본과 비교해 볼 때 앞에서도 보았듯이 우리나라의 신종교가 전체 인구에서 차지하는 비중도 적고 또한 무엇보다도 서구 편향적인 사회적 인식 때문에 신종교에 대한 평판이 그다지 좋지 않기 때문인 것으로 보인다. 대체로 우리나라의 경우 신종교에 관심을 가지고 있는 학자들은 특정 종교에 소속되어 있는 학자가 대부분이다. 따라서 이들의 연구는 대체로 그들이 속해 있는 특정 종교의 필요에 의한 것이 대부분이다. 그리고 또 한 부류의 연구는 종무실의 의뢰에 의한 신종교의 실태조사이다. 이러한 실태조사는 기본적으로 종무행정을 위한 조사이고, 또 1년 미만의 연구 기간 동안에 전국적으로 이루어지고 있기 때문에 나름대로 한계가 있기 마련이다.[24]

이렇게 보면 우리나라에서는 오로지 학술적인 관심에서 신종교가 연구되는 경우는 비교적 적은 편이다. 좀 안 된 표현이기는 하지만 우리나라에서 신종교에 관심이 있는 학자들 가운데에는 '이단 사냥꾼'이나 '종교브로커'라는 좋지 않은 별명을 들을 가능성이 있는 학자들도 적지 않은 형편이다.

이제 우리가 이 시점에서 곰곰이 생각해 보아야 할 것은 우리나라에서 신종교는 과연 어떤 의의가 있는가, 그리고 그러한 신종교를 연구해야 하는 진정한 이유는 무언인가이다. 모든 종교는 나름대로의 이상사회론

---

[23] 井上順孝 外, 『新宗教事典』, 弘文堂, 1990.
[24] 종무실의 의뢰에 의해 가장 최근에 행해진 실태조사는 한국종교연구회, 『한국 신종교 조사연구 보고서』, 1996와 김홍철・류병덕・양은용, 『한국신종교실태조사보고서』, 원광대학교 종교문제연구소, 1997이 있다. 이전에 발간된 보고서에 비해 이 두 보고서는 비교적 내용이 충실하다.

을 가지고 있다. 이 점에서 기존 종교와 신종교 사이에 근본적인 차이는 없다. 구태여 차이가 있다면 일반적으로 전자는 그러한 이상사회를 실현하기 위해 점진적인 개혁을 추구하는 것에 비해 후자는 혁신적인 개혁을 추구한다는 점을 지적할 수 있다. 혁신적인 개혁을 추구하는 신종교는 따라서 사회와 기존 종교로부터 경계와 조롱의 대상이 되고, 그 교리도 황당하거나 비합리적이라는 지적을 받는다. 그러나 바로 이러한 이유로 인해 신종교는 종교가 일반적으로 지니고 있는 문제점과 가능성, 그리고 종교변동은 물론 사회변동과 문화변동까지도 쉽게 알 수 있게 해 주는 주요 자료가 될 수 있다는 점에 주목할 필요가 있다.

다. 연구의 대상

지금까지 우리의 신종교 연구는 우리나라에 있는 가능한 한 모든 신종교들의 전체적인 윤곽을 확인하는 데 거의 모든 노력을 기울여 왔다고 해도 과언이 아니다. 그리고 각 신종교에 대해서는 교조의 생애나 교단의 연표 이 외에 보다 구체적인 연구를 진행시키지 못한 실정이다. 일찍이 대학을 설립한 원불교는 교단 학자들에 의해 많은 연구가 이루어지고 있으며, 증산 종단도 다른 종단에 비해 약간의 연구가 이루어지기는 하였다. 그리고 동학은 역사학자와 정치학자에 의해 연구가 많이 이루어져 왔으나 동학의 종교적인 측면에 대한 연구는 아직도 많이 미흡한 편이다.

이런 상황에서 지금 우리가 시급히 해야 할 일은 몇몇 신종교 교단을 선정하여 집중적으로 연구하는 일이라고 생각한다. 교단을 선정할 때는 여러 가지를 고려해야 하겠지만 우선 무엇보다도 그 교단이 종교학자를 포함한 외부에 대해 개방적인 자세를 취하고 있는지의 여부가 관건이 될 수 있다. 아무리 연구할 가치가 있는 대상이라고 하더라도 폐쇄적인 교단은 일단 자료에 대한 접근이 차단되기 때문에 연구에 어려움이 따른다.

다음으로 고려해야 할 것은 종교학자에게 학문 외적인 요구를 하지 않는 교단인지의 여부이다. 어느 교단은 몇몇 종교학자에게 연구비를 지원하였는데 그 연구 결과가 교단의 노선과 맞지 않는다는 이유를 들어 현재는 자체 인력으로 자신들의 교리를 연구해 나가고 있다. 또 어느 교단은 특정의 교단 내적인 주제를 선정하여 종교학자에게 연구를 의뢰하는 경우도 있다. 교단 내적인 시각에서 연구될 수밖에 없는 주제를 연구하거나 연구할 수 있는 종교학자도 물론 있을 수 있다. 그러나 대체로 이 두 가지 경우 모두 종교학이라는 학문의 성격을 잘못 이해하고 있기 때문에 생겨난 것이다. 이렇게 되면 결국 교단은 종교학이라는 학문에 실망을 하게 되고 종교학을 멀리 하는 결과를 초래하게 된다.

또한 교단이 연구하기에 적절한 규모를 지니고 있는지도 관건이 될 수 있다. 연구 주제에 따라 다를 수 있겠지만 예를 들어서 교조 1인에 교인이 10여 명도 안 되는 교단이라면 연구 노력에 비해 결과의 유용성이 적을 수 있다. 그리고 비교적 역사도 길고 교단의 규모도 큰 교단이라면 연구 결과에 비해 연구 노력이 너무 많이 들 수도 있다. 우리에게 현재 필요한 것은 적절한 규모의 교단들을 집중적으로 연구하여 연구 방법을 개발하고 연구 결과를 축적시켜 나가는 것이다. 이 때 우리가 염두에 두어야 할 것은 무슨 계열이니 하는 추상적인 신종교 분류체계에 지나치게 의존하지 말아야 한다는 점이다. 이제 우리에게 필요한 것은 추상적인 계통 분류가 아니라 구체적인 종교, 다시 말해서 구체적인 교단이다. 주지하다시피 예를 들어서 구한말 강일순에 의해 시작된 증산 종단은 여러 교단으로 나뉘어 활동하고 있다. 이제 우리는 증산 종단 일반에 대한 연구보다는 대순진리회나 증산도 등 구체적인 교단에 대한 연구를 진척시켜 나가야 한다.

이와 같이 비교적 개방적이고 적절한 규모를 지닌 교단을 선정하여 연구한다고 하더라도 종교학자는 기본적으로 그 교단에 애정을 지니고 있어야 하는 것은 말할 필요도 없다. 매스컴과 야합하여 그 교단의 문제점을 폭로하여 한 건 올리겠다거나 또는 알게 모르게 그 교단의 교리나 사업을 선전하는 일을 하는 '종교브로커'가 되어서는 결코 안 된다.

라. 연구의 목적과 방법

얼마 전까지 인류학은 타문화의 연구를 목표로 삼았다. 그 타문화의 연구가 제국주의적인 발상에 의한 것이라는 비판이 제기되기도 하였다. 그러나 인류학의 학문적 목표를 긍정적으로 이해해 본다면 그것은 일견 비합리적이고 비상식적이고 기괴하게 보이는 문화를 인류학의 프리즘을 통해 이해 가능한, 그리고 합리적이고 상식적인 문화로 탈바꿈시키는 것이라고 생각해 볼 수 있다. 인류학은 그렇게 이해된 타문화의 시각에서 다시 자신의 문화를 돌이켜 재이해하는 기회를 제공해 준다. 인류학의 목표를 이렇게 설정할 때 비로소 얼핏 보면 우리의 삶과 거의 관계가 없는 아프리카나 남미, 그리고 호주 등의 원주민에 대한 연구가 왜 우리에게 필요한지가 이해될 수 있다.

서구에서 성립한 종교학도 그 역사를 보면 기독교 이외의 종교에 대한 연구에 더 많은 노력을 기울여 온 것을 알 수 있다. 물론 이러한 배경에는 기독교를 옹호하거나 또는 비판하려는 의도가 깔려 있기도 하였다. 인류학과 대비시켜 볼 때 어쨌든 종교학도 타종교에 대한 이해를 통한 자기 종교의 재이해라는 목표를 지니고 있다고 할 수 있다. 아니면 타종교인의 삶에 대한 연구를 통해 자신의 (종교적) 삶에 대한 이해를 심화시키는 것이 종교학의 목표라고 바꾸어 말할 수 있다.

이렇게 보았을 때 종교학은 일단 구체적인 종교를 그 종교와 관련이 없는 사람들에게 이해시키는 작업에서 학문적 의의를 찾아야 한다. 예를 들어서 불교를 소위 무종교인에게, 또는 기독교인 등 타종교인에게 이해시키는 것은 불교인이나 불교학자보다 종교학자가 더 잘 할 수 있다. 불교인이나 불교학자는 불교적인 개념들을 주로 사용하여 불교를 설명할 것이고, 만약 자신들의 설명을 이해하지 못하는 사람이 있다면 그에게 불교를 일단 믿으면 불교를 이해할 수 있다고 말할 것이다. 그러나 종교학자는 비불교적인 개념들을 사용하여 불교를 비불교인에게 설명할 수 있는 능력을 겸비하고 있다. 종교학은 바로 이 점에서 학문적인 강점을 지닐 수 있다는 것이 나의 생각이다.

그렇다면 신종교의 연구는 왜 하는 것인가? 여러 가지 현학적인 이유를 제시할 수도 있을 것이다. 그러나 간단히 말하면 앞에서도 이야기 하였듯이 신종교 연구의 목적은 종교 연구의 목적과 크게 다르지 않다. 특정의 기존 종교의 연구가 일반인들과 타종교인에게 그 종교를 이해시키는 데 일차적인 목적이 있듯이, 신종교의 연구도 일반인들과 타종교인, 특히 기존 종교인들에게 그 신종교를 이해시키는 데 일차적인 목적이 있다.

이러한 목적 아래 신종교에 대한 연구는 문헌자료도 중요하지만 참여관찰이 무엇보다도 중요하다. 신종교는 일반 기존 종교에 비해 문헌자료를 그다지 많이 가지고 있지 않다. 기존 종교는 이미 고정된 교리를 끊임없이 재해석해 나가는 과정을 거쳐 존립을 유지해 나간다. 그리고 교리의 재해석은 문헌자료를 통해 교단 내외에 전파된다. 그러나 신종교의 교리는 교단의 역사가 비교적 짧은 관계로 계속해서 형성되는 과정을 거치는 단계에 놓여 있다. 신종교의 문헌자료가 물론 중요하지 않다는 이야기는 아니지만 문헌자료에만 의존한 신종교 연구는 한계가 있다는 점을 인식할 필요가 있다.

수년 전 다미선교회를 참여 관찰했을 때 놀라웠던 것은 그들이 이미 휴거 일자를 정해 놓고 치밀하게 준비를 하고 있었음에도 불구하고, 이미 한편에서는 휴거가 불발로 끝날 것에 대비하는 모습을 살필 수 있었다는 점이다. 또한 자신들의 교회가 그렇게 사회적으로 지탄의 대상이 되고 있었음에도 불구하고 어린 자녀와 함께 정숙한 모습으로 교회에 들어가는 일가족의 모습을 보고 종교가 미치는 영향력을 눈으로 확인할 수 있었다.

오래 전부터 논란이 된 문제이기는 하지만 참여관찰을 할 경우 신도를 가장하고 관찰할 것인가, 아니면 종교학자라는 사실을 미리 알리고 관찰할 것인가를 결정하는 것이 필요하다. 신도로 가장하고 관찰할 경우 윤리적인 문제가 제기될 수 있는 반면, 교단 내부의 폐쇄적인 자료에 접근할 수 있는 기회가 더 많이 주어질 수 있다. 반면에 종교학자라는 사실을 미리 알리고 관찰할 경우 윤리적인 문제는 제기되지 않지만, 교단 내부의 폐쇄적인 자료에 접근하는 것이 차단될 수 있다.

내가 생각하기에 현재로서 가장 좋은 방법은 좀 더 개방적인 교단에 대한 종교학자 그룹에 의한 참여관찰이다. 좀 더 개방적인 교단의 경우 폐쇄적인 자료의 공개에 인색하지 않을 것이며, 또한 교단 관계자들이 종교학자 개인보다는 종교학자 그룹에 더 신뢰를 보일 수 있을 것으로 생각되기 때문이다. 개인적인 경험이기는 하지만 다미선교회에 경우 예배에 참여했을 때 교단 관계자로부터 경계의 대상이 되었던 경험이 있다. 그리고 어느 종단의 교조는 종교학자 몇 명과 함께 방문하였을 때 그 교단의 비밀스러운 부분을 조심스럽게 그러나 서슴치 않고 공개하는 것을 본 적이 있다.

그리고 여전히 중요한 문제로 남는 것은 특히 사회적으로 물의를 빚을 염려가 있는 신종교를 연구할 때 종교학자가 그 종교에 대해 어떤 입장을 취하느냐 하는 것이다. 종교학자는 일반적으로 종교에 대한 객관적인 이해를 목표로 해 왔다. 종교학자는 모든 종교가 시작할 때는 모두 신종교였다는 사실, 그리고 모든 종교는 시작할 때 사회로부터 멸시나 박해를 어느 정도 받았다는 사실을 알고 있다. 따라서 사회와 언론이 특정 신종교를 매도할 때에도 종교학자는 그러한 부분보다는 그 종교를 객관적으로 이해하려는 노력을 포기하지 않는다.

종교학자의 이러한 노력이 보는 시각에 따라서는 소위 사회적으로 물의를 빚었거나 빚을 염려가 있는 종교를 무비판적으로 옹호하는 것으로 보일 수 있다. 미국이나 일본에서 특정 신종교를 연구하는 종교학자들이 바로 이러한 문제로 인해 곤욕을 치른 사례가 있었다.[25] 아직 이러한 문제는 우리나라에서 제기된 적은 없지만 앞으로 신종교에 대한 연구가 진척되면 우리나라의 종교학자도 부딪힐 수밖에 없는 문제가 될 것으로 생각한다. 신종교에 대한 연구가 종교학자에게 이러한 상황을 야기시킬 위험이 있기 때문에 종교학자는 종교에 대한 객관적인 이해를 포기하지 않는 한에서 이러한 상황에 빠지지 않도록 조심하는 것이 필요할 것으로 보인다.

---

[25] I. Strenski, "Lessons for Religious Studies in Waco?", *Journal of the American Academy of Religion*, vol.LXI, 1993, pp.567-574 ; 藤原 聖子, 「鏡と擁護 -オウム眞理敎事件によって宗敎學はいかに変わったか」, 『東京大學宗敎學年報』, Ⅷ, 1996, pp.17-31 참조.

마. 反신종교 운동

우리나라에서 반신종교 운동의 주체는 언론이라고 할 수 있다. 사회적으로 물의를 빚은 신종교가 등장하기만 하면 언론은 그 신종교를 매도하고 타도의 대상으로 만드는 사회적 여론을 조성하는 데 주도적인 역할을 담당한다. 아마도 우리나라 언론 가운데 신종교에 대해 긍정적인 기사를 쓰거나 방송을 한 사례는 거의 발견할 수 없을 것으로 생각한다. 그리고 검찰이나 사법부 또한 언론이 조성한 사회적 여론을 등에 업고 또는 사회적 여론에 밀려 그러한 신종교를 단죄하는 역할을 담당한다. 물론 이러한 상황은 미국과 일본, 그리고 유럽에서도 일어나는 현상이기도 하다.

이제는 우리나라도 신종교에 대해 '신앙의 자유'를 보장한다는 의미에서 언론이 보다 공정한 기사나 방송을 하려는 자세를 취하려는 노력을 기울여도 될 때라고 생각한다. 그러기 위해서 신종교에 대한 언론의 태도를 분석해 보는 연구도 필요하지 않을까 생각해 본다.

우리나라는 일본과 달리 종교법인법이 따로 제정되어 있지 않기 때문에 종교단체의 법적 지위가 일본에 비해 약하다.26) 일본에서는 옴진리교 사건이 발생한 직후인 1995년 12월에 종교에 대한 보호와 통제를 효율적으로 하기 위해 종교법인법을 다시 개정하였다.27) 우리나라는 종교법인법이 따로 없기 때문에 검찰이나 사법부는 주로 '횡령죄'와 '사기죄'의 성립 여부를 가지고 신종교를 통제한다. 다시 말해서 주로 헌금의 강제성 여부와 사용처를 자료로 해서 신종교를 규제한다.

---

26) 김종문, 『일본의 문화와 종교정책』, 신원문화사, 1997, 364-368쪽.
27) 일본 종교법인법 개정의 이유와 과정에 대해서는 オウム問題を考える議員の會 編, 『オウム事件は終わらない －カルト宗敎と日本社會』, 立風書房, 1996 참조.

최근에 있었던 다미선교회와 영생교의 판결 내용을 보면 다음과 같다. 다미선교회 이장림의 경우 재판부는 판결문에서 "기독교인이 성경에 근거해 일정한 교리를 주장, 전파하면서 선교활동을 위해 상당한 액수의 헌금을 받았다면 우리 헌법이 보장하고 있는 종교의 자유 원칙에 의해 보호되어야 하지만 이 피고인의 경우 극단적인 시한부 종말론을 전파, 이를 맹신하는 신도들로부터 거액의 헌금을 수령한 행위는 이미 종교의 영역을 넘어선 실정법 위반행위로 형법상 사기죄의 구성 요건에 해당된다… 그 교리가 합리적이고 전통적인 성경에 근거한 것이 아님을 단적으로 증명하는 것으로서… 이 피고인이 헌납 받은 돈을 자신의 개인적인 이익을 위해 낭비하지 않고 대부분 종교 활동을 위해 소비한 데다 뒤늦게나마 시한부종말론을 주장한 데 대해 잘못을 인정하고 선교회를 해체하는 등 반성의 빛을 보이고 있으며…"28)라고 판결 이유를 밝히고 징역 1년을 선고하였다.

영생교 조희성의 경우에도 재판부는 판결문에서 "영생교의 사이비성 유무에 대한 판단은 보류하지만… 조씨가 자신을 하나님으로 지칭하고 헌금을 하지 않는 신도는 영생할 수 없다며 신도들을 속여 헌금을 받아 가로 챈 것은 종교의 자유와 한계를 벗어난 사기죄에 해당한다… 조씨가 재물을 자신에게 맡기고 충성하면 영생을 얻을 수 있다고 속여 신도들로부터 헌금을 강요하고 이를 가로 챈 것은 종교의 자유를 넘어선 범법 행위에 해당한다…"29)고 밝히고 징역 4년을 선고하였다.

문제는 이렇게 횡령죄와 사기죄의 명목이나 또는 교리의 비합리성을 이유로 종교를 단죄할 경우 사회적인 영향력이 미미한 소규모의 종교들

---

28) 『중앙일보』, 1993.5.20.
29) 『중앙일보』, 1995.4.29.

만이 이러한 법망에 걸려든다는 데에 있다. 다시 말해서 문제는 이러한 법망에 소위 힘 있는 종교는 상관없이 힘 없는 종교만이 걸려들 수 있다는 데에 있다.

또한 우리가 이 시점에서 인식해야 할 것은 이러한 반신종교 운동의 배후에는 기존 종교들이 존재하고 있다는 사실이다. 다시 말해서 언론이나 검찰, 또는 사법부의 반신종교적 분위기 조성에 기존 종교들이 많은 역할을 하고 있다는 사실을 우리는 알 필요가 있다. 주지하다시피 적어도 다미선교회와 영생교는 특히 기독교의 영향을 많이 받은 신종교들이다. 다시 말해서 이들은 기독교적 신종교라고 해도 과언이 아니다. 그런데 이러한 기독교적 신종교를 가장 적대시하는 종교는 바로 기독교이다. 우리나라에서는 기독교가 적지 않은 세력을 차지하고 있고, 또한 다른 나라 기독교에 비해서 우리나라의 기독교가 더 배타적 성격을 지니고 있기 때문에 우리나라에 반신종교의 분위기가 더 팽배해 있는 것은 아닌지 생각해 볼 필요가 있다.

4. 나오는 말

지금까지 우리는 종교 연구와 신종교 연구가 그 목적과 방법상으로는 전혀 차이가 있을 수 없다는 전제 아래 신종교를 연구하는 데 고려될 수 있는 몇몇 생각들을 정리해보았다.

이제는 신종교에 대해서 그야말로 '새로운 이야기'를 할 때이다. 이 자리에서 엘리아데의 '창조적 해석학'이니 또는 정진홍의 '형이상학적 반란'이라는 말을 빌릴 필요까지는 없을 것이다. 우리나라에서 신종교 연구의 역사는 종교 연구의 역사와 같이 시작하였다. 그리고 종교 연구의 폭과 깊이가 더 해 갈수록 신종교 연구의 폭과 깊이도 더 해 갈 것이다.

끝으로 이 자리를 빌려 신종교 연구를 위해 필요하다고 생각되는 몇 가지 견해를 제안해 보고자 한다.

첫째, 신종교의 잠재적인 영향력을 감안할 때, 그리고 외국의 경우를 고려할 때 이제는 우리나라에서도 신종교를 주요 전공으로 하는 학자들이 나와야 할 것으로 생각한다. 그러기 위해서는 기존 학자들이 종교학을 전공하려는 학생들에게 신종교 연구의 중요성을 강조해 줌과 동시에 신종교를 전공하려는 학생들을 키우는 노력을 기울여야 할 것이다. 현재 신종교에 관심이 있는 종교학자들이 주로 중년을 넘어 선 학자들이고 소위 젊은 학자들이 거의 없다는 점에 우려를 금할 수 없다.

둘째, 가칭 '한국신종교연구회'의 결성이 필요하다고 생각한다. 앞에서도 지적하였듯이 신종교에 대한 참여관찰은 학자 개인에 의한 것보다 학자 그룹에 의한 것이 보다 더 효율적이다. 신종교에 대한 연구는 신종교와 학자와의 만남에서 시작된다. 그런데 신종교와 학자 개인과의 만남은 몇 가지 발생 가능한 문제들로 인해 바람직한 관계로 발전하기가 쉽지 않다. 따라서 현재로서는 신종교와 가칭 '한국신종교연구회'와의 만남을 통해서 신종교와 종교학자의 관계를 바람직한 방향으로 유도해 나가는 것이 우선 필요하다고 생각한다.

셋째, 신종교 연구는 이제 총론적 연구에서 각론적 연구로 나아가야 한다고 생각한다. 총론적 연구는 신종교 일반에 대한 연구를 말하며, 각론적 연구는 구체적인 개별 교단에 대한 연구를 말한다. '00계열의 신종교'에 대한 연구도 총론적 연구이다. 따라서 여기에서 말하는 각론적 연구는 구체적으로 '00교에 대한 연구'를 말한다. 이 때 물론 총론적 연구가 필요하지 않다는 것은 아니다. 그러나 각론적 연구를 도외시한 총론적 연구는 제자리 걸음을 할 수밖에 없다. 총론적 연구와 각론적 연구는 서로 상보적이다. 그리고 이 시점에서 우리에게 필요한 것은 총론적 연구보다는 오히려 각론적 연구이다.

넷째, 신종교에 대한 각론적 연구를 위해서는 인류학에서 말하는 民族誌(ethnography)와 유사한 '宗敎誌(religiography)'가 필요하다고 생각한다. 인류학은 민족지에서 시작해서 민족지에서 끝난다는 말이 있다. 그리고 발굴을 전제로 하지 않는 고고학은 이미 고고학이 아니다. 마찬가지로 이제 적어도 신종교에 대한 연구는 구체적이고 실증적인 자료에 근거해서 이루어져야 하며, 그러기 위해서 지금 이 시점에서 우리에게 무엇보다도 필요한 것은 宗敎誌라고 할 수 있다. 이제는 연구 대상으로 선정된 교단에 대한 宗敎誌的 자료가 없는 상태에서 이루어지는 신종교 연구는 가치가 없는 것으로 간주되어야 한다. 이제 우리는 신종교 일반에 대한 추상적인 논의에서 벗어나 宗敎誌的 자료를 어떻게 획득할 것인가에 대한 논의를 시작하는 것이 보다 바람직하다고 생각한다.

새로운 이야기는 같은 현상을 다른 시각에서 보거나, 또는 새로운 자료의 발굴에 의해서 가능하다. 그런데 이제까지 우리는 같은 현상을 같은 시각에서 보려는 노력만을 기울여 왔다. 물론 이제까지 같은 현상을 다른 시각에서 보려는 노력이 전혀 없었던 것은 아니다. 그러나 이제 우리는 연구 대상인 신종교에 대한 역동적이고 구체적이고 실증적인 자료를 수집하고, 그리고 그렇게 수집된 자료를 중심으로 학술적 논의를 다시 시작할 수 있을 때 비로소 또 다른 새로운 이야기를 할 수 있을 것으로 생각한다.

참고문헌

제1부 종교이론의 쟁점

『서울대학교 일람, 1959-1960』
『서울대학교 일람』, 1956
『서울대학교 학과안내』, 1963
강돈구, 「新羅別記所載 歃血儀式의 과정」, 『종교학연구』, 제3집, 1980
길희성, 「대학과 종교연구 - 종교학의 역사적 위치와 사명」, 『종교연구』, 제2집, 1986
_____, 「동양종교와 공동가치: 한국사회와 유교적 최소주의 - 유교 신앙의 회복을 기대하며」, 『전통사상의 보편윤리적 전망』(제2회 공동가치 포럼 발표논문집), 한국정신문화연구원・유네스코한국위원회, 2002. 10. 4
_____, 「윌프레드 캔트웰 스미스의 인격주의적 종교연구」, 김승혜 편저, 『종교학의 이해』, 분도출판사, 1986
_____, 「존 힉의 철학적 종교다원주의론」, 『종교연구』, 제15집, 1998
_____, 「종교다원 사회 속의 신앙」, 『철학과 현실』, 1992년 여름호
_____, 「종교다원주의 -역사적 배경, 이론, 실천」, 『종교연구』, 제28집, 2002
_____, 「종교학 -다원세계를 위한 학문」, 『포스트모던 사회와 열린 종교』, 민음사, 1994
_____, 「포스트모더니즘, 종교다원주의, 사랑의 하느님」, 『포스트모던 사회와 열린 종교』, 민음사, 1994
_____, 「학문적 객관성의 의미와 학문적 주관성의 한계」, 『정신문화연구』, 1985, 가을호
_____, 「해석학을 통해 본 동양철학 연구 - 철학적 해석학의 관점에서」, 심재룡 외, 『한국에서 철학하는 자세들 - 철학연구 방법론의 한국적 모색』, 집문당, 1986

김경동·안청시 편저,『한국사회과학 방법론의 탐색』, 서울대학교출판부, 1986
김경재,「교리적 접근에서 해석학적 접근으로 -종교간의 대화, 협동, 그리고 창조적 변화를 위한 해석학적 기초 이론」, 크리스챤 아카데미 편,『열린 종교와 평화 공동체』, 대화출판사, 2000
_____,「복음의 문화적 토착화와 정치적 토착화 -류동식 교수 토착화론의 명료화를 위한 제언」,『기독교사상』, 23-9, 1979
_____,「세계종교의 현재와 미래 -개신교의 입장에서」,『인류문명과 원불교사상』하, 원불교출판사, 1991
_____,「한국문화신학 형성과 기독교사상」,『기독교사상』, 36-4, 1992
_____,「해석학과 종교다원론」,『종교다원주의와 종교윤리』, 집문당, 1994
_____,『이름 없는 하느님』, 삼인, 2002
_____,『한국문화신학』, 한국신학연구소, 1983
_____,『해석학과 종교신학』, 대한기독교서회, 1979
김광억,「조상숭배와 사회조직의 원리 -한국과 중국의 비교」,『한국문화인류학』, 제18집, 1986
김승철,『대지와 바람 -동양 신학의 조형을 위한 해석학적 시도』, 다산글방, 1994
김승혜,「종교학의 역사」,『종교학의 이해 -종교연구 방법론을 중심으로』, 분도출판사, 1986
_____,「종교학이 신학연구에 기여하는 바는 무엇인가」,『종교신학연구』, 제1집, 1988
_____,「종교학적 연구와 동양적 시각」, 김승혜 편저,『종교학의 이해 -종교연구 방법론을 중심으로』, 분도출판사,1986
_____,「한국의 종교현실과 공존의 문제」,『종교연구』, 제3집, 1987
김여수,「상대주의 논의의 문화적 위상」,『철학과 현실』, 1991 봄호
_____,「인문과학의 이념 -과학적 설명을 중심으로」, 서울대학교인문과학연구소 편,『인문과학의 새로운 방향』, 서울대학교출판부, 1984
김영태,「존 힉의 종교다원주의 철학의 기초」,『종교다원주의와 종교윤리』, 집문당, 1994
김재영,「존 힉의 종교다원주의 철학」,『종교다원주의와 종교윤리』, 집문당, 1994
김종서 외,『전통사상의 현대적 의미』, 한국정신문화연구원, 1990
김종서,「기독교와의 대화 - 타종교의 입장」,『종교다원주의와 종교윤리』, 집문당, 1994
_____,「미국적 종교다원주의의 독특성 연구」,『미국학』, 22집, 1999

김종서,「종교다원주의와 한국신학적 의미」, 한국기독교학회 엮음,『창조의 보존과 한국 신학』, 대한기독교서회, 1992
_____,「종교다원주의의 이해와 극복」,『정신문화연구』, 1984 여름
_____,「종교집단간의 상호 이해 -종교간 대화를 중심으로」,『철학·종교사상의 제문제(V)』, 한국정신문화연구원, 1989
_____,「한말 일제하 한국종교 연구의 전개」,『한국사상사대계 6』, 한국정신문화연구원, 1993
_____,「현대 종교다원주의와 그 한국적 독특성 연구」,『종교학연구』, 제19집, 2000
_____,「현대 종교다원주의의 이해와 극복 -P. L. Berger와 M. Eliade를 중심으로」,『정신문화연구』, 1984, 여름호
김진 편저,『종교간의 만남 -피할 수 없는 대화』, 한들, 1999
김진,「라이몬드 파니카 종교신학의 기독론」,『한국종교문화와 문화신학』, 한들, 1998
나학진,「종교간의 갈등 극복 -기독교와 타종교의 경우」,『종교학연구』, 제9집, 1990
니버, 리차드,『그리스도와 문화』(김재준 역), 대한기독교서회, 1978
_____,『책임적 자아』(정진홍 역), 이화여자대학교출판부, 1983
니터, 폴 F.,『오직 예수 이름으로만?』(변선환 옮김), 한국신학연구소, 1987
듄, 캐린,「석가와 예수의 대화』(황필호 옮김), 종로서적, 1980
라카토스, I.,「반증과 과학적 연구 프로그램들의 방법론」, 라카토스·무스레이브 편,『현대과학철학논쟁』(조승옥·김동식 역), 민음사, 1987
류경희,「종교다원주의에 대한 힌두교와 기독교 태도의 비교」,『종교학연구』, 제8집, 1989
류성민,「종교다원주의와 종교윤리」,『종교다원주의와 종교윤리』, 집문당, 1994
_____,「종교학 방법론 소고 -한국적 정황을 중심으로」,『종교학연구』, 제13집, 1994
링컨, 브루스,『거룩한 테러 -9·11 이후 종교와 폭력에 관한 성찰』(김윤성 옮김), 돌베개 2005
박규태 외,『종교 읽기의 자유』, 청년사, 1999
박성용,「존 힉의 종교신학 연구」,『종교다원주의와 신학의 미래』, 종로서적, 1989
박이문,「문화 다원주의의 타당성과 그 한계」,『철학과 현실』, 2002 봄
배국원,「포스트모더니즘, 그 이후」,『현대 종교철학의 이해 -종교에 대한 후기 근대적 접근』, 동연, 2000
_____,「한국문화신학에 대한 방법론적 반성」,『복음과 실천』, 23호, 1999

변선환,「종교간의 대화 백년과 전망 - 세계종교대회를 중심하여서」, 변선환아키브 편집,『종교간 대화와 아시아 신학』, 한국신학연구소, 1996
샤프, 에릭,『종교학 -그 연구의 역사』(윤이흠·윤원철 옮김), 한울, 1986
서울대학교 인문과학연구소 편찬,『인문과학의 새로운 방향』, 서울대학교출판부, 1984
소태산대종사탄생백주년성업봉찬회,『인류문명과 원불교사상』하, 원불교출판사, 1991
손봉호,「종교적 다원주의와 상대주의」,『철학과 현실』, 1992 여름호
송현주,「현대 한국불교 예불의 성격에 관한 연구」, 서울대 종교학과 박사학위논문, 1999
스마트, 니니안,『현대종교학』(강돈구 옮김), 청년사, 1986
스미스, 윌프레드 캔트웰,『종교의 의미와 목적』(길희성 옮김), 분도출판사, 1991
시마조노 스스무,『현대일본종교문화의 이해』(박규태 옮김), 청년사, 1997
신응철,『기독교문화학이란 무엇인가?』, 북코리아, 2006
심광섭,「존 힉의 신 중심적 다원적 종교신학」,『종교다원주의와 한국적 신학』, 한국신학연구소, 1992
심상태,「변선환 박사의 타종교관 이해」,『종교다원주의와 한국적 신학』, 한국신학연구소, 1992
에릭슨, 에릭,『아이덴티티』(조대경 옮김), 삼성출판사, 1982
엘리아데, M.,「종교학의 회고: 1912년 이후」,『종교의 의미 -물음과 답변』(박규태 옮김), 서광사, 1990
_____,『성과 속』(이은봉 옮김), 한길사, 1998
_____,『종교형태론』(이은봉 역), 형설출판사, 1979
오강남,「해외 종교학자가 보는 한국종교, 종교간의 대화와 과제」, 크리스챤 아카데미 편,『열린 종교와 평화 공동체』, 대화출판사, 2000
_____,『길벗들의 대화(열린 종교를 위한 단상)』, 열린책들, 1994
_____,『예수가 외면한 그 한 가지 질문(열린 종교를 위한 대화)』, 현암사, 2002
_____,『예수는 없다(기독교 뒤집어 읽기)』, 현암사, 2001
오경환,『종교사회학』, 서광사, 1979
올포트, 골든,『인간과 종교』(박근원 옮김), 대한기독교서회, 1964
왈라스 외,『심리학개론』(이관용 외 옮김), 율곡, 1990
袁陽,『중국의 종교문화』(박미라 옮김), 길, 2000
유동식,『도와 로고스』, 대한기독교출판사, 1978

윤승용,「한국종교사 서술에 대한 제언」,『한국종교연구회 회보』, 제5호, 1994
_____,『현대 한국종교문화의 이해』, 한울아카데미, 1997
윤용복 외,「현대 한국사회에서의 종교대화운동에 대한 사례연구」,『종교다원주의와 종교윤리』, 집문당, 1994
윤이흠 외,『한국종교 연구사 및 연구방법』, 서울대학교 종교문제연구소, 1994
윤이흠,「다종교 사회에서의 종교윤리 -종교대화의 유형과 방향을 중심으로」,『인류문명과 원불교사상』하, 1991
_____,「종교다원주의에 대한 경험적 접근 -한국 종교대화운동의 역사적 고찰을 통하여」,『종교다원주의와 종교윤리』, 집문당, 1994
_____,「종교다원주의의 불교적 조명」,『한국종교연구 5』, 집문당, 2003
_____,「종교학 연구의 현황과 과제」,『한국종교연구 1』, 집문당, 1986
_____,「한국 현대 종교학의 흐름과 전망」,『한국종교연구 2』, 집문당. 1988
_____,「한국종교연합운동의 어제와 오늘」,『한국종교연구 3』집문당, 1991
_____,「현대 종교학 방법론의 과제」,『종교연구』, 제3집, 1987
윤주병,『종교심리학』, 서광사, 1986
융, 칼 G.,『종교심리학』(이은봉 옮김), 경문사, 1980
이노누에 노부타카 외,『신도, 일본 태생의 종교시스템』(박규태 옮김), 제이앤씨, 2010
이부영,『분석심리학』, 일조각, 1978
이상훈,「신학적 문화비평, 어떻게 할 것인가」, 예영커뮤니케이션, 2005
이원규,『종교사회학』, 한국신학연구소, 1991
이은봉 외,『한국 의례문화 연구사 및 연구방법』, 덕성여자대학교 인문과학연구소, 1997
_____,『한국 의례문화의 구조와 역사』, 덕성여자대학교 인문과학연구소, 1998
이은봉,『종교세계의 초대』, 지학사, 1985
이정배,「종교다원주의 신학과 동도동기론 -율려신학에 대한 종교신학적 고찰」, 크리스찬 아카데미 편,『열린 종교와 평화 공동체』, 대화출판사, 2000
_____,「한국문화신학에 대한 평가와 전망」,『신학사상』, 66, 1989
장남혁,『한국문화 속의 복음 - 21세기 급변하는 문화와 복음적 삶』, 예영커뮤니케이션, 2010
장병길,『종교학개론』, 박영사, 1975
_____,『한국고유신앙 연구』, 동아문화연구소, 1970

장석만, 「개항기 한국사회의 '종교' 개념 형성에 관한 연구」, 서울대학교 박사학위 논문, 1992
정대현, 「종교다원주의」, 『철학과 현실』, 1992 봄호,
정재식, 「학문과 신앙 -두 영역의 만남」, 『인문과학』, 제54집, 1985
정진홍, 「멀치아 엘리아데 연구 -그의 현상학적 방법을 중심으로」, 한국현상학회 편, 『현상학과 개별과학』, 대학출판사, 1985
＿＿＿, 「복음과 문화의 한국적 이해」, 『한국신학사상』, 기독교서회, 1985
＿＿＿, 「제의와 몸짓」(한국종교학회 1998년도 추계학술대회 발표 논문)
＿＿＿, 「종교 다원현상과 구원론의 전개」, 『한국종교문화의 전개』, 집문당, 1986
＿＿＿, 「종교다원문화의 인식을 위한 이론적 가설 -다원성의 구조와 대화의 유형을 중심으로」, 『종교다원주의와 종교윤리』, 집문당, 1994
＿＿＿, 「종교문화의 만남 -한국의 종교문화와 그리스도교 문화의 만남을 서술하기 위한 시론」, 『신학사상』, 52, 1986
＿＿＿, 「종교학연구회 창립에 즈음하여」, 『종교연구』, 제1집, 1978
＿＿＿, 「종교학의 과제 -그 방법론적인 반성을 중심으로」, 『한국종교학』, 제1집, 1972
＿＿＿, 「종교현상학과 종교사회학의 만남을 위하여 - '힘'의 실재에 대한 새로운 인식을 중심으로」, 그리스도철학연구소 편, 『현대사회와 종교』, 서광사, 1987
＿＿＿, 「종교현상학의 전개 - 1950년 이후를 중심으로」, 『종교연구』, 3집, 1987
＿＿＿, 「철학·종교학·미학의 회고와 전망」, 『서울대학교 학문연구 40년(1) - 총괄 인문 사회과학』, 서울대학교출판부, 1987
＿＿＿, 「한국 종교학의 과제와 전망 - 새로운 '지도 그리기'를 위하여」, 『종교연구』, 제8집, 1992
＿＿＿, 「한국종교문화의 전개」, 『한국종교의 이해』, 집문당, 1986
＿＿＿, 『경험과 기억 -종교문화의 틈 읽기』, 당대, 2003
＿＿＿, 『열림과 닫힘 -인문학적 상상을 통한 종교문화 읽기』, 산처럼, 2006
＿＿＿, 『종교문화의 논리』, 서울대학교출판부, 2000
＿＿＿, 『종교문화의 이해』, 청년사, 1995
＿＿＿, 『하늘과 순수와 상상 -종교문화의 현상과 구조』, 강, 1997
존슨, 폴, 『종교심리학』(김관석 옮김), 대한기독교서회, 1964
차머스, 앨런, 『현대의 과학철학』(신일철·신중섭 옮김), 서광사, 1985
차옥숭, 「종교다원주의 사회에서의 종교간 대화와 협력에 관한 연구」, 『신학사상』, 69

집, 1990 여름
최준식,『한국의 종교, 문화로 읽는다 -도교·신종교·동학』 2, 사계절, 2006
_____,『한국의 종교, 문화로 읽는다 -무교·유교·불교』 1, 사계절, 1998
_____,『한국의 종교, 문화로 읽는다 -증산교·원불교』 3, 사계절, 2004
최중현, "A Methodological Comment for the Study of Religious Movements",『한국종교연구회 회보』, 제5호, 1994
캡스, 월터,『현대 종교학 담론』(김종서·배국원·김성례·이원규·김재영·윤원철 옮김), 까치, 1999
틸리히, 폴,『문화와 종교』(이계준 역), 전망사, 1984
파니카, R.,『종교간의 대화』(김승철 옮김), 서광사, 1992
한국종교연구회,『세계종교사입문』, 청년사, 1989
_____,『종교 다시 읽기』, 청년사, 1999
한숭홍,『문화종교학 -종교학파와 방법론을 중심으로』, 장로회신학대학출판부, 1987
홍병선,『종교심리학』, 조선기독교창문사, 1925
황선명,『조선조 종교사회사 연구』, 일지사, 1985
_____,『종교학개론』, 종로서적, 1982
황필호, 「개종과 가종」,『종교철학 에세이』, 철학과 현실사, 2002
_____, 「복수 종교현상에 대한 기독교의 대응」,『서양종교철학 산책』, 집문당, 1996
_____, 「종교변호학, 종교학, 종교철학」,『철학』, 제71집, 2002 여름
_____, 「종교와 종교의 만남은 가능한가? -종교간의 대화의 이유, 태도, 전제 조건」,『철학』, 1982 봄호
_____, 「종교학은 비교종교학이다 -제14차 국제종교학회를 다녀와서」,『종교학연구』, 제4집, 1981
_____, 「종교학이란 무엇인가? -종교학과 신학과의 관계」,『종교학연구』, 제1집, 1978
힉, 존,『종교철학개론』(황필호 역편), 종로서적, 1980
_____,『새로운 기독교』(김승철 옮김), 나단, 1991
_____,『하느님은 많은 이름을 가졌다』(이찬수 옮김), 창, 1991
高长江,『神与人: 宗教文化学导论』, 吉林人民出版社, 2000
南山宗教文化研究所編,『宗教と文化 -諸宗教の対話』, 人文書院, 1994
島薗進 外 編,『宗教學文獻事典』, 弘文堂, 2007
島薗進·高橋原·星野靖二 編,『宗教學の諸分野の形成』, 第1卷-第9卷(クレス出

版, 2007)
島薗進・高橋原・星野靖二 編, 『宗敎學の形成科程』, 第1卷-第9卷(クレス出版, 2006
島薗進・鶴岡賀雄 編, 『<宗敎> 再考』, ぺりかん社, 2004
東京帝國大學 宗敎學講座 創設 25年 紀念會, 『宗敎學 文獻 展覽會 目錄』, 1930
松本 滋, 『宗敎心理學』, 東京大學出版會, 1979
野村暢淸, 「科學としでの宗敎學」, 田丸德善 編, 『講座宗敎學』 1, 1977
鈴木宗忠, 「文化科學としての宗敎學」, 『宗敎硏究』, 新第3卷, 1926
王淸淮・朱玫・李广仓, 『中国邪教史』, 群众出版社, 2007
柳川啓一, 『祭と儀禮の宗敎學』, 筑摩書房, 1987
張志剛, 『宗敎學是什么』, 北京大學出版社, 2002
佐野勝也, 「宗敎信仰と學的硏究との關係」, 『宗敎硏究』, 新第5卷, 1928
陳村富 主編, 『宗敎文化』 3, 東方出版社, 1998
陈浩・曾琦云 『宗教文化导论』, 浙江大学出版社, 2006
卓新平 主編, 『中國宗敎學30年(1978-2008)』, 中國社會科學出版社, 2008
『東京帝國大學學術大觀 - 總說 文學部』, 1942
『帝國大學年鑑 1935-6』, 帝國大學新聞社

Allen, D., *Structure and Creativity in Religion: Hermeneutics in Mircea Eliade's Phenomenology and New Directions*, The Hague: Mouton, 1978

Alles, G. D. and J. M. Kitagawa, "The dialectic of the Parts and the Whole: Reflections on the Past, Present, and Future of the History of Religions" in *The History of Religions: Retrospect and Prospect*, ed. by J. M. Kitagawa, New York: Macmillan, 1985

Allport, G. W. and B M. Kramer, "Some Roots of Prejudice", *Journal of Psychology*, vol, 22, 1946

Argyle, M. and B. Beit-Hallahme, *The Social Psychology of Religion*, London: Routledge & Kegan Paul, 1975

Argyle, M., "Seven Psychological Roots of Religion" in *Psychology and Religion*, ed. by L. B. Brown, Harmendsworth: Penguin Education, 1973

Baird, R. D. ed., *Methodological Issues in Religious Studies*, Chico, CA.: New Horizons Press, 1975

Baird, R. D., *Category Formation and the History of Religions*, The Hague: Mouton, 1971

Baker, D., *Korean Spirituality*, Honolulu: University of Hawai'i Press, 2008

Barker, E., *The Making of a Moonie: Brainwashing or Choice?*, Oxford: Basil Blackwell, 1984

Barkman, P. F., "The Relationship of Personality Modes to Religions Experience and Behavior" in *Current Perspectives in the Psychology of Religion*, ed. by H. N. Malony, Grand Rapids: Wm. B. Eerdmans Publ. Co., 1977

Beit-Hallahmi, B., "Curiosity, Doubt, and Devotion: The Belief of Psychologists and Psychology of Religion" in *Current Perspectives in the Psychology of Religion*, ed. by H. N. Malony, Grand Rapids: Wm. B. Eerdmans Publ. Co., 1977

Bell, C., "Performance" in *Critical Terms for Religious Studies*, ed., by M. C. Taylor, Chicago: The University of Chicago Press, 1998

_____, *Ritual Theory, Ritual Practice*, Oxford: Oxford University Press, 1992

Bellah, R. N., "Religious Studies as 'New Religion'" in *Understanding the New Religions*, eds. by J. Needleman and G. Baker, New York: The Seabury Press, 1978

Benson, P. L. and B. P. Spilka, "God-Image as a Function of Self-Esteem and Locus of Control", *Journal for the Scientific Study of Religion*, vol. 12, 1973

Bianchi, U., *The History of Religions*, Leiden: E. J. Brill, 1975

Bocock, R., *Ritual in Industrial Society*, London: George Allen & Unwin, 1974

Brenneman, W. L., S. O. Yarian and A. M. Olson, *The Seeing Eye: Hermeneutical Phenomenology in the Study of Religion*, University Park: The Pennsylvania State University Press, 1982

Browne, R. B., ed., *Rituals and Ceremonies in Popular Culture*, Bowling Green: Bowling Green University Popular Press, 1980

Byrness, J. F., *The Psychology of Religion*, New York: the Free Press, 1984

Capps, W. H., "The Interpretation of New Religion and Religious Studies" in *Understanding the New Religions, eds.* by J. Needleman and G. Baker, New York: The Seabury Press, 1978

Carrette, J. and R. King, *Selling Spirituality: The Silent Takeover of Religion*, London: Routledge, 2005
Carrette, J. R., *Foucault and Religion: Spiritual Corporality and Political Spirituality*, London: Routledge, 2000
Clark, W. H., *Chemical Ecstasy: Psychedelic Drugs and Religion*, New York: Sheed & Ward, 1969
d'Aquili, E. G., C. D. Laughlin and J. McManus, eds., *The Spectrum of Ritual: A Biogenetic Structural Analysis*, New York: Columbia University Press, 1979
de Vries, Hent, *Religion: Beyond a Concept*, New York: Fordham University Press, 2008
de Vries, Jan, *The Study of Religion: A Historical Approach*, New York: Harcourt, Brace & World, Inc.,1967
de Waal Malefijt, A., *Religion and Culture: An Introduction to Anthropology of Religion*, New York: Macmillan, 1968
Dittes, J. E., "Typing the Typologies: Some Paralles in the Carrel of Church-Sect and Extrinsic-Intrinsic", *Journal for the Scientific Study of Religion*, vol.10, 1971
Donovan, P., "Neutrality in Religious Studies", *Religious Studies*, vol. 26, 1990
Douglas, M., *Purity and Danger*, New York: Praeger, 1960
Eliade, M. and J. M. Kitagawa, ed., *The History of Religions: Essays in Methodology*, Chicago: The University of Chicago Press, 1959
Fenton, J. Y., "Reductionism in the Study of Religion", *Soundings*, vol. 53, 1970
Festinger, L., *A Theory of Congnitive Dissonance*, Stanford: Stanford University Press, 1957
_____, H. W. Ricken and S. Schachter, *When Prophecy Fails: A Social and Psychological Study of a Modern Group that Predicted the Destruction of the World*, Minneapolis: University of Minnesota Press, 1956
Fiske, D. W. and S. R. Maddi, eds, *Functions of Varied Experience*, Homewood: Dorsey Press, 1961
Flakoll, D. A., "A History of Method in the Psychology of Religion, 1900-1960", in *Current Perspectives in the Psychology of Religion*, ed. by H. N. Malony, Grand Rapids: Wm. B. Eerdmans Publ. Co., 1977

Fowler, J. W., *Stages of Faith: The Psychology of Human Development and the Quest for Meaning*, New York: Harper & Row, 1981

Friver, Tom F., *The Magic of Ritual: Our Need for Liberating Rites that Transform Our Lives and Our Communities*, San Francisco: Harper, 1991

Goffman, E., *The Presentation of Self in Everyday Life*, Garden City, N.Y.: Doubleday, 1959

Goody, J., "Religion and Ritual: The Definitional Problem", *British Journal of Sociology*, vol. 12, 1961

Grimes, R. L., "Ritual Studies" in *The Encyclopedia of Religion*, vol. 12, ed. by M. Eliade, New York: Macmillan, 1987

_____, *Beginnings in Ritual Studies*, Columbia: The University of South Carolina, 1995

Harms, E., "The Development of Religious Experience in Children", *American Journal of Sociology*, vol.50, 1944

Harris, M., *Cultural Materialism*, New York: Random House, 1980

Heaney, J. J., ed., *Psyche and Spirit: Reading in Psychology and Religion*, New York: Paulist Press, 1973

Heelas, P., ed, *Religion, Modernity and Postmodernity*, Oxford: Blackwell, 1998

Hodges, D. L., "Breaking a Scientific Taboo: Putting Assumptions about the Supernatural into Scientific Theories of Religion", *Journal for the Scientific Study of Religion*, vol. 14, 1974

Holm, J., ed., *Worship*, London: Pinter, 1994

Honko, L., ed., *Science of Religion: Studies in Methodology*, The Hague: Mouton, 1979

Ihde, D., *Hermeneutic Phenomenology: The Philosophy of Paul Ricoeur*, Evanston: Northwestern University Press, 1971

Janelli, R. L. and D. Y. Janelli, *Ancestor Worship and Korean Society*, Stanford: Stanford University Press, 1982

Johnson, R. A., ed., *Psychohistory and Religion*, Philadelpia: Fortress Press, 1977

Jung, C. C., *Modern Man in Search a Soul*, New York: Harcourt, Brace, 1933

Kang, Don-ku, "Traditional Religions and Christianity in Korea: Reciprocal Relations and Conflicts", *Korea Journal*, vol.38, no.3, 1998

Kelly, G. A., *The Psychology of Personal Constructs*, 2 vols, New York: W. W. Norton, 1955
Kendall, L., "A Noisy and Bothersome New Custom", *Journal of Ritual Studies*, vol.3, no.2, 1989
Kepnes, S. D., "Bridging the Gap between Understanding and Explanation Approaches to the Study of Religion", *Journal for the Scientific Study of Religion*, vol. 25(4), 1986
Kertzer, D. I., *Ritual, Politics and Power*, New Haven: Yale University Press, 1988
Kitagawa, J. M., ed., *The History of Religions: Retrospect and Prospect*, New York: Macmillan, 1985
Lawson, E. T. and R. N. McCauley, *Rethinking Religion: Connecting Cognition and Culture*, Cambridge: Cambridge University Press, 1990
_____, "The crisis in the Scientific Study of Religion and its Resolution" in *Studies on Religions in the Context of Social Scienses: Methodological and Theoretical Relations*, ed. by W. Tyloch, Warsaw: Polish society for the Science of Religions, 1990
_____, and R. N. McCauley, *Rethinking Religion: Connecting Cognition and Culture*, Cambridge: Cambridge University Press, 1990
Leetouwer, L., "Inquiry into Religious Behaviour: A Theoretical Reconnaissance" in *Religion, Culture and Methodology*, eds. by Th. P. van Barren & H. J. W. Drijvers, The Hague: Mouton, 1973
Long, D., D. Elkind and B. Spilka, "The Child's Concept of Prayer," *Journal for the Scientific Study of Religion*, vol.6, 1967
Malony, H. N., ed., *Current Perspectives in the Psychology of Religion*, Grand Rapids: Wm. B. Eerdmans, 1977
Marett, R. R., *The Threshold of Religion*, London: Methuen, 1909
McCutcheon, R. T., ed., *The Insider/Outsider Problem in the Study of Religion*, London: Cassell, 1999
McGuire, M. B., *Lived Religion: Faith and Practice in Everyday Life*, Oxford: Oxford University Press, 2008
Mead, G. H., *Mind, Self and Society from the Standpoint of a Social Behaviorist*,

Chicago: University of Chicago Press, 1962
Mendieta, E., ed., *The Frankfurt School on Religion*, New York: Routledge, 2005
Mizruchi, S. L., ed., *Religion and Cultural Studies*, Princeton: Princeton University Press, 2001
Morris, B., *Anthropological Studies of Religion: An Introductory Text*, Cambridge: Cambridge University Press, 1987
Nielson, K., *An Introduction to the Philosophy of Religion*, London: Macmillan, 1982
Nye, M., *Religion: the Basic*, New York: Routledge, 2003
Oliver, I., "The 'Old' and the 'New' Hermeneutic in Sociological Theory", *British Journal of Sociology*, vol. 34(4), 1983
Oxtoby, W. G., "Religionswissenschaft Revisited" in *Religions in Antiquity: Essays in Memory of Erwin Ramsdell Goodenough*, ed., by J. Neusner, Leiden: E. J. Brill, 1970
Pahnke, W. N., "Drugs and Mysticism" in *The Highest State of Consciousness*, ed. by J. White, Garden City, N.Y: Doubleday, 1972
Palmer, S. J., *Confucian Rituals in Korea*, Berkeley: Asian Humanitiers Press, 1984
Pals, D. L., "Autonomy, Legitimacy, and the Study of Religion", *Religion*, vol. 20, 1990
_____, "Is Religion a sui Generis Phenomenon?", *Journal of the American Academy of Religion*, LV, 1987
Parrinder, G., *Worship in the World's Religions*, New York: Association Press, 1961
Penner, H. H. and E. A. Yonan, "Is a Science of Religion Possible?", *Journal of Religion*, vol. 52, 1972
Pettazzoni, R., "History and Phenomenology in the Science of Religion" in *Essays on the History of Religions*, Leiden: E. J. Brill, 1967
Pye, M., ed., *Marburg Revisited: Institutions and Strategies in the Study of Religion*, Marburg: diagonal-Verlag, 1989
Ramsey, P. and J. F. Wilson, eds., *The Study of Religion in Colleges and University*, Princeton, N. J.: Princeton University Press, 1970
Rappaport, R. A., *Ecology, Meaning and Religion*, Berkeley: North Atlantic Books, 1979

Reagan, C. E. C .E. and D. Stewart, *The Philosophy of Paul Ricoeur: An Anthology of His Work*, Boston: Beacon Press, 1978

Reynolds, F. E. and D. Capps, eds., *The Biographical Process: Studies in the History and Psychology of Religion*, The Hague: Mouton, 1976

Reynolds, V. and R. E. S. Tanner, *The Biology of Religion*, London: Longman, 1983

Ricoeur, P., *Interpretation Theory: Discourse and the Surplus of Meaning*, Fort Worth: The Texas Christian University Press, 1976

Robonson, L. H., ed., *Psychiatry and Religion: Overlapping Concerns*, Washington, D.C.: American Psychiatric Press, 1986

Sauna, V. D., "Religion, Mental Health and Personality: A Review of Empirical Studies" in *Current Perspectives in the Psychology of Religion*, ed. by H. N. Malony, Grand Rapids: Wm. B. Eerdmans Publ. Co., 1977

Schechner, R., *The Future of Ritual*, London: Routledge, 1993

Schmid, G., *Principles of Integral Science of Religion*, The Hague: Mouton, 1979

Sealey, J., *Religious Education: Philosophical Perspectives*, London: George Allen & Unwin, 1985

Segal, R. A., ed., *The Myth and Ritual Theory*, Oxford: Blackwell, 1998

Shape, E., "Secularization of History of Religions" in *Gilgul: Essays on Transformation, Revolution and Permanence in the History of Religions*, eds. by S. Shaked, D. Shulman,and G. G. Stroumsa, Leiden: E. J. Brill, 1987

Sharpe, E. J. *Understanding Religion*, London: Duckworth, 1983

_____ *Comparative Religion: A History*, London: Duckworth, 1986

Shepherd, W. C., "Religion and the Social Sciences: Conflict or Reconciliation?", *Journal for the Scientific Study of Religion*, vol. 11, 1972

Shimazono, Susumu, *From Salvation to Spirituality: Popular Religious Movements in Modern Japan*, Melbourne: Trans Pacific Press, 2004

Smart, N., "Religious Studies in the United Kingdom", *Religion*, vol. 18, 1988

_____, "Replies to Donald Wiebe on the World Academy of Religion", *Religion*, vol. 23, 1993

Smith, J. Z., *Map is not Territory: Studies in the History of Religions*, Leiden: E. J. Brill, 1978

_____, *Imagining Religion: From Babylon to Jonestown*, Chicago: The University of Chicago Press, 1982

Sorensen, C. W., "Introduction: Ritual and Modernization in Contemporary Korea", *Journal of Ritual Studies*, vol.3, 1989

Starbuck, E. D., *Psychology of Religion*, New York: Scribner's, 1899

Strunk Jr., Orlo, *Mature Religion: Psychological Insight for Religious Growth and Daily Living*, New York: Abingdon Press, 1965

Taylor, M. C., *Critical Terms for Religious studies*, Chicago: The University of Chicago Press, 1998

Thomas, Lawson E. and Robert N. McCauley, "Crisis of Conscience, Riddle of Identity: Making Space for a Cognitive Approach to Religious Phenomena, *Journal of the American Academy of Religion*, vol. 61, no. 2, 1994

Turner, V., *The Anthropology of Performance*, New York: Performing Arts Journal Publications, 1986

Tyloch, W., ed., *Studies on Religions in the Context of Social Scienses: Methodological and Theoretical Relations*, Warsaw: Polish society for the Science of Religions, 1990

van Baal, J. and W. E. A. van Beek, *Symbols for Communication: An Introduction to the Anthropological Study of Religion*, Assen: van Gorcum, 1985

van Baaren, Th. P. and H. J. W. Drijvers, eds., *Religion, Culture and Methodology*, The Hague: Mouton, 1973

Waardenburg, J., "View of a Hundred Years' Study of Religion" in *Classical Approaches to the Study of Religion: Aims, Methods and Theories of Research*, ed. by J. Waardenburg, The Hague: Mouton, 1973

Werblowski, R. J. Z., "Marburg and After", *Numen*, VII, 1960

Werner, K., "The Concept of the Transcendent: Questions of Method in the History of Religions", *Religion*, vol. 13, 1983

Whaling, F., "Introduction: The Contrast between the Classical and Contemporary Periods in the Study of Religion" in *Contemporary Approaches to the Study of Religion*, Vol. 1, ed. by F. Whaling, Berlin: Mouton Publishers, 1984

_____, "The Study of Religion in a Global Context" in *Contemporary*

Approaches to the Study of Religion, vol. 1, ed. by F. Whaling, Berlin: Mouton, 1984

Whaling, F., ed., *Contemporary Approaches to the Study of Religion*, vol. 2, Berlin: Mouton, 1985

Wiebe, D., "Disciplinary Axioms, Boundary Conditions and the Academic Study of Religion: Comments on Pals and Dawson", *Religion*, vol. 20, 1990

_____, "History or Mythistory in the Study of Religion?: The Problem of Demarcation" in *Marburg Revisited: Institutions and Strategies in the Study of Religion*, ed. by M. Pye, Marburg: diagonal-Verlag, 1989

_____, "Phenomenology of Religion as Religio-Cultural Quest: Geradus van der Leeuw and the Subversion of the Scientific Study of Religion" in *Religionswissenschaft und Kulturkritik*, eds. by H. G. Kippenberg and B. Luchesi, Marburg: diagonal-Verlag, 1991

_____, "Theory in the Study of Religion", *Religion*, vol. 13, 1983

_____, *Religion and Truth: Towards an Alternative Paradigm for the Study of Religion*, The Hague: Mouton, 1981

Wulff, D. M., "Psychological Approach" in *Contemporary Approaches to the Study of Religion*, vol, 2, ed. by F. Whaling, Berlin : Mouton Publishers, 1985

Wuthnow, R., *After Heaven: Spirituality in America since the 1950s*, Berkeley: University of California Press, 1998

Young, L. A., *Rational Choice Theory and Religion: Summary and Assessment*, New York: Routledge, 1997

Zuess, E. M., "Ritual" in The *Encyclopedia of Religion*, vol. 12, ed. by M. Eliade, New York: Macmillan, 1987

제2부 한국종교의 현재

「남조선과도입법의원속기록(略記)」
「得註心經一部」,『梅月堂全集』券9 , 성균관대학교대동문화연구원, 1992
『LA중앙일보』

『경동교회30년사』, 1976
『고려사』
『고종실록』
『교회연합신문』
『교회와 신앙』
『기독교개혁신문』
『기독교타임즈』
『대구동부교회40년사』, 1986
『대종경』
『大倧敎重光六十年史』, 대종교총본사, 1971
『대통령이승만박사담화집』, 제2집, 공보실, 1956
『법보신문』
『서울6백년사』 제5권, 1983
『원불교교사』
『원불교신문』
『인류문명과 원불교 사상』, 원불교출판사, 1991
『인천기독신문』
『자료 대한민국사』 5권, 국사편찬위원회, 1972
『정산종사법어』
『朝鮮法規類編』
『朝鮮年鑑』, 1945
『朝鮮統計年鑑(1943年)』, 1949
『종교신문』
『침례신문』
『파발마』(인쇄판)
『평화신문』
『해방20년 -자료편』, 세문사
『晦軒先生實記』
『흑룡강신문』
憨山, 「觀老莊影響論」, 『憨山의 莊子 풀이』(오진탁 옮김), 서광사, 1990
강경선, 「국가권력과 종교」, 『공법연구』, 22권 2호, 1994

강돈구 외,『한국문화와 종교적 다양성』, 한국정신문화연구원, 2003
강돈구,「전통사상과 종교간의 대화」,『종교연구』. 제4집, 1988
_____,「한국 민족주의에 대한 종교학적 이해」,『한국철학종교사상사』, 원광대학교 종교문제연구소, 1990
강석주·박경훈,『佛敎近百年』, 중앙신서, 1980
강인철,「민주화 과정과 종교」,『종교연구』, 제27집, 2002
_____,「한국사회와 종교권력 - 비교역사적 접근」,『역사비평』, 통권 77호, 2006
_____,『한국기독교회와 국가·시민사회, 1945-1960』, 한국기독교역사연구소, 1996
_____,『한국의 개신교와 반공주의 - 보수적 개신교의 정치적 행동주의 탐구』, 중심, 2007
_____,『한국천주교의 역사사회학』, 한신대학교출판부, 2006
고병철 외,『21세기 종무정책의 기능강화와 발전방안 연구』, 종교문화연구원, 2007
고태우,「북한 종교정책의 제문제」, 한국종교사회연구소 편,『1945년 이후 한국종교의 성찰과 전망』, 민족문화사, 1989
구보타 료운,『중국 유불도 삼교의 만남』(최준식 옮김), 민족사, 1990
금장태,「한국유교의 변동과 현황에 관한 조사연구」,『사회변동과 한국의 종교』, 한국정신문화연구원, 1987
금장태·유동식,『한국종교사상사 -유교·기독교편』, 연세대학교출판부, 1986
김경재,「종교다원주의와 예수그리스도의 주성」,『신학연구』, 27집, 1986
김기원,『미군정의 경제구조 -귀속기업체의 처리와 노동자 자주관리운동을 중심으로』, 푸른산, 1990
김도강,「종교연합운동」, 원불교창립제2대 및 대종사탄생백주년성업봉찬회,『원불교70년정신사』, 원불교출판사, 1989
김승혜,「한국의 종교현실과 공존의 문제」,『종교연구』, 제3집, 1987
김양선,『한국기독교해방10년사』, 대한예수교장로회총회, 1956
김운태,『해방36년사』, 제2권, 성문각, 1976
김인종 외,『고운 최치원』, 민음사, 1989
김재준,「한국신학대학 25년 회고」,『신학연구』, 9집, 1965
김재철,「중국의 정치체제 -레닌주의 일당체제의 변천」, 김영명 편,『동아시아의 정치체제』, 한림대학교아시아문화연구소, 1998
김종서,「종교집단간의 상호이해 -종교간 대화를 중심으로-」,『철학·종교사상의 제문

제』 V, 한국정신문화연구원, 1989
_____, 「현대종교법제의 이론적 연구」, 『정신문화연구』, 15권 1호, 1992
김학관, 『중국선교의 전망』, 예영커뮤니케이션, 2008
김형석, 「역사적 맥락에서 본 한중관계와 중국선교 문제」, 『한국기독교와 역사』, 제4호, 1995
김홍수, 『현대중국의 권력분산 - 중앙과 지방의 변증법』, 세종출판사, 1998
노기남, 『나의 회상록』, 가톨릭출판사, 1969
노길명, 「광복 이후 한국종교와 정치간의 관계 -해방공간부터 유신시기까지를 중심으로」, 『종교연구』, 제27집, 2002
노스, J. B., 『세계종교사』상(윤이흠 옮김), 현음사, 1986
대한민국건국10년지간행회, 『대한민국건국10년지』, 건국기념사업회, 1956
대한민국사편찬위원회, 『대한민국사』, 탐구당, 1988
대한불교조계종포교원·종교편향대책위원회, 『종교편향백서』, 2000
램버트, 토니, 『중국교회의 부활』(김창영·조은화 옮김), 성경의 말씀사, 1995
_____, 『중국의 교회, 그 놀라운 성장』(이찬미·최태희 공역), 로뎀, 2007
류경희, 「종교다원주의에 대한 힌두교와 기독교 태도의 비교」, 『종교학연구』, 제8집, 1989
문화공보부, 『외국의 종교제도』, 1989
_____, 『한국의 종교』, 1989
문화관광부, 『종무행정편람』, 2006
문화관광부·한국문화정책개발원, 『해외 각국의 종교현황과 제도 연구』, 1999
박광서, 「종교권력을 경계한다」, 『철학과 현실』, 75호, 2007
박만준, 「중국 제4세대 종교정책의 과제와 전망」, 『중소연구』, 통권 108호, 2005/2006
박문수, 「교회와 국가 간의 관계 -그 연구사적 검토」, 오경환 외, 『교회와 국가』, 인천가톨릭대학교출판부, 1997
박홍우, 「미국헌법상의 국교설립금지 원칙」, 『헌법논총』, 제13호, 2002
배현숙, 「17·8세기에 전래된 천주교서적」, 『교회사연구』, 제3집, 1981
변진흥, 「1930년대 한국가톨릭교회의 공산주의 인식」, 『한국교회사논총』, 한국교회사연구소, 1982
샤프, 에릭, 『종교학 -그 연구의 역사』(윤이흠·윤원철 옮김), 한울, 1986
서명원, 『한국교회성장사』, 대한기독교서회, 1966

서울대학교종교학과 종교문화연구실 편, 『전환기의 한국종교』, 집문당, 1986
송기춘, 「종교 관련 제도의 헌법적 문제점과 그 개선 방향」, 『헌법학연구』, 제12권 5호,
       2006
송영우 편, 『중국의 정치적 현대화 -개혁개방정책의 전개』, 평민사, 1991
신광철, 『천주교와 개신교 -만남과 갈등의 역사』, 한국기독교역사연구소, 1998
심지연 엮음, 『해방정국논쟁사』 1, 한울, 1986
심지연, 「미군정 3년의 정치사적 평가」, 『미군정정보보고서』 제1권, 일월서각, 1986
아이크만, 데이비드, 『베이징에 오신 예수님』(김미수 옮김), 좋은 씨앗, 2005
양건, 「정교분리의 원칙」, 『고시계』, 1983년 9월호
＿＿＿, 「종교의 자유와 한계」, 『고시계』, 1987년 3월호
＿＿＿, 「한국의 종교법제와 그 기본문제」, 한국종교사회연구소 편, 『한국의 종교와 종교
       법: 종교단체의 법인체 등록』, 민족문화사, 1991
양영균, 「베이징 거주 조선족의 정체성과 민족관계」, 문옥표 외, 『해외 한인의 민족관계』,
       아카넷, 2006
역사학회 편, 『역사상의 국가권력과 종교』, 일조각, 2000
연기영, 「세계의 종교법인법과 한국에서의 제정 가능성」, 『현대사회』, 25, 1987
＿＿＿, 「종교관계 법령의 문제점과 입법정책적 과제」, 『법과 사회』, 2, 1990
오경환 외, 『교회와 국가』, 인천가톨릭대학교출판부, 1997
오데아, 토마스 F. 외, 『종교사회학』(박원기 옮김), 이화여자대학교출판부, 1989
유동식, 『한국무교의 역사와 구조』, 연세대학교출판부, 1975
윤이흠, 「한국 종교연합운동의 어제와 오늘」, 한국종교협의회 편, 『한국사회와 종교』,
       신명출판사, 1989
＿＿＿, 『한국종교연구』, 집문당, 1986
이경우, 「민족종교의 종교연합운동 고찰」, 『수운천사 탄강 180년 기념 종합학술대회』
       (수운교, 2001.11.11)
이성은, 「조직제도변천사」, 원불교창립제2대 및 대종사탄생백주년성업봉찬회, 『원불
       교70년정신사』, 원불교출판사, 1989
이수인, 「1987년 이후 한국 시민사회의 변동과 개신교의 정치사회적 태도」, 『경제와
       사회』, 제56권, 2002
＿＿＿, 「개신교 보수분파의 정치적 행위 -사회학적 고찰」, 『경제와 사회』, 제64권,
       2004
이원순, 「교안과 교민조약」, 『교회와 역사』, 제166호, 1989

이지수,「하나의 세계와 종교간의 만남에 있어서 현대 인도종교가들의 비전」,『종교연구』, 제5집, 1989
이진구,「정교분리 담론과 정교유착의 현실」,『불교평론』, 제3권 제2호, 2001
_____,「종교자유에 대한 한국 개신교의 이해에 관한 연구 -일제시대를 중심으로」, 서울대학교 박사학위 논문, 1996
_____,「현대 개신교와 종교권력」, 한국기독자교수협의회·한국교수불자연합회,『현대사회에서 종교권력, 무엇이 문제인가』, 동연, 2008
인병국,『조선족교회와 중국 선교』, 에스라서원, 1997
_____,『중국선교 안개 걷기』, 서역, 2001
_____,『한족 가정교회와 중국 선교』, 에스라서원, 1996
임채완 외,『재외한인 집거지역 사회 경제』, 집문당, 2005
장석만,「'정교분리 원칙'의 갑옷을 벗어 던지고」,『기독교사상』, 2005년 5월호
_____,「개신교의 선교와 배타성」,『철학과 현실』, 75호, 2007
_____,「개항기 한국사회의 '종교' 개념 형성에 관한 연구」, 서울대학교 박사학위 논문, 1992
장세윤,「중국 조선족의 현황 - 1990년대 이후를 중심으로」, 한석정·노기식 편,『만주 동아시아 융합의 공간』, 소명출판, 2008
장쯔강,「중국학계의 기독교연구」,『신학과 세계』, 50집, 2004
장춘선,『하나인가, 둘인가? 중국 천주교회의 미래 -중국 선교를 위한 사목적 및 신학적 반성』(김병수 옮김), 가톨릭대학교출판부, 2000
전팔근,「해외교화사」, 원불교창립제2대 및 대종사탄생백주년성업봉찬회,『원불교70년 정신사』, 원불교출판사, 1989
정병조,「한국사회의 변동과 불교」,『사회변동과 한국의 종교』, 한국정신문화연구원, 1987
정재식,「세계화의 윤리적 문제와 전망 -지구촌의 맥락에서」, 유네스코한국위원회·한국정신문화연구원,『세계화 시대의 윤리적 쟁점』(제1회 공동가치포럼, 2002.4.26)
정진홍,『한국종교문화의 전개』, 집문당, 1986
조성렬,「일본불교의 정치실험, 공명당의 한계와 비전」,『불교평론』, 제3권 제2호, 2001
조재송,「胡錦濤 체제의 신종교정책 析評」,『중국학연구』, 제34집, 2005
종교자유정책연구원,『학교 종교자유 신장을 위한 법제개선 방안 세미나 자료집』,

2006.3.31

차차석,「현대중국 종교정책의 변화과정과 전망」,『한국불교학』, 제47집, 2007

채영국·박민영·장석흥·김태국·염인호·김춘선,『연변 조선족 사회의 과거와 현재』, 고구려연구재단, 2006

최민,『변화하는 중국대륙, 선교도 달라져야 한다』, 쿰란출판사, 2007

최영성,『최치원의 사상연구』, 아세아문화사, 1990

최종고,「한국종교법학의 현황과 전망」,『종교와 문화』, 제5호, 1999

_____,『국가와 종교』, 현대사상사, 1983

_____,『영락교회의 부흥』, 한국문학사, 1974

최종철,「한국 기독교교회들의 정치적 태도, 1972-1990(Ⅱ)」,『경제와 사회』, 제16권, 1992

_____,「한국 기독교교회들의 정치적 태도, 1972-1990」,『경제와 사회』, 제15권, 1992

최준식,「왕중양과 강증산의 삼교합일주의」,『종교연구』, 제5집, 1989

카워드, H.,『종교다원주의와 세계종교』(한국종교연구회 옮김), 서광사, 1990

콩드, 데이비드,『분단과 미국 2』, 사계절, 1988

한국기독자교수협의회·한국교수불자연합회,『현대사회에서 종교권력, 무엇이 문제인가』, 동연, 2008

한국법제연구원,『성직자 과세논쟁 -국가발전을 위한 국내입법의견조사』, 1992

한국종교법학회 편,『종교법판례집』, 육법사, 1982

한국종교사회연구소 편,『한국의 종교와 종교법 - 종교단체의 법인체 등록』, 민족문화사, 1991

한국종교연구회,『세계종교사입문』, 청년사, 1989

_____,『한국종교문화사강의』, 청년사, 1998

한도현·서우석·노연희·이진구,『종교와 시민공동체 -자원봉사, 참여, 신앙』, 백산서당, 2006

황선명,『조선조 종교사회사 연구』, 일지사, 1985

황필호,「종교와 종교의 만남은 가능한가?」,『철학』, 제17집, 1982

休靜,「道家龜鑑」,『禪家龜鑑, 西山大師集』(법정·박경훈 역), 대양서적, 1982

____,『西山大師集』, 대양서적, 1982

CCL 엮음,『중국교회 얼마나 알고 있나?』(HOPE 옮김), 전문인협력기구, 1990

吉岡義豊,『現代中國の諸宗敎 -民衆宗敎の系譜』, 俊成出版社, 1974

對馬路人,「新宗敎における万敎同根思想と宗敎協力運動の展開」, 中央學術硏究所編,『宗敎間の協調と葛藤』, 佼成出版社, 1989

礫岡哲也,「前後宗敎協力にょゐの平和運動の發生と展開」, 中央學術硏究所編,『宗敎間の協調と葛藤』, 佼成出版社, 1989

沼田健哉,『現代日本の新宗敎』, 創元社, 1988

王淸淮·朱珉·李广,『中國邪敎史』, 群衆出版社, 2007

遼寧省地方志編纂委員會辦公室 主編,『遼寧省志 -宗敎志』, 遼寧人民出版社, 2002

劉家峰 編,『离异与融會 -中國基督敎徒与本色敎會的興起』, 上海人民出版社, 2005

張踐·齊經軒,『中國歷代民族宗敎政策』, 中國社會科學出版社, 2007

朝鮮總督府學務局社會敎育科,『朝鮮に於ける宗敎及享祀一覽』, 1937

中國基督敎三自愛國運動委員會·中國基督敎協會 編,『中國敎會与傳敎運動』, 宗敎文化出版社, 2007

中央學術硏究編,『宗敎間の協調と葛藤』, 佼成出版社, 1989

村上重良,『日本宗敎事典』, 講談社, 1988

出口榮二,「大本 -序言と彈壓の歷史」,『新宗敎の世系』IV, 大藏出版, 1978

Bausani, A., "Bahais" in *Encyclopedia of Religion*, vol. 2, ed. by M. Eliade, New York: Macmillam, 1987

Bays, D. H., ed., *Christianity in China: From the Eighteenth Century to the Present*, Stanford: Stanford University Press, 1996

Befu, H., ed., *Cultural Nationalism in East Asia: Representation and Identity*, Berkeley: Institute of East Asian Studies, University of California, 1993

Berling, J. A., *The Syncretic Religion of Lin Chao-en*, New York: Columbia University Press, 1980

Casanova, J., *Public Religions in the Modern World*, Chicago: The University of Chicago Press, 1994

Godbey, J. C., "Unitarian Universalist Association" in *The Encyclopedia of Religion*, vol. 15 ed. by M. Eliade, New York: Macmillam, 1987

Hardacre, H., *Shinto and the State: 1868-1988*, Princeton, N.J.: Princeton University Press, 1989

Haynes, J., ed., *The Politics of Religion: A Survey*, London: Routledge, 2006

_____, *Religion in Global Politics*, Harlow: Pearson, 1998

Hur, Nam-lin, *Death and Social Order in Tokugawa Japna: Buddhism, Anti-Christianity, and the Danka System*, Cambridge, Ma.: the Harvard University Asia Center, 2007

Jelen, T. G. and C. Wilcox, *Religion and Politics in Comparative Perspective: The One, The Few, and The Many*, New York: Cambridge University Press, 2002

Kindopp, J. and C. L. Hamrin, eds., *God and Caesar in China: Policy Implications of Church-state Tensions*, Washington, D.C.: The Brookings Institution, 2004

MacInnis, D. E., *Religion in China Today: Policy and Practice*, Maryknoll: Orbis Books, 1989

Manza, J. and Nathan Wright, "Relgion and Political Behavior" in *Handbook of the Sociology of Religion*, ed. by M. Dillon, Cambridge: Cambridge University Press, 2003

Müller-Fahrenholz, G., *America's Battle for God: A European Christian Looks at Civil Religion*, Grand Rapids: William B. Eerdmans Publishing Company, 2007

Norris, P. and Ronald Inglehart, *Sacred and Secular: Religion and Politics Worldwide*, New York: Cambridge University Press, 2004

Oxtoby, W. G., *The Meaning of Other Faith*, Philadelphia: The Westminster Press, 1983

Sen, Keshab Chandra, "We Apostles of the New Dispensation" in *Sources of Indian Tradition*, vol. 2 ed. by W. T. De Bary, New York: Columbia University Press, 1969

Smart, N., "Asian Culture and the Impact of the West: India and China" in *New Religious Movements: A Perspective for Understanding Society*, ed. by E. Barker, New York: the Edwin Mellen Press, 1982

Torr, J. D., ed., *How Does Religion Influence Politics?*, Detroit: Greenhaven Press, 2006

Urban, H. B., "Politics and Religion: An Overview" in Encyclopedia of Religion, vol. 11, ed. by M. Eliade, New York: Macmillan, 2005

Weber, M., *The Sociology of Religion*, Boston: BeaconPress, 1963

Wuthnow, R., ed., *The Encyclopedia of Politics and Religion*, vol. 1-2, Washington, D.C.: Congressional Quarterly Inc., 1998

Young, L. A., *Rational Choice Theory and Religion: Summary and Assessment*, New York: Routledge, 1997

Yu, A. C., *State and Religion in China: Historical and Textual Perspective*, Peru: Carus Publishing Company, 2005

제3부 한국종교사 연구

「得註心經一部」,『梅月堂全集』券9 , 성균관대학교대동문화연구원, 1992

『角干先生實記』 권3(박두포 역), 을유문고, 1972

『고등학교 국사(상)』

『고려사』

『古文眞寶 後集』

『고사기』

『揆園史話』

『김교신전집』, 제1권, 경지사,1975

『內村鑑三全集』, 제2, 5, 6, 7, 8, 20권, 설우사, 1975

『年報』, 제2호, 경주문화재연구소, 1991

『多夕語錄』

『多夕日誌』

『東京通誌』

『동국이상국집』

『사기』

『史記索隱』

『삼국사기』

『삼국유사』

『신증동국여지승람』

『열양세시기』

『일본서기』

『帝王韻紀』

『중학교 국사(상)』

참고문헌

『進饌儀軌』
『파한집』
『함석헌전집』, 제1, 3, 5, 6, 11권, 한길사, 1983
『桓檀古記』
간디, 모한다스 K., 「비폭력은 강자의 무기다」, 황필호 편역, 『비폭력이란 무엇인가』, 종로서적, 1986
憨山, 「觀老莊影響論」, 『憨山의 莊子 풀이』(오진탁 옮김), 서광사, 1990
강돈구, 「전통사상과 종교간의 협조」, 『전통사상의 현대적 의미』, 한국정신문화연구원, 1990
_____, 「한국 무교회운동의 종교사적 의미」, 『종교다원주의와 종교윤리』, 집문당, 1994
_____, 『한국 근대종교와 민족주의』, 집문당, 1992
강창일·하종문, 『한 권으로 보는 일본사 101 장면』, 가람기획, 1998
구보타 료운, 『중국 유불선 삼교의 만남』(최준식 옮김), 민족사, 1990
금장태, 『동서교섭과 근대한국사상』, 성균관대출판부, 1984
_____, 「사회변동과 유교의 역할」, 『사상과 정책』, 1984년 여름호
_____, 「유교의 天·上帝觀」, 『신관의 토착화』, 한국사목연구소, 1995
_____, 『한국유교의 재조명』, 전망사, 1982
_____·고광직, 『儒敎近百年』, 박영사, 1984
기수연, 「동이의 개념과 실체의 변천에 과한 연구」, 백산학회 편, 『한민족의 형성과 발전』, 백산자료원, 1999
김경재, 「함석헌의 씨올사상연구」, 『신학연구』, 제30집, 1989
김낙필, 「도교의 근본개념」, 『신관의 토착화』, 한국사목연구소, 1995
김상일, 「과정신학의 발달과 전개」, 김경재·김상일 편, 『과정철학과 과정신학』, 전망사, 1988
김성호, 『비류백제와 일본의 국가기원』, 지문사, 1982
김용옥, 『三國遺事引得』, 통나무, 1992
김용준, 「선생님의 걸어오신 길 - 함석헌 선생님 약력」, 『씨올의 소리』, 99호, 1989. 3월호
김인서, 「무교회자의 비평에 답함」, 『신학지남』, 12권 6호, 1930.11
_____, 「무교회주의자 內村鑑三氏에 대하야」, 『신학지남』, 12권 4호, 1930

김인종 외, 『고운 최치원』, 민음사, 1989
김정환, 『김교신』, 한국신학연구소출판부, 1980
김현구, 『임나일본부연구-한반도남부경영론비판』, 일조각, 1993
김흥호, 「동양적으로 이해한 유영모의 기독교관」, 『동방의 성인 다석 유영모』, 무애, 1993
노성환, 「한국의 일본신화 연구」, 『고사기』(노성환 역주), 예전사, 1990
노평구 편, 『김교신과 한국 -신앙·교육·애국의 생애』, 경지사, 1975
니터, 폴 F., 『오직 예수이름으로만?』(변선환 역), 한국신학연구소, 1986
문정창, 『일본고대사』, 인간사, 1989
민경배, 「김교신과 민족기독교」, 『나라사랑』, 제17집, 1974
박광용, 「단군인식의 역사적 변천 -조선시대」, 『단군 -그 이해와 자료』, 서울대학교출판부, 1994
박두포, 「角干實記巧」, 『동양문화』, 제12집, 1971
박미라, 「『노자』 道論의 종교적 측면에 관한 일고」, 『종교학연구』, 제11집, 1992
박상화, 『正易釋義』, 문해출판사, 1971
박영호, 「유영모가 본 유교, 불교, 기독교」, 『동방의 성인 다석 유영모』, 무애, 1993
_____, 「하느님의 얼을 생명으로 받든 님」, 『동방의 성인 다석 유영모』, 무애, 1993
_____, 『다석 유영모의 생각과 믿음』, 문화일보, 1995
_____, 『다석 유영모의 생애와 사상』, 홍익재, 1985
_____, 『씨올의 말씀 -다석사상정해』, 홍익재, 1989
_____, 『중용 에세이』, 성천문화재단, 1994
박재순, 「함석헌의 씨올사상」, 『씨올의 소리』, 105호, 1988.9
백세명, 『동학사상과 천도교』, 동학사, 1956, 160-165쪽
빈미정, 「중국 고대 기원신화의 분석적 연구」, 서울대 박사학위논문, 1994
孫進己, 『동북민족원류』(임동석 옮김), 동문선, 1992
스마트, 니니안, 『현대종교학』(강돈구 옮김), 청년사, 1986
신광철, 『천주교와 개신교』, 한국기독교역사연구소, 1998
안계현, 『한국불교사상사연구』, 동국대학교출판부, 1983
안호상, 『나라 역사 육천년』, 한뿌리, 1993
오재성, 『밝혀질 우리 역사(동이민족사)』, 黎(리)민족사연구회, 1997
_____, 『백제는 중국에 있었다』, 黎(리)민족사연구회, 1995

袁珂, 『중국의 고대신화』(정석원 역), 문예출판사, 1987
월터 카우프만 편, 『톨스토이에서 까뮈까지의 종교』(김경남 역), 인문당, 1982
유남상·신동호, 「주체적 민족사관의 체계화를 위한 한국역학적 연구」, 『충남대학교논문집』, 제13권 제1호, 1974
유명종, 『중국사상사(1)』, 이문출판사, 1983
유영모 옮김, 박영호 풀이, 『에세이 노자』, 무애, 1992
유창균, 『문자에 숨겨진 민족의 연원』, 집문당, 1999
윤내현 외 편저, 『중국사 1』, 민음사, 1991
윤내현, 「고조선의 강역과 사회」, 『한국 상고사의 제문제』, 한국정신문화연구원, 1987
_____, 『고조선연구』, 일지사, 1994
_____, 『한국고대사신론』, 일지사, 1986
윤영식, 『백제에 의한 倭國統治 3백년사』, 하나출판사, 1987 참조
윤창열, 「9천 년 역사의 뿌리를 찾아서」, 『증산도사상연구』, 제4집, 1994
이기백, 「유교와 도교」, 『역사도시 경주』, 열화당, 1984
_____, 『한국사신론』, 1985
이상시, 『단군실사에 관한 문헌고증』, 가나출판사, 1987
이은봉, 「고려시대 불교와 토착신앙의 접촉관계」, 『종교연구』, 제6집
_____, 「주역의 동시성 원리와 이상」, 『종교학 연구』, 3집, 1980
이전, 『우리는 단군의 자손인가』, 한울, 1999
이정용, 『易과 기독교』(정진홍 역,) 한국신학연구소, 1980
이정호, 『정역연구』, 국제대학부설인문사회과학연구소, 1976
이중재, 『고대조선과 일본의 역사』, 명문당, 1997
이혜구, 「儀禮上으로 본 팔관회」, 『한국음악서설』, 서울대학교출판부, 1967
장사훈, 『한국전통무용연구』, 일지사, 1977
전원섭, 『한의 역사로서의 한국고대사』, 반도, 1989
정구복, 『한국인의 역사의식 -고대편』, 한국정신문화연구원, 1989
정병조, 「한국불교의 신관」, 『신관의 토착화』, 한국사목연구소, 1995
정중환, 「삼국유사와 일본서기에 보이는 祓禊思想」, 『동국사학』, 제15·16합집, 1981
정진홍, 「신화·역사·종교」, 『기독교사상』, 1999, 10월호
정창수, 「주역의 사회학적 해석」, 『한국사회학』, 10집, 1975
池明觀, 「咸錫憲の朝鮮史觀に對する一考察」, 『翰林日本學研究』, 제4집, 1999

차옥숭 편,『기독교자료집』, 권1, 권2, 한국종교사회연구소, 1993
최동,『조선상고민족사』, 인간사, 1988
최상수,『경주의 고적과 전설』, 대재각, 1954
최영성,『최치원의 사상연구』, 아세아문화사, 1990
최준식,「王重陽과 姜甑山의 삼교합일주의」,『종교연구』, 제5집, 1989
최태영,『한국상고사』, 유풍출판사, 1990
톨스토이,『예술론/참회록/인생론/신앙론/교육론』(김병철 역), 을유문화사, 1983
_____,『인생론/참회록』(박병덕 옮김), 육문사, 1993
_____,『참회록・종교론』(김병철・김학수 역), 을유문화사, 1981
馮友蘭,『중국철학사』(정인재 역), 형설출판사, 1977
한국종교사학회편,『한국종교』, 원광대학교종교문제연구소, 1973
한국종교연구회,『종교 다시 읽기』, 청년사, 1999
홍원탁,『백제와 大和日本의 기원』, 구다라 인터내셔널, 1994
홍진희,『일본은 한국 역사를 왜 비뚜로 가르칠까』, 소나무, 1992
황필호,『분석철학과 종교』, 종로서적, 1984
休靜,「道家龜鑑」,『禪家龜鑑, 西山大師集』(법정・박경훈 역), 대양서적, 1982
힉, 존,『새로운 기독교』(김승철 옮김), 나단, 1991
_____,『하느님은 많은 이름을 가졌다』(이찬수 옮김), 창, 1991
江上波夫,『騎馬民族征服國家』, 中央公論社, 1967
金錫亨,『古代朝日關係硏究』(朝鮮史硏究會 譯), 徑草書房, 1969
三品彰英,『增補日鮮神話傳說の硏究』, 平凡社, 1972
小口偉一 編,『宗敎學』, 弘文堂, 1981
狩野直喜,『中國哲學史』, 岩波書店, 1953

Befu, H., ed., *Cultural Nationalism in East Asia: Representation and Identity*, Berkeley: Institute of East Asian Studies, University of California, 1993

Berling, J. A., *The Syncretic Religion of Lin Chao-en*, New York: Columbia University Press, 1980

Fabian, J., "The Anthropology of Religious Movements: From Explanation to Interpretation", *Social Research*, vol. 46, 1979

Fawcett, F., *The Symbolic Language of Religion*, Minneapolis: Augsburg Publishing House, 1971

Fung Yu-Lan, *A History of Chinese Philosophy*, vol. 1, London: George Allen and Union Ltd, 1952

Ledyard, G., "Galloping Along with the Horseriders: Looking for the Founders of Japan", *Journal of Japanese Studies*, vol.1-2, 1975

Rao, K. L. Seshagiri, *Mahatma Gandhi and Comparative Religion*, Delhi: Motilal Banarsidass, 1978

Reader, I., "Japanese Religions" in *Myth and History*, ed. by J. Holm, London: Pinter Publishers, 1994

Ringgren, H., "Problems of the Formation and Function of Canon" in *Science of Religion: Studies in Methodology* ed. by L. Honko, Hague: Mouton, 1979

Smart, N., "Religion, Myth and Nationalism", in *Religion and Politics in the Modern World*, eds. by P. H. Merkl and N. Smart, New York: New York University Press, 1985

T. P. Kasulis, T. P., "Nirvana" in *The Encyclopedia of Religion*, vol. 10, ed. by M. Eliade, New York: Macmillan, 1987

Waardenburg, J., *Classical Approachcs to the Study of Rcligiom: Aims, Method and Thcories of Rescarch*, New York: Walter de Gruyter, 1999

Wilhelm, H., *Changes: Eight Lectures on the I Ching*, New York.: Harper and Row, 1960

Wilhelm, R., *The I Ching*, New York: Pantheon Books, 1950

Xinzhong Yao, "Chinese Religions" in *Myth and History*, ed. by J. Holm, London: Pinter Publishers, 1994

Yoshino, Kosaku Yoshino, *Cultural Nationalism in Contemporary Japan: A Sociological Enquiry*, London: Routledge, 1992

제4부 신종교 연구

『격암유록』(강덕영 해역), 동반인, 1944
『대종교요감』, 대종교총본사, 1983
『선택기요』

『용담유사』
『정감록』,『한국의 민속·종교사상』, 삼성출판사, 1977
『宗敎年鑑』, 宗務廳, 1997
『芝峰類說』
『한국신종교실태조사보고서』, 한국종교학회, 1985
『한국종교연감』, 종교사회연구소, 1997
강돈구,「한국 민족주의에 대한 종교학적 이해」,『한국철학종교사상사』, 원광대학교 종교문제연구소, 1990
____,『한국 근대종교와 민족주의』, 집문당, 1993
금장태·고광직,『유학근백년』, 박영사, 1984
길희성,『인도철학사』, 민음사, 1984
김경동,「신흥종교에 대한 사회학적 접근-한국 신종교 연구를 위한 시안」,『동산신태식박사송수기념논문집』, 계명대출판부, 1969
김광억,「사회변동과 종교운동」,『신인간』, 1983. 5월호
김광일,「한국신흥종교의 사회심리학적 고찰」,『대화』, 제39호, 1973
____,「한국신흥종교의 정신의학적 분석」,『기독교사상』, 1978. 8월호
김득렬,「한국 예수교 전도관 소고」,『현대와 신학』, 제6집, 1970
김문조,「종교집단형성의 사회적 배경」,『고대문화』, 제16집
김삼룡,『한국미륵신앙의 연구』, 동화출판공사, 1983
김수산·이동민 공편저,『정감록』, 명문당, 1981
김열규,「신흥종교와 민간신앙」,『한국학보』, 제4집, 1976
김영정 편,『집단행동론』, 진흥문화사, 1984
김은태 편저,『정도령Ⅰ』, 해인, 1988
김종문,「일본의 문화와 종교정책』, 신원문화사, 1997
김종서 외,『현대 신종교의 이해』, 한국정신문화연구원, 1994
김종서,「현대 종교조직의 유형론 연구」,『정신문화연구』, 13권 4호, 1990
김철,『동학(천도교) 이론의 개요』, 동선사, 1992
김한구,「한국 보국종교의 유래와 그 영향에 관한 연구」,『현상과 인식』, 제5권, 제4호, 1981
김홍철,「원불교의 역사관」,『원불교사상론고』, 원광대학교출판국, 1980
김홍철·류병덕·양은용,『한국신종교실태조사보고서』, 원광대학교 종교문제연구소,

1997
노길명,「신흥종교 Ⅱ」,『한국민속대관 3』, 고대민족문화연구소, 1982
_____,「신흥종교 발생의 사회학적 의미」,『새생명』, 1975.10
_____,「일제하의 증산교운동 -보천교를 중심으로 한 서술적 연구」,『근대한국종교사상』, 원광대출판국, 1984
_____,『한국신흥종교연구』, 경세원, 1996
노상균,『새희망 증산도』, 대원출판, 1989
류병덕,「개화기, 일제시의 민족종교사상에 관한 연구」,『철학사상의 제문제(Ⅲ)』, 한국정신문화연구원, 1985
_____,「계룡산신도안」,『민족문화대백과사전』, 제2권, 1988
_____,『원불교와 한국사회』, 원광대출판국, 1977
_____,『한국신흥종교』, 원광대종교문제연구소, 1974
문상희,「토속신앙이 한국인의 윤리관에 미친 영향」,『철학사상의 제문제』(Ⅲ), 한국정신문화연구원, 1985
_____,「한국신흥종교의 계보와 기본교리」,『대화』, 제39호, 1973
_____,「한국의 신흥종교」,『한국종교』, 원광대종교문제연구소, 1973
민경배,「한국근대문화와 기독교의 형태 및 그 영향범위」,『한국사학』, 한국정신문화연구원, 1980
박순용,『남사고의 마지막 예언』, 삼한, 1996
베빙톤, 데이빗,『역사관의 유형들』(천진석·김진영 옮김), 두란노, 1986
신일철,「정감록해제」,『한국의 민속·종교사상』, 삼성출판사, 1977
_____,「최수운의 역사의식」,『동학사상과 동학혁명』(이현희 엮음), 청아출판사, 1984
안춘근 편,『정감록집성』, 아세아문화사, 1981
에릭슨, 밀라드,『현대 종말론 연구』(박양희 옮김), 생명의 말씀사, 1996
엘리아데, M.,『우주와 역사 -영원회귀의 신화』(정진홍 역), 현대사상사, 1976
_____,『종교의 의미』(박규태 옮김), 서광사, 1990
윌슨, 브라이언,『현대의 종교적 변용』(윤원철 역), 전망사, 1984
윤이흠,「신념유형으로 본 한국종교사」,『한국종교의 이해』, 집문당, 1985
이강오,「신흥종교 Ⅰ」,『한국민속대관 3』, 고대민족문화연구소, 1982
이정호,『정역연구』, 국제대학 인문사회과학연구소, 1976
장두만,「최근 대두되는 종말론의 비교」,『시한부 종말론과 이단에 관한 자료집』, 기독

교대한성결교회, 1992
장병길,「한국신흥종교사」,『한국문화사대계 12』, 고대민족문화연구소, 1970
_____,『한국고유신앙연구』, 동아문화연구소, 1970
전해종,「중국인의 전통적 역사관」, 차하순 편저,『사관의 현대적 조명』, 청람, 1978
정대위,「한국사회에 있어서의 종교혼합」,『사상계』, 1960.3
정연선,「한국신흥종교의 정치사상적 의의」, 고려대 박사학위논문, 1982
정진홍,「형이상학적 반란, 그 뒤」,『한국종교문화의 전개』, 집문당, 1986
조동일,「남사고설화」,『한국민족문화대백과사전』, 제5권, 1988
촌산지순,『조선의 점복과 예언』(김희경 역), 동문선, 1990
최재석,「신앙촌락의 연구」,『아세아연구』, 제2권 1호, 1959
콤스톡, W. 리처드,『종교학』(윤원철 역), 전망사, 1983
포이쓰레스, V. S.,『세대주의 이해』(권성수 역), 총신대학출판부,1990
표영삼,『동학창도과정』, 천도교중앙총부출판부, 1989
푸르너, 게르너트,「세계신흥종교의 동향과 증산사상」,『증산사상연구』, 제4집, 1978
한국종교연구회,『한국 신종교 조사연구 보고서』, 1996
한승조,「신흥민족종교에 담겨진 한국사회의 미래상」,『제1회 한국학 국제회의 논문집』, 한국정신문화연구원, 1979
허남린,「최근 개신교 성장의 문화적 요인에 대한 연구」,『종교학연구』, 제5집, 1985
홍만종,『해동이적』(이석호 역), 을유문화사, 1982
황선명,「후천개벽과 혁세사상」,『한국근대민중종교사상』, 학민사, 1983
힉, 존 H.,『종교철학개론』(황필호 역편), 종로서적, 1980
江藤文夫,『オウム報道』, かもがわ出版, 1995
藤原聖子,「鏡と擁護 −オウム眞理敎事件によって宗敎學はいかに変わったか」,『東京大學宗敎學年報』, Ⅷ, 1996
藤井正雄,「運動としての宗敎」, 井門富二夫 編,『講座宗敎學 3』, 東京大學出版會, 1978
小口偉一・堀一郎 監修,『宗敎學辭典』, 東京大學出版會, 1973
小林弘忠,『マスコミ vs. オウム眞理敎』, 三一書房, 1995
鈴木中正 編,『千年王國的 民衆運動の硏究』, 東京大學出版會, 1982
オウム問題を考える議員の會 編,『オウム事件は終わらない −カルト宗敎と日本社會』, 立風書房, 1996

柳川啓一 編, 『現代社會と宗敎』, 東洋哲學硏究所, 1978
井上順孝外, 『新宗敎事典』, 弘文堂, 1990
井上順孝・孝本貢他, 『新宗敎硏究調査ハンドンワ』, 雄山各, 1981
村山智順, 『朝鮮の類似宗敎』, 朝鮮總督府, 1935
現代人文社編輯部編, 『檢証! オウム報道 - 今回だけが例外なのか?』, 現代人文社, 1995
Aberle, D., "A Note on Relative Deprivation Theory as Applied to Millenarian and Other Cult Movements" in *Reader in Comparative Religion*, ed. by W. A. Lessa and E. Z. Vogt, New York: Harper & Row, 1963
Allan, G., "A Theory of Millennialism: The Irvingite Movement as an Illusion", *British Journal of Sociology*, vol.25, 1974
Balslev, A. N. and J. N. Mohanty, eds., *Religion and Time*, Leiden: E. J. Brill, 1993
Barker, E., ed., *New Religions Movements: A Perspective for Understanding Society*, New York: The Edwin Mellen Press, 1982
Barker, E., *The Making of a Moonie: Brainwashing or Choice?*, Oxford: Basil Blackwell, 1984
Barre, W. L., "Materials for a History of Studies of Crisis Cults: A Bibliographic Essay", *Current Anthropology*, vol.12(1), 1971
Beckford, J. A., "Explaining religious Movements", *International Social Science Journal*, vol.29(2), 1977
Bell, C., *Ritual: Perspectives and Dimensions*, Oxford: Osford University Press, 1997
Bellah, R. N., "Religious Studies as 'New Religion'" in *Understanding the New Religions* eds. by J. Needleman & G. Baker, New York: The Seabury Press, 1978
_____, *Beyond Belief: Essays on Religion in a Post-Traditional World*, New York: Harper and Row, 1970
Bird, F. B. and F. Westley, "The Economic Strategies of New Religious Movements", *Sociological Analysis*, vol.46(2), 1985
Bleeker, C. J., *The Rainbow: A Collection of Studies in the Science of Religion*, Leiden: E. J. Brill, 1975
Burhenn, H., "Functionalism and the Explanation of Religion", *Journal for the*

Scientific Study of Religion, vol.19(4), 1980

Burridge, K., *New Heaven, New Earth: A Study of Millenarian Activities*, New York: Schocken Books, 1969

Campbell, C., "Clarifying the Cult", *British Journal of Sociology*, vol.28(3), 1977

Capps, W. H., "The Interpretation of New Religion and Religious Studies" in *Understanding the New Religions*, eds. by J. Needleman and George Baker, New York: The Seabury Press, 1978

Chung, Chai-Sik, "Korea: The Continuing Syncretism" in *Religion and Societies: Asia and the Middle East*, ed. by C. Carldarola, Berlin: Mouton Publishers, 1982

Coleman, J. and G. Baum, eds., *New Religious Movements*, New York: The Seabury Press, 1983

Davis, W., "Japanese Religious Affiliation: Motives and Obligations", *Sociological Analysis*, vol.44, 1983

Earhart, H. B., "The Interpretation of the New Religions of Japan as New Religious Movements" in *Religious Ferment in Asia*, ed. by R. J. Miller, Lawrence: The University Press of Kansas, 1974

_____, "Toward a Theory of the Formation of the Japanese New Religions: A Case Study of Gedatsu-Kai", *History of Religions*, vol.20, 1980

Eliade, M., *Patterns in Comparative Religion*, New York: New American Library, 1963

_____, *The Myth of the Eternal Return*, Princeton, N.J.: Princeton University Press, 1954

_____, *The Quest: History and Meaning in Religion*, Chicago: The University of Chicago Press, 1969

_____, *The Sacred and the Profane*, New York: Harcourt, Brace & World, Inc., 1959

Evans-Pritchard, E. E., "Religion" in *The Institution of Primitive Society*, eds., by E. E. Evans-Pritchard and Others, Glencoe, Ill: The Free Press, 1954

Fabian, J., "The Anthropology of Religious Movements: From Explanation to Interpretation", *Social Research*, vol.46, 1979

Festinger, L., H. W. Ricken and S. Schachter, *When Prophecy Fails: A Social and*

Psychological Study of a Modern Group that Predicted the Destruction of the World, Minneapolis: University of Minnesota Press, 1956

Frazer, J. G., *The Gorgon's Head*, London: Macmillan, 1927

Gerlach, L. P. and V. H. Hine, "Five factor Crucial to the Growth and Spread of a Modern Religious Movement", *Journal for the Scientific Study of Religion*, vol. 7(1), 1968

Glock, C. T. and R. Stark, *Religion and Society in Tension*, Chicago: Rand Mcnally & Company, 1965

Glock, C. Y., "What is Next in the Study of New Religions?" in *Understanding the New Religions*, eds. by J. Needleman and George Baker, New York: The Seabury Press, 1978

Hardacre, H., "The Transformation of Healing in the Japanese New Religions", *History of Religions*, vol.21, 1982

Harper, C. L., "Cults and Communities: the Community Interfaces of Three Marginal Religious Movements", *Journal for the Scientific Study of Religion*, vol.21(1), 1982

Hine, V. H., "Deprivation and Disorganization Theories of Social Movements" in *Religious Movements in Contemporary America*, eds, by I. I. Zaretsky and M. P. Leone, Princeton: Princeton University Press, 1974

Jacobs, J., "The Economy of Love in Religious Commitment: The Deconversion of Women from Nontraditional Religious Movement", *Journal for the Scientific Study of Religion*, vol.23(2), 1984

Judah, J. S., "New Religions and Religious Liberty" in *Understanding the New Religions* eds. by J. Needleman & G. Baker, New York: The Seabury Press, 1978

Kim, Han G., "Religious Protest and Revitalization Movement among Minorities", *Korea Journal*, vol.20(9), 1980

Kim, Young Choon, *The Ch'ondogyo Concepts of Man: An Essence of Korean Thought*, Seoul: Pan Korea Book Corporation, 1978

King, W. L., *Introduction to Religion: A Phenomenological Approach*, New York: Harper & Row,1954

Kitagawa, J. M., "New Religious in Japan: A Historical Perspective" in *Religion and Change in Contemporary Asia*, ed. by R. E. Spence, Minneapolis: University of Minnesota Press, 1971

_____, "Primitive, Classical and Modern Religions" in *The History of Religions*, ed. by J. M. Kitagawa with the collaboration of M. Eliade and C. H. Long, Chicago: The University of Chicago Press, 1967

Laeyendecker, L., "The Sociology of the Sociology of Religion: Deficiences and Opportunities", *Social Compass*, vol.31(2-3), 1984

Lanternari, V., "Nativistic and Socio-Religious Movements", *Comparative Studies in History and Society*, vol.16(4), 1974

_____, *The Religions of the Oppressed: A Study of Modern Messianic Cults*, New York: Mentor Books, 1963

Lefever, H. G., "The Religion of the Poor: Escape or Creative Force?", *Journal for the Scientific Study of Religion*, vol. 16, 1977

Leone, M. P., *Roots of Modern Mormonism*, Cambridge: Harvard University Press, 1979

Madro, O., "A Marxist Perspective on Contemporary Religious Revivals", *Social Research*, vol.37(2), 1970

Martin, D., "Revised Dogma and New Cult", *Daedalus*, vol.111(1), 1982

Mcquire, M. B., *Religion: The Social Context*, Belmont, Ca.: Wadsworth Publishing Company, 1981

Moffatt, J., "Syncretism" in *Encyclopedia of Religion and Ethics*, vol.12, ed. by J. Hastings, Edinburgh: T&T. Clark, 1921

Mol, H., *Identity and the Sacred: A Sketch for a new Social Scientific Theory of Religion*, London: Blackwell, 1976

Moos, F., "Leadership and Organization in the Olive Tree Movement", *The New Religions of Korea*, vol.43, Royal Asiatic Society, Transactions of the Korea Branch, 1967

Nelson, G. K., "Cults and New Religions: Towards a Sociology of Religious Creativity", *Sociology and Social Research*, vol. 68(3), 1984

Oliver, I., "The Limits of the Sociology of Religion: a Critique of the Durkheimian

Approach", *British Journal of Sociology*, vol.27(4), 1976
Organ, T. W., *Hinduism: Its Historical Development*, Woodbury, N.Y.: Barron's Educational Series, 1974
Parsons, T., *The Structure of Social Action*, New York: Free Press, 1968
Peel, J. D. Y., "Understanding Alien Belief-System", *British Journal of Sociology*, vol. xx, no.1, 1969
Penner, H. H., "The Poverty of Functionalism", *History of Religions*, vol.11(2), 1971
Prunner, G., "The Birthday of God: A Sacrificial Service of Chungsan'gyo", *Korea Journal*, vol.16, 1976
_____, "The New Religions in Korean Society", 『제1회 한국학 국제학술회의 논문집』, 한국정신문화연구원, 1979
Rayner, S., "The Perception of Time and Space in Egalitarian Sects: A Millenarian Cosmology" in *Essays in the Sociology of Perception*, ed., by M. Douglas, London: R. K. P., 1982
Ringgren, H., "Problems of the Formation and Function of a Canon" in *Science of Religion: Studies in Methodology* ed. by L.Honko, Hague: mouton, 1979
Robertson, R., *Meaning and Change: Explanations in the Cultural Sociology of Modern Society*, Oxford: Basil Blackwell, 1978
Saliba, J. A., *'Homo Religiosus' in Mircea Eliade: An Anthropological Evaluation*, Liden: E. J. Brill, 1976
Sharpe, E. J., *Comparative Religion: A History*, London: Duckworth, 1986
Shupe, A. D., *Six Perspectives on New Religions*, New York: The Edwin Mellen Press, 1981
Smith, W. C., *The Meaning and End of Religion*, New York: Harper & Row, 1978
Solomon, T. J., "The Response of Three New Religions to the Crisis in the Japanese Value System", *Journal for the Scientific Study of Religion*, vol.16(1), 1977
Sontag, F., "New Minority Religions as Heresies", *International Journal of Philosophy of Religion*, vol.14. 1983
Stark, R. and W. S. Bainbridge, "Of churches, Sects and Cults: Preliminary Concepts for a Theory of Religious Movements," *Journal for the Scientific Study of Religion*, vol.18. 1979

Stone, D., "On Knowing how we know about the New Religions" in *Understanding the New Religions*, ed. by J. Needleman and G. Baker, New York: The Seabury Press, 1978

Strenski, I., "Lessons for Religious Studies in Waco?", *Journal of the American Academy of Religion*, vol. LXI, 1993

van Baaren, Th. P. and H. J. W. Drijvers, eds., *Religion, Culture and Methodology*, The Hague: Mouton Publishers, 1973

Vrijhof, P. H. and J. Waardenburg, eds., *Official and Popular Religion*, New York: Mouton Publishers, 1979

Waardenburg, J., *Classical Approaches to he Study of Religion: Aims, Methods and Theories of Research*, The Hague: Mouton, 1973

Walker, B., *Hindu World*, vol.1, London: George Allen & Unwin LTD, 1968

Wallace, A., *Religion: An Anthropological View*, New York: Random House, 1966

Wallis, R., *Salvation and Protest: Studies of Social and Religious Movements*, London: Frances Printer Ltd., 1979

Werblowsky, R. J. Z., "Religion New and Not So New: Fragments of An Agenda" in *New Religions Movements: A Perspective for Understanding Society*, ed. by E. Barker, New York: The Edwin Mellen Press, 1982

Whaling, F, ed., *Contemporary Approaches to the Study of Religion*, vol. 1, Berlin: Mouton Publishers, 1984

Williams, P. W., *Popular Religion in America*, Englewood, N.J.: Prentice-Hal, 1980

Wilson, W., *Religion in Sociological Perspective*, Oxford: Oxford University Press, 1982

Wimverley, D. W., "Socioeconomic Deprivation and Religious Salience: A Cognitive Behavioral Approach", *The Sociological Quarterley*, vol.25, 1984

Worsley, P., *The Trumpet Shall Sound: A Study of "Cargo" Cults in Melanesia*, New York: Schocken Books, 1968

Wulff, D. M., "Psychological Approaches" in *Contemporary Approaches to the Study of Religion*, vol. 2, ed. by F. Whaling, Berlin: Mouton Publishers, 1985

Wuthnow, R., "World Order and Religious Movements" in *New Religions Movements: A Perspective for Understanding Society*, ed. by E. Barker, New York: The

Edwin Mellen Press, 1982
_____, *Experimentation in American Religion*, Berkeldy: University of California Press, 1978
Yinger, M., *The Scientific Study of Religion*, New York: Macmillan, 1970

찾아보기

(ㄱ)

간디, 모한다스 K. ················ 697, 712
憨山 ···· 292, 494, 495, 688, 697, 712
강경선 ························· 312, 688, 712
강돈구 ········· 10, 106, 107, 156, 202, 269, 274, 281, 285, 294, 301, 314, 404, 497, 512, 517, 585, 598, 619, 632, 646, 649, 656, 672, 675, 689, 697, 698, 702, 712
江藤文夫 ···················· 653, 704, 712
강명석 ································ 458, 712
江上波夫 ······················ 426, 700, 712
강석주 ····················· 244, 260, 689, 712
강인철 ······················ 313, 314, 689, 712
강창일 ······························ 405, 697, 712
고광직 ········· 445, 617, 697, 702, 712
高橋原 ····························· 194, 679, 712
고병철 ········· 314, 320, 333, 689, 712
高长江 ······························ 186, 678, 712
고태우 ································ 246, 689, 712
구보타 료운· 291, 494, 689, 697, 712
권오찬 ······························· 396, 712
금장태 ······ 237, 286, 437, 445, 447, 451, 477, 497, 617, 689, 697, 702, 712
기수연 ······················· 421, 697, 712

기타가와 ············ 21, 58, 558, 563, 712
길희성 ··················· 34, 61~63, 65, 142~147, 159, 590, 672, 675, 702, 712
김경동 ··· 71, 554, 555, 569, 673, 712
김경재 ···························· 140, 149, 167~169, 215, 476, 504, 505, 673, 689, 697, 712
김광억· 123, 555, 569, 673, 702, 712
김광일 ··· 83, 557, 563, 572, 702, 712
김기원 ······························ 254, 689, 712
김낙필 ······························ 477, 697, 712
김도강 ······························ 226, 689, 712
김득렬 ······························ 557, 702, 712
김문조 ······························ 569, 702, 712
김삼룡 ······················ 622, 624, 702, 712
김상일 ······························ 476, 697, 712
金錫亨 ······························ 427, 700, 712
김성호 ······················ 425, 426, 697, 712
김승철· 139, 499, 673, 678, 700, 712
김승혜 ········ 14, 28, 61, 150, 202, 297, 672, 673, 689, 712
김양선 ········· 258, 262, 263, 689, 712
김여수 ······················ 39, 152, 673, 712
김열규 ··················· 557, 561, 702, 712

김영정 ············ 575, 579, 702, 712
김용옥 ················ 374, 698, 712
김용준 ················ 520, 698, 712
김윤성 ································ 188
김인서 ················ 514, 698, 712
김인종 ······· 293, 495, 689, 698, 712
김재영 ······· 135, 152, 673, 678, 712
김재준 ······· 167, 257, 674, 689, 712
김재철 ················ 347, 689, 712
김정환 ················ 514, 698, 712
김종문 ················ 667, 702, 712
김종서 ····· 43, 50, 59, 60, 135, 136,
  148, 149, 154, 202, 312, 600, 656,
  673, 674, 678, 690, 702, 712
김진 ············ 140, 589, 674, 703, 713
김춘선 ····················· 352, 693, 713
김태국 ····················· 352, 693, 713
김한구 ·············· 545, 569, 703, 713
김현구 ···················· 427, 698, 713
김형석 ···················· 354, 690, 713
김흥수 ···················· 347, 690, 713
김홍철 ············ 632, 639, 650, 660
김홍호 · 294, 454, 463, 465, 698, 713

(ㄴ)
나학진 ········ 150, 151, 512, 674, 713
內村鑑三 ················ 456, 457, 462,
  465~471, 485, 488, 501, 506, 510~
  514, 517, 520~527, 696, 698, 713
노기남 ···················· 239, 690, 713
노길명 ······· 314, 544, 557, 568, 570,
  572, 576, 629, 636, 690, 703, 713

노상균 ···················· 635, 703, 713
노성환 ···················· 425, 698, 713
노스, J. B. ···················· 690, 713
노연희 ···················· 314, 693, 713
노평구 ···················· 514, 698, 713
니버, 리차드 ··················· 674, 713
니터, 폴 F. ·············· 674, 698, 713

(ㄷ)
大馬路人 ················ 220, 221, 713
對馬路人 ················ 220, 694, 713
島薗進 ·········· 160, 182, 194, 678,
  679, 713
藤原聖子 ···················· 704, 713
藤井正雄 ··············· 581, 704, 713

(ㄹ)
램버트, 토니 ·················· 690, 713
류경희 · 150, 210, 213, 674, 690, 713
류병덕 ······· 543, 544, 556, 568, 606,
  650, 660, 703, 713
류성민 ········ 46, 149, 150, 674, 713
李广仓 ···················· 162, 679, 713
링컨, 브루스 ·················· 674, 713

(ㅁ)
문상희 ······· 544, 551, 552, 556, 562,
  568, 703, 713
문정창 ··············· 426, 427, 698, 713
민경배 · 514, 563, 564, 698, 703, 713

(ㅂ)

박경훈 ····· 260, 294, 495, 689, 694, 700, 713
박광서 ················ 314, 319, 690, 713
박광용 ······················ 422, 698, 713
박규태 ········· 15, 135, 178, 179, 181, 184, 644, 645, 674~676, 703, 713
박두포 ·········· 395, 396, 696, 698, 713
박만준 ······················ 349, 690, 713
박미라· 178, 179, 477, 675, 698, 713
박민영 ······················ 352, 693, 713
박상화 ······················ 442, 698, 713
박성용 ······················ 152, 674, 713
박순용 ··············· 615, 616, 703, 713
박영호 ············ 454~456, 458, 463, 465, 470, 476~478, 483, 488~493, 501, 506, 515, 517~520, 528, 698, 699, 713
박이문 ······················ 152, 674, 713
박재순 ······················ 505, 698, 713
박홍우 ················ 312, 330, 690, 713
배국원· 133, 135, 169, 674, 678, 713
배현숙 ······················ 276, 690, 713
백세명 ······················ 450, 698, 713
베빙톤, 데이빗 ··················· 703, 713
벨라, 로버트 ········· 33, 39, 56, 563, 570, 571, 713
변선환 ······ 139, 151, 168, 497, 500, 503, 674, 675, 698, 713
변진홍 ······················ 242, 690, 713
빈미정 ······················ 411, 698, 713

(ㅅ)

三品彰英 ············ 369, 378, 700, 713
샤프, 에릭 ··················· 675, 691, 713
서명원 ······················ 267, 691, 713
서우석 ······················ 314, 693, 713
星野靖二 ······················ 194, 679, 713
小口偉一 ····· 431, 545, 700, 705, 713
邵雍 ························· 440, 441, 714
沼田健哉 ······················ 222, 694, 714
손봉호 ··············· 151, 152, 675, 714
孫進己 ······················ 411, 698, 714
송기춘 ······················ 312, 691, 714
松本 滋 ······················ 102, 679, 714
송영우 ······················ 347, 691, 714
송현주 ······················ 124, 675, 714
狩野直喜 ······················ 436, 700, 714
스마트, 니니안 ··········· 675, 698, 714
스미스, 윌프레드 캔트웰······ 675, 714
시마조노 스스무 ········· 178, 675, 714
신광철· 276, 277, 497, 691, 699, 714
신동호 ······················ 446, 699, 714
신응철 ······················ 179, 675, 714
신일철 ··· 25, 603, 631, 677, 703, 714
심광섭 ······················ 152, 675, 714
심지연 ········· 239, 243, 247, 691, 714

(ㅇ)

아이크만, 데이비드 ············· 691, 714
안경전 ······························· 634, 714
안계현 ······················ 388, 699, 714
안청시 ························· 71, 673, 714
안호상 ········· 263, 417, 425, 699, 714

양건 ·················· 312, 324, 691, 714
양영균 ·························· 352, 691, 714
양은용 ······································· 660
에릭슨, 에릭 ························ 675, 714
엘리아데, M. ················ 675, 703, 714
연기영 ·························· 312, 691, 714
염인호 ·························· 352, 693, 714
鈴木宗忠 ·························· 48, 679, 714
오강남 ··················· 144, 145, 675, 714
오경환 ··············· 56, 314, 315, 327,
  675, 690, 691, 714
오데아, 토마스 F. ················ 691, 714
오재성 ········· 417, 419, 425, 699, 714
올포트, 골든 ························ 675, 714
왈라스, 안소니 ············· 82, 87, 102,
  572, 675, 714
王清淮 ························· 162, 679, 714
袁珂 ······························ 410, 699, 714
袁陽 ······························ 178, 675, 714
윌슨, 브라이언 ····················· 704, 714
劉家峰 ·························· 344, 694, 714
유남상 ·························· 446, 699, 714
유동식 ············· 167, 168, 170, 285,
  286, 497, 503, 676, 689, 691, 714
유명종 ·························· 436, 699, 714
유영모 ······ 294, 454~458, 462, 463,
  465, 466, 468~477, 479~493, 495,
  496, 498~501, 503, 504, 506, 510,
  514~521, 526~528, 698, 699, 714
유창균 ·························· 421, 699, 714
柳川啓一 ················· 126, 127, 559,
  679, 705, 714

윤내현 ·········· 418, 423, 424, 699, 714
윤승용 ····· 46, 59, 178, 179, 676, 714
윤영식 ·························· 427, 699, 714
윤용복 ·························· 147, 676, 714
윤원철 ·· 15, 77, 134, 135, 212, 542,
  559, 565, 675, 678, 691, 704, 714
윤이흠 ··· 10, 14, 22, 23, 38, 45, 57,
  59, 63, 77, 134, 136, 144, 147, 148,
  201, 202, 211, 212, 273, 297, 537,
  560, 675, 676, 690, 691, 704, 714
윤주병 ················ 57, 75, 77, 676, 714
윤창열 ·························· 417, 699, 714
융, 칼 G. ······························ 676, 714
이강오 · 543, 551, 556, 557, 704, 714
이경우 ·························· 271, 691, 714
이기백 ·········· 381, 419, 422, 699, 714
이노누에 노부타카 ··············· 676, 714
이부영 ················ 75, 83, 96, 676, 714
이상시 ·························· 418, 699, 714
이상훈 ·························· 168, 169, 676, 715
이성은 ·························· 230, 691, 715
이수인 ·················· 313, 691, 692, 715
李广 ···························· 343, 694, 715
이원규 ············· 56, 135, 676, 678, 715
이원순 ·························· 277, 692, 715
이은봉 ··············· 18, 24, 56, 75, 119,
  392, 439, 644, 675, 676, 699, 715
이정배 ·········· 140, 169, 294, 676, 715
이정용 ·························· 439, 699, 715
이정호 ··············· 442, 444, 446, 449,
  617, 699, 704, 715
이중재 ········· 417, 420, 425, 699, 715

이지수 ·················· 290, 692, 715
이진구 ········· 312, 314, 692, 693, 715
인병국 · 343, 345, 350, 355, 692, 715
임채완 ·················· 351, 692, 715

(ㅈ)
장남혁 ·················· 170, 676, 715
장두만 ········· 626, 628, 629, 704, 715
장병길 ········· 38, 45, 53, 54, 56, 70, 75, 542, 543, 557, 650, 676, 677, 704, 715
장석만 ········· 159, 160, 289, 312, 314, 677, 692, 715
장석홍 ·················· 352, 693, 715
장세윤 ·················· 351, 353, 692, 715
張志剛 ·················· 186, 679, 715
장쯔강 ·················· 346, 692, 715
張踐 ·················· 349, 694, 715
赤松智城 ·················· 43, 49, 50, 715
전원섭 ·················· 417, 699, 715
전팔근 ·················· 206, 231, 692, 715
정구복 ·················· 420, 699, 715
정대위 ·················· 558, 704, 715
정대현 ·················· 131, 677, 715
井門當二夫 ·················· 554, 715
정병조 ········· 238, 477, 692, 700, 715
井上順孝 ·················· 550, 660, 705, 715
정연선 ·················· 544, 568, 704, 715
정재식 ········· 37, 270, 545, 558, 677, 692, 715
정중환 ·················· 385, 700, 715
정진홍 ········· 10, 14, 19, 25, 26, 30, 31, 34, 39, 43~45, 58~60, 62, 64, 122, 136, 150, 167, 170~172, 175, 176, 202, 400, 439, 589, 643, 645, 669, 674, 677, 692, 699, 700, 703, 704, 715
정창수 ·················· 439, 700, 715
조동일 ·················· 610, 704, 715
조성렬 ·················· 316, 693, 715
존슨, 폴 ·················· 677, 715
佐野勝也 ·················· 48, 679, 715
朱玫 ·················· 162, 679, 715
朱珉 ·················· 343, 694, 715
曾琦云 ·················· 186, 679, 715
陳村富 ·················· 185, 679, 715
陈浩 ·················· 186, 679, 715

(ㅊ)
차옥숭 ········· 150, 458, 678, 700, 715
차차석 ·················· 349, 693, 715
채영국 ·················· 352, 693, 715
村山智順 ·· 450, 538, 542, 551, 552, 556~558, 560, 705, 715
村上重良 ·········· 219, 222, 694, 715
최동 ·················· 424, 700, 715
최민 ········· 352, 355, 358, 693, 715
최상수 ·················· 369, 700, 715
최상현 ·················· 458, 715
최영성 ········· 293, 495, 693, 700, 715
최재석 ·················· 606, 704, 715
최종고 ········· 248, 257, 263, 311, 312, 330, 693, 715
최종철 ·················· 313, 693, 715

최준식 …… 180, 291, 494, 678, 689,
  693, 697, 700, 715
최중현 ………………… 59, 678, 715
최태영 ……………… 426, 700, 716
出口榮二 ……… 220, 221, 694, 716

(ㅋ)
카워드, H. ………………… 693, 716
캐린 둔 ……………………… 73, 716
캡스, 월터 ………………… 678, 716
콤스톡, W. 리처드 ………… 704, 716

(ㅌ)
卓新平 ………………… 185, 679, 716
톨스토이 ‥ 456~466, 471, 474, 481,
  489, 492, 501, 506~510, 515, 516,
  519, 520, 527, 528, 699, 700, 716
틸리히, 폴 ………………… 678, 716

(ㅍ)
파니카, R. ………………… 678, 716
표영삼 ……………… 630, 704, 716
푸르너, 게르너트 ………… 704, 716

(ㅎ)
하종문 ……………… 405, 697, 716
鶴岡賀雄 …………… 160, 679, 716
한도현 ……………… 314, 693, 716
한승홍 ……………… 179, 678, 716
한승조 ……… 544, 557, 704, 716
홍만종 ……………… 610, 704, 716
홍병선 ………………… 75, 678, 716

홍원탁 ……………… 426, 700, 716
홍진희 ……………… 426, 700, 716
황선명 ……… 56, 75, 109, 264, 287,
  545, 569, 572, 678, 693, 704, 716
황필호 …… 58, 59, 65, 73, 136, 141,
  142~145, 202, 433, 463, 509, 565,
  674, 678, 693, 697, 700, 704, 716
孝本貢他 …………… 550, 705, 716
休靜 …… 275, 294, 495, 694, 700, 716
힉, 존 ……………… 678, 700, 704, 716

(A)
Aberle, D. ………………… 705, 716
Allan, G. ………………… 705, 716
Allen, D. ………………… 679, 716
Allport, G. W. …………… 679, 716
Anthony, D. ……………… 563, 716
Argyle, M. ………………… 679, 716

(B)
Bainbridge, W. S. …… 555, 710, 716
Baird, R. D. ……… 679, 680, 716
Baker, D. ………………… 680, 716
Balslev, A. N. …………… 705, 716
Barker, E. ………… 680, 705, 716
Barkman, P. F. …………… 680, 716
Baum, G. ……… 548, 656, 706, 716
Bausani, A. ……………… 694, 716
Bays, D. H. ……………… 694, 716
Beckford, J. A. ………… 705, 716
Befu, H. ……………… 694, 700, 716
Beit-Hallahme, B. …… 100, 679, 716

Bell, C. ·················· 680, 705, 716
Bellah, R. N. ············ 680, 705, 716
Benson, P. L. ···················· 680, 716
Berling, J. A. ············ 694, 700, 716
Bianchi, U. ······················· 680, 716
Bird, F. B. ······················· 706, 716
Birnbaum, R. ···················· 340, 716
Bleeker, C. J. ···················· 706, 716
Bocock, R. ······················· 680, 716
Brenneman, W. L. ············· 680, 716
Browne, R. B. ··················· 680, 716
Burhenn, H. ····················· 706, 716
Burridge, K. ····················· 706, 716
Byrness, J. F. ···················· 680, 716

(C)
Caldarola, C. ···················· 559, 716
Campbell, C. ···················· 706, 716
Capps, D. ················ 101, 685, 716
Capps, W. H. ············ 680, 706, 716
Carrette, J. ······················· 681, 717
Casanova, J. ····················· 694, 717
Chung, Chai-Sik ················ 706, 717
Clark, W. H. ····················· 681, 717
Coleman, J. ······················ 706, 717

(D)
d'Aquili, E. G. ··················· 681, 717
Davis, W. ························· 706, 717
de Vries, H. ············· 160, 681, 717
Dittes, J. E. ······················· 681, 717
Douglas, M. ······················ 681, 717

Drijvers, H. J. W. ············· 15, 540,
 683, 686, 710, 717

(E)
Earhart, H. B. ··················· 706, 717
Eliade, M. ················ 681, 706, 717
Elwood, R. S. ···················· 546, 717
Evans-Pritchard, E. E. ········· 707, 717

(F)
Fabian, J. ················· 701, 707, 717
Fawcett, T. ······················· 433, 717
Fenton, J. Y. ····················· 681, 717
Festinger, L. ············· 681, 707, 717
Fiske, D. W. ····················· 681, 717
Flakoll, D. A. ···················· 681, 717
Fowler, J. W. ···················· 682, 717
Frazer, J. G. ······················ 707, 717
Friver, T. F. ········ 110, 122, 682, 717
Fung Yu-Lan ············· 436, 701, 717

(G)
Gadamer,, H. G. ··················· 33, 717
Gerlach, L. P. ···················· 707, 717
Gladney, D. C. ··················· 340, 717
Glock, C. Y. ······················ 707, 717
Godbey, J. C. ····················· 694, 717
Goffman, E. ······················ 682, 717
Goody, J. ·························· 682, 717
Grimes, R. L. ···················· 682, 717

(H)

Hamrin, C. L. 316, 695, 717
Hardacre, H. H. 695, 707, 717
Hargrove, B. 547, 717
Harms, E. 682, 717
Harper, C. L. 707, 717
Harris, M. 682, 717
Haynes, J. 695, 717
Heaney, J. J. 682, 717
Heelas, P. 682, 717
Hine, V. H. 707, 717
Hodges, D. L. 682, 717
Holm, J. 682, 717
Honko, L. 682, 717
Hur, Nam-lin 695, 717

(I)

Ihde, D. 682, 717
Inglehart, R. 315, 695, 717

(J)

Jacobs, J. 707, 717
James, W. 97, 98, 99, 142, 717
Janelli, D. Y. 123, 682, 717
Janelli, R. L. 682, 717
Jelen, T. G. 695, 717
Johnson, R. A. 682, 717
Judah, J. S. 707, 717
Jung, C.C. 682, 717

(K)

Kang, Don-ku 682, 717

Kasulis, T. P. 701, 717
Kelly, G. A. 683, 717
Kendall, L. 683, 717
Kepnes, S. D. 683, 717
Kertzer, D. I. 683, 718
Kim, H. G. 569, 707, 718
Kim, Young Choon 708, 718
Kindopp, J. 695, 718
King, R. 162, 681, 718
King, W. L. 708, 718
Kitagawa, J. M. 683, 708, 718
Kosaku Yoshino 408, 701, 718
Kramer, B. M. 92, 679, 718

(L)

Laeyendecker, L. 708, 718
Lai Chi-Tim 340, 718
Lanternari, V. 708, 718
Lawson, E. T. 683, 718
Ledyard, G. 701, 718
Leetouwer, L. 683, 718
Lefever, H. G. 708, 718
Leone, M. P. 708, 718
Long, C. H. 22, 708, 718
Long, D. 100, 683, 718

(M)

MacInnis, D. E. 695, 718
Maddi, S. R. 90, 681, 718
Madro, O. 708, 718
Madsen, R. 341, 342, 718
Manza, J. 695, 718

Marett, R. R. 683, 718
McCauley, R. N. 32, 67, 114, 683, 686, 718
McCutcheon, R. T. 683, 718
Mckintire, C. T. 599, 718
Mcquire, M. B. 708, 718
Mead, G. H. 684, 718
Mizruchi, S. L. 684, 718
Moffatt, J. 708, 718
Mohanty, J. N. 587, 705, 718
Mol, H. 708, 718
Moos, F. 708, 718
Morris, B. 684, 718
Müller-Fahrenholz, G 695, 718

(N)
Nielson, K. 684, 718
Nye, M. 684, 718

(O)
Oliver, I. 684, 709, 718
Organ, T. W. 709, 718
Overmyer, D. L. 341, 718
Oxtoby, W. G. 684, 695, 718

(P)
Pahnke, W. N. 684, 718
Palmer, S. J. 684, 718
Pals, D. L. 684, 718
Parrinder, G. 684, 718
Parsons, T. 709, 718
Peel, J. D. Y. 709, 718
Penner, H. H. 684, 709, 718

Pettazzoni, R. 684, 718
Pippa Norris, P. 315, 718
Prunner, G. 709, 718

(R)
Ramsey, P. 684, 718
Rappaport, R. A. 684, 718
Rayner, S. 709, 718
Reader, I. 701, 718
Reagan, C. E. 685, 718
Reynolds, F. E. 685, 718
Reynolds, V. 685, 718
Ricoeur, P. 685, 718
Ringgren, H. 701, 709, 719
Robbins, T. L. 563, 719
Robertson, R. 709, 719
Robonson, L. H. 685, 719
Ross, J. M. 93, 719

(S)
Sauna, V. D. 685, 719
Scharlemann, R. P. 169, 719
Schechner, R. 685, 719
Schmid, G. 685, 719
Sealey, J. 685, 719
Segal, R. A. 685, 719
Seiwert, H. 36, 37, 719
Sen K. C. 212, 695, 719
Seshagiri Rao, K. L. S. 464, 509, 719
Shape, E. 685, 719
Sharpe, E. J. 685, 709, 719
Shepherd, W. C. 685, 719

찾아보기 721

Shupe, A. D. 709, 719
Smart, N. 685, 695, 701, 719
Smith, J. Z. 685, 686, 719
Smith, W. C. 709, 719
Solomon, T. J. 709, 719
Sontag, F. 710, 719
Sorensen, C. W. 686, 719
Spilka, B. P. 96, 680, 719
Starbuck, E. D. 686, 719
Stark, R. 710, 719
Stewart, D. 26, 685, 719
Stone, D. 710, 719
Strenski, I. 710, 719
Strunk, Jr., O. 86, 719
Susumu Shimazono 162, 719

(T)
Tanner, R. E.S. 114, 685, 719
Taylor, M. C. 686, 719
Thomas, L. E. 686, 719
Torr, J. D. 695, 719
Turner, V. 686, 719
Tyloch, W. 686, 719

(U)
Urban, H. B. 695, 719

(V)
van Baaren, Th. P. 686, 710, 719
Vrijhof, P. H. 710, 719

(W)
Waardenburg, J. 686, 701, 710, 719

Walker, B. 710, 719
Wallace, A. 710, 719
Wallis, R. 710, 719
Weber, M. 696, 719
Werblowski, R. J. Z. 686, 719
Werner, K. 686, 719
Westley, F. 551, 706, 719
Whaling, F. 686, 687, 710, 719
Wiebe, D. 687, 719
Wilcox, C. 327, 695, 719
Wilhelm, H. 701, 719
Wilhelm, R. 701, 719
Williams, P. W. 710, 719
Wilson, B. 578, 719
Wilson, J. F. 13, 684, 719
Wimverley, D. W. 710, 719
Worsley, P. 710, 719
Wright, N. 315, 695, 719
Wueff, D. 91, 719
Wulff, D. M. 687, 711, 719
Wuthnow, R. 687, 696, 711, 720

(X)
Xinzhong Yao 408, 701, 720

(Y)
Yinger, M. 711, 720
Yonan, E. A. 28, 684, 720
Young, L. A. 687, 696, 720
Yu, A. C. 696, 720

(Z)
Zuess, E. M. 687, 720

종교이론과 한국종교

초판발행　2011년 10월 20일
２판발행　2012년 09월 07일

저　　자　강돈구
발 행 처　박문사
발 행 인　윤석현
등　　록　제2009-11호

주　　소　서울시 도봉구 창동 624-1 북한산현대홈시티 102-1206
전　　화　(02) 992-3253(대)
팩　　스　(02) 991-1285
전자우편　jncbook@hanmail.net
홈페이지　http://www.jncbms.co.kr
책임편집　정지혜

ⓒ 강돈구 2012 All rights reserved. Printed in KOREA

ISBN 978-89-94024-69-1 93210　　　　　　　　　　정가 47,000원

* 저자 및 출판사의 허락 없이 이 책의 일부 또는 전부를 무단복제·전재·발췌할 수 없습니다.
* 잘못된 책은 교환해 드립니다.